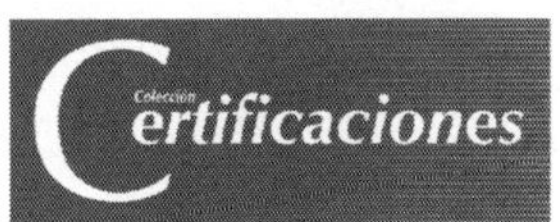

Preparación a la certificación **LPIC-1**

LINUX

EXÁMENES LPI 101 y LPI 102

6ª edición

346
Preguntas
Respuestas

Sébastien **Rohaut**
Philippe **Banquet**

ISBN: 978-2-409-04602-5
Edición original: 978-2-409-04310-9

Ediciones ENI

P° Ferrocarriles Catalanes, 97-117, 2a pl. of. 18
08940 - Cornellà de Llobregat (Barcelona)

Tel: 934 246 401
Fax: 934 231 576

e-mail: info@ediciones-eni.com
http://www.ediciones-eni.com

Autores: Philippe BANQUET - Sébatien ROHAUT
Colección dirigida por Émilie VILLETORTE

Descripción

Los exámenes **LPI 101** y **LPI 102** permiten obtener la **certificación LPIC-1** Linux Server Professional. Este programa de certificación del Linux Professional Institute es **el que mayor reconocimiento tiene por parte de los reclutadores**, que se ha convertido en un requisito para contratar o acceder a un puesto de administrador.

La **certificación LPIC-1** es la prueba de que domina las bases de la administración de un sistema **Linux de cualquier versión**: la instalación y configuración completa de un equipo o de un servidor y de todos los servicios básicos asociados a él. Esta versión del libro se basa en la revisión 5 de la certificación, e incluye la noción de cloud y de virtualización.

Para ayudarle a preparar esta certificación de manera eficiente, este libro abarca los objetivos oficiales, cuya lista se encuentra en el anexo. Se divide en diez capítulos, organizados de la siguiente manera:

- **Definición de los objetivos** que se deben alcanzar: se exponen de manera precisa las competencias que se abordan en el capítulo.
- **Parte teórica**: se definen los términos y conceptos tratados y se detallan los diferentes temas que se deben asimilar.
- **Aplicación del curso**: de este modo, se puede seguir el desarrollo de una operación concreta con capturas de pantalla y esquemas. Esta parte se integrará en la explicación teórica cuando los temas abordados se presten a ello.
- **Validación de los conocimientos adquiridos**: en forma de preguntas y respuestas (alrededor de 350). Estas preguntas ponen de relieve tanto los elementos fundamentales como las características específicas de los conceptos tratados. La parte de las **respuestas** retoma las preguntas planteadas con respuestas redactadas para cada una de ellas.
- **Trabajos prácticos** (alrededor de 40): ilustran algunas partes del curso y también proporcionan los medios para medir sus conocimientos. Estas prácticas concretas le permitirán, más allá de los objetivos fijados por el examen, forjarse una primera experiencia significativa y adquirir verdaderas competencias técnicas poniéndose en situación real.

Descripción

Linux - Preparación a la certificación LPIC-1

Introducción

Capítulo 1 Presentación de Linux

Capítulo 4 **Los discos y el sistema de archivos**

Capítulo 5 **Inicio de Linux, servicios, núcleo y periféricos**

Capítulo 6 Las tareas administrativas

Capítulo 7 La red

Capítulo 10 Máquinas virtuales, contenedores y Cloud

Introducción

A. ¿Para qué certificarse?

En muchos trabajos relacionados con la informática y, en particular, en el desarrollo, la explotación, la producción, la administración, la ingeniería de sistemas, DevOps o incluso en el *cloud computing*, disponer de un buen conocimiento de Linux no solo es importante, sino que a menudo, es esencial.

Algunas organizaciones exigen a sus empleados o proveedores de servicios informáticos una certificación profesional. Aunque no sean títulos oficiales, son una garantía para la mayoría de las empresas de que se poseen las competencias profesionales necesarias.

Las múltiples distribuciones de Linux hacen que no sea nada sencillo ofrecer un programa de certificación común, como el que propone el LPI. Por eso, algunos distribuidores como Red Hat y Suse ofrecen ciclos formativos específicos que permiten obtener la certificación correspondiente.

B. Las certificaciones LPI

El **Linux Professional Institute**, **LPI**, es una organización sin ánimo de lucro creada en diciembre de 1999 en Canadá. Su objetivo es promover las tecnologías Linux, software libre y de código abierto, a través de la creación de programas y exámenes de certificación de gran calidad. Estos son **independientes**: no se ciñen a una distribución particular (excepto si se trata de una certificación especializada, como la de Ubuntu, por ejemplo), sino al conjunto de las técnicas comunes a todas las distribuciones Linux, así como a los temas esenciales según los tipos de distribuciones (por ejemplo, tanto el uso de **dpkg** como de **rpm**).

Grandes grupos como IBM, Novell, SGI, NEC se han unido a la iniciativa del LPI, que, por otro lado, ha recibido el apoyo de varios editores de distribuciones y revistas especializadas.

En resumen, LPI ha desarrollado tres certificaciones:

- **LPIC-1**: nivel **Administrador**, compuesto por dos exámenes (LPI 101 y LPI 102), que certifica que la persona puede:
  - Comprender la arquitectura de un sistema Linux.
  - Trabajar en línea con los comandos Linux y ejecutar tareas de mantenimiento elementales: ayudar a los usuarios, añadir cuentas de usuario a un sistema extendido, copias de seguridad y restauración, detener e iniciar el sistema.
  - Administrar la seguridad de base del sistema (incluyendo el sistema de archivos) y de las redes.
  - Instalar y configurar una estación de trabajo con una interfaz gráfica o un servidor simple y conectarlo a una red local.

Esta certificación es un requisito previo para las siguientes certificaciones.

- **LPIC-2: Ingeniero Linux**

  Esta certificación valida las habilidades requeridas para administrar una red pequeña o mediana de sistemas Linux en un entorno de sistemas multioperativos:
  - Administración avanzada del sistema: gestión del kernel, configuración y mantenimiento del arranque del sistema.
  - Gestión de dispositivos de almacenamiento y sistemas de archivos, configuración avanzada de red, seguridad y autenticación, firewall y *red privada virtual* (VPN).
  - Instalación y configuración de servicios de red: DHCP, SSH, HTTP/HTTPS, FTP, NFS, SAMBA, correo electrónico.

- **LPIC-3**: el tercer nivel de certificación, con los requisitos previos de los dos niveles anteriores, es más especializado y ofrece tres certificaciones distintas, cada una de las cuales garantiza la certificación LPIC-3:
  - LPIC-3 300: Entorno mixto

  Esta certificación valida las habilidades necesarias para administrar sistemas Linux en un entorno de red grande y con varios sistemas operativos.
  - LPIC-3 303: Seguridad

  Esta certificación valida las habilidades necesarias para gestionar la seguridad de los sistemas Linux en un entorno de red grande y con múltiples sistemas operativos.
  - LPIC-3 304: Virtualización y alta disponibilidad

  Esta certificación valida las habilidades necesarias para gestionar la virtualización de Linux y sistemas de alta disponibilidad.

Según el LPI, una certificación LPIC es:

- **Profesional**: establecida por una comunidad de profesionales de Linux, ingenieros agrícolas, profesores e investigadores.
- **Un desafío**: si no se sabe todo el temario, no la obtendrá.
- **Accesible**: disponible en miles de centros examinadores en todo el mundo permanentemente y de forma temporal durante eventos importantes.
- **De gran calidad**: sigue los consejos y recomendaciones de reputados expertos en Linux y emplea una metodología de examen de tipo psicométrico reconocida en ámbitos científicos e industriales.
- **Neutra**: no se apoya en ninguna distribución específica, sino en conocimientos que se aplican a cualquier sistema Linux.
- **Pertinente**: se elige las preguntas y se prueban para garantizar que son pertinentes en un entorno real.
- **Independiente** con respeto a organismos de formación: no hay una guía única o un curso único de formación. Se acepta todo tipo de método de formación.
- **Compatible y patrocinada** por empresas muy grandes especializadas o no en Linux.
- **Un orgullo**: una certificación respetada en la comunidad Linux de la cual se enorgullece.

C. La certificación LPIC-1

1. Los objetivos

Este libro tiene como objetivo proporcionarle todas las herramientas necesarias para obtener la certificación LPIC-1 en versión 5. Esta última requiere superar dos exámenes: el LPI 101 y el LPI 102.

La lista de objetivos que se encuentra al final de este libro retoma todos los objetivos de cada uno de los exámenes y le indica dónde encontrar los temas correspondientes, así como los ejercicios asociados.

A continuación, se presentan los objetivos principales del examen LPI 101:

- 101: Arquitectura y hardware de sistema.
- 102: Instalación de Linux y gestión de los paquetes.
- 103: Los comandos GNU y Unix.
- 104: Discos, sistema de archivos Linux, estructura en árbol de archivos estándar.

Si supera este primer examen, será capaz de instalar una distribución Linux clásica, utilizar la línea de comandos y las instrucciones del shell, gestionar la estructura en árbol de los archivos y directorios, los discos y las particiones, instalar programas y trabajar en un entorno gráfico. Por lo tanto, determina si puede utilizar una estación de trabajo o un servidor sencillo de Linux.

A continuación, se presentan los objetivos principales del examen LPI 102:

- 105: Uso de shell y creación de scripts.
- 106: Entornos gráficos y de escritorio.
- 107: Tareas administrativas.
- 108: Servicios esenciales del sistema.
- 109: Aspectos básicos de la red.
- 110: Seguridad.

Este segundo examen evalúa diferentes competencias sobre la administración del sistema y la red de una estación de trabajo conectada. Son nociones más avanzadas: la gestión de los periféricos, los módulos del núcleo, las impresoras, la configuración en TCP/IP y los servicios de cliente asociados, las bases de la seguridad, etc. Así, determina si es capaz de gestionar su sistema y la integración de este dentro de una red.

Cada objetivo se detalla y pondera según su importancia. Por ejemplo:

- 104.1: Creación de particiones y sistemas de archivos (2).
- 104.2: Mantenimiento de la integridad de los sistemas de archivos (2).
- 104.3: Montado y desmontado de los sistemas de archivos (3).
- 104.5: Gestión de los permisos y de la propiedad de los archivos (3).
- 104.6: Creación y modificación de vínculos físicos y simbólicos en los archivos (2).
- 104.7: Búsqueda de archivos y ubicación de los archivos en los sitios adecuados (2).

El valor entre paréntesis indica la importancia del subobjetivo respecto al objetivo.

2. Los materiales del curso

Tiene en sus manos la nueva versión de un manual tal y como lo recomienda LPI, y como podrá comprobar aquí: https://cs.lpi.org/caf/Xamman/register

No dude en consultar las fuentes y comprobar los ejemplos. Un libro refleja el estado de la tecnología en el momento de su redacción. Cada dos o tres años se publican nuevas ediciones y, por supuesto, durante ese tiempo, cambian las distribuciones, los métodos y las sintaxis.

3. Examinarse

a. Inscripción

Para superar una certificación mediante los exámenes LPI, en primer lugar debe darse de alta en el sitio LPI para obtener una cuenta de usuario. Para ello, acceda a la web siguiente:
https://cs.lpi.org/caf/Xamman/register

b. Matrícula

Cada examen cuesta 160 euros (en febrero de 2023). Por lo tanto, el coste total de la certificación LPIC-1 es de 320 euros si lo obtiene al primer intento. Es posible que durante la celebración de algunos eventos (ferias por ejemplo) encuentre ofertas excepcionales de hasta la mitad del precio.

c. Centro de examen

Después, debe ponerse en contacto con un centro examinador para saber dónde y cuándo se organizan las sesiones. Para ello, puede acceder al sitio: https://home.pearsonvue.com/lpi

d. Desarrollo

El examen tiene lugar en un centro afiliado y, dependiendo de este, en papel u ordenador. Las preguntas suelen estar traducidas al español, pero también es posible que tenga que realizar el examen en inglés. Puede haber tres tipos de preguntas:

- Preguntas de respuesta abierta.
- Examen de tipo test con una única respuesta correcta.
- Examen de tipo test con varias respuestas posibles.

Hay 60 preguntas por cada examen. Cada examen tiene una duración de 90 minutos máximo.

Cuanto más importante sea un objetivo, más preguntas relacionadas con él habrá en la prueba.

e. Aprobado

Para aprobar un examen debe acertar el 60% de las respuestas. Si hace el examen con un ordenador, sabrá si ha aprobado o no al finalizarlo. Si lo hace en papel, tendrá que esperar entre tres y cinco semanas para recibir el resultado.

D. Contenido del libro

Linux y las distribuciones evolucionan rápidamente. Por ello, es necesario actualizar y añadir elementos al libro, que está en su séptima edición. Este libro, actualizado en 2023, se ajusta al contenido de la revisión 5 de LPIC-1, que entró en vigor en 2018 y cubre todos los objetivos.

La división del libro en función de los objetivos de la LPI ha dado lugar a 14 capítulos. Ahora bien, muchos de estos objetivos, sin coincidir entre ellos, forman parte del mismo campo de aplicación. Por ejemplo, los comandos y la programación shell se han agrupado en el mismo capítulo. La lista de objetivos que aparece al final del libro, indica punto por punto dónde encontrar el contenido correspondiente.

El libro sigue una progresión constante y lógica:

- **Capítulo Presentación de Linux**: historia rápida de Linux, inicios del software libre, las diferentes distribuciones o encontrar información.
- **Capítulo Instalación de Linux y de los paquetes de software**: instalar Linux, el software y gestionar las bibliotecas.
- **Capítulo El shell y los comandos GNU**: todos los comandos para gestionar archivos y directorios, manipular archivos de texto, hacer seguimiento de los procesos y programar scripts Shell.
- **Capítulo Los discos y el sistema de archivos**: gestionar los discos, las particiones, los sistemas de archivos, el swap, el control de acceso y los puntos de montaje.
- **Capítulo Inicio de Linux, servicios, núcleo y periféricos**: la carga de Linux y de los servicios, la parada del sistema, la gestión de los módulos, los parámetros del sistema, los módulos del núcleo, los periféricos y la gestión del hardware.
- **Capítulo Las tareas administrativas**: la gestión de los usuarios, grupos, contraseñas y las variables de entorno, las notificaciones, impresiones, automatización de las tareas, las copias de seguridad y restauración, la gestión de la fecha y hora y la internacionalización.
- **Capítulo La red**: las bases de la configuración TCP/IP, configuración de un cliente DNS y de un cliente de correo electrónico.
- **Capítulo La seguridad**: controlar la integridad del sistema, la seguridad de la red y de los servicios, SSH, GPG y sudo.
- **Capítulo Interfaces gráficas**: instalar y configurar el servidor gráfico, el gestor de visualización y sesiones, y acceder a su sesión de manera remota.
- **Capítulo Máquinas virtuales, contenedores y cloud: contenedores y Cloud**: las bases de la virtualización de los contenedores y del alojamiento en la nube.

Cada capítulo va acompañado de entre 10 y 80 preguntas y de 1 a 6 prácticas corregidas y comentadas. En este capítulo encontrará los requisitos y la lista de los objetivos.

Capítulo 1

Requisitos previos

☒Acceso a un navegador para encontrar información de Linux.

Objetivos

Al final de este capítulo, será capaz de:

☒Conocer la historia de Linux.

☒Conocer los grandes rasgos del programa de software libre.

☒Comprobar la compatibilidad de hardware.

☒Elegir una distribución.

☒Obtener información sobre Linux en Internet.

A. Bienvenidos al mundo Linux

1. Un sistema en evolución

Linux, que tiene más de 30 años, ha pasado de ser un proyecto de estudiante a ser el sistema operativo más utilizado en el mundo. Desde sus primeros desarrollos en 1991 y hasta la fecha de hoy, Linux no ha dejado de evolucionar, cambiar.

Linux ofrece diferentes interfaces gráficas adecuadas para un usuario final. Sin embargo, para la administración de un servidor, es preferible utilizar la interfaz en línea de comandos, gestionada por un programa en modo carácter (shell).

2. El sistema operativo

La función del sistema operativo es administrar el hardware que compone el ordenador y ponerlo a disposición de las aplicaciones. Está compuesto por un núcleo (kernel) y módulos adicionales que varían en función de la configuración de hardware y software de la máquina.

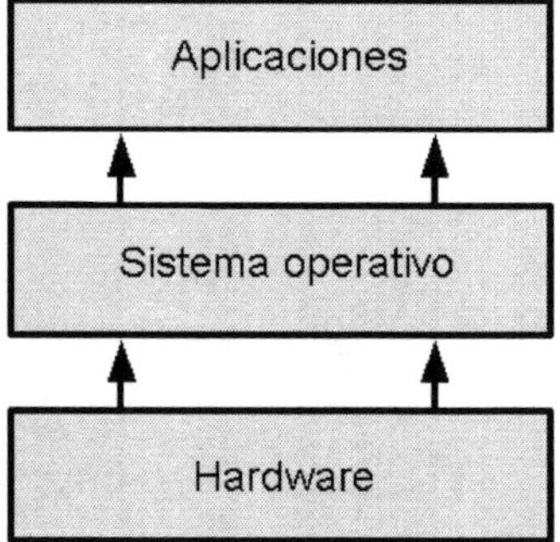

Fundamentos del sistema operativo

El sistema operativo ofrece a los programadores una interfaz de programación de aplicaciones (API, *Application Programming Interface*): las llamadas de sistema. Por ejemplo, para solicitar la apertura de un archivo, una aplicación utilizará la llamada de sistema open().

El sistema operativo gestiona:

- la memoria,
- los periféricos,
- los datos en los discos,
- los programas,
- la seguridad,
- la recopilación de la información.

A diferencia de otros sistemas operativos (Microsoft Windows en particular), Linux no integra una interfaz gráfica en su sistema operativo propietario. Existen diferentes interfaces, algunas de ellas opcionales y, desde el punto de vista del sistema, son aplicaciones como cualquier otra.

☞ *La interfaz gráfica no es un componente del sistema operativo y Linux no la necesita para funcionar. Es un conjunto de programas ejecutados «sobre» el sistema operativo.*

Los controladores de la tarjeta gráfica son componentes del sistema operativo: las bibliotecas gráficas se basan en la API propuesta por el controlador para mostrar texto, ventanas o juegos.

Linux es un sistema operativo de tipo Unix (Unix-like). Existen muchos sistemas operativos en esta familia, incluido macOS de Apple. Unix es un sistema operativo **multitarea** y **multiusuario**:

- **Multitarea**: el sistema gestiona la ejecución simultánea de varios programas llamados procesos.
- **Multiusuario**: el sistema permite a varios usuarios trabajar en una misma máquina. Garantiza el control de acceso a los recursos, así como la gestión de programas concurrentes.

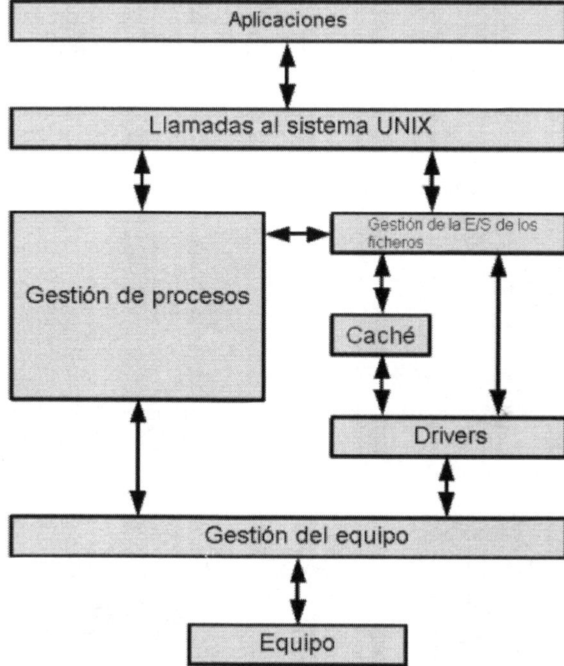

Arquitectura lógica de un sistema de tipo UNIX

El esquema anterior es una síntesis simplificada de la estructura interna de un sistema operativo de tipo Unix:

- Las **llamadas al sistema** son utilizadas por los programas para comunicarse con el sistema operativo Unix.
- La **gestión de los procesos** se encarga de la conmutación de las tareas y de su prioridad. Este componente se encarga, por lo tanto, de la multitarea.
- La **gestión de las entradas y de las salidas de archivos** se encarga tanto de la lectura y escritura de los datos en los discos duros y el resto de periféricos (tarjeta de sonido, impresora, red, etc.).
- Se puede ubicar cierta información en una zona de memoria llamada **caché**. En lugar de escribir datos directamente en el soporte de almacenamiento (un proceso por lo general lento), el sistema los almacena en una zona de memoria de acceso más rápido, para luego escribirlos en el disco. Así, la lectura se acelera porque ya están en memoria y el programa no pierde tiempo esperando que se terminen de escribir los datos.
- Los **controladores** se encargan de gestionar al nivel más bajo el hardware o las estructuras lógicas del hardware (por ejemplo, los datos de una partición).

3. El sistema Unix, una breve historia

a. De Multics a Unix

La historia de Unix empieza en **1964**, cuando el MIT, el laboratorio Bell Labs (centro de investigación de AT&T) y la empresa General Electric desarrollan el proyecto **MULTICS** (*Multiplexed Information and Computing Service*).

En **1969** Bell Labs se retiró del proyecto.

Ken Thompson y **Dennis Ritchie**, desarrolladores en Bell, trabajaron para crear un nuevo sistema operativo que inicialmente se llamó UNICS (*Uniplexed Information and Computing System*), que hacía referencia a Mulics y después, Unix.

Ken Thompson

Dennis Ritchie (1941-2011)

b. El lenguaje C

Desarrollado en ensamblador, Unix se tuvo que reescribir parcialmente para cada nuevo modelo de ordenador. En 1970, Thompson y Dennis Ritchie (después Brian Kernighan), decidieron crear un lenguaje compilado portátil de bajo nivel: el lenguaje C.

Unix fue reescrito en lenguaje C a partir de **1973**. De este modo se hizo portátil de una arquitectura de hardware a otra y su desarrollo se aceleró.

c. Los diferentes tipos de Unix

En **1974**, AT&T decidió distribuir el sistema Unix completo a universidades y empresas bajo una licencia no restrictiva. La versión principal de este sistema fue Unix System V Release 4 (SVR4).

A partir de 1977, la Universidad de **Berkeley** desarrolló su propia versión de Unix: **Unix BSD** (*Berkeley Software Distribution*), que rápidamente se extendió a otras universidades.

Las dos ramas de tipo Unix empezaron rápidamente a divergir. Muchas empresas ofrecían su propia versión propietaria de Unix (Solaris de Sun, HP-UX de Hewlett-Packard, AIX de IBM, etc.).

Con el paso de los años, diferentes organizaciones se esforzaron en proponer estándares o normas para sistemas tipo Unix. Finalmente, una única organización, **The Open Group**, se convirtió en propietaria de la marca Unix y definió las especificaciones para este tipo de sistema operativo: **Single UNIX Specification** (SUS), inspirada fundamentalmente en los estándares establecidos por el IEEE (*Institute of Electrical and Electronics Engineers*) para sistemas portátiles: estándares **POSIX** (*Portable Operating System*).

Por lo tanto, Unix es un estándar abierto: sus especificaciones son conocidas y cualquier editor de sistemas Unix comerciales o gratuitos que desee garantizar la compatibilidad con todos los Unix puede implementar este estándar.

B. El software libre

1. Los orígenes del software libre

En 1983, **Richard Stallman (RMS)**, un informático del laboratorio de inteligencia artificial del MIT, decidió escribir un nuevo sistema operativo, de acceso, uso, modificación y redistribución completamente gratuitos. Basado en Unix, lo llamó **GNU** (*Gnu's Not Unix*). Para que este sistema esté operativo, necesita un kernel, un compilador de C y un conjunto de utilidades (para administrar el inicio del sistema, archivos, cuentas de usuario, etc.). Stallman, que ya había escrito el famoso editor de texto **Emacs**, creó un compilador y luego volvió a desarrollar la mayoría de los comandos de la utilidad Unix.

El diseño de un núcleo es mucho más complejo y requiere una importante fase teórica. Se lanza el proyecto **GNU HURD** (*Hird of Unix Replacing Daemons*). Aún no se ha completado, pero la última versión 0.9 data de diciembre de 2016.

Richard Stallman (foto personal del autor)

Para defender el software libre, Richard Stallman creó en 1985 una fundación, la **FSF** (*Free Software Foundation*), que difunde las ideas del software libre, en oposición al software "propietario". Entre sus trabajos, se encuentra la redacción de una licencia especial para el software libre, denominada **GPL** (*General Public License*). El software libre garantiza cuatro libertades:

- **Libertad 0**: la libertad de utilizar el software.
- **Libertad 1**: la libertad de estudiar el funcionamiento del programa y adaptarlo a sus necesidades.
- **Libertad 2**: la libertad de redistribuir copias.
- **Libertad 3**: la libertad de mejorar el programa y difundir las mejoras al público.

Las libertades 1 y 3 requieren acceso al código fuente del programa. La libertad 3 define la noción de comunidad en torno al software libre.

☞ *El software libre (free) se debe entender en el sentido de "libertad" y no de gratuito. Es completamente legal explotar comercialmente software libre. Pero, según las libertades 2 y 3, debe ser posible obtener una copia editable de forma gratuita.*

El desarrollo de HURD avanza lentamente. Sus desarrolladores asumieron el desafío de desarrollar un microkernel: los componentes básicos del sistema operativo están "divididos" en varias subunidades independientes, pero que se deben comunicar entre sí. Esta elección teórica es difícil de implementar técnicamente. Por tanto, el proyecto GNU no tenía un núcleo operativo, es Linux el que permitió hacer realidad el proyecto.

2. GNU/Linux

a. Linus Torvalds

La historia de Linux empieza cuando Linus Torvalds, joven estudiante finés de la universidad de Helsinki de 21 años de edad, adquiere en 1991 un ordenador basado en el procesador Intel 80386 para sustituir su Sinclair QL que empieza a mostrar limitaciones. Su PC viene con MS-DOS, un sistema operativo que no explota las capacidades de este procesador. Entonces decidió instalar otro sistema operativo, Minix, un Unix pequeño, sencillo y gratuito desarrollado por Andrew Tanenbaum con fines educativos.

Linus Torvalds

Linus Torvalds decidió proponer una revisión personal: desarrollar un kernel de tipo Unix para poder utilizar las herramientas de software creadas dentro del proyecto GNU, que incluía el nombre de Linux. La **primera versión**, la versión 0.02 de 1991, permitía utilizar el shell (intérprete de comandos) y gcc (compilador de C). Entonces, es cuando se anuncia en el grupo de discusión (newsgroup) comp.os.minix:

« ¿Echa de menos los días felices de Minix-1.1, época bendita, cuando los hombres eran dignos de este nombre y escribían sus propios controladores de periféricos? ¿Quiere comprometerse en un proyecto original y está deseando encontrar un sistema modificable a su conveniencia? ¿Está deseando que todo funcione bajo Minix? ¿Echa de menos las noches en blanco intentando implementar un programa recalcitrante? Si es así, lea lo que sigue: como ya he publicado hace un mes, estoy trabajando actualmente en una versión libre de un sistema similar a Minix para un ordenador AT-386. Este sistema ya está operativo (aunque tal vez no le convenga, todo depende de lo que esté buscando), y pienso publicar sus fuentes. Se trata, de momento, de la versión 0.02, capaz de ejecutar bash, gcc, gnu-make, gnu-sed, compress, etc.»

b. El éxito comunitario

Gracias a Internet se formó una comunidad Linux, el desarrollo se intensificó con la versión 0.03 y posteriormente la 0.10. En 1992, se implementó en Linux una interfaz gráfica tipo X11. La versión 1.0 se lanzó en enero de 1994.

c. Los años 1994-1997

Los años 1994-1997 ven aparecer las principales "distribuciones" de Linux: Red Hat, Debian, SuSE, Slackware y Mandrake. Linux no deja de mejorar, con la llegada de la modularidad y de la versión 2.0. Linux empieza a ser conocido en las empresas. Los proyectos abundan, y la idea de abrir el sistema al mundo del puesto de trabajo (desktop) empieza con el desarrollo de entornos de usuario gráficos como Gnome o KDE.

La mascota de Linux, llamada **Tux**, data de 1996 y fue creada por Larry Ewing con la ayuda del programa libre GIMP. Tux normalmente se representa como un pingüino, pero en realidad es un pájaro bobo pigmeo.

Tux, la mascota de Linux

d. Linux hoy

Hoy en día, Linux es famoso por ser un sistema operativo estable, robusto y eficiente. Se utiliza en más de un tercio de los servidores del mundo y dos tercios de los servidores web. Conquistó el mundo de la empresa, el mundo universitario y el mundo científico. ¡En noviembre de 2019, el 100% de los ordenadores del top 500 de los equipos más potentes del mundo tenían un sistema operativo basado en Linux!

Linux ha sabido conservar su independencia, garantizada por la comunidad y el número de contribuyentes, frente a los gigantes de la informática. Sin embargo, estos últimos son los mayores colaboradores: Intel, AMD, Samsung, IBM, Texas Instruments, y quizás se conviertan en editores de distribuciones Linux. Microsoft acabó uniéndose al movimiento, convirtiéndose en el quinto contribuyente del kernel de Linux en julio de 2019.

Linux se ha impuesto en el sector de los servidores y en otros sectores de la informática integrada. La mayoría de los dispositivos multimedia también. Y es, sobre todo, en la informática móvil (teléfonos, tabletas, Smart TV, GPS, etc.) donde Linux se ha impuesto. El sistema Android de Google, derivado de Linux, representará casi el 70% de la cuota de mercado de sistemas operativos móviles en 2022.

Linux también es un actor importante en la tecnología Cloud. Amazon, Google y OVH ofrecen soluciones basadas en Linux. Creamos una máquina virtual en la nube con SO Linux en unos pocos clics.

Linux no ha hecho grandes incursiones en el mercado de los ordenadores de sobremesa, donde representa menos del 5% de los sistemas instalados en 2023. Esta es la razón por la que las certificaciones LPIC están muy orientadas al servidor.

C. Las distribuciones

1. ¿Qué es una distribución de Linux?

Una distribución consiste en un kernel Linux, un conjunto de herramientas de software para implementar el sistema y sus servicios, administrar los recursos de la máquina y las cuentas de usuario, y un gran número de aplicaciones. Cada distribución incluye herramientas para instalar el propio sistema operativo y los componentes de software, en forma de paquetes de software (packages). Estos elementos están disponibles a través de Internet, en sitios web llamados "repositorios de software".

Existe un gran número de distribuciones, comerciales o no, orientadas a servidores o estaciones de trabajo o informática integrada. Vamos a presentar los más importantes.

☞ *La certificación LPIC-1 pretende ser independiente de las distribuciones, pero considera principalmente distribuciones de tipo Red Hat o Debian/Ubuntu.*

2. Debian

El proyecto Debian fue fundado en 1993 por Ian Murdock, quien falleció en diciembre de 2015. El nombre Debian es una contracción de Debra (su esposa) de su propio nombre de pila, Ian. Debian fue durante mucho tiempo la única distribución compuesta exclusivamente de software libre y código abierto, lo que todavía le ha valido el nombre oficial de Debian GNU/Linux.

Cada versión de Debian lleva el nombre de un personaje de la película Toy Story: Woody, Sid, Jessy, Potato, Buster, etc. Las ventajas de Debian son numerosas:

- un número de paquetes de software que se cifra en miles,
- un software de instalación APT, práctico y eficiente,
- una distribución 100 % de código abierto,
- una alta estabilidad para un entorno de producción,
- muchos repositorios de software.

Algunos puntos débiles:

- paquetes de software que a menudo son antiguos en repositorios estables,
- actualizaciones de distribución irregulares y muy espaciadas,
- riesgos asociados a la multiplicación de paquetes y dependencias,
- instalación y configuración a veces complicadas,
- un soporte comercial inexistente.

Si una versión estable no es conveniente para usted, puede instalar la versión de desarrollo llamada Sid o habilitar repositorios desde ella. A continuación, tendrá acceso a los componentes más recientes, pero a veces inestables.

Sitio web: https://www.debian.org

A partir de junio de 2023, Debian está en Debian 12 Bookworm estable. La versión con soporte long (LTS, *Long Time Support*) es Debian 10 "Buster", hasta el 30 de junio de 2024.

3. Ubuntu

El creador de la distribución Ubuntu, el multimillonario sudafricano Mark Shuttleworth, es un antiguo informático que contribuyó al proyecto Debian. Creó la distribución Ubuntu Linux en 2005, desarrollada y mantenida por su empresa, llamada Canonical, con un presupuesto inicial de 10 millones de dólares. La palabra Ubuntu es una palabra en la lengua bantú africana que significa "soy lo que soy gracias a lo que somos todos".

Esta distribución, derivada de Debian, tiene como objetivo proporcionar software más reciente potenciando la usabilidad y la ergonomía. Sus puntos fuertes son los siguientes:

- derivada de Debian,
- compatible con los paquetes de software de Debian,
- sistema de instalación muy sencillo,
- lanza versiones cada 6 meses,
- entorno gráfico específico y orientado al usuario final.

Esta distribución es ideal como estación de trabajo para usuarios finales, principiantes y estudiantes de informática. Está diseñado para ser fácil de instalar y usar. También se utiliza ampliamente en su versión de servidor para empresas.

Es la distribución más descargada e instalada del mundo. Los diseñadores de Ubuntu son muy innovadores y crean elementos de software específicos regularmente. El número de repositorios y la librería de software son considerables. Hay versiones con soporte a largo plazo (LTS, *Long Time Support*).

Cada versión va acompañada de un nombre que consta de dos palabras: el nombre de un animal y un adjetivo, en orden alfabético. A menudo, se hace referencia a una versión por su adjetivo: precisa, rara o fiable. Las distribuciones se publican en abril y octubre. El número más alto se corresponde con el año y el más pequeño con el mes (04 o 10). La versión 17.04 (abril de 2017) cerró el alfabeto con Zesty Zapus. La versión 17.10 volvió al ciclo con Artful Aardvark. A partir de febrero de 2023, la versión LTS es la 22.04 Jammy Jellyfish.

Las versiones LTS (*Long Term Support*) se publican cada dos años y tienen soporte extendido: cinco años a partir de la versión 12.04. Debido a su corto ciclo de lanzamiento, las versiones LTS tienen un kernel reciente. La versión LTS es compatible con la mayoría de los fabricantes y es una excelente opción para un servidor: es muy estable y por ejemplo, es la distribución elegida para trabajar con servidores Amazon AWS o contenedores Docker. Además, Ubuntu lo gestiona una empresa, Canonical, que puede proporcionar soporte de pago.

Sitio web: https://www.ubuntu.com/

4. Las distribuciones de type Red Hat

Logo Red Hat

Red Hat fue fundada en 1995 por Robert Young y Marc Ewing. Las distribuciones de Red Hat ofrecen herramientas específicas:

- Un tipo de paquete de software, RPM (*Red Hat Package Manager*)
- Un programa de instalación: Anaconda
- Herramientas de gestión de la configuración

Red Hat se centra en el mundo empresarial con distribuciones comerciales llamadas **RHEL** (*Red Hat Enterprise Linux*):

- Versiones profesionales para empresas.
- Soluciones que van desde el puesto de trabajo hasta grandes servidores.
- Numerosas arquitecturas de hardware.
- Soporte técnico profesional, pero de pago.
- Actualizaciones de hasta siete años o más con soporte extendido.

Por lo tanto, Red Hat es una de las distribuciones más utilizadas en las empresas por muchas razones:

- La distribución existe desde hace muchos años y cuenta con el soporte de un gran número de fabricantes.
- Red Hat ofrece un nivel de soporte muy alto.
- Red Hat ofrece todo un ecosistema en torno a su distribución: Cloud, virtualización, servidores de aplicaciones, almacenamiento, automatización, etc.

En 2019, IBM compró Red Hat por 34.000 millones de dólares.

La versión de junio de 2023 de RHEL es la 9.2. Tiene un kernel 5.14.

Sitio web: https://www.redhat.com

La distribución **CentOS** (*Community Enterprise Operating System*) era una copia de código abierto, gratuita y descargable de RHEL, de la que se habían eliminado todos los nombres y elementos visuales de Red Hat, así como los componentes no libres. Las actualizaciones siguieron durante unos días a las de Red Hat y las dos distribuciones eran totalmente compatibles. Por ello, esta distribución se utilizaba a menudo en el contexto de la formación.

Desde 2021, la distribución CentOS se ha convertido en una distribución evolutiva (*rolling release*), destinada a probar las nuevas funciones de las futuras versiones de RHEL. Como resultado, ya no es compatible con las versiones estables de RHEL. La última versión estable ofrecida es la versión 2009 de CentOS-7.

Dos proyectos recientes de código abierto tienen como objetivo ofrecer distribuciones que sean totalmente compatibles con RHEL: **Rocky Linux** y **AlmaLinux OS**.

Sitios web:

https://www.centos.org/

Hatps://almalikinak.org/

https://rockylinux.org/

Logo Fedora

El proyecto de la comunidad **Fedora** ofrece dos versiones de su distribución de tipo Red Hat, estación de trabajo y servidor, incorporando las últimas versiones de software para pruebas y experimentación. Este proyecto sigue un ciclo de desarrollo rápido (aproximadamente seis meses).

Fedora es un laboratorio de desarrollo: las evoluciones de las distribuciones proporcionan la base para la futura versión de la distribución Red Hat. Todo es a veces un poco inconsistente, pero las versiones estables de Red Hat siempre derivan de una Fedora.

En la versión del 37 de febrero de 2023, Fedora es la distribución ideal para aquellos que quieren descubrir y probar las últimas innovaciones en sistemas y aplicaciones.

Sitio web: https://getfedora.org

5. openSUSE

Se pronuncia *opensource*. **openSUSE** es una distribución de origen alemán que data de 1992. El nombre de la empresa en sí era un homenaje al famoso **Konrad Zuse**, uno de los inventores de los ordenadores modernos. Esta distribución open source es gestionada por un proyecto de la comunidad: el proyecto **openSUSE**.

La última versión estable de openSUSE, llamada Leap, es la 15.4 de febrero de 2023.

Geeko, mascotte openSUSE

Sitio web: https://www.opensuse.org

La **SUSE Linux Enterprise Server** (SLES), comercializada por SUSE Software Solutions (propiedad de Attachmate), es la otra gran distribución para empresas. Con una alta calidad y un excelente soporte (de pago) por parte de su fabricante. Es una muy buena opción para servidores empresariales. SUSE es uno de los mayores competidores de Red Hat. En febrero de 2023, SLES está en la versión 15.

Sitio web: https://www.suse.com

6. Las otras distribuciones

Hay muchas distribuciones de Linux, con diferentes duraciones de vida, ofrecidas por empresas, organizaciones sin fines de lucro e incluso algunos desarrolladores voluntarios. Entre ellas se encuentran:

Slackware: esta es una de las distribuciones más antiguas. Es extremadamente reducida. Su instalación es mínima y la mayor parte de la configuración se tiene que hacer a mano. No tiene un administrador de paquetes de software. En febrero de 2023, Slackware está en la versión 15.

ArchLinux: es una distribución mínima, que permite instalar solo los componentes necesarios.

LFS (*Linux From Scratch*). Se trata de una guía que ofrece un método para construir completamente una configuración de sistema.

También hay muchas distribuciones derivadas. Por ejemplo, **Kubuntu** es una distribución de Ubuntu totalmente soportada, pero integrada en el entorno de escritorio KDE, con el propio Ubuntu que deriva de Debian. **CentOS**, **Rocky Linux** y **AlmaLinux OS** derivan de RHEL, **Mint** deriva de Ubuntu, etc.

También puede encontrar mini distribuciones que caben en un CD o una memoria USB, que se pueden usar para solucionar problemas de un ordenador.

Se puede consultar la lista exhaustiva de distribuciones de Linux en el sitio web **Distrowatch**: https://distrowatch.com/

7. Probar una distribución: LiveCD, LiveDVD o LiveUSB

Distribuciones en medios extraíbles: LiveDVD, LiveCD o LiveUSB permiten probar fácilmente una distribución, sin instalación, y comprobar su compatibilidad con el hardware que compone una máquina.

Para hacer esto, debe descargar la imagen ISO correspondiente del sitio web de un fabricante y copiarla en el medio extraíble, usando una utilidad específica. El siguiente paso suele ser cambiar la configuración de arranque del equipo para especificar un arranque desde un medio extraíble.

Cada nueva versión de las principales distribuciones tiene, además del instalador, un modo Live en el mismo medio para probar las últimas funciones sin necesidad de instalarlo.

8. Distribución de seguridad

Algunas distribuciones especializadas se pueden utilizar desde medios extraíbles para la resolución de problemas (Ultimate Boot CD, SystemRescue, etc.). Están diseñadas para ser sistemas de inicio e incluyen muchas utilidades para diagnosticar y reparar un sistema instalado.

D. ¿Qué hardware es compatible con Linux?

1. La arquitectura

Linux es compatible con al menos cuatro arquitecturas físicas actuales:

- **x86** para los ordenadores cuyos procesadores son del tipo Intel (del 386 al Pentium 4) o AMD (Athlon, Duron, Sempron) de 32 bits. Esta versión funciona también en las máquinas con procesadores de 64 bits. De hecho, con la multiplicación de estos últimos, el empleo de Linux en esta arquitectura tiende a desaparecer.
- **x86_64** para los ordenadores cuyos procesadores son del tipo Intel (Pentium 4 a partir de las series 600, Xeon, Dual Core/Quad Core, i3, i5, i7, i9, etc.) o AMD (Athlon 64, Sempron 64, Opteron, Phenom, FX, Ryzen de E1 a E5, etc.) de 64 bits. Esta versión no funciona en los procesadores de 32 bits. Se recomienda utilizar una versión de 64 bits de Linux en los equipos que lo soportan.
- **ARM**: esta familia de procesadores se usa fundamentalmente en sistemas embebidos, especialmente en dispositivos multimedia, en "box" multifunción, en routers, en lectores DVD, DivX y Blu-ray de salón, en GPS o en smartphones y tabletas. Esta arquitectura ha descendido tanto en 32 bits y 64 bits, mono o multiprocesador.
- **PPC** para los ordenadores cuyos procesadores son de tipo PowerPC, o sea, los antiguos ordenadores de la marca Apple. Esta versión no se instalará en las últimas máquinas de Apple, basadas en un procesador Intel. Aún existen algunas distribuciones para esta arquitectura. Los PowerPC se siguen utilizando en varias consolas de juegos, como la Wii U o la PS3.

Los ARM y PowerPC son procesadores de tipo RISC. El núcleo Linux soporta completamente RISC. El proyecto RISC-V representa la última generación y algunos constructores están barajando la posibilidad de remplazar las arquitecturas x86 por procesadores de este tipo en los ordenadores de escritorio.

☞ *Salvo si el equipo no lo permite, es aconsejable emplear una versión de 64 bits de Linux para permitir al sistema desplegar todo su potencial.*

2. Configuración básica del hardware

Linux soporta en teoría todos los tipos de procesadores desde la versión 486, y puede funcionar con solo unos megabytes de memoria. La distribución Damn Small Linux funciona con un 486, 16 MB de memoria y utiliza 50 MB de espacio en disco. En máquinas un poco más potentes, podemos instalar las distribuciones Puppy Linux, ArchBang o Tiny Core Linux.

Para un uso cómodo como estación de trabajo o servidor, la configuración debe ser:

- Uno o más procesadores de tipo Intel o compatibles, preferiblemente de 64 bits.
- 8 GB de RAM o más. No es raro encontrar servidores con 64, 128 o 256 GB de RAM.
- Al menos un disco duro con un mínimo de 10 GB para una instalación estándar, a la cual hay que añadir el espacio para los datos del usuario y la partición de intercambio.
- Una tarjeta gráfica (incluso antigua) compatible con la norma Vesa, que acepte una resolución de 1024 x 768 para un uso en entornos gráficos.

3. Compatibilidad del hardware

Antes de instalar Linux, compruebe que su hardware es compatible con Linux.

En lo que respecta a los servidores, los casos de incompatibilidad son raros, aparte de algún hardware específico o muy reciente. La mayoría de los fabricantes se aseguran de que su hardware sea compatible con Linux.

Las incompatibilidades pueden ser más comunes en los ordenadores portátiles más recientes, cuando los fabricantes o desarrolladores independientes aún no han implementado controladores para ciertos dispositivos.

A menos que tenga una máquina muy antigua, la mayoría de las tarjetas gráficas funcionarán. Como mínimo, Linux ofrece un controlador genérico que, aunque no ofrece el mejor rendimiento, le permite usar todas las tarjetas compatibles.

Para ordenadores portátiles y estaciones de trabajo, los adaptadores Wi-Fi (USB, PCCard, PCI, PCIe) deben funcionar de forma nativa o mediante una herramienta especial llamada Ndiswrapper que le permite usar controladores de Windows para Linux. Los chipsets Ralink, Broadcom o Intel suelen ser compatibles. Bluetooth es perfectamente reconocido y compatible.

En cualquier caso, es mejor evitar hardware "exótico" y apostar por las marcas y modelos de renombre. Algunos fabricantes incluyen el logotipo de Linux (tux) en las cajas de sus productos para especificar la compatibilidad con Linux.

Los diferentes sitios tienen bases de datos de hardware compatible. A modo orientativo, estos son algunos de ellos:

- Lista de compatibilidad Ubuntu: https://wiki.ubuntu.com/HardwareSupport
- Lista de compatibilidad SUSE: http://en.opensuse.org/Hardware
- Impresoras: https://wiki.linuxfoundation.org/openprinting/database/databaseintro
- Escáneres: http://sane-project.org/sane-supported-devices.html
- Tarjetas de sonido: http://www.alsa-project.org/main/index.php/Matrix:Main o https://wiki.linuxaudio.org/apps/categories/sound_cards_and_drivers
- Tarjetas Wi-Fi: https://hewlettpackard.github.io/wireless-tools/

E. Obtener información y ayuda sobre Linux

Se ha desarrollado una comunidad muy grande en torno a Linux y el software libre. Los fabricantes de distribuciones proporcionan documentación y soporte. Hay una serie de sitios web con información, guías y foros dedicados a Linux y aplicaciones de código abierto, que incluyen:

Los sitios web de los editores de distribución:

- Debian: https://www.debian.org/doc/
- Ubuntu: https://help.ubuntu.com
- Red Hat: https://www.redhat.com/es/services/support
- Fedora: https://docs.fedoraproject.org/en-US/docs/
- SUSE SLES: https://www.suse.com/documentation/
- openSUSE: https://en.opensuse.org/Documentation

Los sitios web de comunidades, wikis y foros:

- Linux: https://linux.org
- Freecode: https://freshmeat.sourceforge.net
- Slashdot: https://slashdot.org
- Foros Fedora: https://forums.fedoraforum.org
- Foros Debian: https://forums.debian.net/
- Foros Ubuntu: https://ubuntuforums.org/
- Foros openSUSE: https://forums.opensuse.org/c/english

Los sitios de documentación:

- Lea Linux : https://lea-linux.org
- The Linux Documentation Project : https://tldp.org

F. Validación de los conocimientos adquiridos: preguntas/respuestas

Si cree conocer suficientemente este capítulo, conteste a las preguntas siguientes:

Preguntas

El sistema operativo Linux

1 ¿ Cuál es, en resumen, el papel de un sistema operativo?

2 ¿La interfaz gráfica forma parte del sistema operativo Linux?

3 ¿Qué es un sistema multitarea?
- A - Un programa que puede efectuar varias tareas al mismo tiempo.
- B - Un sistema capaz de iniciar varios programas unos tras otros.
- C - Un sistema operativo capaz de ejecutar varios programas simultáneamente.

4 ¿Por qué Linux se considera un sistema de tipo Unix-like?

5 En un sistema multiusuario:
- A - Varias personas pueden conectarse al mismo tiempo.
- B - Los programas pueden ejecutarse con nombres de usuarios diferentes.
- C - Un usuario debe estar conectado para ejecutar programas.
- D - Varios usuarios pueden conectarse al mismo tiempo.

6 ¿Para qué sirven las llamadas al sistema de un núcleo Unix?

7 ¿Qué significa FSF?
- A - Free Society for Freedom.
- B - Freeware Survey Front.
- C - Free Software Foundation.
- D - Foundation for Software to be Free.

8 ¿Quién es Richard Stallman?

9 ¿Puede ser de pago un programa libre?

10 ¿Es legal copiar y dar una distribución de tipo Ubuntu a sus conocidos?

11 ¿Quién creó Linux?

12 Nombre tres distribuciones de Linux conocidas.

13 ¿Cuál es la principal diferencia entre una distribución Debian y una distribución Red Hat?

14 ¿Cómo probar Linux sin instalarlo?

15 ¿En qué sitio web en español puede informarse sobre la actualidad de Linux y los programas libres?

Resultados

Diríjase a las páginas siguientes para comprobar sus respuestas. Por cada respuesta correcta, sume un punto.

Número de puntos /15

Debe acertar al menos 10 preguntas de este capítulo (10/15).

Respuestas

El sistema operativo Linux

1 ¿Cuál es, en resumen, el papel de un sistema operativo?

Un sistema operativo es la interfaz entre el hardware y las aplicaciones.

2 ¿La interfaz gráfica forma parte del sistema operativo Linux?

No. El entorno gráfico no está incluido en el sistema. Es un producto complementario que funciona en el espacio de trabajo del usuario.

3 ¿ Qué es un sistema multitarea?

- A - Un programa que puede efectuar varias tareas al mismo tiempo.
- B - Un sistema capaz de iniciar varios programas unos tras otros.
- C - Un sistema operativo capaz de ejecutar varios programas simultáneamente.

C.

4 ¿Por qué Linux se considera un sistema de tipo Unix-like?

Porque implementa llamadas al sistema Unix, lo que facilita la portabilidad de aplicaciones diseñadas para Unix a un kernel de Linux.

5 En un sistema multiusuario:

- A - Varias personas pueden conectarse al mismo tiempo.
- B - Los programas pueden ejecutarse con nombres de usuarios diferentes.
- C - Un usuario debe estar conectado para ejecutar programas.
- D - Varios usuarios pueden conectarse al mismo tiempo.

A y B.

6 ¿Para qué sirven las llamadas al sistema de un núcleo Unix?

Son funciones internas puestas a disposición por el kernel para permitir que los programas accedan a los recursos administrados por el kernel.

7 ¿Qué significa FSF?

- A - Free Society for Freedom.
- B - Freeware Survey Front.
- C - Free Software Foundation.
- D - Foundation for Software to be Free.

C.

8 ¿Quién es Richard Stallman?

El primer presidente de la FSF, del proyecto GNU y el fundador del movimiento de los programas libres.

9 ¿Puede ser de pago un programa libre?

Sí, solo las fuentes deben ser publicadas gratuitamente.

10 ¿Es legal copiar y dar una distribución de tipo Ubuntu a sus conocidos?

Sí, la distribución es libre y las libertades ofrecidas por la licencia GPL lo autorizan.

11 ¿Quién creó Linux?

Linus Torvalds.

12 Nombre tres distribuciones conocidas de Linux.

Red Hat, Ubuntu, Debian, openSUSE, Fedora, etc.

13 ¿Cuál es la principal diferencia entre una distribución Debian y una distribución Red Hat?

La distribución Debian es libre y comunitaria, mientras que la distribución Red Hat, aunque sea libre, es comercial. Otra respuesta correcta: su administrador de paquetes de software dpkg para Debian y rpm para Red Hat.

14 ¿Cómo probar Linux sin instalarlo?

Con un LiveCD, un LiveUSB o el menú «probar antes de instalar» del soporte de instalación de la mayoría de las distribuciones.

15 ¿En qué sitio web en español puede informarse sobre la actualidad de Linux y los programas libres?

https://www.genbeta.com/categoria/linux

G. Prácticas

1. Distribuciones

1. El sitio Distrowatch https://distrowatch.com/ proporciona información completa sobre todas las distribuciones conocidas de Linux, así como estadísticas. Acceda a este sitio y conteste a las siguientes preguntas:

   a - ¿Por qué se caracteriza la distribución Gentoo?

   b - ¿Puede un principiante instalar la distribución LFS?

2. Diríjase al sitio oficial de openSUSE https://www.opensuse.org/ y conteste a las siguientes preguntas:

   a - ¿Cuáles son los soportes y métodos posibles para descargar openSUSE?

   b - ¿La distribución openSUSE puede soportar la tarjeta Creative Audigy2?

   c - ¿Qué es Zypper?

Soluciones posibles

1. El sitio web de Distrowatch https://distrowatch.com/ proporciona información completa sobre todas las distribuciones y estadísticas conocidas de Linux. Acceda a dicho sitio y responda a las siguientes preguntas:

   a - ¿Cuál es el aspecto específico de la distribución de Gentoo?

   b - ¿Puede un principiante instalar la distribución LFS?

   Respuestas:

   a - Introduzca Gentoo en el campo de la parte superior izquierda. En la descripción se especifica que Gentoo tiene una herramienta especial de supervisión particular llamada Portage. Si profundiza más, aprenderá que Gentoo acepta la compilación sobre la marcha de los paquetes para adaptarse perfectamente a su sistema operativo.

   b - LFS no es para principiantes. No es una distribución, sino un método para crear su propia distribución. Debe seguir una guía para crear su instalación de Linux desde cero (*Linux From Scratch*).

2. Visite el sitio web oficial de openSUSE https://www.opensuse.org/ y responda a las siguientes preguntas:

   a - ¿Cuáles son los medios y métodos posibles para descargar openSUSE?

   b - ¿La tarjeta Creative Audigy2 es compatible con la distribución openSUSE?

   c - ¿Qué es Zypper?

   Respuestas:

   a - Acceda a "Leap" y luego a "Installer Leap". openSUSE se puede descargar como una imagen completa de DVD o como una imagen de instalación a través de la red (Internet). La descarga se puede realizar a través de BitTorrent, Metalink o transferencia HTTP clásica. Todo es gratis.

   b - Acceda a https://en.opensuse.org/Portal:Hardware y escriba Audigy. Se proporcionan varios enlaces. Dado que la palabra HCL significa *Hardware Compatibility List*, haga clic en el enlace HCL:Sound (https://en.opensuse.org/HCL:Sound) correspondiente.t.

   c - Zypper (https://en.opensuse.org/Zypper) es un administrador de paquetes que permite instalar el software y los componentes proporcionados como repositorios para SLES y openSUSE

2. Documentación

1. Vaya al sitio web http://tldp.org/ del proyecto de documentación de Linux "The Linux Documentation Project". Este sitio ofrece documentación diversa: FAQ, HOWTO, guías, manuales, tutoriales traducidos o no.

   a - Un HOWTO es un documento que describe cómo realizar una acción en particular, paso a paso. Consulte el HOWTO para ver el problema del Signal 11 que interrumpe una compilación del núcleo.

   b - Determinar la causa más común del origen de este mensaje.

   c - Si sospecha que una tarjeta de memoria está defectuosa, ¿qué consejo le da este HOWTO ?

Soluciones posibles

1. Vaya al sitio web http://tldp.org/ del proyecto de documentación de Linux "The Linux Documentation Project". Este sitio ofrece documentación diversa: FAQ, HOWTO, guías, manuales, tutoriales traducidos o no.

   a - Un HOWTO es una guía que explica paso a paso cómo realizar una acción en concreto. Consulte el HOWTO para ver el problema del Signal 11 que interrumpe una compilación del núcleo.

   b - Identificar la causa más común del origen de este mensaje.

   c - Si sospecha que una tarjeta de memoria es defectuosa, ¿qué consejo le da este HOWTO?

   Respuestas:

   a - Haga clic a la izquierda en Translated Howtos y, después, en es en la lista del medio. Elija el formato que desee: Texto completo (una página grande en formato de texto), HTML completo, HTML por capítulos o PDF. Por el momento, es preferible el formato HTML en una página. A continuación, elija el sig11-HOWTO de la lista: https://tldp.org/FAQ/sig11/html/index.html

   b - El HOWTO le indica que la causa principal de una señal 11 es un problema de hardware.

   c - El HOWTO recomienda realizar una prueba más profunda que la sugerida por la BIOS de la máquina, como memtest86, por ejemplo.

Capítulo 2

Requisitos previos

- ☒Haber configurado la BIOS para arrancar en el lector CD/DVD o el soporte USB o bien disponer de un hipervisor de máquinas virtuales.
- ☒Disponer de una fuente de instalación (CD, DVD, USB, imagen ISO, red).

Objetivos

Al final de este capítulo, será capaz de:

- ☒Instalar una distribución Ubuntu, Debian o de tipo Red Hat.
- ☒Gestionar los paquetes de software de tipo Red Hat.
- ☒Utilizar los comandos Red Hat Package Manager.
- ☒Utilizar los administradores de paquetes Yum et DNF.
- ☒Gestionar los paquetes de software de tipo Debian.
- ☒Utilizar los administradores de paquetes APT y sus derivados.
- ☒Utilizar el administrador de paquetes Zypper.
- ☒Gestionar las librerías compartidas.

A. Instalar una distribución

Antes de proceder a la instalación de una distribución Linux en un ordenador, hay que responder a diferentes preguntas y determinar los argumentos principales:

1. Determinar las características de instalación

- ¿Para qué se utilizará el sistema: estación de trabajo de un usuario, estación de trabajo de un desarrollador, servidor de recursos, servidor de aplicaciones, red?
- ¿Cuál será la configuración mínima deseable (dependiendo del uso previsto): tamaño de la memoria, procesador(es), espacio en disco, tarjeta(s) de red?
- ¿Qué distribución se debe instalar?
- ¿Qué medios se van a instalación utilizar para la instalación: CD/DVD, llave USB, instalación a través de la red?

☞*Es posible instalar una distribución de Linux en una máquina virtual, especialmente para pruebas. También puede configurar una máquina virtual en la nube.*

2. Parámetros de instalación

Una vez se conozcan las respuestas a las preguntas anteriores, puede comenzar la instalación. Se requieren pocos elementos para una instalación básica, y normalmente será posible completarla más adelante, a excepción de ciertos parámetros que se deben especificar en el momento de la instalación, ya que puede ser difícil modificarlos posteriormente:

- Idioma
- Huso horario
- Nombre de la máquina
- Dominio DNS
- Direccionamiento IP básico (dirección IP, pasarela predeterminada, servidor DNS o automático a través de un servidor DHCP)
- Disco del sistema
- Organización del espacio en disco primario: una o más particiones, tamaño de partición o uso de volúmenes lógicos LVM

3. Procedimiento de instalación

El software de instalación varía mucho según la distribución, pero los pasos principales son los mismos. La mayoría de las distribuciones suelen ofrecer tres:

- **Gráfico**: La instalación se realiza en modo gráfico con el uso del ratón.
- **Semi-gráfico**: La instalación se realiza a través de menús en modo semigráfico. Este modo a veces es necesario si la tarjeta gráfica no está bien administrada por el sistema de instalación mínima.
- **Línea de comandos**: la instalación se desarrolla en modo línea de caracteres.

☞*También es posible realizar una instalación automatizada, a través de un software de gestión automática de la configuración. Este suele ser el caso de las instalaciones de granjas de servidores.*

4. Particionamiento de los discos

Hay tres métodos principales para configurar la partición del disco durante la instalación:

- Particionamiento asistido clásico.
- Particionamiento mediante volúmenes lógicos LVM (*Logical Volume Manager)*.
- Particionamiento personalizado.

El método asistido clásico puede ser adecuado para la instalación de un puesto de trabajo o un servidor de pruebas.

Por lo general, se recomienda crear:

- una partición de arranque del sistema (`/boot`),
- una para la raíz del sistema (`/`),
- una para archivos temporales (`/tmp`),
- una para datos dinámicos (`/var`),
- una para los datos del usuario (`/home`),
- así como una partición específica para el espacio de **swap** (de 2 a 32 GB, dependiendo del tamaño de la memoria de la máquina).

El gestor de volúmenes lógicos LVM permite definir uno o más espacios lógicos de almacenamiento (denominados grupos de volúmenes), agrupando discos físicos o particiones (denominados volúmenes físicos), para crear conjuntos lógicos independientes (denominados volúmenes lógicos), cuyo tamaño se puede cambiar dinámicamente.

En el caso de las instalaciones de producción, el esquema de particionamiento se debe estudiar teniendo en cuenta la configuración del hardware (número y tipos de discos), la función y el uso del sistema (estación de trabajo, servidor de recursos, servidor de aplicaciones, etc.).

☞ *La solución LVM proporciona una gran flexibilidad en la gestión del espacio de almacenamiento. Es la más utilizada, especialmente para servidores.*

Después de confirmar el esquema de partición, el software de instalación creará efectivamente las particiones y los sistemas de archivos en los discos elegidos, sobrescribiendo los datos ya existentes.

5. Configuración de redes

La configuración de al menos una interfaz de red permitirá que el software de instalación acceda a los repositorios de software en Internet, además de los presentes en los medios de instalación.

Por lo general, el software detecta las interfaces de hardware disponibles y muestra una lista de ellas. Si la red local tiene un servidor DHCP, se puede utilizar para la configuración automática (incluso temporal). De lo contrario, debe especificar manualmente los parámetros indispensables: dirección IP, máscara de subred y pasarela predeterminada.

La configuración final de las interfaces de red se puede realizar en una fecha posterior. Sin embargo, es aconsejable especificar durante la instalación, si es posible, el nombre de red del sistema, así como el dominio DNS al que pertenece.

6. Selección de los paquetes de software

La selección de los paquetes de software que se instalarán se puede realizar en el momento de la instalación o posteriormente. Es posible determinar el conjunto de aplicaciones que se va a desplegar, seleccionando el tipo de sistema en el que se va a instalar (puesto de trabajo, puesto de desarrollo, servidor simple, servidor de aplicaciones de red, etc.). También se puede elegir un conjunto personalizado de elementos para instalar. El procedimiento varía en función de la distribución.

7. Reinicio

Después de la fase de instalación de los componentes de software en los discos, que lleva más o menos tiempo dependiendo de los elementos que se elijan, se inicia el nuevo sistema. A continuación, se puede finalizar la instalación.

B. Los administradores de paquetes de software

Las distribuciones de Linux ofrecen herramientas de administración de software, que le permiten instalar, actualizar o desinstalar los componentes de software en un sistema. Estas herramientas mantienen una base de datos que permite a los administradores conocer y administrar todas las aplicaciones implementadas a través de estas herramientas.

☞ *Los dos administradores de software más utilizados hoy en día son el de tipo Debian y el de tipo Red Hat. Ambos se basan en el concepto de un paquete de software (package), pero no tienen una estructura común ni herramientas de diferente estructura y ofrecen diferentes herramientas. Distribuciones como Red Hat o SUSE utilizan el formato RPM (Red Hat Package Manager), mientras que las distribuciones Debian y Ubuntu utilizan el formato DPKG (Debian Package).*

1. Noción de paquete de software (package)

En un entorno Linux, la mayoría de los componentes de software se proporcionan como paquetes de software (paquetes). Un paquete de software es un archivo que contiene los componentes del producto que se van a instalar, así como un conjunto de reglas para instalarlo, actualizarlo o desinstalarlo. Dependiendo de su contenido, su tamaño puede ser mayor o menor. Por ejemplo, el kernel y todos sus módulos se suministran de esta forma.

Hay muchas reglas para un paquete de software:

- Gestión de las dependencias: lista los componentes de software externos que necesita.
- Preinstalación: acciones necesarias antes de instalar el producto (cambiar los permisos de acceso, crear los repositorios, etc.).
- Posinstalación: acciones necesarias después de la instalación del producto (parametrización de un archivo de configuración, compilación anexo, etc.).

Tener información de dependencia le permite instalarla automáticamente antes de desplegar la aplicación deseada.

Estos paquetes pueden estar disponibles en varias ubicaciones (repositorios, directorios), ya sea localmente (disco duro, CD-ROM, DVD, etc.) o en un servidor remoto (HTTP, FTP, NFS, etc.).

Se debe dar preferencia a los paquetes de software destinados a la distribución instalada. Si este no es el caso, a veces es posible utilizar un formato de otra distribución o volver a compilar el producto.

Las actualizaciones de un sistema Linux que utilizan un sistema de packaging se simplifican mucho. Para cambiar de una versión de un producto a otra, recupere simplemente la versión superior correspondiente del paquete de software e instálelo. Hay formatos que solo proporcionan las diferencias de una versión a otra en el paquete de software. Sin embargo, aún es posible utilizar un paquete de software completo.

C. Los paquetes de software Red Hat

Red Hat ha definido el formato de paquetes de software **RPM** (*Red Hat Package Manager*), utilizado por las distribuciones de tipo Red Hat y SUSE.

1. El gestor RPM

RPM es un conjunto de software que soporta la distribución, la instalación, la actualización y la eliminación de los programas. Para hacer esto, dispone de comandos específicos que se basan en una base de datos local.

La base de datos de gestión de los paquetes de software está ubicada en **`/var/lib/rpm`**. Toda la información correspondiente a los programas instalados, sus versiones, sus archivos y derechos y sus dependencias, se almacena. Solo en casos especiales, no se debe modificar NUNCA esta base de datos directamente, sino que se deben utilizar las herramientas RPM para ello.

Se facilita cada programa en forma de paquete de software con formato RPM. El nombre del paquete utiliza el sufijo `.rpm` y responde a una nomenclatura precisa.

```
nombre-versión-edición.arquitectura.rpm
```

La edición es un identificador de versión del paquete de software RPM propio del editor que puede ser un simple número de construcción (número de veces que el paquete de software ha sido reconstruido), pero también podría contener datos como la versión del sistema o la referencia a una confirmación de un repositorio de código git.

La arquitectura dicta el tipo de procesador que se admite. Un paquete de software en arquitectura `noarch` contiene solo elementos que son independientes del tipo de procesador (scripts, programas de lenguaje interpretado, documentación, imágenes, sonido, vídeo, etc.).

Ejemplo

Archivo de paquete de software de php 8.1.14:

```
php-8.1.14-1.module_el9+260+8424407f.x86_64.rpm
```

Este archivo contiene la edición `1.module_el9+260+8424407f` del paquete de software PHP en versión `8.1.14`. La arquitectura es `x86_64` (Intel o AMD 64 bits).

2. Instalar, actualizar y eliminar

Para instalar un paquete de software RPM, podemos utilizar la opción `-i`.

```
rpm -i php-8.1.14-1.module_el9+260+8424407f.x86_64.rpm
```

Dado que es posible utilizar comodines (**`rpm -i *.rpm`**), quizás necesite visualizar el nombre del paquete de software durante la instalación con la opción `-v`. La opción `-h` visualiza caracteres **#** para indicar la progresión de la instalación.

☞*La instalación no funcionará si las dependencias no están resueltas. Este es el caso del paquete de software php que se ha presentado.*

La actualización de un producto hacia una versión superior desde un paquete de software se hace con la opción `-U`. En este caso, todos los archivos se actualizan con los de la nueva versión: se eliminan los antiguos y los nuevos los sustituyen. Se guardan los antiguos archivos de configuración con una extensión **`.rpmsave`**. Si el paquete de software no está instalado, realice la instalación.

```
rpm -Uvh php-8.1.14-1.module_el9+260+8424407f.x86_64.rpm
```

La actualización es también posible con la opción `-F`, pero al contrario que con la opción `-U`, este comando no instalará la aplicación si no lo está inicialmente. Así, si dispone de todos los paquetes de actualización del sistema y solo desea actualizar los que realmente están instalados, entonces puede teclear:

```
rpm -Fvh *.rpm
```

La eliminación se efectúa con la opción `-e`. Deberá especificar el nombre del paquete de software instalado y no el nombre del archivo del paquete de software.

```
rpm -e php
```

Cuenta con varias opciones:

- `--force`: en caso de conflicto con otro paquete de software (el caso más habitual es el de dos paquetes de software que proponen el mismo archivo en el mismo sitio), esta opción fuerza la instalación.
- `--nodeps`: si el paquete de software no se puede instalar debido a un problema de dependencias, esta opción forzará la instalación. A veces, este error se produce cuando se instala la dependencia en cuestión de otra manera y no es a partir de un paquete de software rpm (p. ej.: compilación, binario copiado a mano).

☞*En la medida de lo posible, evite utilizar estas opciones, que pueden romper algunas dependencias, sobre todo si utiliza un sistema de metapaquete (`yum`, `dnf`, `apt`, `zypper`, `urpmi`, etc.).*

3. El caso del núcleo

La instalación o la actualización de un núcleo es un caso particular. En efecto, la actualización elimina la versión antigua. El núcleo es un componente muy crítico del sistema. Si, como resultado de la actualización, el sistema no funciona (o funciona mal), habría que volver a instalar un antiguo núcleo desde el soporte de instalación. El procedimiento recomendado es el siguiente:

- Instalación del nuevo núcleo con la opción `-i`. El nuevo nodo se añade al sistema.
- Reinicio y prueba de los programas y periféricos con el nuevo núcleo.
- Si funciona correctamente, se puede eliminar el antiguo núcleo con `-e`.
- Grub 1: Edición de **`/boot/grub/grub.conf`** y modificación de la línea `Default` para arrancar por defecto en el nuevo núcleo si utiliza la primera versión de grub, o actualiza el cargador de arranque empleando sus herramientas.
- Grub 2: Ejecución del comando `grb2-mkconfig` para regenerar el archivo `/boot/grub2/grub.cfg`.

4. Consultas RPM

Se puede consultar la base de datos RPM con la opción `-q` seguida de algunas opciones.

-a: lista de todos los paquetes de software instalados.

`-i`: información general (el resumen) del paquete de software.

`-l`: lista de los archivos instalados.

`-f` nombre: encuentra el paquete de software que contiene el archivo dado.

`-p nombre`: la búsqueda se efectúa en el archivo del paquete de software dado.

`--requires`: dependencias del paquete de software.

`--provides`: lo que proporciona el paquete de software.

`--scripts`: scripts ejecutados en la instalación y la eliminación.

`--changelog`: el historial del paquete de software.

Ejemplo

Información y archivos instalados por el paquete de software del editor de texto `emacs`:

```
# rpm -qil emacs-27.2-6.el9_1.1.x86_64
Name        : emacs
Epoch       : 1
Version     : 27.2
Release     : 6.el9_1.1
Architecture: x86_64
Install Date: lun. 08 mayo 2023 15:00:25
Group       : Unspecified
Size        : 17241163
License     : GPLv3+ and CC0-1.0
Signature   : RSA/SHA256, Thu. 11 avril 2023 17:01:05, Key ID 199e2f91fd431d51
Source RPM  : emacs-27.2-6.el9_1.1.src.rpm
Build Date  : Wend. 05 avril 2023 23:46:54
Build Host  : x86-64-02.build.eng.rdu2.redhat.com
Packager    : Red Hat, Inc. <http://bugzilla.redhat.com/bugzilla>
Vendor      : Red Hat, Inc.
URL         : http://www.gnu.org/software/emacs/
Summary     : GNU Emacs text editor
Description :
Emacs is a powerful, customizable, self-documenting, modeless text
editor. Emacs contains special code editing features, a scripting
language (elisp), and the capability to read mail, news, and more
without leaving the editor.

This package provides an emacs binary with support for X windows.
/usr/bin/emacs
/usr/bin/emacs-27.2
/usr/bin/emacs-27.2.pdmp
/usr/lib/.build-id
/usr/lib/.build-id/12
```

```
/usr/lib/.build-id/12/87e5252c9427b4b757b0cb9018d41b595f4678
/usr/share/appdata/emacs.appdata.xml
/usr/share/applications/emacs.desktop
/usr/share/icons/hicolor/128x128/apps/emacs.png
/usr/share/icons/hicolor/16x16/apps/emacs.png
/usr/share/icons/hicolor/24x24/apps/emacs.png
/usr/share/icons/hicolor/32x32/apps/emacs.png
/usr/share/icons/hicolor/48x48/apps/emacs.png
/usr/share/icons/hicolor/scalable/apps/emacs.ico
/usr/share/icons/hicolor/scalable/apps/emacs.svg
/usr/share/icons/hicolor/scalable/mimetypes/emacs-document.svgd
```

Dependencias del paquete de software `php-8.1.14`*:*

```
# rpm -qp --requires php-8.1.14-1.module_el9+260+8424407f.x86_64.rpm
warning : php-8.1.14-1.module_el9+260+8424407f.x86_64.rpm: Header V3
RSA/SHA256 Signature, key ID 8483c65d: NOKEY
php-common(x86-64) = 8.1.14-1.module_el9+260+8424407f
rpmlib(CompressedFileNames) <= 3.0.4-1
rpmlib(FileDigests) <= 4.6.0-1
rpmlib(PayloadFilesHavePrefix) <= 4.0-1
rpmlib(PayloadIsZstd) <= 5.4.18-1
```

Información para el paquete de software `php-8.1.14`*:*

```
#  rpm -qi php-8.1.14-1.module_el9+260+8424407f.x86_64.rpm
warning : php-8.1.14-1.module_el9+260+8424407f.x86_64.rpm: Header V3
RSA/SHA256 Signature, key ID 8483c65d: NOKEY
Name        : php
Version     : 8.1.14
Release     : 1.module_el9+260+8424407f
Architecture: x86_64
Install Date: (not installed)
Group       : Unspecified
Size        : 0
License     : PHP and Zend and BSD and MIT and ASL 1.0 and NCSA and Boost
Signature   : RSA/SHA256, vier. 20 enero 2023 17:11:00, Key ID 05b555b38483c65d
Source RPM  : php-8.1.14-1.module_el9+260+8424407f.src.rpm
Build Date  : Fri. 20 Jan 2023 15:31:48
Build Host  : x86-02.stream.rdu2.redhat.com
Packager    : builder@centos.org
Vendor      : CentOS
URL         : http://www.php.net/
Summary     : PHP scripting language for creating dynamic web sites
Description :
PHP is an HTML-embedded scripting language. PHP attempts to make it
easy for developers to write dynamically generated web pages. PHP also
offers built-in database integration for several commercial and
non-commercial database management systems, so writing a
database-enabled webpage with PHP is fairly simple. The most common
use of PHP coding is probably as a replacement for CGI scripts.
```

Paquete de software que ha instalado el archivo `/usr/bin/passwd`*:*

```
# rpm -qf /usr/bin/passwd
passwd-0.80-12.el9.x86_64
```

5. Verificación de los paquetes de software

Es posible que, después de instalar un paquete de software, se haya alterado uno o varios archivos instalados (cambio de permisos, de propietario, edición, eliminación, etc.). Como la base RPM contiene toda la información necesaria, se puede pedir una comprobación con la opción `-V`.

Ejemplo

Control del paquete de software instalado para el editor de texto emacs:

```
# rpm -V emacs
.M.......    /usr/bin/emacs-27.2
```

Un punto significa que la etapa de comprobación es correcta. Si no es así el punto se sustituye por:

- **S**: se modificó el tamaño del archivo.
- **5**: la suma MD5 ya no se corresponde.
- **T**: la fecha de modificación ya no es la misma.
- **U**: se modificó el propietario.
- **G**: se modificó el grupo.
- **L**: se modificó el vínculo simbólico.
- **M**: se modificaron los permisos o el tipo de archivo.
- **D**: se modificó el periférico (major/minor).

Una **c** indica que se trata de un archivo de configuración.

A menudo, el editor de la distribución firma los archivos de paquetes de software RPM para garantizar su integridad. Se puede comprobar con una clave pública GPG que se tiene que haber cargado ya en el sistema.

Ejemplo

Para obtener la lista de las claves GPG instaladas:

```
rpm -qa gpg-pubkey*
gpg-pubkey-fd431d51-4ae0493b
gpg-pubkey-5a6340b3-6229229e
```

Para controlar la clave de un archivo de paquete de software:

```
rpm --checksig libjpeg-turbo-1.5.3-10.el8.x86_64.rpm
```

6. Las dependencias

El comando rpm no resuelve automáticamente las dependencias de un paquete de software, por lo que se deben instalar primero.

Por otro lado, herramientas complementarias como **APT** o **Yum**, así como las herramientas gráficas proporcionadas por la distribución, se pueden gestionar de forma automática.

7. Extraer el contenido de un paquete de software

Un paquete de software RPM contiene el archivo en formato **cpio** del producto que se va a instalar. Podemos extraer los archivos con el comando **rpm2cpio**. Observe que el resultado está escrito en la salida estándar, lo que permite utilizar un pipe a un comando de extracción o de control del contenido.

Ejemplo

Extracción del contenido del archivo paquete de software emacs *en formato* cpio*:*

```
# rpm2cpio emacs-28.2-4.1.x86_64.rpm >emacs.cpio
# file php.cpio
php.cpio: ASCII cpio archive (SVR4 with no CRC)
# mkdir test
# cd test/
#  cpio -diun < ../emacs.cpio
152598 blocs
# ls
etc  usr  var
# ls usr/bin
ebrowse  emacs  emacsclient
```

8. Actualizaciones automatizadas

Cada distribución proporciona una o más herramientas de actualización interactivas o automatizadas. Las distribuciones de tipo Red Hat ofrecen yum o dnf (reemplazando up2date después de la versión 4). Para la distribución Red Hat RHEL, el acceso a las actualizaciones requiere un número y una inscripción a **RHN** (*Red Hat Network*). Se deben utilizar los comandos de software RHSM (*Red Hat Subscription Manager*), a los que se puede acceder de forma independiente o a través de yum o dnf.

Las distribuciones derivadas como CentOS no pueden realizar las actualizaciones a través de RHN, pero ofrecen su propio sitio de actualizaciones.

D. El administrador de paquetes YUM

Yum (*Yellow dog Updater Modified*) es un software de gestión de paquetes de software. Carga los paquetes de software en repositorios de software y administra dependencias. Lo utilizan las distribuciones de tipo RPM, si los repositorios asociados lo admiten.

☞ *A partir de las versiones 8 de Red Hat Enterprise Linux y CentOS, el comando* yum *tiene un enlace simbólico al archivo ejecutable del comando* dnf*, que lo reemplaza y es totalmente compatible.*

```
# ls -l /usr/bin/yum
lrwxrwxrwx. 1 root root 5 15 sept.  2022 /usr/bin/yum -> dnf-3
```

Los comandos y ejemplos siguientes utilizan un servidor RHEL en versión 9. El archivo de configuración es **/etc/yum.conf** (enlace simbólico a /etc/dnf/dnf.conf).

1. Configurar los repositorios

Es posible configurar los repositorios de software adicionales a los que ya están presentes por defecto. Es el caso, por ejemplo, del repositorio **EPEL** gestionado por el proyecto Fedora, que añade muchos paquetes de software que no se encuentran en las distribuciones.

Los repositorios se ubican bien en el archivo de configuración principal, bien en el directorio **/etc/yum.repos.d**.

El formato de declaración de un repositorio es el siguiente (una línea que empieza por # es un comentario):

```
[epel]
name=Extra Packages for Enterprise Linux $releasever - $basearch
#baseurl=https://download.fedoraproject.org/pub/epel/$releasever/
Everything/$basearch
metalink=https://mirrors.fedoraproject.org/metalink?repo=
epel-$releasever&arch=$basearch&infra=$infra&content=$contentdir
enabled=1
gpgcheck=1
countme=1
gpgkey=file:///etc/pki/rpm-gpg/RPM-GPG-KEY-EPEL-8
```

Con:

- [epel]: identificador del repositorio.
- name: el nombre largo del repositorio, detallado.
- baseurl: la URL del repositorio.
- metalink (o **mirrorlist**): siempre se debe proporcionar una URL específica, metalink apunta a una lista de URL que **YUM** puede utilizar.
- gpgcheck: requiere comprobar la firma GPG del repositorio si el valor es igual a 1.
- enabled: si no está definido o en 1, el repositorio está activo.
- gpgkey: ruta de la clave pública GPG.
- failovermethod: opción que quedará pronto obsoleta en dnf. Indica cómo seleccionar el repositorio en caso de fallo (lista secuencial aleatoria).

Las URL de los repositorios pueden ser locales (file://) o remotas (http://, https:// o ftp://). Deben apuntar a un directorio que contiene la información de repositorios que se encuentran en la carpeta repodata.

El archivo de configuración puede hacer uso de variables, como en este caso $basearch (arquitectura de 32 o 64 bits) o $releasever(la versión de la distribución). El comando yum rellena automáticamente estas variables según la instalación. Por supuesto, se les puede asignar los valores que crea oportunos.

Es posible definir los valores por defecto por medio de los atributos, a través del archivo de configuración principal de **Yum**, `/etc/yum.conf`.

La sección `[main]` de **`/etc/yum.conf`** puede contener la línea:

```
gpgcheck=1
```

En este caso, tendrá que modificar el valor `gpgcheck` a 0 en los repositorios que no necesitan firma.

Para declarar el repositorio EPEL en RHEL9, es necesario activar primero el constructor del repositorio (*codeready builder repository*) y, después, utilizar el paquete de software de instalación del repositorio.

Ejemplo

```
# subscription-manager repos --enable codeready-builder-for-rhel-9-$(arch)-rpms
El repositorio «codeready-builder-for-rhel-9-x86_64-rpms» está activo
para este sistema.
# yum install https://dl.fedoraproject.org/pub/epel/
epel-release-latest-9.noarch.rpm -y
[...]
Instalado:
  epel-release-9-5.el9.noarch
Finalizado
```

El paquete de software crea un archivo de declaración del nuevo repositorio, `/etc/yum.repos.d/epel.repo`, que contiene las definiciones de los diferentes repositorios EPEL:

Ejemplo

```
[epel]
name=Extra Packages for Enterprise Linux $releasever - $basearch
# It is much more secure to use the metalink, but if you wish to use a local mirror
# place its address here.
#baseurl=https://download.example/pub/epel/$releasever/Everything/$basearch/
metalink=https://mirrors.fedoraproject.org/metalink?repo=epel-$releasever&arch=
$basearch&infra=$infra&content=$contentdir
enabled=1
gpgcheck=1
countme=1
gpgkey=file:///etc/pki/rpm-gpg/RPM-GPG-KEY-EPEL-$releasever

[epel-debuginfo]
name=Extra Packages for Enterprise Linux $releasever - $basearch - Debug
# It is much more secure to use the metalink, but if you wish to use a local mirror
# place its address here.
#baseurl=https://download.example/pub/epel/$releasever/Everything/$basearch/debug/
metalink=https://mirrors.fedoraproject.org/metalink?repo=epel-debug-
$releasever&arch=
$basearch&infra=$infra&content=$contentdir
enabled=0
gpgkey=file:///etc/pki/rpm-gpg/RPM-GPG-KEY-EPEL-$releasever
gpgcheck=1

[epel-source]
name=Extra Packages for Enterprise Linux $releasever - $basearch - Source
```

```
# It is much more secure to use the metalink, but if you wish to use a local mirror
# place its address here.
#baseurl=https://download.example/pub/epel/$releasever/Everything/source/tree/
metalink=https://mirrors.fedoraproject.org/metalink?repo=epel-
source-$releasever&arch=$basearch&infra=$infra&content=$contentdir
enabled=0
gpgkey=file:///etc/pki/rpm-gpg/RPM-GPG-KEY-EPEL-$releasever
gpgcheck=1
```

2. Utilización de los repositorios

a. Refrescar la caché

Con cada comando, **Yum** intenta refrescar sus datos si se supera el plazo de expiración. Se puede reducir o ampliar este plazo con la modificación de la línea `metadata_expire` del archivo de configuración.

```
metadata_expire=1h
```

Puede forzar la actualización de la caché con la opción `makecache`:

Ejemplo

```
# yum makecache
Actualización de los repositorios de gestión de las suscripciones.
Extra Packages for Enterprise Linux 9 - x86_64          6.1 MB/s |   15 MB  00:02
Red Hat Enterprise Linux 9 for x86_64 - AppStream (RPMs) 14 kB/s | 4.5 kB   00:00
Red Hat CodeReady Linux Builder for RHEL 9 x86_64 (RPMs) 16 kB/s | 4.5 kB   00:00
Red Hat Enterprise Linux 9 for x86_64 - BaseOS (RPMs)    13 kB/s | 4.1 kB   00:00

Caché de metadatos creada.
```

Otra posibilidad consiste en forzar la eliminación de la caché para que se vuelva a construir de manera automática con el próximo comando `yum`:

Ejemplo

```
# yum clean all
37 archivos eliminados
```

b. Listar los paquetesde software

La opción `list` permite listar los paquetes de software (todos por defecto). Se puede especificar una lista de paquetes de software con, eventualmente, caracteres comodín. Hay varias opciones disponibles:

- `all`: opción por defecto. En primer lugar, se listan los paquetes de software instalados y luego los disponibles para la instalación.
- `available`: los paquetes de software disponibles para instalación.
- `updates`: los paquetes de software que se pueden actualizar.
- `installed`: los paquetes de software actualizados.
- `obsoletes`: los paquetes de software del sistema obsoletos debido a las versiones superiores disponibles.

- `recent`: los últimos paquetes de software añadidos en los repositorios.
- `repolist`: los repositorios configurados en `/etc/yum.conf` o `/etc/yum.repos.d`.

Ejemplo

El comando siguiente lista los núcleos disponibles:

```
# yum list available kernel\*
Paquetes disponibles
kernel.x86_64                    5.14.0-284.11.1.el9_2   rhel-9-for-x86_64-baseos-rpms
kernel-abi-stablelists.noarch    5.14.0-284.11.1.el9_2   rhel-9-for-x86_64-baseos-rpms
kernel-core.x86_64               5.14.0-284.11.1.el9_2   rhel-9-for-x86_64-baseos-rpms
kernel-cross-headers.x86_64      5.14.0-284.11.1.el9_2   codeready-builder-for-rhel-9-
x86_64-rpms
kernel-debug.x86_64              5.14.0-284.11.1.el9_2   rhel-9-for-x86_64-baseos-rpms
[...]
kernel-uki-virt.x86_64           5.14.0-284.11.1.el9_2   rhel-9-for-x86_64-baseos-rpms
kernelshark.x86_64               1:1.2-10.el9            rhel-9-for-x86_64-appstream-rpms
```

La opción `info` devuelve información detallada de un paquete de software. Es el equivalente a la opción `-i` del comando `rpm`.

Ejemplo

Información detallada del paquete de software `php`:

```
# yum info php
Paquetes disponibles
Nombre       : php
Versión      : 8.0.27
Lanzamiento  : 1.el9_1
Architectura : x86_64
Tamaño       : 11 k
Fuente       : php-8.0.27-1.el9_1.src.rpm
Repositorio  : rhel-9-for-x86_64-appstream-rpms
Resumen      : PHP scripting language for creating dynamic web sites
URL          : http://www.php.net/
Licencia     : PHP and Zend and BSD and MIT and ASL 1.0 and NCSA
Descripción  : PHP is an HTML-embedded scripting language. PHP attempts to make it
             : easy for developers to write dynamically generated web pages. PHP also
             : offers built-in database integration for several commercial and
             : non-commercial database management systems, so writing a
             : database-enabled webpage with PHP is fairly simple. The most common
             : use of PHP coding is probably as a replacement for CGI scripts.
```

c. Instalar paquetes de software

Para instalar uno o varios paquetes de software, es necesario utilizar la opción `install`, seguida de los nombres de los paquetes de software que se desea instalar.

La opción `-y` fuerza una respuesta positiva a todas las solicitudes de confirmación.

Ejemplo

Instalación del paquete de software `mc` (administrador de archivos Midnight Commander):

```
# yum install -y mc

Dependencias resueltas.
==========================================================================================
 Paquete     Arquitectura    Versión           Repositorio                            Tam
==========================================================================================
Instalando:
 mc          x86_64          1:4.8.26-5.el9    rhel-9-for-x86_64-appstream-rpms     2.0 M

Resumen de la transacción
==========================================================================================
Instalar  1 Paquete

Tamaño total de la descarga: 2.0 M
Tamaño instalado: 7.1 M
Descargando paquetes:
 mc          x86_64          1:4.8.26-5.el9    rhel-9-for-x86_64-appstream-rpms     2.0 M
------------------------------------------------------------------------------------------
Total                                                       3.7 MB/s | 2.0 MB     00:00
Ejecutando verificación de operación
Verificación de operación exitosa.
Ejecutando prueba de operaciones
Prueba de operación exitosa.
Ejecutando operación
  Preparando           :                                              1/1
  Instalando           : mc-1:4.8.26-5.el9.x86_64                     1/1
  Ejecutando scriptlet : mc-1:4.8.26-5.el9.x86_64                     1/1
  Verificando          : mc-1:4.8.26-5.el9.x86_64                     1/1

Installed products updated.

Instalado:
  mc-1:4.8.26-5.el9.x86_64

¡Listo!
```

d. Actualizaciones

La opción `check-update` permite comprobar si las actualizaciones de software están disponibles:

Ejemplo

```
# yum check-update
```

Si no devuelve nada quiere decir que no hay publicada ninguna actualización.

Tiene dos posibilidades para instalar las actualizaciones:

- `update`: actualización de un paquete de software o del conjunto de aplicaciones si no hay precisión.
- `upgrade`: actualización completa de la distribución: se sustituyen los paquetes de software considerados como obsoletos con los de la última versión disponible.

Es posible excluir algunos elementos de la actualización (el nodo en particular), utilizando la opción `--exclude`:

Ejemplo

```
# yum --exclude=kernel\* update
```

Para convertir esta o varias exclusiones en algo permanente, se pueden declarar en el archivo de configuración de Yum `/etc/yum.conf`, con la palabra clave `exclude`.

Ejemplo

```
exclude=php* kernel*

[...]
```

e. Buscar un paquete

Para saber si uno o varios paquetes de software existen en los repositorios de software, podemos utilizar la opción `search`, seguida del o de los nombres buscados. Los caracteres comodín están permitidos.

Ejemplo

Búsqueda de paquetes de software cuyo nombre contiene la cadena de caracteres `httpd` (servidor Apache):

```
# yum search httpd
============== Nombre corresponde exactamente a: httpd =======
httpd.x86_64 : Apache HTTP Server
============== Nombre & Resumen corresponde a: httpd =========
httpd-core.x86_64 : httpd minimal core
keycloak-httpd-client-install.noarch : Tools to configure Apache HTTPD
as Keycloak client
libmicrohttpd-devel.i686 : Development files for libmicrohttpd
libmicrohttpd-devel.x86_64 : Development files for libmicrohttpd
libmicrohttpd-doc.noarch : Documentation for libmicrohttpd
[...]
```

f. Desinstalar un paquete de software

Para desinstalar un paquete de software, utilice la opción `remove`:

Ejemplo

Desinstalación del paquete de software mc:

```
# yum remove mc
==========================================================================================
 Paquete  Arquitectura   Versión         Repositorio                               Tamaño
==========================================================================================
Eliminando:
 mc       x86_64         1:4.8.26-5.el9  @rhel-9-for-x86_64-appstream-rpms         7.1 M

Resumen de la transacción
==========================================================================================
Eliminar  1 Paquete

Espacio liberado: 7.1 M
```

```
¿Está de acuerdo [s/N]?: s
Ejecutando verificación de operación
Verificación de operación exitosa.
Ejecutando prueba de operaciones
Prueba de operación exitosa.
Ejecutando operación
  Preparando           :                                       1/1
 Eliminando            : mc-1:4.8. 26-5.el9.x86_64             1/1
 Ejecutando scriptlet : mc-1:4.8.26-5.el9.x86_64               1/1
  Verificando          : mc-1:4.8.26-5.el9.x86_64              1/1
Installed products updated.
Eliminado:
mc-1:4.8. 26-5.el9.x86_64

¡Listo!
```

g. Descargar un paquete de software

El comando `yumdownloader` permite descargar un paquete de software sin instalarlo. Este comando forma parte del paquete de software `yum-utils`:

Ejemplo

Descarga del archivo de paquete de software `mc` habiendo instalado inicialmente las herramientas de Yum:

```
# yum install yum-utils
[...]
Instalado:
  yum-utils-4.3.0-5.el9_2.noarch
Finalizado
# yumdownloader mc
mc-4.8.26-5.el9.x86_64.rpm                3.3 MB/s | 2.0 MB     00:00
# ls -l  mc*
-rw-r--r--. 1 root root 2081636  9 mayo   10:32 mc-4.8.26-5.el9.x86_64.rpm
```

E. El administrador de paquetes DNF

DNF (*Dandified Yum*), introducido en la versión 18 de la distribución Fedora, se ha convertido en el instalador de paquetes de software predeterminado para distribuciones de tipo Red Hat.

DNF es una reescritura completa del software Yum, su comando, `dnf`, utiliza todas las opciones del comando `yum`, con la misma sintaxis.

Ejemplo

Búsqueda del paquete de software `httpd-core`:

```
# dnf search httpd-core
Actualización de los repositorios de gestión de las suscripciones.
Última verificación de la expiración de los metadatos realizada
hace 0:30:03 en Thu. 09 may 2023 10:04:21.
=============== Nombre corresponde exactamente a: httpd-core ================
httpd-core.x86_64 : httpd minimal core
```

F. Los paquetes de software Debian

Debian ha definido el formato de los paquetes de software `.deb`, utilizado por su propia distribución y sus derivadas (como Ubuntu).

1. dpkg: el comando de gestión de paquetes Debian

El comando `dpkg` es el equivalente del comando `rpm` para paquetes de software en formato Debian, que utilizan paquetes con la extensión `.deb`. El comando `dpkg` se puede usar para administrar paquetes de software.

La base de datos de `dpkg` normalmente se coloca en `/var/lib/dpkg`. Los archivos que la componen están en formato de texto, pero no necesitan ser editados directamente. El archivo `/var/lib/dpkg/status` contiene todos los paquetes de software conocidos por `dpkg` y su estado.

Ejemplo

Lista de líneas "`package`" en el archivo de `status`:

```
# grep ^Package: /var/lib/dpkg/status | grep linux
Package: accountsservice
Package: acl
Package: adduser
Package: adwaita-icon-theme
Package: aisleriot
Package: alsa-topology-conf
Package: alsa-ucm-conf
Package: alsa-utils
Package: anacron
Package: apache2-bin
Package: apg
[...]
```

2. Instalar, actualizar y eliminar paquetes de software

Las opciones **`-i`**, o **`--install`**, instalan paquetes de software de nombres de archivo pasados como argumentos.

Ejemplo

```
#DPKG-e Mipaquete.dev
```

El comando `dpkg` no soporta dependencias. Si falta alguna, el comando lo indicará. En este caso, se deben instalar antes de implementar el paquete de software.

Puede solicitar la instalación de todos los paquetes de software de un árbol con la opción `-R` (Recursiva). La opción espera un nombre de directorio como argumento: se instalarán todos los paquetes de software del directorio y sus subdirectorios.

Ejemplo

```
# dpkg -R directorio
```

Se actualiza de la misma manera que se instala, con la opción **`-i`**. Si instala un paquete de software ya presente, el comando efectúa su actualización.

Procedimiento para realizar una instalación o una actualización usando `dpkg`:

- Extracción de los archivos de control del nuevo paquete.
- Si ya se instaló una antigua versión, se ejecuta el script previo a la eliminación del antiguo paquete.
- Ejecución del script de preinstalación si se facilita con el paquete.
- Desempaquetado de nuevos archivos y copia de seguridad del antiguo paquete.
- Cuando ya se ha instalado una antigua versión del paquete, se ejecuta el script posterior a la eliminación del antiguo paquete.
- Configuración del paquete.

☞*Para actualizar un paquete de software solo si ya está instalado, primero debe comprobar que esté instalado.*

La desinstalación de un paquete de software se realiza con la opción `-r`. No gestiona las dependencias, sino que elimina todos los elementos del paquete de software, excepto los archivos de configuración, para evitar la reconfiguración del software en caso de reinstalación. Para borrar todos los rastros de la aplicación, incluidos estos archivos, debe utilizar la opción `-P` (purge).

Con esta opción, el comando elimina todos los elementos del paquete de software, excepto los archivos de configuración, para evitar la reconfiguración del software en caso de reinstalación. Para borrar todos los rastros de la aplicación, incluidos estos archivos, debe utilizar la opción `-P` (purge).

La desinstalación de un paquete sigue las etapas siguientes:

- Ejecución del script previo a la eliminación.
- Eliminación de los archivos instalados.
- Ejecución del script de posterior a la eliminación.

Ejemplos:

```
# dpkg -r zip
# dpkg -P apache
```

3. Consultas de búsqueda y selección de paquetes

a. Listar los paquetes

La opción `-l` permite listar todos los paquetes de software de Debian conocidos por el sistema, instalados o no, con su estado.

Ejemplo

Lista de todos los paquetes conocidos del sistema:

```
# dpkg -l
Deseado=desconocido(U)/Instalar/eliminaR/Purgar/retener(H)
| Estado= No/Inst/ficheros-Conf/desempaqUetado/medio-conF/medio-inst(H)/espera-di
Err?=(ninguno)/requiere-Reinst (Estado,Err: mayúsc.=malo)

||/ Nombre          Versión   Arquitectura  Descripción
+++-==========================================================================
ii  accountsservice  0.6.55-3  amd64        query and manipulate user account
information server...
```

```
ii  openssl          1.1.1c-1ubuntu4         amd64  Secure Sockets Layer toolkit..
[...]
ii  zenity           3.32.0-6                amd64  Display graphical dialog boxes from
shell scripts
ii  zenity-common    3.32.0-6                all    Display graphical dialog boxes from
shell scripts
(common files)
ii  zlib1g:amd64     1:1.2.11.dfsg-2+deb11u2 amd64  compression library - runtime
```

La opción puede recibir una cadena de caracteres como argumento, con o sin comodín.

Ejemplo

Lista de todos los paquetes cuyo nombre empiece por `apt`*:*

```
# dpkg -l "apt*"
Deseado=desconocido(U)/Instalar/eliminaR/Purgar/retener(H)
| Estado= No/Inst/ficheros-Conf/desempaqUetado/medio-conF/medio-inst(H)/espera-di
Err?=(ninguno)/requiere-Reinst (Estado,Err: mayúsc.=malo)
||/ Nombre                     Versión    Arquitectura Descripción
+++-=========================-==========-============-================================
ii  apt                        2.2.4      amd64        commandline package manager
ii  apt-config-icons           0.14.4-1   all          APT configuration snippet
                                                       to enable icon downloads
un  apt-config-icons-hidpi     <ninguno>  <ninguno>    (no hay ninguna descripción disponible)
un  apt-doc                    <ninguno>  <ninguno>    (no hay ninguna descripción disponible)
ii  apt-listchanges            3.24       all          package change history notification
                                                       tool
un  apt-show-versions          <ninguno>  <ninguno>    (no hay ninguna descripción disponible)
un  apt-transport-https        <ninguno>  <ninguno>    (no hay ninguna descripción disponible)
ii  apt-utils                  2.2.4      amd64        package management related utility
                                                       programs
un  apt-xapian-index           <ninguno>  <ninguno>    (no hay ninguna descripción disponible)
un  aptitude                   <ninguno>  <ninguno>    (no hay ninguna descripción disponible)
```

b. Encontrar un paquete que contiene un archivo

La opción `-S` seguida de la ruta de acceso a un archivo permite encontrar el paquete de origen de la creación del archivo.

Ejemplo

```
# dpkg -S /usr/bin/basename
coreutils: /usr/bin/basename
```

c. Listar el contenido de un paquete

La opción `-L` lista el contenido del paquete o de los paquetes indicados:

Ejemplo

```
# dpkg -L coreutils | grep bin

/bin
/bin/cat
/bin/chgrp
/bin/chmod
/bin/chown
/bin/cp
```

```
/bin/date
/bin/dd
/bin/df
/bin/dir
/bin/echo
/bin/false
/bin/ln
/bin/ls
/bin/mkdir
/bin/mknod
/bin/mktemp
...
```

d. Reconfigurar un paquete de software

El comando `dpkg-reconfigure` permite volver a ejecutar los comandos de posinstalación (configuración) de un paquete de software, para restablecer su configuración original:

Ejemplo

```
# dpkg-reconfigure linux-image-5.3.0-18-generic
Procesando disparadores para linux-image-5.3.0-18-generic (5.3.0-18.19+1) ...
/etc/kernel/postinst.d/initramfs-tools:
update-initramfs: Generating /boot/initrd.img-5.3.0-18-generic
I: The initramfs will attempt to resume from /dev/sda4
I: (UUID=188896c3-0120-4788-9640-0da1bbdb3fc6)
I: Set the RESUME variable to override this.
/etc/kernel/postinst.d/zz-update-grub:
Sourcing file '/etc/default/grub'
Sourcing file '/etc/default/grub.d/init-select.cfg'
Generating grub configuration file ...
Found linux image: /boot/vmlinuz-5.3.0-18-generic
Found initrd image: /boot/initrd.img-5.3.0-18-generic
hecho
```

Si se han planteado preguntas de forma dinámica durante la primera instalación, estás se volverán a plantear.

Como complemento, puede utilizar el comando `debconf-show`, que mostrará la configuración actual aplicada.

G. Administrador de paquetes APT

El componente de software APT (*Advanced Packaging Tool*) permite la gestión en línea de comandos de paquetes de software almacenados en repositorios de software locales o remotos.

Un repositorio de software contiene un conjunto de paquetes de software que dependen unos de otros o de otros paquetes de software que provienen de otros repositorios. APT administra automáticamente las dependencias de los paquetes de software.

1. Los repositorios de paquetes de software

a. Configuración

Los repositorios se especifican en el archivo `/etc/apt/sources.list` y en los archivos ubicados en el directorio `/etc/apt/sources.list.d`.

Ejemplo

Archivo `/etc/apt/sources.list` de una distribución Debian 12.0.0 Bookworm:

```
# cat /etc/apt/sources.list
deb cdrom:[Debian GNU/Linux 12.0.0 _Bookworm_ - Official amd64 DVD Binary-1
with firmware 20230610-10:23]/ bookworm main non-free-firmware
deb http://deb.debian.org/debian/ bookworm main non-free-firmware
deb-src http://deb.debian.org/debian/ bookworm main non-free-firmware
deb http://security.debian.org/debian-security bookworm-security main
non-free-firmware
deb-src http://security.debian.org/debian-security bookworm-security main
non-free-firmware
# bookworm-updates, to get updates before a point release is made;
# see https://www.debian.org/doc/manuals/debian-reference/
ch02.en.html#_updates_and_backports
deb http://deb.debian.org/debian/ bookworm-updates main non-free-firmware
deb-src http://deb.debian.org/debian/ bookworm-updates main non-free-firmware
# see https://www.debian.org/doc/manuals/debian-reference/
ch02.en.html#_updates_and_backports
deb http://deb.debian.org/debian/ bullseye-updates main contrib
deb-src http://deb.debian.org/debian/ bullseye-updates main contrib
```

La estructura de una línea de un archivo de declaración de repositorio es la siguiente:

`deb uri distribución componente1 componente2 ...`

- `uri` es la ruta hacia la raíz del repositorio o de los repositorios. Puede ser una URL de tipo HTTP o FTP, pero también una ruta local (`file`), un CD-Rom o DVD-Rom (`cdrom`), una ruta `ssh`, etc.
- La `distribución` es el nombre de la distribución.
- Los componentes son los nombres de los repositorios para la distribución dada.

b. Actualización de la base de datos

El comando `apt-get` y la opción `update` permiten actualizar la base de datos local de APT después de declarar los repositorios de software.

Ejemplo

```
Obj :1 http://deb.debian.org/debian bullseye InRelease
Obj :2 http://deb.debian.org/debian bullseye-updates InRelease
Obj :3 http://security.debian.org/debian-security bullseye-security InRe-lease
[...]
Lectura de las listas de paquetes... Fait
```

2. Actualización de la distribución

El comando `apt-get` con la opción `upgrade` se utiliza para actualizar los paquetes de software instalados.

El comando lista cada paquete de software que se puede actualizar y solicita confirmación para la instalación. Descarga los paquetes de software que se van a instalar, así como las dependencias, y los instala. El proceso puede tardar más o menos, dependiendo del número de actualizaciones y del tipo de soporte.

Se puede realizar una actualización más completa (llamada actualización remota), con la posible eliminación de paquetes de software antiguos, con la opción `dist-upgrade`.

Ejemplo

```
# apt-get dist-upgrade
Leyendo lista de paquetes... Hecho
Creando árbol de dependencias
Leyendo la información de estado... Hecho
Calculando la actualización... Hecho
Se actualizaron los siguientes paquetes:
  evolution evolution-common evolution-plugin-bogofilter evolution-plugin-pstimport
evolution-plugins libevolution
6 actualizados, 0 nuevos instalados, 0 eliminados y 0 no actualizados.
El espacio necesario es de 10,4 MB en los archivos.
Después de esta operación se utilizará 7?168 de espacio en disco.
¿Desea continuar? [S/n] s
Recibido:1 http://security.debian.org/debian-security bullseye-security/main amd64
evolution-plugin-pstimport amd64 3.38.3-1+deb11u2 [55,7 kB]
Recibido:2 http://security.debian.org/debian-security bullseye-security/main amd64
evolution-plugin-bogofilter amd64 3.38.3-1+deb11u2 [44,1 kB]
Recibido:3 http://security.debian.org/debian-security bullseye-security/main amd64
libevolution amd64 3.38.3-1+deb11u2 [2?505 kB]
Recibido:4 http://security.debian.org/debian-security bullseye-security/main amd64
evolution-plugins amd64 3.38.3-1+deb11u2 [108 kB]
Recibido:5 http://security.debian.org/debian-security bullseye-security/main amd64
evolution amd64 3.38.3-1+deb11u2 [322 kB]
Recibido:6 http://security.debian.org/debian-security bullseye-security/main amd64
evolution-common all 3.38.3-1+deb11u2 [7?348 kB]
10,4 MB recibidos en 1s (8?796 kB/s)
Lectura de los archivos de modificaciones ("changelog")... Finalizado
(Lectura de la base de datos... 144705 archivos y directorios ya instalados.)
Preparación del desempaquetado de .../0-evolution-plugin-pstimport_3.38.3-1+de-
b11u2_amd64.deb ...
Desempaquetando evolution-plugin-pstimport (3.38.3-1+deb11u2) sur (3.38.3-1+deb11u1) ...
Preparación del desempaquetado de .../1-evolution-plugin-bogofilter_3.38.3-1+de-
b11u2_amd64.deb ...
Desempaquetando evolution-plugin-bogofilter (3.38.3-1+deb11u2) sur (3.38.3-1+deb11u1) ...
Preparación del desempaquetado de .../2-libevolution_3.38.3-1+deb11u2_amd64.deb [...]
Configuración de libevolution (3.38.3-1+deb11u2) ...
Configuración de evolution (3.38.3-1+deb11u2) ...
Configuración de evolution-plugins (3.38.3-1+deb11u2) ...
Configuración de evolution-plugin-bogofilter (3.38.3-1+deb11u2) ...
Configuración de evolution-plugin-pstimport (3.38.3-1+deb11u2) …
```

3. Buscar e instalar un paquete de software individual

El comando `apt-cache` permite buscar un paquete de software por su nombre o su descripción en la base de datos local APT.

Ejemplo

```
$ apt-cache search tmuxinator
tmuxinator - Create and manage tmux sessions easily
```

El comando `apt-get install xxx` instala el paquete de software `xxx`:

Ejemplo

```
root@ubuntu:~# apt-get install tmux
Leyendo lista de paquetes... Hecho
Creando árbol de dependencias... Hecho
Leyendo la información de estado... Hecho
Se instalarán los siguientes paquetes adicionales:
  fonts-lato libjs-jquery libruby2.7 rake ruby ruby-erubis ruby-minitest ruby-
net-telnet ruby-power-assert ruby-rubygems ruby-test-unit ruby-thor ruby-xdg
  ruby-xmlrpc ruby2.7 rubygems-integration tmux zip
Paquetes recomendados:
  ri ruby-dev bundler
Se instalarán los siguientes paquetes NUEVOS:
  fonts-lato libjs-jquery libruby2.7 rake ruby ruby-erubis ruby-minitest
ruby-net-telnet ruby-power-assert ruby-rubygems ruby-test-unit ruby-thor ruby-xdg
  ruby-xmlrpc ruby2.7 rubygems-integration tmux tmuxinator zip
0 actualizados, 19 nuevos instalados, 0 eliminados y 0 no actualizados.
El espacio necesario es de 9?311 kb en los archivos.
Después de esta operación, se utilizarán 36,9 MB de espacio adicional en disco.
¿Desea continuar? [S/n] s

[...]
Configuración de ruby2.7 (2.7.4-1+deb11u1) ...
Procesamiento de las acciones diferidas ("triggers") para man-db (2.9.4-2) ...
Procesamiento de las acciones diferidas ("triggers") para fontconfig (2.13.1-4.2) ...
Procesamiento de las acciones diferidas ("triggers") para libc-bin (2.31-13+deb11u6) ...
```

La opción `-s` permite simular una instalación sin realizarla.

La opción `-f` (*fix-broken*) intenta reparar los problemas de dependencia.

4. Cliente gráfico

La herramienta Synaptic ofrece una interfaz gráfica que llama a las funciones de APT. Soporta todas las operaciones realizadas por APT.

El paquete de software que permite instalarla es `synaptic`:

```
apt-get install synaptic
```

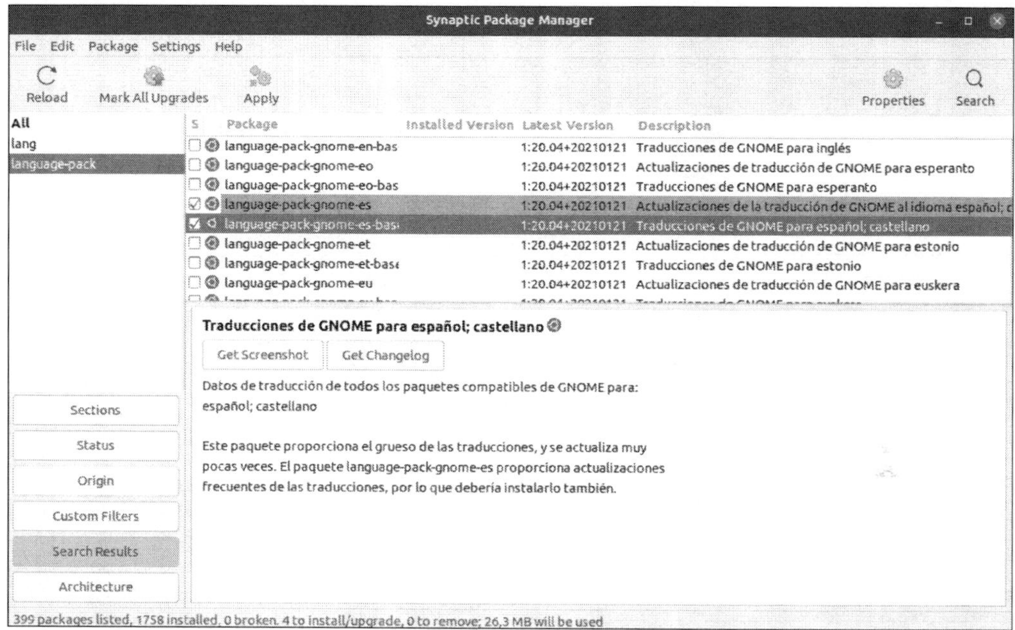

Synaptic es una interfaz gráfica APT

H. El administrador aptitude

1. ¿apt o aptitude?

Aptitude es un administrador de paquetes de software Debian con una interfaz en modo línea de comandos. Sustituye a APT (y `apt-get`), a los que puede reemplazar.

Aptitude ofrece una mejor gestión de dependencias, especialmente cuando se desinstalan paquetes de software. Estas son algunas de sus ventajas e inconvenientes:

- `apt-get remove` elimina el paquete de software pero no sus dependencias, aunque no se utilicen. A continuación, será necesario ejecutar `apt-get autoremove` o `autoclean` para purgar las dependencias que hayan quedado obsoletas.
- APT ofrece veinte comandos (como `apt-get` y `apt-cache`) para gestionar el conjunto de posibilidades.
- APT no ofrece un modo interactivo.
- Aptitude elimina el paquete de software y sus dependencias si estas ya no se utilizan.
- Aptitude ofrece un único comando para el conjunto de sus funcionalidades.
- El comando `aptitude`, sin argumentos, se lanza en modo interactivo.

2. Instalación de aptitude

Aptitude se instala con el paquete de sofware `aptitude`:

```
$ sudo apt-get install aptitude
```

3. Utilización

La sintaxis del comando `aptitude` es similar a la del comando `apt-get`. He aquí las principales opciones:

Opciones	Efecto
`update`	Actualiza los repositorios.
`install`	Instala los paquetes de software indicados.
`remove`	Elimina los paquetes de software y sus dependencias.
`markauto`	Elimina el paquete de software cuando ya no se utiliza de manera automática (ahora o más tarde).
`purge`	Elimina los paquetes de software y sus archivos de configuración.
`safe-upgrade`	Actualiza los paquetes de software a una versión más reciente, pero mantiene coherencia con las versiones superiores instaladas (idéntico a `apt-get upgrade`).
`full-upgrade`	Actualiza los paquetes de software indicados, incluidas las versiones superiores o las dependencias que hayan evolucionado.
`search`	Búsqueda simple o avanzada de paquetes.

La función de búsqueda es más completa que la de APT. En particular, aptitude ofrece el conjunto de las versiones de los paquetes de software, y no solo el último.

Ejemplo

Búsqueda de los paquetes de software cuyo nombre empleza por `nginx`.

```
$  aptitude search ^nginx
p    nginx - serveur web/proxy compacto, potente y evolutivo
p    nginx-common - serveur web/proxy pequeño, potente y evolutivo - archivos comunes
p    nginx-confgen - nginx configuration file macro language and preprocessor
p    nginx-core - nginx web/proxy server (standard version)
p    nginx-doc - serveur web/proxy pequeño, potente y evolutivo - documentación
p    nginx-extras - nginx web/proxy server (extended version)
p    nginx-full - serveur web/proxy nginx (version standard con partes de terceros)
p    nginx-light - serveur web/proxy nginx (versión básica)
```

La primera columna indica el estado actual del paquete de software. Por ejemplo, `i` para instalado, `p` para nunca instalado o completamente eliminado, `c` para eliminado pero cuyos archivos de configuración aún presentes, `A` para indicar que el paquete de software no se ha instalado automáticamente, etc.

I. Paquetes de software Zypper

Zypper es un administrador de paquetes de software en modo línea de comandos que hace uso de la biblioteca ZYpp (`libwypp`). Permite instalar, actualizar y eliminar paquetes de software y también los repositorios correspondientes.

Zypper gestiona los paquetes de software en formato rpm como Yum o DNF. Lo utiliza SUSE Linux y también su versión libre openSUSE.

☞*La librería que administra las dependencias de Zypper ha sido reutilizada por Red Hat para su herramienta DNF.*

Zypper conserva un rastro de los repositorios que se han utilizado como fuente de instalación para cada aplicación. Cuando se hace una actualización, esta información (o más bien la del distribuidor o vendor) le permite actualizar los paquetes de software que provienen del mismo distribuidor, incluso si hay una versión más reciente disponible desde otro repositorio. En este caso, habrá que autorizar a Zypper para que cambie de repositorio.

1. Gestionar los repositorios

Los archivos de configuración de los repositorios Zypper se encuentran en el directorio `/etc/zypp/repos.d` y llevan el sufijo `.repo`.

El contenido de un archivo `.repo` se parece mucho al de un repositorio Yum, y también utiliza un alias.

Ejemplo

```
# cat repo-oss.repo
[repo-oss]
name=Repositorio principal
enabled=1
autorefresh=1
baseurl=http://download.opensuse.org/distribution/leap/$releasever/repo/oss/
path=/
type=rpm-md
keeppackages=0
```

La opción `removerepo` permite eliminar un repositorio; la opción `mr` permite modificarlo.

La opción `clean` vacía las cachés locales.

La opción `refresh` actualiza los repositorios.

Ejemplo

```
# zypper clean ; zypper refresh -f
All repositories have been cleaned up.
Forcing raw metadata refresh
Retrieving repository 'Mozilla-repo' metadata ..............................[done]
Forcing building of repository cache
Building repository 'Mozilla-repo' cache ...................................[done]
Forcing raw metadata refresh
Retrieving repository 'openSUSE-Leap-15.2-1' metadata ......................[done]
Forcing building of repository cache
Building repository 'openSUSE-Leap-15.2-1' cache ...........................[done]
```

```
Forcing raw metadata refresh
Retrieving repository 'Repositorio Non-OSS' metadata ............................[done]
Forcing building of repository cache
Building repository 'Repositorio Non-OSS' cache .................................[done]
Forcing raw metadata refresh
Retrieving repository 'Repositorio principal' metadata ..........................[done]
Forcing building of repository cache
Building repository 'Repositorio principal' cache ...............................[done]
Forcing raw metadata refresh
Retrieving repository 'Repositorio principal de actualizaciones' metadata .......[done]
Forcing building of repository cache
Building repository 'Repositorio principal de actualizaciones' cache ............[done]
Forcing raw metadata refresh
Retrieving repository 'Repositorio de actualizaciones (No OpenSource)' metadata..[done]
Forcing building of repository cache
Building repository 'Repositorio de actualizaciones (No OpenSource)' cache ......[done]
All repositories have been refreshed.
```

2. Administrar los packages de software

Después de haber buscado una aplicación con `se` (o `search`), se puede instar con la opción `in` (o `install`):

Ejemplo

```
# zypper se -x mc
Loading repository data...
Reading installed packages...

S | Name | Summary            | Type
--+------+--------------------+--------
  | mc   | Midnight Commander | package

# zypper in  mc
Loading repository data...
Reading installed packages...
Resolving package dependencies...

The following 4 NEW packages are going to be installed:
 libssh2-1 mc mc-lang xorriso

The following 2 recommended packages were automatically selected:
 mc-lang xorriso

4 new packages to install.
Overall download size: 2.0 MiB. Already cached: 0 B. After the operation,
additional 7.3 MiB will be used.
Continue? [y/n/v/...? shows all options] (y): y
Retrieving package xorriso-1.4.6-lp152.3.6.x86_64   (1/4), 333.0 KiB (510.5 KiB unpacked)
...
Retrieving: xorriso-1.4.6-lp152.3.6.x86_64.rpm
........................................[done]

Retrieving package libssh2-1-1.9.0-lp152.8.3.1.x86_64
```

```
(2/4), 110.2 KiB (248.0 KiB unpacked)
Retrieving: libssh2-1-1.9.0-lp152.8.3.1.x86_64.rpm .............................[done]
Retrieving package mc-4.8.22-lp152.2.9.x86_64
(3/4), 780.2 KiB (  2.7 MiB unpacked)
Retrieving: mc-4.8.22-lp152.2.9.x86_64.rpm ....................................[done]
(1.6 MiB/s)]
Retrieving package mc-lang-4.8.22-lp152.2.9.noarch       (4/4), 846.8 KiB (  3.9 MiB
unpacked)
Retrieving: mc-lang-4.8.22-lp152.2.9.noarch.rpm
...............................................................................[done]

Checking for file conflicts:
...............................................................................[done]
(1/4) Installing: xorriso-1.4.6-lp152.3.6.x86_64
...............................................................................[done]
(2/4) Installing: libssh2-1-1.9.0-lp152.8.3.1.x86_64
...............................................................................[done]
(3/4) Installing: mc-4.8.22-lp152.2.9.x86_64
...............................................................................[done]
Additional rpm output:
setting /usr/lib/mc/cons.saver to root:root 4755. (wrong permissions 0755)

(4/4) Installing: mc-lang-4.8.22-lp152.2.9.noarch
...............................................................................[done]
```

La opción `rm` permite desinstalar un paquete de software:

Ejemplo

```
# zypper rm -y mc
Reading installed packages...
Resolving package dependencies...

The following 2 packages are going to be REMOVED:
 mc mc-lang

2 packages to remove.
After the operation, 6.6 MiB will be freed.
Continue? [y/n/v/...? shows all options] (y): y
(1/2) Removing mc-lang-4.8.22-lp152.2.9.noarch ...........................[done]
(2/2) Removing mc-4.8.22-lp152.2.9.x86_64
...............................................................................[done]
```

Hay dos métodos para realizar las actualizaciones:

- `upgrade` actualiza los paquetes de software desde los repositorios de origen.
- `dup` actualiza buscando una versión más reciente en los repositorios o que no correspondan a los de origen, por ejemplo, en el caso de una actualización de versión de la distribución.

Ejemplo

Actualización del software con Firefox, instalado desde los repositorios de SUSE, que se puede actualizar. Sin embargo, hay versiones más recientes pero habría que cambiar de repositorio:

```
# zypper update
Loading repository data...
```

```
Reading installed packages...

The following 7 package updates will NOT be installed:
 libfreebl3 libfreebl3-hmac libsoftokn3 libsoftokn3-hmac mozilla-nspr mozilla-nss
mozilla-nss-certs
Nothing to do.
```

Para instalar Firefox desde el repositorio Mozilla, hay que especificarlo y autorizarlo para las dependencias:

```
# zypper dup --from MozillaRepo --allow-vendor-change -y
Loading repository data...
Reading installed packages...
Computing distribution upgrade...

The following 7 packages are going to be upgraded:
 libfreebl3 libfreebl3-hmac libsoftokn3 libsoftokn3-hmac mozilla-nspr mozilla-nss
mozilla-nss-certs

The following package is going to be downgraded:
 MozillaFirefox-branding-openSUSE

The following 8 packages are going to change vendor:
 MozillaFirefox-branding-openSUSE  openSUSE -> obs://build.opensuse.org/mozilla
 libfreebl3                        openSUSE -> obs://build.opensuse.org/mozilla
 libfreebl3-hmac                   openSUSE -> obs://build.opensuse.org/mozilla
 libsoftokn3                       openSUSE -> obs://build.opensuse.org/mozilla
 libsoftokn3-hmac                  openSUSE -> obs://build.opensuse.org/mozilla
 mozilla-nspr                      openSUSE -> obs://build.opensuse.org/mozilla
 mozilla-nss                       openSUSE -> obs://build.opensuse.org/mozilla
 mozilla-nss-certs                 openSUSE -> obs://build.opensuse.org/mozilla

7 packages to upgrade, 1 to downgrade, 8  to change vendor.
Overall download size: 1.9 MiB. Already cached: 0 B. After the operation, additional
165.4 KiB will be used.
Continue? [y/n/v/...? shows all options] (y): y
```

J. Gestionar las librerías compartidas

Una librería compartida es un archivo que contiene un conjunto de funciones compiladas a las que puede acceder cualquier programa que las utilice. A diferencia de una librería estática, que se incluye en el ejecutable, una librería compartida se carga de forma independiente y sus funciones son accesibles dinámicamente por los programas que realizan la llamada.

El conjunto de funciones que ofrecen una o más librerías compartidas forma un API, *Application Programming Interface*.

Se establece un vínculo entre el programa y una librería compartida durante la generación del ejecutable; concretamente, cuando el editor de vínculos `ld` edita los vínculos.

Otra posibilidad para un programa consiste en utilizar la función C `dlopen`, que abre una librería dinámica como un archivo y accede a las funciones contenidas mediante punteros de funciones.

Si un programa depende de una librería compartida y esta está ausente, el programa no puede funcionar nunca más.

Las librerías compartidas se llaman **Shared Objects** (so) porque contienen los módulos de objetos (compilados) sin bloque de instrucción `main`. Los nombres de los archivos correspondientes llevan el sufijo `.so`.

Una librería puede disponer de varias versiones, que pueden ser o no compatibles, y se puede precisar la versión durante la edición de los vínculos. También es posible determinar una versión por defecto.

1. Lugar de almacenamiento

Las librerías compartidas se almacenan normalmente en directorios llamados lib, en particular:

- `/lib`: librerías de sistema.
- `/lib64`: librerías de sistema de 64 bits.
- `/lib32`: librerías de sistema de 32 bits.
- `/usr/lib`: librerías de usuario y sistema, no necesarias para el boot.
- `/usr/local/lib`: librerías locales para los programas para la máquina.
- Las librerías compartidas, por lo general, son muy numerosas.

Ejemplo

2147 archivos de librerías compartidas en `/usr/lib` para una distribución Debian:

```
$ find /usr/lib -name "*.so"
/usr/lib/python3.9/config-3.9-x86_64-linux-gnu/libpython3.9.so
/usr/lib/python3.9/lib-dynload/_xxtestfuzz.cpython-39-x86_64-linux-gnu.so
/usr/lib/python3.9/lib-dynload/_dbm.cpython-39-x86_64-linux-gnu.so
/usr/lib/python3.9/lib-dynload/_ssl.cpython-39-x86_64-linux-gnu.so
/usr/lib/python3.9/lib-dynload/ossaudiodev.cpython-39-x86_64-linux-gnu.so
[...]
/usr/lib/evolution-data-server/addressbook-backends/libebookbackendldap.so
/usr/lib/evolution-data-server/addressbook-backends/libebookbackendcarddav.so
/usr/lib/evolution-data-server/addressbook-backends/libebookbackendfile.so
```

En las distribuciones Linux los directorios `/lib` y `/lib64` son enlaces simbólicos a `/usr/lib` y `/usr/lib64`.

La librería más importante del sistema es la C. Todos los programas compilados están vinculados a `libc`, por lo que esta librería es indispensable para el funcionamiento del sistema `-> libc-2.31.so`.

Los directorios de las librerías contienen muchos vínculos simbólicos. Estos permiten gestionar las versiones y la compatibilidad entre ellas.

Ejemplo

Enlaces simbólicos entre diferentes versiones de la librería "`libsane`":

```
$ ls -l /usr/lib/x86_64-linux-gnu/libsane.*
lrwxrwxrwx 1 root root    17 25 juil.  2021 /usr/lib/x86_64-linux-gnu/
libsane.so.1 -> libsane.so.1.0.31
-rw-r--r-- 1 root root 92232 25 juil.  2021 /usr/lib/x86_64-linux-gnu/
libsane.so.1.0.31
```

Un programa que llama a la librería `libsane.so.1` utilizará la versión `1.0.31` de esta librería.

2. Identificar las librerías vinculadas a un programa

El comando `ldd` permite determinar cuáles son las librerías vinculadas a un programa, y si estas son accesibles.

Ejemplo

Librerías compartidas relacionadas al shell:

```
$ ldd /usr/bin/sh
linux-vdso.so.1 (0x00007fff1dd54000)
libc.so.6 => /lib/x86_64-linux-gnu/libc.so.6 (0x00007fa19b5f1000)
/lib64/ld-linux-x86-64.so.2 (0x00007fa19b7fd000)
```

3. Configurar la caché del editor de vínculos

El enlace a una librería compartida es dinámico y se realiza cuando el programa se ejecuta a través de la librería `ld.so`. El ejecutable del programa proporciona los nombres de las librerías que se van a utilizar, pero no sus rutas de acceso. Las funciones de la librería del sistema `ld.so` determinan la librería que se va a utilizar recorriendo un conjunto especificado de directorios.

☞ *`ld.so` es un nombre genérico. El nombre del archivo de la librería correspondiente varía dependiendo de las distribuciones. Por ejemplo: `ld-2.31.so` con una distribución Debian 11, y `ld.so` con una distribución RHEL 9.*

4. Búsqueda de las librerías compartidas

El cargador de enlaces dinámicos busca librerías en diferentes directorios y las examina en el siguiente orden:

- Las rutas de acceso específicas en la variable de entorno `LD_LIBRARY_PATH`, separadas por el carácter "`:`". La variable no existe por defecto.
- El contenido (binario) del archivo `/etc/ld.so.cache` que contiene una lista de las librerías encontradas en las rutas predefinidas.
- Los directorios `/lib` y `/usr/lib`.

Para evitar la configuración de una variable cuyo contenido puede ser difícil de manipular, `ld.so` mantiene una caché modificable. La caché se construye a partir del contenido del archivo `/etc/ld.so.conf` y del comando `ldconfig`. Por defecto, este archivo contiene solo una línea que especifica cargar el contenido `*.conf` del directorio `/etc/ld.so.conf.d`.

Ejemplo

```
# cat /etc/ld.so.conf
include /etc/ld.so.conf.d/*.conf
# ls  /etc/ld.so.conf.d/
libc.conf  x86_64-linux-gnu.conf
```

Si se modifica, hay que volver a generar la caché con el comando `ldconfig`.

El comando ldconfig

Este comando:

- Actualiza la caché para las rutas definidas en `/etc/ld.so.conf` y asociadas, así como para `/usr/lib` y `/lib`.
- Actualiza los vínculos simbólicos en las librerías.
- Permite también listar las librerías específicas en la caché.

Se aceptan las siguientes opciones:

Opción	Papel
`-v`	Modo de visualización detallado
`-N`	No vuelve a construir la caché
`-X`	No actualiza los vínculos
`-p`	Lista el contenido de la caché

Ejemplo

Para listar las librerías conocidas del editor de vínculos utilice:

```
# ldconfig -p
1000 bibliotecas se encontraron en la caché « /etc/ld.so.cache »
        libz3.so.4 (libc6,x86-64) => /lib/x86_64-linux-gnu/libz3.so.4
        libzypp.so.1722 (libc6,x86-64) => /lib/x86_64-linux-gnu/libzypp.so.1722
        libzvbi.so.0 (libc6,x86-64) => /lib/x86_64-linux-gnu/libzvbi.so.0
        libzvbi-chains.so.0 (libc6,x86-64) => /lib/x86_64-linux-gnu/libzvbi-chains.so.0
        libzstd.so.1 (libc6,x86-64) => /lib/x86_64-linux-gnu/libzstd.so.1
        libzmq.so.5 (libc6,x86-64) => /lib/x86_64-linux-gnu/libzmq.so.5
        libzmf-0.0.so.0 (libc6,x86-64) => /lib/x86_64-linux-gnu/libzmf-0.0.so.0
        libzbar.so.0 (libc6,x86-64) => /lib/x86_64-linux-gnu/libzbar.so.0
        libzapojit-0.0.so.0 (libc6,x86-64) => /lib/x86_64-linux-gnu/libzapojit-0.0.so.0
[...]
        libCbc.so.3 (libc6,x86-64) => /lib/x86_64-linux-gnu/libCbc.so.3
        libBrokenLocale.so.1 (libc6,x86-64, Sistema operativo ABI : Linux 3.2.0) =>
/lib/x86_64-linux-gnu/libBrokenLocale.so.1
          ld-linux-x86-64.so.2 (libc6,x86-64) => /lib/x86_64-linux-gnu/ld-linux-x86-64.so.2
```

K. Validación de los conocimientos adquiridos: preguntas/respuestas

Preguntas

Si cree conocer suficientemente este capítulo, conteste a las siguientes preguntas:

Instalación

1 ¿Por qué es preferible configurar la red durante la instalación?

2 ¿Cuál es el método más sencillo para particionar el disco duro durante la instalación de Ubuntu?

3 Para un ordenador personal o un puesto de trabajo corporativo, ¿cuál es el particionado de disco más adaptado?

- A - Una sola partición / que ocupa todo el espacio.
- B - Particiones `/`, `/usr`, `/var`, `/home`, `/boot`.
- C - Dos particiones: / y `/home`.

4 ¿Cuál es el sistema de archivos predeterminado para crear particiones?

5 ¿Qué partición añade automáticamente el programa de instalación?

6 ¿Cuál es el papel de la cuenta `root`?

7 ¿Por qué es recomendable crear al menos una cuenta de usuario además de la cuenta `root`?

8 A la hora de seleccionar los paquetes de software que se van a instalar, ¿qué debería hacer?

- A - Instalar todo.
- B - Instalar lo mínimo.
- C - Instalar solo los componentes de software necesarios.

9 ¿Cuál es la función del administrador de arranque (o de inicio)?

Paquetes de software

10 ¿Qué es un paquete de software?

11 Las dependencias impiden la instalación de un paquete de software. Es necesario:

- A - Forzar la instalación.
- B - Abortar la instalación.
- C - Instalar los paquetes de software de los que depende el paquete que se va a instalar.
- D – Buscar otra versión del paquete de software.

RPM

12 Si tomamos un archivo RPM llamado `'bash-3.2-112.x86_64.rpm'`, ¿cuáles de las siguientes afirmaciones son correctas?

- A - Este paquete de software instala bash en la versión `3.2`.
- B - Este paquete de software se ejecuta en arquitecturas x86 de 64 bits.
- C - Este paquete de software no se puede instalar en una versión de 32 bits de Linux.
- D - Este paquete de software instala la versión `112` de bash.

13 ¿Cómo se desinstala un paquete de software RPM?

- A - `rpm -r`
- B - `rpm -e`
- C - `rpm -d`
- D - `rpmdel`

14 ¿Qué comando se utiliza para determinar a qué paquete de software pertenece el archivo `/usr/bin/ksh`?

15 ¿Cómo saber si un paquete de software está instalado, conociendo parte de su nombre?

- A - `rpm -q "*cadena*"`
- B - `rpm -qa | grep cadena`
- C - `rpm -qial | grep cadena`
- D - `rpm -qf *`

16 ¿Cómo puedo determinar si se han modificado los archivos instalados desde un paquete de software?

DPKG

17 ¿Cuál es el sufijo de un archivo de paquete de software Debian?

- A - `deb`
- B - `dpkg`
- C - `rpm`
- D - `tgz`

18 ¿Qué comando se puede usar para instalar un archivo de paquete de software Debian?

19 ¿Cómo listar todos los paquetes de software de Debian instalados que contienen la cadena «`passwd`» en sus nombres?

20 ¿Cómo obtener una lista de todos los paquetes de software de Debian instalados?

21 ¿Cómo saber a qué paquete de software pertenece el `archivo /bin/bash`?

22 ¿Qué comando se utiliza para averiguar el contenido de un paquete de software de Debian instalado?

APT y aptitude

23 ¿Cuáles de las siguientes afirmaciones son verdaderas?

- A - APT gestiona las dependencias.
- B - En Debian, APT también soporta paquetes de software RPM.
- C - APT permite especificar múltiples repositorios de software.
- D - APT no permite cambiar la versión de distribución.

24 ¿Cuáles son las rutas a los archivos y directorios que contienen la lista de repositorios de software APT?

25 ¿Cómo actualizar la base de datos local de repositorios de software?

26 ¿Cómo actualizar todos los paquetes de software?

27 ¿Cómo buscar un paquete de software específico en los repositorios de software?

Bibliotecas compartidas

28 El programa "`/usr/bin/mygame`" no se inicia, lo que indica que no puede encontrar una librería. ¿Cómo saber de qué librerías dinámicas depende y de cuáles no?

29 ¿Para qué sirve el archivo `/etc/ld.so.cache`?

30 ¿Cómo añadir el directorio `/opt/lib` a la lista de rutas de librerías que utilizará el sistema?

Resultados

Consulte las páginas siguientes para comprobar sus respuestas. Por cada respuesta correcta, sume un punto.

Número de puntos: /30

Debe acertar al menos 20 preguntas sobre este capítulo (20/30).

Identifique los temas en los que tiene lagunas y repáselos consultando de nuevo el capítulo antes de pasar al siguiente:

☐Instalación.

☐Paquetes de software.

☐RPM.

☐DPKG.

☐APT y Aptitude.

☐Librerías compartidas.

Respuestas

Instalación

1 ¿Por qué es preferible configurar la red durante la instalación?

Para poder acceder a las actualizaciones y a los repositorios de software durante la instalación.

2 ¿Cuál es el método más sencillo para particionar el disco duro durante la instalación de Ubuntu?

El método asistido en modo automático.

3 ¿Cuál es el particionado de disco más adaptado para un ordenador personal o un puesto de trabajo corporativo?

- A - Una sola partición `/` que ocupa todo el espacio.
- B - Particiones `/`, `/usr`, `/var`, `/home`, `/boot`.
- C - Dos particiones: `/` y `/home`.

La opción C. En caso de reinstalación del sistema, solo `/` se borrará y sus datos se conservarán.

4 ¿Cuál es el sistema de archivos predeterminado para crear particiones?

Esto depende de las distribuciones y de su versión (`ext4` para Debian 12, `XFS` para Red Hat 9).

5 ¿Qué partición añade automáticamente el programa de instalación?

La partición de swap, calculada en función de su memoria.

6 ¿Cuál es el papel de la cuenta `root`?

Esta cuenta permite administrar el sistema.

7 ¿Por qué es recomendable crear al menos una cuenta de usuario además de la cuenta `root`?

Porque no se recomienda utilizar la cuenta de administrador para el uso actual del sistema. Dado que esta cuenta tiene todos los permisos sobre los archivos del sistema, un error de manipulación puede tener graves consecuencias.

8¿Qué se debe hacer a la hora de seleccionar los paquetes de software que se van a instalar,?

- A - Instalar todo.
- B - Instalar lo mínimo.
- C - Instalar solo los componentes de software necesarios.

B o C: en todos los casos, es posible añadir componentes de software después.

9 ¿Cuál es la función del administrador de arranque (o de inicio)?

Sirve para seleccionar y arrancar uno de los sistemas operativos presentes.

Paquetes de software

10 ¿Qué es un paquete de software?

Es un archivo que contiene un producto que se va a instalar, las reglas de dependencia y los procesos previos y posteriores a la instalación que se le aplican.

11 Las dependencias impiden la instalación de un paquete de software. Es necesario:

- A - Forzar la instalación.
- B - Abortar la instalación.
- C - Instalar los paquetes de software de los que depende el paquete que se va a instalar.
- D - Buscar otra versión del paquete de software.

C. Evite forzar una instalación o extracción, ya que es posible que otros productos no funcionen.

RPM

12 Si tomamos un archivo RPM llamado `'bash-3.2-112.x86_64.rpm'`, ¿cuáles de las siguientes afirmaciones son correctas?

- A - Este paquete de software instala bash en la versión `3.2`.
- B - Este paquete de software se ejecuta en arquitecturas x86 de 64 bits.
- C - Este paquete de software no se puede instalar en una versión de 32 bits de Linux.
- D - Este paquete de software instala la versión `112` de bash.
- A, B y C. Se trata de bash en versión `3.2`, instalable en x86_64 (*arquitectura Intel o AMD 64 bits*). Es la versión `112` del paquete de software, no de bash.

13 ¿Cómo se desinstala un paquete de software RPM?

- A – `rpm -r`
- B – `rpm -e`
- C – `rpm -d`
- E – `rpmdel`

B. La opción `-e` desinstala un paquete de software.

14 ¿Qué comando se utiliza para determinar a qué paquete de software pertenece el archivo `/usr/bin/ksh`?

rpm -qf /usr/bin/ksh.

15 ¿Cómo saber si un paquete de software está instalado, conociendo parte de su nombre?

- A - `rpm -q "*cadena*"`
- B - `rpm -qa | grep cadena`
- C - `rpm -qial | grep cadena`
- D - `rpm -qf *`

B: El comando enumera todos los paquetes de software mostrando solo las líneas que contienen "cadena".

16 ¿Cómo puedo determinar si se han modificado los archivos instalados desde un paquete de software?

rpm -V file.

DPKG

17 ¿Cuál es el sufijo de un archivo de paquete de software Debian?

- A - `deb`
- B - `dpkg`
- C - `rpm`
- D - `tgz`

A.

18 ¿Qué comando se puede usar para instalar un archivo de paquete de software Debian?

dpkg -i XXX.deb.

19 ¿Cómo listar todos los paquetes de software Debian instalados que contienen la cadena «`passwd`» en sus nombres?

*dpkg -l "*passwd*" | grep ^ii.*

Este comando enumera todos los paquetes con la cadena "`passwd`" en su nombre, mostrando solo las líneas que comienzan con los caracteres ii.

20 ¿Cómo obtener una lista de todos los paquetes de software de Debian instalados?

dpkg --get-selections.

21 ¿Cómo saber a qué paquete de software pertenece el `archivo /bin/bash`?

dpkg -S /bin/bash.

22 ¿Qué comando se utiliza para averiguar el contenido de un paquete de software Debian instalado?

dpkg -L package.

APT y aptitude

23 ¿Cuáles de las siguientes afirmaciones son verdaderas?

- A - APT gestiona las dependencias.
- B - En Debian, APT también soporta paquetes de software RPM.
- C - APT permite especificar múltiples repositorios de software.
- D - APT no permite cambiar la versión de distribución.

A y C. APT no gestiona paquetes de software RPM por defecto en Debian. Permite actualizar la versión de una distribución de Debian.

24 ¿Cuáles son las rutas a los archivos y directorios que contienen la lista de repositorios de software APT?

/etc/apt/sources.list y /etc/apt/sources.list.d

25 ¿Cómo actualizar la base de datos local de repositorios de software?

apt-get update y aptitude update.

26 ¿Cómo actualizar todos los paquetes de software?

apt-get upgrade o aptitude safe-upgrade.

27 ¿Cómo buscar un paquete de software específico en los repositorios de software?

apt-cache search.

Bibliotecas compartidas

28 El programa "`/usr/bin/mygame`" no se inicia, lo que indica que no puede encontrar una librería. ¿Cómo saber de qué librerías dinámicas depende y de cuáles no?

Usando el comando: ldd /usr/bin/mygame

29 ¿Cuál es el propósito del archivo `/etc/ld.so.cache`?

Contiene (en formato binario) la lista de las librerías dinámicas conocidas del sistema.

30 ¿Cómo añadir el directorio `/opt/lib` a la lista de rutas de librerías que utilizará el sistema?

Hay que añadir `/opt/lib` en el archivo `/etc/ld.so.conf` o en un archivo del directorio `/etc/ld.so.conf.d` y, a continuación, ejecutar el comando `ldconfig`.

L. Prácticas

1. Esquema de partición

Esta práctica tiene como objetivo determinar el mejor esquema de partición posible, que es lo más difícil para un principiante. La práctica está pensada para todas las distribuciones. Dispone en su PC de un disco de 160 GB, de los cuales 40 están ocupados por otro sistema. Su máquina dispone de 2 GB de memoria RAM. Le quedan 120 GB de espacio en disco. ¿Cómo puede repartirlos sabiendo que quiere separar sus datos y el sistema?

1. ¿Qué tamaño debe tener la partición de intercambio (swap)?
2. ¿Qué espacio reservar a la partición de sistema `/`?
3. ¿Qué espacio reservar a la partición `/home`?

Soluciones posibles

El propósito de este laboratorio es determinar el esquema de particionamiento de un sistema Linux, independientemente de la distribución. El PC que se va a instalar tiene un disco de 120 GB y 2 GB de RAM. ¿Cómo particiona el disco, separando los datos del usuario de los archivos del sistema?

1. ¿Qué tamaño debe tener la partición de intercambio (*swap*)?

   La partición de intercambio se utiliza cuando Linux ya no tiene suficiente espacio de RAM. Parte del contenido de la RAM se mueve a esta partición de intercambio para liberar temporalmente espacio en la memoria.

   Su sistema tiene 2 GB de memoria, por lo que puede planificar una partición de intercambio de 2 GB.

2. ¿Qué espacio reservar a la partición de sistema `/`?

   Esta partición contendrá los archivos del sistema y los componentes de software. Es recomendable reservar un espacio suficiente, que dependerá de las aplicaciones que se vayan a configurar. 50 GB es un espacio razonable.

3. ¿Qué espacio reservar a la partición `/home`?

   La partición contendrá los datos del usuario. Puede asignar el espacio en disco restante, que son 68 GB. Esto hace que el disco esté completamente particionado.

2. Gestión de los RPM y YUM

El propósito de esta práctica es trabajar en la base RPM de los paquetes de software ya instalados en su sistema e instalar otros nuevos. El sistema debe tener una distribución basada en RPM que admita Yum: Red Hat, CentOS, Fedora.

1. Determine el número de paquetes de software RPM instalados actualmente en su puesto de trabajo.
2. Compruebe que el paquete de software `coreutils` esté presente en su sistema y, a continuación, determine cuál es su función, utilizando su descripción. ¿Puede asegurar que solo obtiene la descripción y nada más?
3. Intente eliminar el paquete de software `coreutils`. ¿Puede proporcionar una lista de las dependencias que le impiden hacerlo?
4. Descargue el paquete de software RPM del JRE (*Java Runtime Environment*) en su sistema, al que puede acceder desde http://www.java.com/en/download/manual.jsp (tome la versión correspondiente a su arquitectura). A continuación, instálelo.
5. Puede actualizar el paquete de software con las opciones `-U` o `-F`.
6. Instale el repositorio EPEL usando Yum. A continuación, actualice la caché.

   Hay un paquete de software especial llamado `epel-release`, que está presente en los repositorios de Fedora y CentOS. (Para una distribución RHEL9, se debe especificar la dirección URL donde se almacena el paquete de software). Instálelo con Yum.

Posibles soluciones

El propósito de esta práctica es trabajar en la base RPM de los paquetes de software ya instalados en su sistema e instalar otros nuevos. El sistema debe tener una distribución basada en RPM que admita Yum: Red Hat, CentOS, Fedora.

1. Determine el número de paquetes de software RPM instalados actualmente en su puesto de trabajo.

```
$ rpm -qa | wc -l
1204
```

2. Compruebe que el paquete de software `coreutils` esté presente en su sistema y, a continuación, determine cuál es su función, utilizando su descripción. ¿Puede asegurar que solo obtiene la descripción y nada más?

   Como primer paso, consulte la base de datos RPM en este paquete de software para obtener la información:

```
$ rpm -qi coreutils
Name        : coreutils
Version     : 8.32
Release     : 34.el9
Architecture: x86_64
Install Date: tue. 09 may 2023 10:07:56
Group       : Unspecified
Size        : 5966370
License     : GPLv3+
Signature   : RSA/SHA256, Thu. 19 jan. 2023 11:17:19, Key ID 199e2f91fd431d51
Source RPM  : coreutils-8.32-34.el9.src.rpm
Build Date  : fri. 06 jan. 2023 12:48:40
Build Host  : x86-64-01.build.eng.rdu2.redhat.com
Packager    : Red Hat, Inc. <http://bugzilla.redhat.com/bugzilla>
Vendor      : Red Hat, Inc.
URL         : https://www.gnu.org/software/coreutils/
Summary     : A set of basic GNU tools commonly used in shell scripts
Description :
These are the GNU core utilities.  This package is the combination of
the old GNU fileutils, sh-utils, and textutils packages.
```

   La opción `-q` acepta una opción que especifica un formato de salida: `--queryformat`. El formato es el siguiente: `%{NOMBRECAMPO}`:

```
$ rpm -q --queryformat="%{DESCRIPTION}\n" coreutils
These are the GNU core utilities.This package is the combination of
the old GNU fileutils, sh-utils, and textutils packages.
```

3. Intente eliminar el paquete de software `coreutils`. ¿Puede proporcionar una lista de las dependencias que le impiden hacerlo?

```
# rpm -e coreutils
erreur : Dependendencias necesarias:
        coreutils es necesaria para (ya instalado) gzip-1.12-1.el9.x86_64
[...]
        coreutils es necesaria para (ya instalado)
authselect-libs-1.2.6-1.el9.x86_64
        coreutils es necesaria para (ya instalado)
insights-client-0:3.1.7-12.el9.noarch
        coreutils es necesaria para (ya instalado)
microcode_ctl-4:20220809-2.el9.noarch
        coreutils es necesaria para (ya instalado) man-db-2.9.3-7.el9.x86_64
        /usr/bin/date es necesaria para (ya instalado)
cockpit-system-286.1-1.el9.noarch
```

Obtiene una lista de todos los paquetes de software que impiden que se desinstale, que son varias docenas.

4. Descargue el paquete de software RPM del JRE (*Java Runtime Environment*) en su sistema, al que puede acceder desde http://www.java.com/en/download/manual.jsp (tome la versión correspondiente a su arquitectura). A continuación, instálalo.

Instale el paquete de software con las opciones `-i`, `-v` y `-h`:

```
# rpm -ivh jre-8u371-linux-x64.rpm
Verifying...                          ################################# [100%]
Preparación...                        ################################# [100%]
Actualización/instalación...
   1:jre-1.8-1.8.0_371-11             ################################# [100%]
```

5. Puede actualizar el paquete de software con las opciones `-U` o `-F`.

```
# rpm -Uvh jre-8u371-linux-x64.rpm
Verifying...                          ################################# [100%]
Preparación...                        ################################# [100%]
        paquete jre-1.8-1.8.0_371-11.x86_64 ya instalado
```

Si el paquete de software ya está instalado en la misma versión, el comando falla. Para forzar una reinstalación, especifique la opción `--force`.

```
# rpm -Uvh --force jre-8u371-linux-x64.rpm
Verifying...                          ################################# [100%]
Preparación...                        ################################# [100%]
Actualización/instalación...
   1:jre-1.8-1.8.0_371-11             ################################# [ 33%]
Limpieza/eliminación...
   2:jre-1.8-1.8.0_371-11             ################################# [ 67%]
   3:jre-1.8-1.8.0_371-11             ################################# [100%]
```

6. Instale el repositorio EPEL usando Yum. A continuación, actualice la caché.

Hay un paquete de software especial llamado `epel-release`, que está presente en los repositorios de Fedora y CentOS. (Para una distribución RHEL9, se debe especificar la dirección URL donde se almacena el paquete de software). Instálelo con Yum.

```
#  yum install https://dl.fedoraproject.org/pub/epel/epel-release-latest-9.noarch.rpm -y
epel-release-latest-9.noarch.rpm
32 kB/s |  18 kB     00:00
Dependencias resueltas.
==========================================================================================
 Paquete            Arquitectura         Versión          Repositorio               Tamaño
==========================================================================================
Instalación:
 epel-release       noarch               9-5.el9          @commandline                18 k

Resumen de la transacción
==========================================================================================
Instalar  1 Paquete

Tamaño total: 18 k
Tamaño de los paquetes instalados: 25 k
Descargando los paquetes:
Prueba de la transacción
La verificación de la transacción se ha completado con éxito.
Ejecución de la transacción de prueba
Transacción de prueba completada con éxito.
Ejecución de la transacción
  Preparación          :                                          1/1
  Instalación         : epel-release-9-5.el9.noarch               1/1
 Ejecución de los scriptlet: epel-release-9-5.el9.noarch          1/1
Many EPEL packages require the CodeReady Builder (CRB) repository.
It is recommended that you run /usr/bin/crb enable to enable the CRB repository.

  Comprobación de        : epel-release-9-5.el9.noarch            1/1
Productos instalados actualizados.

Instalado:
  epel-release-9-5.el9.noarch

Finalizado
```

A continuación, actualice la caché de los repositorios:

```
# yum makecache
Extra Packages for Enterprise Linux 9 - x86_64              134 kB/s |  28 kB     00:00
Red Hat Enterprise Linux 9 for x86_64 - AppStream (RPMs)     22 kB/s | 4.5 kB     00:00
Red Hat CodeReady Linux Builder for RHEL 9 x86_64 (RPMs)     26 kB/s | 4.5 kB     00:00
Red Hat Enterprise Linux 9 for x86_64 - BaseOS (RPMs)        14 kB/s | 4.1 kB     00:00
Caché de los metadatos creado.
```

El repositorio se declara en el repositorio `/etc/yum.repos.d`:

```
# ls -l /etc/yum.repos.d/epel.repo
-rw-r--r--. 1 root root 1453 14 avril 23:22 /etc/yum.repos.d/epel.repo
```

3. Gestión de DPKG y APT

El objetivo de esta práctica es trabajar con la base de datos de los paquetes de software `dpkg` instalados un sistema Debian o Ubuntu, instalar otros nuevos y utilizar APT.

1. Responda a las preguntas de 1 a 4 de la práctica anterior, pero con los comandos y paquetes de software dpkg equivalentes: `coreutils` está presente con el mismo nombre. Un paquete de software a, `Lynx`, está disponible en la dirección: h ttps://packages.debian.org/bullseye/amd64/lynx/download

Soluciones posibles

El objetivo de esta práctica es trabajar con la base RPM de los paquetes de software ya instalados en su sistema e instalar otros nuevos. El sistema debe disponer de una distribución basada en RPM y que soporte Yum: Red Hat, CentOS, Fedora.

1. Responda a las preguntas 1 a 4 de la práctica anterior, pero con los comandos y paquetes de software `dpkg` equivalentes: `coreutils` está presente con el mismo nombre. Un paquete de software a, `Lynx`, está disponible en la dirección: https://packages.debian.org/bullseye/amd64/lynx/download.

   a - La lista de los paquetes de software instalados se debe filtrar. Por defecto, `dpkg` ofrece la lista de todos los paquetes conocidos, incluidos los instalados, para los cuales la línea comienza con "`ii`":

```
$ dpkg -l| grep ^ii | wc -l
1645
```

   b – La opción `-l` de `dpkg` puede recibir un filtro como argumento:

```
$ dpkg -l "*coreutils*"
Obj=desconocidO/Instalalo/EliMinado/Purgado/H=a conservar
| Estado=No/Instalado/archivo-Config/DesemPaquetado/error-conFig/
H=semi-instalado/W=espera-procesamiento-lanzado
|/ Err?=(ninguno)/necesita volver Reinstalación (Estado,Err: mayúscula=malo)
||/ Nombre              Versión    Arquitectura Descripción
+++-=================-==========-============-======================
ii  coreutils         8.32-4+b1  amd64        GNU core utilities
un  policycoreutils   <ninguna>   <ninguna>    (ninguna descripción disponible)
```

   Es posible que encuentre dos paquetes de software con este nombre, por lo que tendrá que leer los resultados o buscar una coincidencia exacta:

```
$ dpkg -l coreutils
Obj=desconocidO/Instalado/EliMinado/Purgado/H=a conservar
| Estado=No/Instalado/archivo-Config/DesemPaquetado/error-conFig/
H=semi-instalado/W=espera-procesamiento-lanzado
|/ Err?=(ninguno)/necesita volver Reinstalación (Estado,Err: mayúscula=malo)
||/ Nombre         Versión     Arquitectura  Descripción
+++-==============-===========-============-=========================
ii  coreutils      8.32-4+b1   amd64         GNU core utilities
```

   Para obtener los detalles del paquete de software ya instalado, puede usar el comando `dpkg-query` y la opción `-W`:

```
$ dpkg-query -W coreutils
```

La opción `-f` permite especificar el formato de salida:

```
$ dpkg-query -W -f='${Descripción}' coreutils
GNU core utilities
 This package contains the basic file, shell and text manipulation
 utilities which are expected to exist on every operating system.
 .
 Specifically, this package includes:
 arch base64 basename cat chcon chgrp chmod chown chroot cksum comm cp
 csplit cut date dd df dir dircolors dirname du echo env expand expr
 factor false flock fmt fold groups head hostid id install join link ln
 logname ls md5sum mkdir mkfifo mknod mktemp mv nice nl nohup nproc numfmt
 od paste pathchk pinky pr printenv printf ptx pwd readlink realpath rm
 rmdir runcon sha*sum seq shred sleep sort split stat stty sum sync tac
 tail tee test timeout touch tr true truncate tsort tty uname unexpand
```

c - Para eliminar un paquete de software, utilice la opción `-r`:

```
# dpkg -r coreutils
dpkg: error al procesar el paquete coreutils (--remove):
 este es un paquete esencial que no se puede eliminar.
Se encontraron errores al procesar:
 coreutils
```

d - Para instalar un paquete de software Debian, utilice la opción `-i`, y anote los errores. ¿Qué es lo que sucede?

```
# dpkg -i lynx_2.9.0dev.6-3~deb11u1_amd64.deb
Seleccionando el paquete lynx deseleccionado anteriormente.
(Lecyendo la base de datos... 148345 archivos y directorios ya instalados.)
Preparando desempaquetado de lynx_2.9.0dev.6-3~deb11u1_amd64.deb ...
Desempaquetando lynx (2.9.0dev.6-3~deb11u1) ...
dpkg: los problemas de dependencias bloquean la configuración de lynx:
 lynx dependencia de lynx-common ; pero:
  No se ha instalado el paquete lynx-common.

dpkg: error al procesar el paquete lynx (--install):
 problemas de dependencias - no permiten la configuración
Se han encontrado errores durante la instalación:
 lynx
```

El comando falla porque el paquete tiene dependencias.

```
# apt-get -f install lynx-common
Leyendo las listas de paquetes... Hecho
Construyendo el árbol de dependencias... Hecho
Leyendo la información de estado... Hecho
Se instalarán los siguientes paquetes NUEVOS:
  lynx-common
0 actualizados, 1 nuevos instalados, 0 eliminados y 0 actualizados.
1 parcialmente instalado o eliminado.
Es necesario disponer de 1?192 kn en los archivos.
Después de esta operación se utilizará 3?773 kb de espacio adicional de disco.
Recibido :1 http://deb.debian.org/debian bullseye/main amd64 lynx-common
all 2.9.0dev.6-3~deb11u1 [1?192 kB]
1?192 kb recibidos en 0s (4?789 kb/s)
Seleccionado el paquete lynx-common deseleccionado anteriormente.
(Leyendo la base de datos... 148358 archivos y directorios ya instalados.)
Preparando desempaquetado .../lynx-common_2.9.0dev.6-3~deb11u1_all.deb ...
Desempaquetado lynx-common (2.9.0dev.6-3~deb11u1) ...
Configurando lynx-common (2.9.0dev.6-3~deb11u1) ...
Configurando lynx (2.9.0dev.6-3~deb11u1) ...
update-alternatives: uso de "/usr/bin/Lynx" para proporcionar "/usr/bin/
www-browser" (www-browser) en modo automático
Procesamiento de las acciones diferidas ("triggers") para man-db (2.9.4-2) ...
Procesamiento de las acciones diferidas ("triggers") para mailcap (3.69) ...

dpkg -i lynx_2.9.0dev.6-3~deb11u1_amd64.deb
(Leyendo base de datos... 148454 archivos y directorios ya instalados.)
Preparando desempaquetado de lynx_2.9.0dev.6-3~deb11u1_amd64.deb ...
Desempaquetando lynx (2.9.0dev.6-3~deb11u1) de (2.9.0dev.6-3~deb11u1) ...
Configurando de lynx (2.9.0dev.6-3~deb11u1) ...
```

Esta vez, está instalado lynx (navegador http en modo carácter).

d – Actualice su sistema con:

```
# apt-get upgrade
Leyendo las listas de paquetes... Hecho
Construyendo árbol de dependencias... Hecho
Leyendo la información de estado... Hecho
Calculando la actualización... Hecho
0 actualizados, 0 instalados nuevos, 0 eliminados y 0 no actualizados.
```

El sistema ya está actualizado.

4. Librerías compartidas

En esta práctica, va a administrar las librerías compartidas.

1. Observe que algunas librerías compartidas están relacionadas con el programa `/usr/bin/ynx`.
2. Mueva una de las librerías de la lista (y sus librerías relacionadas), después el ejecutable `/usr/bin/ynx`.
3. Edite el archivo de configuración `/etc/ld.so.conf` y añada la ruta de acceso `/root/malib`. Ejecute `ldconfig` y después vuelva a lanzar `ynx`.

Soluciones posibles

En esta práctica, va a administrar las librerías compartidas.

1. Observe que algunas librerías compartidas están relacionadas con el programa `/usr/bin/ynx`.

   El comando `ldd` permite ver todas las librerías compartidas por un programa:

```
$ ldd /usr/bin/ynx
        ynx-vdso.so.1 (0x00007ffffb9f0000)
        libz.so.1 => /lib/x86_64-linux-gnu/libz.so.1 (0x00007fdf71c23000)
        libbz2.so.1.0 => /lib/x86_64-linux-gnu/libbz2.so.1.0 (0x00007fdf71c10000)
        libidn.so.11 => /lib/x86_64-linux-gnu/libidn.so.11 (0x00007fdf71bdb000)
        libncursesw.so.6 => /lib/x86_64-linux-gnu/libncursesw.so.6 (0x00007fdf71ba0000)
        libtinfo.so.6 => /lib/x86_64-linux-gnu/libtinfo.so.6 (0x00007fdf71b71000)
        libgnutls.so.30 => /lib/x86_64-linux-gnu/libgnutls.so.30 (0x00007fdf71971000)
        libbsd.so.0 => /lib/x86_64-linux-gnu/libbsd.so.0 (0x00007fdf71958000)
        libc.so.6 => /lib/x86_64-linux-gnu/libc.so.6 (0x00007fdf71784000)
        libdl.so.2 => /lib/x86_64-linux-gnu/libdl.so.2 (0x00007fdf7177e000)
        libp11-kit.so.0 => /lib/x86_64-linux-gnu/libp11-kit.so.0 (0x00007fdf7164a000)
        libidn2.so.0 => /lib/x86_64-linux-gnu/libidn2.so.0 (0x00007fdf71629000)
        libunistring.so.2 => /lib/x86_64-linux-gnu/libunistring.so.2 (0x00007fdf714a7000)
        libtasn1.so.6 => /lib/x86_64-linux-gnu/libtasn1.so.6 (0x00007fdf7148f000)
        libnettle.so.8 => /lib/x86_64-linux-gnu/libnettle.so.8 (0x00007fdf71447000)
        libhogweed.so.6 => /lib/x86_64-linux-gnu/libhogweed.so.6 (0x00007fdf713fe000)
        libgmp.so.10 => /lib/x86_64-linux-gnu/libgmp.so.10 (0x00007fdf7137d000)
        libpthread.so.0 => /lib/x86_64-linux-gnu/libpthread.so.0 (0x00007fdf7135b000)
        /lib64/ld-linux-x86-64.so.2 (0x00007fdf71e9a000)
        libmd.so.0 => /lib/x86_64-linux-gnu/libmd.so.0 (0x00007fdf7134e000)
        libffi.so.7 => /lib/x86_64-linux-gnu/libffi.so.7 (0x00007fdf71340000)
```

2. Mueva una de las librerías de la lista (y sus librerías relacionadas), después el ejecutable /usr/bin/ynx.

```
# mkdir malib
# mv  /lib/x86_64-linux-gnu/libhogweed.so.6* malib
# ls -l malib
lrwxrwxrwx 1 root root     17 10 mayo     18:34 libhogweed.so.6 -> libhogweed.so.6.4
-rw-r--r-- 1 root root 294832 10 junio    2021 libhogweed.so.6.4
# /usr/bin/lynx
/usr/bin/lynx: error while loading shared libraries: libhogweed.so.6:
cannot open shared object file: No such file or directory
```

El comando ldd le informa de la desaparición de la librería movida:

```
# ldd /usr/bin/lynx
[...]
        libhogweed.so.6 => not found
[...]
```

3. Edite el archivo de configuración /etc/ld.so.conf y añada la ruta de acceso /root/malib. Ejecute ldconfig y después vuelva a lanzar lynx.

```
# vi /etc/ld.so.conf
include /etc/ld.so.conf.d/*.conf
/root/malib

# ldconfig
# ldd /usr/bin/lynx
[...]
libhogweed.so.6 => /root/malib/libhogweed.so.6 (0x00007ff95745f000)
[...]
# lynx
         About Lynx - Who, What, and When - Where it is now (p1 sur 3)
    [ About Lynx-Dev | Lynx-Dev Archives ]

About Lynx

  Lynx is a fully-featured World Wide Web (WWW) browser for users on Unix,
VMS, and other platforms
  running cursor-addressable, character-cell terminals or emulators.
That includes vt100 terminals,
  other character-cell displays, and vt100 emulators such as Kermit or
Procomm running on PCs or Macs.

  For information on how to use Lynx see the Lynx User's Guide,
or the Lynx help files.
[...]
```

El programa funciona correctamente.

Capítulo 3

Requisitos previos

- ☒Disponer de un acceso de usuario al sistema Linux.
- ☒Disponer de un terminal (consola o gráfico).

Objetivos

Al final de este capítulo, será capaz de:

- ☒Trabajar con la línea de comandos.
- ☒Manejar el historial de comandos.
- ☒Efectuar operaciones básicas en el sistema de archivos.
- ☒Buscar archivos en el árbol.
- ☒Trabajar en archivos de texto con el editor de texto vi.
- ☒Instalar redirecciones y tuberías.
- ☒Efectuar búsquedas en archivos de texto.
- ☒Utilizar los filtros y utilidades.
- ☒Gestionar los procesos.
- ☒Modificar la ruta de búsqueda de los ejecutables, las variables y el entorno.
- ☒Modificar la configuración del bash.
- ☒Crear scripts.
- ☒Efectuar pruebas y evaluar el valor lógico de una expresión.
- ☒Utilizar estructuras de control.
- ☒Crear funciones.
- ☒Usar un multiplexor de terminales.

A. El shell bash

1. Función del shell

Aunque todas las distribuciones ofrecen interfaces gráficas de usuario, un informático profesional que trabaje en un sistema Linux debe estar familiarizado con el funcionamiento del intérprete de comandos (shell) y los principales comandos en modo de caracteres. Por un lado, los sistemas de servidores se suelen instalar sin interfaz gráfica y, por otro lado, es fundamental poder gestionar scripts operativos y administrativos escritos en lenguaje shell y combinando comandos en modo de caracteres.

El intérprete de comandos permite ejecutar instrucciones que se escriben con el teclado o que se leen desde un archivo de script. Este intérprete suele ser un programa de tipo shell. El término shell (concha), de origen Unix, se utiliza en referencia al término **kernel** (nodo): el shell es una interfaz "alrededor" del kernel de Linux, que opera en modo de caracteres.

Hay varios programas de tipo shell, cada uno con sus propios aspectos específicos. El **Bourne Shell**, llamado así por su creador **Steve Bourne**, es el shell más antiguo escrito para Unix. Después, el shell se estandarizó bajo los estándares POSIX.

El shell de referencia para la mayoría de las distribuciones de Linux es bash (*Bourne Again Shell*), pero hay muchos otros, entre ellos:

- `sh`: Bourne Shell
- `ksh`: Korn Shell
- `csh`: C Shell
- `zsh`: Z Shell
- `ash`: A Shell
- `dash`: Debian Almquist Shell.

☞*El archivo `/etc/shells` proporciona la lista de los shells instalados en el sistema.*

2. Bash: el shell Linux por defecto

El shell bash es un derivado del Bourne Shell. Cumple con los estándares POSIX, pero añade muchas extensiones que son específicas para él. Es el shell de referencia para los exámenes de certificación LPIC-1.

☞*En las distribuciones recientes de Debian, el shell por defecto es dash, una variante muy similar al shell bash.*

a. Un shell potente y libre

El bash, que tiene licencia de código abierto GNU, se proporciona de forma predeterminada con todas las distribuciones de Linux. Incluso viene en versiones para macOS y Windows (a través de la funcionalidad Subsistema de Windows para Linux).

El shell funciona en modo de línea de comandos. Cuando se inicia desde un terminal, se inicializa desde varios archivos, muestra un mensaje de aviso al comienzo de una línea de símbolo del sistema y entra en modo de lectura de teclado. Cuando la línea de comandos se escribe y se valida con la tecla [Intro], el shell interpreta su contenido y lo ejecuta. Una vez completada la ejecución, el shell vuelve a mostrar el prompt y espera una nueva línea.

La secuencia de teclas [Ctrl] D completa la ejecución del shell. El comando `exit` también hace que el shell termine.

☞ *Linux, al igual que Unix, distingue entre mayúsculas y minúsculas en los comandos, sus opciones y argumentos, así como en los nombres de archivos y directorios.*

b. Línea de comandos

El shell espera entradas por el teclado en una línea llamada línea de comandos. La cadena que se muestra al principio de esta línea se denomina **prompt**.

El prompt se puede configurar (mediante la variable de entorno `PS1`). Su contenido predeterminado varía en función de la distribución. Por lo general, muestra el nombre de la cuenta de usuario, el directorio actual y un carácter `$` (cuenta que no es de administrador) o `#` (cuenta de administrador).

Ejemplo

Prompt predeterminado del usuario `pba` *en el sistema* `srvrh` *(distribución RHEL 9):*

```
[pba@srvrh ~]$
```

Prompt predeterminado del usuario `root` *(administrador) en el sistema* `srvdeb` *(distribución Debian 12):*

```
root@srvdeb
```

3. Utilizar el shell

a. La introducción de datos en una línea de comandos

En la línea de comandos, puede mover el cursor con las teclas [Flecha derecha] y [Flecha izquierda], y eliminar caracteres con las teclas [Retroceso] o [Supr]. Para ejecutar, pulse en la tecla [Intro].

Se pueden utilizar los siguientes métodos abreviados de teclado:

- **[Ctrl] A**: ir al principio de la línea.
- **[Ctrl] E**: ir al final de la línea.
- **[Ctrl] L**: borrar el contenido de la pantalla y mostrar la línea de comandos en la parte superior.
- **[Ctrl] U**: borrar la línea hasta el principio.
- **[Ctrl] K**: borrar la línea hasta el final.

Ejemplos

Comando de visualización de la fecha.

```
$ date
lunes 15 mayo 2023 09:40:20 CEST
```

Comando de visualización de la ruta de acceso al directorio actual.

```
$ pwd
/home/pba
```

b. Sintaxis general de los comandos

La mayoría de los comandos incluidos en las distribuciones de Linux son originales de Unix, pero han sido reescritos como parte del proyecto de código abierto GNU. Su sintaxis puede variar de una versión a otra.

Los comandos GNU/Linux suelen tener la siguiente sintaxis:

`Comando [opciones] [argumentos]`

Un comando puede no tener ni opciones ni argumentos. Las opciones se identifican con mayor frecuencia por un carácter precedido por un guion: `-l`, `-p`, `-s`, etc. Si el comando admite varias opciones, puede especificarlas una tras otra, separadas por espacios: `-l -r -t` o agruparlas detrás de un solo guion: `-lrt`. El orden de las opciones no importa, las dos sintaxis anteriores generan el mismo resultado.

☞ *Algunas opciones esperan un argumento, como por ejemplo un nombre de archivo. En este caso, los separaremos de los demás: `-lrt -f miarchivo` o los colocaremos en la última posición: `-lrtf miarchivo`.*

Los argumentos son cadenas separadas por un espacio o un carácter de tabulación. Si un argumento va a contener un espacio, debe estar entre comillas simples ' ' o dobles " ".

c. Ejemplo de comando: cal

El comando `cal` admite varias opciones y argumentos. Si se le invoca sin argumentos, muestra el calendario del mes en curso.

Ejemplo

```
$ cal

     Agosto 2023
lu ma mi ju vi sá do
    1  2  3  4  5  6
 7  8  9 10 11 12 13
14 15 16 17 18 19 20
21 22 23 24 25 26 27
28 29 30 31
```

El comando `cal` admite dos argumentos opcionales. Si se precisa solo uno, se trata del año, y se muestra el calendario de ese año en su totalidad. Si se le indican dos argumentos, el primero es el mes; el segundo, el año.

Ejemplo

```
$ cal 12 1975
    diciembre 1975
lu ma mi ju vi sá do
 1  2  3  4  5  6  7
 8  9 10 11 12 13 14
15 16 17 18 19 20 21
22 23 24 25 26 27 28
29 30 31
```

El comando recibe algunas opciones, que varían según la versión instalada.

La opción `-m` (*monday*) muestra los días de la semana empezando por el lunes.

La opción `-s` (*sunday*) muestra los días de la semana empezando por el domingo.

Ejemplo

```
$ cal -s 12 1975
    diciembre 1975
do lu ma mi ju vi sá
    1  2  3  4  5  6
 7  8  9 10 11 12 13
14 15 16 17 18 19 20
21 22 23 24 25 26 27
28 29 30 31
```

La opción `-m3` se utiliza para mostrar el mes anterior y el mes posterior al mes especificado o, sin argumentos, el mes actual.

Ejemplo

```
$ cal -m3 12 1975
cal -m3 12 1975
   noviembre 1975          diciembre 1975           enero 1976
lu ma mi ju vi sá do  lu ma mi ju vi sá do  lu ma mi ju vi sá do
                1  2   1  2  3  4  5  6  7            1  2  3  4
 3  4  5  6  7  8  9   8  9 10 11 12 13 14   5  6  7  8  9 10 11
10 11 12 13 14 15 16  15 16 17 18 19 20 21  12 13 14 15 16 17 18
17 18 19 20 21 22 23  22 23 24 25 26 27 28  19 20 21 22 23 24 25
24 25 26 27 28 29 30  29 30 31              26 27 28 29 30 31
```

Con una distribución similar a Debian, puede usar el comando similar `ncal`, que tiene una sintaxis ligeramente diferente (el comando `cal` en realidad ejecuta `ncal`).

Ejemplo

Para lograr el mismo resultado que en el ejemplo anterior:

```
$ ncal -b -M -3 7 1978
      Junio 1978             Julio 1978            Agosto 1978
lu ma mi ju vi sá do  lu ma mi ju vi sá do  lu ma mi ju vi sá do
          1  2  3  4                  1  2      1  2  3  4  5  6
 5  6  7  8  9 10 11   3  4  5  6  7  8  9   7  8  9 10 11 12 13
12 13 14 15 16 17 18  10 11 12 13 14 15 16  14 15 16 17 18 19 20
19 20 21 22 23 24 25  17 18 19 20 21 22 23  21 22 23 24 25 26 27
26 27 28 29 30        24 25 26 27 28 29 30  28 29 30 31
                      31
```

d. Encadenar los comandos

Se pueden especificar varios comandos en la misma línea de comandos, separados por un punto y coma. Se ejecutarán de forma sucesiva.

Ejemplo

```
# date;pwd;cal -m  lun. 15 mayo 2023 11:30:26 CEST
/home/pba
      mayo 2023

do lu ma mi ju vi sá
          1  2  3  4
 5  6  7  8  9 10 11
12 13 14 15 16 17 18
19 20 21 22 23 24 25
26 27 28 29 30 31
```

e. Visualizar texto

El comando `echo` muestra los argumentos que se le pasan, separados por un espacio y seguidos de un salto de línea.

Ejemplo

```
$ echo Hola amigos
Hola amigos
```

Los argumentos pueden contener caracteres especiales del lenguaje C, siempre y cuando se especifique la opción `-e`. Los más utilizados son:

Secuencia	Acción
`\n`	Salto de línea
`\t`	Tabulación horizontal
`\c`	Sin salto de línea después de la visualización de argumentos
`\b`	Retorno de un carácter atrás

Secuencia	Acción
`\\`	Visualiza el antislash (barra oblicua inversa)
`\nnn`	Visualiza el carácter con el código `nnn`

Ejemplo

```
$ echo -e "Hola.\tMe llamo Javier\b\b\bNadie\n"
Hola. Me llamo Nadie
```

☞ *Este comando se utiliza principalmente en scripts, para mostrar comentarios, instrucciones de usuario, mensajes de error, etc.*

f. Comandos internos y externos

Existen dos tipos de comandos:

- Los **comandos externos** son programas ejecutables que se almacenan en archivos. Cuando se ejecuta el comando, el shell determina la ubicación del archivo correspondiente y, si lo encuentra, comienza su ejecución pasándole eventualmente opciones y argumentos.
- Los **comandos internos** son internos al shell y son ejecutados directamente por el shell. El código ejecutable de estos comandos es parte integrante del código de shell (primitivo de shell). Los comandos cd o pwd son dos ejemplos de ello.

Para distinguir un comando interno de otro externo, se puede utilizar el comando interno `type`.

Ejemplo

```
$ type date
date is /bin/date
$ type pwd
pwd es una orden interna del shell
```

El comando `date` es un comando externo, pero su ruta la conserva el shell en memoria (hashage).

```
$ type pwd
pwd es una primitiva del shell
```

g. Secuencias de control

`[Ctrl] C`: Hace que se interrumpa el comando actual.

`[Ctrl] D`: Al principio de la línea, termina de escribir si el comando está leyendo desde el teclado, o finaliza el shell actual si está esperando el teclado.

Ejemplo

Sin argumentos, el comando `sort` ordena las filas introducidas en el teclado. Para detener la entrada, escriba `[Ctrl] D` al principio de la línea:

```
$ sort
bbbbbbbbbbb
aaaaaaa
zzzzzzz
```

```
eeeeeeee
[Ctrl]D
aaaaaaa
bbbbbbbbbbb
eeeeeeee
zzzzzzz
```

4. Historial de comandos

El shell almacena un historial de líneas de comandos, llamado `.bash_history`, en un archivo en el directorio de conexión de cada cuenta de usuario. Es posible navegar con las teclas [Flecha arriba] y [Flecha abajo], sabiendo que la flecha hacia arriba permite retroceder en el historial. Puede cambiar o no la línea de comandos mostrada y solicitar su ejecución con la tecla [Intro] (independientemente de la posición del cursor en la línea de comandos).

El comando `history` muestra las líneas de comandos introducidas más recientemente.

Ejemplo

```
$ history
...
 1000  date
 1001  pwd
 1002  uname -a
 1003  ls
 1004  fc -l -5
 1005  history
```

El comando `fc -l` muestra las últimas quince líneas de comandos, numerándolas. El número de líneas de comando que se mostrarán se puede especificar pasándolo como una opción.

Ejemplo

Ver las últimas 20 líneas del comando:

```
$ fc -l -20
109     cal -m -3 12 1975
110     date;pwd;cal
111     date;pwd;cal -m
112     echo "toto\n"
113     echo -e "toto\n"
114     type date
115     type pwd
116     type ll
117     fc -l -10
118     uname -a
```

La opción `-s` seguida del número del comando provoca que se vuelva a ejecutar.

Ejemplo

```
$ fc -s 118
uname -a
Linux srvdeb 5.10.0-22-amd64 #1 SMP Debian 5.10.178-3 (2023-04-22) x86_64 GNU/Linux
```

B. La gestión de los archivos

Linux es, al igual que Unix, un sistema operativo orientado a archivos. Todo (o casi) puede estar representado por un archivo, datos (archivos de datos de cualquier tipo, como una imagen o un programa), periféricos (terminales, ratón, teclado, tarjeta de sonido, etc.), canales de comunicación (sockets, pipes con nombre), etc.

1. El sistema de archivos

Un sistema de archivos (*File System*) define la estructura que organiza la gestión de directorios y archivos en todo o parte de un medio de almacenamiento. Todos los soportes de almacenamiento que se activan (montados) conforman el sistema global de archivos, que se presenta en forma de un único árbol, estructurado por directorios:

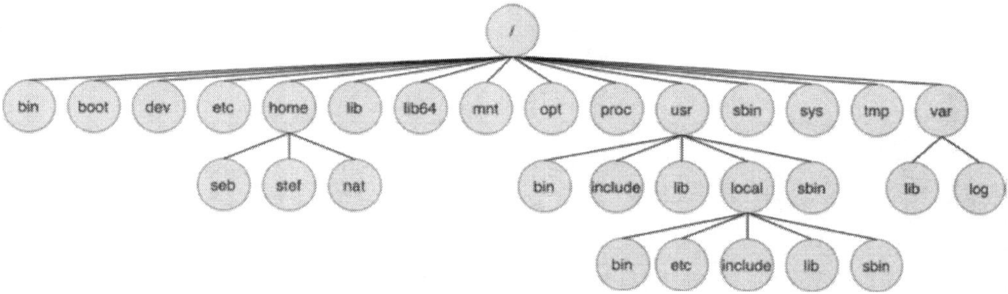

Ejemplo de árbol de directorio Linux

El sistema de archivos de Linux es jerárquico. Describe un árbol de directorios y subdirectorios, a partir de un elemento básico llamado **raíz** (*root directory*).

2. Los diferentes tipos de archivos

Distinguimos tres tipos de archivos: ordinario, directorio, especial.

a. Los archivos ordinarios o regulares

Los archivos ordinarios se llaman también archivos regulares, (*ordinary regular files*). Son archivos que contienen datos. El sistema los considera una secuencia de bytes. Pueden contener texto, imágenes, sonido, un programa ejecutable, etc.

El comando `file` se utiliza para obtener información sobre la naturaleza del contenido de un archivo.

Ejemplo

```
$  file /usr/bin/bash /etc /etc/passwd
/usr/bin/bash: ELF 64-bit LSB pie executable, x86-64, version 1 (SYSV),
dynamically linked, interpreter /lib64/ld-linux-x86-64.so.2, BuildID[sha1]=
5d82a44f2a4466ff21f763af86b004d1fcb3a8f1, for GNU/Linux 3.2.0, stripped
/etc:          directory
/etc/passwd:   ASCII text
```

☞*El sufijo (o extensión) de un nombre de archivo no tiene ningún significado especial para el sistema. Es opcional.*

Ver el contenido de un archivo de texto

El comando `cat NombreFic` muestra el contenido del archivo `NombreFic`.

☞*El comando no comprueba que el archivo solo contenga caracteres visualizables.*

Ejemplo

```
$ cat /etc/hostname
srvdeb
```

b. Los directorios

Para Linux, al igual que para Unix, los directorios son archivos de un tipo particular. Se utilizan para estructurar el espacio en disco en una estructura de árbol y pueden contener archivos u otros directorios.

Un directorio no es más que un archivo en el que se almacena una tabla que identifica el nombre y el número interno (número de inodo) de cada elemento que contiene.

c. Los archivos especiales

El tercer tipo de archivos es el especial. Hay varios tipos. Por ejemplo, los drivers de los periféricos están asociados por archivos especiales de la carpeta `/dev`, pero también se pueden crear en otros directorios con el comando `mknod`.

Son principalmente, aunque no siempre, archivos que sirven de interfaz para los diversos periféricos. Se pueden utilizar como archivos normales, pero el acceso en modo lectura o escritura a estos archivos se redirige directamente al controlador que administra el dispositivo o tipo de archivo correspondiente. Por ejemplo, una operación de escritura en un archivo especial asociado a una impresora se enviará al controlador de la impresora, que se encargará de la impresión correspondiente.

Los diferentes tipos de archivos especiales son:

- Los archivos de tipo **bloque** permiten tener acceso a periféricos que funcionan con bloques de datos, como por ejemplo, un disco duro.
- Los archivos de tipo **carácter** permiten tener acceso a un periférico byte por byte, de manera secuencial. Es el caso de una pantalla de terminal o de un lector de banda magnética.
- Los archivos de tipo **FIFO** (*First In First Out*), son pipelines, canales de comunicación que permiten a dos procesos intercambiar datos.
- Los archivos de tipo **socket** permiten también el intercambio de datos entre procesos, pero a través de un protocolo de red clásico.
- Los **enlaces simbólicos** son archivos que enlazan con otros archivos, siendo su contenido interno la ruta al archivo de destino.

3. Nomenclatura de los archivos

Un sistema de archivos Unix acepta nombres de hasta 255 caracteres. La posible extensión (el sufijo) está incluida en la longitud del nombre del archivo.

Linux distingue entre minúsculas y mayúsculas en los nombres de archivo.

Todos los caracteres se aceptan en un nombre de archivo, excepto el carácter /, que se utiliza como separador en la ruta de un archivo. Sin embargo, en la medida de lo posible, es preferible evitar ciertos caracteres que tienen un significado especial para el shell: `&; ( ) ~ < espacio> \ / | ' ? -` (al principio del nombre).

Ejemplo

Nombres de archivo válidos:

- `Archivo1`
- `Paga.txt`
- `123tratamiento.sh`
- `Paga_junio_2002.xls`
- `8`

Los nombres siguientes son válidos, pero pueden dar problemas:

- `Archivo*`
- `Pago(diciembre)`
- `Ben&Nuts`
- `Paga junio 2002.xls`
- `-f`

4. Rutas de acceso

Una *ruta* de acceso se utiliza para especificar la ubicación de un objeto dentro del sistema de archivos.

a. Estructura de una ruta de acceso

La ruta especifica la lista de directorios y subdirectorios que se deben recorrer para acceder a un objeto contenido en el árbol del sistema de archivos. El directorio de punto de partida del árbol, la raíz (*root*), está simbolizado por `/`.

b. Ruta de acceso absoluta

La ruta de acceso absoluta de un objeto especifica todos los directorios que se deben recorrer para acceder a él desde la raíz, cada uno separado por el carácter `/`, y termina con el nombre del objeto. Por lo tanto, siempre comienza con el carácter `/`.

Ejemplo

```
/home/pba/fic
```

c. Directorio de conexión y directorio actual

Cuando se crea un usuario, el administrador asigna un directorio de conexión o directorio personal (*home directory*). Al iniciar sesión, el usuario se posiciona en este directorio.

Ejemplo

```
Login : pba
Password : xxxxxxxxxx
$ pwd
/home/pba
```

Un programa en ejecución (un proceso) siempre está asociado a un directorio en el sistema de archivos: su directorio actual. Por lo tanto, un proceso shell creado cuando un usuario inicia sesión, tiene la carpeta personal del usuario como su directorio actual.

El comando `cd` (*change directory*) permite cambiar el directorio actual.

Ejemplo

```
pwd
/home/pba
$ cd /etc
$ pwd
/etc
```

d. Ruta de acceso relativa

La ruta de acceso de un objeto en el árbol también puede ser relativa a la posición actual del usuario (o más concretamente, al directorio actual del shell asociado al usuario).

Si una ruta de acceso no comienza con el carácter `/`, es una ruta relativa.

Ejemplo

Mostrar el contenido del archivo fic en el directorio actual:

```
$ cat fic
Contenido
```

El archivo existe en el directorio actual y contiene la cadena "Contenido".

```
$ cat /fic
cat: /fic: Ningún archivo o directorio de este tipo
```

Con una ruta absoluta, se produce un error, porque el archivo no existe en el directorio raíz `/`.

Existen dos entradas de directorio concretas que se pueden usar en una ruta de acceso:

- El carácter punto `.` especifica el directorio actual.
- El doble carácter punto `..` especifica el directorio padre de un directorio.

Ejemplo

Moverse al directorio `/info` *desde el directorio* `/home/pba actual.`

A través de una ruta absoluta:

```
$ pwd
/home/pba
$ cd /info
$ pwd
/info
```

Usando una ruta relativa:

```
$ pwd
/home/pba
$ cd ../../info
$ pwd
/info
```

Diferentes casos:

- `/usr/local/bin` es una ruta absoluta (comienza con `/`).
- `Documentos/Fotos` es una ruta que designa al objeto `Fotos` en el directorio `Documentos` contenido en el directorio actual.
- `./Documentos/Fotos` es una ruta relativa idéntica a la anterior. El carácter `.` designa explícitamente el directorio actual.
- `../Documentos/Fotos` es una ruta que designa al objeto `Fotos` en el directorio `Documentos` contenido en el directorio padre del directorio actual.

e. El carácter de tilde

El carácter tilde ~ en una ruta de acceso denota un directorio de conexión. Si precede a un nombre de usuario, designa el directorio de conexión del usuario pero, si está solo, es el del usuario actual.

Ejemplo

Con la cuenta `root`*, mostrar la ruta absoluta del directorio de conexión y, después, la ruta del usuario* `pba`*:*

```
# echo ~
/root
# echo ~pba
/home/pba
```

Mostrar el contenido del archivo `fic` *del directorio de conexión del usuario* `pba`*:*

```
# cat ~pba/fic
Contenido
```

f. Cambiar el directorio actual

El comando `cd` (*change directory*) permite cambiar el directorio actual.

Sin argumentos, se coloca en el directorio de conexión del usuario.

Con el argumento `-`, vuelve al directorio actual anterior.

El comando `pwd` (*print working directory*) muestra la ruta absoluta al directorio actual.

Ejemplos

Diferentes movimientos en el árbol:

```
$ pwd
/home/pba
$ cd /etc
$ pwd
/etc
$ cd ..
$ pwd
/
$ cd -
/etc
$ pwd
/etc
$ cd
$ pwd
/home/pba
```

5. Los comandos básicos

Las distribuciones de Linux ofrecen un gran número de comandos de utilidad (a menudo basados en Unix y reescritos como parte del proyecto de código abierto GNU) para administrar directorios y archivos.

a. Ayuda con la sintaxis de los comandos

Los comandos suelen utilizar un gran número de opciones, letras minúsculas, mayúsculas, cifras y argumentos. Para obtener una descripción completa de un comando, consulte la ayuda en línea proporcionada por el comando `man`.

Sintaxis

```
man [opciones] NombreComando
```

Ejemplo

Descripción del comando `ls`*:*

```
$ man ls
LS(1)                    Comandos del usuario                NOMBRE
      ls - Muestra el contenido del directorio
SINOPSIS
      ls [OPCIÓN]... [ARCHIVO]...
```

```
DESCRIPCIÓN
       Muestra información sobre los ARCHIVOS (desde el directorio actual de forma
predeterminada). Las entradas se ordenan alfabéticamente si no se especifica ninguna
de las opciones -cftuvSUX o --sort. Los ajustes necesarios para las opciones de forma
larga también son necesarios para las opciones de forma corta.
       -a, --all
              incluir las entradas que empiezan por "."
       -A, --almost-all
              omitir los archivos "." Y ".."
[...]
       -X     ordenar alfabéticamente en función de la expresión de las entradas
       -Z, --context
              mostrar todo el contexto de seguridad de cada archivo
       -1     mostrar un archivo por línea. Elimina "\n" con -q o -b
       --help muestra la ayuda-memoria y sale
       --version
              muestra el nombre y la versión del software y salir
[...]
AUTOR
       Escrito par Richard M. Stallman y David MacKenzie.
COPYRIGHT
       Copyright  ©  2020 Free Software Foundation, Inc. Licence
GPLv3+ : GNU GPL versión 3 o posterior
       <https://gnu.org/licenses/gpl.html>
       Este programa es software libre. Puede editarlo y redistribuirlo.
NO HAY NINGUNA GARANTÍA prevista por la ley.
```

b. Listar los archivos y los directorios

El comando `ls` permite listar el contenido de un directorio. Gestiona muchas opciones, de las cuales las más importantes son:

Opción	Significado
`-l`	Para cada archivo o directorio, facilita información detallada.
`-a`	Se visualizan los archivos escondidos (aquellos cuyo nombre empieza por un punto).
`-d`	Para un directorio, muestra la información del directorio, y no de su contenido.
`-F`	Añade un carácter al final del nombre para especificar el tipo: / para un directorio, * para un ejecutable, @ para un vínculo simbólico, etc.
`-R`	El comando recorre toda la arborescencia a partil del directorio (modo recursivo).
`-t`	La visualización se ordena por fecha de modificación del más reciente al más antiguo.
`-c`	La visualización se ordena por fecha de cambio de estado del archivo.
`-u`	La visualización se ordena por fecha de acceso del archivo.
`-r`	Se invierte el orden de visualización.

Opción	Significado
`-i`	Muestra el número de inodo del archivo.
`-C`	La visualización se hace en varias columnas (por defecto).
`-1`	La visualización se hace en una sola columna.
`-Z`	Muestra los atributos del archivo vinculado al tipo de sistema de archivo o al contexto de seguridad (selinux, por ejemplo).

Ejemplo

Visualización detallada del contenido del directorio `/etc`:

```
$ ls -l /etc
total 1072
-rw-r--r--  1 root root    2981  3 mayo   20:33 adduser.conf
-rw-r--r--  1 root root      44  3 mayo   21:15 adjtime
drwxr-xr-x  3 root root    4096  3 mayo   20:46 alsa
drwxr-xr-x  2 root root    4096 10 mayo   18:20 alternatives
[...]
drwxr-xr-x  2 root root    4096  3 mayo   20:35 vim
drwxr-xr-x  5 root root    4096  3 mayo   20:49 vulkan
-rw-r--r--  1 root root    4942 23 nov.   2021 wgetrc
drwxr-xr-x  2 root root    4096  3 mayo   21:08 wpa_supplicant
drwxr-xr-x 11 root root    4096  3 mayo   21:11 X11
-rw-r--r--  1 root root     642 24 dic.   2020 xattr.conf
drwxr-xr-x  6 root root    4096  3 mayo   21:02 xdg
drwxr-xr-x  2 root root    4096  3 mayo   21:13 xml
drwxr-xr-x  7 root root    4096  9 mayo   16:08 zypp
```

La línea `total` indica el tamaño total en bloques de 1024 bytes del contenido del directorio. Este tamaño representa el conjunto de los archivos ordinarios del directorio y no tiene en cuenta los posibles subdirectorios y su contenido (para ello, habrá que utilizar el comando `du`).

Luego viene la lista detallada de todo el contenido.

Tipo de permisos de acceso	Num. enlaces físicos	Usuario propietario	Grupo propietario	Tamaño	Fecha última modificación	Nombre del archivo
-rw-r- -r--	1	seb	users	69120	sep 3 2006	3i_recuperación_2006.doc

- Tipo y permisos de acceso: el primer carácter representa el tipo de archivo (`-`: ordinario, `d`: directorio, `l`: enlace simbólico, etc.). Después, en bloques de tres, los permisos de acceso para el propietario (`rw-`), el grupo (`r--`) y los demás (`r--`), con `r`: lectura, `w`: escritura, `-` : sin permisos (véase el capítulo Los discos y sistema de archivos).
- Número de enlaces físicos: un contador de enlaces (véase el capítulo Los discos y sistema de archivos).
- Usuario propietario: el propietario del archivo; por defecto, el usuario que lo creó.

- Grupo propietario: el grupo de usuarios asociado al archivo.
- Tamaño: el tamaño del archivo en bytes.
- Fecha: la fecha en que se modificó por última vez.
- Nombre: el nombre del archivo.

Ejemplo

Visualización detallada del contenido del directorio `/etc`*. Los últimos objetos modificados aparecen al final de la lista.*

```
$ ls -lrt /etc
...
drwxr-xr-x.  2 root root      4096 10 mayo   16:40 alternatives
drwxr-xr-x.  2 root root        67 10 mayo   16:44 yum.repos.d
drwxr-xr-x.  4 root root        68 15 mayo   09:32 udev
-rw-r--r--.  1 root root     39335 15 mayo   09:32 ld.so.cache
-rw-r--r--.  1 root root        80 15 mayo   09:33 resolv.conf
drwxr-xr-x.  4 root lp        4096 15 mayo   18:19 cups
```

c. Gestionar los archivos y los directorios

Crear archivos vacíos

El comando `touch`, con un nombre de archivo inexistente como argumento, crea el archivo vacío. Si el archivo existe, actualiza las fechas de último acceso y última modificación.

Ejemplo

```
$ touch ficvacio
$ ls -l ficvacio
-rw-r--r-- 1 pba pba 0 15 mayo   19:44 ficvacio
```

Otro método consiste en usar una redirección (`> fic`) sin un comando, a un archivo inexistente. Si el archivo existe, se vacía su contenido.

Ejemplo

```
$ >ficvacio1
$ ls -l ficvacio1
-rw-r--r-- 1 pba pba 0 15 mayo   19:45 ficvacio1
```

Crear directorios

El comando `mkdir` (*make directory*) permite crear uno o varios directorios, o una estructura completa. La opción `-p` crea todos los elementos de la ruta de acceso.

Sintaxis

```
mkdir [-p] dir1 [dir2] ... [dirn]
```

Ejemplos

```
$ mkdir Documentos
$ mkdir Documentos/Fotos
$ mkdir -p Archivos/Fotos
$ ls -lR Documentos Archivos
Archivos:
total 0
drwxr-xr-x. 2 pba pba 6 15 mayo   19:48 Fotos
Archivos/Fotos:
total 0
Documentos:
total 0
drwxr-xr-x. 2 pba pba 6 15 mayo   19:48 Fotos
```

Eliminar directorios

El comando `rmdir` (*remove directory*) elimina uno o varios directorios. No puede eliminar una estructura. Si el directorio que pretende eliminar contiene archivos o directorios, el comando devuelve un error. Por lo tanto, el directorio no debe contener ni archivos ni directorios, aunque los propios subdirectorios estén vacíos.

Sintaxis

```
rmdir dir1 [dir2] ... [dirn]
```

☞ *No hay parámetro `-r` (recursividad) para el comando `rmdir`. Para eliminar una estructura, tendrá que utilizar el comando `rm` con la opción `-r`.*

Ejemplo

```
$ rmdir Documentos/
rmdir: Documentos/: El directorio no está vacío.
$ rmdir Documentos/Fotos
$
```

Copiar archivos

El comando *cp* (*copy*) copia uno o varios archivos en otro archivo o en un directorio.

Sintaxis

```
cp fic1 [fic2 ... ficn] Destino
```

o

```
cp fic1 fic2 [fic3 ... ficn] RepDesto
```

En el primer caso, el `fic1` se copia en el archivo o directorio `Destino`. Si el archivo `Destino` existe, su contenido se reemplaza por el contenido de `fic1`. En el segundo caso, los archivos se copian de nuevo en el directorio `RepDestino`.

Opción	Significado
`-i`	Pide confirmación de copia para cada archivo.
`-r`	Recursivo: copia un directorio y toda su arborescencia.
`-p`	Se preservan los permisos y fechas del archivo de origen.
`-f`	Forzar la copia (responder Sí a todas las preguntas de confirmación).

Copias de repositorios con cp -r

La opción `-r` del comando `cp` permite copiar uno o más directorios, con todo su árbol, a otro directorio.

Sintaxis

```
cp -r RepOrigen RepDestino
```

o

```
cp -r OrigenRep1 OrigenRep2 [OrigenRep3 ... OrigenRep] DestinoRep
```

Con la primera sintaxis, funciona de manera diferente dependiendo de si el directorio de destino existe o no. Si no existe, se crea el directorio y se copia dentro todo el árbol del directorio original. De lo contrario, se crea un directorio con el nombre del directorio original en el directorio de destino con el árbol de carpetas completo del directorio de origen.

Con la segunda sintaxis, el directorio de destino debe existir. Los directorios originales se copian en el directorio de destino, junto con todo su árbol.

Sintaxis

```
cp -r RepOrigen RepDestino
```

Ejemplo

Copia el directorio `rep1` en el directorio `rep2` que no existe en el directorio actual:

```
$ ls rep1
fic1
$ cp -r rep1 rep2
$ ls
rep1  rep2
$ ls rep2
fic1
```

Copia el directorio `rep2` en el directorio `rep3` que existe en el directorio actual:

```
$ ls rep3
fic3
$ cp -r rep2 rep3
$ ls rep3
fic3  rep2
$ ls rep3/rep2
fic1
```

Copia `rep3` *en* `rep4`*, con todo su árbol:*

```
$ cp -r rep3 rep4
$ ls -l rep4
total 12
-rw-r--r-- 1 pba pba    8 16 mayo   08:23 fic3
drwxr-xr-x 2 pba pba 4096 16 mayo   08:23 rep2
drwxr-xr-x 3 pba pba 4096 16 mayo   08:23 rep3
```

Mover y volver a nombrar un archivo

El comando `mv` (*move*) permite mover o modificar el nombre de un archivo o un directorio.

Sintaxis

```
mv ObjOrigen ObjDestino
```

o

```
mv [-f -i] ObjOrigen1 ObjOrigen2 [ObjOrigen3 ... ObjOrigenN] RepDestino
```

El comando ofrece las siguientes opciones principales:

Opción	Significado
`-i`	Solicitud de confirmación de copia para cada archivo.
`-f`	Forzar la copia (responda Sí a todas las solicitudes de confirmación).
`-u`	Si el objeto destino es más reciente, no se elimina.

Ejemplo

Renombrado de un archivo en el directorio actual:

```
$ ls -l fic
-rw-r--r-- 1 root root 8 15 mayo   17:19 fic
$ mv fic ficNuevoNombre
$ ls -l fic ficNuevoNombre
ls: imposible acceder a 'fic': Ningún archivo o directorio de este tipo
-rw-r--r-- 1 root root 8 15 mayo   17:19 ficNuevoNombre
```

Se ha modificado el nombre del archivo, pero se han conservado su contenido y todos sus atributos.

Mover un archivo a un directorio diferente:

```
$ mv ficNuevoNombre rep1
$ ls -l ficNuevoNombre rep1/ficNuevoNombre
ls: imposible accede a 'ficNuevoNombre': Ningún archivo o directorio de este tipo
-rw-r--r-- 1 root root 8 15 mayo   17:19 rep1/ficNuevoNombre
```

El archivo se ha movido, pero se han conservado su contenido y todos sus atributos.

Cambiar el nombre de un directorio:

```
$ mv rep1 repNuevoNombre
$ ls -l rep1 repNuevoNombre
ls: imposible acceder a 'rep1': Ningún archivo o directorio de este tipo
repNuevoNombre:
total 8
-rw-r--r-- 1 pba  pba  8 16 mayo   08:12 fic1
-rw-r--r-- 1 root root 8 15 mayo   17:19 repNuevoNombre
```

Mover un repositorio a otro repositorio:

```
$ mv rep3 rep3New
$ ls rep3 rep3New
ls: imposible acceder a 'rep3' : Ningún archivo o directorio de este tipo
rep3New:
fic3  rep2  rep3
```

El contenido del directorio se ha movido al nuevo directorio con todo su árbol.

Eliminar un archivo o una estructura

El comando `rm` (*remove*) elimina uno o varios archivos y, si es preciso, una estructura completa, según las opciones. Esta acción no se puede deshacer.

Sintaxis

```
rm [Opciones] Obj1 [Obj2...ObjN]
```

Opción	Descripción
`-i`	El comando solicita una confirmación para cada uno de los archivos que se van a eliminar.
`-r`	El argumento es un directorio. En este caso, la eliminación es recursiva: se elimina todo el árbol de directorios, así como el propio directorio.
`-f`	Forzar la eliminación sin solicitar confirmación.

Ejemplo

Eliminación de dos archivos:

```
$ rm fic1 fic2
```

Eliminar un directorio (la opción `-r` es necesaria para un directorio):

```
$ rm rep4
rm: imposible eliminar 'rep4': es un directorio
$ rm -r rep4
$ ls rep4
ls: imposible acceder a 'rep4': Ningún archivo o directorio de este tipo
```

☞*Usar las opciones* `-r` *y* `-f` *juntas es peligroso. El comando eliminará, sin solicitar confirmación, a partir del directorio especificado, todos los elementos del árbol que el usuario esté autorizado a eliminar. Además, aunque muestra un mensaje para cada elemento que no puede eliminar, no muestra qué elementos se eliminaron realmente.*

Los enlaces simbólicos

Un enlace **simbólico** (*symbolic link* o *soft link*) es un archivo especial, de tipo "Enlace simbólico", que contiene la ruta a otro archivo como datos.

☞*Existe otro tipo de enlace: el enlace* ***físico****, (hard link) descrito en el capítulo sobre sistemas de archivos.*

Creación de un enlace simbólico

El comando `ln -s` permite crear un enlace simbólico.

Sintaxis

```
ln -s [Opciones] ObjDestino NombreEnlace
```

Opción	Descripción
`-i`	El comando solicita confirmación si existe un archivo con el mismo nombre que el nuevo enlace.
`-f`	Forzar la eliminación si existe un archivo con el mismo nombre que el nuevo vínculo.

Se pueden crear enlaces simbólicos a cualquier tipo de archivo, incluido otro archivo de enlace simbólico. El archivo de destino debe existir cuando se crea el enlace simbólico.

Por defecto, el archivo de enlace simbólico se comportará como el archivo de destino, con los mismos permisos y propiedades:

- Si el archivo de destino es un programa, al solicitar la ejecución del archivo de enlace se inicia el programa.
- Si el archivo de destino es un directorio, el comando `cd` con el archivo de enlace como argumento lo posicionará en el directorio de destino.
- Si el archivo de destino es un archivo especial asociado a un dispositivo, el archivo de enlace se considerará asociado a dicho dispositivo.
- Para acceder al archivo de destino a través del archivo de enlace, deberá tener permisos suficientes en el archivo de destino.

☞*Muchos comandos proporcionan una opción para especificar si se debe procesar el archivo del enlace simbólico o el propio enlace simbólico.*

Ejemplo

```
$ cp /etc/hostname fic1
$ ln -s fic1 enlace1
$ ls -l fic1 enlace1
-rw-r--r-- 1 pba pba 0 16 mayo   10:34 fic1
lrwxrwxrwx 1 pba pba 4 16 mayo   11:47 enlace1 -> fic1
$ ls -F fic1 enlace1
fic1 enlacefic1@
$ cat enlace1
srvdeb
$ cp /etc/origen enlace1
$ cat fic1
Debian GNU/Linux 11 \n \l
```

☞ *El comando `ls` con las opciones `-l` o `-F` proporciona información sobre el archivo de enlace en sí, a menos que se agregue la opción `-L`. El comando `cat`, aplicado al archivo de enlace, muestra el contenido del archivo de destino, no el contenido del archivo de enlace. Del mismo modo, el comando `cp` con el archivo de enlace de destino, se copia en el archivo de destino del enlace.*

Eliminar un enlace simbólico

Al eliminar un vínculo simbólico, se elimina el archivo de enlace, pero no el archivo de destino.

Al eliminar el archivo de destino, no se eliminan los enlaces simbólicos que apuntan a él. En este caso, los archivos de enlace apuntan a un archivo que no existe. Si volvemos a crear el archivo de destino, los enlaces simbólicos vuelven a ser funcionales.

Ejemplo

Eliminar un enlace simbólico:

```
$ ls -l enlace1 fic1
-rw-r--r-- 1 pba pba 27 16 mayo   11:50 fic1
lrwxrwxrwx 1 pba pba  4 16 mayo   11:47 enlace1 -> fic1
$ rm enlace1
$ ls -l enlace1 fic1
ls: imposible acceder a 'enlace1': Ningún archivo o directorio de este tipo
-rw-r--r-- 1 pba pba 27 16 mayo   11:50 fic1
```

Eliminar el archivo de destino de un enlace simbólico:

```
$ ln -s fic1 enlace1
$ rm fic1
$ ls -l enlace1 fic1
ls: imposible acceder a 'fic1': Ningún archivo o directorio de este tipo
lrwxrwxrwx 1 pba pba 4 16 mayo   12:10 enlace1 -> fic1
$ cat enlace1
cat: enlace1: Ningún archivo o directorio de este tipo
```

Creamos el archivo de destino:

```
$ cp /etc/hostname fic1
$ cat enlace1
srvdeb
```

d. Los caracteres genéricos

Los caracteres genéricos del shell (**standard wildcards** o **globbing patterns**), también conocidos como **jokers**, solo se pueden usar en rutas de acceso de archivo. Permiten designar uno o más archivos o directorios a través de una cadena.

Estos caracteres son los siguientes:

Carácter(es)	Función
`*`	Una cadena de longitud variable, incluso vacía.
`?`	Un carácter único cualquiera.
`[...]`	Un único carácter que pertenece a la lista entre corchetes.
`[a-b]`	Un carácter entre la franja indicada (de `a` a `b` incluidos).
`[!...]`	Un único carácter que no pertenece a la lista entre corchetes.
`[^...]`	Un único carácter que no pertenece a la lista entre corchetes.
`{x,y}`	Una lista arbitraria de elementos, cifras, caracteres o cadenas cualesquiera.
`{x..y}`	Una sucesión de elementos incrementados de `x` a `y`.

Los caracteres genéricos son interpretados por el propio shell y, después, reemplazados en la línea de comandos por los elementos del sistema de archivos, cuyos nombres coinciden con la plantilla genérica proporcionada. Si desea evitar esta interpretación por parte del shell, debe incluir caracteres genéricos entre comillas simples o dobles o preceder el carácter genérico por un carácter "\".

La búsqueda de los elementos correspondientes a la plantilla especificada, siempre se hace en el sistema de archivos.

Si ningún elemento coincide con la plantilla, se transmite tal cual a la orden.

☞ *Archivos o directorios cuyos nombres comiencen con el carácter "." no se incluyen en las plantillas genéricas, a menos que especifiquen explícitamente el carácter ".".*

Ejemplo

Sea el contenido del siguiente directorio actual:

```
$ ls
afic   afic2  bfic   bfic2  cfic   cfic2  dfic   dfic2
afic1  afic3  bfic1  bfic3  cfic1  cfic3  dfic1  dfic3
```

Si se especifica el carácter `*` en la línea de comandos del shell, este lo reemplaza con todos los elementos del directorio actual (excepto aquellos cuyos nombres comienzan por `.`):

```
$ echo *
afic afic1 afic2 afic3 bfic bfic1 bfic2 bfic3 cfic cfic1 cfic2 cfic3 dfic
dfic1 dfic2 dfic3
$ ls -l *
-rw-r--r-- 1 pba pba 0 16 mayo   15:55 afic
-rw-r--r-- 1 pba pba 0 16 mayo   15:55 afic1
-rw-r--r-- 1 pba pba 0 16 mayo   15:55 afic2
-rw-r--r-- 1 pba pba 0 16 mayo   15:55 afic3
-rw-r--r-- 1 pba pba 0 16 mayo   15:55 bfic
-rw-r--r-- 1 pba pba 0 16 mayo   15:55 bfic1
-rw-r--r-- 1 pba pba 0 16 mayo   15:55 bfic2
-rw-r--r-- 1 pba pba 0 16 mayo   15:55 bfic3
-rw-r--r-- 1 pba pba 0 16 mayo   15:55 cfic
-rw-r--r-- 1 pba pba 0 16 mayo   15:55 cfic1
-rw-r--r-- 1 pba pba 0 16 mayo   15:55 cfic2
-rw-r--r-- 1 pba pba 0 16 mayo   15:55 cfic3
-rw-r--r-- 1 pba pba 0 16 mayo   15:55 dfic
-rw-r--r-- 1 pba pba 0 16 mayo   15:55 dfic1
-rw-r--r-- 1 pba pba 0 16 mayo   15:55 dfic2
-rw-r--r-- 1 pba pba 0 16 mayo   15:55 dfic3
```

El shell reemplazó el carácter `*` en la línea de comandos, por la lista de elementos del directorio actual y, a continuación, pasó esa lista al comando `ls -l`.

Todos los archivos en el directorio actual con 4 caracteres en el nombre y solo 4 caracteres:

```
$ echo ????
```

Todos los archivos del directorio actual con un nombre de al menos 5 caracteres, que comiencen por `b`:

```
$ eco b???? *
bfic1 bfic2 bfic3
```

Todos los archivos del directorio actual cuyos nombres comiencen por `b` o `d`:

```
$ echo [bd]*
bfic bfic1 bfic2 bfic3 dfic dfic1 dfic2 dfic3
```

Todos los archivos del directorio actual cuyos nombres no comiencen por `b` o `d`:

```
$ echo [!bd]*
afic afic1 afic2 afic3 cfic cfic1 cfic2 cfic3
$ echo [^bd]*
afic afic1 afic2 afic3 cfic cfic1 cfic2 cfic3
```

Todos los archivos en el directorio actual con un nombre de `df` o `c2` o `3`:

```
$ echo *{df,c2,3}*
dfic dfic1 dfic2 dfic3 afic2 bfic2 cfic2 dfic2 afic3 bfic3 cfic3 dfic3
```

Si no hay archivos que coincidan con la plantilla, el shell lo pasa al comando especificado:

```
$ echo *hola*
*hola*
$ ls *hola*
ls: imposible acceder a '*hola*': Ningún archivo o directorio de este tipo
```

Todos los archivos en el directorio de conexión cuyo nombre comience por "`.`":

```
$ echo ~/.*
/home/pba/. /home/pba/.. /home/pba/.bash_history /home/pba/.bash_logout
/home/pba/.bashrc /home/pba/.cache /home/pba/.config /home/pba/.local
/home/pba/.profile
```

Los caracteres genéricos se pueden utilizar en cualquier parte de una ruta.

Ejemplo

Copie todos los archivos que utilizan el sufijo `.conf` de todos los subdirectorios del directorio `/etc` en el directorio `conf` del directorio actual:

```
$ mkdir conf
$ cp /etc/*/*.conf conf
```

C. Buscar archivos con el comando find

El comando `find` permite buscar archivos dentro de la estructura del sistema de archivos en función de diferentes criterios, y puede ejecutar un comando en cada elemento correspondiente a la búsqueda.

Sintaxis

```
find [PuntoDeInicio] [Opciones] [Expresión]
```

El comando busca en todo el árbol desde el directorio principal especificado. Por defecto, busca desde el directorio actual (el archivo "`.`"). Sin una opción particular de búsqueda, muestra todos los elementos contenidos en el árbol desde el directorio principal, incluidos los elementos cuyos nombres comienzan con el carácter de punto.

☞ *El comando `find` no se detiene cuando hay un error, muestra un mensaje y pasa a la búsqueda del siguiente elemento. Lo más habitual es que el mensaje indique que los permisos de acceso del directorio no permiten que el comando enumere su contenido.*

Ejemplo

Todos los elementos del repertorio de conexión:

```
 $ cd
$ find
.
./.local
./.local/share
./.local/share/tracker
./.local/share/tracker/data
./.local/share/tracker/data/tracker-store.log
```

```
./.local/share/tracker/data/tracker-store.ontology.log
./.local/share/tracker/data/.meta.isrunning
./.local/share/gvfs-metadata
./.local/share/gvfs-metadata/uuid-f6d93569-f478-4a37-8387-aacdcb125a6f
[...]
./enlace3
./.bashrc
./.profile
./.bash_logout
./rep2
./rep2/fic1
[...]
./enlace1
./enlace2
./.bash_history
./fic1
./paquetes
./paquetes/lynx_2.9.0dev.6-3~deb11u1_amd64.deb
```

1. Criterios de búsqueda

Las opciones permiten definir los criterios de búsqueda. Si hay varios, puede combinarlos usando una Y lógica (criterio1 Y criterio2).

a. Buscar por nombre

`-name` permite una selección por nombre de archivo o directorio. Es posible utilizar los caracteres genéricos vistos anteriormente. En este caso, el criterio debe ir entre comillas para evitar ser interpretado por el shell.

Ejemplo

Lista de todos los archivos, del directorio actual, cuyos nombres comienzan con `fic`*:*

```
$ find . -name "fic*"
./rep2/fic1
./fic1
```

b. Buscar por tipo

`-type` permite una selección por tipo de archivo, especificado como argumento.

Código	Tipo de archivo
b	Archivo especial en modo bloque
c	Archivo especial en modo carácter
d	Directorio (*directory*)
f	Archivo ordinario
l	Vínculo simbólico

Código	Tipo de archivo
p	Tubería con nombre (*pipe*)
s	Socket (Conexión de red)

Ejemplo

Lista de los directorios a partir del directorio `/etc`, cuyos nombres comienzan por "`h`":

```
# find /etc -name 'h*' -type d
/etc/udev/hwdb.d
/etc/apparmor.d/tunables/home.d
/etc/initramfs-tools/hooks
```

c. Buscar por propietario y grupo asociado

`-user` y `-group` se pueden usar para buscar el propietario o el grupo asociado de los archivos. El argumento de estas opciones puede ser el nombre o el identificador (`UID`, `GID`).

Ejemplo

Búsqueda, desde `/home`, de todos los archivos ordinarios que pertenecen a `pba`:

```
# find /home -user pba -type f
/home/pba/.local/share/tracker/data/tracker-store.log
/home/pba/.local/share/tracker/data/tracker-store.ontology.log
[...]
/home/pba/.bashrc
/home/pba/.profile
[...]
```

d. Buscar por tamaño

`-size` permite especificar el tamaño exacto, mínimo o máximo de los archivos que está buscando. Por defecto, el tamaño está en bloques de 512 bytes.

La unidad del valor que se pasa como argumento se puede especificar utilizando los siguientes caracteres como sufijo:

Carácter	Significado
b	Por defecto, bloque de 512 bytes.
c	En caracteres.
w	En palabras de 2 bytes.
k	En KB (1024 bytes).
M	En MB (1024 KB)
G	En GB (1024 MB)

El valor puede ir precedido de un + o un - que significan «más de» o «menos de». Sin indicación, el tamaño buscado debe corresponder exactamente con el valor indicado.

Ejemplo

-size 5: archivos de un tamaño de 5 bloques (de 512 bytes).

-size 152c: archivos de un tamaño de 152 caracteres (bytes).

-size 10k: archivos de un tamaño de 10 KB.

-size +5000k: los archivos de más de 5000 KB.

-size -100k: los archivos de menos de 100 KB.

Lista de archivos de hasta 1 MB de tamaño del directorio actual:

```
$ find . -size +1M
./.cache/mesa_shader_cache/index
./.cache/tracker/meta.db-wal
./.cache/tracker/meta.db
./.cache/gstreamer-1.0/registry.x86_64.binpermisos
```

e. Buscar por fecha

El criterio de búsqueda se puede aplicar a la fecha del último acceso, modificación o cambio de atributos:

- `-atime`: busca la fecha del último acceso (*access time*).
- `-mtime`: busca cuándo se modificó por última vez el contenido (*modification time*).
- `-ctime`: busca la fecha del último cambio de atributo (k).

☞*La fecha de cambio de archivo es la fecha en que se modificaron por última vez los atributos del archivo: su nombre, úbicación, permisos, tamaño, etc.*

Los signos + o - se utilizan para definir un intervalo más o un intervalo menos.

Los argumentos de estas opciones se especifican en días.

Ejemplo

-mtime 1: archivos modificados ayer.

-mtime -3: archivos modificados hace menos de 3 días.

-atime +4: archivos a los que se ha accedido hace más de 4 días.

Archivos en el directorio `/home` *que no se han utilizado durante más de 8 días:*

```
# find /home -atime +8
/home/pba/.local/share/tracker/data/tracker-store.ontology.log
/home/pba/.cache/tracker/last-crawl.txt
/home/pba/.cache/tracker/first-index.txt
```

f. Búsqueda por permisos de acceso

`-perm` le permite hacer búsquedas por permisos de acceso (consulte el capítulo Los discos y sistema de archivos).

La opción acepta varios tipos de argumentos:

Carácter	Significado
`Mode`	La combinación exacta de permisos de búsqueda, en notación binaria o simbólica.
`-Mode`	Todas las combinaciones de permisos que contienen los permisos especificados, en notación binaria o simbólica.
`/Mode`	Todas las combinaciones de permisos con al menos uno de los permisos especificados, en notación binaria o simbólica.

Los permisos de acceso están compuestos por 4 grupos de 3 bits, en el siguiente orden:

- Permisos especiales: `SetUID` bit, `SetGID` bit, `Sticky` bit (véase el capítulo Los discos y sistema de archivos)
- Permisos del propietario (`u`): lectura (`r`), escritura (`w`), ejecución o acceso (`x`)
- Permisos de grupo (`g`): lectura (`r`), escritura (`w`), ejecución o acceso (`x`)
- Permisos de otros (`w`): lectura (`r`), escritura (`w`), ejecución o acceso (`x`)

En notación binaria, cada conjunto de permisos se puede representar con un número del `0` al `4`: lectura `4`, escritura = `2`, ejecución/acceso = `1`, si permisos = `0`.

Por lo tanto, podemos representar todos los permisos mediante 3 o 4 dígitos en binario, en el siguiente orden: permisos especiales, propietario, grupo, otros.

En notación simbólica, especificamos la categoría en cuestión: `u` (*uer*) para el propietario, `g` (*group*) para el grupo, `o` (*other*) para el resto, `a` (*all*) para todas las categorías. A continuación, especificamos los permisos implicados: `r` (*read*) para lectura, `w` (*write*) para escritura, `x` (*eXecute*) para ejecutar/acceder.

Ejemplo

La combinación de permisos de lectura/escritura para el propietario, lectura para el grupo, nada para el resto, se representará con el valor binario `640`.

En modo simbólico, se escribirá la misma combinación: `u=rw,g=r`.

Ejemplos

Buscar archivos del usuario `pba` con la combinación de permisos "lectura/escritura para todos".

Primero, veamos los atributos del archivo `ficPublico`:

```
$ ls -l ficPublico
-rw-rw-rw- 1 pba pba 0 17 mayo   09:39 ficPublico
```

En notación binaria, tenemos esto:

```
$ find -user pba -perm 666
./ficPublico
```

Y notación simbólica:

```
$ find -user pba -perm u=rw,g=rw,o=rw
./ficPublico
```

Buscar directorios con nombres que comiencen por "r" del usuario pba con, al menos, permisos de "acceso para todos".

Lista de directorios con nombres que comienzan por r:

```
$ ls -ld r*
drwxr-x--- 2 pba pba 4096 17 mayo   09:52 rep1
drwxr-xr-x 2 pba pba 4096 16 mayo   08:12 rep2
```

En notación binaria:

```
$ find -name "r*" -user pba -type d -perm -111
./rep2
```

En notación simbólica:

```
$ find -name "r*" -user pba -type d -perm -u=x,g=x,o=x
./rep2
```

En notación simbólica, con a (all):

```
$ find -name "r*" -user pba -type d -perm /a=x
./rep2
./rep1
```

2. Comandos ejecutados con los archivos buscados

La opción predeterminada `-print` hace que se muestre la ruta de acceso de cada archivo o directorio que coincida con los criterios de búsqueda.

Hay otras opciones que permiten ejecutar una acción en cada archivo o directorio que coincida con los criterios de búsqueda.

a. Búsqueda con lista detallada

La opción `-ls` muestra información detallada sobre los archivos que coinciden con los criterios de búsqueda. La visualización corresponde a la del comando `ls` con las opciones `-ldi` (la opción `i` muestra el número de inodo del archivo).

Ejemplo

```
# find /etc -name "ho*" -ls
   913991    4 -rw-r--r--  1 root  root     9 agosto    7  2006 /etc/host.conf
   914195    4 -rw-r--r--  1 root  root   204 mayo      3 20:35 /etc/hosts
   914417    4 -rw-r--r--  1 root  root   983 abril     3  2021 /etc/apparmor.d/
                                                                 tunables/home
   914418    4 drwxr-xr-x  2 root  root  4096 mayo      3 20:36 /etc/apparmor.d/
                                                                 tunables/home.d
   914322    4 -rw-r--r--  1 root  root   442 abril     3  2021 /etc/apparmor.d/
                                                                 abstractions/hosts_access
   914505    4 -rw-r--r--  1 root  root  1121 enero    10 09:43 /etc/avahi/hosts
   915213    4 -rw-r--r--  1 root  root   411 mayo      3 21:02 /etc/hosts.allow
   914037    4 -rw-r--r--  1 root  root     7 mayo      3 20:35 /etc/hostname
   915214    4 -rw-r--r--  1 root  root   711 mayo      3 21:02 /etc/hosts.deny
   914263    4 drwxr-xr-x  2 root  root  4096 marzo    13  2021 /etc/initramfs-tools/hooks
```

b. Búsqueda con ejecución de un comando

La opción `-exec` ejecuta el comando que se pasa a la opción, para cada archivo que coincida con los criterios de búsqueda:

- `-exec` debe ser la última opción del comando `find`.
- El comando que se pasa como argumento a `-exec` debe terminar por "`\;`".
- Para especificar el uso de elementos encontrados en el comando, utilice la notación {}.

Ejemplo

Copie todos los archivos de paquetes `.deb` con nombres que comiencen por `lib`, desde el directorio `/var`, al directorio `Paquetes` del directorio actual:

```
# find /var -name 'lib*.deb' -exec cp {} Paquetes \;
# ls Paquetes
libaugeas0_1.12.0-2_amd64.deb                librpmio9_4.16.1.2+dfsg1-3_amd64.deb
libyaml-cpp0.6_0.6.3-9_amd64.deb
libcwidget4_0.5.18-5_amd64.deb               librpmsign9_4.16.1.2+dfsg1-3_amd64.deb
libzypp1722_17.25.7-1_amd64.deb
libevolution_3.38.3-1+deb11u2_amd64.deb      libruby2.7_2.7.4-1+deb11u1_amd64.deb
libzypp-bin_17.25.7-1_amd64.deb
libjs-jquery_3.5.1+dfsg+~3.5.5-7_all.deb     libsolv1_0.7.17-1_amd64.deb
libzypp-common_17.25.7-1_all.deb
librpm9_4.16.1.2+dfsg1-3_amd64.deb           libsolvext1_0.7.17-1_amd64.deb
libzypp-config_17.25.7-1_all.deb
librpmbuild9_4.16.1.2+dfsg1-3_amd64.deb      libsolv-tools_0.7.17-1_amd64.deb
```

☞ *El comando especificado se ejecuta tan pronto como se encuentra un archivo. El comando `find` no se detiene cuando hay un error, sino que muestra un mensaje y busca el siguiente elemento.*

La opción `-ok` es la misma que la opción `-exec`, pero para cada elemento que coincida con los criterios de búsqueda, se requiere confirmación antes de ejecutar el comando especificado.

3. Combinación lógica de criterios

Es posible combinar de manera lógica los criterios de selección (por defecto, Y lógico).

Operador	Acción
`-a, -and`	AND, Y lógico, por defecto
`-o, -or`	OR, O lógico
`!`	Negación del criterio

Ejemplo

Todos los elementos del directorio /etc/pam.d, *cuyo nombre no comience por* common *o cuyo nombre termine por* password:

```
# find /etc/pam.d ! -name "common*" -o -name "*password"
/etc/pam.d
/etc/pam.d/chfn
/etc/pam.d/runuser-l
/etc/pam.d/chsh
/etc/pam.d/common-password
[...]
/etc/pam.d/gdm-password
/etc/pam.d/gdm-autologin
```

4. Buscar información de un comando

a. whereis

El comando `whereis` busca la ruta de acceso de los ejecutables, los archivos de documentación del manual y del comando `info`, o los archivos de código fuente de un comando.

Las opciones habituales son:

- `-b` solo ejecutables (*binary*).
- `-m` solo para los manuales.
- `-s` solo para fuentes.

El comando busca elementos de una lista de directorios predeterminados, que se pueden cambiar mediante la opción.

Ejemplo

```
$ whereis date
date: /usr/bin/date /usr/share/man/man1/date.1.gz /usr/share/man/man1p/date.1p.gz
```

b. which

El comando `which` busca el archivo ejecutable de un comando en la ruta de búsqueda de los ejecutable (variable PATH) y le proporciona el primer archivo encontrado.

Ejemplo

```
$ which date
/bin/date
```

c. locate

El comando `locate` busca un archivo según el modelo dado en una base de datos de archivos construida por el comando `updatedb`.

El comando `updatedb` recibe como argumento una lista de rutas de acceso en las que ejecuta una búsqueda `find` y almacena los resultados en una base indexada. Esto permite acelerar las siguientes búsquedas.

`updatedb` generalmente es ejecutado periódicamente en segundo plano y con baja prioridad por el demonio `cron`.

Ejemplo

```
... $ locate passwd
/etc/passwd
/etc/passwd-
/etc/pam.d/passwd
/etc/security/opasswd
/usr/bin/gpasswd
/usr/bin/grub2-mkpasswd-pbkdf2
/usr/bin/passwd
/usr/lib/firewalld/services/kpasswd.xml
/usr/lib64/samba/pdb/smbpasswd.so
/usr/lib64/security/pam_unix_passwd.so
[...]
```

D. El editor vi

La mayoría de los archivos de configuración de Linux son archivos de texto. Por otro lado, es común tener que crear o modificar scripts de shell. Las distribuciones de Linux ofrecen diferentes editores de texto, algunos funcionan en modo gráfico y otros en modo de caracteres. De todos estos editores, el más utilizado es, sin duda, `vi` (*visual editor*). Originario de Unix, creado por Bill Joy, existe en todos los sistemas similares a Unix y se incluye con todas las distribuciones de Linux.

☞*La certificación LPIC-1 requiere el dominio de la funcionalidad básica de vi.*

1. Presentación

El editor `vi` en Linux se llama `vim` (*vi iMproved*). Es compatible con `vi`, pero tiene funcionalidades adicionales. Por lo general, el comando `vi` existe, pero está asociado con el ejecutable `vim`.

Sintaxis

```
vi [options] Archivo [Archivo2 ...]
```

`vi` es un editor de texto que funciona en modo carácter (aunque hay versiones con interfaz gráfica). Esto permite poder ser utilizado desde un terminal.

2. Funcionamiento

Una vez en el editor, este último gestiona tres modos de funcionamiento:

- Modo **comando**: las inserciones representan comandos. Se accede a ellos al pulsar en [Esc]. Cada tecla o combinación de teclas activa una acción (eliminar, insertar, mover, copiar, pegar, etc.).
- Modo **inserción**: este es el modo utilizado para insertar texto.
- Modo **línea de comandos**: una línea en la parte inferior de la pantalla permite insertar comandos especiales, validados con la tecla [Entrar]. Se accede desde el modo comando, con la tecla «`:`».

Cuando se inicia `vi`, el editor está en modo de comando. Los comandos de `vi` están asociados a una o más teclas: `a`, `i`, `o`, `yy`, `p`, `dw`, `J`, etc. `vi` distingue entre mayúsculas y minúsculas, por ejemplo, los comandos `o` y `O` no tienen el mismo efecto.

Para pasar del modo de comando al modo de entrada, debe ejecutar un comando de adición o inserción: `a`, `i`, `o`, etc. Para salir del modo de entrada y volver al modo de comando, utilice la tecla [Esc].

3. Los comandos básicos de vi

a. Pasar al modo introducción de datos

Se deben pasar los comandos siguientes al editor en modo comando.

Comando	Acción
a	Añadir después del carácter actual.
A	Añadir al final de línea.
i	Insertar antes del carácter actual.
I	Insertar al principio de la línea.
o	Apertura de una línea debajo de la línea actual.
O	Apertura de una línea encima de la línea actual.

b. Abrir una línea de comandos de vi

El comando "`:`" abre la línea de comandos de `vi` en la parte inferior de la pantalla. Para validar la entrada en esta línea, pulse en [Intro]; para cancelar la entrada y cerrar la línea de comandos, pulse en [Esc].

c. Salir del editor

Hay varios comandos que permiten salir del editor con o sin guardar los cambios realizados:

Comando	Acción
ZZ	Guarda el archivo y sale.
:q!	Salir sin guardar.
:q	Salir si no se modificó el archivo (mensaje de error en caso contrario).
:w	Guardar el archivo sin salir del editor.
:wq o :x	Guardar y salir.
:w fic	Guardar el archivo en archivo fic sin abrir el editor.
1,10w fic	Guardar las líneas de 1 a 10 en el archivo fic sin salir del editor.

d. Moverse por el archivo

Los siguientes comandos permiten moverse dentro del texto editado:

Comando	Acción
Flechas de dirección	Normalmente administradas por vi.
h	A la izquierda.
l (l minúscula)	A la derecha.
k	Hacia arriba.
j	Hacia abajo.
0 (cero)	Principio de línea.
:0	Primera línea.
$	Fin de línea.
:$	Última línea.
w	Palabra siguiente.
b	Palabra anterior.
f<c>	Saltar al carácter car siguiente.
[Control] f	Pantalla siguiente (*forward*).
[Control] b	Pantalla anterior (*backward*).
G	Última línea.
<n>G	Posicionarse en la línea n.
:<n>	Ídem.

e. Modificar el texto

Comando	Acción
x	Borrar el carácter actual.
X	Borrar el carácter anterior.
rcar	Sustituir el carácter actual por el carácter car.
dw	Borrar el carácter actual hasta el final de la palabra.
d$ o D	Borrar el carácter actual hasta el final de la línea.
d0 ,	Borrar desde el principio de la línea hasta el carácter actual.
dfcar	Borrar todo hasta el carácter car.
dG	Borrar todas las líneas siguientes a la línea actual, incluida esta última línea.
d1G	Borrar todas las líneas anteriores a la línea actual, incluida esta última.
dd	Elimina la línea actual
J	Concatena la línea siguiente con la línea actual (con un espacio como separador).
u	Cancelar la última acción (*undo*).

Estos comandos pueden ir precedidos de un número: 50dd elimina 50 líneas de la línea actual, 4dw elimina 4 palabras del carácter actual y así sucesivamente.

f. Expresiones regulares

El editor vi maneja patrones de cadenas de caracteres (*patterns*) usando sintaxis de **expresiones regulares** (*regular expression*). Un patrón puede estar compuesto por caracteres normales y especiales, definiendo un conjunto de cadenas de caracteres que coinciden con dicho patrón.

Los principales caracteres especiales manejados por vi son los siguientes:

Caracter especial	Significado
.	Uno y solo un carácter de cualquier tipo.
c*	Repetición del carácter c de cero a n veces.
[...]	Uno y solo un carácter de la lista.
[^...]	Uno y solo un carácter que no coincide con la lista.
[a-z]	Uno y solo un carácter en el rango de la a a la z.
[^a-z]	Uno y solo un carácter fuera del rango de la a a la z.
^	Principio de la línea.
$	Fin de la línea.
\c	Elimina el significado especial del carácter c.

☞*El carácter `*` en las expresiones regulares no tiene su significado habitual. Para designar cualquier cadena de caracteres de cualquier longitud, incluido null, se debe utilizar la expresión `.*`.*

g. Búsqueda en el texto

El comando de búsqueda es `/cadena[Intro]`. La búsqueda de la expresión regular `cadena` va desde el carácter actual hasta el final del archivo, deteniéndose en la primera ocurrencia encontrada. El comando ?cadena[Intro] busca a la inversa.

Ejemplos de búsqueda

`/echo`: una secuencia de caracteres `eco`.

`/[A-Z]e`: mayúsculas seguidas de una `e`.

`/[A-Za-Z0-9]`: mayúsculas o minúsculas o números.

`/[^a-z]`: un carácter que no sea una letra minúscula.

`/ve.o`: una secuencia de caracteres `ve` seguida de cualquier carácter y una `o`.

`/Au*o`: `A` seguida de 0 a n veces `u` y luego `o` (ejemplo: `auo`, `auuo`, `auuuuo`, `ao`).

`/.*`: cualquier cadena de cualquier tamaño, incluso vacía.

`/.. *`: cualquier cadena de cualquier tamaño, de al menos un carácter de longitud.

`/1[A-Z]*`: `1` seguido de 0 a n letras mayúsculas.

`/^Auto`: `Auto` al principio de la línea.

`/Auto$`: `Auto` al final de la línea.

h. Sustituir texto

Utilice los siguientes comandos para reemplazar parte del texto por el texto introducido.

Comando	Acción
`cw`	Sustituir la palabra corriente.
`c$`	Sustituir hasta el final de la línea.
`c0`	Sustituir desde el principio de la línea.
`cfcar`	Sustituir hasta el próximo carácter `car`.
`c/rech`	Sustituir hasta la próxima coincidencia de la cadena `rech`.

☞*Los cambios solo serán efectivos después de que se ejecute un comando de copia de seguridad. `vi` funciona en una memoria caché o en un archivo temporal y no modifica el archivo en el disco antes de guardarlo.*

i. Copiar-pegar

El comando `v` se utiliza para entrar en el modo de selección. El texto seleccionado se resalta o se resalta a medida que se mueve el cursor.

Una vez seleccionado el texto, se puede manipular con uno de los siguientes comandos:

- `d` cortar (elimina la selección, pero la memoriza).
- `c` cortar (elimina la selección, pero la memoriza) y cambia al modo de entrada.
- `p` o `P` (*put*) copia el texto seleccionado antes o después del cursor o la línea actual.

En el modo de comandos, se pueden utilizar los siguientes comandos:

- Para copiar una fila en el búfer de selección: `yy` (*yank*).
- Para copiar cinco filas en el búfer de selección: `5yy`.
- Para copiar las filas del búfer de selección antes o después del cursor: `p` o `P`.
- El editor admite 26 búferes de selección de texto, identificados por una letra minúscula precedida por el carácter ".

Ejemplos

Para copiar cinco líneas en el búfer `m`*:* `"m5yy`.

Para pegar el contenido del búfer m debajo de la línea actual: `"mp`.

j. Sustitución

La sustitución le permite reemplazar uno o más cadenas de caracteres correspondientes a un patrón por una cadena de sustitución.

Sintaxis

```
:[1ª línea, última línea]s/Modelo/Sustitución/[gc]
```

Con:

- `[1ª línea, última línea]`: los números de línea son opcionales. Por defecto, la sustitución solo se realiza en la línea actual. Si se especifican los números de línea, `.` indica la línea actual y `$` la última línea.
- `Modelo`: una expresión regular.
- `Sustitución`: cualquier cadena de caracteres que reemplace a la(s) cadena(s) correspondiente(s) al modelo o plantilla en la zona de texto especificado.
- `g` o `c`: por defecto, solo se reemplaza la primera ocurrencia.
  `g` (*global*) especifica la sustitución de todas las ocurrencias.
  `c` (*confirm*), especifica la sustitución después de que se confirme cada ocurrencia.

Ejemplo

Reemplazar en todo el archivo las cadenas Linux o linux por GNU/Linux.

```
:1,$s/[Ll]inux/GNU\/Linux/g
```

k. Otros comandos de vi

Estos son algunos comandos comunes del editor.

`:r fic`	(*read*) Inserta el contenido de `fic` en la línea actual.
`:! cmd`	Ejecuta la línea de comando `cmd`.
`:r! cmd`	El resultado de la línea de comando `cmd` se inserta en la línea actual.
`:e fic`	Cierra el archivo actual y carga el archivo `fic` en el editor.
`:n`	Cierra el archivo actual y carga el siguiente archivo en el editor (si se ha llamado a `vi` con varios nombres de archivo).
`:e#`	Después del comando `:e` o `:n`, cierra el archivo actual y carga el archivo anterior en el editor.

Configuración de vi

El comando `:set` permite ver y modificar la configuración del editor:

- `:set all`: muestra la configuración actual.
- `:set number` (o `nu`) / `nonumber` (or `nonu`): muestra o no los números de línea.
- `:set autoindent` / `noautoindent`: sangría automática o no.
- `:set showmatch` / `noshowmatch`: al introducir una llave o un paréntesis de cierre, el de apertura se muestra durante un tiempo muy corto, luego el editor vuelve al carácter actual.
- `:set showmode` / `noshowmode`: muestra o no una línea de estado.
- `:set tabstop=x`: establece el número de caracteres de una tabulación.

Los cambios de configuración solo se aplican a la sesión actual. Para hacerlos permanentes, debe declararlos a través de las líneas de comando `set` (sin el carácter `:`) en el archivo `.exrc` del directorio de conexión o en la variable de entorno `EXINIT`.

☞ *El comando `set -o vi`, ejecutado en la línea de comandos del shell, permite, durante el resto de la sesión, manejar la repetición de llamada del comando del shell con la sintaxis de `vi`: `[ESC]` para cambiar al modo de rellamada del comando y, después, los comandos de `vi` `/`, `n`, `N`, `cw`, `dw`, etc.).*

E. Las redirecciones de entradas/salidas estándares

Los conceptos de entrada/salida estándares y redirección, ofrecen una gran flexibilidad a la hora de gestionar los programas ejecutados en Linux.

1. Entradas/salidas estándares

Un programa en ejecución tiene tres archivos abiertos: uno en modo de solo lectura y dos en modo de escritura. Estos tres archivos son las **entradas/salidas estándares**. El programa los identifica por su número de descriptor o nombre simbólico: `0` para la entrada estándar stdin (archivo abierto en modo solo lectura), `1` para la salida estándar stdout y `2` para la salida de error estándar stderr (archivos abiertos en modo solo escritura).

Un programa Linux no gráfico suele utilizar estas entradas/salidas estándar para comunicarse con el mundo exterior:

- La entrada estándar, en modo lectura, permite leer información a medida que se ejecuta.
- La salida estándar, en modo escritura, permite proporcionar resultados de procesamiento.
- La salida de error estándar, en modo escritura, permite proporcionar mensajes de error o información adicional sobre su procesamiento.

2. Entradas/salidas estándar por defecto

Por defecto, el shell asocia la pantalla del terminal y el teclado con las entradas/salidas estándar:

- La entrada estándar, en modo lectura, está asociada con el teclado. Por esta razón, cuando escribe una línea en el teclado, esta es leída por el shell actual.
- La salida estándar, en modo escritura, está asociada a la pantalla. Cuando el shell produce resultados, los escribe en su salida estándar y, por lo tanto, en la pantalla.
- La salida de error estándar, en modo escritura, también está asociada a la pantalla. Cuando el shell tiene un mensaje de error o un elemento auxiliar que comunicar, lo escribe en su salida de error estándar y, por lo tanto, en la pantalla.

Cuando el shell inicia un programa para ejecutar un comando, asocia su entrada/salida estándar con él de forma predeterminada. Por este motivo, la mayoría de los comandos (salvo las interfaces gráficas) los usan: lectura en la entrada estándar, escritura en la salida estándar o salida de error estándar.

F. La redirección

La redirección de entrada/salida estándar es un mecanismo que permite ampliar de forma flexible la funcionalidad de los programas que se ejecutan en Linux. De hecho, cuando se inicia el programa, puede especificar los archivos asociados con sus entradas/salidas estándares. Dado que Linux es un sistema operativo orientado a archivos, todo o casi todo se puede ver como un archivo. Por lo tanto, es posible redirigir la lectura o escritura de un programa a un archivo ordinario, un archivo especial asociado a un dispositivo (pantalla, teclado, impresora, unidad de cinta, conexión de red, etc.) u otro programa (pipe). Este mecanismo es transparente para el programa, que utiliza su entrada/salida estándar en modo de lectura o escritura, sin saber a qué archivos corresponden.

1. Redirección de la salida estándar

El carácter > se utiliza para redirigir la salida estándar. Después de este carácter, se especifica la ruta del archivo que se va a asociar a la salida estándar.

El shell escribe el archivo especificado, lo crea si no existe, y lo vacía de su contenido de haberlo. A continuación, ejecuta el comando y asocia el archivo a su salida estándar.

Ejemplo

Redireccionamiento de la salida estándar del comando `ls`:

```
$ ls -l > resultado
$ cat resultado
total 24
-rw-r--r-- 1 pba pba    7 16 mayo   12:11 fic1
-rw-rw-rw- 1 pba pba    0 17 mayo   09:39 ficPublico
lrwxrwxrwx 1 pba pba    4 16 mayo   12:10 enlace1 -> fic1
-rw-r--r-- 1 pba pba   27 16 mayo   11:53 enlace2
-rw-r--r-- 1 pba pba   27 16 mayo   11:50 enlace 3
drwxr-xr-x 2 pba pba 4096 16 mayo   11:46 paquetes
drwxr-x--- 2 pba pba 4096 17 mayo   09:52 rep1
drwxr-xr-x 2 pba pba 4096 16 mayo   08:12 rep2
-rw-r--r-- 1 pba pba    0 19 mayo   14:21 resultado
```

El comando no muestra nada. Escribe sus resultados en su salida estándar, es decir, en el archivo `resultado` creado por el shell. Observe que cuando el comando realizó el listado del directorio actual, el archivo existía, pero estaba vacío.

El mismo comando, pero solicitando listar un archivo inexistente:

```
$ ls -l pepe > resultado
ls: imposible acceder a 'pepe': Ningún archivo o directorio de este tipo
$ cat resultado
$
```

El comando muestra un mensaje de error que escribe en su salida de error estándar sin redirigir. El shell restablece el archivo de resultados, debido a la redirección de la salida estándar, incluso antes de ejecutar el comando `ls`.

Si el archivo de redireccionamiento no existe, se crea. Si existe, su contenido se restablece a cero, incluso si el comando escrito no es correcto. **El shell primero procesa las redirecciones y luego ejecuta el comando**.

Una consecuencia de este mecanismo es que se puede especificar una redirección de la salida estándar sin un comando. El shell crea o restablece el archivo asociado y, después, al no tener ningún comando que ejecutar, muestra el mensaje y vuelve a esperar. Es una manera muy fácil de crear un archivo vacío o restablecer un archivo existente.

Ejemplo

Crear un archivo vacío:

```
$ >ficvacio
$ ls -l ficvacio
-rw-r--r-- 1 pba pba 0 19 mayo   14:32 ficvacio
```

Volver a poner a cero el archivo:

```
$ cat ficlleno
Hola
$ >ficlleno
$ ls -l ficlleno
-rw-r--r-- 1 pba pba 0 19 mayo   14:33 ficlleno
$ cat ficlleno
$
```

Se ha borrado el contenido del archivo `ficlleno`.

Los caracteres >> se utilizan para redirigir la salida estándar en el modo **agregar**. Después de este carácter, se especifica la ruta de acceso del archivo que se va a asociar a la salida estándar.

El shell escribe el archivo especificado, lo crea si no existe, pero no vacía su contenido si existe. A continuación, ejecuta el comando, y asocia el archivo a su salida estándar. Las escrituras del comando se realizan al final del archivo, añadiéndolo a su contenido inicial.

Ejemplo

Agregue los resultados del comando en un mismo archivo:

```
$ hostname > info
$ pwd >>info
$ date >>info
$ echo Fin >> info
$ cat info
srvdeb
/home/pba
viernes 19 mayo 2023 14:37:37 CEST
Fin
```

2. Redireccionamiento de la salida de error estándar

La secuencia de caracteres 2> se utiliza para redirigir la salida de error estándar. Después de estos caracteres, se especifica la ruta del archivo que se va a asociar con la salida de error estándar.

El shell abre en modo escritura el archivo especificado, lo crea si no existe y lo vacía de su contenido si existe. A continuación, ejecuta el comando y asocia el archivo con su salida de error estándar.

Ejemplo

Redireccionamiento de la salida de error estándar del comando `ls`:

```
$ ls -l f* 2> error
-rw-r--r-- 1 pba pba 7 16 mayo   12:11 fic1
-rw-r--r-- 1 pba pba 0 19 mayo   14:33 ficlleno
-rw-rw-rw- 1 pba pba 0 17 mayo   09:39 ficPublico
-rw-r--r-- 1 pba pba 0 19 mayo   14:32 ficvacio
$ ls -l error
-rw-r--r-- 1 pba pba 0 19 mayo   14:42 error
```

El comando se muestra normalmente, ya que ha escrito sus resultados en su salida estándar y no había errores que señalar. El shell ha creado previamente el archivo `error`, que está vacío.

El mismo comando, pero solicitando listar un archivo inexistente:

```
$ ls -l f* pepe 2> error
-rw-r--r-- 1 pba pba 7 16 mayo   12:11 fic1
-rw-r--r-- 1 pba pba 0 19 mayo   14:33 ficlleno
-rw-rw-rw- 1 pba pba 0 17 mayo   09:39 ficPublico
-rw-r--r-- 1 pba pba 0 19 mayo   14:32 ficvacio
$ cat error
ls: imposible acceder a 'pepe': Ningún archivo o directorio de este tipo
```

El comando mostraba información de los archivos existentes, escrita en su salida estándar. El mensaje de error se escribió en el archivo asociado con la salida de error estándar.

Redireccionamiento de la salida de error estándar a /dev/null

El archivo `/dev/null` es un archivo especial que siempre está vacío: una lectura devuelve cero bytes y una escritura escribe cero bytes. Esta redirección se usa comúnmente cuando los mensajes de error de un comando no tienen ningún interés.

Ejemplo

No mostrar mensajes de error de comandos `find`:

```
$ find /etc -name hosts
find: '/etc/ssl/private': Permisos no otorgados
/etc/hosts
/etc/avahi/hosts
find: '/etc/cups/ssl': Permisos no otorgados
find: '/etc/polkit-1/localauthority': Permisos no otorgados
$ find /etc -name hosts 2>/dev/null
/etc/hosts
/etc/avahi/hosts
```

3. Redireccionamiento de la salida y salida de error estándar en el mismo archivo

Es posible redirigir las dos salidas en un solo archivo, utilizando una sintaxis particular, con la secuencia de caracteres `>&n`. El `&n` especifica el número de descriptor de archivo `n`.

Sintaxis

Redireccionamiento de la salida de error estándar a la salida estándar:

`2>&1`

La salida de error estándar (descriptor de archivo nº 2) se redirige a la salida estándar (descriptor de archivo nº 1).

Redireccionamiento de la salida estándar a la salida de error estándar:

`>&2 o 1>&2`

La salida estándar (descriptor de archivo nº 1 y descriptor predeterminado), se redirige a la salida de error estándar (descriptor de archivo nº 2).

Redirigir ambas salidas al mismo archivo `Fic`:

`&>Fic`

Ejemplo

```
$ ls -l fic* NoFic > resultados 2>&1
pba@srvdeb:~$ cat resultados
ls: imposible acceder a 'NoFic': Ningún archivo o directorio de este tipo
-rw-r--r-- 1 pba pba 7 16 mayo   12:11 fic1
-rw-r--r-- 1 pba pba 0 19 mayo   14:33 ficlleno
-rw-rw-rw- 1 pba pba 0 17 mayo   09:39 ficPublico
-rw-r--r-- 1 pba pba 0 19 mayo   14:32 ficvacio
```

La salida de error se redirige a la salida estándar que, a su vez, apunta al archivo `resultados`, por lo que no hay visualización. Por lo tanto, el archivo `resultados` contiene tanto las escrituras a la salida estándar como la salida de error estándar.

4. Redirección de la entrada estándar

Algunos comandos leen su entrada estándar para recibir los datos que se van a procesar, como el propio shell, por ejemplo. Por defecto, se usa la entrada del teclado. Es posible redirigir la entrada estándar, con el carácter <, seguido de la ruta del archivo que se debe leer. El comando lee el contenido del archivo en lugar del teclado y procesa los elementos del archivo.

☞ *Este mecanismo se puede usar con cualquier programa que lea su entrada estándar, por ejemplo, los comandos `cat`, `more`, `sort`, `grep`, etc., y el propio shell. Otros comandos no leen su entrada estándar, por ejemplo, `ls`, `cp`, `mkdir`, `rm`, etc.*

Ejemplo

Ordene las filas de un archivo:

```
$ cat noordenado
bbbbb
eeee
aaaaa
rrrrr
hhhhh
zzzzz
vvvvv
00000
$ sort < noordenado
00000
aaaaa
bbbbb
eeee
hhhhh
rrrrr
vvvvv
zzzzz
```

5. Documento en línea

La redirección de entrada de `<<Inicio` permite el uso de documentos en la nube (*Herescript* o *Here Document*). Se utiliza principalmente en archivos de script de shell.

Este mecanismo envía el texto entre las etiquetas de inicio y fin a la entrada estándar de un comando. La etiqueta especificada después de la secuencia `<<` debe aparecer al principio de la línea para delimitar el texto que se enviará al comando.

Ejemplo

Ordenar las filas introducidas:

```
$ sort << Vrac
> rrrrrrr
> aaaaaaa
> ccccccc
> 9999999
> Vrac
9999999
aaaaaaa
ccccccc
rrrrrrr
```

6. Apertura de descriptores de archivos adicionales

Las entradas/salidas estándares están asociadas a descriptores de archivo numerados del `0` al `2`. El comando `exec` permite abrir siete canales adicionales numerados del `3` al `9`. Una vez abiertos, los archivos asociados a los descriptores se pueden utilizar con el shell actual hasta el final de la sesión.

Sintaxis

```
exec NumDesc>Archivo ... NumDescN>ArchivoN
```

Ejemplo

```
$ exec 3>fic3 4>fic4 5>fic5 6>fic6
$ ls >&3
$ ls NoFic 2>&6
$ cat fic3
error
fic1
fic3
fic4
fic5
fic6
ficlleno
ficPublico
ficvacio
infos
enlace1
paquetes
```

```
rep1
rep2
resultados
$ cat fic6
ls: imposible acceder a 'NoFic': Ningún archivo o directorio de este tipo
```

7. Cierre de descriptores de archivo

Puede cerrar un archivo abierto con la siguiente sintaxis: `n>&-`, en la que n es el número de su descriptor (`1` por defecto).

Ejemplo

```
$ exec 3>&-
```

8. Los pipes

Un pipe es un mecanismo que conecta la salida estándar de un programa a la entrada estándar de otro programa.

Sintaxis

```
Comando 1 | Comando 2 | ... | Comando N
```

☞ *El carácter | se genera con [AltGr] 6 en un teclado de tipo PC, con [Alt][Shift] l en un teclado de tipo Mac.*

Por lo tanto, si el comando de salida del pipe lee su entrada estándar, procesa los resultados escritos por el comando de entrada del pipe en su salida estándar. Es el shell el que gestiona el pipe, lanzando simultáneamente los comandos conectados por un pipe y redirigiendo la entrada estándar de uno a la salida estándar del otro.

Ejemplo

Mostrar las filas generadas por un comando `ls` página por página:

```
$ ls -l | more
```

El comando `more` lee su entrada estándar y muestra las filas deteniéndose en cada página de la pantalla.

G. Comandos de filtro

Un **filtro** es un programa capaz de leer datos de su entrada estándar y escribir sus resultados en la salida estándar. Este es el caso de muchos comandos de utilidades de Linux. Con pipes y redireccionamientos, los comandos se pueden combinar fácilmente para realizar varios procesos, especialmente en archivos de texto.

1. Contar líneas, palabras y caracteres

El comando `wc` (*word count*) permite contar líneas, palabras y caracteres de los archivos que se pasan como argumentos o líneas leídas desde su entrada estándar.

Sintaxis

`wc [-l|c|w] [fic1 ... ficN]`

- `-l`: número de líneas.
- `-c`: número de bytes.
- `-w`: número de palabras.
- `-m`: número de caracteres.

Ejemplo

```
$ wc lista
12 48 234 lista
```

El archivo lista contiene `12` líneas, `48` palabras y `234` caracteres.

Contar el número de filas generadas por un comando `ls`:

```
$ ls -l | wc -l
19
```

2. Selección de líneas

Los comandos de tipo `grep` (*Global Regular Expression Parser*) permiten seleccionar líneas de texto en función de diferentes criterios. Pueden procesar archivos cuyos nombres pasan como argumentos o leer los datos en su entrada estándar.

Consiste en extraer filas de un archivo en función de varios criterios. Para hacer esto, dispone de tres comandos: `grep`, `egrep` y `fgrep`, que leen datos bien desde un archivo de entrada, bien desde su entrada estándar.

a. grep

La sintaxis del comando `grep` es:

`grep [Opciones] modelo [Archivo1...]`

El modelo (*pattern*) es una cadena de caracteres que forman una expresión regular. Puede estar compuesto por caracteres simples o caracteres especiales de expresiones regulares (las que se ven en la sección dedicada al editor `vi`). Para evitar que el shell no interprete estos caracteres, es recomendable ser prudente y encerrar el modelo con comillas simples o dobles o proteger los caracteres especiales con un \.

Ejemplo

```
$ cat fic4
Cerdo
Ternera
Buey
rata
Rata
buey
```

Mostrar las líneas del archivo que comienzan con una b o una B:

```
$ grep "^[bB]" fic4
Buey
buey
```

Opciones:

- `-v` Búsqueda inversa: muestra las filas que no coinciden con los criterios.
- `-c` devuelve el número de filas encontradas, sin mostrarlas.
- `-i` no hay distinción entre mayúsculas y minúsculas.
- `-n` muestra el número de línea delante de cada fila encontrada.
- `-l` muestra solo los nombres de los archivos que tienen líneas que coinciden con los criterios.

Ejemplo

```
$ cat fic4
Cerdo
Ternero
Buey
rata
Rata
buey
```

Mostrar las líneas del archivo que comienzan con b o B:

```
$ grep -i "^b" fic4
Buey
buey
```

b. egrep

El comando `egrep` ofrece criterios de búsqueda y puede leerlos en un archivo específico como argumento. Equivale a `grep -E`.

Sintaxis

```
egrep [opciones] [-f archCrit]_[criterios] archivo_busqueda
```

Carácter especial	Significado
|	O lógico, la expresión colocada antes o después debe desaparecer.
(...)	Agrupación de caracteres.
[...]	Un carácter tiene esta posición entre los indicados.
.	Cualquier carácter.
+	Repetición, el carácter colocado antes debe aparecer al menos una vez.
*	Repetición, el carácter colocado antes debe aparecer de cero a n veces.
?	El carácter colocado antes debe aparecer una vez como máximo.
{n}	El carácter colocado antes debe aparecer exactamente n veces.
{n,}	Aparece n veces o más.
{n,m}	Aparece entre n y m veces.
^	Al principio de la cadena.
$	Al final de la cadena.

Ejemplos

Líneas que contienen solo buenas tardes o buenas noches, comenzando con una letra mayúscula o minúscula:

```
^[bB]uenas(tardes|noches)$
```

Comprobación básica de las direcciones IP en el formato www.xxx.yyy.zzz:

```
$ cat ficdir
10.1.0.1
10.1.0.2
1000.1.0.3
10.1.0.0.4
10.2
aa.bb.cc.1
10.1.0.5
$ egrep '^([0-9]{1,3}\.){3}[0-9]{1,3}$' ficdir
10.1.0.1
10.1.0.2
10.1.0.5
```

Así es como se compone la expresión regular:

- `^`: comienzo de línea
  - `([0-9]{1,3}\.) {3}`:
    - `[0-9]`: un carácter entre 0 y 9
    - `{1,3}`: repetido entre 1 y 3 veces
    - `\.`: el carácter punto
    - `{3}`: el conjunto 3 veces
- `$`: fin de línea

c. Fgrep

El comando `fgrep` es una versión simplificada y rápida de `grep` y es equivalente a `grep -F`. No admite expresiones regulares, por lo que solo puede buscar cadenas de caracteres.

d. sed

`sed` (*Stream Editor*) es un editor de flujos para filtrar y transformar texto.

Sintaxis

```
sed -e '<cmd>' [-f ficScript] [fic1 ... ficN]
```

Los comandos de `sed` son similares a los de la línea de comandos de `vi`. Utiliza expresiones regulares. El editor aplica el comando `cmd` a las líneas de archivos cuyos nombres se pasan como argumentos y escribe los resultados en su salida estándar. Sin un nombre de archivo, `sed` lee las líneas que se van a procesar en su entrada estándar, por lo que se puede utilizar como salida de pipe.

Con la opción `-f`, `sed` lee los comandos de edición del archivo especificado.

`sed` se utiliza muy a menudo para reemplazar valores por otros (sustitución) o para eliminar líneasparticulares. La sintaxis básica de un comando `sed` de sustitución es la siguiente:

```
s/<viejo>/nuevo/[g]
```

La `g` opcional final permite reemplazar todas las apariciones de cada línea (de forma predeterminada, solo se sustituye la primera ocurrencia de cada línea).

Ejemplos

Reemplazar `__NOMBRE__` por `Pepito`:

```
$ echo "Me llamo __NOMBRE__, Pepito __NOMBRE__." | sed -e 's/__NOMBRE__/Sánchez/'
Me llamo Sánchez, Pepito __NOMBRE__.
```

`sed` sustituyó solo la primera ocurrencia de la cadena. Debe agregar la opción `g` al comando de sustitución:

```
$ echo "Me llamo __NOMBRE__, Pepito __NOMBRE__." | sed -e 's/__NOMBRE__/Sánchez/g'
Me llamo Sánchez, Pepito Sánchez.
```

Para eliminar (comando `d`) de la visualización del archivo `arch` todas las líneas vacías o que contienen únicamente espacios:

```
$ cat fic
Línea 1
Línea 2


Línea3


FIN
$ sed -e '/^ *$/d' fic
Línea 1
Línea 2
Línea3
FIN
```

3. Selección de partes de línea

El comando `cut` permite seleccionar una parte de cada línea de un archivo, especificando posiciones o campos en la línea.

a. Selección por posición

Sintaxis

`cut -cPosiciones [fic1...]`

El comando selecciona las partes de las líneas especificadas de cada archivo y las escribe en la salida estándar. Sin especificar un archivo, lee su entrada estándar y, por lo tanto, se puede utilizar como salida de pipe.

El primer carácter de la línea está en la posición 1.

☞ *La visualización siempre está en el orden de las posiciones iniciales de la línea, el comando no puede invertir partes de las líneas.*

El formato de selección de posición es el siguiente:

- Una sola posición: `-c5`: posición `5`.
- Un rango de posiciones: `-c1-4`: posiciones `1` a `4.` `-c5-`: posición `5` al final de la línea.
- Una lista de posiciones: `-c1,8`: posiciones `1` y `8`.
- Un conjunto: `-c1-3,5,6,12-`.

Ejemplo

```
$ cat lista
Producto  precio  cantidad
ratón     30      15
disco     100     30
pantalla  300     20
teclado   45      30

Producto
ratón
disco
pantalla
teclado
$ cut -c1-7,16- lista
Productos cantidad
ratón     15
disco     30
pantalla  20
teclado   30
```

b. Selección por campos

La opción `-f` (*field*) del comando `cut` permite seleccionar campos dentro de una línea. El delimitador de campo predeterminado es el tabulador, pero la opción `-d` permite especificar el delimitador, que solo puede ser un único carácter y no una cadena. Los campos están numerados a partir del 1.

Sintaxis

```
cut -dc -fCampos [fic1...]
```

☞ *La visualización siempre está en el orden inicial de los campos de la línea, el comando no puede invertir los campos.*

Ejemplos

Le presentamos unos ejemplos. El archivo lista contiene campos separados por una tabulación.

```
$ cat lista
Producto  precio  cantidades
ratón     30      15
duro      100     30
disco     100     30
pantalla  300     20
teclado   45      30
tarjeta   45      30

$ cut -f1 lista
Producto
ratón
duro
disco
```

```
pantalla
teclado
tarjeta

$ cut -f1,3 lista
Producto cantidades
ratón    15
duro     30
disco    30
pantalla 20
teclado  30
tarjeta  30
```

El comando `who` muestra información sobre los usuarios conectados al sistema:

```
$ who
pba      pts/0      2023-05-20 14:49 (192.168.1.142)
mhl      pts/1      2023-05-20 16:43 (192.168.1.143)
```

Intentamos mostrar solo los dos primeros campos de cada línea:

```
$ who | cut -d' ' -f1,2
pba
mhl
```

El comando muestra solo el primer campo, ya que el comando `who` separa sus columnas de visualización con varios espacios. Puede usar `sed` para reemplazar secuencias de espacios con un solo espacio:

```
$ who | sed -e's/  */ /g' | cut -d' ' -f1,2
pba pts/0
mhl pts/1
```

Si no hay ningún delimitador en una línea, `cut` muestra toda la línea.

4. Ordenar líneas

El comando `sort` permite ordenar las líneas.

Sintaxis

```
sort [opciones] [-k pos1[,pos2]] [fic1...ficN]
```

Opciones comunes:

- `-f` no distingue entre mayúsculas y minúsculas.
- `-n` ordenación numérica.
- `-u` muestra solo una instancia de duplicados.
- `-t car` especifica `car` como separador de campos.
- `-r` orden inverso.
- `-k chclave` ordena en función de la clave definida por `chclave`.

El comando ordena las líneas de los archivos pasados como argumentos, o las líneas leídas de su entrada estándar.

Por defecto, se ordena línea por línea, de acuerdo con el orden ascendente ASCII de los caracteres. El resultado se escribe en la salida estándar.

Ejemplo

Vista ordenada de las cuentas de usuario del sistema (declaradas en el archivo `/etc/passwd`):

```
$ sort /etc/passwd
_apt:x:100:65534::/nonexistent:/usr/sbin/nologin
avahi-autoipd:x:106:115:Avahi autoip daemon,,,:/var/lib/avahi-autoipd:/usr/sbin/nologin
avahi:x:111:117:Avahi mDNS daemon,,,:/run/avahi-daemon:/usr/sbin/nologin
backup:x:34:34:backup:/var/backups:/usr/sbin/nologin
bin:x:2:2:bin:/bin:/usr/sbin/nologin
[...]
systemd-timesync:x:105:111:systemd Time Synchronization,,,:/run/systemd:/usr/sbin/
nologin
sys:x:3:3:sys:/dev:/usr/sbin/nologin
tss:x:103:109:TPM software stack,,,:/var/lib/tpm:/bin/false
usbmux:x:107:46:usbmux daemon,,,:/var/lib/usbmux:/usr/sbin/nologin
uucp:x:10:10:uucp:/var/spool/uucp:/usr/sbin/nologin
www-data:x:33:33:www-data:/var/www:/usr/sbin/nologin
```

Las filas se pueden ordenar por claves, definidas a partir de posiciones de línea o campos. El separador de campos predeterminado es un carácter “en blanco” (*blank*): espacio, tabulación. La numeración de campos comienza en 1.

Ejemplos

Diferentes ordenaciones de un archivo de texto estructurado por campos separados por espacios.

```
$ cat catalogo
ratón      óptico  30     15
duro       30giga  100    30
duro       70giga  150    30
disco      zip     12     30
disco      blando  10     30
pantalla   15      150    20
pantalla   17      300    20
pantalla   19      500    20
teclado    105     45     30
teclado    115     55     30
tarjeta    sonido  45     30
tarjeta    vídeo   145    30
```

Ordenar por orden alfabético a partir de la primera columna (predeterminado):

```
$ sort catalogo
disco      blando  10     30
disco      zip     12     30
duro       30giga  100    30
duro       70giga  150    30
pantalla   15      150    20
pantalla   17      300    20
```

```
pantalla   19      500    20
ratón      óptico  30     15
tarjeta    sonido  45     30
tarjeta    vídeo   145    30
teclado    105     45     30
teclado    115     55     30
```

Ordenación numérica inversa por el tercer campo:

```
$ sort -rn -k3 catalogue
pantalla   19      500    20
pantalla   17      300    20
pantalla   15      150    20
duro       70giga  150    30
tarjeta    vídeo   145    30
duro       30giga  100    30
teclado    115     55     30
teclado    105     45     30
tarjeta    sonido  45     30
ratón      óptico  30     15
disco      zip     12     30
disco      blando  10     30
```

Ordenar las cuentas de usuario por el valor numérico de su identificador UID (tercer campo en el archivo `/etc/passwd`*):*

```
$ sort -n -t':' -k3 /etc/passwd
root:x:0:0:root:/root:/bin/bash
daemon:x:1:1:daemon:/usr/sbin:/usr/sbin/nologin
bin:x:2:2:bin:/bin:/usr/sbin/nologin
sys:x:3:3:sys:/dev:/usr/sbin/nologin
sync:x:4:65534:sync:/bin:/bin/sync
games:x:5:60:games:/usr/games:/usr/sbin/nologin
[...]
Debian-gdm:x:117:125:Gnome Display Manager:/var/lib/gdm3:/bin/false
systemd-coredump:x:999:999:systemd Core Dumper:/:/usr/sbin/nologin
pba:x:1000:1000:pba,,,:/home/pba:/bin/bash
nobody:x:65534:65534:nobody:/nonexistent:/usr/sbin/nologin
```

5. Eliminar las líneas repetidas

El comando `uniq` permite administrar líneas idénticas sucesivas en archivos ordenados o desde su entrada estándar. Escribe sus resultados en su salida estándar.

Sintaxis

```
exec NumDesc>Archivo ... NumDescN>ArchivoN
```

Opciones comunes:

- `-c` muestra el número de apariciones delante de cada grupo de líneas.
- `-d` muestra solo líneas duplicadas, una por grupo.
- `-i` no hay distinción entre mayúsculas y minúsculas.

Ejemplo

El cuarto campo de las líneas del archivo `/etc/passwd` *especifica el identificador numérico GID del grupo del usuario. Queremos mostrar los* `GIDs` *presentes en el archivo, con su número de usuarios (es decir, el número de apariciones de cada* `GID`*):*

Seleccionamos el cuarto campo de cada línea del archivo, que enviamos a `sort` *para ordenarlos numéricamente y luego a* `uniq` *para contar el número de ocurrencias de cada GID:*

```
$ cut -d: -f4 /etc/passwd | sort -n | uniq -c
      1 0
      1 1
      1 2
      1 3
[...]
      1 999
      1 1000
      5 65534
```

6. Unir dos archivos ordenados

El comando `join` permite efectuar la unión de dos archivos en función de campos comunes. Se deben ordenar los dos archivos en el campo especificado en la unión. Se escribe el resultado en su salida estándar

Sintaxis

```
join [-tc] [-1 n] [-2 m] fic1 fic2
```

La opción `-t` indica los separadores, `-1` el campo del primer archivo y `-2` el campo del segundo archivo, en los cuales efectuar la unión.

a. Concatenación de archivos línea a línea

El comando `paste` agrupa n archivos y los escribe en su salida estándar. Concatena las líneas de cada uno de los archivos en una sola línea.

Por defecto, el separador de campo de salida es el tabulador, pero se puede especificar con la opción `-d`.

Ejemplo

```
$ cat fic1
lista_a
lista_b
lista_c

$ cat fic2
lista_a2
lista_b2
lista_c2

$ paste -d: fic1 fic2
```

```
lista_a:lista_a2
lista_b:lista_b2
lista_c:lista_c2
```

7. Dividir un archivo en varias partes

El comando `split` permite dividir un archivo copiándolo en varios archivos de un tamaño determinado. Por defecto, lee su entrada estándar.

Sintaxis

`split [-l n] [-b n[bkm] [archivo [prefijo]]`

El comando puede funcionar según dos modos:

- recortar por líneas con `-l`: los archivos de salida tendrán todos `n` líneas de texto (salvo el último si se da el caso);
- recortar a tamaño fijo con `-b`: los archivos tendrán todos un tamaño fijo de `n` bytes. El sufijo `b` indica un tamaño de `n` bloques (512 bytes), `k` indica n kB (1024 bytes) y `m` indica `n MB`.

Cada archivo de salida tiene como prefijo la cadena de caracteres especificada en el argumento (`x` de forma predeterminada) y como sufijo dos letras en orden alfabético, de `aa` a `zz`.

Ejemplo

Dividir un archivo de 100003 caracteres en 10 archivos de 10000 caracteres + 1 de 3 caracteres.

```
$ ls -l fic1003
-rw-r--r-- 1 pba pba 100003 22 mayo   10:30 fic1003
$ split -b 10000 fic1003 ficN
$ ls -l fic*
-rw-r--r-- 1 pba pba 100003 22 mayo   10:30 fic1003
-rw-r--r-- 1 pba pba  10000 22 mayo   10:33 ficNaa
-rw-r--r-- 1 pba pba  10000 22 mayo   10:33 ficNab
-rw-r--r-- 1 pba pba  10000 22 mayo   10:33 ficNac
-rw-r--r-- 1 pba pba  10000 22 mayo   10:33 ficNad
-rw-r--r-- 1 pba pba  10000 22 mayo   10:33 ficNae
-rw-r--r-- 1 pba pba  10000 22 mayo   10:33 ficNaf
-rw-r--r-- 1 pba pba  10000 22 mayo   10:33 ficNag
-rw-r--r-- 1 pba pba  10000 22 mayo   10:33 ficNah
-rw-r--r-- 1 pba pba  10000 22 mayo   10:33 ficNai
-rw-r--r-- 1 pba pba  10000 22 mayo   10:33 ficNaj
-rw-r--r-- 1 pba pba      3 22 mayo   10:33 ficNak
```

El comando `cat` redirigido permite reconstruir el archivo original a partir de los archivos resultantes del comando `split`.

Ejemplo

A partir de los archivos del ejemplo anterior:

```
$ cat ficN* > fic1003bis
$ ls -l fic1003*
-rw-r--r-- 1 pba pba 100003 22 mayo   10:30 fic1003
-rw-r--r-- 1 pba pba 100003 22 mayo   10:37 fic1003bis
```

El comando `cmp` se utiliza para comprobar que los dos archivos son idénticos:

```
$ cmp fic1003 fic1003bis
$
```

8. Sustituir y eliminar caracteres de un archivo

a. El comando tr

El comando `tr` permite sustituir unos caracteres por otros, o para eliminar caracteres (opción `-d`). Lee su entrada estándar y escribe las líneas resultantes en su salida estándar.

Sustituir caracteres

Sintaxis

`tr [opciones] ChOriginal ChDestino`

`ChOriginal` y `ChDestino` son dos cadenas de caracteres que especifican los caracteres que se van a procesar y los caracteres por los que se van a reemplazar. Los caracteres originales se sustituyen por los caracteres de destino, en el orden indicado. Los intervalos se pueden especificar con la notación entre corchetes. Puede especificar caracteres especiales (`\t`, `\r`, `\n`, etc.) y especificar caracteres por su código ASCII en binario con la notación `\0xy`.

Ejemplo

Transforma letras minúsculas en mayúsculas.

```
$ cat lista
Producto  precio  cantidad
ratón     30      15
disco     100     30
pantalla  300     20
teclado   45      30

$ tr '[a-z]' '[A-Z'] < lista > lista_may
$ cat lista_may
PRODUCTO  PRECIO  CANTIDAD
RATÓN     30      15
DISCO     100     30
PANTALLA  300     20
TECLADO   45      30
```

Eliminar caracteres

El comando `tr` proporciona dos opciones, `-s` (squeeze) y `-d` (delete), que permite eliminar caracteres:

- `-d ChOriginal`: elimina los caracteres de la lista especificada.
- `-s ChOriginal`: solo conserva un carácter de una cadena de caracteres, para los caracteres de la lista especificada. En particular, esto permite unificar los separadores de campo.

Ejemplo

El archivo `listebad` se transfirió desde Windows con el doble carácter de final de línea `\n\r`. Para eliminar el carácter `\r` (retorno de carro, que `vi` muestra como `^M`):

```
$ vi listabad
Producto  precio   cantidad       ^M
ratón     30       15              ^M
disco     100      30              ^M
pantalla  300      20              ^M
teclado   45       30              ^M
$ tr -d '\r' <listabad >listaok
$ vi listaok
Producto  precio  cantidad
ratón     30      15
disco     100     30
pantalla  300     20
teclado   45      30
```

9. xargs

El comando `xargs` lee los elementos en su entrada estándar, delimitados por defecto por un espacio o un retorno de línea, y las pasa como argumento a un comando que las ejecuta.

Ejemplo

Mostrar todos los nombres de usuario del archivo `/etc/passwd` (primer campo del archivo), en una sola línea, en orden ascendente:

```
$ cut -d: -f1 < /etc/passwd | sort | xargs echo
_apt avahi avahi-autoipd backup bin colord daemon Debian-gdm dnsmasq
games geoclue gnats irc list lp mail man messagebus news nobody pba [...]
```

10. Visualizar texto

a. Vista página por página

Hay muchos comandos que se pueden usar para gestionar la visualización del contenido de un archivo o líneas leídas de la entrada estándar, que incluyen:

- página por página: `more`, less, `pg`
- todo el contenido: `cat`
- todo el contenido desde el final hasta el inicio: `tac`
- en dump hexadecimal: `hexdump`

- en dump octal (por defecto): `od`
- creación de un banner: `banner`
- formateo para impresión: `pr`
- formateo de párrafo: `fmt`
- numerar las líneas: `cat -n` o `nl`

Ejemplos

Contenido de un archivo en modo dump hexadecimal

```
$ hexdump input
0000000 0a31 0a32 0a33 0a34 0a35 0a36 0a37 0a38
0000010 0a39 3031 310a 0a31 3231 310a 0a33 3431
0000020 310a 0a35 3631 310a 0a37 3831 310a 0a39
0000030 3032 000a
0000033
$ od -Ax -x input
000000 0a31 0a32 0a33 0a34 0a35 0a36 0a37 0a38
000010 0a39 3031 310a 0a31 3231 310a 0a33 3431
000020 310a 0a35 3631 310a 0a37 3831 310a 0a39
000030 3032 000a
000033
```

Contenido de un archivo en modo dump binario:

```
$ od input
0000000 005061 005062 005063 005064 005065 005066 005067 005070
0000020 005071 030061 030412 005061 031061 030412 005063 032061
0000040 030412 005065 033061 030412 005067 034061 030412 005071
0000060 030062 000012
0000063
```

Numeración de las líneas de un archivo:

```
$ nl -nrz input
000001    1
000002    2
000003    3
000004    4
000005    5
000006    6
```

Tomemos el archivo siguiente:

```
$ cat lorem.txt

Lorem ipsum dolor sit amet, consectetur adipiscing elit, sed do eiusmod
tempor incididunt ut labore et dolore magna aliqua. Ut enim ad minim veniam,
quis nostrud exercitation ullamco laboris nisi ut aliquip ex ea commodo
consequat. Duis aute irure dolor in reprehenderit in voluptate velit esse
cillum dolore eu fugiat nulla pariatur. Excepteur sint occaecat cupidatat
non proident, sunt in culpa qui officia deserunt mollit anim id est laborum.
```

El comando `fmt` reformatea los parrafos en columnas de 60 caracteres:

```
$ fmt -t -w 60  lorem.txt
Lorem ipsum dolor sit amet, consectetur adipiscing
   elit, sed do eiusmod tempor incididunt ut labore et
   dolore magna aliqua. Ut enim ad minim veniam, quis
   nostrud exercitation ullamco laboris nisi ut aliquip
   ex ea commodo consequat. Duis aute irure dolor in
   reprehenderit in voluptate velit esse cillum dolore eu
   fugiat nulla pariatur. Excepteur sint occaecat cupidatat
   non proident, sunt in culpa qui officia deserunt mollit
   anim id est laborum.
```

b. Visualización de las primeras líneas de un archivo

El comando `head` escribe las primeras `n` líneas de un archivo en su salida estándar o las lee desde su entrada estándar.

Sintaxis

```
cabeza [-c nbcar] [-n numlineas] [fic1...]
```

La opción `-n` permite especificar el número de líneas que se van a mostrar, 10 por defecto. También puede especificar directamente el número de líneas precedidas por un guion.

La opción `-c` permite especificar el número de bytes iniciales que se mostrarán.

Ejemplo

```
$ head -3 lista
Producto objeto   precio  cantidades
ratón    óptico   30      15
duro     30giga   100     30
```

c. Visualización de las últimas líneas de un archivo

El comando `tail` escribe las últimas `n` líneas de un archivo en su salida estándar o las lee desde su entrada estándar.

Sintaxis

```
tail [+/-valor[b/c]] [-f] [fic1...]
```

Por defecto, se muestran las últimas diez líneas. La opción `-nb[c]` muestra las últimas `nn` líneas o los últimos `nb` caracteres con el sufijo `c`. La opción `+nb[c]` muestra todas las líneas que siguen la línea número `nb` o todos los caracteres que siguen al carácter `nb` con el sufijo `c`.

La opción `-f` muestra cada segundo las líneas especificadas, hasta que se pulsa en [Ctrl] C.

Ejemplo

```
$ tail -5 lista
pantalla  19      500     20
teclado   105     45      30
teclado   115     55      30
tarjeta   sonido  45      30
tarjeta   vídeo   145     30

$ tail -10c lista
eo        145     30
```

d. Formatear la visualización

El comando `column` permite dar formato de tabla a la salida de un comando. La opción `-t` determina cuántas columnas se mostrarán en la salida y añade espacios para alinearlas. La opción `-s` permite indicar cuál es el separador.

Ejemplo

```
$ column -s: -t /etc/group
root           x  0
daemon         x  1
bin            x  2
sys            x  3
adm            x  4      seb, steph
tty            x  5
disk           x  6
lp             x  7
```

11. Duplicar la salida estándar

El comando `tee` copia su entrada estándar en su salida estándar y en un archivo. Por defecto, el archivo generado sobrescribe el antiguo, si existe.

Sintaxis

```
tee [-a] nombre_fic
```

La opción `-a` añade al archivo especificado en lugar de sobrescribirlo.

<u>Ejemplo</u>

Escribir en un archivo la lista de los nombres de usuario y que, al mismo tiempo, se muestre su número en la pantalla.

```
$ cat /etc/passwd | cut -d: -f1 | tee users | wc -l
       65
$ cat users
root
nobody
nobodyV
daemon
bin
uucp
uucpa
auth
cron
lp
tcb
...
```

H. Otros comandos útiles

Linux tiene una gran cantidad de comandos muy útiles para administrar archivos. Estos son algunos de ellos.

1. Recuperación de una parte de una ruta de acceso

El comando `basename` se utiliza para extraer la parte del nombre de archivo de una ruta de acceso de archivo.

<u>Ejemplo</u>

```
$ basename /tmp/pba/lista
lista
```

El comando `dirname` hace lo contrario, es decir, extrae la parte de la ruta de acceso, sin el nombre del archivo.

<u>Ejemplo</u>

```
$ dirname /tmp/pba/lista
/tmp/pba
```

2. Comparación de archivos

Hay varios comandos que se pueden usar para comparar el contenido de dos archivos.

a. diff

El comando `diff` indica las diferencias entre dos archivos especificados y los cambios que se deben realizar en ellos para que su contenido sea idéntico.

<u>Sintaxis</u>

```
diff [-b] fic1 fic2
```

La opción `-b` ignora los caracteres en blanco (*blank*).

El comando `diff` muestra los comandos de `vi` que permiten hacer que los archivos sean idénticos. El símbolo < denota el archivo `fic1`, el símbolo >, el archivo `fic2`.

Ejemplo

```
$ cat lista
Producto  objeto  precio  cantidades
ratón     óptico  30      15
duro      30giga  100     30
duro      70giga  150     30
disco     zip     12      30
disco     blando  10      30
pantalla  15      150     20
pantalla  17      300     20
pantalla  19      500     20
teclado   105     45      30
teclado   115     55      30
tarjeta   sonido  45      30
tarjeta   vídeo   145     30

$ cat lista2
Producto  objeto  precio  cantidades
ratón     botones 30      15
duro      30giga  100     30
duro      70giga  150     30
disco     zip     12      30
disco     blando  10      30
pantalla  15      150     20
pantalla  17      300     20
pantalla  19      500     20
pantalla  21      500     20
teclado   105     45      30
teclado   115     55      30
```

El archivo `lista` es el original. En `lista2`, se ha modificado la segunda línea, se ha añadido una línea en pantalla y se han eliminado las dos últimas líneas.

```
$ diff lista lista2
2c2
< ratón           óptico  30      15
---
> ratón           botones 30      15
9a10
> pantalla 21     500     20
12,13d12
< tarjeta sonido  45      30
< tarjeta vídeo   145     30
```

- 2c2: se deben intercambiar las líneas 2 de lista y lista2.
- 9a10: después de la línea 9 de lista, hay que añadir la línea 10 de lista2.
- 12,13d12: se deben eliminar las líneas 12 y 13 de lista, ya que no existen en lista2.

b. cmp

El comando cmp compara dos archivos carácter por carácter. Por defecto, el comando se detiene en cuanto encuentra la primera diferencia e indica la posición.

Sintaxis

```
cmp [-l] [-s] fic1 fic2
```

La opción -l detalla todas las diferencias en tres columnas. La primera columna representa el número de carácter; la segunda, el valor octal ASCII del carácter correspondiente de fic1, y la tercera, el valor octal ASCII del carácter correspondiente de fic2.

La opción -s (silent) no muestra nada pero devuelve el código de error (0 o 1 en función de si los archivos son idénticos o no visibles.

Ejemplo

```
$ cmp lista lista2
lista lista2 differ: char 38, line 2
$ cmp -l lista lista2
    38 157 142
    39 160 157
    40 164 165
    41 151 164
    42 161 157
    43 165 156
    44 145 163
   182 143 145
   183 154 143
  ...
```

3. Puesta a la espera

El comando sleep espera el número especificado en segundos.

Sintaxis

```
$ sleep 10
```

4. Las sumas de control

Una **suma de control** (*checknum*) es un cálculo que se realiza en todo o parte del contenido de un archivo para obtener una huella digital única del contenido que se está leyendo.

Existen varios comandos que utilizan diferentes algoritmos para calcular la suma de comprobación:

- `md5sum`: calcula una suma de control `md5`, función de hash criptográfica que fue usada durante muchos años. Esta ofrece una huella única. En 1996, se detectaron posibles colisiones de hash, que se demostraron en 2004: se pueden generar archivos que presenten la misma huella y, por lo tanto, se podría forjar un archivo especial que permitiera que un malware se presentara como un archivo original.
- `sha1sum`: calcula una suma de control con las funciones de hash `SHA-1`. No se consideran seguras desde 2011.
- `sha256sum`, `sha512sum`: estos dos comandos calculan la suma de control que usa las funciones de hash `SHA-2`, consideradas como seguras.

<u>Elemplo</u>

Generación de la suma de control de un archivo:

```
$ sha256sum fic
7f6c7fb4b0d49df82b94d40eb214cc984ffa5072dc8b87f46b7c50e51da65e74  fic
$ sha256sum fic >checksum
```

Control del archivo desde su archivo de control de suma, utilizando la opción `-c`:

```
$ sha256sum -c checksum
fic: Éxito
```

Después de editar el archivo `fic`:

```
$ echo hello >>fic
$ sha256sum -c checksum
fic: Fallo
sha256sum: Atención: la suma de control no corresponde
```

I. La gestión de los procesos

Cualquier programa que se ejecute en un sistema Linux está asociado con, al menos, un proceso, administrado por el kernel y se inscribe en una entrada en la tabla de procesos, enumerando sus diversos atributos. Un proceso de Linux siempre está asociado a un proceso padre, por lo que el conjunto de procesos forma un árbol.

1. Atributos de un proceso

A continuación, se ofrece una lista de los principales atributos de un proceso:

- **Su identificador de proceso PID** (*process ID*): cada proceso se identifica con un número único. El primer proceso es creado por el kernel, con PID 1 suele ser el programa `init` o `systemd`.
- **El ID de proceso de su proceso padre PPID** (*Parent Process ID*): un proceso siempre es creado por otro proceso (excepto el proceso inicial, creado por el kernel), a través de la llamada de sistema `fork`.
- **Un identificador de usuario UID** (*User ID*) **y un identificador de grupo GID** (*Group ID*): por defecto, se corresponden con el UID y el GID del grupo principal del usuario que inició el proceso. Estos elementos determinan los permisos para acceder a los objetos del sistema (archivos, directorios, etc.). Los procesos secundarios heredan esta información.
- **Duración y prioridad del proceso**: la duración del proceso corresponde al tiempo de ejecución consumido desde la última invocación. En un entorno multitarea, el tiempo de procesador se comparte entre los procesos y no todos tienen la misma prioridad. Los procesos de más alta prioridad se ejecutan primero. Cuando un proceso está inactivo, su prioridad aumenta para poder ser ejecutado. Cuando está activo, su prioridad baja para dejar paso a otro. El planificador de tareas del nodo es el que gestiona las prioridades y los tiempos de ejecución.
- **Directorio de trabajo actual**: tras su inicio, se configura el directorio actual del proceso (desde el cual se inició). Este directorio servirá de base para las rutas relativas.
- **Archivos abiertos**: tabla de los descriptores de archivos abiertos. Por defecto, tres descriptores están asociados a los archivos: `0`, `1` y `2` (las entradas/salidas estándares). Con cada apertura de archivo o de nuevo canal, la tabla se rellena. Cuando termina el proceso, se cierran todos los archivos descriptores.

Puede encontrar más información, como el tamaño de la memoria asignada, la fecha de inicio del proceso, el terminal de atribución, el estado del proceso, etc.

☞ *Todo proceso está asociado a una zona de memoria privada que está reservada para él y a la que no pueden acceder el resto de procesos.*

2. Estados de un proceso

Un proceso puede pasar por diversos estados (*process state*):

- Ejecución en modo usuario (*user mode*);
- Ejecución en modo núcleo (*kernel mode*);
- En espera entrada/salida (*waiting*);
- Dormido (*sleeping*);
- Listo para la ejecución (*runable*);
- Swapeado en la zona deswap;
- Terminado, esperando la liberación por su proceso padre (*zombi*).

3. Ejecución de un comando en segundo plano

El shell actual se ejecuta como un proceso. Cuando se introduce un comando externo, el shell crea un nuevo proceso para ejecutarlo y, de forma predeterminada, espera a ese proceso hijo. Cuando el proceso hijo finaliza, devuelve un código de terminación a su proceso padre: un valor numérico entre 0 y 255. A continuación, el shell muestra el prompt y lee en su entrada estándar: el teclado (por defecto).

Si la línea de comandos termina con el carácter `&`, el shell muestra información sobre el proceso creado (número de tarea, PID), muestra el prompt y lee su entrada estándar. Esto significa que ambos procesos se ejecutan simultáneamente, lo que potencialmente se puede utilizar para introducir un nuevo comando. El proceso hijo se ejecuta en segundo plano. Cuando finaliza, el shell recupera su código de terminación y muestra un mensaje.

☞ *El proceso en segundo plano conserva el acceso a la pantalla, sus visualizaciones se pueden mezclar con las de otro comando, por lo que, la mayoría de las veces, sus salidas estándar se redirigen a uno o más archivos.*

Ejemplo

Generación de una lista de todos los archivos del sistema, con los mensajes de error eliminados, en segundo plano.

```
# ls -R / > ls.txt 2>/dev/null &
[1] 5255
# date
lunes 22 mayo 2023 16:00:02 CEST
[1]+  Done                    ls --color=auto -R / > ls.txt 2> /dev/null
# ls -l ls.txt
-rw-r--r--. 1 root root 5385389 22 mayo   15:59 ls.txt
```

4. Tareas en primer plano y en segundo plano

Es posible lanzar varios comandos interactivos en el mismo terminal y cambiar de uno a otro.

Para pausar el comando en primer plano, el que tiene acceso al teclado, debe pulsar en [Ctrl] Z.

El comando `fg NumTarea` (*foreground*) permite reactivar la tarea `NumTarea` pausada, devolviéndola al primer plano.

El comando `bg NumTarea` (*background*) permite reactivar en segundo plano un comando pausado.

El comando `jobs` muestra una lista de las tareas actuales, junto con su número y estado.

Ejemplo

Se iniciaron dos comandos de espera con una puesta en espera:

```
$ sleep 100
^Z
[1]+  Detenido                sleep 100
pba@srvdeb:~$ sleep 1000
^Z
[2]+  Detenido                sleep 1000
```

Reactivamos la última tarea en primer plano, luego la pausamos nuevamente:

```
$ fg
sleep 1000
^Z
[2]+  Detenido                    sleep 1000
```

Lista de las tareas:

```
$ jobs
[1]-  Detenido                    sleep 100
[2]+  Detenido                    sleep 1000
```

Reactivamos la última tarea en segundo plano:

```
$ bg 2
[2]+ sleep 1000 &
$ jobs
[1]+  Detenido                    sleep 100
[2]-  Ejecutando    sleep 1000 &
```

Reactivamos la primera tarea en primer plano:

```
$ fg 1
sleep 100
$ jobs
[2]+  Ejecución    sleep 1000 &
```

5. Lista de los procesos

El comando `ps` (*process status*) obtiene información sobre los procesos. Si se ejecuta solo, muestra los procesos asociados al terminal actual.

Ejemplo

```
$ ps
 PID TTY          TIME CMD
4427 pts/1    00:00:00 bash
5284 pts/1    00:00:00 ps
```

La opción `-f` ofrece una vista detallada.

Ejemplo

```
ps -f
UID        PID  PPID  C STIME TTY          TIME CMD
seb       4334 24449  0 09:46 pts/1    00:00:00 /bin/bash
seb       5024  4334  0 10:51 pts/1    00:00:00 ps -f
```

El parámetro `-e` da información sobre todos los procesos en curso.

Ejemplo

```
$ ps -ef
UID        PID  PPID  C STIME TTY          TIME CMD
...
seb      26431     1  0 Mar04 ?        00:00:30 kded [kdeinit]
seb      26436 26322  0 Mar04 ?        00:00:03 kwrapper ksmserver
seb      26438     1  0 Mar04 ?        00:00:00 ksmserver [kdeinit]
seb      26439 26424  0 Mar04 ?        00:00:50 kwin [kdeinit
seb      26441     1  0 Mar04 ?        00:00:28 kdesktop [kdeinit]
seb      26443     1  0 Mar04 ?        00:03:40 kicker [kdeinit]
seb      26453     1  0 Mar04 ?        00:00:00 kerry [kdeinit
seb      26454 26424  0 Mar04 ?        00:00:01 evolution
seb      26465 26424  0 Mar04 ?        00:00:11 kde-window-decorator
seb      26467     1  0 Mar04 ?        00:00:02 gconfd-2 12
seb      26474     1  0 Mar04 ?        00:00:01 knotify [kdeinit]
seb      26485     1  0 Mar04 ?        00:03:06 beagled
...
```

El parámetro `-u` permite precisar una lista de uno o varios usuarios separados por una coma. El parámetro `-g` hace lo mismo pero para los grupos, `-t` para los terminales y `-p` para unos PID determinados.

Ejemplo

```
$ ps -u root
  PID TTY          TIME CMD
    1 ?        00:00:05 init
    2 ?        00:00:00 kthreadd
    3 ?        00:00:00 migration/0
    4 ?        00:00:09 ksoftirqd/0
    5 ?        00:00:23 events/0
    6 ?        00:00:00 khelper
   25 ?        00:00:00 kblockd/0
   26 ?        00:00:00 kacpid
   27 ?        00:00:00 kacpi_notify
  130 ?        00:00:00 cqueue/0
  131 ?        00:00:00 kseriod
  156 ?        00:00:22 kswapd0
  157 ?        00:00:00 aio/0...
```

Por último, el parámetro `-l` ofrece más información técnica.

Ejemplo

```
$ ps -l
F S   UID   PID  PPID  C PRI  NI ADDR SZ WCHAN  TTY          TIME CMD
0 S  1000  4704 24449  0  75   0 -  1213 wait   pts/3    00:00:00 bash
```

A continuación, presentamos la definición de algunas columnas.

Columna	Descripción
`UID`	User ID.
`PID`	Process ID, identificador del proceso.
`PPID`	Parent Process ID, identificador del proceso padre.
`C`	Factor de prioridad, cuanto más grande es el valor, más elevada es la prioridad.
`STIME`	Hora de inicio del proceso.
`TTY`	Archivo especial asociado al proceso.
`TIME`	Duración de tratamiento del proceso.
`CMD`	Comando ejecutado.
`F`	Banderas del proceso.
`S`	Estado del proceso `S` (*sleeping*) `R` (*running*) `Z` (*zombie*).
`PRI`	Prioridad del proceso.
`NI`	Valor de Nice, incremento de prioridad para el clasificador de procesos.

6. Envío de una señal a un proceso

Es posible detener un proceso en primer plano con la combinación de teclas [Ctrl] Z. Cuando un proceso se ejecuta en segundo plano, no lo puede parar cualquier combinación de teclas, a menos que se utilice el gestor de jobs con `fg` y bg. Puede ser necesario mandarle señales especiales a dicho proceso en segundo plano.

Para ello, podemos utilizar el comando `kill`. A pesar de lo que parece indicar su nombre, la función de este comando no es terminar un proceso, sino mandarle una señal.

La **señal** es un medio de comunicación entre procesos gestionados por el nodo. Cuando se manda una señal a un proceso, este la puede ignorar o recibir y reaccionar en consecuencia. Ciertas señales entre ellos se pueden ignorar, pero otras no.

Se identifican por un número asociado a un nombre simbólico. La opción `-l` del comando `kill` se usa para obtener una lista de las señales soportadas por el núcleo.

Sintaxis

```
kill [-l] [-Num_señal] PID [PID2...]
```

Con `Num_señal`: el número o nombre lógico (sin el prefijo `SIG`) de la señal que se va a enviar; por defecto, la señal `15 (SIGTERM)`.

Señal	Función
`1 (SIGHUP)`	(*Hang Up*), enviado por un shell de conexión a todos sus procesos hijo cuando se termina.
`2 (SIGINT)`	Interrupción del proceso pedido ([Ctrl] C).
`3 (SIGQUIT)`	Ídem `SIGINT`, pero vacía la memoria del proceso en un archivo `core`.

Señal	Función
9 (SIGKILL)	Señal que no se puede ni ignorar ni tratar, termina el proceso.
15 (SIGTERM)	Señal predeterminada del comando `kill`. Pide al proceso terminar.

Para la mayoría de las señales, el tratamiento predeterminado por parte del proceso de destino es terminar, vaciando o no sus áreas de memoria en un archivo `core`.

☞ *Un proceso no puede enviar una señal a otro proceso a menos que tenga la misma cuenta de usuario asociada, excepto los procesos asociados a la cuenta `root` (UID=0), que pueden enviar señales a todos los procesos.*

Ejemplo

Ejecutar un comando en segundo plano y enviar una señal:

```
$ sleep 1000&
[1] 3498
$ kill 3498
[1]+  Completado                   sleep 1000
```

Al recibir la señal predeterminada 15, el proceso que ejecuta el comando `sleep` ha finalizado.

El comando `pkill` envía una señal a los procesos de los comandos especificados por su nombre. Los comandos de proceso se pueden enumerar mediante el comando `pgrep`, que devuelve los PID de proceso de los comandos especificados.

Ejemplo

```
$ sleep 100 &
[1] 7167
$ sleep 100 &
[2] 7168
$ sleep 100 &
[3] 7169
$ pgrep sleep
7167
7168
7169
$ pkill sleep
[1]   Completado                  sleep 100
[2]-  Completado                  sleep 100
[3]+  Completado                  sleep 100
```

7. nohup

Cuando el shell de conexión termina, envía la señal `1 SIGHUP` a sus procesos hijo para que también se completen. Para hacer que un comando ejecutado por un shell de conexión ignore esta señal y, por lo tanto, continúe ejecutándose después de que se desconecte el terminal, se puede ejecutar a través del comando `nohup`.

Por defecto, tanto la salida de error estándar como la salida estándar se redirigen al archivo nohup.out, a menos que la redirección se especifique explícitamente. Por lo general, el comando se ejecuta en segundo plano, especificando el carácter &.

Ejemplo

Lista de todos los archivos del sistema en el archivo lista_all, en segundo plano, continuando cuando termine el shell:

```
# nohup ls -lR / >lista_all &
[1] 5363
# nohup: entrada ignorada y salida de error estándar redirigida a la salida estándar
# exit
```

Después de la reconexión:

```
# ls -l lista_all
-rw-r--r--. 1 root root 20561703 22 mayo   17:08 lista_all
```

☞ *Cuando un proceso hijo termina, envía la señal SIGCHLD a su proceso padre. Este último debe "reconocer" esta señal (explícita o automáticamente). Hasta que el proceso padre no lo haga, aunque el proceso hijo se haya completado y ya no consuma ningún recurso, seguirá ocupando una entrada en la tabla de procesos. Un proceso en este estado es un "**zombi**", no se puede matar (ni siquiera por la señal 9). Cuando el proceso padre termina, el proceso hijo es automáticamente "adoptado" por el proceso de PID 1, que reconoce la señal y permite que el proceso termine por completo.*

8. nice y renice

El comando nice permite iniciar un comando con una prioridad más alta o más baja.

Sintaxis

```
nice [-valor] comando [argumentos]
```

Un valor positivo baja la prioridad, uno negativo, la aumenta (si el usuario está autorizado a aumentar la prioridad). El valor debe estar comprendido entre -20 y 20. Cuanto más elevado es el valor, menor es la prioridad.

Ejemplo

```
$ nice -10 ls -lR / >lista 2>/dev/null&
[1] 1898
$ ps -l
F S   UID   PID   PPID   C  PRI  NI   ADDR  SZ WCHAN  TTY     TIME      CMD
0 S   1000  1844  1843   0  80   0  - 56023 do_wai   pts/1   00:00:00  bash
0 D   1000  1898  1844   32 90   10 - 57711 xfs_bu   pts/1   00:00:01  ls
0 R   1000  1903  1844   0  80   0  - 56370 -        pts/1   00:00:00  ps
```

El comando renice funciona como nice, pero permite modificar la prioridad en función de un usuario, un grupo o un PID. El programa en cuestión se debe estar ejecutándo.

Sintaxis

```
renice [-n prio] [-p|-g|-u] ID
```

La prioridad debe estar entre -20 y 19. Un usuario no administrador solo puede utilizar los valores entre 0 y 19 que permiten bajar la prioridad. La opción **-p** precisa un PID, **-g** un GID y **-u** un UID.

9. time

El comando `time` permite medir las duraciones de ejecución de un comando, y muestra tres valores:

- `real`: duración total de ejecución del comando;
- `user`: duración de utilización del procesador en modo usuario;
- `system`: duración de utilización del procesador en modo nodo (llamadas al sistema dentro de un programa).

El resultado se escribe en la salida de error estándar.

☞ *Se puede tener una indicación relativa a la carga de la máquina por el cálculo `real / (user+system)`. Si el resultado es inferior a 10, la máquina tiene de un buen rendimiento; más allá de 20, la carga de la máquina es demasiado pesada (rendimiento reducido) o tiene problemas de entrada/salida.*

Ejemplo

```
$ time ls -lR /home
...
real    4.8
user    0.2
sys     0.5
```

10. exec

El comando `exec` ya se ha mencionado en relación con las redirecciones de entrada/salida del shell. Con un comando como argumento, reemplaza el código ejecutable del proceso actual por el código ejecutable del comando especificado. Por lo tanto, el comando se ejecuta con los atributos del shell actual, su `PID`, `PPID`, etc. Una vez que se completa el comando, el proceso finaliza, lo que tiene como resultado una desconexión si inicialmente era el proceso de un shell de conexión.

Ejemplo

Ejecutamos un shell encima del shell actual:

```
$ bash
$ ps -f
UID          PID    PPID  C STIME TTY          TIME CMD
pba         4427    4419  0 09:47 pts/0    00:00:00 -bash
pba         5765    4427  0 20:23 pts/0    00:00:00 bash
pba         5788    5765  0 20:23 pts/0    00:00:00 ps -f
```

El shell hijo se ejecuta mediante el proceso de `PID 5765`, que es un elemento hijo del shell de conexión `PID 4427`.

```
$ exec ps -f
UID          PID    PPID  C STIME TTY          TIME CMD
pba         4427    4419  0 09:47 pts/0    00:00:00 -bash
pba         5765    4427  0 20:23 pts/0    00:00:00 ps -f
```

El comando `exec` ha recuperado los atributos del proceso `bash`, incluido su PID (4427), para ejecutar el comando `ps -f`.

J. Más información sobre bash

Los programas de shell, especialmente `bash`, ofrecen funcionalidades muy avanzadas. En esta parte del capítulo, se presentan algunas de ellas.

1. Alias

Un `alias` es una abreviatura de una línea de comandos, declarada en el shell actual y que solo existe hasta el final de la sesión (por lo que los alias a menudo se definen en los archivos de inicialización del shell). Se define con el comando `alias`.

Sintaxis

```
Alias NombreAlias='Línea de commando'
```

Sin argumentos, el comando enumera los alias disponibles.

Ejemplo

Lista de alias predeterminados para una cuenta de usuario en una distribución de RHEL:

```
$ alias
alias egrep='egrep --color=auto'
alias fgrep='fgrep --color=auto'
alias grep='grep --color=auto'
alias l.='ls -d .* --color=auto'
alias ll='ls -l --color=auto'
alias ls='ls --color=auto'
alias xzegrep='xzegrep --color=auto'
alias xzfgrep='xzfgrep --color=auto'
alias xzgrep='xzgrep --color=auto'
alias zegrep='zegrep --color=auto'
alias zfgrep='zfgrep --color=auto'
alias zgrep='zgrep --color=auto'
```

Creación de un alias:

```
$ alias mils='ls -il'
$ mils /
total 28
    30026 dr-xr-xr-x.  2 root root    6 10 agosto   2021 afs
    30027 lrwxrwxrwx.  1 root root    7 10 agosto   2021 bin -> usr/bin
      128 dr-xr-xr-x.  5 root root 4096 10 mayo    13:46 boot
        1 drwxr-xr-x. 21 root root 3580 21 mayo    10:54 dev
[...]
        1 dr-xr-xr-x. 13 root root    0 21 mayo    10:53 sys
134289537 drwxrwxrwt. 16 root root 4096 22 mayo    20:18 tmp
 67109001 drwxr-xr-x. 13 root root  156 10 mayo    16:34 usr
201326726 drwxr-xr-x. 20 root root 4096 15 mayo    09:32 var
```

2. Agrupar comandos

Un grupo de comandos crea una entidad que consta de uno o más comandos encerrados entre paréntesis "()", ejecutados por un shell hijo del shell actual.

Ejemplo

```
$ (uname -a ; ps -f ; pwd) > resultado.txt
$ cat resultado.txt
Linux srvdeb 5.10.0-22-amd64 #1 SMP Debian 5.10.178-3 (2023-04-22) x86_64 GNU/Linux
UID          PID    PPID  C STIME TTY          TIME CMD
pba         3838    3823  0 20:34 pts/0    00:00:00 -bash
pba         3910    3838  0 20:41 pts/0    00:00:00 -bash
pba         3912    3910  0 20:41 pts/0    00:00:00 ps -f
/home/pba
$
```

El resultado del comando `ps -f` muestra el proceso del shell hijo, que ejecuta los comandos del grupo de comandos. Todas las salidas de los diferentes comandos del grupo se han redirigido al mismo archivo.

Otro tipo de grupo de comandos utiliza llaves `{ }`. En este caso, el grupo es ejecutado por el shell actual. La llave de apertura debe ir seguida de un espacio, la llave de cierre debe ir precedida por el carácter `;`.

Ejemplo

```
$ { uname -a ; ps -f ; pwd;} > resultado1.txt
$ cat resultado1.txt
Linux srvdeb 5.10.0-22-amd64 #1 SMP Debian 5.10.178-3 (2023-04-22) x86_64 GNU/Linux
UID          PID    PPID  C STIME TTY          TIME CMD
pba         3838    3823  0 20:34 pts/0    00:00:00 -bash
pba         3964    3838  0 20:49 pts/0    00:00:00 ps -f
/home/pba
$
```

El resultado del comando `ps -f` muestra que es el proceso shell actual el que ejecuta los comandos en el grupo de comandos. Todas las salidas de los diferentes comandos del grupo se han redirigido al mismo archivo.

3. Relación condicional

Los comandos se pueden vincular y ejecutar condicionalmente, dependiendo de si el comando que precede al enlace se realizó correctamente o no.

Para el shell, un comando se ejecuta correctamente si y solo si su código de retorno es 0. El shell almacena el código de retorno del último comando ejecutado en la variable `$?`.

☞ *Algunos comandos no siguen esta convención y devuelven un valor distinto a 0 si se realizan correctamente.*

Ejemplo

```
$ ls fic
fic
$ echo $?
0
$ ls noficdeestenombre
ls: imposible acceder a 'noficdeestenombre': Ningún archivo o directorio de este tipo
$ echo $?
2
```

La sucesión de caracteres `&&` y `||` permiten realizar la ejecución condicional.

Sintaxis

```
comando1 && comando2
comando1 || comando2
```

Se ejecutará el comando colocado después de `&&` (Y lógico) únicamente si el comando anterior ha devuelto 0 (éxito). Solo se ejecutará el comando colocado después de `||` (O lógico) si el comando anterior ha devuelto algo distinto a 0.

Ejemplo

```
$ grep "ratón" lista && echo "Ratón encontrado" || echo "Ratón no encontrado"
ratón  óptico 30      15
Ratón encontrado
$ grep "memoria" lista && echo "Memoria encontrada" || echo "Memoria
imposible de encontrar"
Memoria imposible de encontrar
```

K. Las variables

Una variable es un nombre lógico asociado con una ubicación dentro de un área de memoria particular de un proceso: su entorno. El contenido de una variable, la mayoría de las veces una cadena de caracteres, se puede usar en la línea de comandos o por programas.

1. Nombre de variable

El nombre de una variable obedece a ciertas reglas:

- Está compuesto por letras minúsculas o mayúsculas, números y el carácter subrayado.
- No puede comenzar con un número (excepto para variables predefinidas).
- El tamaño máximo del nombre es indefinido.

2. Declarar y asignar

Se declara una variable en cuanto se le asigna un valor. Se efectúa la asignación con el signo =, sin espacio antes ni después del signo.

Ejemplo

```
var=Hola
```

3. Acceder y visualizar

Para acceder al contenido de una variable, coloque el carácter `$` delante de su nombre. Cuando el shell analiza una línea de comandos, considera como nombre de variable la secuencia de caracteres entre `$` y el primer carácter que no puede figurar en un nombre de variable. Si existe una variable con este nombre, el shell reemplaza la cadena `$nomvar` con su contenido. De lo contrario, con una cadena nula.

Ejemplo

Creación y uso de la variable `mitmp`:

```
$ mitmp=/tmp/pba
$ cp fic $mitmp
$ ls -l fic /tmp/pba
-rw-r--r--. 1 pba pba 8 15 mayo   16:53 fic
-rw-r--r--. 1 pba pba 8 22 mayo   21:35 /tmp/pba
```

El comando `env` muestra una lista de variables conocidas del shell actual y sus procesos hijo. El comando `set` sin argumentos muestra una lista de todas las variables conocidas del shell actual (así como otros tipos de elementos).

Ejemplo

La variable creada en el ejemplo anterior se lista por `set`, no por `env`:

```
$ env
SHELL=/bin/bash
HISTCONTROL=gnoredups
HISTSIZE=1000
HOSTNAME=srvrh
PWD=/home/pba
LOGNAME=pba
XDG_SESSION_TYPE=tty
MOTD_SHOWN=pam
HOME=/home/pba
LANG=es_ES.UTF-8
...
$ env | grep mitmp
$ set | grep mitmp
mitmp=/tmp/pba
```

Una variable puede contener caracteres especiales (espacio, punto y coma, punto, `*`, `$`, etc.). En este caso, suele ser necesario encerrar su contenido entre comillas simples o dobles durante su asignación o preceder el carácter por un `\`.

Ejemplo

```
$ ciudad=Sevilla
-bash: Aux : comando no encontrado
$ echo $ciudad

$ ciudad="Sevilla"
$  echo $ciudad
Sevilla
```

Comillas simples y comillas dobles

El shell no interpreta las cadena de caracteres entre comillas simples, por lo que pueden contener cualquier carácter (excepto una comilla simple).

El shell no interpreta las cadenas entre comillas dobles, excepto el carácter `$` que conserva su significado especial.

```
$ a=Julio
$ b=César
$ c="$a $b conquistó la Galia"
$ d='$a $b conquistó la Galia'
$ echo $c
Julio César conquistó la Galia
$ echo $d
$a $b conquistó la Galia
$ echo "Linux es genial"
Linux es genial
$ echo 'Linux "demasiado bien"'
Linux "demasiado bien"
```

4. Eliminar y proteger variables en modo escritura

El comando `unset` elimina una o más variables.

El comando `readonly` protege una o más variables para que no se eliminen o sobrescriban.

Ejemplo

```
$ a=Julio
$ b=César
$ echo $a $b
Julio César
$ unset b
$ echo $a $b
Julio
$ readonly a
$ a=Nerón
a: is read only
$ unset a
a: is read only
```

5. Export

Por defecto, solo se puede acceder a una variable desde el shell en el que se ha definido. No es conocida por sus procesos hijo.

Ejemplo

La variable `a` *se crea en el shell actual. Ejecutamos un shell hijo: no conoce esta variable:*

```
$ a=Julio
$ bash
$ echo $a

$ exit
exit
$ echo $a
Julio
```

El comando `export` permite exportar una variable, es decir, copiarla con su contenido en el entorno de los procesos hijos.

Las variables exportadas se pueden cambiar en un proceso hijo, pero debido a que es una copia de la variable original, estos cambios no se aplican al proceso principal.

Ejemplo

La variable `a` *se crea y se exporta al shell actual. Ejecutamos un shell hijo: tiene una variable con este nombre y el mismo contenido:*

```
$ a=Julio
$ export a
$ bash
$ echo $a
Julio
$ exit
exit
```

6. Delimitar el nombre de la variable

Las llaves `{ }` se utilizan para delimitar inequívocamente el nombre de una variable, en caso de que deba ir seguida inmediatamente de caracteres.

Ejemplo

```
$ unidad=gramo
$ echo 1 $ unidad 2 $ unidades
1 gramo 2
$ echo 1 $ unidad 2 ${unidad}es
1 gramo 2 gramos
```

En el primer caso, el shell buscó la variable de nombre `unidades`, *pero no pudo encontrarla, por lo que la reemplazó por una cadena vacía.*

7. Reemplazo condicional de una variable

Las llaves también se pueden usar para gestionar el reemplazo condicional de una variable por su contenido, dependiendo de si existe o no.

Sintaxis

`{variable:Sustitución}`

Sustitución	Significado
`{x:-texto}`	Si la variable `x` está vacía o no existe, sustitución por `texto`, en caso contrario, por el contenido de la variable.
`{x:=texto}`	Si la variable `x` está vacía o no existe, sustitución por que se convierte en el contenido de la variable.
`{x:+texto}`	Si la variable `x` no está vacía, sustitución por `texto` y, en caso contrario, por una cadena vacía.
`{x:?texto}`	Si la variable `x` está vacía o no existe, el comando falla y se muestra el mensaje de texto. De no haber `texto`, se muestra un mensaje de error estándar.

Ejemplo

```
$ echo $nombre

$ echo ${nombre:-Juan}
Juan
$ echo $nombre

$ echo ${nombre:=Juan}
Juan
$ echo $nombre
Juan
$ echo ${nombre:+"Valor definido"}
Valor definido
$ unset nombre
$ echo ${nombre:?Variable ausente o no definida}
nombre: Variable ausente o no definida
$ nombre=Juan
$ echo ${nombre:?Variable ausente o no definida}
Juan
```

8. Variables de sistema

El shell se inicializa con una serie de variables predefinidas, cuyos valores generalmente se especifican en sus archivos de configuración y se exportan.

☞ *El contenido de estas variables del sistema se puede cambiar, pero algunas tienen un impacto directo en el comportamiento de los comandos.*

Variable	Contenido
HOME	Ruta de acceso del directorio de usuario. Directorio predeterminado en caso de uso de cd sin argumentos.
PATH	Lista de los directorios, separados por el carácter :, en los que el shell va a buscar los archivos ejecutables de los comandos externos. La búsqueda se hace en el orden de los directorios. Se ejecuta el primer archivo correspondiente.
PS1	Prompt visualizado en la pantalla por el shell a la espera de inserción de comando.
PS2	Prompt secundario en caso de que se deba completar la inserción.
IFS	*Internal Field Separator*, lista de los caracteres que separan las palabras en una línea de comandos. Por defecto se trata del espacio, de la tabulación y del salto de línea.
MAIL	Ruta de acceso del archivo que contiene los mensajes del usuario.
SHELL	Ruta de acceso del shell que se está ejecutando.
LANG	Definición del idioma que se va a utilizar, así como del juego de caracteres.
USER	Nombre del usuario activo.
LOGNAME	Nombre del login utilizado durante el conexión.
HISTFILE	Ruta de acceso del archivo del historial; por lo general, $HOME/.sh_history.
HISTSIZE	Tamaño en número de líneas del historial.
OLDPWD	Ruta de acceso del directorio actual precedente.
PWD	Ruta actual.
RANDOM	Genera durante cada utilización un número aleatorio entre 0 y 32767.

9. Variables especiales

Se trata de variables internas al shell que solo se puede consultar (modo lectura) y cuyo contenido suele ser contextual.

Variable	Contenido
$?	Código de retorno del último comando ejecutado.
$$	PID del proceso actual.
$!	PID del último proceso iniciado en segundo plano.
$-	Las opciones del shell actual.

Ejemplo

```
$ echo $$
23496
$ grep memoria lista
$ echo $?
1
```

```
$ grep ratón lista
ratón  óptico 30      15
$ echo $?
0
$ ls -lR >pepito.txt 2>&1 &
26675
$ echo $!
26675
```

10. Longitud de una cadena

Es posible obtener la longitud de una cadena de caracteres contenido en una variable.

Sintaxis

```
${#NombreVar}
```

Ejemplo

```
$ a=Julio
$ echo "Longitud de $a: ${#a}"
Longitud de Julio: 5
```

11. Tablas y campos

Linux cuenta con dos medios para declarar una tabla: la utilización de los corchetes `[ ]` y la creación global mediante paréntesis. El `bash` solamente genera las tablas de una sola dimensión. El primer elemento tiene el índice `0`. No hay un tamaño máximo.

Sintaxis

```
NombreTabla[Índice]=Contenido
```

o

```
NombreTabla=(Contenido1 ... ContenidoN)
```

Para acceder al contenido de un elemento de la tabla, la variable y el elemento deben estar entre llaves.

Sintaxis

```
${NombreTabla[Índice]}   #Contenido de un elemento
${NombreTabla[*]}        #Lista de todos los elementos
${#NombreTabla[*]}       #Número de elementos
```

Ejemplo

```
$ Nombre[0]="Julio"
$ Nombre[1]="Román"
$ Nombre[2]="Francisco"
$ echo ${Nombre[1]}
Román
```

```
$ Nombre=(Julio Román Francisco)
$ echo ${nombre[2]}
Francisco
```

```
$ echo ${Nombre[*]}
Julio Román Francisco
```

```
$ echo ${#Nombre[*]}
3
```

12. Variables numéricas y cálculo

Las variables se pueden escribir como números enteros (*integer*) con el comando `typeset -i`. Entonces, la variable solo puede contener un valor numérico (cualquier contenido no numérico se considera 0) y acepta directamente como contenido el resultado de operaciones numéricas.

Sintaxis

Operador	Función
`+ - * /`	Operaciones aritméticas
`%`	Módulo
`< > <= >=`	Comparaciones, 1 si verdadero, 0 si falso
`== !=`	Igual o diferente
`&& ||`	Comparaciones relacionadas con un operador lógico (Y, O)
`& | ^`	Operadores binarios AND OR XOR

Ejemplos

```
$ typeset -i resultado
$ resultado=6*7
$ echo $resultado
42
$ val=hols
$ echo $val
0
resultado=resultado*3
126
$ typeset -i add
$ add=5
$ let resultado=add+5 resultado=resultado*add
$ echo $resultado
50
```

Los comandos `let` y `expr`, así como la expresión `$((...))`, también se pueden utilizar para realizar cálculos.

L. Configuración del bash

Dependiendo de cómo se inicie, el shell ejecuta varios archivos de configuración. Un archivo de configuración es un script shell que contiene una secuencia de comandos para configurar el entorno del usuario.

1. Archivos de configuración

El shell `bash` se puede ejecutar en varios modos:

- shell interactivo de conexión (*login shell*),
- shell lanzado por otro shell, ya sea explícitamente o para ejecutar un script.

a. Shell de conexión

El shell de conexión se inicia después de introducir el login y la contraseña en la consola. Este es el programa cuya ruta de acceso se especifica en el último campo de la línea de la cuenta de usuario en `/etc/passwd`.

En este modo, el `bash` ejecuta, si existen y en este orden, los siguientes archivos:

- `/etc/profile`
- `/etc/profile/profile.d/*`
- `$HOME/.bash_profile`
- `$HOME/.bash_login`
- `$HOME/.bashrc`

Cuando se desconecta, intenta ejecutar:

- `$HOME/.bash_logout`

b. Shell simple

Un shell se puede lanzar desde otro shell, ya sea especificándolo en la línea de comandos o automáticamente cuando se ejecuta un script.

En este caso, solo ejecuta un archivo de configuración, si existe:

- `$Home/.Basharq`

☞ *Los shells diferentes a `bash` funcionan con los mismos principios, pero los nombres de los archivos de configuración pueden ser diferentes (`.profile`, `.kshrc`, etc.).*

2. Configuración del shell con el comando set

Las opciones de shell se pueden pasar cuando se inicia o se pueden establecer en el shell actual mediante el comando `set`.

Estas son las opciones más comunes. Un carácter - antes de la opción permite activarlo. Un carácter + lo desactiva.

Opción	Resultado
`-a` /o `-o allex-port`	Se exportarán todas las variables de manera automática.
`-u` /o -o `nounset`	Por defecto, el shell trata las variables inexistentes como cadenas vacías, sin error. Esta opción produce un error si la variable no existe.
`-x` /o `-o xtrace`	Muestra todos los comandos a medida que se ejecutan.
`ie`	Por defecto, el shell continúa en caso de error de un comando. Con esta opción, termina en el primer comando que no devuelva `0`.
`-o vi`	Llamada de comandos con la sintaxis de emacs.
`emacs`	Llamada de comando con la sintaxis de `emacs`.
`C` o `-o noclobber`	Prohibe la redirección simple (>) de las salidas estándares si el archivo ya existe, para no eliminar su contenido.

El manual del shell le proporcionará todas las opciones posibles.

M. Programación shell

El shell no es un simple intérprete de comandos, sino que dispone de un verdadero lenguaje de programación que permite la gestión de las variables, el control del flujo y bucles, funciones, etc.

1. Estructura y ejecución de un script shell

Un script de shell es un archivo de texto que contiene líneas de comandos de shell. Cuando un script es ejecutado por un shell, cada línea se lee, interpreta y ejecuta como si fuera una línea de comandos interactiva.

Una fila puede constar de comandos internos o externos, comentarios o estar vacía. Se permiten varias instrucciones por línea, separadas por el carácter; o enlazadas condicionalmente por `&&` o `||`. El `;` equivale a un salto de línea. También puede usar el carácter `&` para ejecutar una línea en segundo plano.

Antes de ejecutar una línea de comandos, el shell la analiza, la interpreta y, a continuación, si se trata de un comando externo, busca la ruta de acceso a su archivo ejecutable.

A continuación, el shell solicita que se ejecute el archivo. Si los permisos de acceso del usuario asociado al shell lo permiten (permiso `x`), se crea un nuevo proceso para ejecutar el archivo. En el caso de un archivo de script, este proceso ejecuta un shell que leerá el archivo de script línea por línea y ejecutará cada línea en el orden del archivo.

El comando `chmod` permite dar al propietario el permiso de ejecución sobre un archivo de script.

Sintaxis

```
$ chmod u+x miscript
```

Para solicitar la ejecución de un archivo de script, se puede especificar su ruta de acceso o, si se coloca en un directorio al que hace referencia la variable `PATH`, especificar su nombre.

También se puede ejecutar de manera explícita por un shell hijo, en cuyo caso el permiso de lectura en el archivo es suficiente para la ejecución.

Sintaxis

```
bash RutaScript
```

Ejemplo

Creación y ejecución de un script shell:

```
$ vi miscript
echo inicio de mi script
date
who
echo fin de mi script
$ ./miscript
-bash: ./miscript: Permisos no concedidos
```

Nos damos el permiso de ejecutar el script:

```
$ chmod u+x miscript
$ ./miscript
inicio de mi script
martes 23 mayo 2023 09:51:20 CEST
pba      pts/0        2023-05-23 08:39 (192.168.1.142)
fin de mi script
```

Colocamos el script en un directorio de la variable `PATH`:

```
$ echo $PATH
/usr/local/bin:/usr/bin:/bin:/usr/local/games:/usr/games
$ PATH=$PATH:$HOME/scripts
$ mv miscript $HOME/scripts
$ miscript
inicio de mi script
martes 23 mayo 2023 09:54:20 CEST
pba      pts/0        2023-05-23 08:39 (192.168.1.142)
fin de mi script
```

La diferencia entre las líneas de comando `miscript` y `./miscript` es que cuando el shell analiza una línea de comandos, si encuentra el carácter / en la parte del nombre del comando de la línea, considera que es la ruta a un archivo que está solicitando directamente que se ejecute. Sin el carácter /, lo considera un nombre de comando: si es un comando interno lo ejecuta; de lo contrario, busca el archivo ejecutable correspondiente, en los directorios especificados por la variable `PATH`.

Para agregar el directorio actual al final de la variable `PATH`, debe usar una de estas sintaxis:

```
PATH=$PATH:.
```

o

```
PATH =$PATH:
```

Comentarios

Se incluye un comentario entre el carácter # y el final de la línea.

Ejemplo

```
# La siguiente línea realiza un ls
ls # La línea en cuestión
```

shebang

La primera línea de un archivo de script ofrece la opción de especificar la ruta de acceso del programa que se utilizará para leer y ejecutar el script. En este caso, esta línea se denomina **shebang**.

Sintaxis

```
#!RutaInterruptor
```

Ejemplo

Script ejecutado por un Korn shell:

```
#!/bin/ksh
```

Si no conoce la ubicación del archivo ejecutable del intérprete, puede usar el comando `env`:

Ejemplo

```
#!/usr/bin/env bash
```

El intérprete no es necesariamente un shell. Usamos la misma sintaxis para especificar el intérprete de un script Perl o Python.

2. Argumentos de un script

Es posible pasar argumentos a un script de shell desde la línea de comandos. Este último podrá procesarlos utilizando variables predefinidas.

a. Parámetros de posición

Los parámetros de posición son variables especiales que se utilizan al pasar argumentos a un script.

Variable	Contenido
`$0`	Nombre del comando (utilizado para lanzar el script).
`$1-9`	Los nueve primeros argumentos pasados al script.
`$#`	Número de argumentos pasados al script.
`$*`	Lista de todos los argumentos separados por un espacio.
`$@`	Lista de todos los argumentos, cada uno entre comillas dobles, separados por un espacio.

Ejemplo

```
$ cat param.sh
#!/bin/bash

echo "Nombre: $0"
echo "Número de parámetros: $#"
echo "Parámetros: 1=$1 2=$2 3=$3 9=$9"
echo "Lista: $*"
echo "Elementos: $@"

$ ./param.sh uno dos 3 4 5 6 7 ocho nueve diez once FIN
Nombre: ./param.sh
Número de argumentos: 12
Parámetros: 1=uno 2=dos 3=3 9=nueve
Lista: uno dos 3 4 5 6 7 ocho nueve diez once FIN
Elementos : uno dos 3 4 5 6 7 ocho nueve diez once FIN
```

Un argumento entre comillas se almacena en una sola variable:

```
$ ./param.sh uno dos "tres es una cifra"
Nombre: ./param.sh
Número de parámetros: 3
Parámetros: 1=uno 2=dos 3=tres es una cifra 9=
Lista: uno dos tres es una cifra
Elementos: uno dos tres es una cifra
```

b. Redefinición de los argumentos

La instrucción `set` permite redefinir el contenido de los parámetros de posición:

Sintaxis

```
set valor1 valor2 valor3 ...
```

`$1` recibe como contenido `valor1`, `$2 valor2`...

c. Recorrido de los argumentos

El comando `shift` permite recorrer la lista de todos los argumentos. Cada ejecución del comando desplaza los argumentos una posición en los parámetros de posición, eliminando el primer argumento: `$2` se convierte en `$1`, `$3` se convierte en `$2`, y así sucesivamente. El contenido anterior de `$1` se pierde. `$#`, `$*` y `$@` se actualizan.

El comando `shift` seguido de un valor `n` desplaza `n` elementos.

Después del comando `shift 4`, `$5` se convierte en `$1`, `$6` se convierte en `$2`, y así sucesivamente.

Ejemplo

```
$ cat param3.sh
set alfred oscar romeo zulu
echo "set alfred oscar romeo zulu"
echo "Número de parámetros: $#"
```

```
echo "Parámetros: 1=$1 2=$2 3=$3 4=$4"
echo "Lista: $*"
shift
echo "Después de un shift"
echo "Número de parámetros: $#"
echo "Parámetros: 1=$1 2=$2 3=$3 4=$4"
echo "Lista: $*"

$ ./param3.sh
set alfred oscar romeo zulu
Número de parámetros: 4
Parámetros: 1=alfred 2=oscar 3=romeo 4=zulu
Lista: alfred oscar romeo zulu
Después de un shift
Número de parámetros: 3
Parámetros: 1=oscar 2=romeo 3=zulu 4=
Lista: oscar romeo zulu
```

d. Terminar script

El comando `exit` provoca que finalice la ejecución de un script.

Por defecto, el valor devuelto (su código de retorno) por el script es `0` (sin error), pero cualquier otro valor de `0` a `255` se puede especificar como argumento para el comando `exit`. Este código de retorno será recibido por el shell llamador, en su `$?`:

Ejemplo

Este script devuelve `0` si la ruta del archivo que se pasa como argumento se puede enumerar mediante `ls`, `1` en caso contrario.

```
$ cat mils.sh
# Si ls terminó con éxito, devuelve 0 (&&), en caso contrario 1 (||)
ls -ldi $1 2>/dev/null && exit 0 || exit 1
$ ./mils.sh fic
188 -rw-r--r--. 1 pba pba 8 15 mayo   16:53 fic
$ echo $?
0
$ ./mils.sh noficaqui
$ echo $?
1
```

3. Entorno de proceso

Solo las variables exportadas por el proceso principal se copian en el entorno del proceso hijo.

Los comandos `env` o `export`, sin argumentos, se utilizan para enumerar las variables exportadas.

Se pueden especificar variables y sus valores, que solo existirán en el entorno del proceso hijo ejecutando un comando con la siguiente sintaxis:

```
var1=valor var2=valor ... comando
```

Ejemplo

El comando `date` prueba el contenido de la variable `LANG` para gestionar su visualización de acuerdo con el idioma configurado (`C` para inglés):

```
$ echo $LANG
es_ES.UTF-8
$ date
martes 23 mayo 2023 11:04:52 CEST
$ LANG=C date
Tue May 23 11:04:59 CEST 2023
$ date
martes 23 mayo 2023 11:05:29 CEST
```

4. Sustituir comandos

El mecanismo de sustitución permite colocar el resultado de los comandos en una variable.

Sintaxis

```
Variable=`Línea de comando`
```

o

```
Variable=$(Línea de comando)
```

La primera sintaxis utiliza el carácter ` (tecla [Alt Gr] 7 del teclado). Esta tiende a quedar obsoleta.

Ejemplo

```
$ maquina=$(hostname)
$ echo $maquina
srvdeb
```

5. Pruebas lógicas

El comando `test` permite realizar varias pruebas lógicas. En shell, el valor 0 corresponde al valor lógico VERDADERO, cualquier otro valor corresponde al valor lógico FALSO.

El comando `test` devuelve 0 si la prueba es verdadera, 1 si es falsa. Usado solo, no muestra nada.

Sintaxis

Este comando se puede escribir de dos formas:

```
test testLogico
```

o

```
[ testLogico ]
```

a. Pruebas sobre una cadena

Las sintaxis usuales son:

- `test -z Cadena`: verdad si `Cadena` está vacía.
- `test -n Cadena`: verdad si `Cadena` no está vacía.
- `test Cadena = cadena1`: verdad si las dos cadenas son idénticas.
- `test Cadena != cadena1`: verdad si las dos cadenas son diferentes.

O

- `[ -z Cadena ]`: verdad si `Cadena` está vacía.
- `[ -n Cadena ]`: verdad si `Cadena` no está vacía.
- `[ Cadena = cadena1 ]`: verdad si las dos cadenas son idénticas.
- `[ Cadena != cadena1 ]`: verdad si las dos cadenas son diferentes.

☞ *Por lo general, es necesario encerrar las variables que se van a probar entre comillas dobles, para evitar un error de sintaxis si la variable no existe o está vacía.*

Ejemplo

```
$ a=
$ test -z "$a" ; echo $?
0
$ test -n "$a" ; echo $?
1
$ a=Julio
$ test "$a" = Julio ; echo $?
0
```

Si la variable está vacía y se especifica sin comillas dobles:

```
$ a=
$ test $a = $b ; echo $?
-bash: test: = : operador unario esperado
2
$ test "$a" = $b ; echo $?
1
```

b. Pruebas sobre los valores numéricos

Se deben convertir las cadenas en valores numéricos para poder evaluarlas. El `bash` solo gestiona valores enteros.

Sintaxis

```
test valor1 OperadorTest valor2
```

Los operadores son los siguientes:

Operador	Función
-eq	(*equal*) igual
-ne	(*not equal*) diferente
-lt	(*less than*) inferior
-gt	(*greater than*) superior
-le	(*less or equal*) inferior o igual
-ge	(*greater or equal*): superior o igual

Ejemplo

```
$ a=10
$ b=20
$ [ $a -ne $b ]; echo $?
0
$ [ $a -ge $b ]; echo $?
1
```

c. Prueba sobre los archivos

Los principales operadores son los siguientes:

Opción	Función
-f	Archivo normal.
-d	Directorio (*directory*).
-c	Archivo en modo carácter.
-b	Archivo en modo bloque.
-p	Tubería nombrada (*pipe*).
-r	Permiso de lectura.
-w	Permiso de escritura.
-x	Permiso de ejecución.
-s	Archivo no vacío.
-e	Archivo existe.
-L	Vínculo simbólico.

Ejemplo

```
$ [ -f /etc ] ; echo $?
1
$ [ -d /etc ] ; echo $?
0
$ [ -s /etc/hosts ] ; echo $?
0
$ [ -d $HOME ] ; echo $?
0
```

d. Pruebas combinadas para los operadores lógicos

Los principales operadores lógicos son:

Operador	Acción
`-a`	AND, Y lógico
`-o`	OR, O lógico
`!`	NO lógico
`\(...\)`	Agrupación de pruebas.

Ejemplo

```
$ test -d "rep1" -a -w "rep1" && echo "rep1: repertorio, permiso de escritura"
rep1: repertorio, permiso de escritura
```

e. Nueva sintaxis

El bash propone una nueva sintaxis para las pruebas: corchetes dobles `[[ ... ]]`. Con esta sintaxis, se mejoran las posibilidades de prueba:

- Una variable vacía ya no provoca un error de sintaxis.
- No es necesario que las variables tengan el carácter `$` como prefijo.
- Se proponen nuevos operadores.

Ejemplo

```
$ a=
$ b=10
$ [[ a -eq $b ]]; echo $?
1
$ [[ a -eq b ]]; echo $?
1
$ a=10
$ [[ a -eq b ]]; echo $?
0
```

6. Estructuras de control condicional

El shell tiene varias estructuras de control condicionales.

a. if ... then ... else

La estructura `if then else fi` es una estructura de control condicional.

Sintaxis

```
if Comando
then
    Comandos ejecutados si el código devuelto de Comando es 0
[else]
    Comandos ejecutados si el código devuelto de Comando es diferente de 0
fi
```

La parte `else` es opcional. Si no la hay y el comando probado devuelve un código distinto de cero, no se ejecutan las líneas de comandos entre las palabras clave `then` y `fi`.

☞*A menudo, el comando probado por `if` es el comando `test`, con su sintaxis `[]` o `[[]]`.*

Ejemplo

Comprobar el número de argumentos recibidos por un script:

```
$ cat param4.sh
if [ $# -ne 0 ]
then
        echo "$# parametros en linea de comandos"
else
        echo "Ningun parametro; set alfred oscar romeo zulu"
        set alfred oscar romeo zulu
fi

echo "Numero de parametros: $#"
echo "Parametros: 1=$1 2=$2 3=$3 4=$4"
echo "Lista: $*"

$ ./param4.sh titi pepito
2 parametros en linea de comandos
Numero de parametros: 2
Parametros: 1=pepito 2=titi 3= 4=
Lista: toto titi

$ ./param4.sh
Ningun parametro; set alfred oscar romeo zulu
Numero de parametros: 4
Parametros: 1=alfred 2=oscar 3=romeo 4=zulu
Lista: alfred oscar romeo zulu
```

Probando el código de retorno de un comando `grep` (la opción `-q` no muestra nada, pero devuelve 0 o 1 dependiendo de si la cadena se encuentra o no en el archivo):

```
if grep -q "^pba" /etc/passwd
then
echo el usuario pba existe
else
echo el usuario pba no existe
fi
el usuario pba existe
```

Las estructuras de control se pueden introducir en un shell interactivo. Al final de cada línea, el shell muestra su mensaje secundario, hasta una línea que contiene la palabra clave que termina la estructura. A continuación, se ejecuta.

b. Estructura de opción múltiple

La estructura `case ... esac` permite probar una cadena respecto a diferentes valores.

Sintaxis

```
case Valor in
    Modelo1) Comandos ;;
    Modelo2) Comandos ;;
    *) accion_defecto ;;
esac
```

Cada bloque de comandos asociado a un modelo se debe terminar con dos puntos y coma. En cuanto se haya comprobado un modelo, se ejecuta el bloque de comandos correspondiente y, después se sale de la estructura. El asterisco en la última posición es la acción predeterminada si no se establece ningún criterio. Es opcional.

Caracteres especiales	Función
`*`	Cadena cualquiera (incluso vacía)
`?`	Uno y solo un carácter
`[...]`	Un intervalo de caracteres
`[!...]`	Negación del intervalo de caracteres
`|`	O lógico

Ejemplo

```
$ cat case1.sh
case $1 in
    a*)
        echo "Empieza par a"
    ;;
    b*)
        echo "Empieza par b"
```

```
    ;;
    fic[123])
        echo "fic1 fic2 o fic3"
    ;;
    *)
        echo "Otro"
    ;;
esac


exit 0
$ ./case1.sh "adios"
Empieza por a
$ ./case1.sh hola
Empieza por b
$ ./case1.sh fic2
fic1 o fic2 o fic3
$ ./case1.sh error
Otro
```

c. Introducción de cadena por el usuario

El comando `read` permite al usuario introducir una cadena con el teclado. La entrada de datos (sin el retorno de carro), se almacena y coloca en una o varias variables que se pasan como argumento al comando. Se valida la cadena con [Intro].

Sintaxis

```
read var1 [var2 ...]
```

Si se especifican varias variables, la primera palabra irá en `var1`; la segunda, en `var2`, y así sucesivamente. Si hay menos variables que palabras, las últimas palabras van en la última variable.

☞ *Si se ha redirigido la entrada estándar, el comando lee la línea actual del archivo.*

Ejemplo

```
$ cat read.sh
echo "Continuar (S/N)? \c"
read respuesta
echo "repuesta=$respuesta"
case $respuesta in
        S)
                echo "Sí, seguimos"
                ;;
        N)
                echo "No, paramos"
                exit 0
                ;;
        *)
```

```
                 echo "Error de inserción (S/N)"
                 exit 1
                 ;;
esac
echo "Usted siguó. Inserte dos palabras o más :\"
read palabra1 palabra2
echo "palabra1=$palabra1\npalabra2=$palabra2"
exit 0
$ ./read.sh
Continuar (S/N)? S
respuesta=S
Sí, seguimos.
Usted siguió. Inserte dos palabras o más: hola amigos
palabra1=hola
palabra2=amigos
```

d. Los bucles

Permiten la repetición de un bloque de comandos ya sea un número limitado de veces o bien de manera condicional. Los comandos que se deben ejecutar en el cuerpo del bucle se colocan entre las palabras clave `do` y `done`.

Bucle for

El bucle `for` hace que una variable tome sucesivamente el contenido de cada cadena de caracteres de una lista. Los elementos de la lista deben estar separados por un espacio.

Sintaxis

```
for var in lista
do
    comandos a ejecutar
done
```

Ejemplo

El bucle pasa por todos los argumentos pasados al script:

```
$ cat for1.sh
#!/bin/bash
for params in $@
do
        echo "$params"
done
$ ./for1.sh test1 test2 test3
test1
test2
test3
```

Si no se especifica una lista, el bucle recorre todos los argumentos pasados al script. Por lo tanto, se podría haber escrito el guion anterior:

```
for parametros
do
        echo "$parametros"
done
```

Ejemplos

```
$ cat for2.sh
#!/usr/bin/sh
for fic in lista lista2
do
        ls -l $fic
done
$ ./for2.sh
-rw-r--r--   1 oracle   system       234 Aug 19 14:09 lista
-rw-r--r--   1 oracle   system       234 Aug 13 10:06 lista2
```

```
$ cat for3.sh
#!/bin/bash
for params in * # Recorremos la lista de los objetos del directorio actual
do
        echo "$params \c"
        type_fic=`ls -ld $params | cut -c1`
        case $type_fic in
                -)      echo "Archivo normal" ;;
                d)      echo "Directorio" ;;
                b)      echo "modo bloque" ;;
                l)      echo "vinculo simbolico" ;;
                c)      echo "modo caracter" ;;
                *)      echo "otro" ;;
        esac

done
$ ./for3.sh
case1.sh Archivo normal
dump.log Archivo normal
for1.sh Archivo normal
for2.sh Archivo normal
for3.sh Archivo normal
vinculo_fic1 vinculo simbolico
vinculo_fic2 vinculo simbolico
```

Bucle while

La estructura `while` permite un bucle condicional «mientras». Mientras se cumpla la condición, se ejecuta el bloque de comandos. Si la condición ya no es válida, se sale del bucle.

Sintaxis

```
while condición
do
    comandos
done
```

Ejemplo

Recorrer todos los argumentos de un script, con el comando `shift` y un bucle `while`:

```
$ cat args.sh
cont=0
while [ $# -gt 0 ]
do
        cont=$((cont+1)) # Incrementación de la variable contador
        echo "Argumento num $cont: $1"
        shift
done
exit 0
$ ./args.sh *
Argumento num 1 : Archivos
Argumento num 2 : args.sh
Argumento num 3 : Desktop
Argumento num 4 : caso1.sh
Argumento num 5 : Documentos
Argumento num 6 : emacs-28.2-4.1.x86_64.rpm
Argumento num 7 : fic
Argumento num 8 : ficvacio1
Argumento num 9 : Imagenes
```

Ejemplo

Recorrer las líneas de un archivo, con el comando `read` y un bucle `while`.

El bucle `while` acepta una redirección de su entrada estándar, colocada después de la palabra clave `done`.

En este caso, si el comando verificado lee la entrada estándar, leerá la línea actual del archivo:

```
$ cat leefic.sh
cont=0
while read linea
do
cont=$((cont+1))
echo $linea
done < $1
 echo "Num líneas leídas: $cont"
```

```
$ ./leefic.sh leefic.sh
cont=0
while read linea
do
cont=$((cont+1))
echo $linea
done < $1
echo "Num líneas leídas: $cont"

Num líneas leídas: 8
```

Bucle until

El comando `until` ejecuta un bucle condicional hasta que se rellene una condición. En cuanto se haya cumplido la condición, se sale del bucle.

Sintaxis

```
until condición
do
     comandos
done
```

true y false

El comando `true` devuelve `0`. El comando `false` devuelve `1`. Estos comandos permiten definir bucles infinitos, cuya salida se maneja en el cuerpo del bucle (por `exit` o `ibreak`). En los scripts, se puede encontrar `while true` o `while:`.

En ambos casos, se trata de bucle infinito `true`.

Ejemplo

```
$ cat bucle.sh
while true
do
echo "¿Seguimos?"
    read rep
if [ "$rep" != "O" ]
then
exit 0
fi
done
$ bash bucle.sh
¿Seguimos?
n
$ bash bucle.sh
¿Seguimos?
O
¿Seguimos?
N
$
```

break y continue

El comando `break` permite salir de un bucle.

Ejemplo

```
while true
do
     echo "¿Cadena? \c"
     read a
     if [ -z "$a" ]
     then
         break
     fi
done
```

Por otro lado, el comando `continue` interrumpe la ejecución del cuerpo del bucle y pasa a la siguiente aparición.

Bucle select

El comando `select` permite crear menús simples, con selección por número. La inserción se efectúa por el teclado con el prompt de la variable `PS3` rellenando el número automáticamente asociado a cada elemento de la lista. Si el valor insertado no es correcto, se muestra de nuevo el menú.

Para salir de una selección, debe usar el comando `break`.

Sintaxis

```
select var [in lista_contenido]
do
    procesamiento
done
```

El carácter asociado al número introducido por el usuario se coloca en la variable `var`.

Si `in lista_contenido` no se especifica, se utilizan y muestran los argumentos recibidos por el script.

Ejemplo

```
$ cat select.sh
PS3="Su elección:"
echo "¿Qué dato?"
select respuesta in Julio Román Francisco sale
do
         if [[ "$respuesta" = "sale" ]]
         then
                 break
         fi
         echo "Usted eligió $respuesta"
done
echo "Adiós."
exit 0
```

```
$ ./select.sh
¿Qué dato?
1) Julio
2) Román
3) Francisco
4) sale
Su elección :1
Usted eligió Julio
Su elección :2
Usted eligió Román
Su elección :3
Usted eligió Francisco
Su elección :4
Adiós.
```

e. Las funciones

Las funciones son bloques de comando con nombre, que pueden aceptar parámetros y devolver valores. Los nombres de funciones siguen las mismas reglas que las variables. Las funciones no se pueden exportar.

☞ *Una función se define en el entorno del shell actual y, por lo tanto, existe hasta que se termina. Por esta razón, a menudo se definen en los archivos de inicialización del shell.*

Sintaxis

Definición de una función:

```
[function] nombre_funcion ()
{
    comandos
    return Valor
}
```

Llamada de una función:

```
Nombre_funcion [Argumentos]
```

El comando `return [valor]` completa la ejecución de una función y puede devolver un valor al bloque que realiza la llamada.

Si el bloque que realiza la llamada pasa argumentos a una función, el bloque que realiza la llamada los recupera mediante las variables `$1` a `$9`, sobrescribiendo los valores antiguos (solo para la función).

Ejemplo

```
$ cat fct.sh
leer_infos_fic()
{
        echo : Archivo $1
        ls -ldi $1
        return $?
```

```
}
for fic
do
        leer _infos_fic $fic
        echo $ ?
done
fct.sh pepito fic /etc
: Archivo pepito
ls: imposible acceder a 'pepito': Ningún archivo o directorio de este tipo
2
: Archivo fic
6291519 -rw-r--r-- 1 pba pba 41 22 mayo   14:39 fic
0
: Archivo /etc
913921 drwxr-xr-x 123 root root 12288 23 mayo   08:36 /etc
0
```

f. Cálculos y expresiones

Hay varios comandos que permiten realizar cálculos.

expr

El comando `expr` permite efectuar cálculos sobre valores numéricos, comparaciones, así como la búsqueda en cadenas de texto.

El operador se debe delimitar por dos espacios.

Operador	Función
+	Suma
-	Resta
*	Multiplicación
/	División
%	Módulo
!=	Diferente
=	Igual
<	Inferior
>	Superior
<=	Inferior o igual
>=	Superior o igual
:	Compara una cadena con un modelo (expresión regular). Devuelve el número de caracteres de la cadena si se corresponde y 0 en caso contrario.

Ejemplos

```
$ expr 7 + 3
10
$ expr 7 \* 3
21
$ a=$(expr 13 - 10)
$ echo $a
3
```

Cálculos con bash

El bash permite realizar cálculos con números enteros, colocando una expresión dentro de `$((...))`. En esta sintaxis, no es necesario que las variables tengan el sufijo `$` y que el carácter `*` no necesita estar protegido por `\`. Si el contenido de una variable es un carácter no numérico, se considera `0`.

Ejemplos

```
$ a=1
$ a=$((a+1))
$ echo $a
2
$ b=2
$ a=$((a*b))
$ echo $a
4
$ a=$((a*"hola")); echo $a
0
```

Por último, si una variable se escribe numéricamente mediante el comando `typeset -i`, podemos asignarle directamente el resultado de una operación aritmética.

Ejemplo

```
$ typeset -i a
$ a=2+2
$ echo $a
4
```

Cálculos con números reales

Los comandos anteriores solo manejan números enteros. El comando `bc` (*binary calculator*) permite realizar cálculos sobre números reales. Sin argumentos, funciona en modo interactivo.

Ejemplo

```
$ bc
bc 1.07.1
Copyright 1991-1994, 1997, 1998, 2000, 2004, 2006, 2008, 2012-2017 Free
Software Foundation, Inc.
This is free software with ABSOLUTELY NO WARRANTY.
For details type `warranty'.
2*4.56
9.12
Quit
```

g. Tratamiento de señales

El comando `trap` permite modificar el comportamiento del script en el momento de la recepción de una señal.

Sintaxis	Descripción
`trap '' ListaSeñales`	Ignora las señales de la lista. Las señales se pueden especificar por número o nombre lógico (sin `SIG`).
`trap 'Cmd' ListaSeñales`	Para cada señal de la lista, ejecute `Cmd`.
`trap ListaSeñales`	Restaura las acciones por defecto para las señales de la lista.

Ejemplo

Gestión de la señal `SIGTERM (15)` en un script:

```
$ cat trap.sh
salir()
{
echo "Señal 15 recibida"
exit 0
}
# Configuración del procesamiento de la señal 15
trap salir 15
echo "Soy el proceso de PID $$"
# Bucle sin fin
while true
do
sleep 5
done

$ ./trap.sh &
[1] 2064
Soy el proceso de PID 2064

$ kill 2064
Señal 15 recibida
[1]+  Done                    ./trap.sh
```

N. Multiplexores de terminal

Las herramientas `screen` y `tmux` permiten administrar varias ventanas en modo de caracteres dentro del mismo terminal. Los ejemplos mostrados se basan en `screen`, pero se pueden aplicar a `tmux`, que utiliza la misma sintaxis.

Estas herramientas de software ofrecen, entre otras, las siguientes funcionalidades:

- Abrir varias ventanas de shell desde una sola conexión `ssh`.
- Mantener abiertas las conexiones `ssh` en caso de problemas de red (conmutación automática por error).
- Desconexión y reconexión de sus sesiones de shell y `ssh` desde varias ubicaciones (y redes).
- Ejecutar un comando de shell de larga duración sin tener que mantener una sesión activa.

1. Uso

a. Instalación y ayuda

La instalación se realiza con el paquete `screen`.

Una vez que se inicia el comando `screen`, puede acceder a la ayuda pulsando sucesivamente [Ctrl] `a` y luego `?`.

b. Ventanas

La secuencia [Ctrl] `a c` abre una nueva ventana de conexión. Las diferentes ventanas están numeradas del `0` al `n`.

Para cambiar a la ventana `X`, usamos la secuencia de teclas [Ctrl] `a X`.

Las secuencias [Ctrl] `a n` (*next*) y [Ctrl] `a p` (*previous*) permiten pasar a la ventana siguiente o anterior.

El comando exit (o [Ctrl] `d`) cierra la ventana actual.

c. Separarse y volver a unirse

La secuencia de teclas [Ctrl] `a d` se utiliza para "separar" una ventana. La ventana continúa ejecutándose en segundo plano después de la salida de `screen`.

Simplemente únase a todas las ventanas con el comando `screen -r` para acceder a ellas de nuevo.

<u>Ejemplo</u>

En la ventana 1, nos conectamos vía `ssh` a un servidor:

```
$ ssh 192.168.1.108
pba@192.168.1.108's password:
[pba@srvrh ~]$
[pba@srvrh ~]$ date
mar. 23 mayo 2023 15:17:20 CEST
[pba@srvrh ~]$ ls
Archivos                  fic                        Modelos          rep2
args.sh                   ficvacio1                  mils.sh          resultado1.txt
bucle.sh                  Imagenes                   Música           Descargas
Escritorio                jre-8u371-linux-i586.rpm   php-8.1.14-
1.module_el9+260+8424407f.aarch64.rpm
```

```
                                                                  Vidéos
caso1.sh                  jre-8u371-linux-x64.rpm  php-8.1.
14-1.module_el9+260+8424407f.x86_64.rpm
Documentos                 lista4                   Publico
emacs-28.2-4.1.x86_64.rpm  lista_tab                rep1
```

Separamos el shell con [Ctrl] a d:

```
[detached from 2309.pts-0.srvdeb]
$
```

Nos unimos a las sesiones screen:

```
$ screen -r
```

Encontramos la sesión separada, activa:

```
[pba@srvrh ~]$
```

d. Terminar la sesión

Una vez completada la última ventana de pantalla, el comando `screen` también termina:

Ejemplo

```
$ exit
exit
[screen is terminating]
```

2. Otros multiplexadores

Otras herramientas de multiplexación de terminales incluyen:

- `tmux`
- `tmuxinator`
- `Exem`

O. Validación de los conocimientos adquiridos: preguntas-respuestas

Preguntas

Si cree conocer suficientemente este capítulo, conteste a las siguientes preguntas:

El shell

1 ¿Qué es un shell (puede haber más de una respuesta correcta)?

- A - Un intérprete de comandos.
- B - Un lenguaje de programación.
- C - Una herramienta de gestión de archivos.
- D - Una consola de una interfaz gráfica.

2 ¿Cuál es el shell por defecto en Linux?

- `A - ksh`
- `B - sh`
- `C - bash`
- `D - tcsh`

3 ¿Qué información se puede obtener de la línea siguiente?:
`pepito@eeepc:~/Documentos/Fotos>`

4 La línea de comando siguiente `echo "hola, la fecha es " ; date ; exit`:

- A - Muestra el texto y luego la fecha y espera una inserción.
- B - No hace nada: usted sale.
- C - Sale únicamente si el comando `date` funciona.
- D - Como A, pero luego termina el shell.

5 Hay un comando que no se detiene. ¿Cómo se puede interrumpir con el teclado?

Historial

6 ¿Cómo volver a llamar al último comando insertado con el teclado?

7 Misma pregunta, pero con el comando `fc`.

Gestión de archivos

8 ¿Es un programa ejecutable un archivo especial?

9 ¿Cuál es la longitud máxima de un nombre de archivo, extensión incluida?

- A - 255 caracteres.
- B - 32 caracteres.
- C - 255 caracteres más la extensión.
- D - 8 caracteres + punto + 3 caracteres: 12 caracteres.

10 ¿Cuáles de las siguientes rutas son rutas de acceso absolutas?

- A - `~/Documentos`
- B - `/usr/local/bin`
- C - `/home/pba/Documentos`

11 ¿Cuál es el efecto del comando `cd` sin argumentos?

12 Para listar de manera recursiva todos los archivos sin excepción presentes en `/usr`, ¿qué comando se debe utilizar?

13 En un directorio, ¿cómo visualizar la lista detallada de los archivos, pero de modo que los últimos modificados aparezcan en último lugar en la lista?

14 Para crear, de la forma más sencilla posible, la ruta `fuentes/C/backup` en su directorio actual, ¿qué comando hay que utilizar?:

- A - `mkdir fuentes/C/backup`
- B - `mkdir -p fuentes/C/backup`

- C - `mkdir fuentes ; cd fuentes ; mkdir C ; cd C; mkdir backup`
- D - `mkdir -p fuentes C backup`

15 El comando `rmdir C`, ¿puede eliminar el directorio de la pregunta anterior?

16 El administrador `root`, debe copiar un directorio y todo su contenido, que pertenecen al usuario «`oracle`», en otro lugar. ¿Cuáles son las opciones de `cp` que puede utilizar?

17 ¿Cuál es el efecto, con la cuenta `root`, del comando `rm -rf /var/appli`?

18 ¿Cuál es el efecto, con la cuenta de un simple usuario, del comando `rm -rf /var/appli`?

- A - Se destruye todo el sistema de archivos.
- B - Ningún efecto: el usuario no tiene permisos para eliminar `/var/appli`.
- C - Se devuelve un error, ya que solo el administrador `root` puede utilizar este comando.
- D - Todos los archivos y directorios que el usuario puede eliminar, se pueden eliminar en `/var/appli`.

19 ¿Cómo crear un vínculo simbólico de `/tmp/pba hacia /home/pba/tmp`?

20 El directorio actual contiene tres archivos: `fic1`, `fic2`, `f3`. ¿Qué devuelve el comando `ls f*?[13]`?

Buscar archivos

21 ¿Cómo se pueden eliminar todos los archivos `core` de la arborescencia?

22 Para listar todos los archivos `avi` del usuario `pba`, de más de 650 MB a los que no se accede desde hace 6 meses, en el directorio `/public`, ¿qué comando se debe utilizar?

23 Para buscar todas las instancias de un programa llamado «`startappli`» dentro del path de búsqueda de los comandos, ¿qué comando debe utilizar?

- A - `whereis -b startappli`
- B - `which startappli`
- C - `which -a startappli`
- D - `locate startappli`

24 Un documento cuyo nombre empieza por una `letra`, existe en el sistema de archivos. ¿Cómo se puede comprobar que `locate` devolverá la información actualizada que le corresponde y cómo se puede obtener la lista de los archivos correspondientes?

El editor vi

25 ¿Cómo pasar a modo inserción para insertar texto en el sitio actual, sea cual sea la palabra actual?

- A - `[Esc] i`
- B - `[Esc] a`
- C - `[Esc]: i`
- D - `: i`

26 ¿Cómo guardar el documento que se está editando con el nombre «`newfic`»?

27 ¿Cuáles son los tres medios de dejar `vi` guardando su archivo actual?

- A - `ZZ`
- B - `:q`
- C - `:wq`
- D - `: x`

28 ¿Cómo buscar todas las líneas que empiezan con `hola` u `Hola`?

29 ¿Cómo buscar los números de las líneas?

30 ¿Cómo dirigirse a la línea 112, copiar 8 líneas y ubicarlas después de la línea 180?

Las redirecciones

31 ¿Cuál es el resultado de la línea de comando `>fic`?

32 ¿Qué va a mostrar `ls -R />lista` y qué contendrá la `lista` si este comando es ejecutado por un usuario que no es administrador?

33 Para escribir los resultados de un comando y sus mensajes de error en el archivo `cmd.log`, ¿qué redirección hay que utilizar?

- A - `2>dev/null >cmd.log`
- B - `>cmd.log 2>lista`
- C - `1>cmd.log 2>&1`
- D - `2>1 >cmd.log`

34 ¿Cómo escribir un mensaje en la salida de error estándar con el comando `echo`?

35 ¿Cómo visualizar el contenido de un archivo con `cat` y una redirección en entrada?

36 ¿Cómo eliminar todos los mensajes de error?

- A - `2>/dev/null`
- B - `2>/dev/zero`
- C - `>/dev/null 2>&1`
- D - `2>fic ; rm fic`

Filtros y herramientas

37 Buscar en `/etc/passwd` la línea correspondiente al usuario actual únicamente.

38 Buscar en `/etc/passwd` los usuarios que no tienen `bash` como shell por defecto.

39 Usando una expresión regular, no mostrar las líneas vacías ni las líneas de comentarios (que empiezan por `#`) de `/etc/hosts`.

40 Visualice los nombres de usuario y su UID (campo 3) desde el archivo `/etc/passwd`.

41 ¿Qué línea de comandos permite conocer el número de líneas útiles (no vacías, y no las líneas de comentarios) de `/etc/hosts`?

42 Seleccione el archivo `/etc/group` por orden numérico creciente de GID (3ª columna).

43 Mostrar la lista de los diferentes shells de conexión de los usuarios del sistema, sin duplicados, a partir del archivo `/etc/passwd`.

44 Mostrar el resultado del comando `who` sustituyendo las minúsculas por mayúsculas.

45 Mostrar solo la línea 27ª del archivo `/etc/passwd`:

- A - `cat -n /etc/passwd| grep ^27 | cut -d" " -f2-`
- B - `grep -n "" /etc/passwd| grep ^27 | cut -d: -f2-`
- C - `tail -27 /etc/passwd| head -1`
- D - `head -27 /etc/passwd| tail -1`

46 ¿Qué comando hay que utilizarar para escribir los resultados de un comando y sus mensajes de error en el archivo `cmd.log` mientras se muestran?

Los procesos

47 ¿Es pertinente el comando `tail -f fic &`?

48 Un comando monopoliza el terminal sin mostrar nada porque el procesamiento lleva mucho tiempo. ¿Cómo se puede cambiar a un segundo plano?

49 Lista de todos los procesos del sistema propiedad de `root`.

50 Lista detallada de todos los procesos del sistema.

51 ¿Cómo puedo saber cuántos procesos se están ejecutando en el programa `bash`?

52 Mostrar los PID para los procesos que ejecutan el programa bash.

53 Se ejecuta el comando `sleep 100&`. ¿Cómo se envía una solicitud de terminación?

54 ¿Qué programa es ejecutado por el proceso de PID 1?

55 ¿Cómo termina un proceso que ignora las señales?

56 ¿Cómo puedo estar seguro de que un proceso importante no se detendrá como resultado de desconectar el shell que lo inició?

57 Un proceso consume todos los recursos de CPU de la máquina. ¿Cómo sé cuál es mi prioridad? ¿Cómo se puede reducir esta prioridad?

Ejecución condicional

58 Eliminar un archivo `fic`. Si la eliminación se ha realizado correctamente, muestre `OK`. De lo contrario, muestre `ERROR` y haga un `ls -l` de este archivo.

Variables

59 Creación de la variable VAR que contiene el bloqueo de caracteres `Mañana hará sol`.

60 Se ha creado la variable `VAR`. ¿Cómo puedo hacerla accesible para un script ejecutado por el shell actual?

61 Una variable exportada `b` contiene `3`. Un script lo incrementa. ¿Qué contiene la variable después de ejecutar el script?

- A - Nada.
- B - 4.
- C - 3.
- D - 1 porque la variable no existe en el proceso hijo y se ha restablecido a 0.

62 La variable `C` contiene texto. ¿Qué muestra `echo ${C:+"cuco"}` y qué contiene entonces `C`?

63 Agregue `/opt/bin` al principio de la ruta de búsqueda de comandos.

64 ¿Cómo puedo ver el código de retorno para la eliminación de un archivo?

65 Enviar la señal `15` al último proceso iniciado en segundo plano.

66 Dar dos comandos sumando las variables `A` y `B` que contienen números enteros y colocando el resultado en `A`.

Shell de programación

67 ¿Cómo especifico que un script de shell debe ser ejecutado por el shell `bash`?

68 Un script recibe 10 argumentos. ¿Cómo se obtiene el décimo argumento en primer lugar?

- A - Con `$10`.
- B - Nueve veces el comando `shift` y luego `$1`.
- C - `shift` y después `$9`.
- D - `A=10` y después `${$A}`.

69 ¿Cómo recupera el shell el valor devuelto por un script?

70 ¿Cómo recuperar el UID de un usuario, a través de `/etc/passwd`, en una variable?

71 ¿Cuál de estas líneas termina el script con un mensaje de error y un código de retorno 1, si el número de argumentos pasados es 0?

- A - `test $# != 0 || echo Error ; exit 1`
- B - `[ $# -eq 0 ] && { echo Error ; exit 1 ; }`
- C - `test $0 -ne 0 && ( echo Error; exit 1)`
- D - `[[ $# -eq 0 ]] && echo Error && exit 1`

72 Si el archivo `fic` existe y se puede leer por el script, se muestra su contenido. Si no, lo creamos.

73 Usando una estructura `if`, si no hay argumentos, establezca dos argumentos predeterminados: `-l` y `-r`.

74 Un programa debe almacenar tres valores introducidos por el teclado, separados por espacios, en la misma línea en tres variables. ¿Qué comando se debe usar?

75 ¿Cómo hago un bucle para mostrar todos los argumentos recibidos? Dos respuestas correctas.

- A - `for param ; do echo $param ; done`
- B - `while [ $# -ne 0 ]; do echo $1; shift ; done`
- C - `until [ $# -ne 0 ]; do shift; echo $1; done`
- D - `a=1; while [ $a -ne $# ]; do echo ${$a}; a=$((a+1)); done`

76 ¿Cómo se sale de un bucle sin fin?

77 Defina una función `abs` que devuelva el valor absoluto de un número.

78 ¿Cómo se ignora la señal `15` en un guión?

Varios

79 ¿Cuál de los siguientes cuatro comandos debería usar mejor para calcular una suma de control?

- A - `cksum`
- B - `sha1sum`
- C - `md5sum`
- D - `sha256sum`

80 ¿Cuáles de las siguientes afirmaciones son exactas?

- A - `screen` es un shell
- B - `screen` permite recuperar una sesión de terminal en caso de una desconexión inoportuna
- C- `screen` es un administrador de ventanas en modo terminal
- D - `screen` permite abrir una sesión ssh remota

Resultados

Diríjase a las páginas siguientes para comprobar sus respuestas. Por cada respuesta correcta, sume un punto.

Número de puntos: /80

Para este capítulo, su resultado mínimo debe ser de 60 respuestas acertadas (60/80).

Identifique los temas claves en los que tiene lagunas y repáselos consultando de nuevo este capítulo antes de pasar al siguiente:

☐El shell.

☐Historial.

☐Gestión de archivos.

☐Búsqueda de archivos.

☐El editor vi.

☐Las redirecciones.

☐Filtros y herramientas.

☐Los procesos.

☐Ejecución condicional.

☐Variables.

☐Programación de shell.

☐Multiplexor de terminal.

Respuestas

El shell

1 ¿Qué es un shell (puede haber más de una respuesta correcta)?

- A - Un intérprete de comandos.
- B - Un lenguaje de programación.
- C - Una herramienta de gestión de archivos.
- D - Una consola de una interfaz gráfica.

A y B. El shell permite ejecutar todos los comandos del sistema y también ofrece un lenguaje de programación de scripting.

2 ¿Cuál es el shell por defecto en Linux?

- A - `ksh`
- B - `sh`
- C - `bash`
- D - `tcsh`
- C - El `bash`.

3 ¿Qué información se puede obtener de la siguiente línea?: `pepito@eeepc:~/Documentos/Fotos>`

El usuario `pepito` se ha conectado a la máquina `eeepc`. Se encuentra en el directorio `Documentos/Fotos` de su directorio personal.

4 La siguiente línea de comando `echo "hola, la fecha es " ; date ; exit`:

- A - Muestra el texto y luego la fecha y espera que se introduzca información.
- B - No hace nada: usted sale.
- C - Sale únicamente si el comando `date` funciona.
- D - Como A, pero luego termina el shell.

D - Muestra el texto, luego la fecha y, a continuación, termina el shell.

5 Hay un comando que no se detiene. ¿Cómo se puede interrumpir con el teclado?

Pulsando [Ctrl] C.

Historial

6 ¿Cómo volver a llamar al último comando insertado con el teclado?

Con la tecla flecha hacia arriba.

7 Misma pregunta, pero con el comando `fc`.

`fc -l -1`.

Gestión de archivos

8 ¿Es un programa ejecutable un archivo especial?

No, es un archivo ordinario, que contiene el código binario del programa, con permisos de ejecución.

9 ¿Cuál es la longitud máxima de un nombre de archivo, extensión incluida?

- A - 255 caracteres.
- B - 32 caracteres.

- C - 255 caracteres más la extensión.
- D - 8 caracteres + punto + 3 caracteres: 12 caracteres.

A.

10 ¿Cuáles de las siguientes rutas son rutas de acceso absolutas?

- A - `~/Documentos`
- B - `/usr/local/bin`
- C - `/home/pba/Documentos`

B y C. A depende del directorio de conexión del usuario.

11 ¿Cuál es el efecto del comando `cd` sin argumentos?

El comando posiciona al usuario en su directorio de conexión.

12 Para listar de manera recursiva todos los archivos sin excepción presentes en `/usr`, ¿qué comando se debe utilizar?

`ls -aR /usr`. Opciones `a: all`, y `R`: lista recursiva con todos los subdirectorios.

13 En un directorio, ¿cómo visualizar la lista detallada de los archivos, pero de modo que los últimos modificados aparezcan en último lugar en la lista?

`ls -ltr`. `l`: lista detalada, `t`: ordenada por fecha de modificación, `r`: orden inverso.

14 Para crear, de la forma más sencilla posible, la ruta `sources/C/backup` en su directorio actual, ¿qué comando hay que utilizar?:

- A - `mkdir sources/C/backup`
- B - `mkdir -p sources/C/backup`
- C - `mkdir sources ; cd sources ; mkdir C ; cd C; mkdir backup`
- D - `mkdir -p sources C backup`

B. La opción `-p` crea los directorios de ruta de acceso si no existen.

15 El comando `rmdir C`, ¿puede eliminar el directorio de la pregunta anterior?

No. `C` contiene el directorio `backup` y, por lo tanto, no está vacío.

16 El administrador `root`, debe copiar un directorio y todo su contenido, que pertenecen al usuario "`oracle`", en otro lugar. ¿Cuáles son las opciones de `cp` que puede utilizar?

`cp -rp`. La `-r` por recursiva, y la `-p` para la preservación de los permisos.

17 ¿Cuál es el efecto, con la cuenta `root`, del comando `rm -rf /var/apli`?

Eliminar el directorio `/var/apli` y todo su contenido sin solicitar confirmación.

18 ¿Cuál es el efecto, con la cuenta de un simple usuario, del comando `rm -rf /var/apli`?

- A - Se destruye todo el sistema de archivos.
- B - Ningún efecto: el usuario no tiene permisos para eliminar `/var/apli`.
- C - Se devuelve un error, ya que solo el administrador `root` puede utilizar este comando.
- D - Todos los archivos y directorios que el usuario puede eliminar, se pueden eliminar en `/var/apli`.

D. El comando es recursivo. Elimina todos los archivos que pueden ser eliminados por el usuario.

19 ¿Cómo crear un vínculo simbólico de `/tmp/pba hacia /home/pba/tmp`?

`ln -s /tmp/pba /home/pba/tmp`

20 El directorio actual contiene tres archivos: `fic1`, `fic2`, `f3`. ¿Qué devuelve el comando ls `f*?[13]`?

`fic1` solo porque el nombre del archivo debe comenzar con `f`, luego al menos un carácter y terminar con `1` o `3`.

Buscar archivos

21 ¿Cómo eliminar todos los archivos `core` de la arborescencia?

`find / -name "core" -exec rm -f {} \;`

22 ¿Qué comando se debe utilizar para listar todos los archivos `avi` del usuario `pba`, de más de 650 MB a los que no se accede desde hace 6 meses, en el directorio `/public`?

`find /public -user <login> -iname "*.avi" -type f -size +665600k -atime +180 -ls`

23 Para buscar todas las instancias de un programa llamado «`startapli`» dentro del path de búsqueda de los comandos, ¿qué comando debe utilizar?

- A - `whereis -b startapli`
- B - `which startapli`
- C - `which -a startapli`
- D - `locate startapli`

C.

24 Un documento cuyo nombre empieza por `letra`, existe en el sistema de archivos. ¿Cómo se puede comprobar que `locate` devolverá la información actualizada que le corresponde y cómo se puede obtener la lista de los archivos correspondientes?

La fecha de modificación del archivo `/var/lib/locatedb` debe ser reciente. Para buscar posibles ocurrencias, `locate letra`.

El editor vi

25 ¿Cómo pasar a modo inserción para insertar texto en el sitio actual, sea cual sea el modo actual?

- A - [Esc] `i`
- B - [Esc] `a`
- C - [Esc]`: i`
- D - `: i`

A. `[Esc]` activa el modo de comando independientemente del modo actual. A continuación, `i` para entrar en el modo de inserción.

26 ¿Cómo guardar el documento que se está editando con el nombre «`newfic`»?

`:w newfic`

27 ¿Cuáles son los tres medios para salir de `vi` guardando su archivo actual?

- A - `ZZ`
- B - `:q`
- C - `:wq`
- D - `: x`

A, C y D.

28 ¿Cómo buscar todas las líneas que empiezan con `hola` u `Hola`?

`:/^[hH]ola`

29 ¿Cómo buscar los números de las líneas?

:set num

30 ¿Cómo dirigirse a la línea 112, copiar 8 líneas y ubicarlas después de la línea 180?

:112 [Intro] 8yy :180 [Intro] p

Las redirecciones

31 ¿Cuál es el resultado de la línea de comando `>fic`?

El comando crea el archivo `fic` vacío o elimina su contenido, si existe.

32 ¿Qué va a mostrar `ls -R />lista` y qué contendrá `lista` si este comando es ejecutado por un usuario que no es administrador?

El archivo lista contendrá una lista detallada de todos los archivos y directorios a los que el usuario puede acceder. Los errores se mostrarán en la salida de error estándar: todos los accesos denegados al usuario.

33 Para escribir los resultados de un comando y sus mensajes de error en el archivo `cmd.log`, ¿qué redirección hay que utilizar?

- A - `2>dev/null >cmd.log`
- B - `>cmd.log 2>lista`
- C - `1>cmd.log 2>&1`
- D - `2>1 >cmd.log`

C. Redirigir la salida de error a la salida estándar y redirigir la salida estándar al archivo `cmd.log`.

34 ¿Cómo escribir un mensaje en la salida de error estándar con el comando `echo`?

Redirigiendo la salida estándar a la salida de error estándar: `echo xxx >&2`

35 ¿Cómo visualizar el contenido de un archivo con `cat` y una redirección en entrada?

cat < archivo

36 ¿Cómo eliminar todos los mensajes de error?

- A - `2>/dev/null`
- B - `2>/dev/zero`
- C - `>/dev/null 2>&1`
- D - `2>fic ; rm fic`

A. Redireccionar la salida de error estándar en `/dev/null`.

Filtros y herramientas

37 Buscar en `/etc/passwd` la línea correspondiente al usuario actual únicamente.

`grep "^NombreUser:" /etc/passwd`. Cada línea empieza por el login.

38 Buscar en `/etc/passwd` los usuarios que no tienen `bash` como shell por defecto.

`grep -v "bash$" /etc/passwd`. El shell de conexión es el último campo, las líneas que terminan en bash no se muestran.

39 Usando una expresión regular, no mostrar las líneas vacías ni las líneas de comentarios (que empiezan por `#`) de `/etc/hosts`.

`grep -v -E "^(#|$)" /etc/hosts`. Una línea vacía empieza por ^ y terrmina por $.

40 Visualizar los nombres de usuario y su UID (campo 3) desde el archivo `/etc/passwd`.

`cut -d":" -f1,3 /etc/passwd.`

41 ¿Qué línea de comandos permite conocer el número de líneas útiles (no vacías, y no las líneas de comentarios) de `/etc/hosts`?

`grep -v -E "^(#|$)" | wc -l`

42 Ordene el archivo `/etc/group` por orden numérico creciente de GID (tercera columna).

`sort -n -r -t: -k 3 /etc/group`

43 Mostrar la lista de los diferentes shells de conexión de los usuarios del sistema, sin duplicados, a partir del archivo `/etc/passwd`.

`cut -d: -f7 /etc/passwd | sort | uniq`

44 Mostrar el resultado del comando `who` sustituyendo las minúsculas por mayúsculas.

`who | tr '[a-z]' '[A-Z]'`

45 Mostrar solo la línea 27ª del archivo `/etc/passwd`:

- A - `cat -n /etc/passwd| grep ^27 | cut -d" " -f2-`
- B - `grep -n "" /etc/passwd| grep ^27 | cut -d: -f2-`
- C - `tail -27 /etc/passwd| head -1`
- D - `head -27 /etc/passwd| tail -1`

D. Las respuestas A y B no funcionan debido a los espacios al principio de la línea.

46 ¿Qué comando hay que utilizar para escribir los resultados de un comando y sus mensajes de error en el archivo `cmd.log` mientras se muestran?

`cmd 2>&1 | tee cmd.log`

Los procesos

47 ¿Es pertinente el comando `tail -f fic &`?

No, el comando continúa generando su salida. No es necesario ponerlo en segundo plano.

48 Un comando monopoliza el terminal sin mostrar nada porque el procesamiento lleva mucho tiempo. ¿Cómo se puede pasar a un segundo plano?

Suspendiendo el comando con [Ctrl] `Z` y utilizando luego el comando `bg` para activar el programa en segundo plano.

49 Lista de todos los procesos del sistema propiedad de `root`.

`ps -u root`

50 Lista detallada de todos los procesos del sistema.

`ps -ef`

51 ¿Cómo puedo saber cuántos procesos se están ejecutando en el programa `bash`?

`ps -e|grep firefox`

52 Ver los PID para los procesos que ejecutan el programa `bash`.

`ps -e|grep bash| cut -c1-5`. La primera columna siempre tiene 5 caracteres.

53 Se ejecuta el comando `sleep 100&`. ¿Cómo se le envía una solicitud de terminación?

`ps` para conocer el número de PID y, después, `kill PID` (señal 15 por defecto).

54 ¿Qué programa es ejecutado por el proceso de PID 1?

Dependiendo de las distribuciones y de su versión, se trata de `init` o `systemd`.

55 ¿Cómo se puede terminar un proceso que ignora las señales?

Determinando su PID y luego enviándole una señal 9 con el comando `kill -9`.

56 ¿Cómo puedo estar seguro de que un proceso importante no se detendrá al desconectar el shell que lo inició?

Ejecutándolo a través del comando `nohup` y en segundo plano.

57 Un proceso consume todos los recursos de CPU de la máquina. ¿Cómo sé cuál es mi prioridad? ¿Cómo se puede reducir esta prioridad?

La columna `NI` mostrada por el comando `ps -l` indica el factor de incremento del scheduler. La prioridad del proceso se puede reducir con el comando `renice 10 PID`.

Ejecución condicional

58 Eliminar un archivo `fic`. Si la eliminación se ha realizado correctamente, mostrar `OK`. De lo contrario, mostrar `ERROR` y hacer un `ls -l` de este archivo.

```
rm fic && echo "OK" ||(echo "ERROR"; ls -l fic)
```

Variables

59 Creación de la variable `VAR` que contiene la cadena de caracteres `Mañana hará sol`.

```
VAR="Mañana hará sol"
```

60 Se ha creado la variable `VAR`. ¿Cómo puedo hacerlo accesible para un script ejecutado por el shell actual?

Exportándolo con `export VAR`.

61 Una variable exportada `b` contiene `3`. Un script lo incrementa. ¿Qué contiene la variable después de ejecutar el script?

- A - Nada.
- B - 4.
- C - 3.
- D - 1 porque la variable no existe en el proceso secundario y se ha restablecido a 0.

C. Esto se debe a que el proceso hijo tiene una copia de la variable, que se puede editar. El proceso padre mantiene su propia variable `b` sin modificar.

62 La variable `c` contiene texto. ¿Qué muestra `echo ${C:+"cuco"}` y qué contiene entonces `c`?

El comando muestra "cuco", `c` conserva su contenido.

63 Agregar `/opt/bin` al principio de la ruta de búsqueda de comandos.

```
PATH=/opt/bin:$PATH
```

64 ¿Cómo puedo ver el código de retorno para eliminar un archivo?

```
rm fic ; echo $?
```

65 Envíar la señal `15` al último proceso iniciado en segundo plano.

```
kill $!
```

66 Dar dos comandos sumando las variables `A` y `B` que contienen números enteros y colocando el resultado en `A`.

`A=$((A+B))` o `typeset -i A B ; A=A+B`.

Shell de programación

67 ¿Cómo se puede especificar que un script de shell debe ser ejecutado por el shell `bash`?

Poniendo este `shebang` en la primera línea del archivo: `#!/usr/bin/bash`.

68 Un script recibe 10 argumentos. ¿Cómo se obtiene el décimo argumento en primer lugar?

- R - Con `$10`.
- B - Nueve veces el comando `shift` y, después, `$1`.
- C - `shift` y, después, `$9`.
- D - `A=10` y, después, `${$A}`.

C. `shift` desplaza todos los argumentos en una unidad, la décima se convierte en la novena, por lo que `$9`.

69 ¿Cómo recupera el shell el valor devuelto por un script?

El código de retorno se recupera de la carpeta `$?`.

70 ¿Cómo recupero el UID de un usuario, a través de `/etc/passwd`, en una variable?

`V_id=$(grep ^Nombre /etc/passwd | cut -d: -f3)`

71 ¿Cuál de estas líneas termina el script con un mensaje de error y un código de retorno 1 si el número de argumentos pasados es 0?

- A - `test $# != 0 || echo Error ; exit 1`
- B - `[ $# -eq 0 ] && { echo Error ; exit 1 ; }`
- C - `test $0 -ne 0 && ( echo Error; exit 1)`
- D - `[[ $# -eq 0 ]] && echo Error && exit 1`

B y D.

72 Si el archivo `fic` existe y el script lo puede leer, se muestra su contenido. Si no, lo creamos.

`[[ -r fic ]] && cat fic || >fic`

73 Usando una estructura `if`, si no hay argumentos, establezca dos argumentos predeterminados: `-l` y `-r`.

`if [ $# -eq 0 ] ; then set -- '-l' '-r' ; fi`

El – impide al comando set considerar que `-l` y `-r` son sus opciones.

74 Un programa debe almacenar tres valores introducidos con el teclado, separados por espacios, en la misma línea en tres variables. ¿Qué comando se debe usar?

`read a b c`

75 ¿Cómo hago un bucle para mostrar todos los argumentos recibidos? Dos respuestas correctas.

- A - `for param ; do echo $param ; done`
- B - `while [ $# -ne 0 ]; do echo $1; shift ; done`
- C - `until [ $# -ne 0 ]; do shift; echo $1; done`
- D - `a=1; while [ $a -ne $# ]; do echo ${$a}; a=$((a+1)); done`

A y B.

76 *¿Cómo se sale de un bucle sin fin?*

Con `break` (salida del bucle) o `exit` (terminación del script).

77 Defina una función `abs` que devuelva el valor absoluto de un número.

`abs() { typeset -i v=$1 ; [ $v -lt 0 ] && v=-v ; echo $v ; }`

78 ¿Cómo se ignora la señal 15 en un script?

`trap '' 15`

Diverso

79 ¿Cuál de los siguientes cuatro comandos debería usar para calcular una suma de control?

- A - `cksum`
- B- `Shah1s`
- C - `MD5s`
- D - `Sha256Sam`

El resto están obsoletos o ya no son seguros.

80 ¿Cuáles de las siguientes afirmaciones son ciertas?

- A - `screen` es un shell.
- B - `screen` permite recuperar una sesión de terminal en caso de una desconexión imprevista.
- C- `screen` es un administrador de ventanas en modo terminal.
- D - `screen` permite abrir una sesión ssh remota.

B y C. Aunque `screen` ejecuta un shell en una nueva ventana separada del terminal actual, no es un shell. Una sesión `ssh` se puede abrir dentro de una ventana desde un shell, pero no por `screen` en sí.

P. Prácticas

1. Gestión de archivos

Objetivo: realizar manipulaciones básicas en el sistema de archivos.

1. Desde el directorio principal, cree los siguientes directorios con un solo comando:
```
|-----carpeta1
|         |----- carpeta 3
|----- carpeta 2
|         |----- carpeta 4
```
2. Desplácese al directorio `carpeta1` con una ruta absoluta y cree el archivo `archivo1` en dicho directorio.
3. Copie `archivo1` en el repertorio `carpeta3` con una ruta relativa.
4. Desplácese a la `carpeta2` usando una ruta relativa y copie el archivo `archivo1` de la `carpeta3` con el nombre `archivo2` en el que se encuentra.
5. Modifique el nombre de `archivo2` por `archivo3` y muévalo a la carpeta `carpeta3`.
6. Elimine `archivo1` de la carpeta `carpeta3`.
7. Con `rmdir` elimine `carpeta2`, después `carpeta1` y todo su contenido. ¿Es posible? ¿Por qué? ¿Cómo se hace?
8. ¿Cuál es el objetivo del comando `ls -l [a-z]*.??[!0-9]`?
9. Cree un archivo llamado "`-i`" con una redirección: `echo > -i`. Intente eliminarlo.

Soluciones posibles

Objetivo: realizar manipulaciones básicas en el sistema de archivos.

1. Desde el directorio principal, cree los siguientes directorios con un solo comando:

```
|-----carpeta1
|        |----- carpeta 3
|----- carpeta 2
|        |----- carpeta 4
```

Utilice el comando `mkdir` con el parámetro `-p`:

```
$ mkdir -p carpeta1/carpeta3 carpeta2/carpeta4
```

2. Desplácese al directorio `carpeta1` con una ruta absoluta y cree el archivo `archivo1` en dicho directorio.

```
$ cd /home/user/carpeta1
$ touch archivo1
```

3. Copie `archivo1` en el repertorio `carpeta3` con una ruta relativa.

La ruta es relativa dependiendo de la ubicación actual: `..` sube un nivel, y `.` establece la ubicación actual.

```
$ pwd
/home/user/carpeta1
```

Copie el archivo en `carpeta3`:

```
$ cp archivo1 carpeta3
```

o

```
$ cp archivo1 ./carpeta3
```

4. Desplácese a la `carpeta2` usando una ruta relativa y copie el archivo `archivo1` de la `carpeta3` con el nombre `archivo2` en el que se encuentra.

```
$ cd ../carpeta2
$ cp ../carpeta1/carpeta3 ./archivo2
```

5. Modifique el nombre `archivo2` por `archivo3` y muévalo a la carpeta `carpeta3`.

El comando `mv` mueve y nombra.

```
$ mv archivo2 ../carpeta1/carpeta3/archivo3
```

6. Elimine `archivo1` de la carpeta `carpeta3`.

```
$ rm ../carpeta1/carpeta3/archivo1
```

7. Con `rmdir` elimine `carpeta2`, después `carpeta1` y todo su contenido. ¿Es posible? ¿Por qué? ¿Cómo se hace?

No puede eliminar `carpeta2` directamente con `rmdir` porque contiene `carpeta4` y, por lo tanto, no está vacío. Por lo tanto, debe usar el comando `rm` con el parámetro `-r`.

```
$ cd
$ rm -rf carpeta2 carpeta1
```

8. ¿Cuál es el objetivo del comando `ls -l [a-z]*.??[!0-9]`?

El nombre del archivo debe comenzar por una letra de la `a` a la `z`, seguida de cuatro caracteres: un punto, dos caracteres cualesquiera y un último carácter no numérico. Se muestran los detalles de los archivos con nombres que coinciden con este criterio. Ejemplo: `a.bcd`

9. Cree un archivo llamado "`-i`" con una redirección: `echo > -i`. Intente eliminarlo.

Si intenta eliminar el archivo, `rm` devuelve un error que indica que falta un parámetro (el nombre del archivo). Esto se debe a que el comando interpreta `-i` como una opción.

Una solución:

```
$ rm ./-i
```

2. Buscar archivos

Objetivo: buscar archivos con `find`.

1. Mostrar todos los archivos que tienen un tamaño inferior a `400` bytes y `644` permisos.
2. Mostrar todos los archivos en su directorio de conexión que tengan un tamaño inferior a 400 bloques.
3. Listar en formato largo todos los archivos del sistema que le pertenecen modificados hace más de 7 días.
4. Enumere en formato largo los archivos de su directorio de conexión que tengan como propietario a guest o que tengan un tamaño entre `512` y `1024` bytes, incluidos.
5. Busque todos los archivos ordinarios vacíos en el sistema y enumere sus características.

Soluciones posibles

Objetivo: buscar archivos con `find`.

1. Mostrar todos los archivos que tienen un tamaño inferior a `400` bytes y `644` permisos.

Utilice los argumentos `-size` y `-perm` del comando `find`:

```
$ find / -size -400c -perm 644
```

2. Mostrar todos los archivos en su directorio de conexión que tengan un tamaño inferior a 400 bloques.

```
$ find ~ -size -400
```

3. Listar en formato largo todos los archivos del sistema que le pertenecen modificados hace más de 7 días.

Utilice los argumentos `-user` y `-mtime`:

```
$ find / -user $LOGNAME -mtime +7 -ls
```

4. Enumere en formato largo los archivos de su directorio de conexión que tengan como propietario a `guest` o que tengan un tamaño entre `512` y `1024` bytes, incluidos.

   Si indica `+512c`, los archivos de `512` bytes serán excluidos.

   ```
   $ find ~ -user guest -size +511c -size -1025c -ls
   ```

5. Busque todos los archivos ordinarios vacíos en el sistema y enumere sus características.

   ```
   $ find / -type f -size 0 -exec ls -l {} \;
   ```

3. Las redirecciones

Objetivo: manipular las redirecciones de las entradas/salidas estándares.

1. El comando `find/` muestra una gran cantidad de errores de acceso denegado si lo ejecuta con un usuario que no es administrador. ¿Qué se debe añadir para no ver mensajes de error?
2. Almacene en el archivo `resultado` la lista de todos los archivos del sistema archivos a los que tiene acceso, y no muestre mensajes de error.
3. Guarde en el archivo `resultado1` la lista de todos los archivos del sistema archivos a los que tiene acceso, así como los mensajes de error.

Soluciones posibles

Objetivo: manipular las redirecciones de las entradas/salidas estándares.

1. El comando `find /` muestra una gran cantidad de errores de acceso denegado si lo ejecuta con un usuario que no es administrador. ¿Qué se debe añadir para no ver mensajes de error?

   ```
   find / 2>/dev/null
   ```

2. Almacene en el archivo `resultado` la lista de todos los archivos del sistema archivos a los que tiene acceso, y no muestre mensajes de error.

   ```
   find / >resultado 2>/dev/null
   ```

3. Guarde en el archivo `resultado1` la lista de todos los archivos del sistema archivos a los que tiene acceso, así como los mensajes de error.

   ```
   find / >resultado 2>&1
   ```

4. Los filtros y herramientas

Objetivo: manipular filtros y utilidades con un archivo de configuración.

1. El archivo de cuentas de usuario, `/etc/passwd`, contiene una línea por cuenta, que consta de siete campos separados por un carácter `:`, en el siguiente formato:

   ```
   Nombre:flagMdP:UID:GID:Comentario:dir conexion:shell conexion
   ```

   Ver la línea de la cuenta root.

2. Mostrar solo el UID de `root`.

3. Mostrar el número de cuentas de usuario definidas en el sistema.
4. Mostrar una lista de GIDs para `/etc/passwd`, ordenados en orden ascendente y sin duplicados.
5. Mostrar el número de GID distintos de `/etc/passwd`.
6. Mostrar los nombres de las cuentas de usuario, convertidos a mayúsculas.

Soluciones posibles

Objetivo: manipular filtros y utilidades con un archivo de configuración.

1. El archivo de cuentas de usuario, `/etc/passwd`, contiene una línea por cuenta, que consta de siete campos separados por un carácter `:`, en el siguiente formato:

   `Nombre:flagMdP:UID:GID:Comentario:dir conexion:shell conexion`

   Ver la línea de la cuenta root.

   ```
   $ grep ^root: /etc/passwd
   ```
2. Mostrar solo el UID de `root`.

   ```
   $ grep ^root: /etc/passwd | cut -d: -f3
   ```
3. Mostrar el número de cuentas de usuario definidas en el sistema.

   ```
   $ wc -l < /etc/passwd
   ```
4. Mostrar una lista de GIDs para `/etc/passwd`, ordenados en orden ascendente y sin duplicados.

   ```
   $ cut -d: -f4 /etc/passwd | sort -n | uniq
   ```
5. Mostrar el número de GID distintos de `/etc/passwd`.

   ```
   $ cut -d: -f4 /etc/passwd | sort -n | uniq | wc -l
   ```
6. Mostrar los nombres de las cuentas de usuario, convertidos a mayúsculas.

   ```
   $ cut -d: -f1 /etc/passwd | tr "[a-z]" "[A-Z]"
   ```

5. Los procesos

Objetivo: administrar procesos.

1. Ejecute el comando `sleep 1000` en segundo plano. Recupere su `PID`.
2. Pase el proceso a primer plano, luego deténgalo y vuelva a colocarlo en segundo plano.
3. Vea los detalles de este proceso:
4. Modifique la prioridad de este proceso. Elévelo a un factor de 10.
5. Vuelva a enumerar los detalles de este proceso, en formato largo, y tenga en cuenta su valor `nice`.
6. Envíe la señal `15` al proceso para terminarlo.

Soluciones posibles

Objetivo: gestionar procesos.

1. Ejecute el comando `sleep 1000` en segundo plano. Recupere su `PID`.

```
$ sleep 1000&
[1] 9168
```

2. Pase el proceso a primer plano, luego deténgalo y vuelva a colocarlo en segundo plano.

```
$ fg
sleep 1000
(CTRL-Z)
[1]+  Stopped                   sleep 1000
$ bg
[1]+ sleep 1000 &
```

3. Mostrar los detalles de este proceso:

```
$ ps p 9168 -f
UID        PID  PPID  C STIME TTY      STAT   TIME CMD
seb       9168  8096  0 10:46 pts/1    S      0:00 sleep 1000
```

4. Cambiar la prioridad de este proceso. Elévelo a un factor de 10.

```
$ renice -n 10 9168
9168: prioridad anterior 0, prioridad nueva 10
```

5. Vuelva a enumerar los detalles de este proceso, en formato largo, y tenga en cuenta su valor `nice`.

```
$  ps p 9168 -l
F S   UID   PID  PPID  C PRI  NI ADDR SZ WCHAN  TTY        TIME CMD
0 S  1000  9168  8096  0  90  10 -  2324 restar pts/1     0:00
sleep 1000
```

6. Envíe la señal `15` al proceso para terminarlo.

```
$ kill -15 9168
[1]+  Completado               sleep 1000
```

6. Programación Shell

Objetivo: Un archivo de texto contiene dos números por línea, separados por un espacio.

Escriba un script que reciba la ruta del archivo como argumento, la lea y muestre la suma de los dos números de cada línea en el siguiente formato:

N1 + N2 = Suma

Por ejemplo: 5 + 7 = 12

1. Compruebe al principio del script que el número de parámetros pasados al script es igual a 1 y que este parámetro es realmente un archivo. Si se produce un error, el script finaliza devolviendo 1.

2. Cree una variable de tipo entero, inicializada en 0, que contendrá la suma de cada línea.
3. El archivo se debe leer línea por línea. Escriba un bucle que lea los dos dígitos de la línea hasta llegar al final del archivo.
4. En el bucle, sume los dos valores en la variable numérica y muéstrela.
5. Guarde el script y hágalo ejecutable. Pruébelo.

Soluciones posibles

Objetivo: Un archivo de texto contiene dos números por línea, separados por un espacio.

Escriba un script que reciba la ruta del archivo como argumento, la lea y muestre la suma de los dos números de cada línea en el siguiente formato:

N1 + N2 = Suma

Por ejemplo: 5 + 7 = 12

1. Compruebe al principio del script que el número de parámetros pasados al script es igual a 1 y que este parámetro es realmente un archivo. Si se produce un error, el script finaliza devolviendo 1.

```
[ $# -ne 1 -o ! -f $1 ] && exit
```

2. Cree una variable de tipo entero, inicializada en 0, que contendrá la suma de cada fila.

```
typeset -i resultado
resultado=0
```

3. El archivo se debe leer línea por línea. Escriba un bucle que lea los dos dígitos de la línea hasta llegar al final del archivo.

```
while read c1 c2
do
...
done < $1
```

4. En el bucle, sume los dos valores en la variable numérica y muéstrela.

```
while read c1 c2
do
     resultado=c1+c2
     echo "$c1 + $c2 = $resultado"
done < $1
```

5. Guarde el script y hágalo ejecutable. Pruébelo.

```
$ chmod u+x ./script.sh
./script.sh archivo
1 + 2 = 3
3 + 4 = 7
5 + 6 = 11
```

Capítulo 4

Requisitos previos

- ☒Saber utilizar el shell y sus comandos.
- ☒Disponer de un editor de texto.
- ☒Disponer de una cuenta de administrador (cuenta root)
- ☒Tener un almacenamiento físico o virtual modificable.
- ☒Conocer los principios del funcionamiento del hardware de un ordenador.

Objetivos

Al final de este capítulo, será capaz de:

- ☒Reconocer los discos y las particiones del sistema.
- ☒Elegir entre los diferentes sistemas de archivos.
- ☒Crear una partición.
- ☒Crear un sistema de archivos.
- ☒Crear puntos de montaje y configurar el montaje del sistema de archivos.
- ☒Controlar, modificar y reparar un sistema de archivos.
- ☒Crear espacios de swap.
- ☒Gestionar los permisos, los propietarios y los grupos de los archivos.
- ☒Conocer el principio de los enlaces físicos.

A. Representación de los discos

Cada disco conocido por el sistema está asociado con un archivo especial en modo bloque. Lo mismo ocurre con las partituras.

1. Nomenclatura

En función del tipo de controlador e interfaz a los que se conectan los discos, Linux les asocia archivos especiales diferentes. Los nombres de estos archivos especiales dependen del tipo del controlador de disco.

a. Disco IDE

Este tipo de unidad se ha vuelto poco común, ya que el estándar SATA ha reemplazado al estándar IDE durante muchos años. Los discos conectados a controladores IDE (también llamados PATA (*Parallel ATA*) o ATAPI) están asociados a archivos especiales cuyo nombre es `hdx`, en el que `x` es una letra minúscula, dependiendo del controlador y la posición del disco en relación con su controlador:

- `hda`: IDE0, Principal
- `hdb`: IDE0, Secundario
- `hdc`: IDE1, Principal
- `hdd`: IDE1, Secundario
- etc.

No hay límite en cuanto al número de controladores IDE, más allá del número de los puertos de extensión de la máquina (slots PCI). Existen muchas tarjetas adicionales y convertidores que permiten leer antiguos discos IDE.

Linux entiende que los lectores de CD-Rom, DVD y grabadores de tipo IDE/ATAPI son discos IDE y respetan la nomenclatura citada.

El núcleo de Linux utiliza por defecto un API llamado `libata` para acceder al conjunto de los discos IDE, SCSI, USB, Firewire, etc. La nomenclatura sigue la de los discos SCSI, que trataremos en el apartado siguiente.

b. Discos SCSI, SATA, USB, FIREWIRE, etc

Los discos conectados a controladores SCSI, SATA, SAS, FibreChannel, USB, Firewire, Thunderbolt, etc., están asociados a archivos especiales denominados `sdx`. La letra minúscula `x` se asigna en el orden de detección de las tarjetas SCSI y los adaptadores asociados (*hosts*), y la conexión o desconexión de discos extraíbles (discos hotplug, memorias USB, etc.). Después de `sdz`, la enumeración continúa con `sdaa`, `sdab`, etc.

- `sda`: primer disco SCSI
- `sdb`: segundo disco SCSI
- `sdc`: tercer disco SCSI
- etc.

La norma SCSI distingue los diversos tipos de soportes. Así, los archivos especiales asociados a los lectores de CD-Rom, DVD, HD-DVD, BlueRay y los grabadores no siguen la misma regla de nomenclatura que los discos. En efecto, aplican la nomenclatura `srn` (`sr0`, `sr1`, etc.).

☞ *Los archivos asociados también se pueden nombrar `scd0`, `scd1`, etc., pero normalmente son enlaces simbólicos a `sr0`, `sr1`, etc.*

El comando `lsscsi` permite enumerar los periféricos SCSI.

Ejemplo

```
# lsscsi
[0:0:0:0]    cd/dvd  PIONEER  DVDRW   DVR-K17  1.05   /dev/sr0
[2:0:0:0]    disk    ATA      ST9160821AS      D      /dev/sda
[6:0:0:0]    disk    USB      SanDisk 3.2Gen1 1.00    /dev/sdb
[7:0:0:0]    disk    USB      SanDisk 3.2Gen1 1.00    /dev/sdc
```

El lector de CD/DVD se asocia a `/dev/sr0`.

2. Casos particulares

Algunos controladores no aplican la nomenclatura anterior a sus archivos especiales.

Ejemplo

Un controlador Smart Array en un servidor HP, que utilice el controlador `cciss`, coloca sus archivos de periféricos en `/dev/cciss` con los nombres `cXdYpZ`, donde `X` es el slot, `Y` el disco y Z la partición.

a. Virtualización

La representación de discos de sistemas invitados (*guests*) virtualizados depende del tipo de controlador simulado. La mayoría son de tipo IDE o SCSI, con la librería `libata`; normalmente se ven como SCSI. Sin embargo, algunos sistemas como, por ejemplo, KVM o XEN (así como los utilizan los entornos cloud, como AWS), que ofrece paravirtualización, disponen de un controlador específico que presenta los discos con el nombre `vdx` (*virtual disk x*) o `xvdx`:

- `vda`: primer disco virtualizado, o `vxda`.
- `vdb`: segundo disco virtualizado, o `vxbd`.
- etc.

b. SAN, iSCSI, multipathing

Los discos conectados a través de una SAN (*Storage Area Network*) o mediante iSCSI se ven como discos SCSI y conservan esta nomenclatura. Sin embargo, los sistemas de gestión de rutas múltiples (*multipathing*) pueden generar otros nombres.

Ejemplo

Powerpath nombrará a los disqcos `emcpowerx` (`emcpowera`, `emcpowerb`, etc.) mientras que el sistema de Linux multipath los nombrará por defecto `mpathx` (`mpath0`, `mpath1`, etc.).

B. Operaciones de bajo nivel

Hay una variedad de comandos de Linux que se pueden usar para administrar dispositivos de disco a nivel de hardware, a través de su controlador.

☞*Algunos de estos comandos o sus opciones permiten cambiar la configuración de un disco, por lo que se deben usar con precaución.*

1. Información del disco

El comando `hdparm` permite efectuar un gran número de operaciones directamente en los discos duros gestionados por la librería `libata`, es decir, los discos de tipo SATA, ATA (IDE) y SAS.

El comando `sdparm` permite el mismo tipo de operaciones para los discos SCSI.

Las opciones `-i` o `-I` proporcionan la información de las características de un disco. La primera proporciona información del kernel, obtenido en el momento del arranque, la segunda consulta directamente el controlador de disco y proporciona información más detallada.

Ejemplo

```
# hdparm -I /dev/sda

/dev/sda:
/dev/sda:

ATA device, with non-removable media
        Model Number:       ST9160821AS
        Serial Number:      5MA3G4KT
        Firmware Revision:  3.BHD
Standards:
        Supported: 7 6 5 4
        Likely used: 8
[...]
Security:
        Master password revision code = 65534
                supported
        not     enabled
        not     locked
                frozen
        not     expired: security count
                supported: enhanced erase
        88min for SECURITY ERASE UNIT. 88min for ENHANCED SECURITY ERASE UNIT.
Checksum: correct
```

C. Elegir un sistema de archivos

El árbol global del sistema de archivos Linux consta de uno o más **sistemas de archivos** independientes.

Un sistema de archivos se utiliza para estructurar un espacio de almacenamiento, en forma de archivos y directorios. Esta organización interna del espacio de almacenamiento se hace accesible a las aplicaciones, en forma de directorios y archivos, mediante la operación de montaje en un directorio del árbol global.

Un sistema de archivos desmontado se ve como un conjunto no estructurado de bytes, al que se accede como a un todo, sin la posibilidad de usar su organización en directorios y archivos.

Hay diferentes tipos de sistemas de archivos, que se pueden combinar entre sí dentro del árbol general del sistema de archivos de Linux.

1. Fundamentos

Aunque los principios básicos suelen ser los mismos en los distintos tipos de sistemas de archivos Linux, las implementaciones y la organización lógica de los datos en los espacios de almacenamiento varían mucho.

Los sistemas de archivos Linux se ajustan a los estándares POSIX, pero pueden ofrecer extensiones (`ACL`, `selinux`, etc.).

Un sistema de archivos asocia uno o más nombres a un conjunto de datos y gestiona el acceso a su contenido: crear, modificar, eliminar, mover, abrir, leer, escribir, cerrar. Cada tipo de sistema de archivos está soportado por un controlador específico, que se comunica con el kernel para permitir que las aplicaciones accedan a los elementos contenidos en el espacio de almacenamiento. El driver y el kernel se encargan de las operaciones necesarias: mecanismos de protección de acceso (permisos, propietarios), accesos simultáneos, etc.

a. Representación

Además de la organización y el almacenamiento de la información, el sistema de archivos debe facilitar al usuario una visión estructurada de los datos, que permite distinguirlos, encontrarlos, tratarlos y trabajar con ellos en forma de archivos dentro de una estructura de directorios con los comandos asociados. Asimismo, cada sistema de archivos debe proporcionar lo necesario para que los programas puedan acceder a él.

b. Los metadatos

Un archivo se describe mediante propiedades denominadas metadatos. En los sistemas de archivos Linux, esta información se almacena en una estructura llamada inodo. Los datos del archivo se almacenan en diferentes bloques del medio de almacenamiento. Los metadatos difieren en función de los diferentes tipos de sistemas de archivos, pero deben contener al menos lo siguiente:

- los permisos de acceso;
- las últimas fechas de acceso y modificación;
- el propietario y el grupo;
- el tamaño;
- el número de bloques utilizados;

- el tipo de archivo;
- el contador de enlaces físicos;
- un árbol de direcciones de bloques de datos.

c. Los nombres de los archivos: los enlaces físicos

Los nombres de archivo pueden contener hasta 255 caracteres. El eventual sufijo (los caracteres después del último carácter . del nombre) es opcional y no tiene sentido para el sistema.

Los nombres de archivo de Linux no forman parte de los metadatos del inodo, sino que se mantienen en tablas de directorios. Un nombre se asocia con el número de inodo del archivo y permite que el sistema encuentre el archivo físico asociado a dicho nombre. Por lo tanto, es posible dar varios nombres al mismo archivo. Por lo tanto, cada nombre es un enlace físico al archivo. Cuando un archivo físico ya no tiene ningún enlace físico, el sistema lo elimina, su inodo se libera y se puede reutilizar.

d. Los sistemas de archivos de log cvf

Algunos tipos de sistemas de archivos tienen un mecanismo de registro para garantizar la integridad de los datos en caso de una interrupción abrupta del sistema. El sistema de archivos mantiene un registro en el que se conservan los cambios que se deben realizar antes de ejecutarlos y los confirma cuando se completa la operación. En caso de interrupción, esto permite que el sistema reproduzca los registros de log y volver a realizar o cancelar las operaciones que estaban en curso. Se garantiza la coherencia de los datos del sistema de archivos, ya sea mediante la ejecución o la vuelta atrás. Esto hace que la reparación sea más fiable y rápida que con un tipo de sistema de archivos sin registro.

2. Los tipos de sistema de archivos en Linux

Linux soporta muchos tipos de sistemas de archivos. La elección del tipo de sistema de archivos depende de la naturaleza del medio físico, sus capacidades, así como el tipo de uso (lectura, escritura, archivos pequeños y grandes, múltiples archivos pequeños, etc.) y las funcionalidades preferidas (velocidad de acceso de lectura o escritura, seguridad, atributos administrados, número y tamaño de objetos almacenados).

Describiremos los principales tipos de sistemas de archivos utilizados con Linux que debe conocer para la certificación LPIC-1.

a. Sistemas de archivos de tipo ext*

El tipo de sistema de archivos ext ha evolucionado en varias versiones a lo largo del tiempo: `ext2`, `ext3` y `ext4`.

ext2

Los sistemas de archivos de tipo `ext2` fueron creados específicamente para Linux. Han sido durante mucho tiempo el tipo de sistema de archivos predeterminado para la mayoría de las distribuciones. Pueden manejar archivos de hasta 2 TB de tamaño, en volúmenes de hasta 32 TB.

Este tipo de sistema de archivos luego evolucionó a `ext3` y `ext4`, y rara vez se usa hoy en día, excepto por compatibilidad con el sistema existente. Su principal desventaja es que no se registra, lo que puede provocar una alteración de la propia estructura del sistema de archivos si se interrumpe bruscamente durante un cambio, dejándolo parcial o totalmente inutilizable.

ext3

Se trata de una evolución del tipo de sistema de archivos `ext2`, que permite configurar un registro de transacciones que garantiza la coherencia de los metadatos del sistema de archivos en caso de una interrupción abrupta de las escrituras.

El registro es opcional. Un sistema de archivos `ext3` permite la lectura y la escritura `ext2`.

Los límites de tamaño de archivo y volumen son los del tipo `ext2`.

ext4

Este tipo de sistema de archivos está destinado a reemplazar el tipo `ext3`. Puede manejar archivos de 16 TB y volúmenes de 1 EB. Una nueva técnica de gestión del espacio asignado a los archivos, las extensiones, puede reducir significativamente la fragmentación. Las fechas de los archivos se pueden administrar hasta el 2514.

Un sistema de archivos de tipo ext4 es compatible con `ext3` en modo de lectura y escritura.

Este es el tipo de sistema de archivos predeterminado para muchas distribuciones, especialmente Debian.

b. Sistemas de archivos de tipo XFS

XFS es un sistema de archivos diseñado por SGI (*Silicon Graphics Inc*) para sus sistemas Unix IRIX. Creada en 1994, se beneficia de una larga experiencia. Se utiliza principalmente en entornos de producción, con servidores que gestionan espacios de almacenamiento en disco muy grandes.

SGI licenció este sistema de gestión de archivos con licencia GPL en el año 2000, lo que permitió su portabilidad a Linux. Integrado en el kernel de Linux a partir de la versión 2.4, está disponible con la mayoría de las distribuciones.

Diseñado específicamente para administrar de manera eficiente grandes volúmenes de disco, las características clave incluyen:

- 64 bits: el límite teórico máximo para el tamaño de un archivo o de todo un sistema de archivos es de 8 exabytes (2^63 - 1). En la práctica, puede estar limitado por parámetros relacionados con la distribución (500 TB para RHEL7, 8 exabytes para RHEL8).
- Registro: las operaciones de escritura en metadatos se describen en el registro antes de ejecutarse, lo que ayuda a garantizar la coherencia del sistema de archivos en caso de que se produzca un error de hardware. Para optimizar el rendimiento, el registro se puede colocar en un volumen físico independiente.
- Entradas/Salidas paralelas: gracias a su organización en **grupos de asignación** (un sistema de archivos se divide en varios subconjuntos independientes), permite realizar múltiples operaciones de entrada/salida simultáneamente en el mismo sistema de archivos, lo que es especialmente adecuado para aplicaciones multithreads.
- Se pueden utilizar diferentes técnicas para asegurar un alto nivel de rendimiento y escalabilidad: uso de árboles indexados (**B-tree**) para metadatos, asignación diferida, preasignación para evitar la fragmentación, desfragmentación en línea, asignación por extensiones, etc.
- Las herramientas para comprobar y remediar los sistemas de archivos son muy rápidas.
- Atributos extendidos: permiten gestionar **listas de control de acceso** (ACL), además de los permisos de acceso clásicos del mundo Unix/Linux, así como atributos específicos de la aplicación.

- Sistema de cuotas muy flexible para el uso del espacio, por grupo, usuario o "proyecto" (cuota asociada a una rama del árbol).
- Gestión de **instantáneas** (*snapshots*): esta técnica de tomar una imagen del estado del sistema de archivos en un momento dado permite realizar copias de seguridad en línea.
- Expandible en línea: Un sistema de archivos se puede ampliar mientras está en uso (pero no minimizar).
- Herramientas de copia de seguridad/restauración específicas del sistema de archivos.

Este sistema de gestión de archivos es especialmente adecuado para servidores grandes, requiere mucha RAM e implica el uso de hardware fiable y seguro (caché de respaldo por una batería).

XFS es el sistema de archivos predeterminado para las distribuciones de Red Hat, a partir de la versión 7.

c. Sistemas de archivos de tipo BTRFS

BTRFS (*B-tree File System*, pronunciado "*butterfs*") es el sistema de archivos creado más reciente para Linux. Implementa conceptos modernos para ofrecer un conjunto de características de alto nivel, resultado de la colaboración de los principales actores del mundo Linux (Red Hat, Oracle, SUSE, Intel, etc.).

Es un sistema de gestión de archivos de 64 bits, que utiliza una **copy on write** (**CoW**: para garantizar la integridad de los datos, se realiza un cambio copiando los datos originales y luego modificando la copia), implementando capacidades de compresión, copia de seguridad en línea, redundancia de datos, snapshot, redimensionamiento en línea, etc.

☞*Integrado en el kernel en 2008, se esperaba que eventualmente se convirtiera en el sistema de archivos predeterminado para Linux, pero no es compatible con todas las distribuciones. Red Hat ha decidido dejar de soportarlo a partir de la versión 8 de su distribución RHEL, a diferencia de SUSE, que lo utiliza por defecto para el sistema de archivos raíz. Algunas de sus funciones avanzadas aún no se pueden utilizar en producción.*

Sus principales ventajas son las siguientes:

- Sistema de archivos de 64 bits: tamaño máximo de un sistema de archivos de 16 exabytes, tamaño máximo de un archivo de 8 exabytes.
- Optimización de la gestión de pequeños archivos.
- Consideración de las peculiaridades de los discos SSD.
- Mayor confiabilidad mediante la checksum de los datos y metadatos.
- Gestión de las instantáneas (snapshots) de modos lectura y lectura-escritura.
- Gestión de subvolúmenes.
- Algoritmos de compresión optimizados.
- Desfragmentación en línea.
- Gestión multivolumen (RAID) integrada.

☞*La certificación solo requiere el conocimiento de las principales características de este tipo de sistemas de archivos.*

d. VFAT (FAT32)

VFAT (*Virtual File Allocation Table*) es un término genérico que agrupa las diferentes versiones de FAT que soportan los nombres de archivos largos (255 caracteres) en Windows. Estos sistemas de archivos se siguen utilizando por razones a la vez históricas y prácticas. Durante años, la mayoría de los soportes extraíbles, discos externos, pendrives y lectores MP3 utilizan un sistema de archivos de este tipo.

Sus características son:

- Adaptado a los pequeños volúmenes.
- Simple de implementar, ideal para lectores multimedia.
- Compatibilidad entre diversas plataformas (Windows, Linux, BSD, Mac OS, etc.).

VFAT presenta defectos inherentes a su concepción:

- Se almacena el conjunto de la información dentro de una tabla única, en la que se incluye el nombre del archivo y cada dirección y longitud de los bloques (llamados clústeres) que componen los datos del archivo.
- El sistema de archivos se puede ver fuertemente fragmentado debido a que FAT al intenta agrupar los datos de un archivo en el mayor número de clústeres contiguos del soporte.
- Cuanto más grande es el soporte, más lento va FAT, ya que debe comprobar toda la tabla FAT para encontrar clústeres disponibles.
- FAT no gestiona ningún atributo extendido, en particular ninguna noción de los permisos y propietarios.
- Un archivo FAT está limitado a 4 GB.

Aunque VFAT sea todavía el sistema de archivos predeterminado de muchos lectores multimedia, smartphones, pendrives, tarjetas de memoria y dispositivos de fotografía digital, cada vez pierde más protagonismo con respecto a exFAT.

e. exFAT

exFAT es un sistema de archivos concebido por Microsoft especialmente en los soportes de tipo flash: pendrive, tarjetas SD, etc. Es el sistema de archivos utilizado por defecto en la mayoría de las tarjetas SD y MicroSD. Sus ventajas son numerosas con respecto a FAT, como el soporte del tamaño de los archivos y de los discos hasta 128 petabytes.

Windows, MacOS y un gran número de periféricos móviles soportan exFAT. Linux lo gestiona con FUSE (*Filesystem in UserSpacE*).

En agosto de 2019, Microsoft publicó el conjunto de especificaciones y transfirió la patente al Open Invention Network, haciendo que exFAT se convirtiera en software libre y abriendo la vía a la implementación bajo licencia libre en el seno del kernel. El soporte de este tipo de sistema de archivos se ha integrado en el nodo Linux 5.4.

f. FUSE

FUSE, *Filesystem in UserSpacE*, es un programa que permite acceder a un sistema de archivos en el área de usuario sin privilegios. Una biblioteca llamada `libfuse` se conecta con un módulo del kernel. La biblioteca y los programas que lo utilizan funcionan en el área de usuario. Si el kernel no ofrece un soporte nativo para un sistema de archivos, un programa adaptado, vinculado a la biblioteca `libfuse`, puede permitirle su uso. Su uso conlleva ventajas e inconvenientes:

- Se soportan numerosos sistemas de archivos físicos o virtuales: por ejemplo **ntfs**, aunque también **s3fs** (para acceder a un contenedor de objetos (bucket) AWS S3 como sistema de archivos) **mtpfs** (lectores multimedia, Android), **sshfs** (sftp como sistema de archivos), **wikipediafs** (navegar y modificar los artículos como un fs), **gmailfs** (cuenta gmail como sistema de almacenado), **exFAT**, etc.
- Herramientas en el área de usuario.
- Sin embargo, el rendimiento está degradado por el área de usuario y la superposición de capas.

FUSE existe para Linux, macOS y la familia de los BSD.

D. Particionamiento

El particionado consiste en una división lógica del disco. Se fracciona el disco físico, real, en varios discos virtuales: las particiones. Se ve cada partición como un disco independiente que contiene su propio sistema de archivos.

1. Los métodos de particionamiento

Existen dos métodos de particionamiento: MBR, previsto para los equipos basados en BIOS, y GPT, para los equipos basados en UEFI. Estas últimas son también compatibles con el particionado BIOS, pero no al revés.

2. Particionado MBR (Master Boot Record)

El método de particionado MBR (*Master Boot Record*) se llama de esta forma porque la partición principal se ubica en este sector específico del disco.

a. MBR y BIOS

El particionamiento MBR se remonta a principios de la década de 1980, cuando las PC se ejecutaban en modo de 16 bits, y ha sido modificado para poder manejar 32 bits. La posición de un bloque se codifica en 32 bits y el tamaño de un bloque es de 512 bytes. Por lo tanto, el tamaño máximo de un disco es de 2 TB (2 elevado a la potencia de 32 x 512 bytes).

☞ *Si usted compra un disco duro de más de 2 TB, debe disponer de un equipo compatible y utilizar el modo de particionado GPT.*

Este método de particionado sigue siendo muy utilizado, pero la disponibilidad de equipos basados en UEFI que disponen de discos de una capacidad superiores a 2 TB lo dejarán poco a poco obsoleto.

Aunque los medios físicos están limitados a 2 TB, es posible extender un sistema de archivos a través de varios discos y, por lo tanto, permitir que supere este límite.

b. MBR

El primer sector de un disco es el **MBR**, *Master Boot Record* o zona de arranque. Con un tamaño de 512 bytes, contiene en sus primeros 446 bytes (un programa) de arranque destinado a ejecutar el sistema operativo desde la partición activa, o para ser lanzado desde el gestor de arranque (*bootloader*). Los 6 últimos bytes de este bloque, opcionales, son usados para firmar el disco con 4 bytes. A continuación, 2 bytes nulos, y más adelante, los 64 bytes que contienen la tabla de las cuatro particiones primarias. Los dos últimos bytes contienen la firma `0xAA55`.

c. Las particiones

Una partición es una división lógica de un disco. Existen tres tipos:

- Las particiones primarias, cuatro como máximo, son las descritas en el MBR.
- Las particiones extendidas (primarias extendidas), una sola por disco.
- Las lecturas lógicas, creadas en el interior de una partición extendida.

Un disco puede contener hasta 63 particiones en IDE, 15 en SCSI o si se administra por la librería de software `libata`. Por lo tanto, el límite actual es de 15 particiones para todos los tipos de discos, con las últimas versiones del kernel Linux, utilizando el API `libata`.

☞ *Para superar el límite de las 15 particiones, es posible utilizar el "device mapper" de Linux, que requiere en particular la gestión del **LVM** (Logical Volume Management). El LVM permite agrupar varios discos (Physical Volumes) en una sola unidad (Volume Group), que puede dividir en subconjuntos lógicos (Logical Volumes) sin limitación de número.*

Se numeran las particiones de 1 a 15. Una partición con un valor superior o igual a 5 es obligatoriamente un lector lógico. Como solo puede haber cuatro particiones primarias, se suele crear la última (la 4) como extendida:

- Particiones 1 a 3: primarias
- Partición 4: extendida
- Particiones 5 a n: lógicas

El número de la partición aparece a continuación del nombre del archivo periférico de disco:

Ejemplo

- `hda1`: primera partición primaria del primer disco IDE;
- `hdb5`: quinta partición, primer lector lógico del segundo disco IDE;
- `sda3`: tercera partición primaria del primer disco SCSI / libata;
- `sdc8`: octava partición, o sea, cuarta partición lógica del tercer disco SCSI/`libata`.

d. Tipos de particiones

Las particiones pueden ser de diferentes tipos, definidas por un identificador numérico de un solo byte, generalmente presentado en hexadecimal.

Estos son los principales tipos de particiones:

```
 0  Empty           24  NEC DOS         81  Minix / old Lin bf  Solaris
 1  FAT12           27  Hidden NTFS Win 82  Linux swap / So c1  DRDOS/sec (FAT-
 2  XENIX root      39  Plan 9          83  Linux           c4  DRDOS/sec (FAT-
 3  XENIX usr       3c  PartitionMagic  84  OS/2 hidden or  c6  DRDOS/sec (FAT-
 4  FAT16 <32M      40  Venix 80286     85  Linux extended  c7  Syrinx
 5  Extended        41  PPC PReP Boot   86  NTFS volume set da  Non-FS data
 6  FAT16           42  SFS             87  NTFS volume set db  CP/M / CTOS / .
 7  HPFS/NTFS/exFAT 4d  QNX4.x          88  Linux plaintext de  Dell Utility
 8  AIX             4e  QNX4.x 2nd part 8e  Linux LVM       df  BootIt
 9  AIX bootable    4f  QNX4.x 3rd part 93  Amoeba          e1  DOS access
 a  OS/2 Boot Manag 50  OnTrack DM      94  Amoeba BBT      e3  DOS R/O
 b  W95 FAT32       51  OnTrack DM6 Aux 9f  BSD/OS          e4  SpeedStor
 c  W95 FAT32 (LBA) 52  CP/M            a0  IBM Thinkpad hi ea  Rufus alignment
 e  W95 FAT16 (LBA) 53  OnTrack DM6 Aux a5  FreeBSD         eb  BeOS fs
 f  W95 Ext'd (LBA) 54  OnTrackDM6      a6  OpenBSD         ee  GPT
10  OPUS            55  EZ-Drive        a7  NeXTSTEP        ef  EFI (FAT-12/16/
11  Hidden FAT12    56  Golden Bow      a8  Darwin UFS      f0  Linux/PA-RISC b
12  Compaq diagnost 5c  Priam Edisk     a9  NetBSD          f1  SpeedStor
14  Hidden FAT16 <3 61  SpeedStor       ab  Darwin boot     f4  SpeedStor
16  Hidden FAT16    63  GNU HURD or Sys af  HFS / HFS+      f2  DOS secondary
17  Hidden HPFS/NTF 64  Novell Netware  b7  BSDI fs         fb  VMware VMFS
18  AST SmartSleep  65  Novell Netware  b8  BSDI swap       fc  VMware VMKCORE
1b  Hidden W95 FAT3 70  DiskSecure Mult bb  Boot Wizard hid fd  Linux raid auto
1c  Hidden W95 FAT3 75  PC/IX           bc  Acronis FAT32 L fe  LANstep
1e  Hidden W95 FAT1 80  Old Minix       be  Solaris boot    ff  BBT
```

Linux reconoce generalmente el contenido de una partición por el sistema de archivos que reside en ella. El tipo `0x83` (Linux) puede acoger cualquier tipo de sistema de archivos Linux: ext2, ext3, ext4, jfs, XFS, etc.

3. Particionado GPT

GPT significa *GUID Partition Table*, **GUID** significa *Globally Unique Identifier*. Este es un estándar que permite describir la tabla de particiones de un disco duro, que forma parte de las especificaciones de **UEFI** (*Unified Extensible Firmware Interface*).

- UEFI sustituye a la BIOS.
- GPT reemplaza al particionado MBR.

a. GPT y UEFI

El diseño de la BIOS y su método de direccionamiento de los discos duros de 32 bits, impiden el uso de discos de más de 2 TB y reducen el número de particiones posibles. La disponibilidad de soportes de almacenamiento de mayores capacidades, han adelantado la necesidad de disponer de un sistema de arranque y de particionado más moderno.

El desarrollo inicial de GPT se remonta a finales de los 90 y lo inició Intel, dentro de EFI. Su evolución a UEFI y su aceptación como estándar para los constructores y fabricantes en 2014 lo convirtió en 2010 en el habitual para todo el hardware (placas base) y sistemas operativos recientes. Todas las placas base basadas en UEFI aceptan GPT.

Por razones de compatibilidad, es posible, en ciertos casos, emplear GPT con algunas BIOS, especialmente para el empleo de una partición de arranque particular, la **BIOS Boot partition**, vinculada a un gestor de arranque particular, como GRUB2.

La dirección de los bloques lógicos está codificada en 64 bits. El tamaño de un bloque lógico es al menos de 512 bytes pero puede ser más grande. El tamaño máximo de un disco con un tamaño de bloque de 512 bytes es de 2^{64}-1*512 bytes: 8 ZiB (Zebibyte), o sea 8 mil millones de terabytes.

No contamos más la posición en sectores o bloques, pero en términos de **LBA** (*Logical Block Addressing*, direccionamiento por bloques lógicos). Empleamos entonces LBA 0 para los 512 primeros bytes, LBA 1 para los siguientes 512, y así sucesivamente.

Todas las versiones actuales de las distribuciones Linux soportan GPT.

b. GUID

GUID, identificador global único, es un valor codificado en 128 bits que sirve como identificador único para un componente software.

GUID es equivalente al UUID, nombre con el que es más conocido en Linux.

Está compuesto por los siguientes conjuntos:

- Un bloque de cuatro bytes.
- Tres bloques de dos bytes.
- Un bloque de seis bytes.

En GPT, el GUID sirve para describir:

- El identificador único del disco.
- El identificador del tipo de partición (equivalente a los tipos de particiones MBR).
- El identificador único de una partición.

Ejemplo

GUID en hexadecimal:

```
41649fe8-9341-4bce-977a-687f9da63fdb
```

c. LBA 0

El **LBA 0**, o sea los primeros 512 bytes del disco, conservan su rol de MBR, pero son conocidos como MBR protector (*Protective MBR*). Su función es impedir las escrituras en el disco por parte de herramientas que no reconocen el formato GPT. Este MBR describe una partición, de tipo 0xEE, que abarca el conjunto del disco hasta un máximo de 2 TB. Este tipo de partición es desconocido por las herramientas del tipo MBR, que no pueden modificar el disco, salvo borrando esta partición.

La presencia de un Protective MBR es la firma de un disco GPT.

Como se trata sin embargo de un MBR, un BIOS reciente puede ser programado para reconocer este tipo de "partición" y utilizar el cargador de arranque (bootloader). En este caso, en Linux con GRUB2, este fin de código debe finalmente cargar el contenido de otra partición especial, la BIOS Boot partition.

d. LBA 1

La cabecera GPT está en la posición LBA 1. Existe una copia en LBA -1, a partir del final del disco. Esta cabecera, firmada 45 46 49 20 50 41 52 54 (PARTE EFI) en ASCII, contiene información sobre la estructura GPT:

- su ubicación y tamaño,
- la ubicación y el tamaño de la cabecera sub (al final del disco),
- las sumas de comprobación asociadas,
- las primeras y últimas direcciones utilizadas para las particiones,
- el GUID del disco,
- la dirección de la tabla de particiones (por lo general LBA 2),
- el número y el tamaño de las particiones descriptores,
- la suma de comprobación de la tabla de particiones.

El conjunto ocupa 92 bytes, los restantes 420 se rellenan con ceros.

La presencia de las sumas de comprobación permite que el firmware UEFI, el gestor de arranque o las herramientas especializadas comprueben el estado de la cabecera y su copia. En caso de error en el LBA 1, LBA -1 puede ser utilizado. En caso de error en ambos, el disco queda inutilizable. Lo mismo sucede con el control de las tablas de partición.

e. LBA 2 a 33

Los LBA 2 a 33 contienen los descriptores de las particiones. Cada partición está descrita en 128 bytes, de los cuales 4 son para LBA. Los 32 LBA permiten describir 128 particiones. Este es el mínimo impuesto por el estándar UEFI. El número y el tamaño de los descriptores de las particiones pueden ser modificados en el LBA 1.

Una copia de seguridad de los descriptores se encuentra en LBA -2 a -33 (fin del disco).

El descriptor de partición está estructurado de la siguiente manera:

- el tipo GUID de la partición (16 bytes), el equivalente del tipo de partición MBR,
- el GUID de la partición misma (16 bytes),
- el LBA de inicio de la partición (8 bytes),
- el LBA del final de la partición (8 bytes),
- los atributos (por ejemplo, solo lectura) de la partición (8 bytes),
- el nombre de la partición en formato UTF-16 (2 bytes por carácter, 36 caracteres, 72 bytes).

Así llegamos a un tamaño de 128 bytes.

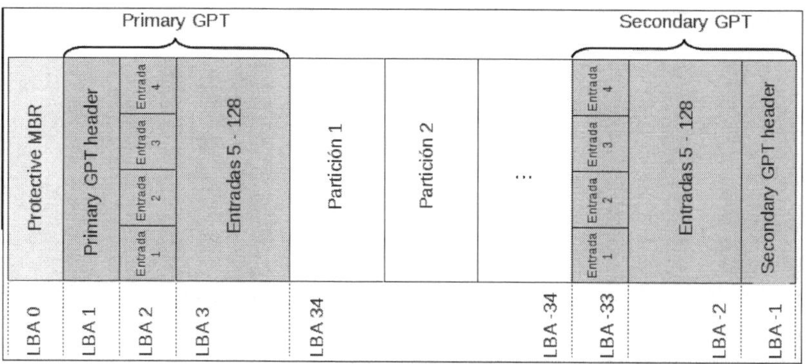

Estructura de un disco GPT

f. Tipos de particiones

Los tipos de particiones están descritos por los GUID. Como el tamaño de los GUID es imponente, aquí solo listamos los GUID más frecuentes para las particiones previstas para Linux.

Type	GUID
Linux filesystem data	0FC63DAF-8483-4772-8E79-3D69D8477DE4
RAID partition	A19D880F-05FC-4D3B-A006-743F0F84911E
Swap partition	0657FD6D-A4AB-43C4-84E5-0933C84B4F4F
LVM partition	E6D6D379-F507-44C2-A23C-238F2A3DF928
ESP	C12A7328-F81F-11D2-BA4B-00A0C93EC93B

g. UEFI Boot manager

UEFI reemplaza la BIOS, y está almacenado en el firmware del ordenador. Su configuración se sitúa en dos emplazamientos:

- La **NVRAM**, Non Volatile RAM, equivalente al CMOS de las antiguas BIOS, con la diferencia de que su contenido está normalizado,
- La partición ESP, que se describe en la sección siguiente.

Como ya no existe el MBR, UEFI dispone de otro modo para poder identificar los soportes y los sistemas booteables, el equivalente del menú de arranque. Un menú (en modo texto o gráfico) permitirá seleccionar el sistema con el que quiera arrancar. La NVRAM contiene una lista de variables, cuyas opciones de boot son las siguientes:

- el sistema que se está ejecutando actualmente,
- el orden de las entradas en el boot,
- el timeout antes de arrancar en la entrada predeterminada (dependiendo del orden anterior),
- las listas de las entradas: nombre, soporte (disco), archivo que se tiene que arrancar desde la partición ESP.

El comando `efibootmgr` permite visualizar y modificar el contenido de la variable de la NVRAM.

Ejemplo

```
# efibootmgr -v
BootCurrent: 0002
Timeout: 3 seconds
BootOrder: 0001,0002,0000
Boot0000* CD/DVD Drive  BIOS(3,0,00)
Boot0001* Fedora  HD(1,800,61800,6d98f360-cb3e-4727-8fed-5ce0c040365d)
File(\EFI\fedora\grubx64.efi)
Boot0002* SUSE HD(1,800,61800,6d98f360-cb3e-4727-8fed-5ce0c040365d)
File(\EFI\suse\grubx64.efi)
```

h. La partición sistema EFI

UEFI ejecuta el archivo indicado en las opciones de boot. Estos archivos se almacenan en una partición especial llamada **ESP**, *EFI System Partition*. Es de tipo 0xEF, dispone de un sistema de archivos FAT, y posee un tamaño mínimo de 100 Mo.

La partición ESP contiene los datos necesarios para el arranque de uno o varios sistemas operativos, y, posiblemente, la configuración de un cargador de arranque o incluso el mismo cargador de arranque como GRUB. Esta partición se compone de una arborescencia de directorios:

```
+-- EFI
   +-- BOOT
   ¦   +-- BOOTX64.efi
   +-- fedora
   ¦   +-- grubx64.efi
   +-- suse
   ¦   +-- grubx64.efi
   ¦   +-- shimx64.efi
   +-- CLOVER
   ¦   +-- CLOVERX64.efi
```

En la arborescencia de configuración específica de la NVRAM, especialmente para los soportes externos (CD, DVD, discos USB y pendrives, etc.), el soporte UEFI ejecuta el archivo BOOTX64.EFI o cualquier otro (único) que se encuentre presente en la carpeta BOOT del periférico ejecutable.

Si la entrada de la variable NVRAM contiene el camino específico de un archivo, UEFI lo ejecuta, por ejemplo `grubx64.efi`, el cargador de arranque GRUB2.

4. Manejar las particiones

Las herramientas `fdisk`, `cfdisk`, `sfdisk`, `parted`, `gdisk` se utilizan para manipular particiones.

- `fdisk` es la herramienta de particionamiento más antigua. Se basa en menús textuales y accesos directos.
- `cfdisk` es un poco más "visual" y se puede usar con las teclas de flecha.
- `SFDomdisk` funciona en modo interactivo o no interactivo.
- `Parted` permite operaciones muy avanzadas en particiones (cambio de tamaño, por ejemplo). Es interactivo o programable y compatible con GPT. Hay interfaces gráficas como `qtparted` o `gparted`.
- `gdisk` es el equivalente de fdisk para GPT.

a. Manipular las particiones MBR

Listar las particiones

El comando `fdisk` se inicia con la cuenta de administrador `root`.

Sintaxis

```
fdisk [-l] [disco]
```

Sin opciones ni argumentos, `fdisk` procesa el primer disco del sistema. Sin opciones, el comando funciona en modo interactivo y le permite ver y cambiar la partición del disco.

La opción `-l` permite listar las particiones del disco especificado o, de forma predeterminada, de todos los discos.

Ejemplo

```
# fdisk -l /dev/sda
Disco /dev/sda : 149,05 GiB, 160041885696 bytes, 312581808 sectores
Modelo de disco: ST9160821AS
Unidades: sector de 1 × 512 = 512 bytes
Tamaño de sectores (lógico/físico) : 512 bytes / 512 bytes
tamaño de E/S (mínima/óptima) : 512 bytes/512 bytes
Tipo de etiqueta de disco: dos
Identificador de disco: 0x912f3e69

Periferico Arranque    Inicio       Fin  Sectores Tamaño Id Tipo
/dev/sda1    *           2048  48828415  48826368  23,3G 83 Linux
/dev/sda2            48830462 312580095 263749634 125,8G  5 Extendido
/dev/sda5            48830464  68360191  19529728   9,3G 83 Linux
/dev/sda6            68362240  70361087   1998848   976M 82 partición de intercambio
Linux / Solaris
/dev/sda7            70363136  74018815   3655680   1,7G 83 Linux
/dev/sda8            74020864 312580095 238559232 113,8G 83 Linux
```

La partición `sda2` es la partición extendida. Tiene el tipo `0x05`. La partición activa (la que se utiliza para arrancar el sistema) es la partición `sda1`. Las particiones `sda5`, `sda6`, `sda7` y `sda8` son unidades lógicas dentro de la partición `sda2`.

Administración de particiones en modo interactivo

En el modo interactivo, `fdisk` muestra un mensaje (prompt) y espera un comando. El comando `m` (menú) muestra la lista de comandos.

☞ *Las manipulaciones realizadas con `fdisk` se aplican al disco solo cuando se solicita explícitamente guardar los cambios.*

Ejemplo

En el ejemplo siguiente, se utiliza un disco reconocido por el sistema, como `/dev/sdb`, y no contiene particiones.

Ejecutar `fdisk` con el disco implicado como argumento.

```
# fdisk /dev/sdb
...
Comando (m para la ayuda):
```

Listado de las particiones con el comando `p` (print):

```
Comando (m para la ayuda): p

Disco /dev/sdb: 4026 Mb, 4026531840 bytes
64 heads, 62 sectors/track, 1981 cylinders
Units = cilindros of 3968 * 512 = 2031616 bytes
Disk identifier: 0x0003ed63

Periférico  Arranque   Principio   Fin     Bloques    Id  Sistema
/dev/sdb1   *          1           1981    3930273    c   W95 FAT32 (LBA)
```

Eliminar

El comando `d` (delete) permite eliminar una partición especificando su número. Si hay una única partición, se utiliza esta por defecto.

```
Comando (m para la ayuda): d
Partición seleccionada 1
```

Crear

El comando `n` (*new*) permite crear una partición especificando el tipo de partición, su número, su ubicación y su tamaño.

```
Comando (m para la ayuda): n
Acción de comando
   e   extendida
   p   partición primaria (1-4)
```

Como el MBR contiene cuatro entradas, puede elegir el número de partición que desea crear.

El primer cilindro corresponde a la posición de principio de la nueva partición. Por defecto, `fdisk` se coloca en el primer cilindro disponible desde el principio del disco. Es posible crear particiones primarias en la mitad de un disco.

El tamaño de la partición se puede expresar en bytes, KB, MB, etc.

```
Número de partición (1-4): 1
Primer cilindro (1-1981, por defecto 1):
Utilización del valor por defecto 1
Último cilindro o + tamaño o +tamañoM o +tamañoK (1-1981, por
defecto 1981): +1024M
```

Comprobar el estado de la partición

Para visualizar las modificaciones realizadas, basta con utilizar el menú `p` (*print*).

```
Comando (m para la ayuda): p
...
Periférico Arranque  Principio  Fin    Bloques  Id  Sistema
/dev/sdb1             1         505    1001889  83  Linux
```

Guardar

El comando `w` (*write*) guarda los cambios en el disco y escribe la nueva tabla de las particiones en el MBR y/o EBR. Si el disco está en uso, el comando muestra un mensaje de advertencia, pero aplicará los cambios.

```
Comando (m para la ayuda): w
¡Se alteró la tabla de particiones!

Llamada de ioctl() para volver a leer la tabla de particiones.

ADVERTENCIA: la relectura de la tabla de particiones fracasó con
el error 16: Periférico o recurso ocupado.
El kernel va a seguir utilizando la antigua tabla.
Se utilizará la nueva tabla durante el próximo reinicio.
Sincronización de los discos.
```

El mensaje significa que, como el disco está en uso, Linux no utilizará aún la nueva tabla de particiones ni, por lo tanto, las nuevas particiones creadas. Esto se puede confirmar con el comando siguiente, que muestra la tabla de particiones, para el disco `sdb`, cargado en memoria por el kernel:

```
# cat /proc/particiones | grep sdb
8    16    3932160 sdb
```

Sincronizar la tabla de particiones del kernel

Hay dos comandos para forzar al kernel a volver a leer la tabla de particiones.

Sintaxis

```
#BlockDev--Rereydp/Dev/SDB
```

o

```
# partprobe /dev/sdb
```

Para comprobar que la tabla de particiones del kernel se ha sincronizado:

```
# cat /proc/partitions | grep sdb
   8     16     3932160 sdb
   8     17     1001889 sdb1
```

☞*Los subcomandos de* `parted` *como* `mkpart`, `rm` *o* `resize` *también se pueden usar para administrar las particiones. Los subcomandos* `partx` *o* `kpartx` *también permiten notificar al kernel los cambios en las tablas de particiones.*

Administrar tipos de partición

El comando `t` (*type*) en fdisk se usa para cambiar el tipo de una partición.

Ejemplo

```
Comando (m para la ayuda): t
Número de partición (1-5): 5
Código Hex (teclear L para listar los códigos): c
Tipo de partición del sistema modificado de 5 a c (W95 FAT32 (LBA))

Comando (m para la ayuda): p

Disco /dev/sdb: 4026 Mb, 4026531840 bytes
64 heads, 62 sectors/track, 1981 cylinders
Units = cilindros of 3968 * 512 = 2031616 bytes
Disk identifier: 0x0003ed63

Periférico Arranque  Principio    Fin      Bloques    Id  Sistema
/dev/sdb1                1        505    1001889    83  Linux
/dev/sdb2              506       1981    2928384     5  Extended
/dev/sdb5              506       1981    2928353     c  W95 FAT32 (LBA)

Comando (m para la ayuda): w
```

Los tipos de particiones más utilizados para Linux son los siguientes:

- `0x83`: partición de tipo Linux (datos)
- `0x82`: partición de tipo swap
- `0xfd`: partición de tipo RAID
- `0x8e`: partición de tipo LVM

b. Manipular las particiones GPT

El comando `gdisk`, (*GPT fdisk*), es el equivalente de fdisk para un disco GPT. Su sintaxis es parecida a la de `fdisk`:

Ejemplo

```
# gdisk /dev/sdb
GPT fdisk (gdisk) version 0.7
Partition table scan:
  MBR: protective
```

```
  BSD: not present
  APM: not present
  GPT: not present

Found valid GPT
with protective MBR; using GPT.
Command (? for help):
```

Ya no existe la noción de particiones primarias, extendidas o de lectores lógicos. Las particiones se numeran de 1 a 128. El proceso de creación es idéntico al particionado con `fdisk`.

Los tipos de partición ofrecidos se codifican usando cuatro caracteres hexadecimales y para los más comunes, son los mismos que los propuestos por `fdisk`, complementados con dos ceros:

- `0x8300`: partición de tipo Linux
- `0x8200`: partición de tipo swap
- `0xfd00`: partición de tipo RAID
- `0x8e00`: partición de tipo LVM

El código `0xef02` se corresponde con el tipo BIOS Boot partition.

No se efectúa ninguna modificación hasta que el comando `w` se haya validado.

El comando `c` permite cambiar el nombre de la partición.

El comando `i` muestra la información detallada de una partición:

Ejemplo

```
Command (? for help): i
Using 1
Partition GUID code: 0FC63DAF-8483-4772-8E79-3D69D8477DE4 (Linux filesystem)
Partition unique GUID: 81CDF84E-D87B-48C5-A0C8-13EE07134D56
First sector: 2048 (at 1024.0 KiB)
Last sector: 10487807 (at 5.0 GiB)
Partition size: 10485760 sectors (5.0 GiB)
Attribute flags: 0000000000000000
Partition name: 'root'
```

☞*Nótese: El uso de `gdisk` en un disco particionado en el método MBR puede ser peligroso. Cuando se guardan las modificaciones a la salida de `gdisk`, el disco completo se convierte al formato GPT, Protective MBR incluido.*

E. Manejar los sistemas de archivos

El árbol global de directorios y archivos en un sistema Linux consta de uno o más sistemas de archivos, almacenados en uno o más espacios de almacenamiento (discos, particiones, volúmenes lógicos LVM). Se utilizan diferentes comandos para administrar estos sistemas de archivos (crear, modificar, eliminar), que pueden ser de diferentes tipos.

1. Definiciones básicas

Un sistema de archivos gestiona bloques de datos en un espacio de almacenamiento. Organiza los datos en archivos, que se almacenan en una estructura de árbol estructurada en directorios. Las estructuras se utilizan para administrar los atributos generales del espacio de almacenamiento del sistema de archivos.

☞ *El espacio de almacenamiento puede ser físico (disco, partición) o lógico (volumen lógico LVM). También hay sistemas de archivos virtuales, que se administran en RAM.*

a. Bloque

El bloque es la unidad básica, atómica, de almacenamiento del sistema de archivos. Un archivo ocupa siempre un número entero de bloques. Así, si el tamaño de un archivo es de un byte y el bloque tiene un tamaño de 4096 bytes, 4095 bytes son inútiles.

☞ *Algunos comandos muestran el tamaño de los archivos en bloques, como `du`, `df` o `find`. El tamaño de un bloque es de 512 bytes para algunos comandos, y 1024 para otros.*

b. Superbloque

Cada sistema de archivos dispone de al menos un **superbloque** (*superblock*). Un superbloque es una zona de metadatos que contiene información sobre el sistema de archivos y su estado:

- Tipo de sistema de archivos
- Tamaño
- Estado
- Posición de otras zonas de metadatos (otros superbloques, tabla de inodos, etc.).

Linux intenta primero leer el superbloque primario, el primero del disco. Puede ocurrir que este último esté corrupto. En tal caso, ya no se puede acceder a los datos del disco. Un sistema de archivos de Linux dispone de copias (*backups*) del superbloque en varios sitios del disco. Como las escrituras en estos diversos superbloques son síncronas, son todos idénticos, y pueden permitir acceder a los elementos del sistema de archivos.

c. Tabla de inodos

Un **inodo** (*index node*) es un nodo índice. Es una estructura de datos que contiene los datos de estado de un archivo llamados **atributos** o **metadatos**. Cada archivo tiene un número de inodo (*i-number*). Los inodos de un sistema de archivos se almacenan en una tabla, la tabla de inodos. Esta tabla se suele separar en varios fragmentos distribuidos después de cada superbloque. Una tabla de inodos forma parte de los metadatos.

Un archivo tiene un solo inodo. Este último es único dentro de su sistema de archivos. Como cada sistema de archivos tiene su propia tabla de inodos, un número de inodo solo identifica a un archivo dentro de su sistema de archivos.

Contenido

El contenido de un inodo cambia de un sistema de archivos a otro, pero la norma POSIX requiere que cada uno de ellos disponga de, al menos, los atributos siguientes:

- tamaño;

- identificador del periférico que lo contiene;
- propietario;
- grupo de usuarios asociados;
- número de inodo;
- modo: tipo de permisos de acceso;
- fecha de última modificación de atributo (*change time*);
- fecha de última modificación de contenido (*modification time*);
- fecha de último acceso (*access time*);
- contador de vínculos físicos (*hard links*): número de nombres de archivos asociados al inodo;
- dirección a los bloques de datos o los bloques de dirección de bloques de datos.

El comando `stat` muestra los atributos del inodo asociado a un archivo.

Ejemplo

```
~# stat /boot/vmlinuz-5.10.0-22-amd64
  Archivo: /boot/vmlinuz-5.10.0-22-amd64
   Tamaño: 7035328     Bloques: 13744      Bloques de E/S: 4096   archivo
Periférico: 801h/2049d       Inodo: 130569      Enlaces: 1
Acceso: (0644/-rw-r--r--)  UID: (    0/    root)   GID : (   0/    root)
 Acceso: 2023-05-03 20:40:48.000000000 +0200
Modif.: 2023-04-22 14:24:15.000000000 +0200
Cambio: 2023-05-03 20:41:13.448425000 +0200
  Creado: 2023-05-03 20:40:56.464425000 +0200
```

Direcciones

Los campos de direcciones de un inodo son generalmente de dos tipos:

- direcciones que apuntan a los primeros bloques de datos del archivo;
- direcciones que apuntan a bloques que contienen otros campos de direcciones;

En este último caso, de manera recursiva (direcciones de direcciones que apuntan ellas mismas a otras direcciones), los bloques de direcciones forman un árbol, o bien cada una de las hojas (terminaciones) apunta a un bloque de datos. Son los bloques de indirección (simple, doble, triple).

Ejemplo

Un inodo de tipo `ext2` *contiene diez campos que apuntan cada uno a un bloque de datos, y tres campos de indirección (apuntan a direcciones).*

- El primero de estos tres campos apunta, en indirección simple, a 256 direcciones de bloques de datos.
- El segundo apunta, en indirección doble, a 256 direcciones, las cuales apuntan cada una de ellas a otras 256 direcciones de bloques de datos, o sea, 256^2 bloques de datos.
- El tercer campo apunta, en triple indirección, a 256 direcciones, que a su vez apuntan a 256 direcciones, que a su vez apuntan a 256 direcciones de bloques de datos, o sea 256^3 bloques de datos.

Si n es el tamaño de un bloque en bytes, el tamaño máximo de un archivo es, por lo tanto $n*(10+256+256^2+256^3)$ ***bytes***.

Para un bloque de 4096 bytes, ¡esto representa unos 64 GB!

d. Los directorios

Si un inodo no contiene el nombre del archivo, este se coloca en una tabla de catálogo en un directorio (directory), archivo de tipo particular que contiene una tabla de su contenido. En esta tabla, cada nombre de archivo se asocia a un inodo del sistema de archivos.

Se puede representar esta tabla como un cuadro de dos columnas:

Tabla del directorio dir1	
Número Inodo	**Nombre**
914250	group
914195	hosts
914253	passwd
915782	shadow
...	...

e. Enlace físico

Un **enlace físico** (*hard link*) corresponde a un nombre de archivo asociado a un inodo. Un inodo se puede asociar con n nombres de archivo, en uno o más directorios, pero solo dentro del mismo sistema de archivos.

El campo de número de enlaces físicos se mantiene actualizado en el inodo. Cuando este contador llega a cero, el inodo se considera disponible, junto con sus bloques de datos, por lo que se puede reasignar y sus datos se pierden.

Mientras un inodo tenga un enlace físico, su contenido (atributos y bloques de datos) no se elimina.

No es posible crear enlaces físicos asociados a un inodo de tipo directorio. De hecho, este uso está reservado para el sistema y se utiliza para administrar el árbol.

El comando `ls -l` muestra en la tercera columna el número de enlaces físicos asociados con el inodo de un archivo.

La opción `-i` del comando `ls` muestra el número de inodo asociado a un archivo.

Ejemplo

Dos nombres de archivo asociados con el mismo inodo:

```
$ ls -li
2394875 -rw-r--r-- 2 seb users    0 mar 21 22:40 fic1
2394875 -rw-r--r-- 2 seb users    0 mar 21 22:40 fic2
```

Ambos archivos son dos enlaces físicos y están asociados al mismo inodo, `2394875`*. Tienen los mismos permisos, y utilizar uno u otro da acceso a los mismos datos. Si se elimina un archivo, el otro sigue existiendo, pero su número de enlaces físicos disminuye.*

Un directorio siempre tiene al menos dos enlaces físicos, su nombre en su directorio padre y su entrada:

```
# ls -lid rep rep/.
522299 drwxr-xr-x 2 root root 4096  4 junio  09:17 rep
522299 drwxr-xr-x 2 root root 4096  4 junio  09:17 rep/.
```

2. Crear un sistema de archivos

El propósito de crear un sistema de archivos en un espacio de almacenamiento, es permitir que las aplicaciones creen directorios y archivos en él, una vez que el sistema de archivos se haya hecho accesible "montándolo" en el árbol global del sistema Linux.

El comando mkfs

El comando genérico para crear un sistema de archivos es `mkfs`. Llama a un comando específico en función del tipo de sistema de archivos especificado.

Sintaxis

`mkfs -t typefs opciones periférico`

La opción `-t typefs` determina el tipo de sistema de archivos y, por lo tanto, el programa al que se llama. Existe un programa por tipo de sistema de archivos:

- `ext2: mkfs.ext2`
- `ext3: mkfs.ext3`
- `ext4: mkfs.ext4`
- `btrfs: mkfs.btrfs`
- `vfat: mkfs.vfat`
- `ntfs: mkfs.ntfs`

☞*Las opciones del sistema de archivos que se van a crear se deben especificar DESPUÉS de la opción* `-t`*, ya que se pasan al comando específico.*

Los comandos específicos también se pueden utilizar directamente.

Ejemplo

Crear un sistema de archivos de tipo `ext2`*:*

```
mkfs -t ext2 -v /dev/sdb1
mke2fs 1.45.6 (20-Mar-2020)
resolución de fs_types para mke2fs.conf: 'ext2'
Filesystem label=
Tipo de SO: Linux
Tamaño del bloque=4096 (log=2)
Tamaño del fragmento=4096 (log=2)
Stride=0 bloques, anchura de stripe=0 bloques
262144 nodos-i, 1048320 bloques
52416 bloques (5.00%) reservados para el superusuario
Primer bloque de datos=0
Número máximo de bloques del sistema de archivos=1073741824
```

```
32 grupos de bloques
32768 bloques por grupo, 32768 fragmentos por grupo
8192 nodos-i por grupo
UUID del sistema de archivos: 28272a5c-75d5-4507-b76c-e8fabf13734b
Respaldos del superbloque guardados en los bloques:
        32768, 98304, 163840, 229376, 294912, 819200, 884736

Reservando las tablas de grupo: hecho
Escribiendo las tablas de nodos-i: hecho
Escribiendo superbloques y la información contable del sistema de archivos:
hecho
```

- *Es posible poner una etiqueta (un nombre) al sistema de archivos.*
- *Cada bloque es de 4096 bytes.*
- *Hay 2569728 bloques.*
- *Los nodos i (inodos) representan el número máximo de archivos: 125440.*
- *Se reserva el 5% del espacio en disco a root, lo que significa que un usuario lambda no podrá llenar el disco a más del 95%.*
- *Se reparten las tablas de inodos por grupos.*
- *Hay un superbloque principal y ocho superbloques de emergencia (uno por grupo).*

a. Creación de un sistema de archivos ext*

Los sistemas de archivos `ext2`, `ext3` y `ext4` son compatibles y comparten algunas opciones. Estas son las más habituales:

Parámetro	Significado
`-b`	Tamaño de los bloques en bytes, múltiplo de 512. Si no se especifica el tamaño, se determinará por el tamaño de la partición.
`-c`	Compruebe los bloques defectuosos antes de crear el sistema de archivos. También se puede utilizar el comando `badblocks`.
`-i`	Ratio bytes/inodo. Se calcula el tamaño de la tabla de los inodos en función del tamaño total del sistema de archivos. Un inodo ocupa 128 bytes.
`-m`	Porcentaje reservado a la cuenta de administrador (root), por defecto el 5%, en el que el valor 0 es posible.
`-L`	Label del sistema de archivos.
`-j`	Crea un diario ext3 y, por lo tanto, un sistema de archivos ext3 o ext4.
`-v`	Visualización detallada.

Ejemplo

Creación de un sistema de archivos transaccional `ext3` (opción `-j`) con un tamaño de bloques de 2048 bytes, y un inodo por cada 16 KB. Los usuarios pueden utilizar la totalidad del sistema (no se reserva ningún espacio para root). La etiqueta es DATA.

```
# mkfs -t ext2 -v -j -b 2048 -i 16384 -m 0 -L "DATA" /dev/sdb1
mke2fs 1.45.6 (20-Mar-2020)
resolución de fs_types para mke2fs.conf: 'ext2'
Filesystem label=DATA
Tipo de SO: Linux
Tamaño del bloque=2048 (log=1)
Tamaño del fragmento=2048 (log=1)
Stride=0 bloques, anchura de stripe=0 bloques
262144 nodos-i, 2096640 bloques
0 bloques (0.00%) reservados para el superusuario
Primer bloque de datos=0
Número máximo de bloques del sistema de archivos=538968064
128 grupos de bloques
16384 bloques por grupo, 16384 fragmentos por grupo
2048 nodos-i por grupo
UUID del sistema de ficheros: 7f44011e-e69b-41d2-b49f-9df63fd24524
Respaldos del superbloque guardados en los bloques:
       16384, 49152, 81920, 114688, 147456, 409600, 442368, 802816, 1327104,
       2048000

Reservando las tablas de grupo: hecho
Escribiendo las tablas de nodos-i: hecho
Creando el fichero de transacciones (16384 bloques): hecho
Escribiendo superbloques y la información contable del sistema de archivos:
hecho
```

La línea de comandos siguiente tiene el mismo efecto, ya que el sistema de archivos `ext3` induce el parámetro `-j`:

```
# mkfs -t ext3 -v -b 2048 -i 16384 -m 0 -L "DATA" /dev/sdb1
```

Conversión de ext2 a ext3

`Ext3` es un sistema de archivos `ext2` al cual se ha añadido un soporte transaccional. El comando `tune2fs` permite convertir un sistema de archivos `ext2` en `ext3`.

Ejemplo

```
# tune2fs -j /dev/sdb1
tune2fs 1.45.6 (20-Mar-2020)
Creando el nodo-i del fichero de transacciones: hecho.
```

Conversión de ext3 a ext2

Por el contrario, el comando `tune2fs` con la opción `-O` convierte un sistema de archivos `ext3` en `ext2`, desactivando el registro.

Ejemplo

```
# tune2fs -O ^has_journal /dev/sdb1
```

Conversión de ext3 a ext4

El comando `tune2fs` permite añadir a un sistema de archivos `ext3`, los parámetros implementados por el tipo `ext4`, con la opción `-O` y las siguientes palabras clave:

- `extents`: añade los bloques de extensión (`extents`).
- `unint_bg`: optimización de la tabla de inodos para simplificar la comprobación del sistema de archivos.
- `dir_index`: modificación de la tabla contenida en los archivos de directorio para acelerar el acceso a su contenido para directorios grandes.

Ejemplo

```
# tune2fs -O extents,uninit_bg,dir_index /dev/sdb1
```

Para activar estas optimizaciones, primero debe realizar una comprobación del sistema de archivos, utilizando el siguiente comando:

```
# fsck -pDf /dev/sdb1
```

☞ *Para el sistema de archivos raíz o el que contiene el kernel de Linux, es necesario comprobar la compatibilidad de la versión del cargador GRUB con `ext4`. De lo contrario, es posible que el sistema no arranque.*

b. Creación de un sistema de archivos XFS

La opción `-t xfs` del comando `mkfs` se utiliza para crear un sistema de archivos XFS.

Ejemplo

```
# mkfs -t xfs -f /dev/sdb1
meta-data=/dev/sdb1              isize=512    agcount=4, agsize=262080 blks
         =                       sectsz=512   attr=2, projid32bit=1
         =                       crc=1        finobt=1, sparse=1, rmapbt=0
         =                       reflink=1
data     =                       bsize=4096   blocks=1048320, imaxpct=25
         =                       sunit=0      swidth=0 blks
naming   =version 2              bsize=4096   ascii-ci=0, ftype=1
log      =internal log           bsize=4096   blocks=2560, version=2
         =                       sectsz=512   sunit=0 blks, lazy-count=1
realtime =none                   extsz=4096   blocks=0, rtextents=0
```

c. Creación de un sistema de archivos BTRFS

☞*Atención, aunque se ve cierta estabilización y es empleado a veces en sistemas de producción, muchas de las funcionalidades de BTRFS siguen siendo inestables o presentan problemas de rendimiento. Las distribuciones Red Hat ya no la implementan.*

El sistema de archivos BTRFS (*Better File System*) dispone de muchas funciones avanzadas: RAID, subvolúmenes, snapshots, etc.

La opción `-t btrfs` del comando `mkfs`, permite crear un sistema de archivos BTRFS.

Ejemplo

```
# mkfs -t btrfs -f /dev/sdb1
btrfs-progs v5.4
See http://btrfs.wiki.kernel.org for more information.

Label:                (null)
UUID:                 2b1c7c56-b5fc-42a7-b254-805ab742873a
Node size:            16384
Sector size:          4096
Filesystem size:      9.80GiB
Block group profiles:
  Data:               single            8.00MiB
  Metadata:           DUP             256.00MiB
  System:             DUP               8.00MiB
SSD detected:         no
Incompat features:    extref, skinny-metadata
Checksum:             crc32c
Number of devices:    1
Devices:
   ID        SIZE  PATH
   1      9.80GiB  /dev/sdb1
```

Conversión de ext3 o ext4 a BTRFS

El comando `btrfs-convert` permite convertir un sistema de archivos `ext3` o `ext4`, con la posibilidad de volver al estado anterior.

Ejemplo

Verificación del sistema de archivos:

```
# fsck -f /dev/sdb1
```

Conversión:

```
# btrfs-convert /dev/sdb1

create btrfs filesystem:
        blocksize: 4096
        nodesize:  16384
        features:  extref, skinny-metadata (default)
        checksum:  crc32c
```

```
creating ext2 image file
creating btrfs metadata
copy inodes [o] [        2/        11]
conversion complete
```

```
# btrfs-convert -r /dev/sdb1
rollback succeeded
```

d. Creación de un sistema de archivos VFAT

La opción `-t vfat` del comando `mkfs` se utiliza para crear un sistema de archivos VFAT.

El comando determina automáticamente el tipo de FAT que se va a crear (12, 16 o 32), en función del tamaño de la partición.

Ejemplo

```
mkfs -t vfat -v /dev/sdb1
mkfs.fat 4.1 (2017-01-24)
Auto-selecting FAT32 for large filesystem
/dev/sdb1 has 133 heads and 62 sectors per track,
hidden sectors 0x0800;
logical sector size is 512,
using 0xf8 media descriptor, with 8386560 sectors;
drive number 0x80;
filesystem has 2 32-bit FATs and 8 sectors per cluster.
FAT size is 8176 sectors, and provides 1046272 clusters.
There are 32 reserved sectors.
Volume ID is 74177e99, no volume label.
```

☞ *Los comandos `mkfs.vfat` y `mkfs.msdos` son vínculos simbólicos hacia el programa `mkdosfs`.*

Opciones de creación:

Parámetro	Significado
`-c`	Comprueba el periférico antes de la creación.
`-F`	Tamaño de la FAT (12, 16, 32).
`-I`	Utiliza el disco completo y no una partición.
`-n`	Nombre del volumen.
`-v`	Visualización detallada.

Las mtools

Las mtools son herramientas de software que permiten trabajar en sistemas de archivos FAT y VFAT como en Windows. Retoman la sintaxis de los comandos de origen, pero añaden una `m` delante: `mdir`, `mformat`, `mlabel`, `mdeltree`, etc.

Los discos y particiones se asocian a las letras de unidad `c:`, `d:`, `e:`, a través del archivo de configuración `/etc/mtools.conf`.

Ejemplo

Declarar `/dev/sdb1` como `d:` en `/etc/mtools.conf`:

```
drive d: file="/dev/sdb1"
```

```
# mlabel -s d:
 Volume has no label
# mlabel d:
 Volume has no label
Enter the new volume label : DATAFAT
# mlabel -s d:
 Volume label is DATAFAT
```

F. Acceder a los sistemas de archivos

Las aplicaciones solo pueden acceder a directorios y archivos en un sistema de archivos si el sistema de archivos está "montado" en el árbol global del sistema Linux. La operación de montaje puede ser manual o automática.

1. El comando mount

El comando `mount` permite acceder al árbol de directorios y de archivos de un sistema de archivos, ajustándolo a un directorio existente en el árbol global.

Sintaxis

```
mount [-t tipofs|-a] [-o opciones] [FicEspecial|-L etiqueta|-U UUID]
[punto_de_montaje]
```

Sin opciones ni argumentos, el comando muestra información sobre los sistemas de archivos montados.

Con argumentos que hacen referencia al sistema de archivos y el punto de montaje, adjunta el directorio raíz del sistema de archivos especificado al directorio del punto de montaje (*mountpoint*) del árbol global. Si falta uno de los dos argumentos, el comando lee el archivo `/etc/fstab` y busca una línea que contenga el argumento proporcionado, para montarlo con la información proporcionada.

El sistema de archivos que se va a montar se puede especificar mediante el archivo especial asociado, por su etiqueta (opción `-L`) o por su UUID (opción `-U`).

Si el tipo de sistema de archivos no está especificado por la opción `-t`, el comando lo determina a partir de los atributos del sistema de archivos.

☞ *Si antes había elementos en el punto de montaje, se ocultan para el montaje y, por lo tanto, son inaccesibles. Volverán a ser accesibles si se desmonta el sistema de archivos.*

La opción `-a` permite montar todos los sistemas de archivos declarados en el archivo `/etc/fstab` de modo montaje automático.

Ejemplo

Se ha creado un sistema de archivos de tipo `ext4` *en la partición* `1` *del segundo disco y se monta en el directorio existente* `/mnt/DATA`*:*

```
# mount -t ext4 /dev/sdb1 /mnt/DATA
```

Lista de sistemas de archivos montados para discos sd:*

```
# mount | grep '/dev/sd[a-z]'
/dev/sda1 on /boot type xfs (rw,relatime,seclabel,attr2,inode64,
logbufs=8,logbsize=32k,noquota)
/dev/sdb1 on /mnt/DATA type ext4 (rw,relatime,seclabel)
```

También se puede acceder a la información sobre los sistemas de archivos montados a través del archivo dinámico `/etc/mtab`*.*

Ejemplo

```
# grep '/dev/sd[a-z]' /etc/mtab
/dev/sda1 /boot xfs rw,seclabel,relatime,attr2,inode64,logbufs=8,
logbsize=32k,noquota 0 0
/dev/sdb1 /mnt/DATA ext4 rw,seclabel,relatime 0 0
```

Montaje por etiqueta

La identificación del sistema de archivos por su etiqueta lo hace independiente de la posición de su disco en relación con otros discos.

Ejemplo

Montaje del sistema de archivos de etiquetas `DATA`*, en el directorio* `/mnt/DATA`*:*

```
# mount -t ext4 -L DATA /mnt/DATA
# mount
...
/dev/sdb1 on /mnt/DATA type ext4 (rw)
```

Se puede obtener la lista de las etiquetas conocidas del sistema listando el directorio `/dev/disk/by-label`. Cada etiqueta es un vínculo simbólico hacia el archivo especial correspondiente:

Ejemplo

```
# ls -l /dev/disk/by-label/
total 0
lrwxrwxrwx. 1 root root 10 29 enero 21:05 DATA -> ../../sdb1
```

Montaje por UUID

Cada sistema de archivos tiene un identificador único llamado identificador único universal (*Universal Unique Identifier*). Al igual que con una etiqueta, la identificación del sistema de archivos por su UUID lo hace independiente de la posición de su disco, en relación con otros discos.

El comando `blkid` se utiliza para conocer el UUID de un sistema de archivos.

Sintaxis

```
blkid -o value -s UUID FicEspecial
```

Ejemplo

```
# blkid -o value -s UUID /dev/sdb2
b6dbdb96-7149-4377-beb6-28003f5253c2
```

El directorio `/dev/disk/by-uuid` contiene enlaces simbólicos para cada UUID conocido en el sistema, apuntando al archivo especial correspondiente.

Ejemplo

```
# ls -l /dev/disk/by-uuid/
total 0
total 0
lrwxrwxrwx. 1 root root 10 29 ene. 21:08 1625591b-2767-4832-8655-0a0ae98407f1 -> ../../sdb3
lrwxrwxrwx. 1 root root  9 29 ene. 20:44 2020-01-13-11-12-56-98 -> ../../sr0
lrwxrwxrwx. 1 root root 10 29 ene. 20:44 812331ea-4b31-4da1-b389-156ccbcda7da -> ../../dm-1
lrwxrwxrwx. 1 root root 10 29 ene. 21:08 93df9c77-321c-4ba9-b181-21964ab30380 -> ../../sdb2
lrwxrwxrwx. 1 root root 10 29 ene. 21:08 b6dbdb96-7149-4377-beb6-28003f5253c2 -> ../../sdb1
lrwxrwxrwx. 1 root root 10 29 ene. 20:44 bed293c8-19bf-4413-bf22-f2b6cae15f19 -> ../../sda1
lrwxrwxrwx. 1 root root 10 29 ene. 20:44 f2233fbe-4485-4433-933c-9a5aeb2ff348 -> ../../dm-0
```

Del mismo modo, los directorios `/dev/disk/by-partlabel` y `/dev/disk/by-partuuid` contienen los enlaces simbólicos de las etiquetas y de los UUID conocidos por el sistema, para discos con formato GPT.

Ejemplo

```
# ls -l /dev/disk/by-partlabel/
lrwxrwxrwx. 1 root root 10 29 ene. 21:08 home_bis -> ../../sdb2
lrwxrwxrwx. 1 root root 10 29 ene. 21:08 root_bis -> ../../sdb1
```

☞ *`blkid` reconoce los UUID de la mayoría de los sistemas de archivos, incluidos FAT y NTFS.*

Ejemplo

Montaje por UUID:

```
# mount -t ext4 -U b6dbdb96-7149-4377-beb6-28003f5253c2 /mnt/DATA
```

a. Opciones de montaje

Un sistema de archivos, dependiendo de su tipo, acepta muchas opciones de montaje que se pueden especificar con la opción `-o` de `mount`. Las opciones de montaje están separadas por comas.

Las opciones habituales son las siguientes.

Opción	Significado
`defaults`	Opciones predeterminadas, variables en función del tipo de sistema de archivos (`rw`, `suid`, `dev`, `exec`, `auto`, `nouser` y `async`).
`sync/async`	Activa o desactiva las escrituras sincrónicas. En modo `async`, las escrituras difieren a través de un búfer en la RAM.
`exec/noexec`	Permite o no la ejecución de archivos.
`noatime`	Sin gestión de fecha de acceso.
`remount`	Remontaje del sistema de archivos para tener en cuenta nuevas opciones.

Opción	Significado
ro/rw	Edición en modo solo lectura o lectura y escritura.
dev/nodev	Interpretar/No interpretar archivos especiales.
noload	Para ext3 o ext4, no carga el registro.
acl	Permite el uso de las *Access Control Lists*.
user_xattr	Para ext* y XFS, gestión de atributos extendidos en archivos.
umask	Para FAT/NTFS, aplica una máscara global distinta a la predeterminada (ej: 133).
dmask=/fmask=	FAT/NTFS, permisos predeterminados para directorios y archivos.
uid=/gid=	FAT/NTFS, usuario o grupo predeterminado en archivos.
ssd	BTRFS, permite optimizaciones para unidades SSD.
compress	BTRFS, permite la compresión automática de datos.
autodefrag	BTRFS, permite la desfragmentación automática del sistema de archivos.

b. umount

El comando `umount` separa el sistema de archivos del punto de montaje y hace que sus directorios y archivos sean inaccesibles.

Sintaxis

```
# umount Punto_Montaje|FicEspecial
```

Puede especificar el punto de montaje o el archivo especial asociado con el sistema de archivos.

El sistema de archivos no debe estar en uso. En particular, ningún proceso debe tener su directorio actual en el sistema de archivos.

Exemple

```
# umount /mnt/DATA
umount: /mnt/DATA: el destino está activo
```

El comando `lsof` indica los procesos que utilizan el sistema de archivos.

Ejemplo

```
# lsof /mnt/DATA
COMMAND  PID USER   FD   TYPE DEVICE SIZE/OFF NODE NAME
bash    2247  pba  cwd    DIR   8,33     1024    2 /mnt/DATA
```

El proceso `2247`, que ejecuta el shell bash, del usuario `pba`, accede al sistema de archivos (su directorio actual es `/mnt/DATA`).

El comando `fuser` también indica qué procesos están utilizando el sistema de archivos (o cualquiera de sus archivos). Con la opción `-k`, puede eliminar todos los procesos afectados (enviándoles una señal 9).

☞ *Solo una cuenta de administrador (root) puede enviar señales a procesos que no están asociados a su cuenta.*

Ejemplo

Eliminación de los procesos que utilizan el sistema de archivos montado en `/mnt/DATA`:

```
# fuser -k /mnt/DATA
/mnt/DATA:                2247c
```

El proceso `2247` *ha sido eliminado por la señal 9.*

c. Volver a montar un sistema de archivos

La opción `-o remount` del comando `mount` permite cambiar las opciones de montaje de un sistema de archivos sin tener que desmontarlo primero. El sistema de archivos se puede especificar por su archivo especial o por su punto de montaje.

Ejemplo

Volver a montar un sistema de archivos en modo solo lectura:

```
# mount -o ro,remount /mnt/DATA
# mount | grep /DATA
/dev/sdc1 on /mnt/DATA type ext4 (ro,relatime)
```

d. El archivo /etc/fstab

El archivo `/etc/fstab` permite especificar la configuración de montaje para diferentes sistemas de archivos. Se utiliza durante el inicio del sistema para montar automáticamente los sistemas de archivos. El comando `mount` también lo usa para obtener las opciones de montaje predeterminadas para el sistema de archivos que se va a montar.

Cada línea se compone de seis campos, separados por espacios en blanco (espacio(s) o tabulaciónes).

`IdSystFic Punto_de_montaje Typefs Options Dump fsck`

Campo	Descripción
`IdSystFic`	Identificador del sistema de archivos que se va a montar. Se puede especificar por su archivo especial, (`/dev/xxx`), su etiqueta (`LABEL=xxx`), su UUID (`UUID=xxx`), su PARTUUID GPT (`PARTUUID=xxx`) o su PARTLABEL GPT (`PARTLABEL=xxx`).
`Punto de montaje`	El directorio desde el que se accede al sistema de archivos montado.
`Typefs`	El tipo (`ext2`, `ext3`, `ext4`, `btrfs`, `VFAT`, `XFS`, etc.) del sistema de archivos.
`Options`	Opciones de montaje, separadas por comas.
`Dump`	Frecuencia de volcado o dump para herramientas de volcado o copia de seguridad.
`Fsck`	Orden de verificación del sistema de archivos, `0`=ignorar. Los sistemas de archivos con el mismo número se comprueban en paralelo.

Además de las opciones que hemos visto con el comando `mount`, también podemos utilizar estas:

- `auto/noauto`: montaje automático o no automático al arrancar el sistema.
- `user/nouser`: montaje permitido o no para usuarios que no son administradores.

Ejemplo

Contenido truncado de un archivo `/etc/fstab`*:*

```
/dev/sda3  /         ext4 defaults    1 1
/dev/sda2  /boot     ext4 defaults    1 2
/dev/sdb1  /home     ext4 defauts     1 2
/dev/sda6  /public   ext4 defaults    1 2
/dev/sda5  swap      swap     defaults              0 0
```

Líneas con etiqueta o UUID:

```
LABEL=BOOT   /boot               ext4 defaults    1 2
UUID=fb6dbdb96-7149-4377-beb6-28003f5253c2 /mnt/DATA ext4 defaults  1 2
```

Montaje al iniciar el sistema

Durante la secuencia de arranque, todos los sistemas de archivos declarados en `/etc/fstab` sin la opción `noauto` se montan automáticamente (la opción `auto` está implícita) después de que se cargue el kernel y antes de que se carguen los servicios. El primer sistema de archivos montado es el sistema de archivos raíz `/`, seguido por el swap y el resto sistemas de archivos, así como los sistemas de archivos virtuales (`/proc`, `/sys`, `/dev/pts`...).

☞ *Los sistemas de archivos virtuales son sistemas de archivos sin espacio de almacenamiento que son administrados dinámicamente por el kernel.*

Montaje manual con /etc/fstab

Los sistemas de archivos declarados en `/etc/fstab` se pueden manejar con el comando `mount`, especificando el identificador del sistema de archivos o el punto de montaje en él. El comando obtendrá la información de montaje del sistema de archivos del archivo `/etc/fstab`.

Del mismo modo, con la opción `-a`, el comando montará todos los sistemas de archivos declarados en `/etc/fstab`.

Ejemplo

```
mount /home
mount -L /u01
mount LABEL=/boot
mount /dev/sda5
mount -a
```

e. Sistemas de archivos CD/DVD e imágenes ISO

Para que su contenido sea accesible, los CD-ROM, DVD-ROM y otros medios similares deben estar montados, al igual que cualquier otro sistema de archivos. La mayoría utiliza el sistema de archivos `iso9660`.

Ejemplo

```
# mount -t iso9660 /dev/sr0 /media/cdrom
```

Algunos DVD-ROM utilizan el formato **UDF** (*Universal Disk Format*).

Ejemplo

```
# mount -t udf /dev/sr1 /media/dvd
```

☞ *Por defecto, la mayoría de las distribuciones de Linux más recientes montan automáticamente sistemas de archivos para medios extraíbles (CD, DVD, memorias USB o discos externos) a través de los servicios `udev` o `systemd`. Cuando los medios se conectan o insertan, crean los archivos especiales asociados y montan o desmontan los sistemas de archivos automáticamente.*

Una imagen ISO es un archivo que contiene una imagen del contenido de un CD o DVD, ya sea un sistema de archivos `iso9660` o `udf`. Es posible utilizar esta imagen como un dispositivo que contiene un sistema de archivos a través de la opción `loopback`. Esto coloca la imagen en el árbol global y las aplicaciones acceden a sus directorios y archivos.

Ejemplo

```
# mount -o loop -t iso9660 image.iso /mnt/iso
```

G. Controlar el sistema de archivos

Es importante supervisar el uso del sistema de archivos. Al tener un tamaño fijo, pueden saturarse e impedir que las aplicaciones o el propio sistema funcionen correctamente.

☞ *Por lo general, los tipos de sistemas de archivos más recientes se pueden ampliar, especialmente si utilizan volúmenes lógicos LVM.*

Un sistema de archivos puede estar dañado, por lo que es necesario comprobarlo y posiblemente repararlo.

1. Seguimiento del espacio en disco por sistema de archivos

El comando `df` (*disk filesystem*) permite obtener la información de ocupación de cada sistema de archivos montado. Sin argumento, facilita información sobre todos los sistemas de archivos. Si utiliza como argumento el identificador de un sistema de archivos montado, un punto de montaje o un directorio, da la información del sistema de archivos correspondiente.

Ejemplo

```
# df
Sis. de fich.              1K-bloques   Ocupado Disponible Capacidad Montado en
/dev/mapper/fedora-root    15718400     6504544 9213856    42%       /
/dev/sda1                  1038336      229732  808604     23%       /boot
/dev/sdb1                  10051792     36888   9484576    1%        /mnt/DATA
```

La unidad predeterminada es kilobytes (opción predeterminada `-k`). La opción `-m` muestra los resultados en MB.

Ejemplo

```
# df -m /mnt/DATA
Sis. de fich.   1M-bloques  Ocupado   Disponible Capacidad  Montado en
/dev/sdb1       9817        37        9263       1%         /mnt/DATA
```

La opción `-i` permite obtener la información del uso de los inodos.

Ejemplo

```
# df -i /mnt/DATA/
Sis. de fich.        Inodos   IUtil.   ILib.   %IUti. Montado en
/dev/sdb1            629K     11       629K    1%     /mnt/DATA
```

a. Seguimiento del espacio en disco por arborescencia

El comando `du` (*disk usage*) proporciona información sobre el espacio ocupado por todo o parte del árbol. Sin argumentos, muestra el espacio utilizado a partir del directorio actual. Las opciones `-k` (KB), `-m` (MB), `-g` (GB) determinan la unidad. Se proporciona el tamaño de cada artículo. El tamaño total del árbol está en la última línea.

Ejemplo

```
$ du -m LIBRO
13    LIBRO/capítulos
3     LIBRO/Nuevos/ce01
...
42    LIBRO
```

La opción `-s` solo muestra el total.

Ejemplo

```
# du -ks LIBRO
42840    LIBRO
```

El comando `du` no se limita a un solo sistema de archivos, excepto con la opción `-x`, que lo restringe al sistema de archivos del directorio especificado.

Ejemplo

```
# du -msx /
1064 /
```

2. Comprobar y arreglar los sistemas de archivos

a. fsck

El comando `fsck` permite comprobar y arreglar un sistema de archivos.

Sintaxis

```
fsck -t typefs periférico
```

El sistema de archivos que se quiere comprobar o arreglar no debería estar montado o en modo de solo lectura.

`fsck` es un comando genérico que invoca a otro comando teniendo en cuenta el tipo del sistema de archivos para comprobar: esos otros comandos más especializados son `fsck.ext2`, `fsck.ext3`, `fsck.ext4`, `fsck.btrfs`, `fsck.xfs`, etc. El comando `fsck` pasa al programa llamado todas las opciones que no reconoce. Sin la opción `-t`, `fsck` intenta determinar automáticamente el tipo de sistema de archivos.

La opción `-f` fuerza la comprobación de un sistema de archivos montado.

Si el sistema de archivos está dañado, `fsck` solicita confirmación para cada acción necesaria para la reparación. La opción `-p` fuerza una reparación automática, la opción `-y` fuerza las respuestas a "sí".

Cuando el sistema arranca, comprueba cuánto tiempo o desde cuántos montajes llevan sin comprobarse los distintos sistemas de archivos. Si el intervalo de tiempo o el número de montajes es demasiado grande, ejecuta el comando `fsck` en el sistema de archivos afectado.

☞*Los intervalos de control se pueden cambiar con el comando `tune2fs`.*

Un sistema de archivos BTRFS se puede controlar mediante los comandos `btrfsck` o `btrfs check`.

b. badblocks

El comando `badblocks` busca los bloques defectuosos en el periférico de almacenamiento como argumento `mkfs` o `fsck` pueden llamar a este comando si se le especifica la opción `-c` (check).

Por defecto, el comando lee la totalidad de los bloques del soporte y devuelve un error si uno o varios de ellos no son legibles. Se puede ejecutar el comando incluso aunque el sistema de archivos esté montado, excepto en modo prueba lectura/escritura, incluso no destructiva.

Ejemplo

```
# badblocks -v /dev/sdb1
Comprobación de los bloques 0 a 10278911
Comprobación de los bloques defectuosos (prueba en modo de solo lectura): done
Paso completado, 0 bloques defectuosos localizados.
```

Las opciones `-n` (no destructivo) y `-w` (write, con motivos, destructivo) intentan escribir en los bloques. La primera lee y vuelve a escribir lo leído en el bloque. La segunda escribe diferentes tipos de información y, por lo tanto, sobrescribe lo anterior.

La ejecución de `badblocks` puede ser larga: varias horas para tratar cientos de GB.

c. dumpe2fs

El comando `dumpe2fs` acepta como argumento un periférico que contiene un sistema de archivos `ext2`, `ext3` o `ext4`. Devuelve un gran número de información sobre el sistema de archivos.

Ejemplo

```
# # dumpe2fs /dev/sdc1
dumpe2fs 1.46.2 (28-Feb-2021)
Filesystem volume name:   DATA
Last mounted on:          <not available>
Filesystem UUID:          1cef9f9f-a0c1-490e-870a-b4ba7921a3e5
Filesystem magic number:  0xEF53
Filesystem revision #:    1 (dynamic)
```

```
Filesystem features:      has_journal ext_attr resize_inode dir_index
filetype extent 64bit flex_bg sparse_super large_file huge_file dir_nlink
extra_isize metadata_csum
Filesystem flags:         signed_directory_hash
Default mount options:    user_xattr acl
Filesystem state:         clean
Errors behavior:          Continue
Filesystem OS type:       Linux
```

La opción `-h` muestra solo el encabezado del informe de ejecución.

Ejemplo

```
# dumpe2fs -h /dev/sdb1|grep -i "block size"
Block size:               4096
```

d. tune2fs

El comando `tune2fs` permite modificar algunos parámetros de un sistema de archivos `ext2`, `ext3` o `ext4`.

Voici quelques options visuelles:

Parámetro	Significado
`-c n`	Número de veces que se debe montar el sistema de archivos antes de ser comprobado automáticamente. Si `n` vale `0` o `-1`, se desactivará la verificación.
`-i n`	Intervalo de tiempo entre dos comprobaciones. La unidad predeterminada es el día. Se pueden juntar los sufijos `d` (días), `w` (semanas) o `m` (mes).
`-j`	Añade un diario sobre un sistema de archivos `ext2`. Es preferible hacerlo con el sistema desmontado.
`-L`	Modifica la etiqueta (label, nombre de volumen). No debe superar 16 caracteres.
`-e err`	Indica cómo debe reaccionar el núcleo si se detecta un error en el sistema de archivos durante el boot. El valor predeterminado es "`continuo`". Los demás valores posibles son "`panic`" (bloqueo del núcleo en modo kernel panic) y "`remount-ro`": remontaje en modo de solo lectura.
`-m n`	Porcentaje del espacio reservado para los procesos asociados a root (y el propio root), respecto al tamaño total. Por defecto, se reserva el 5% del espacio.
`-o [^]option`	Añade o elimina (con `^`) la opción indicada por defecto al montar. Las opciones pueden ser, por ejemplo, `acl` o `user_xattr`.
`-O [^]function`	Añade o elimina (con `^`) la función indicada. La función más famosa es "`has_journal`". `-O has_journal` equivale a `-j`. `-O ^has_journal` convierte `ext3` en `ext2`.
`-U UUID`	Modifica el valor del UUID (formato hexadecimal). Es posible eliminarlo (`clear`), generar uno de manera aleatoria (`random`) o generar uno en función de la fecha (`time`).

Parámetro	Significado
`-s 0/1`	Activa o desactiva la "`sparse super feature`". En discos de gran tamaño, la activación reduce el número de bloques de emergencia para ganar espacio.

Ejemplo

```
# tune2fs -m 0 -s 1 -U random -e remount-ro -c 60 -i 180 /dev/sdb1

(28-Feb-2021)
Setting maximal mount count to 60
Setting error behavior to 2
Setting interval between checks to 15552000 seconds
Setting reserved blocks percentage to 0% (0 blocks)
The filesystem already has sparse superblocks.
This operation requires a freshly checked filesystem.
Please run e2fsck -f on the filesystem.
(and reboot afterwards!)
```

3. XFS

El uso de `XFS` se ha vuelto frecuente en Linux, sobre todo gracias a su uso predeterminado en las distribuciones Red Hat Enterprise Linux y CentOS a partir de la versión 7, al igual que la distribución Fedora a partir de la versión 22. Conviene conocer los comandos básicos específicos de este sistema de archivos.

a. xfs_info

El comando `xfs_info` muestra las características del sistema de archivos cuyo identificador o punto de montaje se le pasa como argumento.

Ejemplo

```
meta-data=/dev/mapper/rhel-root  isize=512    agcount=4, agsize=4587520 blks
         =                       sectsz=4096  attr=2, projid32bit=1
         =                       crc=1        finobt=1, sparse=1, rmapbt=0
         =                       reflink=1    bigtime=1 inobtcount=1
data     =                       bsize=4096   blocks=18350080, imaxpct=25
         =                       sunit=0      swidth=0 blks
naming   =version 2              bsize=4096   ascii-ci=0, ftype=1
log      =internal log           bsize=4096   blocks=8960, version=2
         =                       sectsz=4096  sunit=1 blks, lazy-count=1
realtime =none                   extsz=4096   blocks=0, rtextents=0
xfs_growfs
```

b. xfs_growfs

Un sistema de archivos XFS puede expandirse, pero no puede ser reducido (incluso no montado).

Si no se especifica ninguna opción, el sistema de archivos se extenderá a todo el espacio nuevo disponible.

```
# xfs_growfs /
```

c. xfs_repair

El comando `xfs_repair` es el equivalente de `fsck`. A diferencia de otros sistemas de archivos, `xfs_repair` no se ejecuta nunca al arrancar ni al montar de forma automática. Si se produce un incidente en el sistema de archivos, se debe ejecutar manualmente en un sistema de archivos no montado.

Ejemplo

```
# xfs_repair /dev/sdb1
Phase 1 - find and verify superblock...
Phase 2 - using internal log
        - zero log...
        - scan filesystem freespace and inode maps...
        - found root inode chunk
Phase 3 - for each AG...
        - scan and clear agi unlinked lists...
        - process known inodes and perform inode discovery...
        - agno = 0
        - agno = 1
        - agno = 2
        - agno = 3
        - process newly discovered inodes...
Phase 4 - check for duplicate blocks...
        - setting up duplicate extent list...
        - check for inodes claiming duplicate blocks...
        - agno = 0
        - agno = 1
        - agno = 2
        - agno = 3
Phase 5 - rebuild AG headers and trees...
        - reset superblock...
Phase 6 - check inode connectivity...
        - resetting contents of realtime bitmap and summary inodes
        - traversing filesystem ...
        - traversal finished ...
        - moving disconnected inodes to lost+found ...
Phase 7 - verify and correct link counts...
done
```

Se puede obtener una copia del registro de un sistema de archivos XFS con el comando `xfs_logprint`. Si está dañado (por haberlo desmontado mal o debido a un fallo brusco), `xfs_repair`, según la lectura de este registro, no podrá funcionar, por lo que hay que volver a crearlo.

Al montar y desmontar el sistema de archivos, se limpia el registro, ya que se comprueba y, opcionalmente, se reproduce, como en cualquier sistema de archivos con registro.

Si hay un problema, la opción `-L` de `xfs_repair` lo vaciará.

Sintaxis

```
# xfs_repair -L
```

d. xfs_db y xfs_admin

El comando `xfs_db` interactivo proporciona información detallada sobre un sistema de archivos desmontado.

Ejemplo

```
# xfs_db /dev/sdb1
xfs_db> uuid
UUID = cf8e01bc-180a-4c6c-ad5f-eaadefee452c
xfs_fsr
```

e. xfs_fsr

El comando `xfs_fsr` permite reorganizar el sistema de archivos XFS: para desfragmentarlo. XFS usa la noción de **extents**. Intentará usar extents consecutivos para almacenar la información en un mismo archivo, pero si crece, el extent siguiente no estará disponible y se usará otro en su lugar.

El comando `xfs_bmap` permite mostrar los extends de un archivo.

Ejemplo

```
 xfs_bmap -v /boot/vmlinuz-5.14.0-162.23.1.el9_1.x86_64
/boot/vmlinuz-5.14.0-162.23.1.el9_1.x86_64:
 EXT: FILE-OFFSET      BLOCK-RANGE      AG AG-OFFSET          TOTAL
   0: [0..22751]:      145216..167967    0 (145216..167967) 22752
```

Solo hay un extent.

H. La swap

Si el sistema operativo ya no tiene suficiente RAM, puede descargar temporalmente páginas de la memoria física a una o más zonas de intercambio en el disco, lo que constituye el espacio de intercambio. Este mecanismo permite utilizar más memoria de la que realmente tiene el ordenador, en detrimento del rendimiento. Si un proceso necesita páginas de memoria almacenadas en el área de intercambio o swap, el sistema las vuelve a cargar automáticamente en la RAM para que vuelvan a ser accesibles.

1. Tamaño óptimo del espacio de swap

No hay reglas estrictas para establecer el tamaño de la swap. Sin embargo, las reglas corrientes siguientes son válidas en la mayoría de casos:

- Si la RAM tiene menos de 1 GB, la swap debe ser el doble que la RAM.
- Si la RAM tiene entre 1 y 4 GB, la swap debe tener el tamaño de la RAM.
- Si la RAM supera los 4 GB, la swap debe tener 4 GB más o menos, según el uso de los procesos.

Si el sistema "intercambia" con frecuencia y todos los indicadores muestran que el espacio de memoria disponible es bajo, se debe agregar memoria física.

☞*Algunos administradores de sistemas optan por limitar el espacio de swap o incluso desactivarlo. Del mismo modo, algunos proveedores de software desaconsejan la implementación de swaps como parte del uso de sus productos (openshift, kubernetes, gestión de contenedores).*

2. Crear una partición de swap

Lo más común es que el espacio de swap se componga de una partición (o volumen lógico LVM).

La partición se debe crear con el tipo `0x82` (o `0x8200` para GPT).

El comando `mkswap` crea un sistema de archivos de swap en el volumen de destino.

Ejemplo

```
# mkswap /dev/sdb1
Configurando espacio de intercambio versión 1, tamaño = 32 GiB
(34358685696 bytes)
sin etiqueta, UUID=bbaeeae6-fbef-4887-b2d5-32701fc13a44
```

La opción `-L` del comando permite asignar una etiqueta a la partición de swap.

☞*Para optimizar el rendimiento del swap, es posible crear varias particiones de swap, en los discos diferentes gestionados por los controladores diferentes, permitiendo de esta manera un acceso simultáneo.*

3. Activar y desactivar la swap

Normalmente, el espacio de swap se activa automáticamente cuando se inicia el sistema. Algunos comandos también permiten habilitar o deshabilitar todo o parte del espacio de swap sin tener que reiniciar el sistema.

a. Encendido/apagado dinámico

El comando `swapon` se utiliza para activar una partición de swap:

Sintaxis

```
swapon [Opciones] IdZone
```

`IdZone` identifica la zona de swap que se va a activar, ya sea por su archivo especial asociado o por su etiqueta con la opción `-L`.

La opción `-p` asigna una prioridad al área de swap especificada. Cuanto mayor sea el valor, entre `0` y `32767`, mayor será la prioridad de un área de swap. El sistema lo usará primero, si existe más de una partición de swap.

La opción `-v` muestra las características del área de swap especificada.

La opción `-a` habilita todas las zonas de swap declaradas en `/etc/fstab`, excepto aquellas con la opción `noauto`.

El comando `swapoff` deshabilita una zona de swap.

Sintaxis

```
swapoff [Opciones] IdZone
```

La opción `-a` deshabilita todas las zonas de swap declaradas en `/etc/fstab`.

El contenido del archivo dinámico `/proc/swaps` proporciona el estado actual de las zonas de swap activas.

Ejemplo

```
# cat /proc/swaps
Filename                Type        Size        Used    Priority
/dev/sdb1               partition   33553404    0       -2
```

b. Declarar zonas de swap en /etc/fstab

Las zonas de swap definidas en el archivo `/etc/fstab` se activan automáticamente cuando se inicia el sistema (excepto con la opción noauto).

Sintaxis

```
IdZone  swap swap Options 0 0
```

Se pueden especificar las opciones `noauto` y `pri=X` . La opción `pri` se utiliza para establecer la prioridad del área de swap.

Durante el arranque, el sistema ejecuta `swapon -a`, que activa todas las particiones de swap declaradas en `/etc/fstab` a menos que se especifique la opción `noauto`.

Cuando se detiene, el sistema ejecuta `swapoff -a`, que deshabilita el swap.

4. Área de swap en un archivo

Linux puede usar un archivo como zona de swap. Este tipo de swap es mucho menos eficiente que una partición dedicada, pero puede compensar temporalmente la falta de RAM y de swap.

Ejemplo

Crear un archivo `/swap` de 32 MB que solo contenga bytes a cero:

```
# dd if=/dev/zero of=/swap bs=1024 count=32768
32768+0 registros leídos
32768+0 registros escritos
33554432 bytes (34 MB, 32 MiB) copied, 0,249077 s, 135 MB/s
```

Creación de una zona de swap en el archivo `/swap` y configuración de los permisos de acceso:

```
mkswap /swap
mkswap: /swap: permisos 0644 no seguros; se sugiere 0600.
Configurando espacio de intercambio versión 1, tamaño = 32 MiB (33550336 bytes)
sin etiqueta, UUID=e9a8efbc-8401-4784-8866-5e214a59d6f2
chmod 600 /swap
swapon -v /swap

swapon: /swap: firma encontrada [tamaño de página=4096, firma=swap]
```

```
swapon: /swap: tamaño de página=4096, tamaño de intercambio=33554432,
tamaño de dispositivo=33554432
```

Activación de la zona de swap:

```
swapon /swap
```

5. Estado de la memoria

Los siguientes comandos proporcionan información sobre el uso actual de RAM.

a. free

El comando `free` proporciona información sobre la memoria física (RAM) de su ordenador, así como el uso del espacio de swap. La unidad predeterminada es KB (opción por defecto `-k`), pero se puede especificar en MB (`-m`) o GB (`-g`).

Ejemplo

```
# free -k
         total        used        free      shared  buff/cache   available
Mem:   4024600     1667436      705828       78068     1651336     2020292
Swap:  2117628           0     2117628
```

☞ *El sistema cuenta con 4 GB de RAM, de los cuales 705 MB están libres. Linux utiliza gran parte del espacio disponible para su caché dinámica. Linux puede reducir este espacio tanto como quiera para asignarlo a programas y datos. Por este motivo, la columna `available` indica que hay 2 GB disponibles.*

b. /proc/meminfo

El archivo `meminfo`, en el sistema de archivos virtual `/proc`, proporciona dinámicamente información detallada sobre el estado de la memoria.

Ejemplo

```
# cat /proc/meminfo
MemTotal:        4024600 kB
MemFree:         1182848 kB
MemAvailable:    2398352 kB
Buffers:            1100 kB
Cached:          1440136 kB
SwapCached:            0 kB
Active:          1436560 kB
Inactive:        1021936 kB
Active(anon):    1019484 kB
Inactive(anon):    75808 kB
Active(file):     417076 kB
Inactive(file):   946128 kB
Unevictable:           0 kB
Mlocked:               0 kB
SwapTotal:       2117628 kB
```

```
SwapFree:          2117628 kB
Dirty:                   0 kB
Writeback: kB
AnonPages:         1017296 kB
Mapped:             538840 kB
Shmem:               78032 kB
KReclaimable:       110772 kB
...
```

I. Los permisos de acceso

Una de las funciones del sistema operativo es controlar el acceso a los datos. Linux implementa un mecanismo para administrar los permisos de acceso a archivos y directorios, basado en cuentas de usuario y grupos de usuarios.

1. Derechos básicos

Los permisos de acceso a un archivo o directorio se especifican para tres tipos de acceso: lectura, escritura y ejecución o acceso, concedidos o no concedidos a tres categorías de usuarios: el propietario, el grupo propietario y otros.

Cuando un proceso solicita usar un archivo o directorio, el kernel determina a qué categoría pertenece en relación con el recurso y controla si el tipo de acceso solicitado está permitido para dicha categoría.

☞ *Una excepción a este mecanismo es la cuenta de administrador (raíz, `UID 0`), que tiene acceso completo a todos los archivos y directorios.*

a. Permisos y cuenta de usuario

Cuando el administrador crea un usuario, le asigna un **UID** (*User Identifier*) único. Las cuentas de los usuarios quedan definidas en el archivo `/etc/passwd`. Del mismo modo, cada usuario se integra en al menos un grupo (su grupo primario). Todos estos tienen un identificador único, el **GID** (*Group Identifier*), y están definidos en el archivo `/etc/group`.

☞ *El nombre de la cuenta de usuario solo se usa para obtener sus atributos en el archivo `/etc/passwd`. El sistema solo usa el UID y el GID para administrar el control del acceso.*

El comando `id` se utiliza para obtener la información de la cuenta de usuario actual.

Ejemplo

```
$ id
uid=1000(seb) gid=100(users) grupos=7(lp),16(dialout),33(video),
100(users)
```

Propietario y grupo del archivo

Cada archivo físico tiene un `UID` y un `GID` asociados que definen su propietario y grupo de propietarios. Estos atributos se definen en el inodo y, por lo tanto, se aplican a todos los enlaces físicos que apuntan a él.

☞ *El control de los permisos de acceso para los enlaces simbólicos se basa en los permisos de acceso del archivo de destino, es decir, su inodo.*

Determinación de la categoría del proceso

Cuando un proceso solicita acceso a un archivo o directorio, proporciona su UID, así como los GID de todos los grupos a los que pertenece dicho UID. A continuación, el kernel determina a qué categoría pertenece el proceso en relación con el archivo, en el siguiente orden:

- Si el UID del proceso es 0: acceso permitido.
- De lo contrario, si el UID del proceso es igual al UID del archivo: categoría propietario.
- De lo contrario, si uno de los GID en el proceso es igual al GID en el archivo: categoría grupo.
- De lo contrario: otra categoría.

b. Permisos de acceso

Para cada categoría, un archivo o directorio tiene tres tipos de acceso configurado, concedido o no concedido. Estos permisos se definen en un campo del inodo, compuesto por 16 bits: el **modo**. Los primeros nueve bits de la derecha corresponden a los tres permisos de acceso de las tres categorías, en este orden: propietario/grupo/otro, y para cada categoría en el orden de lectura/escritura/ejecución.

El significado de estos permisos de acceso depende del tipo de inodo, archivo o directorio:

Permiso	Significado
Archivo	
`r` (*read*)	El contenido del archivo se puede leer.
`w` (*write*)	El contenido del archivo se puede modificar.
`x` (*eXecute*)	El proceso podrá solicitar la ejecución del expediente.
Directorio	
`r` (*read*)	El proceso puede solicitar la lista de contenidos del directorio.
`w` (*write*)	El proceso puede modificar el directorio, creando, cambiando el nombre y eliminando archivos en el directorio, independientemente de sus permisos de acceso a los archivos mismos.
`x`	El proceso puede acceder al directorio. Sin este permiso, el proceso no puede hacer nada con el contenido del directorio.

2. Representación de los permisos de acceso

Los permisos de acceso de un archivo o directorio se pueden representar de dos maneras.

a. Notación simbólica

Cada tipo de acceso está representado por una letra, formando un conjunto de tres caracteres, siempre en el orden lectura (`r`) / escritura (`w`) / ejecución-acceso (`x`). Si no se concede un permiso, se sustituye por el carácter `-`.

Por lo tanto, cada categoría incluye una combinación de estos tres permisos, representados en el orden propietario (`u` *user*), grupo (`g` *group*) y otro (`o` *other*).

Juntos, forman una cadena de nueve caracteres, que caracterizan los tres permisos para cada una de las tres categorías.

Esta notación simbólica es utilizada, por ejemplo, por la opción `-l` del comando `ls`. Los permisos se muestran en la primera columna, desde la posición 2 hasta la 10.

Ejemplo

```
$ ls -l fic1 fic2
total 0
-rw-r--r-- 1 pba users 0 mar 21 22:03 fic1
----rwxr-- 1 pba users 0 mar 21 22:03 fic2
```

El archivo `fic1` tiene permisos de acceso `rw-r--r-`, es decir, lectura/escritura para su propietario `pba`, lectura para los miembros de su grupo `users` (excepto el propietario) y lectura para el resto.

El archivo `fic2` tiene permisos de acceso `---rwxr--`, es decir, no tiene acceso para su propietario `pba`, lectura/escritura/ejecución para los miembros de su grupo `users` (excepto el propietario) y lectura para el resto.

b. Notación octal

Cada tipo de acceso está representado por un byte, compuesto por la suma de tres valores, siempre en el orden lectura (`4`) / escritura (`2`) / ejecución-acceso (`1`). Si un permiso no está concedido, está a cero.

☞ *Los valores corresponden al valor de tres bits de izquierda a derecha: 2 elevado a 4, 2 elevado a 2, 2 elevado a 1.*

Cada categoría tiene una combinación de estos tres dígitos, representados en orden: propietario (`u` *user*), grupo (`g` *group* y otros (`u` *other*).

Juntos, forman una cadena de tres dígitos que caracteriza los tres permisos para cada una de las tres categorías.

Esta notación numérica puede ser utilizada por algunos comandos, por ejemplo, `chmod`.

Ejemplo

```
$ ls -l fic1 fic2
total 0
-rw-r--r-- 1 pba users 0 mar 21 22:03 fic1
----rwxr-- 1 pba users 0 mar 21 22:03 fic2
```

El archivo `fic1` tiene permisos de acceso `rw-r--r--`, es decir, 644 en binario: lectura 4 + escritura 2 para el propietario, lectura 4 para el grupo y el resto.

El archivo `fic2` tiene permisos de acceso `---rwxr--`, es decir, `074` en binario: no hay acceso para el propietario, lectura 4 + escritura 2 + ejecución 1 para el grupo, lectura 4 para el resto.

3. Modificación de los permisos

Cuando se crea, un archivo o un directorio dispone de permisos por defecto. El comando `chmod` (*change mode*) permite al propietario (o al administrador root) modificar los permisos en un archivo o un directorio.

El comando acepta notación simbólica u binaria. La opción `-R` cambia los permisos de forma recursiva, en todo el árbol desde la ruta especificada.

Sintaxis

```
chmod [Opciones] modificaciones Fic1 [Fic2...]
```

a. Notación simbólica

El primer argumento del comando es una cadena que especifica los cambios que se realizarán en los permisos de acceso, de acuerdo con la siguiente sintaxis:

`CategoríaModifPermisos[,...,CategoríaModifPermisos]`

Con:

`Categoría`	`u` para el propietario (*user*), `g` para el grupo (group), `o` para el resto (*other*), `a` para todas las categorías (*all*).
`Modif`	Tipo de modificación: `+` para añadir permisos, `-` para eliminarlos, `=` para establecer un conjunto de permisos.
`Permisos`	Derechos de modificación: `r` para lectura, `w` para escritura, `x` de ejecución/ acceso.

El conjunto de cambios debe estar separado por una coma, sin espacios.

Ejemplo

```
$ ls -l fic1 fic2 fic3
-rw-r--r-- 1 pba pba   0  4 junio  10:53 fic1
-rw-r--r-- 1 pba pba   0  4 junio  10:53 fic2
-rw-r--r-- 1 pba pba 117 19 mayo   15:39 fic3
$ chmod g+w fic1
$ ls -l fic1
-rw-rw-r-- 1 pba pba   0  4 junio  10:53 fic1
$ chmod u=rwx,g=x,o=rw fic2
```

```
$ ls -l fic2
-rwx--xrw- 1 pba pba 0  4 junio  10:53 fic2
$ chmod o-r fic3
$ ls -l fic3
-rw-r----- 1 pba pba 117 19 mayo   15:39 fic3
```

b. Notación binaria

El primer argumento del comando es una cadena de 3 dígitos que especifica el conjunto de permisos que se establecerán en el orden propietario/grupo/otro.

☞*Esta notación no le permite añadir o quitar ciertos permisos.*

Ejemplo

```
$ chmod 755 fic1
$ chmod 644 fic2
$ ls -l fic1 fic2
-rwxr-xr-x 1 pba pba 0  4 junio  10:53 fic1
-rw-r—r—1 pba pba 0  4 junio  10:53 fic2
```

4. Máscara de permisos predeterminada

Cuando se crea un archivo o directorio, se les asignan permisos automáticamente. Se calculan a partir de un valor gestionado en el entorno de memoria del shell actual, normalmente inicializado por un script de configuración: la **umask** (*user mask*).

El principio de asignación de permisos predeterminado es el siguiente:

- Los permisos básicos predeterminados para un nuevo archivo son `666` (`rw-rw-rw-`).
- Los permisos básicos predeterminados para un nuevo directorio son `777` (`rwxrwxrwx`).
- Los permisos aplicados al crear un nuevo archivo o directorio son los permisos básicos menos el valor de la umask.

Ejemplo

El valor predeterminado de umask es `022` para la mayoría de las distribuciones de Linux. En este caso, un nuevo archivo tendrá `644` permisos, es decir, lectura/escritura para el propietario, lectura para el grupo y otros. Un nuevo directorio tendrá los permisos `755`, es decir, lectura/escritura/acceso para el propietario, lectura/acceso para el grupo y otros.

a. El comando umask

El comando `umask` permite al usuario administrar su valor de umask.

Sintaxis

```
umask [ValMascara]
```

Sin argumentos, el comando muestra el valor umask actual. El argumento es el nuevo valor de la máscara en binario. Dado que este valor se administra en la memoria, solo es válido para el shell actual y sus procesos hijo.

Ejemplo

```
$ umask
002
$ >ficnew
$ ls -l ficnew
-rw-r--- 1 pba pba 0  4 junio  10:57 ficnew
$ umask 022
$ >ficnew1
$ ls -l ficnew ficnew1
-rw-r--- 1 pba pba 0  4 junio  10:57 ficnew
-r-r--- 1 pba pba 0  4 junio  10:58 ficnew1
```

El archivo `ficnew` tiene permisos de acceso `6-6 - 002 = 664`, es decir, lectura/escritura para el propietario y el grupo, lectura para el resto.

El archivo `ficnew1` tiene permisos de acceso `6-6 - 022 = 644`, es decir, lectura/escritura para el propietario, lectura para el grupo y el resto.

5. Cambiar de propietario y de grupo propietario

El propietario puede cambiar el grupo de un archivo o directorio, siempre que pertenezcan al nuevo grupo propietario.

El administrador root puede cambiar el propietario y el grupo de cualquier archivo o directorio.

El comando `chown` (*change owner*) cambia el propietario, el comando `chgrp` (*change group*) cambia el grupo. La opción `-R` aplica de forma recursiva el cambio a todo el árbol desde la ruta de acceso especificada.

Sintaxis

```
chown [Opciones] usuario fic1 [fic2...]
chgrp [Opciones] grupo fic1 [fic2...]
```

Si se especifica el nombre de usuario o grupo, este debe existir. Si es un UID o GID, se aplica sin control.

Es posible cambiar tanto el propietario como el grupo en un solo comando, con la siguiente sintaxis:

```
Usuario:Grupo FIC1 [FIC2...]
```

Ejemplo

```
# ls -l page1.html
-rw-r--r-- 1 root root 204  4 junio  11:01 pagina1.html
# chown pba pagina1.html
# chgrp apache pagina1.html
# ls -l pagina1.html
-rw-r--r-- 1 pba apache 204  4 junio  11:01 pagina1.html
```

6. Derechos de acceso ampliados

Además de los nueve bits de permisos de acceso básicos, el campo **mode** del inodo contiene 3 bits para permisos de acceso ampliados (los 4 bits restantes se utilizan para almacenar el tipo de archivo).

a. SetUID a SetGID

Cuando se inicia un programa, el proceso que lo ejecuta se asocia normalmente al UID y al GID del proceso padre, es decir, los elementos a los que se asocia generalmente a la cuenta del usuario que ha iniciado sesión.

Este mecanismo se puede modificar para que el proceso de ejecución se asocie con el propietario o grupo del archivo que se está ejecutando. Por lo tanto, solo mientras se está ejecutando, el programa tiene permisos de acceso diferentes a los del usuario que lo inició.

Para asociar el proceso con el propietario del archivo ejecutable, se debe establecer el **SUID-Bit** (*Set User ID Bit*) en el archivo ejecutable.

Para asociar el proceso con el grupo de archivos ejecutables, debe establecer el **SGID-Bit** (*Set Group ID Bit*).

Ejemplo

El comando `passwd` *permite al usuario cambiar su contraseña, que se almacena en el archivo* `/etc/shadow`.

```
# LS-L/ETC/Shadow
----------. 1 root root 1130 4 Mai 20:50 /etc/shadow
```

El archivo `/etc/shadow` *está fuera del alcance de todos. Esto no se aplica al administrador (root), que anula los permisos de acceso. Un usuario que no sea administrador no puede escribir en este archivo, por lo que el comando* `passwd` *no debería funcionar si lo ejecuta un usuario de este tipo.*

```
$ls-l/usr/bin/passwad-ruser-sar-x
 . 1 root root 32648 10 agosto 2021 /usr/bin/password
```

La `s` *en la tercera posición de los permisos del propietario significa que el bit SUID se establece en el archivo ejecutable del comando. Por lo tanto, el proceso que ejecuta el archivo toma los permisos del propietario del archivo, root, durante el tiempo de ejecución y, por lo tanto, puede escribir la nueva contraseña en el archivo* `/etc/shadow`.

Después de que el usuario haya utilizado el comando `passwd`*:*

```
# ls -l /etc/shadow
----------. 1 root root 1135  4 junio  11:09 /etc/shadow
```

La fecha de modificación del archivo y su longitud han cambiado.

El comando `chmod` *permite posicionar el SUID-Bit o el SGID-Bit.*

```
chmod u+s comando
chmod g+s comando
```

Los valores octales son 4000 para SUID-Bit y 2000 para SGID-Bit.

```
chmod 4755 Fic
chmod 2755 Fic
```

Solo el propietario del archivo o el administrador pueden activar esta propiedad. Posicionar SUID-bit o SGID-Bit tiene sentido únicamente si se han establecido los permisos de ejecución previamente (atributo `x` en el propietario o el grupo). Si estos no están presentes, se sustituye la `s` por una `S`.

b. Sticky bit en un directorio

El permiso de escritura en un directorio permite eliminar cualquier objeto contenido en el directorio, independientemente de los permisos establecidos para el objeto. Esto permite a un usuario eliminar también objetos que no le pertenecen, incluso aunque no tenga permiso para acceder al objeto.

El **sticky bit** (bit pegajoso) posicionado en un directorio evita que esto suceda: solo el propietario (y administrador) de un objeto contenido en el directorio puede eliminarlo.

El comando `chmod` se utiliza para controlar el **sticky bit**.

Notación simbólica

```
$chmod u+t comando
```

Notación binaria

El valor binario es 1000.

La opción `-l` del comando `ls` representa el sticky bit posicionado con una `t` en la última posición de los permisos, en la categoría otros.

Ejemplo

```
# chmod 1755 /datas/tmp
# ls -ld /datas/tmp
drwxr-xr-t 2 root root 4096  4 junio  11:14 /datas/tmp
```

El sticky bit en un archivo ejecutable se colocó de manera que el kernel mantuviera el código ejecutable en la memoria (el "pegamento") después de su primera ejecución, para evitar tener que cargarlo cada vez que se ejecutaba. Este mecanismo ha quedado obsoleto y ya no se utiliza.

c. SetGID en un directorio

Si el SGID bit se coloca en un directorio, todos los archivos creados dentro de dicho directorio, independientemente del grupo del creador del archivo, se asociarán con el mismo grupo que el directorio.

Ejemplo

```
# chmod g+s /datas/tmp
# ls -ld /datas/tmp
drwxr-sr-t 2 root apache 4096  4 junio  11:14 /datas/tmp
# >/datas/tmp/fic.html
# ls -l /datas/tmp/fic.html
-rw-r--r-- 1 root apache 0  4 junio  11:17 /datas/tmp/fic.html
```

J. Validación de los conocimientos adquiridos: preguntas/respuestas

Preguntas

Si cree conocer suficientemente este capítulo, conteste a las siguientes preguntas:

Discos y sistemas de archivos

1 ¿A qué periférico está asociado el archivo `/dev/hde2`?

- A - Ninguno, solo pueden existir 4 discos IDE en un PC.
- B - El segundo disco del quinto puerto IDE.
- C - El disco esclavo conectado al conector puerto IDE.
- D - La segunda partición del disco maestro del controlador IDE2.

2 ¿Cómo se ve un disco conectado en SATA en una máquina cuyo SATA nativo es soportado por Linux?

3 ¿Permite el comando `lsscsi` diferenciar un disco SCSI de un disco USB?

4 ¿Cómo se puede obtener la información detallada relativa al disco `/dev/hda`?

- A - `cat /dev/hda`
- B - `hdparm -I /dev/hda`
- C - `getparm /dev/hda`
- D - `sdparm /dev/hda`

5 ¿Dónde se almacenan los metadatos de un archivo?

6 ¿Por qué un sistema de archivos con registro es preferible a los demás?

- A - Porque es más reciente.
- B - Porque es más rápido.
- C - Porque es más fiable.
- D - Porque no hay nada más.

7 ¿Es posible utilizar un sistema de archivos FAT o VFAT como sistema de partición principal (raíz) de un sistema Linux?

8 ¿Dónde se sitúa el MBR?

- A - Al principio del disco.
- B - Al principio de la primera partición primaria.
- C - Al principio de la partición extendida.
- D - Al principio de la primera partición lógica.

9 La capacidad de un disco duro de 3 TB es vista por la BIOS y el sistema como de 2 TB en realidad. ¿Por qué?

- A - La BIOS necesita una actualización.
- B - El uso de `gdisk` debería solucionar el problema.
- C - El disco solo dispone de 2 TB.
- D - El equipo no dispone de UEFI ni de GPT.

Particiones

10 ¿Cómo crear más de cuatro particiones en un disco que tiene una tabla de particiones MBR?
- A - Imposible: solo puede haber 4 particiones.
- B - Creando una partición extendida que contenga otras particiones lógicas.
- C - Añadiendo un disco y creando un LVM.
- D - Al eliminar la swap se puede añadir una partición.

11 ¿Cuál es el tipo hexadecimal de partición que se debe crear para colocar en ella un sistema de archivos `ext3`?
- A - `fd`
- B - `8e`
- C - `88`
- D - `82`

12 Con un comando `fdisk`, ¿cómo se pueden listar las particiones del disco `/dev/sdb`?

13 En un disco `/dev/sdb` de tipo MBR con `fdisk`, ¿cómo se puede crear una partición primaria de tipo Linux que utilice todo el espacio?

14 `fdisk` muestra una única partición de 2 TB de tipo `ee` que ocupa todo el disco ¿Por qué?
- A - Otro sistema operativo ha inicializado la tabla de particiones.
- B - Es probable que sea un error. Se puede eliminar.
- C - `fdisk` no es la herramienta correcta, debemos utilizar `gdisk`.
- D - La tabla de particiones está en formato GPT.

15 El nodo no reconoce la partición que acaba de crear. ¿Cómo actualizar la tabla de las particiones del núcleo?
- A - `partprobe /dev/sdb`
- B - `cat /proc/partitions`
- C - `touch /dev/sdb1`
- D - Hay que reiniciar obligatoriamente.

Creación del sistema de archivos

16 Si un sistema de archivos tiene un tamaño de bloque de 4096 bytes, ¿cuánto ocupa un archivo de 1024 bytes?
- A - Un cuarto de bloque.
- B - 1 KB.
- C - Un bloque.
- D - El sistema completará el archivo para ocupar 4096 bytes.

17 ¿Cuántos superbloques existen en un sistema de archivos `ext4`?
- A - Al menos 2.
- B - Al menos 4.
- C - Imposible saberlo.
- D - Depende del tamaño del sistema de archivos.

18 Usted elimina un archivo cuyo contador de vínculos físicos estaba a 2. ¿Ha desaparecido totalmente?

19 ¿Qué línea de comandos hay que utilizar para crear un sistema de archivos `ext4` con la etiqueta "PUBLIC" en la partición `/dev/sdb1`?

Montaje

20 ¿Qué comando debe insertar para asociar el sistema de archivos `/dev/sdb1` al repertorio `/media/PUBLIC`?

21 ¿Qué línea debe añadir en `/etc/fstab` para que el sistema de archivos anterior sea montado automáticamente en `/media/PUBLIC` en arranque, teniendo como referencia su nombre de volumen?

22 El administrador root, intenta desmontar el sistema de archivos raíz. ¿Por qué falla el comando?

Gestión del sistema de archivos

23 ¿Cómo conocer el tamaño en MB utilizado en el sistema de archivos montado en `/home`?

- A - `du -s /home`
- B - `df -kP /home`
- C - `free /home`
- D - `df -m /home`

24 Durante el inicio del sistema, no se pudo montar un sistema de archivos contenidos en `/de/sda3`. ¿Qué comando permite comprobar y reparar su contenido?

25 ¿Cómo conocer el tamaño en bytes de un bloque del sistema de archivos `ext4` en `/dev/sdc1`?

26 ¿Cómo convertir el sistema de archivos `ext2` de la partición `/dev/hdd1` en `ext3`?

La swap y la memoria

27 Su estación de trabajo dispone de 512 MB de memoria RAM. ¿Qué tamaño de swap va a definir?

28 ¿Cómo crear una zona de swap utilizando la partición `/dev/sdc3`?

29 ¿Cómo desactivar la zona de swao `/dev/sdc3`?

- A - `swapstop /dev/sdc3`
- B - `rmswap /dev/sdc3`
- C - `swapoff /dev/sdc3`
- D - No se puede: hay que eliminar la línea correspondiente a `/etc/fstab` y reiniciar.

30 ¿Cómo obtener la lista de todas las zonas de swap?

31 ¿Cómo visualizar el estado de la memoria RAM en MB?

32 El sistema tiene 1 GB de memoria RAM, solo 30 MB están disponibles y, sin embargo, el swap no se utiliza, incluso cuando se inician otros programas. ¿Por qué?

Los permisos

33 ¿El permiso de escritura w en un archivo permite eliminarlo?

34 ¿Qué argumento se debe dar a `chmod` para quitar los permisos de escritura a otros, para dar el permiso de lectura y ejecución a los miembros del grupo, y todos los permisos al propietario?

35 Convertir los permisos `rwxr-x---` a binario.

36 ¿Qué valor de `umask` otorga todos los permisos al propietario y ninguno al grupo y a otros para nuevos archivos y directorios?

- A - `700`
- B - `066`
- C - `077`
- D - `022`

37 Con un valor de máscara umask de `011`, especifique los permisos de acceso de un nuevo archivo en notación simbólica.

38 Forma parte de los grupos "`usuarios`" y "`audio`". ¿Tiene derecho a cambiar el grupo que posee uno de sus archivos a un "`video`"?

39 Se debe crear un directorio, en el que todos podrán escribir archivos, todos los archivos tendrán el mismo grupo, pero nadie podrá eliminar los archivos de otros. ¿Qué permisos debe tener el repertorio?

Discos GPT

40 ¿Cuáles son las ventajas de un disco en formato GPT?

- A - Es compatible con todos los equipos.
- B - Permite utilizar un disco duro de más de 2 TB.
- C - Emplean los mismos comandos que el formato MBR para crear las particiones.
- D - Permite crear al menos 128 particiones.

41 ¿Cuál es el tamaño de la dirección de un bloque LBA?

42 ¿Qué mecanismo de protección evita a una herramienta diseñada para MBR trabajar por error en un disco en formato GPT?

Resultados

Consulte las páginas siguientes para comprobar sus respuestas. Por cada respuesta correcta, sume un punto.

Número de puntos: /42

Debe acertar un mínimo de 31 preguntas sobre este capítulo (31/42).

Identifique los temas claves en los que tiene lagunas y repáselos consultando de nuevo este capítulo antes de pasar al siguiente:

☐Discos y sistemas de archivos.

☐Particiones.

☐Creación del sistema de archivos.

☐Montaje.

☐Gestión del sistema de archivos.

☐La swap y la memoria.

☐Los permisos.

☐Discos GPT

Respuestas

Discos y sistemas de archivos

1 ¿A qué periférico está asociado el archivo `/dev/hde2`?

- A - Ninguno, solo pueden existir 4 discos IDE en un PC.
- B - El segundo disco del quinto puerto IDE.
- C - El disco esclavo conectado en al conector puerto IDE.
- D - La segunda partición del disco maestro del controlador IDE2.

D. Puede añadir tantas tarjetas IDE como desee.

2 ¿Cómo se ve un disco conectado en SATA en una máquina cuyo SATA nativo es soportado por Linux?

Como un disco SCSI.

3 ¿Permite el comando `lsscsi` diferenciar un disco SCSI de un disco USB?

Sí. La tercera columna puede indicar la palabra clave USB. La opción `-v`, que indicará la ruta física al periférico (`/sys/devices/.../usbX/...`).

4 ¿Cómo se puede obtener información detallada sobre el disco `/dev/hda`?

- A - `cat /dev/hda`
- B - `hdparm -I /dev/hda`
- C - `getparm /dev/hda`
- D - `sdparm /dev/hda`

B. Utilice `hdparm` para un disco IDE o SATA. Utilice `sdparm` para un disco SCSI.

5 ¿Dónde se almacenan los metadatos de un archivo?

En su inodo.

6 ¿Por qué un sistema de archivos con registro es preferible a los demás?

- A - Porque es más reciente.
- B - Porque es más rápido.
- C - Porque es más fiable.
- D - Porque no hay nada más.

C. El registro asegura la integridad de los datos.

7 ¿Es posible utilizar un sistema de archivos FAT o VFAT como sistema de partición principal (raíz) de un sistema Linux?

No. FAT no gestiona los permisos y la seguridad, lo que hace imposible su utilización como sistema de archivos principal.

8 ¿Dónde se sitúa el MBR?

- A - Al principio del disco.
- B - Al principio de la primera partición primaria.
- C - Al principio de la partición extendida.
- D - Al principio de la primera partición lógica.

A. Son los 512 primeros bytes del disco.

9 La capacidad de un disco duro de 3 TB es vista por la BIOS y el sistema como de 2 TB en realidad. ¿Por qué?

- A - La BIOS necesita una actualización.
- B - El uso de `gdisk` debería solucionar el problema.
- C - El disco solo dispone de 2 TB.
- D - El equipo no dispone de UEFI ni de GPT.

D. Los discos de más de 2TB necesitan UEFI.

Particiones

10 ¿Cómo crear más de cuatro particiones en un disco que tiene una tabla de particiones MBR?

- A - Imposible: solo puede haber 4 particiones.
- B - Creando una partición extendida que contenga otras particiones lógicas.
- C - Añadiendo un disco y creando un LVM.
- D - Al eliminar la swap se puede añadir una partición.

B. Hasta 15 o 63 particiones son posibles.

11 ¿Cuál es el tipo hexadecimal de partición que se debe crear para colocar en ella un sistema de archivos `ext3`?

- A - `fd`
- B - `8e`
- C - `88`
- D - `82`

D. El tipo genérico Linux.

12 Con un comando `fdisk`, ¿qué se puede hacer para listar las particiones del disco `/dev/sdb`?

`fdisk -l /dev/sdb`

13 En un disco `/dev/sdb` de tipo MBR con `fdisk`, ¿cómo se puede crear una partición primaria de tipo Linux que utiliza todo el espacio?

`fdisk /dev/sdb`. Teclee: `n` (new), `p` (primaria), `1` (primera partición primaria), `Entrada` (1er cilindro), `Entrada` (último cilindro) luego `w` (guardar).

14 `fdisk` muestra una única partición de 2 TB de tipo `ee` que ocupa todo el disco ¿Por qué?

- A - Otro sistema operativo ha inicializado la tabla de particiones.
- B - Es probable que sea un error, la podemos eliminar.
- C - `fdisk` no es la herramienta correcta, debemos utilizar `gdisk`.
- D - La tabla de particiones está en formato GPT.

C y D. Al estar la tabla de particiones en formato GPT, deberemos usar `gdisk` para modificarla.

15 El nodo no reconoce la partición que acaba de crear. ¿Cómo actualizar la tabla de las particiones del núcleo?

- A - `partprobe /dev/sdb`
- B - `cat /proc/partitions`
- C - `touch /dev/sdb1`
- D - Hay que reiniciar obligatoriamente.

A. `partprobe` *o* `parted`*.*

Creación del sistema de archivos

16 Si un sistema de archivos tiene un tamaño de bloque de 4096 bytes, ¿cuánto ocupa un archivo de 1024 bytes?

- A - Un cuarto de bloque.
- B - 1 KB.
- C - Un bloque.
- D - El sistema completará el archivo para ocupar 4096 bytes.

C. Un bloque no se desaprovecha.

17 ¿Cuántos superbloques existen en un sistema de archivos `ext4`?

- A - Al menos 2.
- B - Al menos 4.
- C - Imposible saberlo.
- D - Depende del tamaño del sistema de archivos.

A y D. Siempre hay al menos una copia del superbloque, pero solo un comando `dumpe2fs` *le dará el número exacto.*

18 Si elimina un archivo cuyo contador de vínculos físicos estaba a 2, ¿desaparece este totalmente?

No, mientras que el contador sea superior a cero, el archivo siempre existe.

19 ¿Qué línea de comandos hay que utilizar para crear un sistema de archivos `ext4` dotado con la etiqueta "PUBLIC" en la partición `/dev/sdb1`?

`mkfs -t ext4 -L PUBLIC /dev/sdb1`

Montaje

20 ¿Qué comando debe insertar para asociar el sistema de archivos al directorio `/dev/sdb1` desde `/media/PUBLIC`?

`mount -t ext4 /dev/hdb1 /media/PUBLIC`

21 ¿Qué línea debe añadir en `/etc/fstab` para que el sistema de archivos anterior sea montado automáticamente en `/media/PUBLIC` en arranque, teniendo como referencia su nombre de volumen?

`LABEL=PUBLIC/media/PUBLIC ext4 acl1 2`

22 El administrador root, intenta desmontar el sistema de archivos raíz. ¿Por qué falla el comando?

`umount /`. No funciona, ya que el sistema de archivos está siendo utilizado.

Gestión del sistema de archivos

23 ¿Cómo conocer el tamaño en MB utilizado en el sistema de archivos montado en `/home`?

- A - `du -s /home`
- B - `df -kP /home`
- C - `free /home`
- D - `df -m /home`

D. `df` y `no` du porque se trata del sistema de archivos y no del árbol o de otros sistemas de archivos que se puedan montar.

24 Durante el inicio del sistema, no se pudo montar un sistema de archivos contenidos en `/de/sda3`. ¿Qué comando permite comprobar y arreglar su contenido?

`fsck -V /dev/sda3`

25 ¿Cómo conocer el tamaño en bytes de un bloque del sistema de archivos `ext4` en `/dev/sdc1`?

`dumpe2fs -h /dev/sdc1| grep -i "block size"`

26 ¿Cómo convertir el sistema de archivos `ext2` de la partición `/dev/hdd1` en `ext3`?

Con `tune2fs`: `tune2fs -j /dev/hdd1`

La swap y la memoria

27 Su estación de trabajo dispone de 512 MB de memoria RAM. ¿Qué tamaño de swap va a definir?

Al menos 1 GB.

28 ¿Cómo crear una zona de swap utilizando la partición `/dev/sdc3`?

`mkswap /dev/sdc3`

29 ¿Cómo desactivar la zona de swao `/dev/sdc3`?

- A - `swapstop /dev/sdc3`
- B - `rmswap /dev/sdc3`
- C - `swapoff /dev/sdc3`
- D - No se puede: hay que eliminar la línea correspondiente a `/etc/fstab` y reiniciar.

C, si la zona de swap no está en uso.

30 ¿Cómo obtener la lista de todas las zonas de swap?

`cat /proc/swaps`

31 ¿Cómo visualizar el estado de la memoria RAM en MB?

`free -m`

32 El sistema tiene 1 GB de memoria RAM, solo 30 MB están disponibles y, sin embargo, el swap no se utiliza, incluso cuando se inician otros programas. ¿Por qué?

El kernel ajusta dinámicamente el tamaño de su caché en función de la memoria disponible.

Los permisos

33 ¿El permiso de escritura `w` en un archivo permite eliminarlo?

No. Es el permiso de escritura `w` en el directorio que contiene el archivo el que permite eliminarlo.

34 ¿Qué argumento se debe dar a `chmod` para quitar los permisos de escritura a otros, para dar el derecho de lectura y ejecución a los miembros del grupo, y todos los permisos al propietario?

`u=rwx,g=rw,o-w`

35 Convierta los permisos `rwxr-x---` a binario.

750

36 ¿Qué valor de `umask` otorga todos los permisos al propietario y ninguno al grupo y a otros para nuevos archivos y directorios?

- A - `700`
- B - `066`
- C - `077`
- D – `022`

C.

37 Con un valor de máscara umask de `011`, especifique los permisos de acceso de un nuevo archivo en notación simbólica.

`rw-r--r--`

38 Forma parte de los grupos "`usuarios`" y "`audio`". ¿Tiene derecho a cambiar el grupo que posee uno de tus archivos a un "`video`"?

No. Usted no forma parte del grupo "video".

39 Se debe crear un directorio en el que todos podrán escribir archivos, todos los archivos tendrán el mismo grupo, pero nadie podrá eliminar los archivos de otros. ¿Qué permisos debe tener el repertorio?

rwxrwsrwt, soit 3777 en binario.

Discos GPT

40 ¿Cuáles son las ventajas de un disco en formato GPT?

- A - Es compatible con todos los equipos.
- B - Permite utilizar un disco duro de más de 2 TB.
- C - Emplean los mismos comandos que el formato MBR para crear las particiones.
- D - Permite crear al menos 128 particiones.

Las respuestas B y D. La utilización de direcciones de 64 bits y bloques de al menos 512 bytes permiten sobrepasar ampliamente el límite de 2 TB. Están previstas inicialmente 128 entradas para las particiones, pero se pueden definir más.

41 ¿Cuál es el tamaño de la dirección de un bloque LBA?

El tamaño de una dirección es de 64 bits.

42 ¿Qué mecanismo de protección evita a una herramienta diseñada para MBR trabajar por error en un disco en formato GPT?

El MBR de un disco en formato GPT se conoce como Protective MBR: este se ve como una partición de tipo especial, extendiéndose a todo el disco por las herramientas clásicas. De esta forma, no pueden ver las tablas de particiones y, por ende, no las pueden modificar.

K. Prácticas

1. Los discos y particiones

Objetivo: crear una partición y que el sistema la reconozca.

1. En un disco duro de su sistema que dispone de espacio, cree una nueva partición.
2. Actualice la tabla de las particiones del kernel.
3. Compruebe la existencia del archivo especial asociado.

Soluciones posibles

Objetivo: crear una partición y que el sistema la reconozca.

1. En un disco duro de su sistema que dispone de espacio, cree una nueva partición.

```
# fdisk /dev/sdc
Bienvenido a fdisk (util-linux 2.37.4).
Las modificaciones permanecerán en memoria hasta la escritura.
Sea prudente antes de utilizar el comando de escritura.

El dispositivo no contiene una tabla de particiones reconocida.
Creación de una nueva etiqueta de disco de tipo DOS con ID de disco 0x912da502.

Comando (m para la ayuda): n
Tipo de partición
   p   primaria (0 primaria, 0 extendida, 4 libre)
   e   extendida (contenedor para particiones lógicas)
Seleccione (p por defecto): p
Número de partición (1-4, 1 por defecto):
Primer sector (2048-30322687, 2048 por defecto):
Último sector, +/-sectores o +/-tamaño{K,M,G,T,P} (2048-30322687,
30322687 por defecto):

Se ha creado una nueva partición 1 de tipo «Linux» y de tamaño 14,5 GiB.
Comando (m para la ayuda): w
La tabla de particiones se ha modificado.
Llamada de ioctl() para volver a leer la tabla de particiones.
Sincronización de discos.

#
```

2. Actualice la tabla de particiones del kernel.

```
# partprobe /dev/sdc
```

3. Compruebe la existencia del archivo especial asociado.

```
# ls -l /dev/sdc*
brw-rw----. 1 root disk 8, 32  3 junio  16:07 /dev/sdc
brw-rw----. 1 root disk 8, 33  3 junio  16:07 /dev/sdc1
```

2. Creación de un sistema de archivos

Objetivo: crear y manipular el sistema de archivos de una partición. Tenga cuidado, esta operación es destructiva.

1. Crear un sistema de archivos de tipo `ext2` en la partición que creó anteriormente.
2. Convertir el sistema de archivos a `ext3`.
3. Etiquetar el nuevo sistema de archivos como `DATOS`.
4. Mostrar el identificar único `UUID` de su nuevo sistema de archivos.

Soluciones posibles

Objetivo: crear y manipular el sistema de archivos de una partición. Tenga cuidado, esta operación es destructiva.

1. Crear un sistema de archivos de tipo `ext2` en la partición que creó anteriormente.

```
# mkfs -t ext2 /dev/sdc1
mke2fs 1.46.5 (30-Dec-2021)
Creando un sistema de archivos con 2621440 4k bloques y
655360 inodos.
UUID de sistema de archivos=504a363e-9b29-4953-8efa-4bc2ce5152f7
Superbloques de seguridad almacenados en los bloques:
        32768, 98304, 163840, 229376, 294912, 819200, 884736, 1605632
[...]
Escritura de los superbloques y de la información de compatibilidad del
sistema de archivos: hecho
```

2. Convertir el sistema de archivos a `ext3`.

   Añadimos un registro, lo que va a convertir el sistema de archivos en `ext3` y después vamos a comprobar el sistema de archivos:

```
# tune2fs -j /dev/sdc1
tune2fs 1.46.5 (30-Dic-2021)
Creación del inodo del registro: hecho
```

3. Etiquetar el nuevo sistema de archivos como `DATOS`.

```
# e2label /dev/sdc1 DOTOS
```

4. Mostrar el identificador único `UUID` de su nuevo sistema de archivos.

```
# dumpe2fs /dev/sdc1 | grep -i uuid
dumpe2fs 1.46.5 (30-Dic-2021)
Filesystem UUID:          504a363e-9b29-4953-8efa-4bc2ce5152f7
```

o

```
# blkid -o value -s UUID /dev/sdc1
504a363e-9b29-4953-8efa-4bc2ce5152f7
```

3. Acceso y montaje del sistema de archivos

Objetivo: acceder al nuevo sistema de archivos creado en la práctica anterior.

1. Cree un directorio que servirá de punto de montaje para un nuevo sistema de archivos.
2. Monte el sistema de archivos en dicho directorio.
3. Muévase a este punto de montaje y cree un archivo cualquiera.
4. Salga de este directorio y desmonte el sistema de archivos.
5. Añada una línea en `/etc/fstab` para montar el sistema de archivos de manera automática, por su etiqueta.
6. Monte el sistema de archivos especificando solo su punto de montaje.

Soluciones posibles

Objetivo: acceder al nuevo sistema de archivos creado en la práctica anterior.

1. Cree un directorio que servirá de punto de montaje para un nuevo sistema de archivos.

```
# mkdir /DATOS
```

2. Monte el sistema de archivos en dicho directorio.

```
# mount -t ext3 /dev/sdc1 /DATOS
```

3. Muévase a este punto de montaje y cree un archivo cualquiera.

```
# cd /DTOS
# > fic
# ls -l fic
-rw-r--r--. 1 root root 0  3 junio  16:44 fic
```

4. Salga de este directorio y desmonte el sistema de archivos.

```
# cd
# umount /DATOS
# ls -l /DATOS
total 0
```

El archivo ya no es accesible.

5. Añada una línea en `/etc/fstab` para montar el sistema de archivos de manera automática, por su etiqueta.

```
La línea es:
LABEL=DATOS /DATOS ext3 defaults 0 0
```

6. Monte el sistema de archivos especificando solo su punto de montaje.

```
# mount /DATOSS
# ls -l /DATOS/fic
-rw-r--r--. 1 root root 0  3 junio  16:44 /DATOS/fic
```

El archivo de nuevo es accesible.

4. Los permisos de acceso

Objetivo: modificar los permisos y comprender el mecanismo de los permisos y límites de los usuarios.

1. Modifique los propietarios y grupos de `/DATOS` en `pba:users`.
2. Todo el mundo debe poder escribir en esta carpeta, pero sin eliminar los archivos de los demás. Asimismo, todos los archivos creados en este directorio deben pertenecer al grupo `users`.
3. Cree un directorio de prueba en `/tmp` con los permisos `rwxrwxrwx`. Cree un archivo dentro y modifique sus permisos retirando el permiso `w` al grupo y a los demás. ¿Quién puede eliminarlo?
4. Modifique su valor de máscara para tener todos los permisos sobre los archivos y directorios que usted cree. El grupo solo tendrá acceso a los directorios y podrá leer los archivos, pero los demás no tendrán ningún permiso.

Soluciones posibles

Objetivo: modificar los permisos y comprender el mecanismo de los permisos y límites de los usuarios.

1. Modifique los propietarios y grupos de `/DATOS` en `pba:users`.

```
# chown pba:users /DATOS
```

2. Todo el mundo debe poder escribir en esta carpeta, pero sin eliminar los archivos de los demás. Asimismo, todos los archivos creados en este directorio deben pertenecer al grupo `users`.

```
# chmod 3777 /DATOS
# ls -ld /DATOS
drwxrwsrwt. 3 pba users 4096  3 junio  16:44 /DATOS
```

3. Cree un directorio de prueba en `/tmp` con los permisos `rwxrwxrwx`. Cree un archivo dentro y modifique sus permisos retirando el permiso `w` al grupo y a los demás. ¿Quién puede eliminarlo?

```
# mkdir /tmp/test
# chmod 777 /tmp/test
# > /tmp/test/archivo
# chmod g-w,o-w /tmp/test/archivo
# ls -l /tmp/test/archivo
-rw-r--r--. 1 root root 0  3 junio  16:58 /tmp/test/fichier
```

Todo el mundo puede eliminar este archivo: son los permisos del directorio, principalmente el permiso de escritura sobre el directorio, que determinan que puede eliminar los archivos en su interior. El usuario pba los puede eliminar (el comando `rm`, en este caso obliga a confirmar):

```
$ id
uid=1000(pba) gid=1000(pba) groupes=1000(pba) contexte=unconfined_u:
unconfined_r:unconfined_t:s0-s0:c0.c1023
$ rm /tmp/test/fichier
rm : eliminar '/tmp/test/archivo' que está protegida en modo escritura y es
del tipo «archivo vacío» ? y
$ ls -l /tmp/test/archivo
ls: imposible accéder a '/tmp/test/archivo': Ningún archivo o directorio con
de este tipo
```

4. Modifique su valor de máscara para tener todos los permisos sobre los archivos y directorios que usted cree. El grupo solo tendrá acceso a los directorios y podrá leer los archivos, pero los demás no tendrán ningún permiso.

   La máscara debe dejar pasar todos los permisos del usuario: 0.

   La máscara debe dejar pasar los permisos `r` y `x` para los grupos. Solo `w` está enmascarado: 2.

   La máscara elimina todos los permisos a los demás: 7.

   Resultado:

```
# umask 027
$ >newfic
$ ls -l newfic
-rw-r-----. 1 pba pba 0  3 junio  17:02 newfic
$ mkdir newrep
$ ls -ld newrep
rwxr-x---. 2 pba pba 6  3 junio  17:03 newrep
```

5. Swap y memoria

Objetivo: administrar la swap y la memoria.

1. Muestre el estado de la memoria RAM.
2. Muestre la información de las diferentes zonas swap.
3. Desactive el swap.
4. Reactive el swap.

Soluciones posibles

Objetivo: administrar la swap y la memoria.

1. Muestre el estado de la memoria RAM.

```
# free
              total       used        free      shared  buff/cache   available
Mem:        3682040     647032     2616420        9616      660144     3035008
Swap:       4071420          0     4071420
```

2. Muestre la información de las diferentes zonas swap.

```
# cat /proc/swaps
Filename    Type            Size        Used            Priority
/dev/dm-1   partition       4071420     0               -2
```

3. Desactive el swap.

```
# swapoff -a
# cat /proc/swaps
Filename    Type            Size        Used            Priority
```

4. Reactive el swap.

```
# swapon -a
# cat /proc/swaps
Filename    Type            Size        Used           Priority
/dev/dm-1   partition       4071420     0              -2
```

Capítulo 5

Requisitos y objetivos

Requisitos previos

- ☒Disponer de la contraseña del root.
- ☒Saber operar con el shell.
- ☒Disponer de un editor de texto.
- ☒Disponer de uno o varios periféricos extraíbles.

Objetivos

Al final de este capítulo, será capaz de:

- ☒Entender el proceso de inicio.
- ☒Conocer el papel de la BIOS.
- ☒Configurar el gestor de arranque GRUB.
- ☒Entender la carga del kernel y del disco virtual `initrd`.
- ☒Controlar el funcionamiento de los procesos `init` y el papel de `/etc/inittab`.
- ☒Gestionar los servicios y niveles de ejecución System V y upstart.
- ☒Gestionar el sistema de inicialización y los servicios systemd.
- ☒Consultar los registros del sistema.
- ☒Gestionar el núcleo y sus módulos.
- ☒Modificar los parámetros dinámicos del núcleo.
- ☒Entender los archivos periféricos.
- ☒Ver los recursos físicos de su máquina.
- ☒Entender el soporte del USB y de los dispositivos extraíbles.
- ☒Conocer el principio de las reglas `udev`.

A. Proceso de inicio

El propósito de iniciar el sistema es cargar el kernel de Linux, montar los sistemas de archivos necesarios y, a continuación, iniciar los distintos servicios para permitir que las aplicaciones accedan a los recursos de la máquina y respondan a las solicitudes de los usuarios.

Al poner en marcha la máquina o reiniciar completamente el sistema, se inicia un proceso que implica varias fases descritas en este capítulo.

1. La BIOS y la UEFI

La función de estas dos interfaces alternativas es localizar y cargar en memoria el administrador de arranque de Linux.

a. BIOS

La **BIOS** (*Basic Input Output System*) es una interfaz entre el hardware y el software de bajo nivel. Proporciona el conjunto de instrucciones básicas utilizadas por el sistema operativo y los drivers y periféricos.

La BIOS se almacena en la memoria **EEPROM** (*Electrical Erasable Programmable Read-Only Memory*) del ordenador. Cuando se enciende el ordenador, o tras reiniciarlo, se manda una señal llamada *powergood* al microprocesador que ejecuta la BIOS.

La BIOS efectúa un autochequeo (POST) y, después, busca los periféricos. A continuación, se almacena permanentemente la información relativa al hardware en una pequeña memoria CMOS alimentada por una batería. Al final del proceso, se selecciona el periférico de inicio.

La BIOS lee y ejecuta el primer sector físico del soporte físico de inicio. Suele tratarse de los 512 primeros bytes del primer disco duro (el MBR) o de la partición activa (la PBR) si no hay ningún código presente en el MBR.

b. UEFI

El sucesor de BIOS se llama **UEFI** (*Unified Extensible Firmware Interface*), sucesor de EFI. La mayoría de los PC y de las placas base vendidos desde el inicio de los años 2010 disponen de UEFI por defecto. Linux es compatible EUFI.

UEFI es un componente software que ejerce de interfaz entre el firmware del hardware y el sistema operativo. Garantiza independencia entre el sistema operativo y la plataforma hardware. Su función principal es arrancar el sistema operativo mediante su firmware, lanzando directamente la carga del sistema.

UEFI implementa funcionalidades adicionales en comparación con BIOS, tales como:

- una interfaz gráfica;
- soporte para discos de más de 2 TB mediante GPT;
- muchos servicios para gestionar variables (empleando la NVRAM), temporizador (RTC, almacenamiento del huso horario), consolas gráficas, arranque de un sistema operativo. Algunos de estos servicios son accesibles desde el sistema operativo.

- una selección de diferentes métodos de arranque: UEFI (para arrancar en GPT), CSM (*Compatibility Support Module*, para arrancar desde un MBR), red (PXE, TFTP, DHCP, IP, UDP), y arranque seguro.

El objetivo del inicio seguro (*Secure Boot*) es impedir que UEFI arranque un sistema operativo o un gestor de arranque no sea seguro, es decir, que no esté firmado con una clave verificada; por lo que un virus, un rootkit o un SO comprometido no podrán cargarse.

Muchas implementaciones de UEFI pueden emular el comportamiento de una BIOS y, por lo tanto, arrancar en un MBR clásico, deshabilitando el arranque seguro. GRUB2, el cargador de Linux, también se puede usar para simular un boot MBR en GPT.

c. Elegir el dispositivo de arranque

Cada BIOS es diferente según los fabricantes de tarjetas madre y los editores (AMIBios, Phoenix, Award, etc.). Para UEFI, cada constructor ofrece su propia interfaz en modo texto o gráfico. Sea cual sea la marca, muchos de los ajustes son parecidos.

☞ *Para simplificar, usaremos la palabra BIOS para referirnos tanto a BIOS como a UEFI.*

La BIOS se utiliza para detectar discos duros y elegir medios de arranque. Para instalar Linux desde un medio extraíble, debe cambiar el orden de arranque en la secuencia de boot. Esto se hace en la propia BIOS o mediante una secuencia de teclas durante el arranque.

2. El gestor de arranque

La BIOS activa el gestor de arranque inicial (*Initial Program Loader*, IPL) a partir de los primeros 512 bytes del soporte de arranque (MBR, PBR). En Linux, el gestor se divide en dos partes. El gestor inicial de los 512 bytes no contiene suficiente código para proponer menús y ejecutar el sistema operativo. De esta manera, se carga un segundo gestor basado en un archivo de configuración

Este segundo gestor dispone de una interfaz que permite ejecutar un sistema operativo de una lista dada. En esta etapa, se pueden pasar parámetros de carga al núcleo Linux y a los procesos `systemd` o `init`.

La BIOS solo interviene en el inicio de la máquina, durante la utilización del gestor de arranque y en las primeras etapas de carga del núcleo.

Con GPT, la configuración se encuentra a la vez en NVRAM y en la partición ESP. Una variable NVRAM contiene las opciones básicas de arranque y, concretamente, el ejecutable que tiene que lanzar para cada entrada. Este ejecutable está presente en la partición ESP (también llamada EFI), que puede ser GRUB2.

La mayoría de los UEFI de las cartas modernas son compatibles MBR, o pueden garantizar una compatibilidad MBR con una partición de tipo UEFI. En ese caso, volvemos a un esquema clásico, pero con algunas diferencias si queremos usar GRUB2.

3. GRUB

El gestor de arranque predeterminado se llama GRUB (*Grand Unified Bootloader*). Se puede configurar y ofrece una protección con contraseña cifrada, un intérprete de comandos y una interfaz gráfica. Utiliza un archivo de texto de configuración y no es necesario volver a instalarlo tras cada modificación.

GRUB no funciona en modo UEFI, excepto si este último es capaz de gestionar un boot MBR clásico.

☞ *La versión inicial, GRUB (ahora llamada GRUB legacy), ha sido reemplazada por GRUB2 en todas las distribuciones de Linux, pero sigue utilizándose en producción y en virtualización (por ejemplo, instancias Amazon EC2 en Linux). Ambos están en el programa de certificación LPIC-1.*

a. Configuración de GRUB

Ejemplo

Un archivo de configuración de GRUB, que proporciona un sistema Red Hat instalado en la primera partición del primer disco, en `/boot`, *y un sistema Windows en la segunda partición.*

```
timeout=10
default=0
title Red Hat
    root (hd0,0)
    kernel /vmlinuz-2.6.12-15 ro root=LABEL=/
    initrd /initrd-2.6.12-15.img
title Windows XP
    rootnoverify (hd0,1)
    chainloader +1
```

Sintaxis

Esta tabla muestra la sintaxis general de un archivo de configuración GRUB:

Parámetro GRUB	Significado
`timeout`	Número de segundos antes del arranque predeterminado.
`default n`	Arranque predeterminado (0=primera opción de menú, 1=segunda opción de menú, etc.).
`gfxmenu`	Ruta hacia un menú gráfico.
`title xxxx`	Principio de una sección, entrada del menú de GRUB.
`root(hdx,y)`	Se especificarán todos los accesos más abajo a partir de esta partición (ver el significado más adelante). Partición raíz, por ejemplo `hd0,0`, es la primera partición del primer disco detectado por la BIOS.
`kernel`	El nombre de la imagen del núcleo de Linux, seguido de sus parámetros. La `/` indica la raíz de (`hd0,0`).
`initrd`	*Initial ramdisk.* Imagen de disco en memoria que contiene la configuración y drivers iniciales, que el sistema sustituirá cuando cargue los discos definitivos.
`rootnoverify`	La raíz especificada. No debe montarse con GRUB (no soporta NTFS).

Parámetro GRUB	Significado
`chainloader +1`	Inicia el primer sector de la raíz especificado más arriba.

Damos el significado de los nombres de periféricos en GRUB.

- `(hd0,0)`: primera partición en el disco duro detectado por la BIOS, ya sea IDE o SCSI (`/dev/hda1` o `/dev/sda1` según los casos).
- `(hd1,4)`: quinta partición en el segundo disco duro detectado por la BIOS (`/dev/hdb5` o `/dev/sda5`).

b. Instalación

La configuración de **GRUB** reside en `/etc/grub.conf` o `/boot/grub/menu.lst` (el primero es un vínculo simbólico al otro). El binario GRUB puede estar instalado en el **MBR** (*Master Boot Record*, los primeros 512 bytes de un disco) o un **PBR** (*Partition Boot Record*, los primeros 512 bytes de una partición).

El comando `grub-install` permite instalar o desinstalar GRUB en caso de MBR.

Ejemplo

```
# /sbin/grub-install /dev/sda
```

c. Arranque y edición de una opción de menú

Al iniciarse GRUB, aparece un menú. Puede ser gráfico o textual, según la configuración. Tiene que elegir una imagen de inicio entre las propuestas con las flechas de dirección. Al pulsar en la tecla [Intro], arranca la imagen seleccionada.

Es posible editar los menús directamente para modificar, por ejemplo, los parámetros que se pasan al kernel de Linux o para iniciar seleccionando la opción de menú y escribiendo `e` (*editar*).

A continuación, están disponibles los siguientes comandos:

- `e`: para editar la línea (completarla);
- `d`: para eliminar la línea;
- `o`: para añadir una línea;
- `b`: para iniciar la imagen (booter).

Ejemplo

Para iniciar el kernel de Linux en modo de emergencia (emergency):

➢Seleccione la línea de carga de un sistema operativo Linux en el menú de GRUB y pulse en `e`.

➢Vaya a la línea que tiene el término kernel y pulse en `e`.

➢Al final de la línea, añada `1` o `Single` y pulse en [Entrar].

➢Teclee `b`.

Puede acceder también a un intérprete de comandos pulsando en [Esc]. ¡Cuidado! Solo se reconocen los comandos GRUB.

4. GRUB2

GRUB2 es el sucesor de **GRUB** y es una reescritura completa del mismo. Se ha convertido en el gestor de arranque predeterminado para todas las distribuciones recientes de Linux. Tiene una interfaz gráfica (opcional), es modular, compatible con muchas arquitecturas (BIOS, EFI, Raid, etc.) y tiene un modo de copia de seguridad.

La mayor parte de la configuración de GRUB2 es automática. Los componentes de GRUB2 detectan automáticamente la implementación de nuevos kernels de Linux. Esta detección no se produce cuando se inicia el sistema, sino que requiere que se ejecute un comando de actualización.

La instalación de GRUB2 es idéntica a la de GRUB. Es posible migrar de GRUB a GRUB2 usando el comando `upgrade-from-grub-legacy`: el archivo de configuración `menú.lst` se analizará y se analizará y se implementará la configuración de GRUB2.

a. Configuración

Los archivos de GRUB2 están en el directorio `/boot/grub` o `/boot/grub2`, según las distribuciones. Los nombres de módulos acaban con el sufijo `.mod`. Hay muchos, especialmente para la gestión del arranque en un gran número de sistemas de archivos o de tipos de particiones.

La configuración de las entradas de menú está en `/boot/grub/menu.cfg` o `/boot/grub2/grub.cfg`, según la distribución. Este archivo no se debe editar, se genera con el comando `update-grub` o `grub2-mkconfig`.

En la ejecución de `grub2-mkconfig`, se analizarán varios archivos para generar la configuración:

- `/bot/grub/device.map`, si existe, para la correspondencia entre los nombres de los discos GRUB y Linux.
- `/etc/default/grub`, que contiene los parámetros predeterminados de GRUB.
- Todos los archivos albergados en `/etc/grub.d/`, por orden ASCII. Estos son los scripts que permiten generar automáticamente los menús mostrados durante el arranque.

Actualización de GRUB

Cada vez que se modifican estos archivos (o cada vez que se añade un nuevo núcleo o script), se debe ejecutar el comando `update-grub` o `grub2-mkconfig`:

Ejemplo

```
# grub2-mkconfig -o /boot/grub/menu.cfg
Generating grub configuration file ...
Found linux image: /boot/vmlinuz-3.10.0-514.2.2.el7.x86_64
Found initrd image: /boot/initramfs-3.10.0-514.2.2.el7.x86_64.img
Found linux image: /boot/vmlinuz-3.10.0-327.36.1.el7.x86_64
Found initrd image: /boot/initramfs-3.10.0-327.36.1.el7.x86_64.img
Found linux image: /boot/vmlinuz-3.10.0-327.28.3.el7.x86_64
Found initrd image: /boot/initramfs-3.10.0-327.28.3.el7.x86_64.img
Found linux image: /boot/vmlinuz-3.10.0-327.13.1.el7.x86_64
Found initrd image: /boot/initramfs-3.10.0-327.13.1.el7.x86_64.img
Found linux image: /boot/vmlinuz-3.10.0-327.10.1.el7.x86_64
Found initrd image: /boot/initramfs-3.10.0-327.10.1.el7.x86_64.img
```

```
Found linux image: /boot/vmlinuz-0-rescue-
c7e8c1200fab4906acacb8590493c6e6
Found initrd image: /boot/initramfs-0-rescue-
c7e8c1200fab4906acacb8590493c6e6.img
Found memtest86+ image: /memtest86+.bin
Found Windows 7 (loader) on /dev/sda1
done
```

device.map

El archivo `device.map` puede editarse o generarse automáticamente con el comando `grub-mkdevicemap`. Si el archivo no está, la numeración de discos depende del orden de detección de estos por la BIOS.

☞ *Si el comando no está, podemos utilizar* `grub2-install -recheck`.

Ejemplo

```
# grub-mkdevicemap
# cat /boot/grub/device.map
(fd0) /dev/fd0
(hd0) /dev/disk/by-id/ata-STM3500418AS_9VM2LMWK
(hd1) /dev/disk/by-id/ata-WDC_ED5000AACS-00G8B1_WD_WCAUK0742110
(hd2) /dev/disk/by-id/ata-WDC_WD10EADS-00L5B1_WD-WCAU4A320407
```

/etc/default/grub

El archivo `/etc/default/grub` contiene variables que definen las opciones de GRUB2 y opciones predeterminadas de los núcleos Linux. A continuación, se comentan algunas entradas:

Variable GRUB	Significado
`GRUB_DEFAULT`	Entrada del menú seleccionada por defecto (primera=0).
`GRUB_HIDDEN_TIMEOUT`	La cantidad de tiempo en segundos antes de que se inicie el sistema predeterminado. El menú de arranque está oculto. Se puede acceder a él pulsando en [Esc] o [Mayus].
`GRUB_TIMEOUT`	Duración de la visualización del menú en segundos antes del arranque del sistema por defecto.
`GRUB_HIDDEN_TIMEOUT_QUIET`	Define si se visualiza o no el contador de timeout si `GRUB_HIDDEN_TIMEOUT`está definido: `true` o `false`.
`GRUB_DISTRIBUTOR`	Línea de comandos que define la generación automática del texto en la entrada del menú.
`GRUB_CMDLINE_LINUX_DEFAULT`	Parámetros pasados al núcleo Linux, únicamente para las entradas "normales", no las de recuperación.
`GRUB_CMDLINE_LINUX`	Parámetros predeterminados para todos los núcleos LINUX.
`GRUB_GFXMODE`	Resolución utilizada por GRUB2 en modo gráfico, que puede modificarse por un valor devuelto por el comando `vbeinfo`.

Variable GRUB	Significado
GRUB_TERMINAL	Definido con console, desactiva el arranque gráfico.

Ejemplo:

```
GRUB_DEFAULT=0
GRUB_TIMEOUT=10
GRUB_DISTRIBUTOR=`lsb_release -i -s 2> /dev/null || echo Debian`
GRUB_CMDLINE_LINUX_DEFAULT="quiet splash nomodeset"
GRUB_CMDLINE_LINUX=""
GRUB_GFXMODE=640x480
```

Construcción de los menús

Los menús se construyen con los scripts albergados en /etc/grub.d/:

Ejemplo

```
# ls -l /etc/grub.d/*
-rwxr-xr-x 1 root root 6658 2011-05-02 21:04 /etc/grub.d/00_header
-rwxr-xr-x 1 root root 5522 2011-04-21 15:19 /etc/grub.d/05_debian_theme
-rwxr-xr-x 1 root root 6291 2011-05-02 21:43 /etc/grub.d/10_linux
-rwxr-xr-x 1 root root 5233 2011-04-21 15:31 /etc/grub.d/20_linux_xen
-rwxr-xr-x 1 root root 1588 2010-09-24 20:16 /etc/grub.d/20_memtest86+
-rwxr-xr-x 1 root root 7119 2011-04-21 15:31 /etc/grub.d/30_os-prober
-rwxr-xr-x 1 root root  214 2010-10-06 14:22 /etc/grub.d/40_custom
-rwxr-xr-x 1 root root   95 2010-10-06 14:22 /etc/grub.d/41_custom
-rw-r--r-- 1 root root  483 2010-10-06 14:22 /etc/grub.d/README
```

Estos archivos se ejecutan en el orden alfanumérico predeterminado. Los dos scripts más importantes son 10_linux y 30_os_prober.

El primer archivo contiene los bucles para encontrar los kernels de Linux en /boot y en la raíz, así como los ramdisk iniciales, para crear automáticamente las entradas asociadas, añadiendo la configuración predeterminada.

El segundo ejecuta el comando os-prober. Escanea otros sistemas operativos en otros discos y particiones (Windows, BSD, Mac OS X Linux):

Ejemplo

```
# os-prober
/dev/sda1:Windows 7 (loader):Windows:chain
```

Por lo general, se proponen plantillas de script personalizables (40_custom, por ejemplo).

b. Arranque y edición

El uso de **GRUB2** al inicio es similar al uso de **GRUB**. Para editar una entrada de menú, debe usar el comando e y modificar después las diferentes líneas. El editor gestiona la sintaxis Emacs. [Ctrl] x activa el inicio con las modificaciones realizadas.

Si el menú de GRUB2 no aparece, es necesario mantener pulsada la tecla [Shift] durante el arranque.

c. Caso de GPT y UEFI

Si el UEFI de la máquina ofrece un modo de arranque "*Legacy*" (emulación de BIOS), es posible utilizar GRUB2 como gestor de arranque. Hay que crear una partición especial llamada **BIOS Boot partition** con un tamaño mínimo recomendado de 1 MB, identificado con el marcador (flag) `bios_grub`, y no formateada. Si se crea con `gdisk` y `ef02` como identificador de partición, el marcador se colocará automáticamente, lo que se puede comprobar con `parted`.

Ejemplo

```
# parted /dev/sdb print
...
Number  Start   End     Size    File system          Name       Flags
 1      1049kB  2097kB  1049kB  BIOS boot partition  bios_grub
```

GRUB2 es totalmente compatible con el arranque UEFI. Para este modo, debe crear una partición EFI (ESP) de tipo `ef00`, con un tamaño de `200 MB`, con el flag `boot`. El flag se crea automáticamente por `gdisk`. A continuación, debe crear un sistema de archivos FAT32 en esta partición para montarla en `/boot/efi`.

Ejemplo

```
# parted /dev/sdb print
...
Number  Start   End     Size    File system    Name         Flags
1       1049kB  211MB   210MB   fat32          EFI System   boot, esp
```

Creación del sistema de archivos FAT32:

```
# mkfs.vfat -F 32 /dev/sdb1
```

Una vez iniciado el sistema, genralmente, se puede acceder a la partición EFI desde el punto de montaje **/boot/efi**. Esta contiene, en el caso de Ubuntu, este tipo de arborescencia:

Ejemplo

En una distribución Ubuntu:

```
# tree
.
+-- EFI
    +-- BOOT
    ¦   +-- BOOTX64.EFI
    ¦   +-- fbx64.efi
    ¦   +-- mmx64.efi
    +-- ubuntu
        +-- BOOTX64.CSV
        +-- grub.cfg
        +-- grubx64.efi
        +-- mmx64.efi
        +-- shimx64.efi
```

En un soporte externo o en el caso de que no se encuentre la NVRAM completa en el soporte, se ejecutará `EFI/BOOT/BOOTX64.EFI` por defecto. La arborescencia de Ubuntu contiene todo lo necesario.

- `grubx64.efi`: el programa de arranque "ordinario".
- `shimx64.efi`: el programa de arranque "Secure Boot".
- `grub.cfg`: la configuración de **GRUB2.**
- `BOOTX64.CSV`: el archivo que será leído en el momento de la instalación para añadir la entrada de boot en NVRAM.
- `mmx64.efi`: el ejecutable que firma el Secure Boot con la clave de su máquina y que da el relevo a **GRUB2**.

El comando `efibootmgr` da detalles de los binarios lanzados:

Ejemplo

```
# efibootmgr -v|grep -i ubuntu
Boot0004* ubuntu
      HD(1,GPT,ffdd7669-15a0-4500-978e-36c2c5a1b1e6,
0x800,0x100000)/File(\EFI\ubuntu\shimx64.efi)
```

El firmware UEFI ejecutará `shimx64.efi`, presente en la partición GPT de UUID `ffdd-...-b1e6`, que corresponde a `/dev/sda1`, la partición EFI del disco.

```
# ls -l ffdd7669-15a0-4500-978e-36c2c5a1b1e6
lrwxrwxrwx 1 root root 10 febr.  1 15:51 ffdd7669-15a0-4500-978e-
36c2c5a1b1e6 -> ../../sda1
```

El archivo `grub.cfg` podría ser el mismo que el que se encuentra en `/boot/grub`, pero podría presentarse de esta forma:

```
search.fs_uuid 19489778-c93b-43a6-9dbf-4790c07cee50 root hd0,gpt2
set prefix=($root)'/boot/grub'
configfile $prefix/grub.cfg
```

*El archivo **`/boot/grub/grub.cfg`** se cargará.*

5. Inicialización del núcleo

Cuando se carga el kernel, hay muchos mensajes informativos en la pantalla. Estos mensajes se escriben en el archivo (circular) `/var/log/dmesg`.

Durante esta fase, se llevan a cabo las siguientes operaciones:

- Se detecta e inicializa el hardware.
- `initrd` está cargado, los módulos presentes se han cargado de ser necesario.
- El núcleo monta el sistema de archivos raíz en modo de solo lectura.
- Crea la primera consola.
- Se ha iniciado el primer proceso (`init` o `systemd`).

El esquema siguiente describe la secuencia de arranque usando BIOS y UEFI:

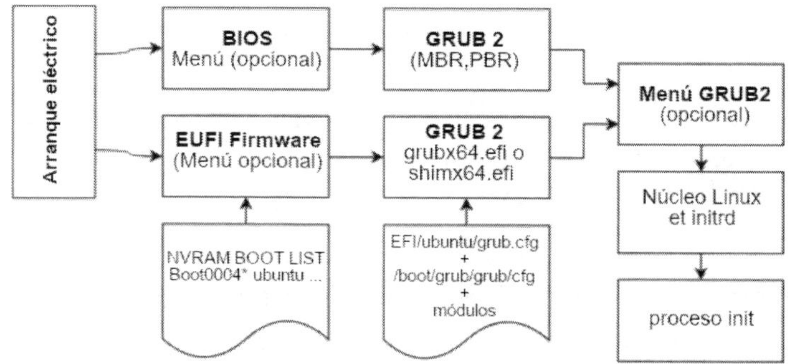

De la BIOS a o UEFI hasta el arranque de Linux

Hay muchos otros cargadores como **LILO** (*Cargador de Linux*). Este fue el cargador más utilizado durante mucho tiempo antes de ser reemplazado por GRUB y GRUB2 debido a sus muchas limitaciones. Otros cargadores, como **Trébol**, le permiten arrancar directamente desde Linux u otro gestor de arranque.

B. init System V

El modo de arranque del sistema System V (SysVinit), nativo de Unix, ha sido reemplazado con mayor frecuencia por systemd en distribuciones recientes. Sin embargo, esta forma de iniciar el sistema forma parte de las habilidades necesarias para la certificación LPIC-1. Por otro lado, es posible tener que administrar servidores de producción que todavía están ejecutando este modo de arranque.

1. Función de init

El programa init es el primer proceso que se inicia y el último que se detiene dentro del sistema, y su misión es ejecutar las demás tareas. La función de init consiste en iniciar y detener todos los servicios. De la misma manera, ejecuta las diferentes tareas iniciales necesarias para el buen funcionamiento de Linux mediante varios comandos y scripts.

Una vez iniciado el sistema y ejecutados los servicios, init sigue activo para gestionar los cambios de estado de los procesos que controla y los niveles de ejecución.

El proceso init es el padre de todos los procesos y tiene siempre el PID 1. Es arrancado por el kernel, que lleva el PID "virtual" 0.

Su configuración está en el archivo `/etc/inittab`. Si este archivo está ausente o corrupto, hay que arrancar el sistema en modo single (`S`, `s`, `1 Single`) y restaurarlo, o en el peor de los casos, arrancar desde un soporte externo o un disco de emergencia.

2. Niveles de ejecución

Un nivel de ejecución, o runlevel, se corresponde con un estado de funcionamiento de Linux (incluida la parada). Cada nivel de ejecución se controla por `init` y dispone de su propia configuración (o por `inittab`, o por scripts llamados initscripts). Por ejemplo, se puede utilizar un nivel de ejecución para arrancar Linux en modo monousuario, otro en modo multiusuario, con o sin red, con o sin modo gráfico.

El administrador puede configurar todos los niveles de ejecución. Por lo general, se definen de la siguiente manera en distribuciones como Red Hat y OpenSUSE:

Nivel	Efecto
0	Parada: detiene el sistema operativo, apaga la máquina.
1	Modo monousuario para el mantenimiento en consola.
2	Multiusuario, sin red.
3	Multiusuario, con red.
4	Libre.
5	Multiusuario, con red, con entorno gráfico.
6	Reinicio de la máquina.
S,s	*Single user mode*, modo de seguridad.

Los niveles 7 a 9 son válidos, pero no se utilizan por defecto.

El nivel de ejecución se sitúa por defecto en `/etc/inittab`, en la línea que tiene como tipo de acción `initdefault`.

Sintaxis

```
id: NumRunLevel:initdefault:
```

Con:

`NumRunLevel`: número de nivel de ejecución que se debe activar al arrancar el sistema.

Las distribuciones de tipo Debian también consideran que los niveles 2 a 5 son multiusuario, pero no diferencian entre ellos. Por defecto, comienzan en el nivel 2, donde se inician todos los servicios, incluida la interfaz gráfica.

3. /etc/inittab

Se define el comportamiento del proceso `init` y de los niveles de ejecución en el archivo `/etc/inittab`. La sintaxis de una línea es la siguiente:

```
Id:[niveles]:acción:comando
```

Campo	Descripción
`Id`	Identificador de línea sobre cuatro caracteres.
`Niveles`	Indica si se debe tener en cuenta el comando para el nivel requerido. Corresponde a la lista de los niveles sin separador.

Campo	Descripción
`Acción`	Tipo de acción para efectuar según las circunstancias para esta línea.
`Comando`	El comando para ejecutar con sus parámetros y redirecciones.

El tipo de acción define las actividades de init durante el arranque y cambio de nivel. Las principales se presentan a continuación:

Acción	Significado
`initdefault`	Define el nivel por defecto durante el boot y el inicio de init.
`sysinit`	Se ejecuta una única vez durante el arranque del sistema.
`boot`	Igual, pero después de `sysinit`.
`bootwait`	Igual, pero init espera el final de la ejecución del comando antes de continuar.
`off`	Se ignora la línea.
`once`	Se ejecuta el comando a cada cambio de nivel para los niveles especificados.
`wait`	Igual, pero init espera que finalice la ejecución antes de proseguir.
`respawn`	El comando se ejecuta para los niveles correspondientes. Si el proceso termina, vuelve a arrancarse de nuevo automáticamente.
`powerwait`	Inicia el comando si el servidor es alimentado mediante una fuente de emergencia.
`powerfail`	Igual, pero sin esperar a que finalice la ejecución del comando.
`powerokwait`	Se ejecuta el comando cuando se restablece la corriente.
`powerfailnow`	Comando de último recurso cuando la alimentación de emergencia está casi vacía.
`ctrlaltdel`	Init recibe una señal SIGINT procedente de una secuencia [Alt][Ctrl][Supr].

Ejemplo

Archivo `/etc/inittab` de una distribución OpenSUSE 10.3:

```
# Nivel de ejecución a 5 (multiusuario gráfico)
id:5:initdefault:

# Primer script ejecuta el arranque
si::bootwait:/etc/init.d/boot

# Gestión de los servicios por nivel de ejecución
l0:0:wait:/etc/init.d/rc 0
l1:1:wait:/etc/init.d/rc 1
l2:2:wait:/etc/init.d/rc 2
l3:3:wait:/etc/init.d/rc 3
l4:4:wait:/etc/init.d/rc 4
l5:5:wait:/etc/init.d/rc 5
l6:6:wait:/etc/init.d/rc 6
```

```
# Caso del modo single, consola de emergencia para root
ls:S:wait:/etc/init.d/rc S
~~:S:respawn:/sbin/sulogin

# Acción en Alt+Ctrl+Del
ca::ctrlaltdel:/sbin/shutdown -r -t 4 now

# Qué hacer en caso de corte de la corriente
pf::powerwait:/etc/init.d/powerfail start
pn::powerfailnow:/etc/init.d/powerfail now
po::powerokwait:/etc/init.d/powerfail stop

# Arranque de las consolas virtuales Alt+Fx
1:2345:respawn:/sbin/mingetty --noclear tty1
2:2345:respawn:/sbin/mingetty tty2
3:2345:respawn:/sbin/mingetty tty3
4:2345:respawn:/sbin/mingetty tty4
5:2345:respawn:/sbin/mingetty tty5
6:2345:respawn:/sbin/mingetty tty6
```

4. Cambio de nivel de ejecución

El comando `/sbin/init` o `/sbin/telinit` hace que se cambie el nivel de ejecución por el especificado en el argumento.

Ejemplo

Pasar al nivel de ejecución 5:

```
# Init 5
```

El nivel de ejecución se puede ver con el comando `/sbin/runlevel`. El primer valor devuelto corresponde al nivel que precede al nivel actual. Una N significa que no hay un nivel anterior. El segundo valor es el nivel actual.

Ejemplo

```
# runlevel
N 5
```

5. Configuración del sistema básico

Sea cual sea el nivel de ejecución especificado por defecto, `init` inicia siempre el comando asociado a las acciones `sysinit`, `bootwait` o `boot` de `/etc/inittab` al arrancar el sistema. La acción `sysinit` es la primera.

La configuración varía en función de las distribuciones:

- Red Hat: `si::sysinit:/etc/rc.d/rc.sysinit`
- OpenSUSE: `si::bootwait:/etc/init.d/boot`
- Debian: `si::sysinit:/etc/init.d/rcS`

En las distribuciones de tipo Red Hat, un script único monolítico realiza la configuración básica. En los de tipo Debian, el script llama a todos los scripts del nivel `S` (*single*). En OpenSUSE, el script instala lo mínimo y ejecuta después el contenido de `/etc/rc.d/boot.d`, que establece el resto de la configuración básica.

En todos los casos, las tareas siguientes se ejecutan aproximadamente en este orden:

- Configuración de los parámetros del núcleo presentes en `/etc/sysctl.conf`.
- Instalación de los archivos periféricos (`/dev` mediante `udev`, por ejemplo).
- Configuración del reloj del sistema.
- Carga de las tablas de caracteres del teclado.
- Activación de las zonas de SWAP.
- Definición del nombre de anfitrión.
- Control y montaje del sistema de archivos raíz.
- Instalación de los periféricos RAID, LVM o ambos.
- Control y montaje de los demás sistemas de archivos.
- Eliminación de los archivos que no se eliminen debido a un apagado brusco del sistema.

6. Nivel de ejecución

El script `/etc/init.d/rc` toma como parámetro el nivel de ejecución predeterminado según la línea `initdefault` de `/etc/inittab` o el parámetro especificado a los comandos `init` o `telinit`. El script `rc` inicializa el nivel de ejecución deseado y es responsable del inicio y fin de los servicios asociados cuando el nivel de ejecución cambia.

Se analizan los servicios en cada nivel de ejecución. Durante el paso de un nivel a otro, y sea cual sea el orden (del 2 al 5, del 5 al 3, etc.) el script `rc` compara el antiguo y el nuevo nivel de los servicios que se deben detener o iniciar. Si dos niveles tienen el mismo servicio, se mantienen. Si se debe iniciar un nuevo servicio en el nuevo nivel, lo hace. Si se debe detener un servicio porque no está en el nuevo nivel, lo detiene.

7. Gestión de los niveles y de los servicios

El nivel de ejecución determina los servicios que se inician (y se detienen) para ese nivel. Es el script `rc` el que carga o descarga los servicios en función del nivel de ejecución que se deba habilitar.

a. Servicios en init.d

Los servicios se supervisan (inicio, parada, reinicio, estado, etc.) mediante scripts presentes en `/etc/init.d`.

Ejemplo

```
# cd /etc/init.d
# ls -l
-rwxr-xr-x  1 root root  1128 ago  9  2004 acpid
-rwxr-xr-x  1 root root   834 sep 28  2004 anacron
-rwxr-xr-x  1 root root  1429 jun 22  2004 apmd
-rwxr-xr-x  1 root root  1176 abr 14  2006 atd
-rwxr-xr-x  1 root root  2781 mar  5  2007 auditd
-rwxr-xr-x  1 root root 17058 sep  5  2007 autofs
-rwxr-xr-x  1 root root  1368 feb  2  2007 bluetooth
-rwxr-xr-x  1 root root  1355 may  2  2006 cpuspeed
-rwxr-xr-x  1 root root  1904 jul 16  2007 crond
-rwxr-xr-x  1 root root  2312 oct 30 13:46 cups
...
```

Para cada nivel de ejecución `n`, existe un directorio `rcn.d` que contiene vínculos simbólicos hacia los scripts de los servicios presentes en `/etc/init.d` que se quieren iniciar o detener. Este directorio se encuentra en diferentes lugares según la distribución:

- Red Hat: `/etc/rc.d/rcn.d` con vínculos en `/etc/rcn.d`
- OpenSUSE: `/etc/init.d/rcn.d`, sabiendo que `/etc/rc.d` apunta a `/etc/init.d`
- Debian: `/etc/rcn.d`

El prefijo del nombre de cada vínculo define su orden de ejecución o de parada. El nombre tiene la forma siguiente:

`[SK]nnservicio`

- `S`: start.
- `K`: kill (stop).
- `nn`: orden numérico de ejecución o parada (`00`=primero, `99`=último).
- `Servicio`: nombre del servicio.

Ejemplo

El vínculo `S10network` indica que se iniciará el servicio network, responsable de la instalación de la red, en orden `10`, después de los `S01`, `S05`, etc., pero antes de los `S11`, `S15`, etc.

```
# ls -1 S*
S00microcode_ctl
S01sysstat
S02lvm2-monitor
S05kudzu
S06cpuspeed
S08iptables
S09isdn
S09pcmcia
S10network
S12syslog
S13irqbalance
S13portmap
S14nfslock
S15mdmonitor
S18rpcidmapd
...
```

Cuando se ejecuta `rc`, enumera y ejecuta todos los enlaces que comienzan por `K*`, pasándoles `stop` como argumento. A continuación, enumera y ejecuta todos los enlaces que comienzan con `S*`, pasándoles `start` como argumento.

Ejemplo

Extracto del script `rc`:

```
    # Lista todos los scripts que empiezan por S en este directorio
    for i in /etc/rc${level].d/S*
    do
        # el script existe y no está vacío: se ejecuta
        if [ -s ${i} ]
            then
                sh ${i} start
        fi
    done
fi
```

b. Control de los servicios

Los servicios se pueden iniciar o detener, mediante su script o con la ayuda de herramientas.

A través del script

Cada script en `/etc/init.d` acepta al menos dos parámetros:

- `start`: el servicio se inicia.
- `stop`: el servicio se para.

Ejemplo

Iniciar y detener el servicio `sshd` *(servidor ssh):*

```
# /etc/init.d/sshd start
Starting SSH daemon                                           done
# /etc/init.d/sshd stop
Shutting down SSH daemon                                      done
```

La mayoría de los servicios aceptan otros parámetros:

Ejemplo

```
# /etc/init.d/sshd
Usage: /etc/init.d/sshd {start|stop|status|try-restart|restart|
force-reload|reload|probe}
```

- `status`: facilita el estado del servicio (iniciado o no). Según los servicios, se puede facilitar información adicional.
- `probe`: indica si es necesario cargar la configuración; si, por ejemplo, se han modificado archivos de configuración.
- `reload / forcereload`: indica al servicio que vuelva a leer su configuración (mediante una señal 1).
- `restart`: espera y vuelve a iniciar el servicio, sea cual sea el final de la parada.
- `try-restart`: para y vuelve a iniciar el servicio solamente en caso de parada.

☞ *La distribución OpenSUSE crea vínculos simbólicos* `rc<servicio>` *que permiten insertar* `rcsshd` *para, por ejemplo, el control manual de los servicios.*

Mediante el comando service

El comando `service` está disponible en distribuciones de tipo Red Hat y OpenSUSE. Permite utilizar el nombre del servicio directamente como argumento, seguido del argumento que se le va a pasar.

Ejemplo

```
# service sshd stop
Shutting down SSH daemon                                      done
# service sshd start
Starting SSH daemon                                           done
```

c. Modificación de los niveles de ejecución

Red Hat y OpenSUSE

Distribuciones de tipo Red Hat y OpenSUSE tienen el comando `chkconfig` que le permite agregar, eliminar, habilitar o deshabilitar servicios por nivel de ejecución.

Sintaxis

```
chkconfig [opción] [servicio]
```

☞ *Aunque la sintaxis sea idéntica en las dos distribuciones, `chkconfig` no funciona de la misma manera. En Red Hat, se inserta una línea especial al principio del script que indica a `chkconfig` los parámetros predeterminados (runlevels, posiciones de inicio y parada). En OpenSUSE, `chkconfig` lanza el commando `insserv` que explota también el encabezado de los scripts, pero de manera más compleja.*

Presentamos las primeras líneas del script de inicio del servicio `sshd` de una distribución Red Hat. El script se inicia y se detiene en los niveles 2, 3, 4 y 5. Se ejecuta en posición 55 (`S55sshd`) y se detiene en posición 25 (`K25sshd`).

Damos la lista de las opciones de chkconfig:

- `--list`: lista del conjunto de la configuración.
- `--list service`: lista la configuración de un servicio dado.
- `--add service`: añade el servicio indicado en la configuración System V.
- `--del service`: suprime el servicio de la configuración System V.
- `--level xxx service on/off`: activa o desactiva el servicio para los niveles de ejecución indicados.

Ejemplo

```
# chkconfig --list
rwhod    0:parada 1:parada   2:parada   3:parada   4:parada   5:parada   6:parada
atd      0:parada 1:parada   2:parada   3:funciona 4:funciona 5:funciona 6:parada
snmpd    0:parada 1:parada   2:funciona 3:funciona 4:funciona 5:funciona 6:parada
ntpd     0:parada 1:parada   2:funciona 3:funciona 4:funciona 5:funciona 6:parada
keytable 0:parada 1:funciona 2:funciona 3:funciona 4:funciona 5:funciona 6:parada
syslog   0:parada 1:parada   2:funciona 3:funciona 4:funciona 5:funciona 6:parada
...

# chkconfig --list smb
smb      0:parada 1:parada   2:parada   3:parada   4:parada   5:parada   6:parada

# chkconfig --level 35 smb on
# chkconfig --list smb
smb      0:parada 1:parada   2:parada   3:funciona 4:parada   5:funciona 6:parada

# / chkconfig --add httpd
```

Debian y Ubuntu

El comando `update-rc.d` crea los vínculos necesarios en los distintos directorios `rcn.d`. Los scripts no tienen la información particular en su encabezado y el comando solo funciona a nivel del sistema de archivos, por lo que instala los diferentes vínculos según sus indicaciones.

Ejemplo

Veamos dos ejemplos de sintaxis. El primero inscribe un servicio con parámetros predeterminados. En este caso, se configura el servicio para ejecutarse en los niveles 2 a 5 y detenerse en los niveles 0, 1 y 6. La posición de parada/relanzamiento está en 20.

```
# update-rc.d ssh defaults
```

En el segundo ejemplo, se inserta el servicio con opciones completas. Al iniciarse, el servicio está en posición 10 en los niveles 3, 4 y 5. Parado, el servicio está en la posición 5 en los niveles 0, 1 y 6.

```
# update-rc.d ssh start 10 3 4 5 . stop 05 0 1 6 .
```

El argumento remove elimina los enlaces de los distintos directorios. En este caso, el script `/etc/init.d/xxx` asociado, ya no debería existir. La opción `-f` obliga a eliminar los enlaces (el script en sí permanece).

Ejemplo

```
# update-rc.d -f ssh remove
```

8. Consolas virtuales

Las consolas virtuales permiten obtener diferentes terminales virtuales en la pantalla conectados directamente al ordenador. Se definen en `/etc/inittab`.
Están asociadas con los dispositivos virtuales `/dev/ttyn`, en los que `n` es el número de consola.

- La secuencia de teclas [Alt][Fn] o [Ctrl][Alt][Fn] se utiliza para cambiar a la consola virtual `n`.
- `/dev/tty0` está asociado a la consola actual.
- 6 consolas virtuales están habilitadas de forma predeterminada.
- La interfaz gráfica se inicia por defecto en la primera consola disponible, normalmente la 7.

Las consolas se lanzan a través de `/etc/inittab` y se gestionan mediante los procesos `getty` o `mingetty`. La etiqueta de la línea corresponde al número de la consola. Las líneas usan el tipo de acción `respawn`. Por lo tanto, después de desconectarse, se reinicia un proceso `getty` o `mingetty` automáticamente para aceptar una nueva conexión.

Ejemplo

```
1:2345:respawn:/sbin/mingetty tty1
2:2345:respawn:/sbin/mingetty tty2
3:2345:respawn:/sbin/mingetty tty3
4:2345:respawn:/sbin/mingetty tty4
5:2345:respawn:/sbin/mingetty tty5
6:2345:respawn:/sbin/mingetty tty6
```

9. Procedimiento de conexión (login)

Cuando un usuario desea conectarse al sistema a través de un terminal (consola virtual, terminal físico, terminal virtual o ventana de terminal), se le pide que introduzca un nombre de cuenta de usuario (el login). Antes de la solicitud, el contenido del archivo `/etc/issue` se muestra. Cuando el usuario ha introducido un nombre y lo ha validado con [Intro], el programa `login` se ejecuta y solicita que se introduzca la contraseña. Si la contraseña es correcta (verificación de los archivos `/etc/passwd` y `/etc/shadow` o a través de módulos PAM), el programa muestra el contenido del archivo `/etc/motd` y ejecuta el programa de conexión (generalmente un shell), configurado para la cuenta de usuario en `/etc/passwd`.

10. Apagar el sistema

Hay varias formas de apagar limpiamente un sistema Linux. Las paradas se gestionan mediante `init` con los niveles `0` y `6`.

- `Runlevel 0`: el equipo está apagado.
- `Runlevel 6`: el ordenador se reinicia.

Ejemplo

El siguiente comando apaga el equipo:

```
# init 0
```

El siguiente comando reinicia el equipo:

```
# inicio 6
```

El comando más seguro para apagar el sistema es `shutdown`. Utiliza `init`, pero acepta parámetros adicionales, como un tiempo de espera antes de la ejecución, y permite enviar un mensaje a los usuarios conectados al sistema.

Sintaxis

```
shutdown <param> <tiempoEspera> <mensaje>
```

Las principales opciones son:

Parámetro	Acción
`-k`	No apaga, sino que envía el mensaje a todos los usuarios conectados a través de un terminal.
`-r`	Reinicia después de enviar el mensaje, si lo hubiera, y una vez transcurrido el tiempo de espera especificado.
`-h`	(halt) Apaga después de enviar el mensaje, si lo hubiera, y una vez transcurrido el tiempo de espera especificado.
`-c`	Cancela la solicitud de parada en curso.

Se puede especificar el plazo de diferentes maneras:

- `hh:mm`: una hora concreta.
- `+m`: en `m` minutos.
- `now`: ahora mismo.

Ejemplo

Programa un reinicio en 10 minutos con un mensaje de advertencia.

```
# shutdown -r +10 "Reinicio para mantenimiento en 10 minutos"

Broadcast message from root (pts/2) (Fri Apr 4 15:00:34 2008):

Reinicio para mantenimiento en 10 minutos
The system is going DOWN for reboot in 10 minutes!
```

Anula la solicitud en curso.

```
# shutdown -c "Mantenimiento cancelado"

Shutdown cancelled.

Broadcast message from root (pts/2) (Fri Apr  4 15:02:21 2008):

Mantenimiento cancelado
```

Se llama a los comandos `reinicio` y `halt` al final de `init 6` y `0`, respectivamente. Si se llaman a un nivel distinto de `6` o `0`, esto equivale a una llamada de `shutdown`:

- `halt: shutdown -h`
- `reboot: shutdown -r`

C. systemd

systemd (*system daemon*) es, al igual que init System V o upstart, un sistema de inicio, pero es más reciente y está diseñado específicamente para Linux. Al igual que el init clásico, es el primer proceso iniciado por el kernel después de haber sido inicializado.

systemd es el más utilizado de los sucesores de init System V. Todas las distribuciones principales (Red Hat, SuSE, Ubuntu, Debian) lo usan.

Systemd es el resultado de una profunda reflexión sobre el inicio del sistema y de los servicios. Su autor, **Lennart Poettering** (quien también diseñó los programas PulseAudio y Avahi), comparó los programas de inicio de Linux con los de otros sistemas, especialmente MacOS, en términos de velocidad y número de procesos requeridos.

Por lo tanto, Systemd ofrece una puesta en marcha más rápida de los servicios, basándose en eventos y en un funcionamiento asíncrono y, además, permite conocer y gestionar el estado exacto de cada proceso que constituye un servicio mediante una interfaz en línea de comandos o gráfica, y sustituyendo los scripts de shell por un programa compilado.

systemd utiliza mecanismos de alto rendimiento que llaman a funciones (API) que solo están presentes en el kernel de Linux, no se ajustan a POSIX y, por lo tanto, no son portables a otros sistemas de tipo Unix.

1. Unidades objetivo y servicios

En systemd, el concepto de nivel de ejecución ya solo existe para la compatibilidad con System V. El estado deseado por el sistema después de haber ejecutado los servicios se llama unidad objetivo target unit.

El componente básico de systemd es la **unidad** o **unit**. Existen varios: servicios, sockets, dispositivos, objetivos, etc. Un objetivo es esencialmente el punto de sincronización entre las unidades que se van a alcanzar. Las unidades objetivo corresponden a los niveles de ejecución antiguos, pero son mucho más flexibles y configurables.

Un objetivo puede agrupar a otros. Se pueden activar y establecer varios objetivos al mismo tiempo. Por ejemplo, un objetivo corresponde a la activación de los servicios de red, otro al entorno gráfico, etc.

2. Configuración

Las definiciones de las distintas unidades se hacen en `/lib/systemd/system`. Las unidades objetivo o los servicios que deben ser gestionados por el sistema durante el arranque están en `/etc/system/system`, en forma de enlaces simbólicos o copias de los archivos anteriores. Estas rutas se pueden ubicar en diferentes entornos según las distribuciones. La ruta de la configuración del sistema se obtiene mediante la siguiente línea de comando:

```
# pkg-config systemd --variable=systemdsystemconfdir
```

Ejemplo

En RHEL9:

```
# pkg-config systemd --variable=systemdsystemconfdir
/etc/systemd/system
```

Se pueden utilizar otros directorios:

```
/usr/local/lib/systemd/system
/usr/lib/systemd/system
```

La configuración de usuario se define por lo general en `/etc/systemd/system`.

En todos los casos, la configuración de usuario es prioritaria con respecto a la configuración de sistema.

3. Objetivos

a. Equivalencia con init System V

La noción de un objetivo se puede compararse con la de un nivel de ejecución, porque un objetivo es un estado por alcanzar. Un archivo objetivo tiene el sufijo `.target`.

A continuación, se muestra una tabla comparativa de los objetivos de systemd y los niveles de ejecución de System V:

Nivel de ejecución	Target Unit	Descripción
0	`poweroff.target`	Extinción de la máquina
1	rescue.target	Inicio en modo single
2	`multi-user.target`	Multiusuario
3	`multi-user.target`	Multiusuario
4	`multi-user.target`	Multiusuario
5	`graphical.target`	Gráfico, multiusuario
6	`reboot.target`	Reinicio

b. Objetivo por defecto

El comando siguiente proporciona el objetivo por defecto, es decir, el estado que el sistema alcanza al arrancar:

```
$ systemctl get-default
```

El objetivo predeterminado es un enlace simbólico llamado `default.target`, hacia al archivo objetivo seleccionado.

Ejemplo

Reinicio por defecto en modo multiusuario:

```
$ cd /etc/systemd/system/default.target
lrwxrwxrwx. 1 root root 41 7 junio 15:48 /etc/systemd/system/default.target
-> /usr/lib/systemd/system/multi-user.target
```

c. Cambiar el objetivo predeterminado

El comando `systemctl` permite cambiar el objetivo predeterminado.

Sintaxis

```
systemctl set-default NewTarget.target
```

Cambiar el destino predeterminado no cambia el estado actual del sistema.

d. Pasar de un objetivo a otro

El comando `systemctl` se puede utilizar para cambiar el objetivo actual.

Sintaxis

```
systemctl isolate NuevoObjetivo.target
```

e. Modo seguro y modo de emergencia

Dos objetivos particulares tienen un acceso directo desde el comando `systemctl: rescue` y `emergency`.

Sintaxis

```
# systemctl rescue
# systemctl emergency
```

El modo `rescue` es el modo monousuario. El modo `emergency` se utiliza en los casos críticos y proporciona el modo de funcionamiento más minimalista posible: el sistema de archivos raíz se monta en modo solo lectura; no se puede acceder a ningún otro sistema de archivos ni a la red.

f. Objetivos activos y dependencias

Un objetivo puede estar constituido por varios objetivos. Definir objetivos "reducidos" permite agruparlos de forma más sencilla y reutilizarlos. El siguiente comando lista los objetivos activos:

```
systemctl list-units --type target
```

Ejemplo

```
systemctl list-units --type target
UNIT                      LOAD   ACTIVE SUB    DESCRIPTION
  basic.target            loaded active active Basic System
  bluetooth.target        loaded active active Bluetooth Support
  cryptsetup.target       loaded active active Local Encrypted Volumes
  getty.target            loaded active active Login Prompts
  integritysetup.target   loaded active active Local Integrity Protected Volumes
  local-fs-pre.target     loaded active active Preparation for Local File Systems
  local-fs.target         loaded active active Local File Systems
  multi-user.target       loaded active active Multi-User System
  network-online.target   loaded active active Network is Online
  network-pre.target      loaded active active Preparation for Network
  network.target          loaded active active Network
  nss-user-lookup.target  loaded active active User and Group Name Lookups
  paths.target            loaded active active Path Units
  remote-fs-pre.target    loaded active active Preparation for Remote File Systems
  remote-fs.target        loaded active active Remote File Systems
  slices.target           loaded active active Slice Units
  sockets.target          loaded active active Socket Units
  sound.target            loaded active active Sound Card
  sshd-keygen.target      loaded active active sshd-keygen.target
  swap.target             loaded active active Swaps
  sysinit.target          loaded active active System Initialization
  timers.target           loaded active active Timer Units
  veritysetup.target      loaded active active Local Verity Protected Volumes

LOAD   = Reflects whether the unit definition was properly loaded.
ACTIVE = The high-level unit activation state, i.e. generalization of SUB.
SUB    = The low-level unit activation state, values depend on unit type.
23 loaded units listed. Pass --all to see loaded but inactive units, too.
To show all installed unit files use 'systemctl list-unit-files'.
```

Tenemos el objetivo predeterminado, `multi-user.target`, pero no es el único. De hecho, la activación de un objetivo puede provocar la activación de otros objetivos, a través de un mecanismo de dependencia.

Ejemplo

Contenido del archivo de configuración del objetivo `graphical.target`:

```
# cat /usr/lib/systemd/system/graphical.target
[Unit]
Description=Graphical Interface
Documentation=man:systemd.special(7)
Requires=multi-user.target
Wants=display-manager.service
Conflicts=rescue.service rescue.target
After=multi-user.target rescue.service rescue.target display-manager.service
AllowIsolate=yes
```

La línea `Requires=` *proporciona la lista de las unidades dependientes obligatorias del objetivo.*

La línea `After=` *indica el orden en que las unidades deben ser cargadas (pero estas no son obligatorias).*

También encontramos el directorio `/usr/lib/systemd/system/graphical.target.wants`, *que contiene una lista de las unidades, con frecuencia enlaces simbólicos, que deben ser cargados durante la activación del objetivo.*

Ejemplo

```
# ls -l /usr/lib/systemd/system/graphical.target.wants
total 0
lrwxrwxrwx. 1 root root 39 13 febr. 16:52 systemd-update-utmp-
runlevel.service -> ../systemd-update-utmp-runlevel.service
```

g. Listar todos los objetivos

La opción `--all` del comando de listado muestra todos los objetivos disponibles en el sistema.

```
# systemctl list-units --type target --all
```

4. Servicios

Las unidades de servicio terminan con el sufijo `.service`. También son manejadas por el comando `systemctl`. A diferencia de los servicios de System V, que a menudo son scripts de shell, las unidades de servicio son archivos de texto estandarizados que describen las reglas y comandos relacionados con dicho servicio.

Los comandos service o `chkconfig` se sustituyen por el comando único `systemctl`.

a. Acciones

El comando `systemctl` acepta acciones comunes, como `start`, `stop` o `restart`. En la siguiente tabla se muestra una lista de las posibles acciones y de sus equivalentes con el comando `service`:

servicio	systemctl	Descripción
`service name start`	`systemctl start name`	Arranca el servicio.
`service name stop`	`systemctl stop name`	Detiene el servicio.

servicio	systemctl	Descripción
`service name restart`	`systemctl restart name`	Reinicia el servicio.
`service name condrestart`	`systemctl try-restart name`	Reinicia el servicio solo si está arrancado.
`service name reload`	`systemctl reload name`	Vuelve a cargar la configuración.
`service name status`	`systemctl status name` `systemctl is-activename`	Indica si el servicio está arrancado.
`service --status-all`	`systemctl list-units --type service -all`	Muestra el estado de todos los servicios.

Ejemplo

```
# systemctl list-units --type=service
  UNIT                   LOAD   ACTIVE SUB     DESCRIPTION
  abrt-ccpp.service      loaded active exited  Install ABRT coredump hook
  abrt-oops.service      loaded active running ABRT kernel log watcher
  abrtd.service          loaded active running ABRT Automated Bug Reporting Tool
  atd.service            loaded active running Job spooling tools
  auditd.service         loaded active running Security Auditing Service
  avahi-daemon.service   loaded active running Avahi mDNS/DNS-SD Stack
  chronyd.service        loaded active running NTP client/server
  crond.service          loaded active running Command Scheduler
  cups.service           loaded active running CUPS Printing Service
  dbus.service           loaded active running D-Bus System Message Bus
...
```

La lista se muestra en modo página por página, salvo con la opción `--no-pager`*:*

```
# systemctl list-units --type=service --no-pager
[...]
  unattended-upgrades.service    loaded active running Unattended Upgrades
Shutdown
  upower.service                 loaded active running Daemon for power management
  user-runtime-dir@1000.service  loaded active exited  User Runtime Directory
                                                       /run/user/1000
  user@1000.service              loaded active running User Manager for UID 1000
  wpa_supplicant.service         loaded active running WPA supplicant

LOAD   = Reflects whether the unit definition was properly loaded.
ACTIVE = The high-level unit activation state, i.e. generalization of SUB.
SUB    = The low-level unit activation state, values depend on unit type.
46 loaded units listed. Pass --all to see loaded but inactive units, too.
To show all installed unit files use 'systemctl list-unit-files'.
```

Para obtener la lista completa de las unidades, sea cual sea su tipo:

```
# systemctl list-unit-files --type service | wc -l
251
```

b. Estado

El estado proporcionado por `systemctl` proporciona una gran cantidad de información, incluidas las trazas del funcionamiento del servicio.

Ejemplo

```
# systemctl status sshd
● ssh.service - OpenBSD Secure Shell server
     Loaded: loaded (/lib/systemd/system/ssh.service; enabled; vendor
preset: enabled)
     Active: active (running) since Thu 2023-06-08 08:18:21 CEST; 2h 16min ago
       Docs: man:sshd(8)
             man:sshd_config(5)
    Process: 526 ExecStartPre=/usr/sbin/sshd -t (code=exited, status=0/SUCCESS)
   Main PID: 541 (sshd)
      Tasks: 1 (limit: 4491)
     Memory: 5.5M
        CPU: 463ms
     CGroup: /system.slice/ssh.service
             +-541 sshd: /usr/sbin/sshd -D [listener] 0 of 10-100 startups

junio 08 08:18:19 srvdeb systemd[1]: Starting OpenBSD Secure Shell server...
junio 08 08:18:21 srvdeb sshd[541]: Server listening on 0.0.0.0 port 22.
junio 08 08:18:21 srvdeb sshd[541]: Server listening on :: port 22.
junio 08 08:18:21 srvdeb systemd[1]: Started OpenBSD Secure Shell server.
junio 08 08:19:03 srvdeb sshd[567]: Accepted password for pba from 192.168.1.142
port 50985 ssh2
junio 08 08:19:03 srvdeb sshd[567]: pam_unix(sshd:session): session opened for user
pba(uid=1000) by (uid=0)
```

c. Activación

La activación o desactivación de un servicio permite especificar su estado deseado en la carga del objetivo. Estos cambios no tienen efecto inmediato en el servicio (iniciar o detener).

Sintaxis

Comando	Descripción
`systemctl enable name`	Activa un servicio.
`systemctl disable name`	Deshabilita un servicio.

La activación de un servicio añade un enlace simbólico en la unidad en cuestión, en el directorio "`wants`" correspondiente al objetivo actual:

Ejemplo

```
 # systemctl disable sshd
Removed "/etc/systemd/system/multi-user.target.wants/sshd.service".
# systemctl enable sshd
Created symlink /etc/systemd/system/multi-user.target.wants/sshd.service ->
/usr/lib/systemd/system/sshd.service.
```

d. Dependencias

Al igual que los objetivos, los servicios tienen dependencias. Se pueden ver con la acción `list-dependencies`. Las opciones `--after` o `--before` se utilizan desde el punto de vista del servicio: comienza después (*after*) de los servicios enumerados o antes (*before*) de los servicios enumerados.

Ejemplo

Árbol de dependencias de `sshd`.

```
# systemctl list-dependencies --after sshd
sshd.service
● +-system.slice
● +-systemd-journald.socket
● +-basic.target
● ¦ +--.mount
● ¦ +-dbus-broker.service
● ¦ +-systemd-ask-password-plymouth.path
○ ¦ +-tmp.mount
● ¦ +-paths.target
● ¦ ¦ +-cups.path
○ ¦ ¦ +-systemd-ask-password-console.path
● ¦ ¦ +-systemd-ask-password-wall.path
● ¦ +-slices.target
● ¦ ¦ +--.slice
● ¦ ¦ +-system.slice
● ¦ ¦ +-user.slice
[...]
●   +-swap.target
●   ¦ +-dev-disk-by\x2did-dm\x2dname\x2drhel\x2dswap.swap
●   ¦ +-dev-disk-by\x2did-dm\x2duuid\x2dLVM\x2dahP7yE13xdbaJ2P4BIdnA8ubA
f2Vuji6VUrKKZ8WpNNI8mqcPi9XySZ3mpsQZsNd.swap
●   ¦ +-dev-disk-by\x2duuid-
dcc6e852\x2d40f0\x2d4205\x2da985\x2d10b5e97ab394.swap
●   ¦ +-dev-dm\x2d1.swap
●   ¦ +-dev-mapper-rhel\x2dswap.swap
●   ¦ +-dev-rhel-swap.swap
●   +-veritysetup.target
○     +-veritysetup-pre.target
lines 140-175/175 (END)
```

Estas dependencias son definidas, de manera recursiva, en cada uno de los archivos de unidad, por las líneas `Wants`, `After` y `WantedBy`.

Ejemplo

Archivo de configuración del servicio `sshd`:

```
[Unit]
Description=OpenSSH server daemon
Documentation=man:sshd(8) man:sshd_config(5)
After=network.target sshd-keygen.target
Wants=sshd-keygen.target

[Service]
Type=notify
EnvironmentFile=-/etc/sysconfig/sshd
ExecStart=/usr/sbin/sshd -D $OPTIONS
ExecReload=/bin/kill -HUP $MAINPID
KillMode=process
Restart=on-failure
RestartSec=42s

[Install]
WantedBy=multi-user.target
```

5. Acciones de sistema

El comando `systemctl` permite reiniciar o detener el sistema.

Sintaxis

Comando	Descripción
`systemctl halt`	Apaga el sistema sin apagar eléctricamente la máquina.
`systemctl poweroff`	Apaga el sistema y apaga la máquina.
`systemctl reboot`	Reinicia la máquina.
`systemctl suspend`	Suspende la ejecución del sistema.
`systemctl hibernate`	Pone el sistema en hibernación.

Los comandos `shutdown` todavía están disponibles, (`halt`, `reboot` o `poweroff`), en forma de enlaces simbólicos a los comandos systemd correspondientes.

6. Gestión de la consola

systemd permite que un servicio se reinicie automáticamente mediante la entrada `Restart=Always` en su archivo de configuración. Las consolas y los terminales son servicios cuyo comando se ejecuta cada vez que un usuario se desconecta.

Ejemplo

```
# cat /usr/lib/systemd/system/console-getty.service
[Unit]
Description=Console Getty
Documentation=man:agetty(8) man:systemd-getty-generator(8)
After=systemd-user-sessions.service plymouth-quit-wait.service
After=rc-local.service getty-pre.target
Before=getty.target
[...]
[Service]
# The '-o' option value tells agetty to replace 'login' arguments with an
# option to preserve environment (-p), followed by '--' for safety, and then
# the entered username.
ExecStart=-/sbin/agetty -o '-p -- \\u' --noclear --keep-baud console
115200,38400,9600 $TERM
Type=idle
Restart=always
TTYPath=/dev/console
TTYReset=yes
[..]
```

D. upstart

upstart es un sucesor del servicio init, desarrollado originalmente para Ubuntu, que funciona de forma asíncrona y se basa en eventos. Se ha utilizado en versiones anteriores de algunas distribuciones (Ubuntu hasta la versión 14.04, Debian hasta la versión 6, Red Hat Enterprise Linux 6, etc.). Lo utiliza Google Chrome OS (y Chromium OS).

upstart controla todos los servicios, gestiona su arranque y parada, y supervisa su funcionamiento. Es compatible con init System V. Sin embargo, los servicios upstart no funcionan con System V.

Con upstart, los servicios pueden iniciarse de forma asíncrona y, por lo tanto, pueden paralelar y no iniciarse secuencialmente como con init. De este modo, se pueden definir dependencias entre los servicios y optimizar sus inicios y paradas. Al basarse en eventos, upstart podrá, por ejemplo, iniciar los servicios bluetooth únicamente si se ha conectado un pendrive de este tipo, y no de forma inútil y sistemática al arrancar la máquina.

☞*La certificación LPIC-1 requiere el conocimiento de las características generales de upstart.*

1. Configuración

Los archivos de configuración de upstart están en /etc/init. Son archivos de configuración con sintaxis específica, aunque también pueden contener líneas de comandos shell:

Ejemplo

Archivo de configuración del servicio sshd:

```
# ssh - OpenBSD Secure Shell Server
#
# The OpenSSH server provides secure shell access to the system.

Description     "OpenSSH server"

start on filesystem or runlevel [2345]
stop on runlevel [!2345]

respawn
respawn limit 10 5
umask 022

pre-start script
test -x /usr/sbin/sshd || { stop; exit 0; }
test -e /etc/ssh/sshd_not_to_be_run && { stop; exit 0; }
test -c /dev/null || { stop; exit 0; }

mkdir -p -m0755 /var/run/sshd
end script

# if you used to set SSHD_OPTS in /etc/default/ssh, you can change the
# 'exec' line here instead
exec /usr/sbin/sshd -D
```

Las directivas start y stop indican con qué eventos se inicia y se detiene el servicio. En este caso, el servicio se iniciará si los sistemas de archivos están montados o si el sistema está ubicado en uno de los niveles de 2 y 5 y se detendrá en el resto de los niveles de ejecución. Una parte de la sintaxis retoma la de /etc/inittab, especialmente en las acciones (por ejemplo, respawn).

2. Nivel predeterminado

El archivo /etc/inittab ya no es necesario. Si está presente, la línea initdefault especifica el nivel de ejecución predeterminado. Si no está presente, el nivel de ejecución predeterminado se especifica en el archivo /etc/init/rc-sysinit.conf, mediante la variable DEFAULT_RUNLEVEL. El nivel de ejecución también se puede pasar como un parámetro del kernel al inicio.

3. Compatibilidad con System V

Los scripts rc-sysinit.conf, rcS.conf y rc.conf garantizan la compatibilidad con los scripts System V. El script rc.conf ejecuta el archivo /etc/init.d/rc con el nivel de ejecución pasado por parámetro. A partir de este punto, el método es idéntico al método init System V.

4. Comandos de control

Aunque un script init System V siempre puede controlarse con su nombre o por el comando `service`, upstart dispone de un cierto número de comandos específicos que los reemplazan.

Iniciar un servicio

Comando `start`:

```
# start ufw
ufw start/running
```

Recargar un servicio

Comando `restart`:

```
# restart ufw
ufw start/running
```

Detener un servicio

Utilice el comando `stop`:

```
# stop ufw
ufw stop/waiting
```

Estado de un servicio

Utilice el comando `status`:

```
# status ufw
ufw start/running
```

initctl

El comando `initctl` permite controlar servicios. Con él, se pueden realizar todas las acciones posibles. Recibe como primer parámetro una acción y, si procede, un segundo parámetro con el nombre del servicio asociado.

Ejemplo

```
# initctl list
avahi-daemon start/running, process 1410
mountall-net stop/waiting
nmbd start/running, process 2030
qemu-kvm start/running
rc stop/waiting
rpc_pipefs (idmapd) start/running
rsyslog start/running, process 1362
screen-cleanup stop/waiting
tty4 start/running, process 1511
udev start/running, process 490
upstart-udev-bridge start/running, process 486
ureadahead-other stop/waiting
apport stop/waiting
console-setup stop/waiting
...
```

El comando también permite emitir un evento con `emit`. para cambiar el nivel de ejecución (lo que también puede hacer con los comandos System V `telinit`, `halt`, `reboot` o `shutdown`):

Ejemplo

```
# initctl emit runlevel RUNLEVEL=2
```

E. Consultar el registro del sistema

Se pueden utilizar varias herramientas para supervisar la actividad del sistema y la aplicación a través de archivos de registro de eventos (archivos de log). El administrador debe poder revisar estos archivos con frecuencia para detectar posibles problemas y supervisar la idoneidad de los recursos de hardware para satisfacer las necesidades cambiantes.

1. dmesg

El comando `dmesg` permite recuperar los mensajes del núcleo emitidos al arrancar la máquina y los emitidos después. El registro utilizado por `dmesg` es circular. Después de un cierto número de mensajes, los primeros desaparecen.

Este comando se puede utilizar para comprobar si hay errores, ya sea al inicio o más tarde. Esto se debe a que después del arranque, los mensajes continúan registrándose, especialmente cuando los dispositivos están conectados en caliente, cuando se cargan ciertos módulos, cuando el sistema de archivos está dañado, etc.

Ejemplo

```
dmesg
[    0.000000] microcode: microcode updated early to revision 0x2f, date = 2019-02-17
[    0.000000] Linux version 5.14.0-162.23.1.el9_1.x86_64 (mockbuild@x86-vm-07.build.
eng.bos.redhat.com) (gcc (GCC) 11.3.1 20220421 (Red Hat 11.3.1-2), GNU ld version
2.35.2-24.el9) #1 SMP PREEMPT_DYNAMIC Thu Mar 23 20:08:28 EDT 2023
[    0.000000] The list of certified hardware and cloud instances for Red Hat Enterprise
Linux 9 can be viewed at the Red Hat Ecosystem Catalog, https://catalog.redhat.com.
[    0.000000] Command line: BOOT_IMAGE=(hd0,msdos1)/vmlinuz-5.14.0-
162.23.1.el9_1.x86_64
root=/dev/mapper/rhel-root ro crashkernel=1G-4G:192M,4G-64G:256M,64G-:512M resume=/dev/
mapper/rhel-swap rd.lvm.lv=rhel/root rd.lvm.lv=rhel/swap rhgb quiet
[    0.000000] x86/fpu: Supporting XSAVE feature 0x001: 'x87 floating point registers'
[    0.000000] x86/fpu: Supporting XSAVE feature 0x002: 'SSE registers'
[    0.000000] x86/fpu: Enabled xstate features 0x3, context size is 576 bytes, using
'standard' format.
[    0.000000] signal: max sigframe size: 1520
[    0.000000] BIOS-provided physical RAM map:
[    0.000000] BIOS-e820: [mem 0x0000000000000000-0x000000000009ebff] usable
[...]
[   31.061406] Bluetooth: BNEP filters: protocol multicast
[   31.061412] Bluetooth: BNEP socket layer initialized
[   31.264601] Bluetooth: hci0: unexpected event 0xff length: 2 > 0
[   39.721245] NET: Registered PF_QIPCRTR protocol family
[   53.107267] RTL8211DN Gigabit Ethernet r8169-0-2600:00: attached PHY driver
(mii_bus:phy_addr=r8169-0-2600:00, irq=MAC)
[   53.371827] r8169 0000:26:00.0 enp38s0: Link is Down
```

```
[   55.062272] r8169 0000:26:00.0 enp38s0: Link is Up - 100Mbps/Full -
flow control rx/tx
[   55.062287] IPv6: ADDRCONF(NETDEV_CHANGE): enp38s0: link becomes ready
[ 9285.982209] systemd-rc-local-generator[1865]: /etc/rc.d/rc.local is not marked
executable, skipping.
[ 9312.665116] systemd-rc-local-generator[1887]: /etc/rc.d/rc.local is not marked
executable, skipping.
```

2. /var/log/messages o /var/log/syslog

Sea cual sea la distribución empleada, `/var/log/messages` o `/var/log/syslog` es el archivo central de registros de los mensajes del sistema, ya provengan del núcleo o de los servicios. El contenido de este archivo, gestionado por el servicio `syslog`, refleja el estado global del sistema y de los servicios durante su uso.

Ejemplo

```
# tail /var/log/messages
Jun  8 13:14:36 srvrh NetworkManager[878]: <info>  [1686222876.8012] device (wlo1):
set-hw-addr: set MAC address to 36:F7:B4:4C:8C:4E (scanning)
Jun  8 13:14:36 srvrh NetworkManager[878]: <info>  [1686222876.8168] device (wlo1):
supplicant interface state: inactive -> interface_disabled
Jun  8 13:14:36 srvrh NetworkManager[878]: <info>  [1686222876.8169] device
(p2p-dev-wlo1): supplicant management interface state: inactive -> interface_disabled
Jun  8 13:14:36 srvrh NetworkManager[878]: <info>  [1686222876.8227] device (wlo1):
supplicant interface state: interface_disabled -> inactive
Jun  8 13:14:36 srvrh NetworkManager[878]: <info>  [1686222876.8227] device
(p2p-dev-wlo1): supplicant management interface state: interface_disabled -> inactive
Jun  8 13:21:29 srvrh NetworkManager[878]: <info>  [1686223289.8017] device (wlo1):
set-hw-addr: set MAC address to FE:8A:AA:A7:D3:32 (scanning)
Jun  8 13:21:29 srvrh NetworkManager[878]: <info>  [1686223289.8173] device (wlo1):
supplicant interface state: inactive -> interface_disabled
Jun  8 13:21:29 srvrh NetworkManager[878]: <info>  [1686223289.8173] device
(p2p-dev-wlo1): supplicant management interface state: inactive -> interface_disabled
Jun  8 13:21:29 srvrh NetworkManager[878]: <info>  [1686223289.8328] device (wlo1):
supplicant interface state: interface_disabled -> inactive
Jun  8 13:21:29 srvrh NetworkManager[878]: <info>  [1686223289.8329] device
(p2p-dev-wlo1): supplicant management interface state: interface_disabled -> inactive
```

3. journalctl

El comando `journalctl` ofrece un acceso centralizado a los archivos de registro de los mensajes del sistema y de las aplicaciones, gestionado por un componente de system. La opción `-k` proporciona la misma información que `dmesg`, y la opción `-p` permite filtrar por uno o varios niveles críticos (*loglevels*).

Ejemplo

Mensajes de inicio, de nivel de criticidad `warning` a `emerg`(ency):

```
# journalctl -k -p warning..emerg
journalctl -k -p warning..emerg
junio 08 08:17:46 srvrh kernel: ENERGY_PERF_BIAS: Set to 'normal', was 'performance'
junio 08 08:17:46 srvrh kernel: mtrr: your CPUs had inconsistent variable MTRR settings
junio 08 08:17:46 srvrh kernel: device-mapper: core: CONFIG_IMA_DISABLE_HTABLE is
disabled. Duplicate IMA measurements will not be recorded in the IMA log.
```

```
junio 08 08:17:46 srvrh kernel: r8169 0000:26:00.0: can't disable ASPM; OS doesn't
have ASPM control
junio 08 08:17:47 srvrh kernel: ATPX version 1, functions 0x00000003
junio 08 08:17:47 srvrh kernel: radeon 0000:01:00.0: vram limit (0) must be a power of 2
junio 08 08:17:49 srvrh kernel: ATPX version 1, functions 0x00000003
junio 08 08:18:04 srvrh kernel: ACPI Warning: SystemIO range 0x0000000000000428-
0x000000000000042F conflicts with OpRegion 0x0000000000000400-0x000000000000004>
junio 08 08:18:04 srvrh kernel: ACPI Warning: SystemIO range 0x0000000000000540-
0x000000000000054F conflicts with OpRegion 0x0000000000000500-0x000000000000005>
junio 08 08:18:04 srvrh kernel: ACPI Warning: SystemIO range 0x0000000000000540-
0x000000000000054F conflicts with OpRegion 0x0000000000000500-0x000000000000005>
junio 08 08:18:04 srvrh kernel: ACPI Warning: SystemIO range 0x0000000000000530-
0x000000000000053F conflicts with OpRegion 0x0000000000000500-0x000000000000005>
junio 08 08:18:04 srvrh kernel: ACPI Warning: SystemIO range 0x0000000000000530-
0x000000000000053F conflicts with OpRegion 0x0000000000000500-0x000000000000005>
junio 08 08:18:04 srvrh kernel: ACPI Warning: SystemIO range 0x0000000000000500-
0x000000000000052F conflicts with OpRegion 0x0000000000000500-0x000000000000005>
junio 08 08:18:04 srvrh kernel: ACPI Warning: SystemIO range 0x0000000000000500-
0x000000000000052F conflicts with OpRegion 0x0000000000000500-0x000000000000005>
junio 08 08:18:04 srvrh kernel: lpc_ich: Resource conflict(s) found affecting gpio_ich
junio 08 08:18:04 srvrh kernel: debugfs: File 'radeon_ring_gfx' in directory '0'
already present!
junio 08 08:18:04 srvrh kernel: debugfs: File 'radeon_ring_dma1' in directory '0'
already present!
junio 08 08:18:04 srvrh kernel: debugfs: File 'radeon_ring_uvd' in directory '0'
already present!
junio 08 08:18:07 srvrh kernel: Bluetooth: hci0: unexpected event 0xff length: 2 > 0
junio 08 08:18:15 srvrh kernel: Bluetooth: hci0: unexpected event 0xff length: 2 > 0
```

F. El kernel y sus módulos

El kernel es el corazón del sistema operativo. Estrictamente hablando, Linux es el kernel del sistema operativo, creado originalmente por Linus Torvalds. El sistema operativo Linux, en el sentido más amplio, está compuesto por el kernel y un conjunto de herramientas que permiten que sea explotado por aplicaciones: las herramientas GNU. Por lo tanto, Linux debería llamarse **GNU/Linux**: GNU para las herramientas, Linux para kernel.

El kernel de Linux es monolítico: sus funcionalidades y componentes se agrupan en un solo programa. Sin embargo, se complementa con un conjunto de extensiones independientes, llamadas módulos, que se pueden cargar o descargar de forma dinámica.

El kernel

El *kernel* se almacena en un archivo en el directorio `/boot`. Por convención, su nombre tiene la forma `vmlinuz-X.Y.Z-VersText`.

Ejemplo

```
# ls /boot/vmlinuz*
vmlinuz-5.14.0-162.23.1.el9_1.x86_64
```

La versión actual del kernel se obtiene con el comando `uname -r`.

Ejemplo

```
uname -r
5.14.0-162.23.1.el9_1.x86_64
```

Las letras tienen un significado especial.

- X: versión principal del kernel. La versión 3 se lanzó en el verano de 2011; la versión 4; en abril de 2015; la versión 5, en marzo de 2019; y la versión 6, en octubre de 2022.
- Y: cada incremento representa una evolución importante del núcleo.
- Z: versión menor del kernel. Cuando un lote de cambios de una versión anterior requiere el lanzamiento de un nuevo kernel, este número se incrementa.
- Vers: la versión específica de la distribución.
- Text: texto que proporciona detalles sobre el núcleo.

1. uname

El comando uname (*unix name*) permite obtener mucha información sobre la versión actual de Linux en este caso.

Sintaxis

Opción	Descripción
-m (*machine*)	Tipo de hardware de la máquina.
-n (*nodename*)	Nombre de la máquina.
-r (*release*)	Versión (número) del núcleo.
-s (*system name*)	Nombre del sistema operativo. Predeterminado.
-p (*processor*)	Tipo de procesador.
-i	Plataforma física.
-v (*version*)	Versión del sistema.
-a (*all*)	Toda la información.

Ejemplo

```
# uname -a
Linux srvrh 5.14.0-162.23.1.el9_1.x86_64 #1 SMP PREEMPT_DYNAMIC Thu Mar
23 20:08:28 EDT 2023 x86_64 x86_64 x86_64 GNU/Linux
```


2. Gestión de los módulos

Los componentes básicos (gestor de tareas, gestión de la memoria, de los procesos, API, etc.) son los elementos internos del kernel, pero algunos drivers de periférico, sistemas de archivos, extensiones, protocolos de redes, etc., pueden estar presentes en forma de **módulos**.

Los módulos se comunican con el núcleo a través de un API común. Se ejecutan en el espacio del núcleo y se pueden configurar. Se pueden cargar y descargar cuando se desee y así evitar un reinicio de la máquina. No es necesario reiniciar para añadir un nuevo módulo (desde sus fuentes por ejemplo).

Los módulos son gestionados por diferentes archivos, en el árbol bajo el directorio `/lib/modules/$(uname -r)`.

Ejemplo

```
# ls -l /lib/modules/$(uname -r)
total 20580
lrwxrwxrwx.  1 root root       45 24 marzo  01:32 build -> /usr/src/kernels/
5.14.0-162.23.1.el9_1.x86_64
-rw-r--r--.  1 root root   212817 24 marzo  01:32 config
drwxr-xr-x. 14 root root      156  7 junio  15:03 kernel
-rw-r--r--.  1 root root   846707  7 junio  15:22 modules.alias
-rw-r--r--.  1 root root   807009  7 junio  15:22 modules.alias.bin
-rw-r--r--.  1 root root      461 24 marzo  01:32 modules.block
-rw-r--r--.  1 root root     9350 24 marzo  01:32 modules.builtin
-rw-r--r--.  1 root root        0  7 junio  15:22 modules.builtin.alias.bin
-rw-r--r--.  1 root root    11759  7 junio  15:22 modules.builtin.bin
-rw-r--r--.  1 root root    72692 24 marzo  01:32 modules.builtin.modinfo
-rw-r--r--.  1 root root   281653  7 junio  15:22 modules.dep
-rw-r--r--.  1 root root   370210  7 junio  15:22 modules.dep.bin
-rw-r--r--.  1 root root      387  7 junio  15:22 modules.devname
-rw-r--r--.  1 root root      155 24 marzo  01:32 modules.drm
-rw-r--r--.  1 root root       20 24 marzo  01:32 modules.modesetting
-rw-r--r--.  1 root root     1586 24 marzo  01:32 modules.networking
-rw-r--r--.  1 root root    86458 24 marzo  01:32 modules.order
-rw-r--r--.  1 root root      792  7 junio  15:22 modules.softdep
-rw-r--r--.  1 root root   454335  7 junio  15:22 modules.symbols
-rw-r--r--.  1 root root   540029  7 junio  15:22 modules.symbols.bin
lrwxrwxrwx.  1 root root        5 24 marzo  01:32 source -> build
-rw-r--r--.  1 root root   368817 24 marzo  01:32 symvers.gz
-rw-------.  1 root root  5315047 24 marzo  01:32 System.map
drwxr-xr-x.  2 root root        6 24 marzo  01:30 systemtap
drwxr-xr-x.  2 root root        6 24 marzo  01:31 updates
drwxr-xr-x.  2 root root       40  7 junio  15:03 vdso
-rwxr-xr-x.  1 root root 11644984 24 marzo  01:32 vmlinuz
drwxr-xr-x.  2 root root        6  7 junio  15:17 weak-updates
```

Los archivos modules tienen un sufijo `.ko` (kernel object) (o .ko.xz si están comprimidos):

```
# find /lib/modules -name '*.ko*' | tail
/lib/modules/5.14.0-162.23.1.el9_1.x86_64/kernel/sound/usb/usx2y/
snd-usb-usx2y.ko.xz
/lib/modules/5.14.0-162.23.1.el9_1.x86_64/kernel/sound/usb/snd-usb-audio.ko.xz
/lib/modules/5.14.0-162.23.1.el9_1.x86_64/kernel/sound/usb/snd-usbmidi-lib.ko.xz
/lib/modules/5.14.0-162.23.1.el9_1.x86_64/kernel/sound/virtio/virtio_snd.ko.xz
/lib/modules/5.14.0-162.23.1.el9_1.x86_64/kernel/sound/x86/snd-hdmi-lpe-audio.ko.xz
/lib/modules/5.14.0-162.23.1.el9_1.x86_64/kernel/sound/xen/snd_xen_front.ko.xz
/lib/modules/5.14.0-162.23.1.el9_1.x86_64/kernel/sound/ac97_bus.ko.xz
/lib/modules/5.14.0-162.23.1.el9_1.x86_64/kernel/sound/soundcore.ko.xz
/lib/modules/5.14.0-162.23.1.el9_1.x86_64/kernel/virt/lib/irqbypass.ko.xz
/lib/modules/5.14.0-162.5.1.el9_1.x86_64/extra/kmod-kvdo/vdo/kvdo.ko

# file /lib/modules/5.14.0-162.5.1.el9_1.x86_64/extra/kmod-kvdo/vdo/kvdo.ko
```

```
/lib/modules/5.14.0-162.5.1.el9_1.x86_64/extra/kmod-kvdo/vdo/kvdo.ko: ELF 64-bit LSB
relocatable, x86-64, version 1 (SYSV), BuildID[sha1]=
bc4e18848cb229f2f5154e9b0ea208d3e18b938f, not stripped
```

La palabra "`relocatable`" indica que se trata de un archivo de objeto.

a. lsmod

El comando `lsmod` lista los módulos cargados, con sus posibles dependencias.

Ejemplo

```
 Module                      Size  Used by
tls                        118784  0
nft_fib_inet                16384  1
nft_fib_ipv4                16384  1 nft_fib_inet
nft_fib_ipv6                16384  1 nft_fib_inet
nft_fib                     16384  3 nft_fib_ipv6,nft_fib_ipv4,nft_fib_inet
nft_reject_inet             16384  6
nf_reject_ipv4              16384  1 nft_reject_inet
nf_reject_ipv6              20480  1 nft_reject_inet
nft_reject                  16384  1 nft_reject_inet
[...]
# lsmod | wc -l
129
```

La primera columna indica el nombre del módulo cargado. La segunda columna muestra el tamaño del módulo. La tercera columna especifica un contador de utilización (cuántos componentes del sistema acceden a los módulos). La última columna precisa la lista de los módulos que utilizan el módulo.

El archivo dinámico `/proc/modules` también proporciona la información de los módulos cargados.

Ejemplo

```
# head /proc/modules
uvcvideo 118784 0 - Live 0xffffffffc1128000
videobuf2_vmalloc 20480 1 uvcvideo, Live 0xffffffffc0fe8000
videobuf2_memops 20480 1 videobuf2_vmalloc, Live 0xffffffffc1122000
videobuf2_v4l2 36864 1 uvcvideo, Live 0xffffffffc1118000
b43 462848 0 - Live 0xffffffffc1098000
snd_hda_codec_conexant 28672 1 - Live 0xffffffffc1083000
videobuf2_common 65536 2 uvcvideo,videobuf2_v4l2, Live 0xffffffffc1072000
snd_hda_codec_generic 98304 1 snd_hda_codec_conexant, Live 0xffffffffc1059000
ledtrig_audio 16384 1 snd_hda_codec_generic, Live 0xffffffffc0d47000
videodev 294912 3 uvcvideo,videobuf2_v4l2,videobuf2_common, Live 0xffffffffc1010000
```

b. modinfo

El comando `modinfo` ofrece información detallada sobre un módulo:

- nombre del archivo correspondiente,
- descripción del módulo,

- el autor del módulo,
- la licencia del módulo,
- ses dépendances,
- ses paramètres,
- ses alias matériels.

Los módulos no proporcionan toda esta información. Algunos módulos no tienen parámetros.

Ejemplo

```
# modinfo kvm
filename:       /lib/modules/5.10.0-22-amd64/kernel/arch/x86/kvm/kvm.ko
license:        GPL
author:         Qumranet
depends:        irqbypass
retpoline:      Y
intree:         Y
name:           kvm
vermagic:       5.10.0-22-amd64 SMP mod_unload modversions
sig_id:         PKCS#7
signer:         Debian Secure Boot CA
sig_key:        32:A0:28:7F:84:1A:03:6F:A3:93:C1:E0:65:C4:3A:E6:B2:42:26:43
sig_hashalgo:   sha256
[...]
parm:           halt_poll_ns:uint
parm:           halt_poll_ns_grow:uint
parm:           halt_poll_ns_grow_start:uint
parm:           halt_poll_ns_shrink:uint
```

Se pasan los parámetros al módulo mediante los comandos `insmod` o `modprobe`, con el archivo `/etc/modprobe.conf` o los que están en `/etc/modprobe.d`.

c. Insmod

El comando `insmod` carga el módulo dado sin gestionar las dependencias. Coge como parámetro la ruta de acceso del archivo del módulo.

Ejemplo

Cargar el módulo `lp.ko`.

```
# cd /lib/modules/$(uname -r)//kernel/drivers/char
# insmod lp.ko
insmod: ERROR: could not insert module lp.ko: Unknown symbol in module
# dmesg | tail -20
...
[ 5788.876288] lp: Unknown symbol __parport_register_driver (err 0)
[ 5788.876297] lp: Unknown symbol parport_write (err 0)
[ 5788.876305] lp: Unknown symbol parport_set_timeout (err 0)
[ 5788.876311] lp: Unknown symbol parport_read (err 0)
[ 5788.876316] lp: Unknown symbol parport_register_device (err 0)
```

```
[ 5788.876320] lp: Unknown symbol parport_claim_or_block (err 0)
[ 5788.876324] lp: Unknown symbol parport_release (err 0)
[ 5788.876334] lp: Unknown symbol parport_unregister_device (err 0)
[ 5788.876342] lp: Unknown symbol parport_unregister_driver (err 0)
[ 5788.876351] lp: Unknown symbol parport_negotiate (err 0)
```

La carga falla debido a las dependencias del módulo. En primer lugar, hay que cargar el módulo `parport`.

```
# cd /lib/modules/5.8.15-301.fc33.x86_64/kernel/drivers/parport
# insmod parport.ko
# cd ../char
# insmod lp.ko
# lsmod
[....]
lp                     20480 0
[....]
parport                61440 1 lp
```

Los argumentos para transmitir al módulo se tienen que especificar tras el comando.

Ejemplo

Parámetro de traza para el módulo `uvcvideo`*:*

```
# insmod uvcvideo.ko trace=5
```

d. rmmod

El comando `rmmod` descarga el módulo dado. Se trata del contrario de `insmod` y, al igual que este, `rmmod` no gestiona las dependencias:

- No es posible descargar un módulo que se esté utilizando.
- No es posible descargar un módulo si otro módulo lo utiliza, aunque este último no se utilice (problema de dependencia).

Ejemplo

```
# rmmod parport
rmmod: ERROR: Module parport is in use by: lp
```

Hay que descargar el módulo `lp`*, antes que el módulo* `parport`.

```
# rmmod lp
# rmmod parport
```

e. modprobe

El comando `modprobe` carga los módulos y sus dependencias, basándose en la información del archivo `/lib/modules/KernelVersion/modules.dep`. Los parámetros de carga también se pueden configurar en `/etc/modprobe.conf` o en los archivos `/etc/modprobe.d/*`.

La opción `-r` se utiliza para descargar un módulo y los que dependen de él (si no se están usando).

Ejemplo

Cargar el módulo `lp` *mediante* `modprobe` *supone cargar también el módulo* `parport`.

```
# grep '/lp.ko' /lib/modules/5.10.0-22-amd64/modules.dep
kernel/drivers/char/lp.ko: kernel/drivers/parport/parport.ko
# lsmod|grep '^lp'
# lsmod|grep '^parport'
# modprobe lp
# lsmod|grep '^lp'
lp 20480  0
# lsmod|grep '^parport'
parport 73728  1 lp
```

Solo el módulo `lp` usa `perport` (contador de 1) y ningún módulo depende de `lp` (contador de cero), por lo que podemos descargar este y los módulos de los que depende, si ya no se usan.

```
# modprobe -r lp
# lsmod|grep '^lp'
# lsmod|grep '^parport'
```

f. modprobe.d

La configuración de los módulos está en los archivos albergados en `/etc/modprobe.d/*.conf` o en el archivo `/etc/modprobe.conf`. Estos archivos permiten definir alias de módulos, opciones de carga de los módulos, acciones para realizar durante la carga o durante la descarga de un módulo, etc.

☞ *El uso del archivo `modprobe.conf` está obsoleto en las distribuciones recientes. La configuración se realiza en los archivos `/etc/modprobe.d`.*

Alias y opciones

La palabra clave `alias` permite definir un alias para un módulo:

`alias NombreAlias NombreModulo`

Ejemplo

Un sistema está equipado con dos adaptadores de red, gestionados por los módulos `e1000` y `airo`. El controlador del primer adaptador de red debe poder ser manejado por el alias `eth0` y el otro por el alias `eth1`. Los parámetros de arranque también se deben especificar para el módulo `ov511`.

```
# cat /etc/modprobe.d/network-interfaces.conf
...
alias eth0 e1000
alias eth1 airo
# cat /etc/modprobe.d/webcam.conf
options uvcvideo led=2 compress=1
[...]
```

```
# modprobe eth0
# modprobe eth1
# modprobe uvcvideo
```

Se pueden utilizar las opciones de módulos con los alias.

```
alias webcam uvcvideo
options webcam led=2 compress=1
[...]
```

install y remove

Las palabras clave `install` y `remove` en el archivo `modprobe.conf` cambian la forma en que se carga y descarga un módulo.

Al cargar un módulo, si `modprobe` encuentra una directiva `install` o `remove` asociada al módulo, no la carga, sino que ejecuta los comandos especificados.

Al descargar un módulo, si `modprobe` encuentra una directiva `install` o `remove` asociada al módulo, no la descarga, sino que ejecuta los comandos especificados.

Ejemplo

Cargue el módulo `ov511_new` si existe, de lo contrario cargue `ov511`, al cargar el módulo webcam.

```
Install webcam /sbin/modprobe ov511_new || /sbin/modprobe ov511
```

La opción `--ignore-install` de `modprobe` inhibe las directivas de instalación de `modprobe.conf`.

3. Parámetros dinámicos

El kernel Linux proporciona mecanismos para leer y modificar dinámicamente algunos de sus parámetros y los de los módulos cargados.

a. Sistemas de archivos virtuales /proc y /sys

`/proc` y `/sys` son sistemas de archivos virtuales que proporcionan acceso a información sobre el kernel que se está ejecutando. La versión 2.4 del kernel solo usa `/proc`. Las versiones 2.6 y posteriores del kernel movieron parte del contenido del kernel a `/proc` en `/sys`.

Un sistema de archivos virtual representa un árbol de directorios y archivos, como un conjunto de información administrado en la memoria por el kernel. Algunos de estos archivos se pueden escribir, por lo que permite cambiar dinámicamente estos elementos. Un sistema de archivos virtual no ocupa espacio en disco.

Los archivos contenidos en el árbol de `/proc` proporcionan mucha información sobre el sistema, como:

- `interrupts`: los parámetros IRQ.
- `cpuinfo`: detalles sobre los procesadores.
- `dma`: los parámetros DMA.
- `ioports`: los puertos de memoria de E/S.
- `devices`: los periféricos presentes.
- `meminfo`: el estado global de la memoria.
- `loadavg`: la carga del sistema.
- `uptime`: tiempo transcurrido desde el arranque en segundos.
- `version`: detalles de la versión de Linux.
- `modules`: idéntico al resultado de lsmod.
- `swaps`: lista y estado de las particiones de intercambio.
- `partitions`: lista y estado de las particiones conocidas del sistema.
- `disktats`: estadísticas de entrada/salida de los periféricos de tipo bloque.
- `mounts`: montaje de los sistemas de archivos.

- `swaps`: lista de particiones de intercambio, con su tamaño y prioridad.
- `pci`: detalles del bus PCI.

Ejemplo

```
# cat /proc/cpuinfo
processor       : 0
vendor_id       : AuthenticAMD
cpu family      : 15
model           : 104
model name      : AMD Athlon(tm) 64 X2 Dual-Core Processor TK-53
stepping        : 1
microcode       : 0x83
cpu MHz         : 800.000
cache size      : 256 KB
physical id     : 0
siblings        : 2
core id         : 0
cpu cores       : 2
apicid          : 0
initial apicid  : 0
fpu             : yes
fpu_exception   : yes
cpuid level     : 1
wp              : yes
flags           : fpu vme de pse tsc msr pae mce cx8 apic sep mtrr pge
mca cmov pat pse36 clflush mmx fxsr sse sse2 ht syscall nx mmxext fxsr_opt
rdtscp lm 3dnowext 3dnow rep_good nopl cpuid extd_apicid pni cx16
lahf_lm cmp_legacy svm extapic cr8_legacy 3dnowprefetch vmmcall lbrv
bugs            : apic_c1e fxsave_leak sysret_ss_attrs null_seg
swapgs_fence amd_e400 spectre_v1 spectre_v2
bogomips        : 3400.29
TLB size        : 1024 4K pages
clflush size    : 64
cache_alignment : 64
address sizes   : 40 bits physical, 48 bits virtual
power management: ts fid vid ttp tm stc 100mhzsteps

processor       : 1
vendor_id       : AuthenticAMD
cpu family      : 15
model           : 104
model name      : AMD Athlon(tm) 64 X2 Dual-Core Processor TK-53
stepping        : 1
microcode       : 0x83
cpu MHz         : 800.000
cache size      : 256 KB
physical id     : 0
```

```
siblings        : 2
core id         : 1
cpu cores       : 2
apicid          : 1
initial apicid  : 1
fpu             : yes
fpu_exception   : yes
cpuid level     : 1
wp              : yes
flags           : fpu vme de pse tsc msr pae mce cx8 apic sep mtrr pge mca
cmov pat pse36 clflush mmx fxsr sse sse2 ht syscall nx mmxext fxsr_opt rdtscp
lm 3dnowext 3dnow rep_good nopl cpuid extd_apicid pni cx16 lahf_lm
cmp_legacy svm extapic cr8_legacy 3dnowprefetch vmmcall lbrv
bugs            : apic_c1e fxsave_leak sysret_ss_attrs null_seg
swapgs_fence amd_e400 spectre_v1 spectre_v2
bogomips        : 3400.34
TLB size        : 1024 4K pages
clflush size    : 64
cache_alignment : 64
address sizes   : 40 bits physical, 48 bits virtual
power management: ts fid vid ttp tm stc 100mhzsteps
```

`/proc` contiene subdirectorios que agrupan la información por tema, por ejemplo:

- `/proc/scsi`: información sobre el bus SCSI.
- `/proc/ide`: información sobre el bus IDE.
- `/proc/net`: información sobre la red.
- `/proc/sys`: parámetros y configuración dinámica del núcleo.
- `/proc/<PID>`: información sobre el proceso PID.

Algunos de los archivos de `/proc` y `/sys` pueden ser editados por el administrador y el kernel los tiene en cuenta dinámicamente sin tener que reiniciar la máquina.

Ejemplo

Habilite el enrutamiento IP.

```
# cat /proc/sys/net/ipv4/ip_forward
0
# echo "1" > /proc/sys/net/ipv4/ip_forward
```

El comando `sysctl` también permite gestionar dinámicamente los parámetros proporcionados por `/proc/sys`.

G. Archivos asociados a los periféricos

Los dispositivos se administran mediante controladores de software, a menudo en forma de módulos complementarios del kernel.

Los dispositivos están asociados a archivos de tipo especial, que no son archivos de disco, sino medios de comunicación con los controladores correspondientes. Los procesos pueden acceder a los dispositivos a través de estos archivos, tanto en modo lectura como en modo escritura. El proceso abre el archivo especial del dispositivo (llamada al sistema `open()`) y, a continuación, lee (llamada al sistema `read()`) o escribe (llamada al sistema `write()`) datos hacia o desde el dispositivo. A continuación, el controlador del dispositivo interpreta estas operaciones de lectura/escritura.

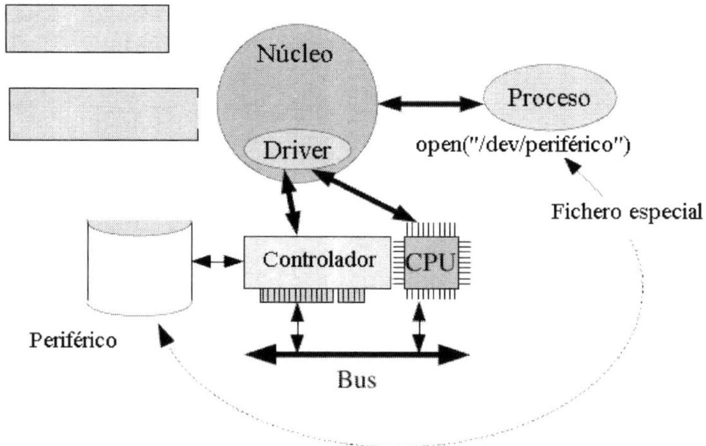

Linux accede a los periféricos mediante archivos especiales

1. Archivos especiales

Los archivos especiales asociados a los dispositivos se colocan normalmente en el directorio `/dev`. El primer carácter mostrado por el comando `ls -l FicEspec` identifica el tipo de archivo `FicEspec` especial:

- `c`: periférico en modo carácter;
- `b`: periférico en modo bloque.

Estos modos diferencian el tipo de intercambio de datos entre el módulo de gestión de archivos y el driver del periférico.

En el modo de caracteres, no se utilizan búferes del sistema y la comunicación es byte a byte.

En el modo de bloque, el sistema accede al dispositivo a través de búferes del sistema. Esto da como resultado un intercambio de datos más rápido para dispositivos como discos.

Los otros dos atributos esenciales de un archivo periférico son el par de datos que se encuentra en lugar del tamaño del archivo: el número **mayor** y el número **menor**.

- El número mayor identifica el driver que gestiona este tipo de periférico.
- El número menor es una información proporcionada al controlador, generalmente el identificador del periférico, pero también puede designar una particularidad del periférico, como la partición de un disco, una ubicación concreta, el número de tarjeta (en caso de que haya varias tarjetas de controladores idénticas, varias tarjetas de sonido, etc.).

Veamos algunos archivos especiales corrientes, según la distribución:

- `/dev/mem`: memoria física.
- `/dev/kmem`: memoria virtual del núcleo.
- `/dev/console`: consola maestra (`/dev/syscon`).
- `/dev/tty`: entrada/salida estándar del proceso en curso.
- `/dev/tty*`: los diferentes terminales.
- `/dev/mouse`: ratón.
- `/dev/swap`: disco swap primario.
- `/dev/null`: las escrituras en este archivo no ocupan espacio en disco, la lectura devuelve cero bytes.
- `/dev/rmt0`: lector de banda magnética o cartucho en modo de caracteres.
- `/dev/lp0`: una impresora paralela.
- `/dev/ttyS0`: puerto COM1.
- `/dev/ttyS1`: puerto COM2.
- `/dev/ide/*`: dispositivos IDE.
- `/dev/scsi/*`: dispositivos SCSI.
- `/dev/disk/*`: dispositivos basados en disco, por varios métodos.
- `/dev/block/*`: dispositivos de tipo bloque, en forma de enlaces simbólicos.
- `/dev/usb/*`: dispositivos USB.
- `/dev/hd*`: discos IDE que no son libata.
- `/dev/sd*`: unidades SATA o SCSI.
- `/dev/sg*`: dispositivos SCSI genéricos.

2. Crear un archivo especial

El comando `mknod` permite, entre otras cosas, crear un archivo especial.

Sintaxis

```
mknod /dev/periférico tipo mayor menor
```

3. Determinar los componentes de hardware del sistema

Se utilizan varios comandos para determinar los distintos componentes de hardware del sistema.

a. Bus PCI

El comando `lspci` proporciona información detallada sobre las tarjetas y los adaptadores relacionados con el bus PCI. Los adaptadores se pueden conectar a los puertos de extensión de la placa base y también se pueden integrar en la placa base (controladores IDE/SATA, tarjetas de red, etc.). Los AGP se consideran bus PCI.

Ejemplo

```
# lspci
00:00.0 Host bridge: Intel Corporation 2nd Generation Core Processor Family DRAM
Controller (rev 09)
00:01.0 PCI bridge: Intel Corporation Xeon E3-1200/2nd Generation Core Processor Family
PCI Express Root Port (rev 09)
00:02.0 VGA compatible controller: Intel Corporation 2nd Generation Core Processor Family
Integrated Graphics Controller (rev 09)
00:16.0 Communication controller: Intel Corporation 6 Series/C200 Series Chipset Family
MEI Controller #1 (rev 04)
00:1a.0 USB controller: Intel Corporation 6 Series/C200 Series Chipset Family USB Enhanced
Host Controller #2 (rev 04)
00:1b.0 Audio device: Intel Corporation 6 Series/C200 Series Chipset Family High Definition
Audio Controller (rev 04)
00:1c.0 PCI bridge: Intel Corporation 6 Series/C200 Series Chipset Family PCI Express Root
Port 1 (rev b4)
00:1c.1 PCI bridge: Intel Corporation 6 Series/C200 Series Chipset Family PCI Express Root
Port 2 (rev b4)
00:1c.2 PCI bridge: Intel Corporation 6 Series/C200 Series Chipset Family PCI Express Root
Port 3 (rev b4)
00:1c.3 PCI bridge: Intel Corporation 6 Series/C200 Series Chipset Family PCI Express Root
Port 4 (rev b4)
00:1c.5 PCI bridge: Intel Corporation 6 Series/C200 Series Chipset Family PCI Express Root
Port 6 (rev b4)
00:1c.7 PCI bridge: Intel Corporation 6 Series/C200 Series Chipset Family PCI Express Root
Port 8 (rev b4)
00:1d.0 USB controller: Intel Corporation 6 Series/C200 Series Chipset Family USB Enhanced
Host Controller #1 (rev 04)
00:1f.0 ISA bridge: Intel Corporation HM65 Express Chipset LPC Controller (rev 04)
00:1f.2 SATA controller: Intel Corporation 6 Series/C200 Series Chipset Family 6 port
Mobile SATA AHCI Controller (rev 04)
01:00.0 VGA compatible controller: Advanced Micro Devices, Inc. [AMD/ATI] Seymour
[Radeon HD 6400M/7400M Series]
24:00.0 System peripheral: JMicron Technology Corp. SD/MMC Host Controller (rev 30)
24:00.2 SD Host controller: JMicron Technology Corp. Standard SD Host Controller (rev 30)
24:00.3 System peripheral: JMicron Technology Corp. MS Host Controller (rev 30)
25:00.0 Network controller: Qualcomm Atheros AR9285 Wireless Network Adapter
(PCI-Express) (rev 01)
26:00.0 Ethernet controller: Realtek Semiconductor Co., Ltd.
 RTL8111/8168/8411
PCI Express Gigabit Ethernet Controller (rev 06)
27:00.0 USB controller: NEC Corporation uPD720200 USB 3.0 Host Controller (rev 04)
```

b. Bus USB

El comando `lsusb` proporciona información detallada sobre las placas y los adaptadores conectados al bus USB.

Ejemplo

```
Bus 002 Device 005: ID 0cf3:3005 Qualcomm Atheros Communications AR3011 Bluetooth
Bus 002 Device 003: ID 1bcf:2805 Sunplus Innovation Technology Inc. HP HD Webcam [Fixed]
Bus 002 Device 002: ID 8087:0024 Intel Corp. Integrated Rate Matching Hub
Bus 002 Device 001: ID 1d6b:0002 Linux Foundation 2.0 root hub
Bus 004 Device 001: ID 1d6b:0003 Linux Foundation 3.0 root hub
Bus 003 Device 002: ID 0781:5581 SanDisk Corp. Ultra
Bus 003 Device 001: ID 1d6b:0002 Linux Foundation 2.0 root hub
Bus 001 Device 002: ID 8087:0024 Intel Corp. Integrated Rate Matching Hub
Bus 001 Device 001: ID 1d6b:0002 Linux Foundation 2.0 root hub
```

c. Sistemas de archivos virtuales

Los sistemas de archivos virtuales `/proc` y `/sys` proporcionan una gran cantidad de información sobre los componentes de hardware. Aquí hay una lista no exhaustiva.

Interrupciones

```
# cat /proc/interrupts
           CPU0       CPU1
  0:         30            IO-APIC   2-edge       timer
  1:       3098            IO-APIC   1-edge       i8042
  6:          3            IO-APIC   6-edge       floppy
  8:          1            IO-APIC   8-edge       rtc0
  9:          0            IO-APIC   9-fasteoi    acpi
 10:     112472            IO-APIC  10-fasteoi    virtio0
 11:         32            IO-APIC  11-fasteoi    uhci_hcd:usb1
 12:         15            IO-APIC  12-edge       i8042
 14:          0            IO-APIC  14-edge       ata_piix
 15:     223311            IO-APIC  15-edge       ata_piix
 24:          0            PCI-MSI 294912-edge    virtio2-config
 25:     509316            PCI-MSI 294913-edge    virtio2-input.0
 26:      41896            PCI-MSI 294914-edge    virtio2-output.0
 27:          0            PCI-MSI 81920-edge     virtio1-config
 28:          0            PCI-MSI 81921-edge     virtio1-control
 29:          0            PCI-MSI 81922-edge     virtio1-event
 30:      14982            PCI-MSI 81923-edge     virtio1-request
NMI:          0            Non-maskable interrupts
LOC:    3932265            Local timer interrupts
SPU:          0            Spurious interrupts
PMI:          0            Performance monitoring interrupts
IWI:          0            IRQ work interrupts
RTR:          0            APIC ICR read retries
RES:          0            Rescheduling interrupts
CAL:          0            Function call interrupts
TLB:          0            TLB shootdowns
TRM:          0            Thermal event interrupts
THR:          0            Threshold APIC interrupts
```

```
DFR:          0          Deferred Error APIC interrupts
MCE:          0          Machine check exceptions
MCP:        723          Machine check polls
HYP:          0          Hypervisor callback interrupts
HRE:          0          Hyper-V reenlightenment interrupts
HVS:          0          Hyper-V stimer0 interrupts
ERR:          0
MIS:          0
PIN:          0          Posted-interrupt notification event
NPI:          0          Nested posted-interrupt event
PIW:          0          Posted-interrupt wakeup event
```

Periféricos (bloque, carácter)

```
# cat /proc/devices
Character devices:
  1 mem
  4 /dev/vc/0
  4 tty
  4 ttyS
...
  5 /dev/tty
  5 /dev/console
  5 /dev/ptmx
  5 ttyprintk
  6 lp
  7 vcs
 10 misc
...
Block devices:
  7 loop
  8 sd
  9 md
 11 sr
 65 sd

 67 sd
...
```

Particiones

```
# cat /proc/partitions
major minor  #blocks  name

   8     0   83886080 sda
   8     1       1024 sda1
   8     2   50329600 sda2
   8     3   31456256 sda3
   8     4    2095104 sda4
```

Procesadores

```
# cat /proc/cpuinfo
processor       : 0
vendor_id       : GenuineIntel
cpu family      : 6
model           : 60
model name      : Intel(R) Core(TM) i5-4570 CPU @ 3.20GHz
stepping        : 3
cpu MHz         : 3192.616
cache size      : 6144 KB
physical id     : 0
siblings        : 2
core id         : 0
cpu cores       : 2
apicid          : 0
initial apicid  : 0
fpu             : yes
fpu_exception   : yes
cpuid level     : 13
wp              : yes
flags           : fpu vme de pse tsc msr pae mce cx8 apic sep mtrr pge mca
cmov pat pse36 clflush mmx fxsr sse sse2 ht syscall nx rdtscp lm constant_tsc
rep_good nopl xtopology nonstop_tsc eagerfpu pni pclmulqdq ssse3 cx16 sse4_1
sse4_2 movbe popcnt aes xsave avx rdrand hypervisor lahf_lm abm
bugs            : cpu_meltdown spectre_v1 spectre_v2 spec_store_bypass l1tf
mds swapgs itlb_multihit
bogomips        : 6385.23
clflush size    : 64
cache_alignment : 64
address sizes   : 39 bits physical, 48 bits virtual
power management:
...
```

Información general sobre el equipo

El comando `hwinfo` en algunas distribuciones, detecta el hardware y proporciona una lista del mismo. La opción `--short` muestra un resumen.

Ejemplo

```
# hwinfo --short
cpu:
                      AMD Athlon(tm) 64 X2 Dual-Core Processor TK-53, 800 MHz
                      AMD Athlon(tm) 64 X2 Dual-Core Processor TK-53, 800 MHz
keyboard:
  /dev/input/event0   AT Translated Set 2 keyboard
mouse:
  /dev/input/mice     SynPS/2 Synaptics TouchPad
monitor:
                      QUANTADISPLAY LCD Monitor
graphics card:
                      nVidia C67 [GeForce 7150M / nForce 630M]
sound:
```

```
                           nVidia MCP67 High Definition Audio
storage:
                           Floppy disk controller
                           nVidia MCP67 IDE Controller
                           nVidia MCP67 AHCI Controller
network:
                           Hewlett-Packard Company BCM4311 802.11b/g Wireless LAN Controller
  enp0s10                  nVidia MCP67 Ethernet
network interface:
  enp0s10                  Ethernet network interface
  lo                       Loopback network interface
disk:
  /dev/sda                 ST9160821AS
partition:
  /dev/sda1                Partition
  /dev/sda2                Partition
  /dev/sda5                Partition
  /dev/sda6                Partition
  /dev/sda7                Partition
  /dev/sda8                Partition
cdrom:
  /dev/sr0                PIONEER DVDRW   DVR-K17
[...]
```

d. Udev

udev es un administrador de sistemas de archivos dinámicos que administra el árbol de archivos de la carpeta `/dev`. Es el que crea y modifica dinámicamente los archivos periféricos presentes en este directorio.

Desde 2013, `udev` ha sido un componente de systemd.

`udev` se lanza como un servicio normal, asociado a un tipo de sistema de archivos específico `devtmpfs`.

Ejemplo

```
# mount |grep devtmpfs
udev on /dev type devtmpfs (rw,nosuid,relatime,size=1916268k,
nr_inodes=479067,mode=755)
```

`udev` lee los mensajes emitidos por el kernel y los interpreta. Tiene reglas que aplica según el tipo de mensaje.

Ejemplo

```
KERNEL=="raw1394*",              GROUP="video"
KERNEL=="dv1394*",               SYMLINK+="dv1394/%n", GROUP="video"
KERNEL=="video1394*",            SYMLINK+="video1394/%n", GROUP="video"
```

- `KERNEL`: el nombre del evento del kernel. Aquí aparece un dispositivo Firewire.
- `GROUP`: el archivo del dispositivo pertenecerá al grupo especificado.
- `SYMLINK`: udev creará un enlace simbólico desde el archivo del dispositivo a la ubicación especificada. Aquí, el %n representa el número en el orden de detección.

Las reglas se colocan en los archivos de directorios /etc/udev/rules.d o /lib/udev/rules.d.

El comando udevinfo (o udevadm info en versiones recientes) proporciona información sobre los dispositivos controlados por udev.

Ejemplo

```
# udevadm info /dev/sda
P: /devices/pci0000:00/0000:00:09.0/ata3/host1/target1:0:0/1:0:0:0/block/sda
N: sda
L: 0
S: disk/by-id/ata-ST9160821AS_5MA3G4KT
S: disk/by-path/pci-0000:00:09.0-ata-1.0
S: disk/by-path/pci-0000:00:09.0-ata-1
E: DEVPATH=/devices/pci0000:00/0000:00:09.0/ata3/host1/target1:0:0/1:0:0:0/block/sda
E: DEVNAME=/dev/sda
E: DEVTYPE=disk
E: MAJOR=8
E: MINOR=0
E: SUBSYSTEM=block
E: USEC_INITIALIZED=4317980
E: ID_ATA=1
E: ID_TYPE=disk
E: ID_BUS=ata
[...]
```

H. Validación de los conocimientos adquiridos: preguntas/respuestas

Preguntas

Si cree conocer suficientemente este capítulo, conteste a las siguientes preguntas:

BIOS y UEFI

1 ¿Dónde está físicamente la BIOS?

2 ¿Quién determina el orden de detección de los discos, y por lo tanto, del arranque?

3 Un disco de 3 TB solo muestra 2 TB disponibles. ¿Por qué? (dos respuestas posibles)

- A - Debe reparticionar el disco en formato GPT.
- B - El disco tiene un error. Debe cambiarlo.
- C - La BIOS no soporta los discos de más de 2 TB. Debe tener UEFI.
- D - Debe reparticionar el disco con fdisk.

GRUB

4 ¿Cuál es el papel de GRUB (o GRUB2)?

- A - Iniciar Linux.
- B - Iniciar un sistema operativo.
- C - Proponer un modo a prueba de errores.
- D - Visualizar un menú de inicio gráfico.

5 ¿Es necesario instalar GRUB (o GRUB2) después de cada modificación?

6 ¿Dónde se encuentra el archivo de configuración de GRUB?

7 El directorio `/boot` que contiene el núcleo y el archivo initrd están en una partición reconocida como la tercera del segundo disco detectado por la BIOS (`hdb3`, por ejemplo). ¿Cuál es la ruta al núcleo establecida dentro del archivo de configuración de GRUB?

- A - `(hd1,3)/kernel`
- B - `(hd0,3)/kernel`
- C - `(hd2,3)/boot/kernel`
- D - `(hd1,2)/boot/kernel`

8 Durante el arranque del ordenador, tiene tiempo para elegir una entrada del menú. ¿Cómo aumentar el tiempo de espera de GRUB?

9 ¿Qué valor hay que darle a "default" para iniciar por defecto en la tercera opción?

10 ¿Qué comando se debe teclear para instalar GRUB en el MBR del segundo disco IDE?

11 ¿Se pueden modificar las entradas de los menús directamente desde el menú de arranque GRUB?

Init y systemd

12 Entre estas opciones, ¿cuál es el nombre del primer proceso iniciado por el núcleo?

- A - bash
- B - initrd
- C - init
- D - kload

13 ¿Cuál es el papel de init?

14 ¿Para qué sirven los niveles de ejecución?

15 Indique la ruta completa del archivo de configuración de init.

16 La línea `id:5:initdefault` fue sustituida por `default:3:initdefault:`. ¿Qué ocurre?

- A - Como "default" es desconocido, init no arranca y el núcleo entra en "pánico".
- B - init pasa en runlevel 3 por defecto, ya que el identificador no significa nada.
- C - init ya no entiende la línea: pasa a modo single.
- D - Se ignora la línea e init retoma la antigua configuración en runlevel 5.

17 ¿Qué significa la línea 6:2345:respawn:/sbin/mingetty tty6?

18 Está conectado en modo consola gráfica en su sistema (nivel 5). ¿Cómo solicitar a init pasar a modo texto, multiusuario y con los servicios de red?

19 ¿Qué comandos permiten conocer su runlevel actual o su objetivo systemd predeterminado?

20 ¿Qué acción de init ejecuta un comando una sola vez al principio del boot de la máquina?

- A - sysinit
- B - bootwait
- C - once
- D - off

21 ¿Dónde se suelen situar los servicios iniciados por el comando `rc` (o asociado)?

22 Según los fundamentos de System V, ¿cuál es el nombre del vínculo encargado de iniciar el servicio `sshd` justo después de arrancar la red, sabiendo que la posición de este último es la 15ª?

23 El anterior servicio `sshd` se inicia en runlevels 3 y 5. Indique la lista de los directorios en los que se encuentran los vínculos en Debian.

24 ¿Cómo detener el servicio `ssh` con systemd?

- A - `systemctl stop ssh.service`
- B - `inictctl ssh stop`
- C - `service sshd stop`
- D - `chkconfig sshd off`

25 En una distribución de tipo Red Hat, ¿qué comando permite configurar la activación del servicio Apache para los niveles 3, 4 y 5?

26 ¿Qué comando debe insertar para programar un reinicio del ordenador en 25 minutos?

Mensajes y logs

27 ¿Cuál es el comando más importante que se debe conocer para acceder a los registros de inicio de Linux?

- A - `mensajes`
- B - `dmesg`
- C - `syslog`
- D - `cat`

28 ¿En qué directorio están la mayoría de los registros del sistema?

29 Un módulo llamado nvidia no se ha cargado durante el inicio del sistema. ¿Cómo saber si el núcleo ha intentado cargarlo?

Servicios y módulos del núcleo

30 ¿Qué comando debe ejecutar para conocer la versión exacta de su núcleo de Linux?

- A - `uname -z`
- B - `grep kernel /var/log/messages`
- C - `uname -r`
- D - `dmesg | grep vmlinuz`

31 `uname -r` devuelve 4.9.6. ¿Dónde están los módulos asociados?

32 ¿Qué línea de comandos permite saber si el módulo vfat está cargado?

33 ¿Qué línea de comandos permite recuperar la línea de descripción del módulo fan?

34 Un módulo webcam depende de otros tres módulos. ¿Cómo cargar el módulo webcam de la forma más sencilla posible?

- A - `insmod -f webcam.ko`
- B - `insmod mod1 mod2 mod3 webcam`
- C - `modprobe -r webcam`

- D - `modprobe webcam`

35 Ya no se utiliza el módulo fat. ¿Cómo descargarlo?

36 ¿Qué componente carga los módulos necesarios durante el arranque del sistema?

- A - init
- B - sysconfig
- C - initrd
- D - vmlinuz

37 ¿Cómo saber exactamente cuál es su modelo de procesador?

38 ¿Cómo saber si el enrutador IP está activado?

Los periféricos

39 ¿Cómo gestiona Linux los periféricos?

40 ¿Los discos duros se gestionan en modo carácter o bloque?

41 ¿Qué representa el número mayor?

42 ¿Qué representa el número menor?

43 ¿Qué comando permite listar el bus PCI?

- A - `lspci`
- B - `pcilist`
- C - `dmesg|grep pci`
- D - `pciinfo`

44 ¿Qué servicio gestiona el sistema de archivos `/dev` en las distribuciones Linux recientes?

45 ¿Qué hace este servicio cuando el núcleo indica la carga de un driver de periférico?

Resultados

Consulte las páginas siguientes para comprobar sus respuestas. Por cada respuesta correcta, sume un punto.

Número de puntos: /45

Debe acertar un mínimo de 33 preguntas sobre este capítulo (33/45).

Identifique los temas claves en los que tiene lagunas y repáselos consultando de nuevo este capítulo antes de pasar al siguiente:

☐BIOS y UEFI.

☐GRUB.

☐Init y systemd.

☐Mensajes y logs.

☐Servicios y módulos del núcleo.

☐Los periféricos.

Respuestas

BIOS y UEFI

1 ¿Dónde está físicamente la BIOS?

En una EEPROM (chip) de la placa base.

2 ¿Quién determina el orden de detección de los discos y, por lo tanto, del arranque?

Le corresponde a la BIOS enumerar los discos y cargar el primer sector del primer disco.

3 Un disco de 3 TB solo muestra 2 TB disponibles. ¿Por qué? (dos posibles respuestas)

- A - Debe reparticionar el disco en formato GPT.
- B - Su disco tiene un error. Debe cambiarlo.
- C - La BIOS no soporta los discos de más de 2 TB. Debe tener UEFI.
- D - Debe reparticionar el disco con fdisk.

A y C.

GRUB

4 ¿Cuál es el papel de GRUB (o GRUB2)?

- A - Iniciar Linux.
- B - Iniciar un sistema operativo.
- C - Proponer un modo a prueba de errores.
- D - Visualizar un boot gráfico.

B. GRUB puede arrancar cualquier sistema, incluso Windows. También puede volver a mostrar un menú de arranque gráfico (D).

5 ¿Es necesario instalar GRUB (o GRUB2) después de cada modificación?

No. GRUB lee el archivo de configuración.

6 ¿Dónde se encuentra el archivo de configuración de GRUB?

En /boot/grub/menu.lst o /boot/grub/grub.cfg.

7 El directorio `/boot` que contiene el núcleo y el archivo initrd están en una partición reconocida como la tercera del segundo disco detectado por la BIOS (`hdb3`, por ejemplo). ¿Cuál es la ruta al núcleo establecida dentro del archivo de configuración de GRUB?

- A - `(hd1,3)/kernel`
- B - `(hd0,3)/kernel`
- C - `(hd2,3)/boot/kernel`
- D - `(hd1,2)/boot/kernel`

D. La numeración empieza a 0. hd1: segundo disco, 2: tercera partición. `/boot` dentro del sistema de archivos de esta partición.

8 Durante el arranque del ordenado no tiene tiempo para elegir una entrada del menú de arranque. ¿Cómo alargará el tiempo de espera de GRUB?

Cambie el valor de la entrada timeout.

9 ¿Qué valor hay que darle a “default” para iniciar por defecto en la tercera opción?

2.

10 ¿Qué comando debe teclear para instalar GRUB sobre el MBR del segundo disco IDE?

`grub-install /dev/hdb`

11 ¿Se pueden modificar las entradas de los menús directamente desde el menú de arranque GRUB?

Sí. GRUB propone un shell especializado en el arranque. Se pueden modificar las opciones en línea.

Init y systemd

12 Entre estas cosas, ¿cuál es el nombre del primer proceso lanzado por el núcleo?

- A - bash
- B - initrd
- C - init
- D - kload

C. init (pero init está sustituido por systemd en las distribuciones recientes).

13 ¿Cuál es el papel de init?

Inicia y detiene los servicios del sistema.

14 ¿Para qué sirven los niveles de ejecución?

Para definir varios estados o configuraciones de Linux y poder pasar de un estado a otro fácilmente.

15 Indique la ruta completa del archivo de configuración de init.

`/etc/inittab`

16 La línea `id:5:initdefault:` fue sustituida por `default:3:initdefault:`. ¿Qué ocurre?

- A - Como "default" es desconocido, init no arranca y el núcleo entra en "pánico".
- B - init pasa en runlevel 3 por defecto, ya que el identificador no significa nada.
- C - init ya no entiende la línea: pasa a modo single.
- D - Se ignora la línea e init retoma la antigua configuración en runlevel 5.

B. El id está aquí solo para usted e init no lo interpreta. El nivel 3 es el nuevo nivel por defecto.

17 ¿Qué significa la línea `6:2345:respawn:/sbin/mingetty tty6`?

El programa `minguetty` se lanzará en los niveles 2, 3, 4 y 5, con el terminal virtual 6 (accesible mediante Alt-F6) como valor de parámetro. Si el proceso termina, `respawn` indica a init que debe volver a ejecutarlo automáticamente.

18 Está conectado en consola gráfica en su sistema (nivel 5). ¿Cómo pedir a init pasar a modo texto, multiusuario y con los servicios de red?

Es el nivel 3. Teclee `telinit 3` o `init 3`.

19 ¿Qué comandos permiten conocer su runlevel actual o su objetivo systemd predeterminado?

`runlevel`, o `systemctl get-default`

20 ¿Qué acción de init ejecuta un comando una sola vez al principio del boot de la máquina?

- A - sysinit
- B - bootwait
- C - once
- D - off

A. Se ejecuta el comando relacionado con la acción sysinit al principio del arranque del sistema.

21 ¿Dónde se suelen situar los servicios iniciados por el comando `rc` (o asociado)?

En /etc/init.d.

22 Según los fundamentos de System V, ¿cuál es el nombre del vínculo encargado de iniciar el servicio `sshd` justo después del arranque de la red, sabiendo que la posición de este último es la 15ª?

S16sshd

23 El anterior servicio `sshd` se inicia en runlevels 3 y 5. Indique la lista de los directorios en los que se encuentran los vínculos en Debian.

/etc/rc3.d y /etc/rc5.d.

24 ¿Cómo detener el servicio `ssh` con systemd?

- A - `systemctl stop ssh.service`
- B - `initctl ssh stop`
- C - `service sshd stop`
- D - `chkconfig sshd off`

A y B son para initctl. C y D son los comandos de System V. D elimina el servicio de todos los runlevels, pero no lo detiene si está iniciado actualmente.

25 En una distribución de tipo Red Hat sin systemd, ¿qué comando permite configurar la activación del servicio Apache para los niveles 3, 4 y 5?

chkconfig --level 345 apache on

26 ¿Qué comando se debe insertar para programar un reinicio del ordenador en 25 minutos?

shutdown -r +25

Mensajes

27 ¿Cuál es el comando más importante que se debe conocer para acceder a los registros de inicio de Linux?

- A - `mensajes`
- B - `dmesg`
- C - `syslog`
- D - `cat`

B. Es el comando más utilizado en particular para detectar los problemas de inicio y detectar el hardware.

28 ¿En qué directorio se encuentran la mayoría de los registros del sistema?

En /var/log.

29 Un módulo llamado nvidia no se ha cargado durante el inicio del sistema. ¿Cómo saber si el núcleo ha intentado cargarlo?

grep nvidia /var/log/messages

Servicios y módulos del núcleo

30 ¿Qué comando se debe ejecutar para conocer la versión exacta de su núcleo de Linux?

- *A* - `uname -z`
- *B* - `grep kernel /var/log/messages`
- *C* - `uname -r`
- *D* - `dmesg|grep vmlinuz`

C. La `-r` significa release.

31 `uname -r` devuelve 4.9.6. ¿Dónde están los módulos asociados?

En `/lib/modules/4.9.6`.

32 ¿Qué línea de comandos permite saber si el módulo vfat está cargado?

`lsmod|grep vfat`

33 ¿Qué línea de comandos permite recuperar la línea de descripción del módulo fan?

`modinfo fan|grep ^description`. *Esta devuelve: "descripción: ACPI Fan Driver".*

34 Un módulo webcam depende de otros tres módulos. ¿Cómo cargar el módulo webcam de la forma más sencilla posible?

- A - `insmod -f webcam.ko`
- B - `insmod mod1 mod2 mod3 webcam`
- C - `modprobe -r webcam`
- D - `modprobe webcam`

D. Si las dependencias son correctas, `modprobe` cargará todos los módulos asociados.

35 Ya no se utiliza el módulo fat. ¿Cómo descargarlo?

`rmmod fat`

36 ¿Qué componente carga los módulos necesarios para el arranque del sistema?

- A - init
- B - sysconfig
- C - initrd
- D - vmlinuz

C. El ramdisk inicial cargado por el núcleo según la configuración de GRUB contiene comandos y scripts que cargan los módulos necesarios, como el soporte de los controladores de discos y sistemas de archivos.

37 ¿Cómo saber exactamente cuál es su modelo de procesador?

`cat /proc/cpuinfo`.

38 ¿Cómo saber si el enrutador IP está activado?

`sysctl -a|grep ip_forward`. *Si el valor es 1, se autoriza el forwarding.*

Los periféricos

39 ¿Cómo gestiona Linux los periféricos?

Como archivos.

40 ¿Los discos duros se gestionan en modo carácter o bloque?

En modo bloque.

41 ¿Qué representa el número mayor?

Identifica el driver que gestiona el periférico.

42 ¿Qué representa el número menor?

El propio periférico, o el número de periférico sobre el controlador o una particularidad del periférico.

43 ¿Qué comando permite listar el bus PCI?

- A - `lspci`
- B - `pcilist`
- C - `dmesg|grep pci`
- D - `pciinfo`

A. El comando `lspci` lista todos los adaptadores PCI.

44 ¿Qué servicio gestiona el sistema de archivos `/dev` en las distribuciones Linux recientes?

udev, que está a la escucha de los eventos del núcleo.

45 ¿Qué hace este servicio cuando el núcleo indica la carga de un driver de periférico?

Busca en sus reglas una correspondencia con el evento recibido y aplica las pautas asociadas si encuentra algunas.

I. Prácticas

1. GRUB, GRUB2 y el proceso de boot

Objetivo: si pierde la contraseña de administrador, arrancar Linux en modo seguro y fijar una nueva contraseña.

1. Encienda su ordenador y deténgase en el menú de GRUB. Si está en modo gráfico, pulse [Esc]. En la entrada por defecto, pulse en la tecla `e` para editar la información de arranque de esta opción de menú.
2. Con las teclas de dirección, vaya a la línea que empieza por "kernel" y pulse en la tecla `e` para editarlo. Con GRUB2, ubíquese al final de la línea que comienza con "Linux".
3. Al final de esta línea, añada `init=/bin/sh` y pulse en [Entrar]. Finalmente, pulse en `b` para arrancar. Con GRUB2, no pulse en [Intro] sino en [Ctrl] x.
4. Vuelva a montar el sistema de archivos raíz en modo escritura:
5. Ejecute el comando "`passwd`" y cambie la contraseña del administrador root.
6. Vuelva a arrancar y compruebe que la nueva contraseña funciona.

Soluciones posibles

Objetivo: si pierde la contraseña de administrador, arrancar Linux en modo seguro y fijar una nueva contraseña.

1. Encienda su ordenador y deténgase en el menú de GRUB. Si está en modo gráfico, pulse en [Esc]. En la entrada por defecto, pulse la tecla `e` para editar la información de arranque de esta opción de menú.
2. Con las teclas de dirección, vaya a la línea que empieza por "kernel" y pulse en la tecla e para editarlo. Con GRUB2, sitúese al final de la línea que comienza con "Linux".
3. Al final de esta línea, añada `init=/bin/sh` y pulse [Intro]. Finalmente, pulse en `b` para arrancar. Con GRUB2, no pulse en [Intro] sino en [Ctrl] x.

4. Después de unos segundos aparece un prompt. Pase al teclado español, si es posible, (qwerty por defecto).

```
# loadkeys es
```

5. Vuelva a montar el sistema de archivos raíz en modo escritura:

```
# mount -o remount,rw /
```

6. Ejecute el comando "`passwd`" y cambie la contraseña del administrador `root`.

```
# passwd
```

7. Vuelva a arrancar y compruebe que la nueva contraseña funciona.

2. init y runlevel

Objetivo: manejar la configuración de init y de los niveles de ejecución en sistemas compatibles init System V.

1. Modifique `/etc/inittab` para iniciar por defecto en el nivel 3. Reinicie para comprobarlo.
2. Liste los servicios que se inician en el nivel 3.
3. Configure la activación de `sshd` en los niveles 3 y 5.
4. Arranque `sshd`, si no está arrancado.
5. Pase a la consola virtual 6 con [Alt][F6] (o [Ctrl][Alt][F6] bajo X). Conéctese y luego desconéctese. ¿Por qué la línea de conexión se muestra como si fuera nueva?
6. Con el comando `shutdown`, apague inmediatamente el ordenador. ¿Cuál es el nivel de ejecución activado?

Soluciones posibles

Objetivo: manejar la configuración de init y de los niveles de ejecución en sistemas compatibles init System V.

1. Modifique `/etc/inittab` para iniciar por defecto en el nivel 3. Reinicie para comprobarlo:

```
id:3:initdefault:
```

2. Liste los servicios que se inician en el nivel 3:

```
# ls-l /etc/init.d/rc3.d/S*
```

3. Configure la activación de sshd en los niveles 3 y 5:

```
# chkconfig --list sshd
# chkconfig sshd --level 35
```

4. Arranque `sshd`, si no está arrancado:

```
# service sshd start
```

5. Pase a la consola virtual 6 con [Alt][F6] (o [Ctrl][Alt][F6] bajo X). Conéctese y luego desconéctese. ¿Por qué la línea de conexión se muestra como si fuera nueva?

   Porque `/etc/inittab` contiene el comando `respawn` que permite al proceso volver a ejecutarse si ha terminado.

6. Con el comando `shutdown`, apague inmediatamente el ordenador. ¿Cuál es el nivel de ejecución activado?

   ```
   # shutdown -r now
   ```

   Es el nivel 0, de parada, el que está activo.

3. Núcleo y módulos

Objetivo: gestionar los módulos del núcleo.

1. Compruebe su versión del núcleo de Linux y diríjase al directorio de sus módulos.
2. Compruebe la fecha del archivo modules.dep. Si parece antigua, inicie un comando para regenerarla.
3. Liste los módulos actualmente cargados. Cargue el módulo vfat si no está cargado.
4. Descargue el módulo vfat y sus dependencias.

Soluciones posibles

Objetivo: gestionar los módulos del nodo.

1. Compruebe su versión del núcleo de Linux y diríjase al directorio de sus módulos.

   ```
   # uname -r
   2.6.25.5-1.1-default
   # cd /lib/modules/2.6.25.5-1.1-default
   ```

2. Compruebe la fecha del archivo modules.dep. Si parece antigua, inicie un comando para regenerarla:

   ```
   # ls -l modules.dep
   -rw-r--r--  1 root root 385503 junio 18 20:41 modules.dep
   # depmod -a
   # ls -l modules.dep
   -rw-r--r--  1 root root 385601 junio 29 20:12 modules.dep
   ```

3. Liste los módulos actualmente cargados. Cargue el módulo vfat si no está cargado:

   ```
   # lsmod
   # lsmod | grep vfat
   # modprobe vfat
   ```

4. Descargue el módulo vfat y sus dependencias.

   ```
   # modprobe -r vfat
   ```

4. Los periféricos y el hardware

Objetivo: manejar los periféricos de cualquier tipo y obtener la información sobre los componentes de hardware.

1. Vaya a `/dev` y liste todos los periféricos de tipo `sd*` o `hd*`, según el controlador de sus discos. Liste los números mayor y menor. El número mayor es el mismo para un tipo dado.
2. Muestre la información de su tarjeta gráfica VGA en el bus PCI.
3. Liste la información de su procesador o procesadores.

Soluciones posibles

Objetivo: manejar los periféricos de cualquier tipo y obtener la información relativa a los componentes de hardware.

1. Vaya a `/dev` y liste todos los periféricos de tipo `sd*` o `hd*`, según el controlador de sus discos. Liste los números mayor y menor. El número mayor es el mismo para un tipo dado.

```
# cd /dev
]# ls -l sd* hd*
ls: imposible acceder a 'hd*': Ningún archivo o directorio de ese tipo
brw-rw----. 1 root disk 8,  0  4 jul. 08:17  sda
brw-rw----. 1 root disk 8,  1  4 jul. 08:17  sda1
brw-rw----. 1 root disk 8,  2  4 jul. 08:17  sda2
brw-rw----. 1 root disk 8, 16  4 jul. 12:17  sdb
brw-rw----. 1 root disk 8, 17  4 jul. 12:17  sdb1
brw-rw----. 1 root disk 8, 18  4 jul. 12:17  sdb2
brw-rw----. 1 root disk 8, 19  4 jul. 12:17  sdb3
brw-rw----. 1 root disk 8, 20  4 jul. 12:17  sdb4
```

2. Muestre la información de su tarjeta gráfica VGA en el bus PCI.

```
# lspci | grep -i vga
00:12.0 VGA compatible controller: NVIDIA Corporation C67 [GeForce
7150M / nForce 630M] (rev a2)
```

3. Liste la información de su procesador o procesadores.

```
# cat /proc/cpuinfo
processor       : 0
vendor_id       : AuthenticAMD
cpu family      : 15
model           : 104
model name      : AMD Athlon(tm) 64 X2 Dual-Core Processor TK-53
stepping        : 1
microcode       : 0x83
cpu MHz         : 800.000
cache size      : 256 KB
physical id     : 0
siblings        : 2
core id         : 0
cpu cores       : 2
apicid          : 0
initial apicid  : 0
fpu             : yes
fpu_exception   : yes
cpuid level     : 1
wp              : yes
flags           : fpu vme de pse tsc msr pae mce cx8 apic sep mtrr pge
mca cmov pat pse36 clflush mmx fxsr sse sse2 ht syscall nx mmxext fxsr_opt
rdtscp lm 3dnowext 3dnow rep_good nopl cpuid extd_apicid pni cx16 lahf_lm
cmp_legacy svm extapic cr8_legacy 3dnowprefetch vmmcall lbrv
bugs            : apic_c1e fxsave_leak sysret_ss_attrs null_seg
swapgs_fence amd_e400 spectre_v1 spectre_v2
bogomips        : 3400.30
TLB size        : 1024 4K pages
clflush size    : 64
cache_alignment : 64
address sizes   : 40 bits physical, 48 bits virtual
power management: ts fid vid ttp tm stc 100mhzsteps

processor       : 1
vendor_id       : AuthenticAMD
cpu family      : 15
model           : 104
model name      : AMD Athlon(tm) 64 X2 Dual-Core Processor TK-53
stepping        : 1
microcode       : 0x83
cpu MHz         : 800.000
cache size      : 256 KB
physical id     : 0
siblings        : 2
core id         : 1
```

```
cpu cores       : 2
apicid          : 1
initial apicid  : 1
fpu             : yes
fpu_exception   : yes
cpuid level     : 1
wp              : yes
flags           : fpu vme de pse tsc msr pae mce cx8 apic sep mtrr pge
mca cmov pat pse36 clflush mmx fxsr sse sse2 ht syscall nx mmxext fxsr_opt
rdtscp lm 3dnowext 3dnow rep_good nopl cpuid extd_apicid pni cx16 lahf_lm
cmp_legacy svm extapic cr8_legacy 3dnowprefetch vmmcall lbrv
bugs            : apic_c1e fxsave_leak sysret_ss_attrs null_seg
swapgs_fence amd_e400 spectre_v1 spectre_v2
bogomips        : 3400.26
TLB size        : 1024 4K pages
clflush size    : 64 cache_alignment : 64
address sizes   : 40 bits physical, 48 bits virtual
power management: ts fid vid ttp tm stc 100mhzsteps
```

Capítulo 6

Requisitos previos y objetivos

Requisitos previos

- Tener permisos `root` o `sudo root`.
- Saber cómo usar el shell y los comandos.
- Saber cómo usar un editor.

Objetivos

Al final de este capítulo, será capaz de:

- Crear y modificar usuarios y grupos.
- Implementar una política de contraseñas.
- Emitir notificaciones a los usuarios.
- Conocer el papel de los módulos PAM.
- Gestionar la impresión.
- Automatizar tareas.
- Utilizar herramientas de copia de seguridad o backup.
- Configurar el sistema a tiempo.

A. Administración de usuarios

Linux es un sistema multiusuario. Este permite compartir recursos entre usuarios, definiendo y controlando quién tiene acceso a qué recursos. El modelo de seguridad para gestionar los controles de acceso se basa en cuentas de usuario, protegidas por contraseñas. Para acceder a un recurso, un usuario debe proporcionar, directa o indirectamente, una cuenta de usuario (identificación) y una contraseña (autenticación).

La **identificación**, consiste en saber quién es quién, con el objetivo de determinar los permisos de la persona que se conecta. Un usuario se identifica mediante un login.

La **autenticación**, consiste en proporcionar una prueba de su identidad, por ejemplo, a través de un secreto compartido entre el usuario y el sistema, que solo ellos conocen. Por lo general, el usuario se autentica mediante una contraseña, pero también puede ser una clave.

1. Los usuarios

Un usuario está asociado a un nombre de conexión, un número de identificación de usuario (UID) y, al menos, un número de identificación de grupo (GID).

- **UID**: user ID.
- **GID**: Group ID

Los UID y GID son únicos. El nombre de usuario es único, pero es posible asociar varios nombres de usuario con el mismo UID.

El UID identifica al usuario (o a la cuenta de servicio de la aplicación) a lo largo de su conexión. Se utiliza para controlar sus permisos y los de los procesos que ha iniciado. Son los UID y GID los que se almacenan en la tabla de inodos, en la tabla de procesos, etc., y no los nombres de usuarios o grupos.

El usuario tiene los siguientes atributos básicos:

- Un nombre de usuario.
- Una contraseña.
- Un UID.
- Un GID correspondiente a su grupo principal.
- Una descripción.
- Un directorio de conexión.
- Un comando de conexión (normalmente un shell).

Los UID con un valor inferior a 1.000 suelen estar asociados a cuentas especiales reservadas para el sistema.

El UID de root, el administrador, siempre es 0, lo que le otorga todos los permisos sobre los recursos del sistema.

Dependiendo de la distribución, desde 100, 500 o 1000, hasta un máximo de 65535 (2^{16}-1), son los UID de los usuarios. La mayoría de los UID están codificados en 32 bits con signo, por lo que el límite es de más de cuatro mil millones.

☞ *La mayoría de estos parámetros se pueden cambiar a través del archivo* `/etc/login.defs`.

Un nombre de usuario suele tener un tamaño de 8 caracteres o menos. Linux admite una longitud más larga, pero para la mayoría de los comandos de visualización o administración de nombres de usuario, están limitados a 8 caracteres. El tamaño máximo se puede obtener de la siguiente manera:

```
$ getconf LOGIN_NAME_MAX
256
```

Un nombre de usuario acepta la mayoría de los caracteres, pero no debe comenzar con un número. Es posible cambiar la lista de caracteres permitidos y forzar la longitud y complejidad a través de los mecanismos de autenticación PAM (*Pluggable Authentication Module*) y el archivo `/etc/login.defs`.

2. Grupos

Cada usuario forma parte de, al menos, un grupo. Un grupo consta de una o más cuentas de usuario, se identifica con un número único (GID) y no puede contener otros grupos.

Un usuario puede formar parte de más de un grupo, en cuyo caso el grupo principal se debe distinguir de los demás grupos. Cuando un usuario crea un archivo, este último se asocia a su grupo actual. El grupo principal del usuario se define en el archivo `/etc/passwd`. Al iniciar sesión, el grupo actual del usuario es el grupo principal del usuario.

☞*El comando `newgrp GroupName` permite cambiar el grupo actual.*

Un usuario tiene todos los permisos de acceso asociados a todos sus grupos.

El comando `id` permite conocer la información esencial de un usuario: su UID, el GID de su grupo principal y sus grupos secundarios, etc.

Sintaxis

```
id [CuentaUsuario|UID]
```

Sin argumentos, el comando muestra el UID y el nombre del usuario actual, así como los grupos a los que pertenece el usuario, empezando por el grupo actual.

Ejemplo

```
$ id
uid=1000(pba) gid=1000(pba) groupes=1000(pba),24(cdrom),25(floppy),
29(audio),30(dip),44(video),46(plugdev),100(users),106(netdev),
112(bluetooth),114(lpadmin),117(scanner)
```

```
$ >fic_pba
$ ls -l fic_pba
-rw-r--r-- 1 pba pba 0 10 julio 14:46 fic_pba
```

Este usuario crea un archivo. Su propietario es `pba` y su grupo es el grupo actual `pba`.

```
$ newgrp netdev
$ >fic_netdev
$ ls -l fic_netdev
-rw-r--r-- 1 pba netdev 0 10 julio 14:48 fic_netdev
```

Cambiamos el grupo actual.

El nuevo archivo está asociado al grupo actual `netdev`.

3. Las contraseñas

Las contraseñas se utilizan para autenticar a los usuarios. El sistema las encripta mediante un algoritmo configurable (SHA-256, SHA-512, Blowfish, etc.). El archivo que contiene las contraseñas (normalmente `/etc/shadow`) solo se puede leer y escribir por el administrador.

Ejemplo

Archivo `/etc/shadow` de una distribución Debian 12:

```
$ ls -l /etc/shadow
-rw-r----- 1 root shadow 1084  9 julio  22:24 /etc/shadow
```

Solo *root* puede leer y modificar el archivo. Los miembros del grupo de *shadow* pueden leer el contenido del archivo, pero el grupo está vacío por defecto.

Ejemplo de una contraseña cifrada

```
$y$j9T$QTIdl3td7Eo3fTKTXGCsm.$IbYYOKLhn.8oyQK0w4YX10iMB1k60KYNuBHmL6BzAW.
```

4. Los archivos de configuración de los usuarios y grupos

a. /etc/passwd

El archivo `/etc/passwd` contiene una lista de cuentas de usuario en el sistema local. Todo los pueden leer. Cada línea corresponde a un usuario y está compuesta por siete campos.

Sintaxis

```
Login:MdP:UID:GID:commentaire:RepConnexion:ProgrammeInitial
```

Con:

- Campo 1: el nombre de usuario (login).
- Campo 2: si contiene `x`, la cuenta tiene una contraseña, declarada en `/etc/shadow`. De lo contrario, la cuenta se bloquea.
- Campo 3: el User ID.
- Campo 4: el Group ID del grupo principal.
- Campo 5: un comentario o descripción. Es un campo informativo.
- Campo 6: el directorio de conexión del usuario. Este es el directorio en el que se coloca cuando se conecta.
- Campo 7: el programa predeterminado del usuario, generalmente un shell. Pero puede ser otro programa, incluso un comando que prohíba la conexión (`nologin`).

b. /etc/group

El archivo `/etc/group` contiene la definición de los grupos de usuarios y, para cada grupo de usuarios, la lista de usuarios para los que es el grupo secundario. Cada línea está compuesta por cuatro campos.

Sintaxis

```
Group:MdP:GID:user1,user2,...
```

Con:

- Campo 1: el nombre del grupo.
- Campo 2: la contraseña asociada. Vea la explicación que se da continuación.
- Campo 3: el GID.
- Campo 4: la lista de usuarios que tiene este grupo como grupo secundario.

No es necesario sustituir en el cuarto campo los usuarios que tienen este grupo como grupo principal, porque se induce.

El campo de contraseña se utiliza rara vez. El administrador puede configurar esta contraseña para proteger el acceso a los grupos, en caso de que los usuarios intenten cambiar el grupo actual (mediante el comando `newgrp`).

c. /etc/shadow

El archivo `/etc/shadow` contiene información sobre las contraseñas y su validez a lo largo del tiempo. Cada línea se compone de 9 campos separados por "`:`".

Sintaxis

```
Login:MdP:NbJours:NbJoursMin:NbJoursMax:NbJoursWarn:NbJoursAvantDesac:
NbJoursDesac:TBD
```

Con:

- Campo 1: el nombre de usuario (login).
- Campo 2: la contraseña cifrada. El `$xx$` inicial indica el tipo de algoritmo utilizado. Si la cuenta está bloqueada, este campo contiene una cadena que no coincide con ningún cifrado (`!`, `*`, ...). Si está vacía, la cuenta no tiene contraseña.
- Campo 3: número de días transcurridos desde el 1 de enero de 1970 y la fecha del último cambio de contraseña.
- Campo 4: número de días antes de los cuales no se puede cambiar la contraseña (0: se puede cambiar en cualquier momento).
- Campo 5: número de días después de los cuales se debe cambiar la contraseña.
- Campo 6: período durante el cual se notificará al usuario de un cambio de contraseña inminente, expresado como el número de días antes de que caduque la contraseña.
- Campo 7: número de días desde que la contraseña expiró antes de que se desactivara la cuenta del usuario.
- Campo 8: número de días desde el 1 de enero de 1970 hasta la fecha en que se desactivó la cuenta.
- Campo 9: reservado.

Ejemplo

```
pba:$y$j9T$FYa7hvxUyKzczeaXONu2v/
$HRUpG27qi7WECBYCPw5SAg2cJR5KaR0JvnCWogINYv5:19547:0:99999:7:::
```

En el ejemplo, para la cuenta `pba`, la contraseña se cambió 19547 días después del 01/01/1970. La contraseña se puede cambiar después de 0 días (sin duración mínima) y debe cambiarse pasados 99999 días (273 años). La cuenta se desactiva 7 días después de que caduque la contraseña.

☞ *Para conocer la fecha en función de 01/01/1970, se puede utilizar el comando `date` con esta sintaxis, especificando el número de días buscado:*

```
$ date --date "1 jan 1970 +19547days"
dim. 09 julio 2023 00:00:00 CEST
```

d. /etc/gshadow

El archivo `/etc/gshadow` es el equivalente del archivo anterior, pero para grupos. Sin embargo, no es compatible de forma predeterminada con algunas distribuciones de Linux.

Sintaxis

`NombreGrupo:MdP:root:pba`

El formato es el siguiente:

- Campo 1: nombre del grupo.
- Campo 2: contraseña cifrada. Si la cuenta está bloqueada, este campo contiene una cadena que no coincide con ningún cifrado (`!`, `*`, ...). Si está vacía, la cuenta no tiene contraseña.
- Campo 3: administradores de grupo (aquellos que pueden cambiar la contraseña o los miembros del grupo).
- Campo 4: miembros del grupo: pueden acceder a él sin contraseña. Esta es la misma lista que en `/etc/group`.

5. Gestión de usuarios

La gestión de usuarios se puede realizar directamente en los archivos de configuración, ya que son archivos de texto. Sin embargo, para esto es preferible utilizar los comandos correspondientes para este propósito, ya que pueden manejar automáticamente varias operaciones relacionadas con la creación, modificación o eliminación de una cuenta de usuario o grupo (crear o eliminar el directorio de conexión, escribir o eliminar la información de la contraseña en el archivo `/etc/shadow`, etc.).

a. Crear una cuenta usuario

Para crear una cuenta de usuario, debe:

- añadir una línea en `/etc/passwd`,
- añadir una línea en `/etc/shadow`,
- añadir eventualmente información en `/etc/group`,
- crear el directorio de conexión y copiar el contenido de la carpeta `/etc/skel`,
- cambiar los permisos y el propietario del directorio de conexión,
- definir la contraseña (encriptada).

El comando `vipw` permite actualizar los archivos de gestión de cuentas, gestionando posibles accesos simultáneos.

Admite cuatro opciones:

- `-p` : edición de `/etc/passwd`.
- `-g` : edición de `/etc/group`.
- `-s` : edición de `/etc/shadow`.
- `-GS`: edición de `/etc/gshadow`.

☞ *No se recomienda el uso de este comando para crear una cuenta, ya que no maneja las operaciones necesarias más allá del contenido de estos archivos.*

El comando useradd

El comando `useradd` crea una cuenta de usuario y realiza las principales operaciones:

- Creación del usuario y actualización de los archivos correspondientes.
- Creación de un grupo privado de usuarios (con el mismo nombre que este).
- Creación del directorio personal, llenado inicial a partir del contenido de `/etc/skel` y posicionamiento de sus permisos de acceso.

Sintaxis

```
# useradd <opciones> NombreUsuario
```

Si no se especifica ninguna opción, los valores predeterminados se leen del archivo `/etc/default/useradd`.

Las principales opciones son las siguientes:

Opción	Función
`-M`	Crea el directorio de conexión.
`-u UID`	Especifica el UID del usuario. Por defecto, el UID se calcula a partir de las reglas del archivo `/etc/login.defs` y de los UID existentes.
`-g`	Grupo principal del usuario, por GID o por su nombre (variable GROUP).
`-G`	Grupos adicionales (secundarios, de usuario) separados por comas (variable GROUPS).
`-d`	La ruta de acceso al directorio personal.
`-c`	Comentario asociado a la cuenta. Utilizado por algunos comandos como `finger`. Su contenido se puede modificar por el usuario con el comando `chfn`.
`-k`	Ruta de acceso al directorio que contiene el esqueleto del árbol de directorios de usuario. Por lo general, es `/etc/skel` (variable SKEL).
`-s`	Programa de conexión (shell). El usuario puede cambiarlo a través del comando `chsh`.
`-p`	La contraseña del usuario, encriptada. A continuación, se puede configurar mediante el comando `passwd`.

Ejemplo

Creación de la cuenta robert con la mayoría de las opciones básicas.

```
# useradd -m -u 1010 -g users -G video,dialout,lp -s /bin/bash -d
/home/robert -c "Cuenta de Robert" robert
# grep robert /etc/passwd /etc/shadow
/etc/passwd:robert:x:1010:100:Cuenta de Robert:/home/robert:/bin/bash
/etc/shadow:robert:!:19548:0:99999:7:::
```

El comando no creó una contraseña. Tiene que hacer esto con el método `passwd`.

```
# passwd robert
Nueva contraseña:
Vuelva a introducir la nueva contraseña:
Contraseña cambiada.
# grep robert /etc/shadow
robert:$y$j9T$euPxEFMnbbAMl7lJkxZ9x1$upLN3MiVAI2PhfO0PKuY1ZnGwMgigsZRd
SEXmhXeKf9:19548:0:99999:7:::
```

b. Gestión de contraseñas

Se pueden utilizar varios comandos para crear y modificar contraseñas, así como para definir reglas de seguridad (longitud mínima de contraseña, período de validez, etc.).

Establecer contraseña

El comando `passwd` permite administrar contraseñas y también permisos de conexión y la mayoría de los campos presentes en `/etc/shadow`.

Cualquier usuario tiene permiso para cambiar su contraseña, dentro del plazo especificado en el campo 4 de `/etc/shadow`. La acción predeterminada del comando es cambiar la contraseña del usuario en cuestión. La contraseña anterior se solicita por razones de seguridad. La entrada está oculta.

Ejemplo

```
$ id
uid=1000(pba) gid=100(users) ...
$ passwd
Changing password for pba.
Antigua contraseña:
Nueva contraseña:
Vuelva a introducir la nueva contraseña:
Contraseña cambiada.
```

Los módulos **PAM** (*Pluggable Authentication Module*) pueden imponer restricciones más o menos estrictas para elegir la contraseña: longitud concreta, no basada en una palabra del diccionario, etc.

Ejemplo

```
$ passwd
Changing password for pba.
Antigua contraseña:
Nueva contraseña:
Contraseña incorrecta: demasiado corta
```

```
Nueva contraseña:
Contraseña incorrecta: demasiado simple
Nueva contraseña:
Contraseña incorrecta: basada en una palabra del diccionario
passwd: Número máximo de intentos agotado para el servicio
```

El administrador `root` tiene permiso para cambiar las contraseñas de todos los usuarios del sistema, independientemente de la contraseña anterior. En este caso, la contraseña no está sujeta a las reglas PAM.

Ejemplo

```
# passwd robert
Changing password for robert.
Nueva contraseña:
Contraseña incorrecta: basada en una palabra del diccionario
Vuelva a introducir la nueva contraseña:
Contraseña cambiada.
```

Administrar reglas de validez

Todos los campos de `/etc/shadow` se pueden modificar utilizando el comando `passwd`. Estas son algunas opciones:

Opción	Función
`-l NombreCnta`	(*lock*): bloquea la cuenta añadiendo una `!` delante de la contraseña cifrada.
`-u NombreCnta`	(*unlock*): desbloquea la cuenta. No es posible desbloquear una cuenta que no tenga contraseña. Para ello, se debe usar además `-f`.
`-d NombreCnta`	(solo `root`) Elimina la contraseña de la cuenta.
`-n <j> NombreCnta`	(`root`) La duración mínima en días de la contraseña.
`-x <j> NombreCnta`	(`root`) La duración máxima en días de la contraseña.
`-w <j> NombreCnta`	(`root`) Número de días antes de la advertencia.
`-i <j> NombreCnta`	(`root`) Período de gracia antes de la desactivación si la contraseña ha caducado.
`-s [NombreCnta]`	Estado de la cuenta.

Ejemplo

La cuenta `robert` se modifica de la siguiente manera:

- *Deben pasar 5 días después de haber definido una nueva contraseña para poder cambiarla.*
- *Su contraseña es válida durante 45 días.*
- *Recibe una notificación 7 días antes de que sea necesario cambiar su contraseña.*
- *Si no cambia su contraseña pasados 45 días, le quedan 5 días antes de que se desactive su cuenta.*

```
# passwd -n 5 -x 45 -w 7 -i 5 robert
passwd: contraseña cambiada.
# grep robert /etc/shadow
robert:$y$j9T$euPxEFMnbbAMl7lJkxZ9x1$upLN3MiVAI2PhfO0PKuY1ZnGwMgigsZRdSEX
mhXeKf9:19548:5:45:7:5::
```

El comando change también permite administrar las características de la contraseña. Solo el administrador root puede acceder. Sin más argumento que el login del usuario, es interactivo:

Ejemplo

```
# chage robert
Changing the aging information for bean
Enter the new value, or press ENTER for the default

      Minimum Password Age [5]: 3
      Maximum Password Age [45]: 60
      Last Password Change (YYYY-MM-DD) [2023-07-10]:
      Password Expiration Warning [7]:
      Password Inactive [5]:
      Account Expiration Date (YYYY-MM-DD) [-1]: 2023-12-31
# grep robert /etc/shadow
robert:$y$j9T$euPxEFMnbbAMl7lJkxZ9x1$upLN3MiVAI2PhfO0PKuY1ZnGwMgigsZRdSEX
mhXeKf9:19548:3:60:7:5:19722:
```

Las opciones comunes incluyen:

Opción	Función
-m	Mindays: equivalente a passwd -n.
-M	Maxdays: equivalente a passwd -x.
-d	Fecha de la última modificación de la contraseña (desde el 01/01/1970).
-E	Fecha de caducidad de la contraseña (desde 01/01/1970).
-Yo	Cuenta inactiva: equivalente a passwd -i.
-W	Warndays: equivalente a passwd -w.
-l	List: muestra todos los detalles.

Ejemplo

```
# passwd -S robert
robert P 2023-07-10 3 60 7 5
# chage -l robert
Last password change                                    : may 01, 2023
Password expires                                        : jun 15, 2023
Password inactive                                       : jun 20, 2023
Account expires                                         : may 15, 2023
Minimum number of days between password change          : 3
Maximum number of days between password change          : 60
Number of days of warning before password expires       : 7
```

c. Cambiar una cuenta de usuario

El comando `usermod` permite modificar una cuenta de usuario. Utiliza la misma sintaxis y opciones que `useradd` pero también tiene opciones adicionales.

Sintaxis

```
usermod <opciones> NombreUsuarios
```

Opción	Función
-L	Bloqueo de la cuenta (*Lock*), como `passwd -l`.
-U	Desbloqueo de la cuenta (*Unlock*), como `passwd -u`.
-e <n>	Fecha de caducidad en días posteriores al 01/01/1970.
-u <UID>	Modifica el UID. El propietario de los archivos que pertenecen al UID anterior dentro del directorio de conexión se cambia en consecuencia.
-l <login>	Cambia el nombre de usuario (*login*).
-d	Ruta de acceso al directorio personal.
-M	Movimiento del directorio de conexión (*move*): implica la presencia de `-d` para especificar el nuevo directorio de conexión. El contenido del directorio antiguo se mueve al nuevo directorio.

Ejemplo

Cambiar el nombre de una cuenta de usuario moviendo su directorio de conexión:

```
# grep robert /etc/passwd
robert:x:1010:100:Cuenta de Robert:/home/robert:/bin/bash
# usermod robert -l robd -md /home/robd
# grep rob /etc/passwd
robd:x:1010:100:Cuenta de Robert:/home/robd:/bin/bash
ls -ld /home/rob*
drwxr-xr-x 2 robd users 4096 10 julio 16:56 /home/robd
```

d. Eliminar una cuenta de usuario

El comando `userdel` permite eliminar una cuenta de usuario. Por defecto, el directorio de conexión no se elimina, sino que es necesario especificar la opción `-r`.

Ejemplo

Eliminar una cuenta de usuario y su directorio de conexión:

```
# userdel -r robd
userdel : robd spool de correo /var/mail/robd no encontrado
# grep rob /etc/passwd
# ls -ld /home/rob*
ls: imposible acceder a '/home/rob*': Ningún archivo o directorio de este tipo
```

6. Administrar grupos de usuarios

Se puede crear un grupo de usuarios añadiéndolo al archivo `/etc/group` o mediante un comando.

Para editar el archivo /etc/group directamente, es mejor usar el comando `vigr` o `vipw -g`, que evita los accesos simultáneos.

El comando `groupAdd` permite crear un grupo.

Sintaxis

```
groupadd <opción> NombreGrupo
```

La opción `-g` permite especificar el GID del grupo que se va a crear.

Ejemplo

```
#groupadd amigos
grep amigos /etc/group
amigos:x:1003:
```

a. Editar un grupo de usuarios

El comando `groupmod` permite modificar un grupo de usuarios.

Sintaxis

```
groupmod <opción> NombreGrupo
```

Sus principales opciones son las siguientes:

Opción	Función
`-n <nombre>`	Cambia el nombre del grupo.
`-g <GID>`	Modifica el GID.

Ejemplo

```
# groupadd grp1
# groupmod -n grp2 grp1
# grep grp /etc/group
grp2:x:1004:
```

b. Eliminar un grupo de usuarios

El comando `groupdel` elimina un grupo de usuarios. En primer lugar, el comando comprueba si no es el grupo principal de un usuario. En este caso, el grupo no se puede eliminar a menos que se utilice `-f`.

Sintaxis

```
groupdel <opción> NombreGrupo
```

Ejemplo

```
# groupdel grp2
# grep grp /etc/group
#
```

7. Comandos adicionales

a. Comprobar la coherencia de los archivos de configuración

El comando `pwck` compruebe las cuentas de usuario con los archivos `/etc/passwd` y `/etc/shadow` y muestra los errores.

Sintaxis

```
pwck <opciones> NombreGrupo
```

La opción `-s` ordena los archivos `/etc/passwd` y `/etc/shadow` por UID creciente.

Ejemplo

```
# pwck
user 'baduser': no group 666
user 'baduser': program '/bin/badsh' does not exist
pwck: no changes
```

El comando `grpck` comprueba los grupos de usuarios. Este se limita a controlar los duplicados y la existencia de usuarios para grupos secundarios.

Ejemplo

```
# grpck
Checking `/etc/group'
Group `users': unknown user `zorg'
```

b. Comprobar el historial de conexiones

El comando `lastLog` utiliza el contenido del archivo `/var/log/lastlog`.

Muestra las últimas fechas de conexión de los usuarios. La opción `-u` permite especificar una cuenta de usuario, la opción `-t` busca conexiones en los últimos n días.

Ejemplo

```
# lastlog -u pba
Username        Port     From             Latest
pba             pts/1    192.168.1.142    mar. julio 11 11:48:56 +0200 2023
```

El comando `last` utiliza el contenido del archivo `/var/log/wtmp` que proporciona información adicional: el origen de la conexión (dirección IP, dispositivo, etc.), las fechas de conexión y desconexión, la duración de la conexión y si el usuario sigue conectado.

Ejemplo

```
# last
root     pts/0        192.168.1.142    Tue Jul 11 12:05   still logged in
reboot   system boot  5.14.0-284.11.1. Tue Jul 11 12:03   still running
root     pts/1        192.168.1.142    Sun Jul  9 22:49 - 22:49  (00:00)
pba      tty2         tty2             Sun Jul  9 22:47 - down   (00:03)
pba      seat0        login screen     Sun Jul  9 22:47 - down   (00:03)
reboot   system boot  5.14.0-284.11.1. Sun Jul  9 22:46 - 22:51  (00:04)
reboot   system boot  5.14.0-284.11.1. Sun Jul  9 22:35 - 22:45  (00:10)
```

c. Cambios realizados por el usuario

Un usuario puede cambiar ciertos atributos de su cuenta de usuario. En concreto, puede:

- Cambiar el shell de conexión.
- Cambiar su información personal.
- Cambiar el grupo principal.
- Cambiar temporalmente las cuentas de usuario.

Cambiar de conchas

El comando `chsh` permite al usuario cambiar su programa de conexión. El nuevo programa debe ser uno de los especificados en el `/etc/shells`. Se puede acceder a esta lista a través de la opción `-l` del comando. El comando modifica el archivo `/etc/passwd`. El administrador (`root`) tiene permiso para hacerlo en nombre de otro usuario. El nuevo shell se especifica con la opción `-s`.

Sintaxis

```
chsh [Opciones] [Usuario]
```

Ejemplo

```
$  cat /etc/shells
# /etc/shells: valid login shells
/bin/sh
/bin/bash
/usr/bin/bash
/bin/rbash
/usr/bin/rbash
/bin/dash
/usr/bin/dash
$ id
uid=1000(pba) gid=1000(pba) groupes=1000(pba),24(cdrom),25(floppy),
29(audio),30(dip),44(video),46(plugdev),100(users),106(netdev),
112(bluetooth),114(lpadmin),117(scanner)
$ grep pba /etc/passwd
pba:x:1000:1000:pba,,,:/home/pba:/bin/bash
$ chsh -s /usr/bin/dash
Contraseña:
$ grep pba /etc/passwd
pba:x:1000:1000:pba,,,:/home/pba:/usr/bin/dash
```

Cambiar el comentario

El usuario puede cambiar el comentario del archivo `/etc/passwd`, usando el comando `chfn`. El comando funciona de forma interactiva (el modo no interactivo está reservado para el administrador `root`) y administra los subcampos de directorio del campo de comentario.

Ejemplo

```
$ chfn
Changing finger information for maria.
Contraseña:
Enter the new value, or press ENTER for the default
        Full Name:
        Room Number []:
        Work Phone []: 112
        Home Phone []:--
$ grep maria /etc/passwd
maria:x:1003:1004:,,112,--:/home/maria:/bin/sh
```

Cambiar el grupo actual

El comando `newgrp` permite cambiar el grupo actual, siempre y cuando el nuevo grupo sea un grupo secundario del usuario o el usuario posea la contraseña del grupo. Sin argumento, `newgrp` define el grupo actual como el grupo principal: el definido en `/etc/passwd`.

Ejemplo

```
$ id
uid=1003(maria) gid=1004(maria) groupes=1004(maria),50(staff),100(users)
```

Cambio de grupo actual

```
$ newgrp staff
```

El comando `id` muestra el grupo actual en el encabezado de los grupos

```
$ id
uid=1003(maria) gid=50(staff) groups=50(staff),100(users),1004(maria)
```

Un archivo que se crea se asocia con el grupo actual:

```
$ >ficstaff
$ ls -l ficstaff
-rw-r--r-- 1 maria staff 0 12 julio 08:33 ficstaff
```

Sin argumentos, el comando toma el grupo principal como el grupo actual:

```
$ newgrp
$ id
uid=1003(maria) gid=1004(maria) groupes=1004(maria),50(staff),100(users)
$ >ficmaria
$ ls -l ficmaria
-rw-r--r-- 1 maria maria 0 12 julio 08:34 ficmaria
```

El comando `sg group comando` permite ejecutar un comando cambiando temporalmente el grupo actual por el que se pasa como argumento.

Cambiar cuenta de usuario

El comando `su` (*switch user*) permite iniciar sesión con una cuenta de usuario distinta, por encima de la sesión actual. Al final de esta sesión, el usuario vuelve a su sesión original. El usuario (excepto el administrador `root`) debe proporcionar la contraseña de la nueva identidad utilizada.

Por defecto, la nueva sesión mantiene el entorno actual, sin ejecutar los scripts de conexión del nuevo usuario. La opción - fuerza a que la nueva sesión se inicialice por completo.

El administrador `root` puede iniciar sesión con cualquier cuenta de usuario, sin tener que especificar la contraseña de la cuenta.

Sintaxis

```
su [-c comando] [-s shell] [-] [usuario]
```

Opción	Función
`-c <comando>`	Ejecuta el comando con la nueva cuenta de usuario y vuelve a la sesión actual.
`-s <shell>`	Inicia sesión ejecutando el shell especificado.
-	Hace que la nueva sesión se inicialice por completo.
`usuario`	Cuenta de usuario para la nueva sesión. Por defecto, `root`.

Ejemplo

La cuenta de usuario `maría` inicia sesión con la cuenta `pba`, con una inicialización completa de la nueva sesión:

```
$ id
uid=1003(maria) gid=1004(maria) groupes=1004(maria),50(staff),100(users)
$ pwd
/home/maria
$ su - pba
Contraseña:
$ id
uid=1000(pba) gid=1000(pba) groupes=1000(pba),24(cdrom),25(floppy),
29(audio),30(dip),44(video),46(plugdev),100(users),106(netdev),
112(bluetooth),114(lpadmin),117(scanner)
$ pwd
/home/pba
$ exit
```

Cuando termina la sesión temporal, `maria` vuelve a su sesión inicial:

```
$ id
uid=1003(maria) gid=1004(maria) groupes=1004(maria),50(staff),100(users)
$ pwd
/home/maria
```

Abrir una sesión temporal con la cuenta *`root`*, manteniendo el entorno actual:

```
$ su
Contraseña:
# pwd
/home/maria
# >fic
# ls -l fic
-rw-r--r-- 1 root root 0 12 julio 08:55 fic
```

El archivo creado pertenece a `root`.

Ejecución de un comando con la cuenta de administrador `root`:

El comando `useradd` *está reservado para el administrador:*

```
$ useradd -m cptappli
useradd: Permission denied.
```

Ejecutar la línea de comandos a través de una sesión asociada con `root`:

```
$ su -c  "useradd -m cptappli"
Contraseña:
```

Una vez terminada la sesión temporal, volvemos a la sesión inicial:

```
$ id
uid=1000(pba) gid=1000(pba) groupes=1000(pba)
contexte=unconfined_u:unconfined_r:unconfined_t:s0-s0:c0.c1023
$ grep cptappli /etc/passwd
cptappli:x:1002:1002::/home/cptappli:/bin/bash
```

El comando sudo

El comando `sudo` permite a un usuario ejecutar un comando como administrador `root`, sin tener que proporcionar la contraseña de la cuenta de administrador. Está reservado para usuarios autorizados, especificados por el administrador en un archivo de configuración.

Ejemplo

```
$ sudo useradd -m cptappli2
```

d. Preguntar por los directorios

Linux puede utilizar servicios de directorio (LDAP, NIS, etc.) para gestionar sus cuentas de usuario o grupos, además de los definidos en los archivos locales del sistema (`/etc/passwd`, `/etc/group`, etc.).

El comando `getent` permite, mediante el uso de las librerías NSS (*Name Service Switch*), obtener información sobre las cuentas de usuario reconocidas por el sistema.

Sintaxis

```
getent [passwd | shadow | group | gshadow]
```

Ejemplo

Esto es lo que devuelve `getent passwd` *en un servidor conectado a un directorio en el que los UID superiores a 10000 están reservados para las cuentas LDAP:*

```
$ getent passwd
root:x:0:0:root:/root:/bin/bash
daemon:x:1:1:daemon:/usr/sbin:/usr/sbin/nologin
bin:x:2:2:bin:/bin:/usr/sbin/nologin
sys:x:3:3:sys:/dev:/usr/sbin/nologin
sync:x:4:65534:sync:/bin:/bin/sync
games:x:5:60:games:/usr/games:/usr/sbin/nologin
```

```
man:x:6:12:man:/var/cache/man:/usr/sbin/nologin
lp:x:7:7:lp:/var/spool/lpd:/usr/sbin/nologin
...
charlie.chaplin:*:10116:2012:Charlie Chaplin:/home/charlie.chaplin:/bin/bash
bruno.mars:*:10134:2012:Bruno mars:/home/bruno.mars:/bin/bash
jackie.chan:*:10104:2012:Jackie Chan:/home/jackie.chan:/bin/bash
daft.punk:*:10154:2012:Daft Punk:/home/daft.punk:/bin/bash
```

8. Configuración predeterminada de las cuentas de usuario

Muchos comandos como `login`, `useradd`, `groupadd`, `passwd` o `su`, utilizan el archivo `/etc/login.defs` para establecer algunos valores predeterminados y la validez de las cuentas de usuario. En particular, permite definir:

- una regla para la validez de las cuentas (caracteres permitidos, longitud, etc.),
- los UID mínimo y máximo al crear un usuario,
- los GID mínimos y máximos al crear un grupo,
- los comandos para llamar a las adiciones/modificaciones/creaciones de los usuarios,
- las reglas predeterminadas para la validez de la contraseña,
- si se va a crear o no un directorio personal.
- etc.

☞ *El contenido del archivo puede variar en función de la distribución. Existe mucha documentación sobre este tema.*

Ejemplo

Algunas líneas de configuración:

```
# Login autorizado incluso si el acceso al home es imposible
DEFAULT_HOME        yes

# Path por defecto para el comando login
ENV_PATH             /usr/local/bin:/usr/bin:/bin

# Ídem para la conexión root
ENV_ROOTPATH         /sbin:/bin:/usr/sbin:/usr/bin

# Plazo en segundos entre dos intentos de login
FAIL_DELAY         3

# Los usuarios en el archivo no ven los mensajes de cnx
HUSHLOGIN_FILE     /etc/hushlogins

# Visualiza la fecha de última conexión
LASTLOG_ENAB        yes

# Se trazan los intentos de conexión de los logins inexistentes
LOG_UNKFAIL_ENAB    no
```

```
# tres intentos de login en caso de contraseña incorrecta
LOGIN_RETRIES         3

# Timeout de 60 segundos
LOGIN_TIMEOUT         60

# Ubicación del motd (o de las , separadas por :)
MOTD_FILE    /etc/motd

# tipo de terminales por defecto
TTYTYPE_FILE    /etc/ttytype

# Permiso por defecto de los terminales
TTYGROUP    tty
TTYPERM        0620

# Duración de las contraseñas:
# PASS_MAX_DAYS    Duración max de la contraseña
# PASS_MIN_DAYS    Plazo mín entre dos cambios de contraseña
# PASS_WARN_AGE    Aviso antes del cambio
PASS_MAX_DAYS      99999
PASS_MIN_DAYS      0
PASS_WARN_AGE      7
```

9. Notificaciones al usuario

a. /etc/issue

Cuando un usuario se conecta desde una consola, es posible que se muestre un mensaje antes de que se le pida al usuario que ingrese su login. Este mensaje está contenido en el archivo `/etc/issue`, gestionado por el administrador. Puede contener secuencias de caracteres para realizar sustituciones.

Ejemplo

Archivo `/etc/issue` en una distribución de Debian 12:

```
# cat /etc/issue
Debian GNU/Linux 12 \n \l
```

☞ *Algunas distribuciones utilizan el contenido del archivo `/etc/issue.net` como mensaje de bienvenida para las conexiones desde un terminal remoto (`telnet`, `ssh`, etc.).*

b. /etc/motd

(`motd` por message *of the day*). Por defecto, el contenido de este archivo se muestra después de que un usuario inicie sesión desde una consola o terminal remoto.

Ejemplo

Archivo `/etc/motd` en una distribución Debian 12:

```
# cat /etc/motd
The programs included with the Debian GNU/Linux system are free software;
the exact distribution terms for each program are described in the
```

```
individual files in /usr/share/doc/*/copyright.
Debian GNU/Linux comes with ABSOLUTELY NO WARRANTY, to the extent
permitted by applicable law.
```

c. Envío de mensajes de pantalla a los usuarios

El comando `wall` permite mostrar un mensaje en la pantalla de todos los usuarios conectados. La notificación se introduce a través de la entrada estándar o se lee a partir de un archivo. Cada usuario conectado a través de un terminal (local o remoto) recibe el mensaje, junto con un banner que especifica el remitente y la fecha.

Ejemplo

```
$ wall
Hola a todos
[CTRL]D
Envío de mensaje de pba@srvdeb (pts/1) (Wed Jul 12 14:53:55 2023):
Hola a todos
$
```

Este comando se puede utilizar para advertir a los usuarios antes de que se reinicie o apague un sistema.

El comando `write` hace lo mismo, pero para el usuario especificado como argumento.

Un usuario puede aceptar o rechazar recibir mensajes en su pantalla durante su sesión actual, con el comando `mesg` seguido de `y` o `n`. Sin argumentos, el comando muestra el modo actual: `y` o `n`.

10. El entorno del usuario

Se utilizan varios archivos para configurar el entorno de trabajo del usuario.

a. El directorio /etc/skel

Cuando se crea un usuario y su directorio de conexión, se configura el entorno del usuario. Se define a través de archivos de script que se ejecutan cuando se inicia el intérprete de comandos (Shell). Estos archivos son archivos ocultos, con sus nombres que comienzan por un punto.

Durante la creación de una cuenta de usuario, los archivos contenidos en el directorio `/etc/skel` (*skeleton*) se copian automáticamente en el directorio de conexión del usuario. El administrador coloca en dicho directorio los scripts de inicialización del entorno que son comunes a todos los futuros usuarios.

Ejemplo

En una distribución de RHEL 9.2:

```
# ls -al /etc/skel
total 24
drwxr-xr-x.   3 root root   78  9 julio 18:23 .
drwxr-xr-x. 134 root root 8192 12 julio 09:12 ..
-rw-r--r--.   1 root root   18 24 nov.   2022 .bash_logout
-rw-r--r--.   1 root root  141 24 nov.   2022 .bash_profile
-rw-r--r--.   1 root root  492 24 nov.   2022 .bashrc
drwxr-xr-x.   4 root root   39  9 julio 18:23 .mozilla
```

b. Scripts de configuración

Cuando un usuario se conecta, si el shell predeterminado es bash, se buscan los siguientes scripts y, si existen, se ejecutan, en ese orden, mediante el shell de conexión, que permite iniciar su entorno:

- `/etc/perfil`: script común a todos los usuarios.
- `/etc/profile.d/*`: script `/etc/profile` ejecuta todos los scripts de este directorio. Estos scripts suelen complementar la configuración general y son comunes a todos los usuarios.
- `~/.bash_profile`: dado que este script se encuentra en el directorio de conexión del usuario, es específico del usuario. El usuario puede cambiarlo.
- `~/.bash_login`: es opcional y rara vez se usa.
- `~/.profile`: este es el último script que se inicia a través de un shell de conexión.

El bash ejecuta los siguientes archivos, ya sea una conexión o no:

- `/etc/bashrc`: es común a todos los usuarios, generalmente se usa para definir funciones y alias para todos los usuarios de bash.
- `~/.bashrc`: dado que este script se encuentra en el directorio de conexión del usuario, es específico del usuario. El usuario puede cambiarlo.

Finalmente, al cerrar la sesión, se ejecuta el script `~/.bash_logout`.

Ejemplo

Archivos de script en el directorio de conexión de un usuario de RHEL 9.2:

```
$ ls -la | grep '^-'
[...]
-rw-r--r--.  1 pba  pba    18 24 nov.   2022 .bash_logout
-rw-r--r--.  1 pba  pba   141 24 nov.   2022 .bash_profile
-rw-r--r--.  1 pba  pba   492 24 nov.   2022 .bashrc
[...]
```

11. Los modulos PAM

PAM (*Pluggable Authentication Modules)* es un conjunto de módulos y una librería que permite configurar mecanismos de autenticación avanzados, que pueden ser utilizados por componentes de software. La autenticación se basa en un conjunto de módulos que pueden combinarse en un orden específico (*pluggables*).

Cada módulo puede utilizar diferentes mecanismos para gestionar la identificación y la autenticación de un usuario: autenticación clásica de Linux, LDAP, Active Directory, NIS, reconocimiento de huellas dactilares, reconocimiento de imágenes, dongle USB, etc.

Esto evita que un programa tenga que gestionar directamente la identificación y autenticación de un usuario. Lo único que tiene que hacer es llamar a una función genérica de la librería PAM `(libpam.so)`, que devuelve un código de éxito o error. Es el administrador quien configura los módulos PAM que se implementan y el orden en que son implementados por la función genérica.

Para saber si un programa utiliza PAM, es necesario comprobar si está vinculado a la librería PAM.

Ejemplo

El comando `passwd` utiliza PAM:

```
$ ldd /usr/bin/passwd|grep libpam
libpam.so.0 => /lib/x86_64-linux-gnu/libpam.so.0 (0x00007facc7dd4000)
libpam_misc.so.0 => /lib/x86_64-linux-gnu/libpam_misc.so.0 (0x00007facc7dcf000)
```

Los archivos de configuración se colocan en `/etc/pam.d`. Por lo general, hay uno por aplicación que usa PAM y tiene el mismo nombre. Si falta el archivo, se utiliza "`other`". La sintaxis es la siguiente.

`Tipo_módulo control módulo argumentos`

Con:

`Tipo_módulo`

- `auth`: módulo de autenticación (por ejemplo, solicitud de login y contraseña).
- `account`: autorización, gestión de cuentas (comprobación del usuario para el servicio dado. ¿Está autorizado?).
- `password`: comprobación y actualización de la información de seguridad (por ejemplo, si la contraseña sigue siendo válida y, si no es así, solicitar una nueva contraseña).
- `session`: modificar el entorno del usuario.
- `required`: se requiere éxito. En caso de fallo, se sigue llamando a los módulos restantes, pero pase lo que pase, PAM devolverá un error.
- `requisite`: un error completa inmediatamente la autenticación fallida.
- `sufficient`: un éxito completa inmediatamente la autenticación correctamente.
- `optional`: el resultado no se tiene en cuenta.

Principales módulos

- `pam_unix.so`: autenticación estándar.
- `pam_env.so`: definición de las variables de entorno.
- `pam_securetty.so`: prohíbe una conexión de administrador (`root`) desde un terminal no especificado en el archivo `/etc/securetty`.
- `pam_nologin.so`: prohíbe la conexión de usuarios, que no sean administradores `root`, si el archivo `/etc/nologin` está presente. En este caso, se muestra su contenido.

Ejemplo

Archivo de configuración PAM para el programa de conexión, en una distribución RHEL 9.3.

```
$ cat /etc/pam.d/login
#%PAM-1.0
auth       substack     system-auth
auth       include      postlogin
account    required     pam_nologin.so
[...]
```

El módulo `pam_nologin.so` maneja el mecanismo vinculado al archivo `/etc/nologin`. Sin esta línea, el archivo no se tiene en cuenta.

B. La impresión

Linux puede manejar tres sistemas de impresión: System V LP, BSD LPD y CUPS, todos ellos basados en Unix. CUPS es el más reciente, sus comandos son compatibles con los de BSD LPD y se ha convertido en el estándar Linux de facto.

☞*La certificación LPIC-1 requiere el conocimiento de CUPS y de los comandos compatibles con LPD.*

1. Fundamentos

Linux administra las impresoras a través de un servicio de servidor de impresión. Cada impresora tiene una cola de espera (*queue*) correspondiente. El servidor de impresión gestiona todas las colas. La impresión funciona en modo multiusuario y en cola de impresión: los trabajos de impresión enviados por los usuarios se colocan en colas y se van procesando conforme van llegando. El servidor de impresión puede funcionar en red, aceptando solicitudes de impresión de otros sistemas, Linux o no.

La mayoría de las impresoras pueden imprimir directamente texto sin formato ASCII en 80 columnas. Para imprimir documentos o imágenes formateados, necesita un controlador, que se asocia con el dispositivo mediante la configuración de un filtro de impresión. Este filtro puede ser un script o un programa ejecutable que lee el flujo por imprimir (texto, imagen, documento, postscript, etc.) y lo transforma en instrucciones en un lenguaje adaptado a la impresora (Postscript, PCL, Canon, Epson, WPS, etc.).

☞*Puede comprobar la compatibilidad de muchas impresoras con Linux a través del sitio web de OpenPrinting: http://www.openprinting.org/impresoras*

☞*Las impresoras compatibles con Postscript suelen ofrecer una compatibilidad muy buena con Linux.*

2. El sistema de impresión LPD BSD

El servicio de servidor de impresión generalmente se conoce como `lpd`.

Los principales comandos de impresión son los siguientes:

```
lpr [-Pimpresora] [-#copias] fic
```

Solicita que se imprima el archivo `fic`. La opción `-P` permite especificar la cola de impresión y `-#` el número de copias que se quiere imprimir. Sin la opción `-P`, el comando utiliza la cola predeterminada del usuario, definida por las variables `LPDEST` o `PRINTER`.

```
lpq [-Pimpresora]
```

Muestra el estado y la lista de trabajos de la impresora predeterminada o de la impresora especificada por la opción `-P`.

```
lprm [-Pimpresora] [-] [id1 ... idN]
```

Elimina una o varias solicitudes de impresión de la impresora predeterminada o de la especificada por la opción `-P`. La opción - elimina todas las solicitudes de impresión del usuario.

3. CUPS

CUPS (*Common Unix Printing System*) es un sistema de impresión nativo de Unix orientado a la red:

- Se base en el protocolo **PPI** (*Internet Printing Protocol*), que a su vez se basa en el protocolo **HTTP/1.1**.
- Fácil de usar, gracias a una configuración y administración centralizadas desde una interfaz HTTP, reglas de conversión basadas en los tipos MIME y archivos estándar de descripción de impresora estándares (**PPD**, *PostScript Printer Description*).
- CUPS es compatible con los comandos de impresión System V y BSD.
- Los archivos de registro del servidor de impresión están en el formato **CLF** (*Common Log Format*) de los servidores web y pueden ser utilizados por las mismas herramientas.
- CUPS puede interactuar con los servidores de impresión LPD.
- CUPS tiene su propio API para crear interfaces de usuario que se pueden integrar en entornos gráficos o interfaces de administración.
- Los pools de impresión permiten la redirección automática de los trabajos.
- La autenticación se puede realizar mediante un usuario, host o certificado digital.

El servicio de servidor de impresión se llama `cusd`.

Ejemplo

Servicio CUPS en una distribución de Debian 12:

```
# systemctl status cups
● cups.service - CUPS Scheduler
     Loaded: loaded (/lib/systemd/system/cups.service; enabled; preset: enabled)
     Active: active (running) since Thu 2023-07-13 13:20:10 CEST; 43min ago
TriggeredBy: ● cups.socket
             ● cups.path
       Docs: man:cupsd(8)
   Main PID: 574 (cupsd)
     Status: "Scheduler is running..."
      Tasks: 2 (limit: 4471)
     Memory: 4.7M
        CPU: 128ms
     CGroup: /system.slice/cups.service
             +-574 /usr/sbin/cupsd -l
             +-702 /usr/lib/cups/notifier/dbus dbus://

julio 13 13:20:08 srvdeb systemd[1]: Starting cups.service - CUPS Scheduler...
julio 13 13:20:10 srvdeb systemd[1]: Started cups.service - CUPS Scheduler.
# ps -ef | grep cupsd
root         574       1  0 13:20 ?        00:00:00 /usr/sbin/cupsd -l
```

No hay necesidad de herramientas gráficas para administrar un servidor CUPS, aunque la mayoría de las distribuciones lo hacen. CUPS ofrece una interfaz de administración WEB a la que se puede acceder directamente desde el puerto 631 del servidor, con cualquier navegador HTTP.

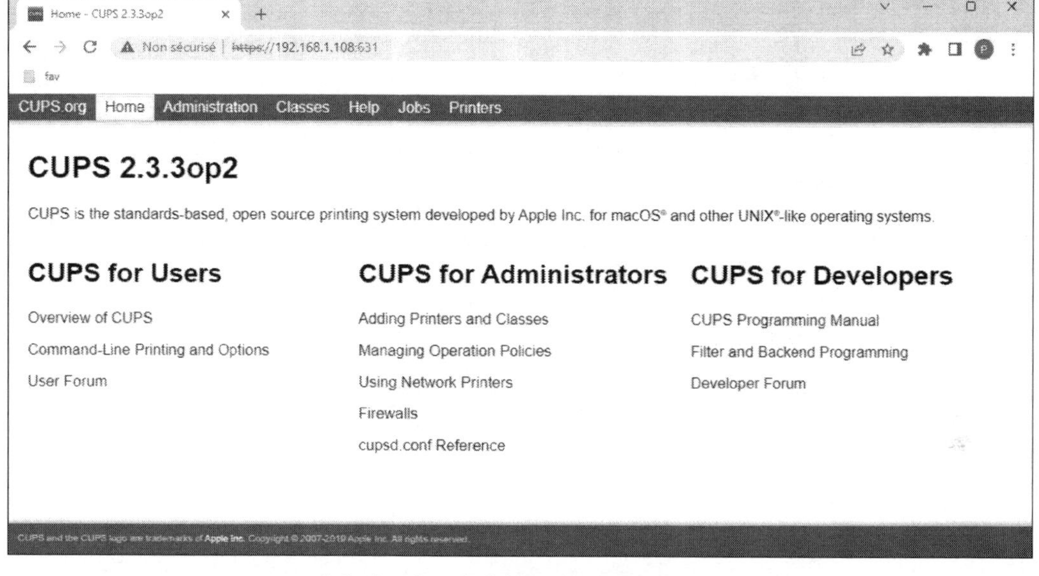

Interfaz de administración basada web

El archivo de configuración principal del servidor de impresión es `/etc/cups/cupsd.conf`. Utiliza un formato similar al del archivo de configuración de un servidor HTTP Apache.

El control de acceso a la página HTTP de la interfaz de administración se define en este archivo.

El archivo de definición de la cola de impresión es `/etc/cups/printers.conf`.

Ejemplo

Configuración de una cola de impresión a una impresora remota:

```
<DefaultPrinter lj2100>
Info Laserjet 2100
DeviceURI socket://192.168.1.10:9100
State Idle
StateTime 1203806079
Accepting Yes
Shared Yes
JobSheets none none
QuotaPeriod 0
PageLimit 0
KLimit 0
OpPolicy default
ErrorPolicy stop-printer
</Printer>
```

a. Añadir una impresora

Para añadir una cola de impresión, puede editar directamente el archivo /etc/cups/printers.conf o utilizar una interfaz de administración.

Por archivos de configuración

En el primer caso, debe editar el archivo printers.conf, añadir una sección a la cola de impresión y después copiar (o crear un enlace simbólico) en /etc/cups/ppd el archivo PPD correspondiente a la impresora. A continuación, cámbiele el nombre utilizando el nombre de la sección (por ejemplo, lj2100.ppd) del archivo printers.conf y, por último, vuelva a cargar la configuración del servidor CUPS:

```
# systemctl restart cups
```

A través de la interfaz web

La configuración a través de la interfaz de administración web es más sencilla. La cuenta de administrador root tiene acceso a ella, pero es posible permitir que otras cuentas de usuario administren las impresiones, con el comando lppasswd.

Ejemplo

Permitir que la cuenta de usuario maria administre las impresiones:

```
# lppasswd -a maria
Introduzca la contraseña:
Introduzca nuevamente la contraseña:
```

Los usuarios autorizados también se pueden declarar a través del archivo /etc/cups/cupsd.conf:

Ejemplo

```
<Policy default>
  ...
  <Limit CUPS-Add-Modify-Printer CUPS-Delete-Printer CUPS-Add-Modify-Class
CUPS-Delete-Class CUPS-Set-Default>
    AuthType Default
    Require user @SYSTEM marie # Agrege los ususarios aquí
    Order deny,allow
  </Limit>
```

Ejemplo

Añadir una impresora WI-FI a través de la interfaz web de CUPS:

➢En la página principal, haga clic en la pestaña **Administración**.

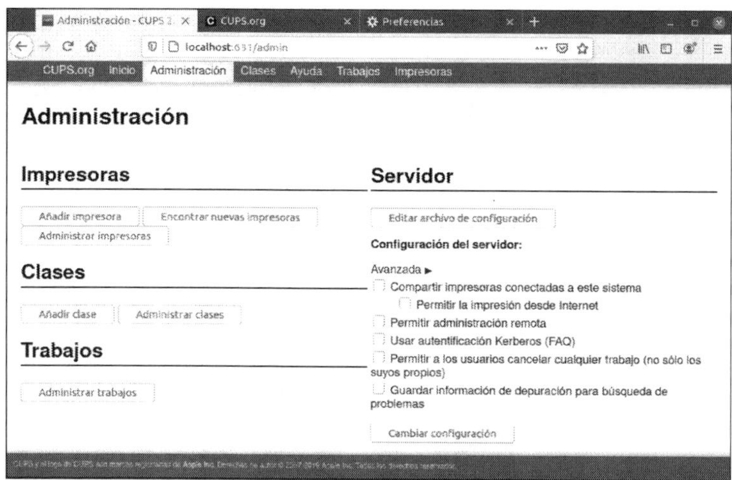

La interfaz de administración de CUPS

Es posible que CUPS detecte impresoras locales o de red cuando ofrecen servicios LPD (puerto 9100) o IPP porque el servicio está constantemente escuchando. En este caso, la selección de la impresora en **Impresoras en red descubiertas** simplifica enormemente la tarea.

El siguiente ejemplo se basa en añadir una impresora HP Envy Photo 6232 conectada a una red Wi-Fi, que se añadirá haciendo clic en **Añadir impresora**.

➢Seleccione la impresora que desea instalar. Haga clic en **Siguiente**.

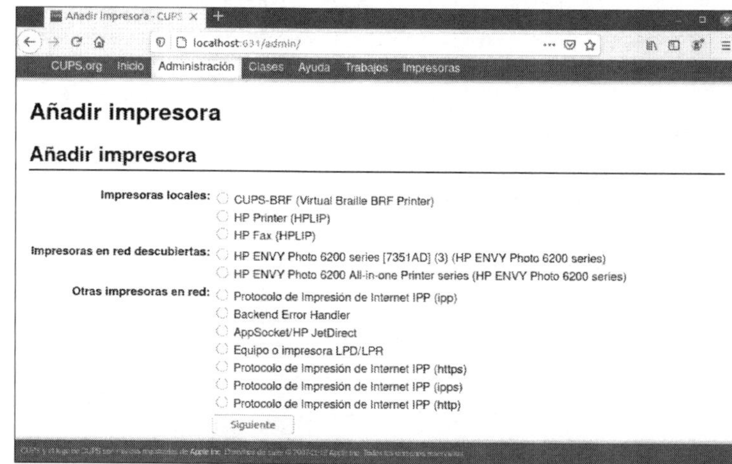

Conexión de una impresora de red

➢ La línea de información **Conexión** proporciona la ruta de red a la impresora. Introduzca la siguiente información:

- El **nombre** de la impresora es el nombre de la cola que será visible en las herramientas de impresión.
- La **ubicación** es opcional.
- La **descripción** es libre.

Añadir impresora

Nombre: HP_ENVY_Photo_6200_series
(Puede contener cualquier carácter imprimible excepto "/", "#", y espacio)
Descripción: HP ENVY Photo 6200 series
(Descripción fácilmente leíble tal como HP Laserjet de doble cara)
Ubicación: Oficina
(Ubicación fácilmente leíble tal como "Lab 1")
Conexión: socket://192.168.1.15:9100
Compartición: Compartir esta impresora
Siguiente

Nombre de la impresora

A continuación, haga clic en **Siguiente**.

➢ CUPS detecta los mejores controladores para su impresora. A menudo, hay varias opciones posibles. En caso de duda, el sitio web Open Printing le puede ayudar a elegir. Para nuestro ejemplo, el controlador `hpcups` es una buena opción, lo proporciona el proyecto HPLIP. Haga clic en **Continuar**.

Puede especificar un archivo PPD diferente. Varios fabricantes ofrecen este tipo de archivo para su impresora. Los archivos PPD están presentes por defecto en `/usr/share/cups/model`.

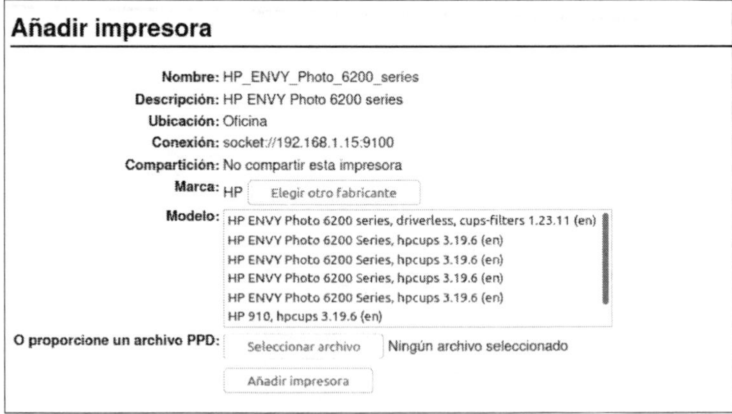

Elegir el controlador adecuado para el modelo

➢También puede cambiar las opciones predeterminadas de la impresora. Estas opciones son de varios tipos:

- Opciones generales para especificar el tipo de papel predeterminado (A4), la calidad de salida, la bandeja predeterminada, la impresión dúplex, el color, etc. Por supuesto, estas opciones se pueden cambiar más tarde cuando vaya a imprimir mediante los cuadros de diálogo.
- Modo de salida u opciones varias, como la configuración de la resolución y el tipo de papel predeterminados, cualquier filtro, etc.
- Marcas de separación: para separar las impresiones (en el caso de los paquetes, por ejemplo) se pueden colocar banners antes y después de la impresión. Los archivos de banner se pueden personalizar dentro de ciertos límites (consulte el manual de CUPS para esto).
- Facturación. CUPS se puede configurar para gestionar la facturación por servicio/máquina/usuario, en el caso de utilizar determinados servicios avanzados.

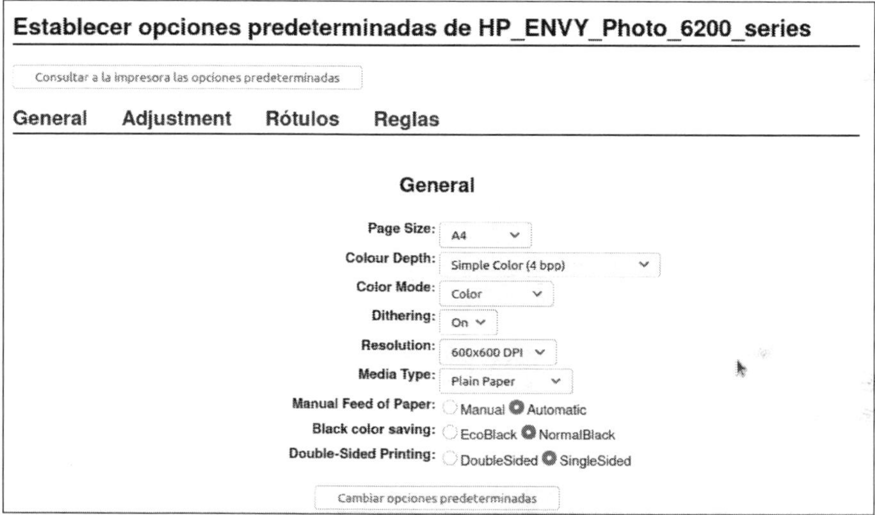

Ajuste de las opciones de la impresora

Aparte del formato de papel, debe dejar las opciones predeterminadas. La mayoría de los entornos de escritorio y software ofrecen la posibilidad de cambiar las opciones de impresión a través de CUPS, como lo hacen en sistemas de tipo Windows.

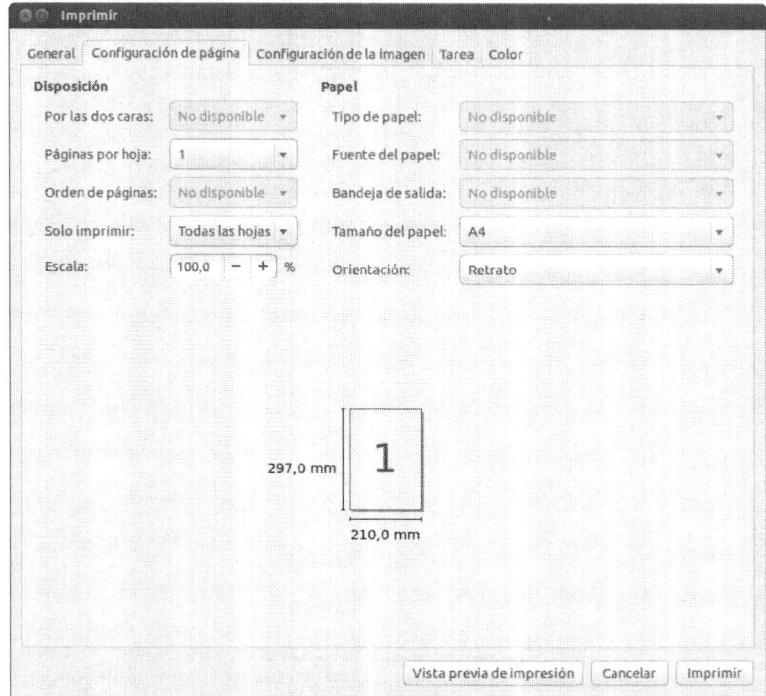

Impresión con Gnome

C. Automatización de tareas

Se pueden utilizar diferentes servicios para gestionar tareas, periódicas o no, que se realizarán en segundo plano, según diferentes criterios de fecha u hora.

1. El servicio cron

El servicio `cron` permite a los usuarios autorizados enviar la ejecución de tareas periódicas. Funciona usando una tabla, una por usuario, llamada crontab, en forma de archivo de texto.

Para modificar su crontab, el usuario puede utilizar el comando `crontab` con la opción `-e` (*edit*). El comando abre la crontab del usuario en el editor de texto predeterminado. Si el usuario sale del editor guardando los cambios, la nuevo crontab sustituye a la anterior y el servicio `cron` la tiene en cuenta.

Los archivos crontabs se almacenan en `/var/spool/cron o /var/spool/cron/crontabs`.

La opción `-l` del comando `crontab` muestra el contenido del crontab del usuario actual.

La opción `-u` Nombre del comando `crontab` gestiona el contenido de la crontab del usuario especificado y está reservada para el administrador root.

El servicio `cron` se debe iniciar para que las crontabs estén activas.

Ejemplo

```
# ps -ef | grep cron
root         520       1  0 13:20 ?        00:00:00 /usr/sbin/cron -f
# systemctl status cron
● cron.service - Regular background program processing daemon
     Loaded: loaded (/lib/systemd/system/cron.service; enabled; preset: enabled)
     Active: active (running) since Thu 2023-07-13 13:20:02 CEST; 2h 23min ago
       Docs: man:cron(8)
   Main PID: 520 (cron)
      Tasks: 1 (limit: 4471)
     Memory: 444.0K
        CPU: 138ms
     CGroup: /system.slice/cron.service
             +-520 /usr/sbin/cron -f
```

a. Formato de una línea de tarea crontab

El formato de un registro de `crontab` es el siguiente:

Minutos	Horas	Día del mes	Mes	Día de la semana	Comando
1	2	3	4	5	6

El formato de los 5 campos periódicos es el siguiente:

- Valor. Ejemplo: El valor 15 en el campo Minutos significa el decimoquinto minuto.
- Una lista de valores separados por comas. Ejemplo: 1,4,7,10 en el campo Mes para enero, abril, julio y octubre.
- Un rango de valores. Ejemplo: 1-5 en el campo Día de la semana indica desde el lunes (1) hasta el viernes (5). El 0 es el domingo y el 6 es el sábado.
- El carácter `*` para todos los valores posibles. Ejemplo: `*` en el campo del día del mes indica todos los días del mes o de los meses.
- El carácter `/` indica un intervalo. Ejemplo: */5 en el campo de minutos indica cada 5 minutos.

Ejemplos

Ejecutando `df > /tmp/libre` cada cuarto de hora:

`0,15,30,45 * * * * df > /tmp/libre`

o

`*/15 * * * * df > /tmp/libre`

Lanzamiento de un comando cada cinco minutos a partir del día 2 (2, 7, 12, etc.) a las 18 horas los días 1 y 15 del mes:

`2-57/5 18 1.15 * * comando`

Ejecucicón de `fin_trabajo` de lunes a viernes, a las 17 horas:

`0 17 * * 1-5 fin_trabajo.sh`

Listar la crontab activa del usuario actual:

```
$ crontab -l
```

Eliminar la crontab activa:

```
$ crontab -r
```

Editar la crontab de un usuario en particular (usuario `root`):

```
# crontab -u user
```

b. La crontab del sistema

La crontab general del sistema se encuentra en el archivo `/etc/crontab`. Su sintaxis difiere ligeramente de la de las crontabs del usuario. Un campo adicional permite especificar la cuenta de usuario con la que se ejecutará el comando.

☞*Es posible utilizar variables de entorno en una crontab.*

Ejemplo

Archivo `/etc/crontab` predeterminado para una distribución de Debian 12:

```
# /etc/crontab: system-wide crontab
# Unlike any other crontab you don't have to run the `crontab'
# command to install the new version when you edit this file
# and files in /etc/cron.d. These files also have username fields,
# that none of the other crontabs do.

SHELL=/bin/sh
PATH=/usr/local/sbin:/usr/local/bin:/sbin:/bin:/usr/sbin:/usr/bin

# Example of job definition:
# .---------------- minute (0 - 59)
# |  .------------- hour (0 - 23)
# |  |  .---------- day of month (1 - 31)
# |  |  |  .------- month (1 - 12) OR jan,feb,mar,apr ...
# |  |  |  |  .---- day of week (0 - 6) (Sunday=0 or 7) OR
sun,mon,tue,wed,thu,fri,sat
# |  |  |  |  |
# *  *  *  *  * user-name command to be executed
17 *    * * *   root    cd / && run-parts --report /etc/cron.hourly
25 6    * * *   root    test -x /usr/sbin/anacron || { cd / && run-parts
--report /etc/cron.daily; }
47 6    * * 7   root    test -x /usr/sbin/anacron || { cd / && run-parts
--report /etc/cron.weekly; }
52 6    1 * *   root    test -x /usr/sbin/anacron || { cd / && run-parts
--report /etc/cron.monthly; }
```

Cada línea está asociada con el usuario `root`. El script `run-parts` recibe como argumento un directorio y ejecuta todos los programas que este contiene.

```
$ $ ls /etc/cron.daily/
0anacron apache2 apt-compat dpkg logrotate man-db
```

`logrotate` es un script de shell que permite realizar copias de seguridad y cambiar el nombre de los archivos de registro del sistema para que no se vuelvan inutilizables debido a su tamaño.

El directorio `/etc/cron.d` contiene crontabs adicionales, en formato de sistema. Por lo tanto, una aplicación que necesite realizar tareas recurrentes debe colocar su archivo en dicho directorio en lugar de modificar la crontab principal.

Ejemplo

```
$ ls /etc/cron.d
anacron e2scrub_all
```

c. Control de acceso al servicio cron

El acceso permitido o prohibido al comando `crontab` puede ser definido por el administrador a través de los archivos `/etc/cron.allow` o `/etc/cron.deny` en función de las siguientes reglas:

- Si el archivo `/etc/cron.allow` está presente, solo los usuarios que se especifican explícitamente en el archivo pueden usar el comando `crontab`.
- Si falta el archivo `/etc/cron.allow`, todos los usuarios, excepto los especificados en el archivo `/etc/cron.deny`, pueden usar el comando `crontab`.
- Si falta el archivo `/etc/cron.allow` y `/etc/cron.deny` está vacío, todos los usuarios pueden usar el comando `crontab`.
- Si faltan ambos archivos, solo el administrador `root` puede usar el comando `crontab`.

2. El comando at

El comando `at` y los comandos asociados se utilizan para administrar trabajos batch. A diferencia del comando `crontab`, la tarea se ejecuta solo una vez, en la fecha y hora especificadas. La tarea se ejecuta y se asocia a la cuenta de usuario de la persona que la envió.

Para que el comando `at` funcione, el servicio `atd` (*at daemon*) debe estar activo.

Ejemplo

atd en una distribución RHEL 9:

```
# ps -ef | grep atd
root        1188       1  0 julio 13 ?       00:00:00 /usr/sbin/atd -f
# systemctl status atd
• atd.service - Deferred execution scheduler
     Loaded: loaded (/usr/lib/systemd/system/atd.service; enabled; preset:
enabled)
     Active: active (running) since Thu 2023-07-13 13:20:39 CEST; 1 day 3h ago
       Docs: man:atd(8)
   Main PID: 1188 (atd)
      Tasks: 1 (limit: 22458)
     Memory: 304.0K
        CPU: 10ms
     CGroup: /system.slice/atd.service
             +-1188 /usr/sbin/atd -f

julio 13 13:20:39 srvrh systemd[1]: Started Deferred execution scheduler.
```

a. Formato de especificación de la tarea diferida

Hay dos formas de usar el comando `at`:

- En modo interactivo.
- Pasando como argumento a la opción `-f` la ruta de acceso de un archivo que contiene los comandos que se van a ejecutar.

Sintaxis

```
at [Opciones] FechaHora
```

Formato de fecha y hora de ejecución

El formalismo de la fecha y hora de ejecución de la tarea es bastante flexible.

Ejemplo

Enviar una línea de comandos para que se ejecute a las 517:07 p.m., en modo interactivo:

```
# at 17:07
warning: commands will be executed using /bin/sh
at> echo Liste process
at> ps -ef
at> echo FIN
at> <EOT>
job 1 at Fri Jul 14 17:07:00 2023
```

Enviar el archivo `/root/jobs/verif.sh` para que se ejecute a las 22:00:

```
# at -f $HOME/jobs/verif.sh 22:00
warning: commands will be executed using /bin/sh
job 2 at Fri Jul 14 22:00:00 2023
```

Los formatos para especificar la fecha y la hora pueden ser:

- `HHMM` o `HH:MM`.
- La hora puede estar en formato de 12 o 24 horas. En formato de 12 horas, se puede especificar `AM` (mañana) o `PM` (tarde).
- `Midnight` (medianoche), `noon` (mediodía), `teatime` (16:00).
- `MMDDAA`, `MM/DD/AA` o `DD.MM.AA` para una fecha específica.
- `Now`: ahora.
- `+ n minutes/hours/days/weeks`: la hora actual a la que se suman n minutos/horas/días/semanas.

☞ *El comando `batch` ejecuta el comando tan pronto como la carga de la máquina lo permite. Si se especifica una fecha y hora, se considera "a partir de este momento, tan pronto como sea posible".*

b. Control de tareas

El comando `atq` (*at queue*) permite listar las tareas programadas.

Ejemplo

```
# atq
2       Fri Jul 14 22:00:00 2023 a root
```

Los archivos de envío de trabajos se almacenan en el directorio `/var/spool/at` o en `/var/spool/cron/atjobs`.

Ejemplo

```
# ls -l /var/spool/at
total 4
-rwx------. 1 root root 3328 14 julio 17:14 a0000201ada0b0
drwx------. 2 root root    6 14 julio 17:07 spool
```

El script de ejecución de tareas utiliza todo el entorno del usuario que envió la tarea, antes de que se ejecute el comando programado:

```
# cat /var/spool/at/a0000201ada0b0
#!/bin/sh
# atrun uid=0 gid=0
# mail root 0
umask 22
SHELL=/bin/bash; export SHELL
HISTCONTROL=ignoredups; export HISTCONTROL
HISTSIZE=1000; export HISTSIZE
HOSTNAME=srvrh; export HOSTNAME
PWD=/root; export PWD
LOGNAME=root; export LOGNAME
[...]
${SHELL:-/bin/sh} << 'marcinDELIMITER382a7769'
echo verif
ps -ef >/tmp/verif.log
who >>/tmp/verif.log
marcinDELIMITER382a7769
```

El comando `atrm NumT` permite eliminar la tarea cuyo número se le pasa como argumento.

Ejemplo

```
# atrm 2
# atq
#
```

c. Controlar el acceso al comando at

El administrador puede permitir o prohibir el acceso al usuario al comando `at`, a través de los archivos `/etc/at.allow` o `/etc/at.deny`, de acuerdo con las siguientes reglas:

- Si el archivo `/etc/at.allow` está presente, solo los usuarios que se especifican explícitamente en él pueden usar el comando `at`.
- Si falta el archivo `/etc/at.allow`, todos los usuarios, excepto los especificados en el archivo `/etc/at.deny`, pueden usar el comando `at`.
- Si falta el archivo `/etc/at.allow` y `/etc/at.deny` está vacío, todos los usuarios pueden usar el comando `at`.
- Si faltan ambos archivos, solo el administrador `root` puede usar el comando `at`.

☞*El servicio `anacron` es una alternativa o complemento al servicio `cron`. Este último se puede remplazar en máquinas que a menudo están apagadas (estaciones de trabajo): los comandos que se le envían se ejecutan tan pronto como se alcanza o supera el período especificado.*

3. Los timers systemd

systemd ofrece un tipo de unidad para gestionar tareas diferidas o recurrentes: el tipo timer.

☞*La certificación LPIC-1 requiere una comprensión del principio de las unidades systemd de tipo timer.*

La siguiente línea de comandos muestra el estado de todas las unidades de tipo timer activas:

```
systemctl list-timers
```

Ejemplo

Unidades de tipo timer, de forma predeterminada, en una distribución de RHEL 9.2:

```
# systemctl list-timers
NEXT                         LEFT          LAST                          PASSED
UNIT                              ACTIVATES
Sat 2023-07-15 12:20:56 CEST 6min left     Sat 2023-07-15 10:29:59 CEST  1h 44min ago
dnf-makecache.timer               dnf-makecache.service
Sat 2023-07-15 13:35:59 CEST 1h 21min left Fri 2023-07-14 13:35:59 CEST  22h ago
systemd-tmpfiles-clean.timer      systemd-tmpfiles-clean.service
Sun 2023-07-16 00:00:00 CEST 11h left      Sat 2023-07-15 00:00:59 CEST  12h ago
logrotate.timer                   logrotate.service
Sun 2023-07-16 00:00:00 CEST 11h left      Sat 2023-07-15 00:00:59 CEST  12h ago
mlocate-updatedb.timer            mlocate-updatedb.service

4 timers listed.
```

Unidades de tipo timer, por defecto, en una distribución de Debian 12:

```
# systemctl list-timers
NEXT                          LEFT           LAST                          PASSED
UNIT                            ACTIVATES
Sat 2023-07-15 12:22:50 CEST  6min left      Sat 2023-07-15 04:04:43 CEST  8h ago
apt-daily.timer                 apt-daily.service
Sat 2023-07-15 12:30:37 CEST  14min left     Sat 2023-07-15 11:33:17 CEST  42min ago
anacron.timer                   anacron.service
Sat 2023-07-15 13:35:12 CEST  1h 19min left  Fri 2023-07-14 13:35:12 CEST  22h ago
systemd-tmpfiles-clean.timer    systemd-tmpfiles-clean.service
Sun 2023-07-16 00:00:00 CEST  11h left       Sat 2023-07-15 00:00:01 CEST  12h ago
dpkg-db-backup.timer            dpkg-db-backup.service
Sun 2023-07-16 00:00:00 CEST  11h left       Sat 2023-07-15 00:00:01 CEST  12h ago
exim4-base.timer                exim4-base.service
Sun 2023-07-16 00:00:00 CEST  11h left       Sat 2023-07-15 00:00:01 CEST  12h ago
logrotate.timer                 logrotate.service
Sun 2023-07-16 00:52:13 CEST  12h left       Sat 2023-07-15 08:12:17 CEST  4h 3min ago
fwupd-refresh.timer             fwupd-refresh.service
Sun 2023-07-16 03:10:27 CEST  14h left       Sun 2023-07-09 22:28:14 CEST  5 days ago
e2scrub_all.timer               e2scrub_all.service
Sun 2023-07-16 06:44:19 CEST  18h left       Sat 2023-07-15 06:02:43 CEST  6h ago
apt-daily-upgrade.timer         apt-daily-upgrade.service
Sun 2023-07-16 07:24:06 CEST  19h left       Sat 2023-07-15 02:01:43 CEST  10h ago
man-db.timer                    man-db.service
Mon 2023-07-17 01:28:17 CEST  1 day 13h left Mon 2023-07-10 16:38:41 CEST   4 days ago
fstrim.timer                    fstrim.service
```

Estado de la unidad de tipo timer `apt-daily-upgrade`:

```
# systemctl list-timers apt-daily-upgrade
NEXT                          LEFT      LAST                          PASSED
UNIT                        ACTIVATES
Sun 2023-07-16 06:44:19 CEST  18h left  Sat 2023-07-15 06:02:43 CEST  6h ago
apt-daily-upgrade.timer     apt-daily-upgrade.service
```

El timer apt-daily-upgrade:

- *Activará el servicio `apt-daily-upgrade`*
- *El 16/07/2023 a las 6:44 am*
- *Dentro de 18 horas*
- *Última ejecución el 15/07/2023 a las 6 am 2.*

La siguiente línea de comandos muestra los detalles de configuración de una unidad de tipo timer:

`systemctl show UniteTimer`

Ejemplo

```
# systemctl show apt-daily-upgrade.timer
Unit=apt-daily-upgrade.service
TimersCalendar={ OnCalendar=*-*-* 06:00:00 ; next_elapse=
Sun 2023-07-16 06:00:00 CEST }
OnClockChange=no
OnTimezoneChange=no
NextElapseUSecRealtime=Sun 2023-07-16 06:44:19 CEST
```

```
NextElapseUSecMonotonic=0
LastTriggerUSec=Sat 2023-07-15 06:02:43 CEST
LastTriggerUSecMonotonic=1d 16h 43min 9.896970s
Result=success
AccuracyUSec=1min
RandomizedDelayUSec=1h
FixedRandomDelay=no
Persistent=yes
WakeSystem=no
RemainAfterElapse=yes
Id=apt-daily-upgrade.timer
Names=apt-daily-upgrade.timer
Requires=-.mount var.mount sysinit.target
WantedBy=timers.target
[...]
RequiresMountsFor=/var/lib/systemd/timers
Description=Daily apt upgrade and clean activities
LoadState=loaded
ActiveState=active
FreezerState=running
SubState=waiting
FragmentPath=/lib/systemd/system/apt-daily-upgrade.timer
[...]
```

Para crear un servicio que se ejecute a intervalos regulares, debe definir dos unidades: el servicio y su timer. Los archivos correspondientes se deben colocar en el directorio `/etc/systemd/system`.

Ejemplo

Creación de un servicio systemd para que se ejecute cada hora.

Creación del servicio:

```
# cat /etc/systemd/system/listusers.service
[Unit]
Description=Lista de los usuarios conectadas

[Service]
Type=oneshot
ExecStart=/root/bin/listusers.sh

[Install]
WantedBy=multi-user.target
```

Creación del script de shell:

```
# cat /root/bin/listusers.sh
#!/usr/bin/sh
who >/tmp/listusers.log 2>&1
```

Creación del timer, cada hora en el minuto 32:

```
# cat /etc/systemd/system/listusers.timer
[Unit]
Description=Lista de los usuarios todas las horas
[Timer]
OnCalendar= *-*-* *:32:00
Unit=listusers.service
[Install]
WantedBy=multi-user.target
```

Activar e iniciar el timer:

```
# systemctl enable listusers.timer
# systemctl start listusers.timer
# systemctl show listusers.timer
Unit=listusers.service
TimersCalendar={ OnCalendar=*-*-* *:32:00 ;
next_elapse=Sat 2023-07-15 13:32:00 CEST }
[...]
NextElapseUSecRealtime=Sat 2023-07-15 13:32:00 CEST
NextElapseUSecMonotonic=0
LastTriggerUSecMonotonic=0
[...]
Triggers=listusers.service
Description=Lista de los ususarios todas las horas
LoadState=loaded
ActiveState=active
FreezerState=running
SubState=waiting
FragmentPath=/etc/systemd/system/listusers.timer
[...]
```

Después de la ejecución:

```
# ls -l /tmp/listusers.log
-rw-r--r-- 1 root root  55 15 julio 13:32 /tmp/listusers.log
# cat /tmp/listusers.log
pba      pts/0        2023-07-15 12:07 (192.168.1.142)
```

Valores comunes para `onCalendar`:

Plazo	Valor **onCalendar**
Todos los minutos	`*-*-* *:*:00`
Todas las horas	`*-*-* *:00:00`
Todos los días	`*-*-* 00:00:00`
Todos los meses	`*-*-01 00:00:00`
Todas las semanas	`Mon *-*-* 00:00:00`
Todos los años	`*-01-01 00:00:00`
Todos los trimestres	`*-01,04,07,10-01 00:00:00`
Todos los semestres	`*-01,07-01 00:00:00`

D. Archivos de registro del sistema

Cuando el sistema arranca, se ejecuta y realiza cualquier tipo de operaciones, sus acciones y las de la mayoría de sus servicios, se registran en diferentes archivos de registro. Hay dos tipos de servicios que se especializan en recibir mensajes y en escribirlos después en estos archivos:

- `syslog` (system log) es responsable de manejar los mensajes informativos, de advertencia o de error emitidos por los servicios y, posiblemente, por el kernel. Este servicio puede ser gestionado por diferentes componentes de software: `rsyslog`, `syslog-ng` o el más antiguo, `syslog`.
- `journald`: este componente de systemd es responsable de recopilar e indexar información que proviene de los servicios, a través de sus archivos o un API, y también puede interactuar con un servicio de tipo `syslog`.

Los mensajes importantes emitidos por un componente del sistema deben utilizar los servicios `syslog` o `journald`. Esto no impide que una aplicación administre sus propios archivos de registro, como un servidor HTTP.

☞*La certificación LPIC-1 requiere saber gestionar `rsyslog` y `journald`.*

1. Los mensajes

Los mensajes de los componentes de software que utilizan `rsyslog` o `journald` tienen diferentes niveles de prioridad, que van desde 0 (prioridad alta) hasta 7 (mensaje de depuración):

Nivel	Alias del sistema	Significado
0	**EMERG**	El sistema es inutilizable.
1	**ALERT**	Hay que realizar una acción de inmediato.
2	**CRIT**	Problema crítico.
3	**ERR**	Error.
4	**WARNING**	Advertencia.
5	**NOTICE**	Normal, pero requiere una atención especial.

Nivel	Alias del sistema	Significado
6	**INFO**	Información estándar.
7	**DEBUG**	Seguimiento de depuración del kernel.

Los servicios `rsyslog` o `journald` reciben los mensajes y los procesan después según el remitente y su nivel, aplicando las acciones asociadas, que pueden ser concretamente:

- escribir en uno o varios archivos de registro,
- mostrar en la pantalla de las consolas,
- enviar correos electrónicos a los usuarios del sistema (por ejemplo, root),
- redireccionar a un servidor de log remoto,
- ejecutar una aplicación.

Las acciones más comunes son escribir en archivos de registro, mostrarlos en una consola del sistema o enviar mensajes a `root`.

2. Configuración de rsyslog

El administrador de registros `rsyslog` (*reliable and extended syslogd*) sustituye a `syslog` y `syslog-ng`, y es compatible con la sintaxis de sus archivos de configuración.

Su configuración principal se define en el archivo `/etc/rsyslog.conf`. Las configuraciones adicionales se indican en `/etc/rsyslog.early.conf`, que se utilizaron antes de que se activaran las capas de red, así como en los archivos contenidos en `/etc/rsyslog.d/*`.

Los archivos de configuración permiten definir el origen, la importancia y el destino de cada tipo de mensaje soportado, en forma de dos campos: el selector y la acción asociada.

El primer campo (selector o filtro) se compone de dos elementos: el subsistema de origen (*facility*) y la prioridad (*priority*) del mensaje. Cada elemento es opcional y se puede sustituir por el carácter `*`, que significa todos los valores posibles.

Si el carácter separador es `.`, la acción se aplica a todos los mensajes del subsistema con una prioridad igual o superior a la prioridad especificada.

Si el carácter separador es el carácter `=`, la acción se aplica a todos los mensajes del subsistema con una prioridad igual a la especificada.

Si el carácter separador es `!`, la acción se aplica a todos los mensajes del subsistema que tienen una prioridad diferente a la especificada.

Los principales subsistemas son los siguientes:

Subsistema	Significado
`auth/authpriv`	Servicio de seguridad y autenticación.
`cron`	Servicio cron.
`daemon`	Los demonios (servicios).
`kern`	El kernel.
`lpr`	El servicio de impresión.

Subsistema	Significado
`mail`	La mensajería.
`news`	La red.
`syslog`	rsyslog en sí.
`user`	Mensajes de los procesos de usuario.
`uucp`	(*Unix a Unix CoPy*). El servicio UUCP.
`local0->7`	Mensajes del kernel (a través de `klogd`), el número representa el nivel.

La **prioridad** o **nivel** define el nivel de importancia del mensaje. La estrella define el conjunto de todos los niveles. La palabra clave `none` especifica que no se debe tener en cuenta ningún mensaje.

La acción asociada al selector puede constar de uno o varios de los siguientes elementos:

Acción	Sintaxis
Escribir en uno o más archivos de registro	Ruta del archivo, (precedida por - para no sincronizarla en el disco)
Mostrar en la pantalla de la consola	`/dev/console`
Mostrar en la pantalla de los usuarios conectados	`:omusrmsg:*` (`omusrmsg` es un módulo)
Enviar correos electrónicos a los usuarios del sistema	`Nombre1, ... ,NombreN`
Redirigir a un servidor de registro remoto	`@Dirección|Nombre[:Puerto]`
Pasar el mensaje como argumento a un programa	`^nombre del programa`
Ignorar mensaje	`~`
Realizar múltiples acciones	`Acción 1` y `... & AcciónN`

Ejemplo

Acciones configuradas en el archivo `/etc/rsyslog.conf` de una distribución RHEL9:

Todos los mensajes con prioridad `info` o superior se dirigen a `/var/log/messages`, excepto los mensajes de `mail`, `authpriv` o `cron`.

```
*.info;mail.none;authpriv.none;cron.none /var/log/messages
```

Todos los mensajes de `authpriv` (seguridad y autenticación) se registran en `/var/log/secure`:

```
authpriv.* /var/log/secure
```

Todos los mensajes de `mail` se registran en `/var/log/maillog`, sin sincronización:

```
mail.* -/var/log/maillog
```

Todos los mensajes de `cron` se registran en `/var/log/cron`:

```
cron.* /var/log/cron
```

Todos los mensajes de emergencia se muestran en las pantallas de los usuarios conectados:

```
*.emerg :omusrmsg:*
```

Todos los mensajes críticos de `uucp` *y de* `news` *se escriben en* `/var/log/spooler`*:*

```
uucp,news.crit /var/log/spooler
```

Todos los mensajes de `local7` *se añaden al archivo* `/var/log/boot.log`*:*

```
local7.* /var/log/boot.log
```

Además de la sintaxis compatible con la de `syslog`, `rsyslog` tiene módulos y una sintaxis más compleja, que permite principalmente que los mensajes se redirijan de acuerdo con las reglas descritas mediante comandos de programación.

La redirección de mensajes ya no se realiza simplemente en función de prioridades y subsistemas, sino también analizando el contenido de los mensajes.

Ejemplo

Extracto de un filtro que permite enrutar los mensajes que vienen de `Network Manager` *a* `/var/log/NetworkManager`*, en función del nombre del programa de envío:*

```
If ($programa == 'NetworkManager') or \
    ($programa startswith 'nm-') \
then -/var/log/NetworkManager
& ~
```

Enviar un mensaje a journaliser

El comando `logger` se utiliza para enviar un mensaje al servicio de registro de mensajes (`rsyslog`, `syslog` o `syslog-ng`).

Sintaxis

```
logger [-p SubSyst.Prioridad] mensaje
```

El comando envía el mensaje con el selector especificado, o user.notice por defecto, al servicio de registro de mensajes activo.

Ejemplo

```
# logger -p user.info «Script de copia de seguridad de ejecución»
# tail /var/log/messages
[...]
Jul 16 15:20:06 srvrh root[39774]: «Script de copia de seguridad de ejecución»
```

3. Servicio journald de Systemd

`Journald` es un servicio iniciado por systemd. Como complemento o reemplazo de los servicios de tipo `syslog`, se ha convertido en un estándar en la mayoría de las distribuciones de Linux. Ofrece varias ventajas:

- Gestión de mensajes del kernel a través de `/dev/kmsg`.
- Gestión de mensajes de servicios y aplicaciones mediante la interceptación de llamadas a `rsyslog`.
- API nativa para la generación de mensajes estructurados.

- Recuperación e indexación de entradas y salidas de servicio estándar.
- Gestión de entradas de auditoría del sistema.

Los datos recopilados se gestionan de forma segura, gracias a la adición de metadatos. Por defecto, los mensajes se almacenan en formato binario en el directorio `/run/log/journal` (RHEL) o `/var/log/journal` (Debian).

Ejemplo

En una distribución de RHEL 9.2:

```
# ls -lR /run/log/journal
/run/log/journal:
total 0
drwxr-s---+ 2 root systemd-journal 100 15 julio 23:09
9ddcecaa41d24fe7aa56a2c2f67ced40

/run/log/journal/9ddcecaa41d24fe7aa56a2c2f67ced40:
total 12228
-rw-r-----+ 1 root systemd-journal 1183712 13 julio 13:20
system@2cc2b5e0e27c47be8458ea2d4b2fb208-0000000000000001-0006005c818ddb5c.journal
-rw-r-----+ 1 root systemd-journal 3117224 15 julio 23:09
system@2cc2b5e0e27c47be8458ea2d4b2fb208-0000000000000623-0006005c85dc120e.journal
-rw-r-----+ 1 root systemd-journal 8388608 16 julio 15:27 system.journal
```

El sistema de archivos `/run` es volátil, por lo que se vacía cada vez que se reinicia. Para que los registros sean persistentes durante el reinicio, debe moverlos a `/var` de la siguiente manera:

```
# mkdir -p /var/log/journal
# systemd-tmpfiles --create --prefix /var/log/journal
# systemctl restart systemd-journald
# #ls /var/log/journal
b8869de6c79d4b25be724208cc49a45c
```

En una distribución de Debian 12:

```
# ls -lR /var/log/journal
/var/log/journal:
total 4
drwxr-sr-x+ 2 root systemd-journal 4096 12 julio 08:33 8e97fc1534074a43887a28d3edad9c12

/var/log/journal/8e97fc1534074a43887a28d3edad9c12:
total 49164
-rw-r-----+ 1 root systemd-journal  8388608 10 julio 15:00
system@00060021a88b0731-a1877b72c30c6ada.journal~
-rw-r-----+ 1 root systemd-journal 16777216 16 julio 15:28 system.journal
-rw-r-----+ 1 root systemd-journal  8388608 10 julio 14:56
user-1000@00060021aad4b355-41450ae3ca346769.journal~
-rw-r-----+ 1 root systemd-journal  8388608 16 julio 15:25 user-1000.journal
-rw-r-----+ 1 root systemd-journal  8388608 12 julio 16:52 user-1003.journal
```

Dado que los archivos registrados de `journald` están en un formato binario específico, no se pueden editar directamente. Debe utilizar el comando `journalctl` para acceder a su contenido.

El archivo de configuración `journald` es `/etc/systemd/journald.conf`. Sus entradas suelen estar comentadas, dejando los valores predeterminados de systemd.

Ejemplo

```
# cat /etc/systemd/journald.conf
#  This file is part of systemd.
#
[...]
# Entries in this file show the compile time defaults. Local configuration
# should be created by either modifying this file, or by creating "drop-ins" in
# the journald.conf.d/ subdirectory. The latter is generally recommended.
# Defaults can be restored by simply deleting this file and all drop-ins.
#
# Use 'systemd-analyze cat-config systemd/journald.conf' to display the full config.
#
# See journald.conf(5) for details.

[Journal]
#Storage=auto
#Compress=yes
#Seal=yes
#SplitMode=uid
#SyncIntervalSec=5m
#RateLimitIntervalSec=30s
#RateLimitBurst=10000
#SystemMaxUse=
[...]
```

Estos son algunos datos importantes:

- `Storage`: establece dónde se almacenan las trazas, en función del valor especificado:
  - `auto`: escribe en `/var/log/journal` si existe, `/run/log/journal` en caso contrario.
  - `persistent: journald` utiliza el directorio `/var/log/journal`.
  - `volatil: journald` utiliza el directorio `/run/log/journal`.
  - `none`: sin almacenamiento.
- `SystemMaxUse / RunMaxUse`: tasa máxima de ocupación del espacio en disco antes del reciclaje, el valor predeterminado es del 10%.
- `MaxRetentionSec`: tiempo máximo durante el que se conservan los mensajes. El valor predeterminado 0 es suficiente, en cuyo caso el tamaño de ocupación del disco regirá la retención.
- `ForwardToSyslog`: el valor predeterminado es `yes`. A continuación, los mensajes recopilados se reenvían a `rsyslog`.
- `MaxLevelStore`: nivel mínimo de criticidad de las trazas a procesar. Por defecto, está configurado en `debug` (7).

4. Archivos de registro

Los archivos de registro (logs) del sistema, se almacenan en `/var/log` por defecto. No todos los archivos de este directorio provienen de `rsyslogd` o `journald`. Los servicios se pueden configurar para escribir mensajes sin usar `rsyslogd`.

Ejemplo

En una distribución de Debian 12:

```
# ls -l /var/log
total 964
-rw-r--r--  1 root              root             45391 14 julio 17:46 alternatives.log
drwxr-x---  2 root              adm               4096 16 julio 00:00 apache2
drwxr-xr-x  2 root              root              4096 14 julio 17:45 apt
-rw-------  1 root              root                 0 14 julio 00:00 boot.log
-rw-------  1 root              root              2007 14 julio 00:00 boot.log.1
-rw-------  1 root              root              6481 13 julio 13:20 boot.log.2
-rw-------  1 root              root              6481 12 julio 08:10 boot.log.3
-rw-------  1 root              root             26532 11 julio 11:29 boot.log.4
-rw-rw----  1 root              utmp              2304 12 julio 15:01 btmp
drwxr-xr-x  2 root              root              4096 16 julio 00:00 cups
-rw-r--r--  1 root              root            790043 14 julio 17:46 dpkg.log
drwxr-s---  2 Debian-exim       adm               4096 16 julio 00:16 exim4
-rw-r--r--  1 root              root                 0  9 julio 18:11 faillog
-rw-r--r--  1 root              root              5463  9 julio 18:50 fontconfig.log
drwx--x--x  2 root              Debian-gdm        4096  9 julio 22:28 gdm3
drwxr-xr-x  3 root              root              4096  9 julio 22:26 installer
drwxr-sr-x+ 3 root              systemd-journal   4096  9 julio 22:27 journal
-rw-rw-r--  1 root              utmp            293168 16 julio 15:25 lastlog
drwx------  2 root              root              4096  9 julio 18:11 private
lrwxrwxrwx  1 root              root                39  9 julio 18:11 README ->
../../usr/share/doc/systemd/README.logs
drwxr-xr-x  3 root              root              4096  9 julio 18:23 runit
drwx------  2 speech-dispatcher root              4096 25 nov.   2022 speech-dispatcher
-rw-rw-r--  1 root              utmp             24576 16 julio 15:25 wtmp
```

5. El comando journalctl

El comando `journalctl` se utiliza para acceder a los mensajes registrados por `journald`.

Estos son algunos casos de uso del comando:

- Mostrar toda la información de registro (en modo página por página):

```
# journalctl
```

- Mostrar la información de registro más reciente (en modo página por página):

```
# journalctl -e
```

- Bucle sobre las últimas líneas escritas (como con `tail -f`):

```
# journalctl -f
```

- Mostrar las líneas emitidas por el origen especificado: `-u Source`.

Ejemplo

```
# journalctl -u ssh
-- Logs begin at Thu 2020-01-16 22:29:38 CET, end at Sat 2020-02-08 20:17:01 CET. --
enero 16 22:29:55 ubuntu systemd[1]: Starting OpenBSD Secure Shell server...
enero 16 22:29:55 ubuntu sshd[986]: Server listening on 0.0.0.0 port 22.
enero 16 22:29:55 ubuntu sshd[986]: Server listening on :: port 22.
enero 16 22:29:55 ubuntu systemd[1]: Started OpenBSD Secure Shell server.
enero 16 22:30:19 ubuntu systemd[1]: Stopping OpenBSD Secure Shell server...
```

Si pulsa [Tab] dos veces después de introducir el carácter "_" o una opción, el modo de completado se activa y muestra todas las posibilidades. Esto es válido en cada paso de la introducción de las opciones y argumentos de `journalctl`.

Ejemplo

```
# journalctl -u [tab][tab]
accounts-daemon.service
alsa-restore.service
anacron.service
apache2.service
apparmor.service
atd.service
avahi-daemon.service
blk-availability.service
colord.service
cron.service
dbus.service
exim4.service
...
```

Muestra las líneas emitidas por el programa especificado: `-t Prog`

```
# journalctl -t sshd
enero 16 22:29:55 ubuntu sshd[986]: Server listening on 0.0.0.0 port 22.
enero 16 22:29:55 ubuntu sshd[986]: Server listening on :: port 22.
...
```

Especifique un intervalo de tiempo: `-S` *(Since) y* `-U` *(Until):*

```
# journalctl -u ssh -S "2020-02-01" -U "2020-02-02"
-- Logs begin at Thu 2020-01-16 22:29:38 CET, end at Sat 2020-02-08 20:24:08 CET. --
febr. 01 18:22:24 ubuntu systemd[1]: Starting OpenBSD Secure Shell server...
febr. 01 18:22:25 ubuntu sshd[1209]: Server listening on 0.0.0.0 port 22.
febr. 01 18:22:25 ubuntu systemd[1]: Started OpenBSD Secure Shell server.
febr. 01 18:22:25 ubuntu sshd[1209]: Server listening on :: port 22.
febr. 01 18:27:04 ubuntu sshd[1209]: Received signal 15; terminating.
febr. 01 18:27:04 ubuntu systemd[1]: Stopping OpenBSD Secure Shell server...
febr. 01 18:27:04 ubuntu systemd[1]: ssh.service: Succeeded.
febr. 01 18:27:04 ubuntu systemd[1]: Stopped OpenBSD Secure Shell server.
```

Modificar el formato de salida: `-o IdFormat`*:*

```
$ journalctl -u ssh -S "2020-02-01" -U "2020-02-02" -o json-pretty
{
        "_GID" : "0",
        "CODE_FUNC" : "job_log_begin_status_message",
        "_SELINUX_CONTEXT" : "unconfined\n",
        "_UID" : "0",
        "_PID" : "1",
        "SYSLOG_FACILITY" : "3",
        "_CMDLINE" : "/sbin/init",
        "_SYSTEMD_UNIT" : "init.scope",
        "_SYSTEMD_CGROUP" : "/init.scope",
        "__MONOTONIC_TIMESTAMP" : "30803301",
        "JOB_TYPE" : "start",
        "_COMM" : "systemd",
        ...
}
```

6. Enviar mensajes a journald

El comando `systemd-cat` escribe su entrada estándar en `journald`.

Ejemplo

```
# echo Hello | systemd-cat -t miscript -p warning
# journalctl -e
[...]
16 16:09:35 srvrh monscript[40072]: Hello
```

7. Rotación de los archivos de registro

Con el tiempo, los archivos de registro pueden ocupar mucho espacio, hasta que llenan el sistema de archivos que los contiene. Por lo tanto, es necesario archivarlos y depurarlos de manera periódica. Para hacer esto, se creo el comando `logrotate`.

a. logrotate

El comando `logrotate` realiza una rotación los archivos de log, archivando los mensajes antiguos en archivos de copia de seguridad, posiblemente comprimidos. Después de un cierto número de rotaciones, elimina los archivos guardados más antiguos. Sus archivos de configuración son `/etc/logrotate.conf` y los de la carpeta `/etc/logrotate.d/*`.

Ejemplo

Configuración de `logrotate` *para el archivo* `/var/log/syslog`*:*

```
/var/log/syslog
{
   rotate 7
   daily
   missingok
   notifempty
```

```
    delaycompress
    compress
    postrotate
        /usr/lib/rsyslog/rsyslog-rotate
    endscript
}
```

```
# ls -1 /var/log/syslog*
/var/log/syslog
/var/log/syslog.1
/var/log/syslog.2.gz
/var/log/syslog.3.gz
/var/log/syslog.4.gz
/var/log/syslog.5.gz
/var/log/syslog.6.gz
/var/log/syslog.7.gz
```

El comando `logrotate` recibe muchos argumentos. Los más comunes son los siguientes:

- `rotate`: número de rotaciones que se van a mantener. Un valor de 7 mantiene los siete archivos anteriores. Los archivos resultantes se numeran en secuencia.
- `daily`: el comando se ejecuta todos los días.
- `missingok`: la ausencia de un archivo no es un error.
- `notifempty`: no realizar la rotación si el archivo está vacío.
- `compress`: los archivos procesados se comprimen.
- `delaycompress`: el archivo se comprimirá en la siguiente pasada, por lo que `syslog.1` no se comprime.
- `postrotate`: el comando especificado esd ejecutoa por el shell; esto puede ser una línea de comandos o un script). Una vez rotado, se crea un nuevo archivo vacío.
- `minsize`: el tamaño mínimo del archivo que se debe rotar. Por debajo de este tamaño, no habrá rotación antes del intervalo dado.
- `maxsize`: si se alcanza el tamaño máximo antes del intervalo dado, se sigue produciendo una rotación.
- `nocreate`: logrotate no crea nuevos archivos. Esto será responsabilidad del servicio que lo generó.

b. journald

La opción `--disk-usage` de `journalctl` muestra el espacio en disco utilizado por los archivos de `journald`.

Ejemplo

```
# journalctl --disk-usage
Archived and active journals take up 48.0M in the file system.
```

Los umbrales de rotación de los logs se configuran en /etc/systemd/journald.conf:

- SystemKeepFree: la cantidad de espacio en disco que el log debe dejar libre si los registros son persistentes.
- RuntimeKeepFree: lo mismo, pero para registros no persistentes.
- SystemMaxUse: la cantidad máxima de espacio en disco que puede usar el journald.
- RuntimeMaxUse: la cantidad máxima de espacio en disco que journald puede usar para registros no persistentes.
- MaxFileSec: conserva solo los registros durante el tiempo especificado.

La opción --vacuum-size=Tamaño de journalctl permite depurar registros, disminuyendo el espacio en el valor especificado.

Ejemplo

```
# journalctl --disk-usage
Los diarios archivados y activos ocupan 48.0M en el sistema de archivos.
# journalctl --vacuum-size=10M
Aspirando hecho, liberó 0B de diarios archivados de /run/log/journal.
Diario archivado eliminado /var/log/journal/8e97f-
c1534074a43887a28d3edad9c12/system@00060021a88b0731-a1877b72c30c6ada.journal~ (8.0M).
Hecho el aspirado, se liberaron 8,0 millones de diarios archivados de /var/log/journal/
8e97fc1534074a43887a28d3edad9c12.
Hecho el aspirado, se liberó 0B de diarios archivados de /var/log/journal.
# journalctl --disk-usage
Los diarios archivados y activos ocupan 40.0M en el sistema de archivos.
```

E. Copia de seguridad y restauración

Hacer una copia de seguridad del sistema y de los datos es una responsabilidad importante del administrador. Linux tiene muchos comandos para hacer copias de seguridad y restaurar información, árboles de directorios o archivos, sistemas de archivos completos, así como algunos o todos los soportes físicos.

Los tres comandos habituales son:

- Para hacer copias de seguridad de archivos y árboles: tar o cpio.
- Para la copia de seguridad física de discos y sistemas de archivos: dd.

Los comandos adicionales son:

- mt: control de una cinta magnética.
- compress y uncompress: comprime y descomprime archivos.
- gzip, gunzip, zcat: comprime y descomprime en formato GnuZip.
- xz, unxz, xzcat: comprime y descomprime en formato .xz.
- bzip2, bunzip2, bzcat: comprime y descomprime en formato .bz2, mejor que gzip.

1. El comando tar

El comando `tar` crea archivos, directorios, archivos comprimidos y archivos, en cualquier tipo de medio, incluido en otro archivo. El archivo creado puede abarcar varios volúmenes físicos.

a. Archivar

La sintaxis común es la siguiente:

```
tar cvf nombre_archivo Archivo(s)
```

Con:

- `c`: creación de archivos.
- `v`: visualización detallada.
- `f`: el siguiente argumento es el nombre del archivo comprimido que se va a utilizar (archivo especial del dispositivo o archivo comprimido).

☞*El comando `tar` utiliza opciones sin prefijarlas necesariamente con el carácter -.*

Ejemplo

Copia de seguridad del directorio de conexión:

```
$ cd
$ tar cvf pba.tar .
./
./.ssh/
./.ssh/known_hosts.old
./.ssh/known_hosts
./Documentos/
./Modelos/
tar: ./pba.tar : el archivo es el archivo en sí mismo; archivo no archivado
./.local/
./.local/share/
[...]
./.bash_logout
./.bash_history
./.face
$ ls -l pba.tar
-rw-r--r-- 1 pba pba 23132160 17 julio 16:09 pba.tar
```

b. Listar el contenido de un archivo

La sintaxis es:

```
tar tvf nombre_archivo
```

La opción `t` (*table*) enumera el contenido del archivo.

Ejemplo

Listar el contenido del archivo de almacenamiento del ejemplo anterior:

```
$ tar tvf pba.tar
drwx------ pba/pba           0 2023-07-17 16:09 ./
drwx------ pba/pba           0 2023-07-10 16:41 ./.ssh/
-rw-r--r-- pba/pba         142 2023-07-10 16:41 ./.ssh/known_hosts.old
-rw------- pba/pba         978 2023-07-10 16:41 ./.ssh/known_hosts
drwxr-xr-x pba/pba           0 2023-07-09 22:29 ./Documentos/
drwxr-xr-x pba/pba           0 2023-07-09 22:29 ./Modelos/
drwx------ pba/pba           0 2023-07-09 22:29 ./.local/
drwx------ pba/pba           0 2023-07-09 22:29 ./.local/share/
drwx------ pba/pba           0 2023-07-09 22:31 ./.local/share/gvfs-metadata/
-rw------- pba/pba          64 2023-07-09 22:31 ./.local/share/gvfs-metadata/root
[...]
drwxr-xr-x pba/pba           0 2023-07-13 13:20 ./.cache/gstreamer-1.0/
-rw------- pba/pba     1326359 2023-07-13 13:20 ./.cache/gstreamer-1.0/
registry.x86_64.bin
-rw-r--r-- pba/pba         220 2023-07-09 22:24 ./.bash_logout
-rw------- pba/pba         594 2023-07-14 23:36 ./.bash_history
-rw-r--r-- pba/pba        5290 2023-07-09 22:24 ./.face
```

En el caso de que se especifique una ruta de acceso absoluta de la que se va a realizar una copia de seguridad (por ejemplo, `/home`), el comando `tar` realiza por defecto el archivado en modo relativo, sin el primer carácter `/`.

Ejemplo

```
$ tar czf home.tgz /home
```

En el archivo de almacenamiento, hay rutas relativas:

```
$ tar tvf ./home.tgz | head
drwxr-xr-x root/root             0 2023-07-12 09:30 home/
drwx------ essai/essai           0 2023-07-10 15:10 home/essai/
-rw-r--r-- essai/essai         807 2023-07-10 15:10 home/essai/.profile
lrwxrwxrwx essai/essai           0 2023-07-10 15:10 home/essai/.face.icon -> .face
-rw-r--r-- essai/essai        3526 2023-07-10 15:10 home/essai/.bashrc
-rw-r--r-- essai/essai         220 2023-07-10 15:10 home/essai/.bash_logout
-rw-r--r-- essai/essai        5290 2023-07-10 15:10 home/essai/.face
drwxr-xr-x monappli/monappli   0 2023-07-12 09:30 home/miapli/
-rw-r--r-- monappli/monappli 807 2023-04-23 23:23 home/miapli/.profile
lrwxrwxrwx monappli/monappli   0 2023-04-13 21:58 home/minapli/.face.icon -> .face
```

La restauración se realizará creando un directorio `home` en el directorio actual y no en `/home`.

c. Restaurar

Para restaurar el contenido de un archivo, se debe utilizar la sintaxis:

```
tar vxf nombre_archivo [archivos]
```

La opción `x` (*eXtract*) permite extraer todos los archivos del archivo comprimido o de los archivos especificados después del nombre del archivo.

☞*Por defecto, la restauración se realiza en el directorio actual.*

Ejemplo

Para restaurar el archivo anterior en un directorio diferente:

```
$ mkdir repbis
$ cd repbis
$ tar xvf ../pba.tar
./
./.ssh/
./.ssh/known_hosts.old
./.ssh/known_hosts
./Documentos/
./Modelos/
./.local/
[...]
./.cache/evolution/calendar/
./.cache/evolution/calendar/trash/
./.cache/evolution/sources/
./.cache/evolution/sources/trash/
./.cache/evolution/mail/
./.cache/evolution/mail/trash/
./.cache/gstreamer-1.0/
./.cache/gstreamer-1.0/registry.x86_64.bin
./.bash_logout
./.bash_history
./.face
```

d. Compresión de archivos comprimidos

El comando `tar` permite gestionar los formatos de compresión que se aplicarán al archivo comprimido, utilizando las siguientes opciones:

- `z`: El archivo está comprimido en formato `gzip`.
- `Z`: El archivo está comprimido en formato `compress`.
- `j`: El archivo está comprimido en formato `bzip2`.
- `J`: El archivo está comprimido en formato `xz`.

Se debe utilizar la misma opción para la restauración que se especifica para el archivado.

Ejemplo

Copia de seguridad comprimida del directorio restaurado en el ejemplo anterior.

```
$ pwd
/home/pba/repbis
$ tar czf pba1.tar.gz .
$ ls -l pba1.tar.gz  ../pba.tar
-rw-r--r-- 1 pba pba  3083947 17 julio 16:24 pba1.tar.gz
-rw-r--r-- 1 pba pba 23132160 17 julio 16:09 ../pba.tar
```

El archivo pba1.tar.gz es mucho más pequeño.

2. El comando cpio

El comando `cpio` guarda en la salida estándar los archivos cuyos nombres se leen en la entrada estándar; por defecto, la pantalla y el teclado.

☞ *Este comando se utiliza menos que el comando `tar`, que se ha convertido en un estándar de facto en la Web.*

a. Archivado

La sintaxis general es:

`cpio -o [Lista <] [> FicArchivo]`

Las opciones más utilizadas son:

- `-o` (*output*): guarda en la salida estándar.
- `-L`: guarda los archivos de destino de los enlaces simbólicos.
- `-v`: visualización detallada.
- `-c`: guarda los atributos del archivo en forma ASCII (para el intercambio entre varios sistemas de tipo Unix).

Ejemplo

Guardar el directorio `/etc`. El comando `find` se utiliza para generar la lista de elementos que se van a guardar, que se envía a través de un pipe a la entrada estándar del comando `cpio`. Genera un archivo en su salida estándar, redirigido al archivo `etc.cpio`.

```
# find /etc | cpio -o >etc.cpio
50625 bloques
# ls -l etc.cpio
-rw-r--r--. 1 root root 25920000 17 julio 16:35 etc.cpio
```

b. Enumerar el contenido de un archivo

La sintaxis es:

`cpio -it < archivo`

Las opciones son:

- `-i` (*input*): lectura del archivo de entrada.
- `-t` (*table*): lista el contenido del archivo.

Ejemplo

Lista del contenido del archivo del ejemplo anterior:

```
# cpio -it < etc.cpio
/etc
/etc/mtab
/etc/fstab
/etc/crypttab
[...]
/etc/s-nail.rc
```

```
/etc/.rsyslog.conf.swp
50625 bloques
```

c. Restauración

Para restaurar el contenido de un archivo, la sintaxis es:

`cpio -i[umd] [Archivos] < archivo`

- `-u`: restauración incondicional, sobrescribiendo archivos que ya existen. Por defecto, los archivos no se restauran si los archivos del disco son más recientes o tienen la misma antigüedad.
- `-m`: los archivos restaurados conservan su fecha de última modificación.
- `-d`: reconstrucción del árbol de directorios y subdirectorios que faltan.

☞ *Si la copia de seguridad se realizó especificando rutas absolutas, la restauración se realizará en dichas rutas y no en el directorio actual.*

Ejemplo

Restaurar el archivo `/etc/issue` desde el archivo del año anterior:

```
# mv /etc/issue /etc/issue.ori
# cpio -i /etc/issue < etc.cpio
50625 blocs
# ls -l /etc/issue /etc/issue.ori
-rw-r--r--. 1 root root 23 17 julio 16:56 /etc/issue
-rw-r--r--. 1 root root 23 28 marzo  21:09 /etc/issue.ori
```

3. El comando dd

El comando `dd` (*device-to-device*) permite copiar físicamente, bloque por bloque, todo o parte de un dispositivo de almacenamiento en otro dispositivo o en un archivo de disco. Permite realizar copias físicas de discos y particiones.

Sintaxis

Argumento	Función
`if=archivo`	(*input file*) Nombre del archivo de entrada.
`of=archivo`	(*output file*) Nombre del archivo de salida.
`bs=n`	(*block size*) Tamaño del bloque en bytes.
`count=n`	Número de bloques que se van a copiar.
`skip=n`	Número de bloques que se van a omitir al principio del archivo de entrada.
`conv=`	Conversión de entradas.
`seek=`	Número de bloques que se van a omitir al principio del archivo de salida.

La opción `conv` permite los siguientes parámetros:

- `ascii`: convertir EBCDIC a ASCII.
- `ebcdic` : convertir ASCII a EBCDIC.
- `block`: bloques completos terminados con un salto de línea con espacios, hasta que alcancen el tamaño mencionado por `bs`.
- `unblock`: sustituir los espacios al final de los bloques (de tamaño `cbs`) por un salto de línea.
- `lcase`: transformar las mayúsculas en minúsculas.
- `ucase`: transformar las minúsculas en mayúsculas.
- `noerror`: continuar incluso después de errores de lectura.
- `notRunc`: no limitar el tamaño del archivo de salida.
- `sync`: completar cada bloque leído con NULL para alcanzar el tamaño `ibs`.

Ejemplo

Copie el sector de arranque MBR de la partición donde está instalado GRUB en un archivo.

```
# dd if=/dev/sda1 of=boot.lnx bs=446 count=1
1+0 registros leídos
1+0 registros escritos
446 bytes copiados, 0,0330032 s, 13,5 kB/s
```

Crear un archivo que contenga solo 0 bytes y 1 MB de tamaño:

```
# dd if=/dev/zero of=vide bs=1024 count=1024
1024+0 registros leídos
1024+0 registros escritos
1048576 bytes (1,0 MB, 1,0 MiB) copiados, 0,00352713 s, 297 MB/s
```

F. Gestionar la fecha y hora del sistema

1. El comando date

El comando `date` permite mostrar la fecha del sistema y calcular otras fechas basadas en la fecha actual o en cualquier fecha. También permite al administrador `root` cambiar la fecha y la hora del sistema.

Ejemplo

```
$ date
mar. 18 julio 2023 08:31:31 CEST
```

Por defecto, se muestran la fecha y hora actuales, en función de la zona horaria configurada en el sistema. Para ver la hora UTC:

```
$ date -u
mar. 18 julio 2023 06:32:35 UTC
```

El formato de visualización se puede especificar mediante diferentes secuencias.

Sintaxis

```
date + "formato"
```

Secuencias principales:

Formato	Resultado
%H	Hora en formato 00..23
%M	Minutos 00..59
%S	Segundos 00..60
%T	Hora actual superior a 24 horas
%r	Hora actual superior a 12 horas
%Z	Huso horario
%a	Día abreviado (lunes, martes, etc.)
%A	Día completo
%b	Mes abreviado
%B	Mes completo
%d	Día del mes
%j	Día del año
%m	Edición del mes
%U	Número de semana 00..53
%y	Dos últimas cifras del año
%Y	Año completo

Ejemplo

```
$ date +"La %A %d %B %Y %H horas %M minutos %S segundos"
El martes 18 julio 2023 08 horas 36 minutos 31 segundos
```

La opción `--date` seguida de una fecha o cálculo muestra la fecha resultante.

Se aceptan las palabras clave `today`, `yesterday`, `tomorrow`, `day(s)`, `week(s)`, `month(s)`, `year(s)`, `hour(s)`, `minute(s)`, `second(s)`, con `+`, `-` o ago (restado de la fecha especificada). Si no se especifica la fecha, es la fecha actual.

Ejemplo

En 10 días:

```
$ date --date "10 days"
vier. 28 julio 2023 08:39:21 CEST
```

Mañana:

```
$ date --date "tomorrow"
mier. 19 julio 2023 08:39:43 CEST
```

Ayer:

```
$ date --date "yesterday"
lunes 17 julio 2023 08:40:14 CEST
```

Une semana después de Navidad de 2023:

```
$ date --date "12/25/2023 23:59:00 + 1 week"
lunes 01 enero 2024 23:59:00 CET
```

El comando permite al administrador `root` cambiar la fecha y hora del sistema.

Sintaxis

```
date MMDDhhmm[[CC]AA][.ss]]
```

Ejemplo

Un usuario intenta cambiar la hora del sistema:

```
$ date 08110801
date: imposible definir la fecha: Operación no permitida
vier. 11 ago. 2023 08:01:00 CEST
$ date
mar. 18 julio 2023 08:44:21 CEST
```

a. El comando hwclock

El comando `hwclock`, que está reservado para el administrador `root`, permite consultar directamente el reloj de hardware RTC del ordenador. Puede ser diferente de la fecha del sistema proporcionada por el protocolo NTP o de la fecha del sistema gestionada por el comando `date`.

Ejemplo

```
# hwclock
2023-07-18 09:13:31.014149+02:00
```

El comando también permite al administrador cambiar el reloj de hardware (RTC) o el reloj del sistema.

Ejemplo

```
# hwclock --set --date "07/10/2014 14:00"
# date
mar. 18 julio 2023 09:15:25 CEST
# hwclock
2014-07-10 14:00:05.749239+02:00
```

Las opciones `--systohc` y `--hctosys` permiten sincronizar la hora del hardware (hc) y la hora del sistema (sys) en ambas direcciones.

Ejemplo

Para sincronizar la hora del hardware a partir de la hora del sistema:

```
# hwclock
2014-07-10 14:03:20.858479+02:00
# hwclock --systohc
```

```
# hwclock
2023-07-18 09:18:57.967904+02:00
```

2. Usar el protocolo NTP

NTP (*Network Time Protocol*) es un protocolo cliente/servidor que permite sincronizar los relojes de los ordenadores a través de la red.

Los servidores NTP transmiten la hora en formato UTC. Los clientes recuperan la hora de uno o más servidores y la adaptan de acuerdo con su zona horaria y las reglas de cambio de horario de verano/invierno.

La siguiente URL proporciona una lista de servidores NTP: http://www.pool.ntp.org/zone/es

a. Cliente NTP

El servicio `ntpd` se utiliza para sincronizar una máquina con un servidor de tiempo.

El archivo de configuración puede ser `/etc/ntpd.conf`, `/etc/ntp.conf` o /etc/ntpsec/ntp.conf.

Contiene las especificaciones de los servidores NTP y la configuración para actualizar la fecha y la hora. Para añadir un servidor de tiempo específico, necesita una directiva `server`, por ejemplo:

```
server 0.es.pool.ntp.org
```

El comando `ntpdate` fuerza la sincronización manual. Recibe como argumento el nombre de red del servidor NTP que se va a consultar. Por otro lado, el servicio `NTP` no debe estar activo.

Ejemplo

```
# ntpdate 0.es.pool.ntp.org
10 Jul 19:55:23 ntpdate[1164]: step time server 91.121.181.58
offset 20719.687613 sec
```

El comando `ntpq -p` se utiliza para consultar servidores NTP.

Ejemplo

```
# ntpq -p
     remote                              refid              st t when  poll reach  delay
offset   jitter
=============================================================================================
================
 0.debian.pool.ntp.org                  .POOL.              16 p    -   256     0  0.0000
0.0000   0.0019
 1.debian.pool.ntp.org                  .POOL.              16 p    -   256     0  0.0000
0.0000   0.0019
 2.debian.pool.ntp.org                  .POOL.              16 p    -   256     0  0.0000
0.0000   0.0019
 3.debian.pool.ntp.org                  .POOL.              16 p    -   256     0  0.0000
0.0000   0.0019
 ip16.ip-188-165-29.eu                   82.64.45.50        2 u    17    64     1  7.9692
-1.6060  0.0000
#ns3051461.ip-51-255-95.eu               78.196.167.192     3 u     7    64     1  5.9481
-1.0541  0.9564
+silas.dioptre.f                         193.190.230.37     2 u     7    64     1  6.6426
-0.2041  0.8621
 ip253.ip-178-32-40.eu                   .INIT.            16 u     -    64     0  0.0000
0.0000   0.0019
#vps-eef812bc.vps.ovh.net                131.188.3.220      2 u     6    64     1  11.0373
```

```
-0.7981  2.4917
#y.ns.gin.ntt.net                      129.250.35.222  2 u    6    64    1  10.7783
-6.5641  1.0577
+herbrand.noumicek.cz                  193.190.230.37  2 u    6    64    1  6.0099
0.4272   1.0528
#orb.pstam.ovh                         82.64.45.50     2 u    6    64    1  5.6209
-0.5009  1.1058
*2a01:b740:a20:3000::1f2               .SHM.           1 u    5    64    1  2.7695
1.0278   1.2968
+2a05:f480:2400:1b10::123              36.224.68.195   2 u    5    64    1  30.3275
0.7640   1.3068
+2001:861:4040:b210:ba27:ebff:fe39:41d0 .GPS.          1 u    5    64    1  14.9663
0.4556   1.2728
#ntp.lweber.net                        89.89.71.249    2 u    5    64    1  5.7483
-0.1995  1.3923
+time.cloudflare.com                   10.26.8.185     3 u    5    64    1  2.4391
1.6164   1.3485
+80.67.184.129                         145.238.203.14  2 u    5    64    1  2.7296
1.6264   1.3713
+82-64-247-11.subs.proxad.net          145.238.203.14  2 u    5    64    1  8.0065
1.9865   1.4229
+vps-7d02b399.vps.ovh.net              210.65.119.71   2 u    5    64    1  10.0847
0.8609   1.4571
+ntp1.omdc.pl                          210.100.177.101 2 u    4    64    1  6.1742
0.4232   1.0723
#halmahera.ordimatic.net               51.75.17.219    3 u    4    64    1  5.2195
1.2462   0.9948
+villisika.miuku.net                   85.199.214.98   2 u    4    64    1  2.0966
0.7549   0.9712
```

El comando `ntpstat` proporciona el estado de la sincronización NTP.

Ejemplo

```
# ntpstat
synchronised to NTP server (85.217.207.49) at stratum 3
   time correct to within 204 ms
   polling server every 64 s
```

b. Desviación temporal

Si hay un problema de red o si el reloj del hardware de la máquina no es preciso, la hora del sistema puede cambiar.

Si el servicio NTP detecta desviación, trabaja para corregir gradualmente el problema:

- Si el delta es inferior a 128 milisegundos, NTP restablecerá automáticamente la hora del sistema.
- Si el delta es superior a 128 milisegundos, ajustará lentamente el reloj del sistema con incrementos de 0,5 milisegundos hasta la hora correcta.
- Si la desviación es superior a 1000 segundos, el servicio NTP no cambiará la hora del sistema, sino que no arrancará. Si el servicio no está activo, el administrador puede restablecer el sistema mediante el siguiente comando:

```
ntpd -gq
```

3. timedatectl

El comando timedatectl permite leer y cambiar la hora, a través de varias fuentes, incluido el servicio NTP llamado chrony, y también el reloj interno de la máquina. Por lo tanto, puede anular los comandos date y hwclock para configurar la hora del sistema.

Ejemplo

```
# timedatectl
               Local time: mar. 2023-07-18 10:58:17 CEST
           Universal time: mar. 2023-07-18 08:58:17 UTC
                 RTC time: mar. 2023-07-18 08:58:17
                Time zone: Europe/Paris (CEST, +0200)
System clock synchronized: yes
              NTP service: active
          RTC in local TZ: no
```

Cambiar la fecha u hora del sistema:

```
# timedatectl set-time 10:26:30
# timedatectl set-time "2023-02-09 10:27:50"
```

Listar y modificar zonas horarias:

```
# timedatectl list-timezones | grep Europe/P
Europe/Paris
Europe/Madrid
# timedatectl set-timezone Europe/Paris
```

systemd-timesyncd

systemd ofrece un servicio llamado systemd-timesyncd que además de administrar la hora en lugar de o además del servicio ntpd.timedatectl, también permite interactuar con este servicio.

4. chrony

El paquete de software chrony sustituye a ntp en la mayoría de las distribuciones. Configura un cliente NTP, que se considera más sencillo y práctico. Mientras que el cliente NTP clásico está diseñado para una máquina activa que está permanentemente conectada a la red, chrony es adecuado tanto para servidores como para estaciones de trabajo:

- Sustituye a ntp en las distribuciones principales recientes.
- En el caso de una desviación temporal importante, se actualiza más rápido (unos minutos) que ntp.
- Es más receptivo, especialmente cuando el reloj de hardware del sistema no es fiable, como en las máquinas virtuales.
- Una vez completada la sincronización inicial y la actualización, el reloj permanece estable.
- La sincronización con los servidores NTP se produce cuando la red está disponible, no a intervalos regulares.

Por lo tanto, este servicio es el más adecuado para un sistema con conexión de red o actividad intermitente o a menudo en espera.

chrony se configura a través del archivo /etc/chrony.conf.

Ejemplo

Contenido sin comentarios del archivo `/etc/chrony.conf` *en una distribución RHEL9.2:*

```
pool 2.rhel.pool.ntp.org iburst
sourcedir /run/chrony-dhcp
driftfile /var/lib/chrony/drift
makestep 1.0 3
rtcsync
keyfile /etc/chrony.keys
ntsdumpdir /var/lib/chrony
leapsectz right/UTC
logdir /var/log/chrony
```

Los valores destacables son:

- `server`: servidor NTP que se va a utilizar, con sus opciones.
- `pool`: no define un servidor NTP, sino un grupo de servidores. La resolución de direcciones proporciona varias direcciones de servidor NTP.
- `rtcsync`: la hora del sistema se sincroniza regularmente con la hora RTC.
- `makestep`: permite controlar la velocidad a la que el desplazamiento de tiempo se pone al día forzando la actualización si el desvío es mayor que el especificado.
- `Leapsectz`: cómo gestionar los segundos intercalares en función de la zona horaria. El tiempo universal TU1, que en realidad es el tiempo solar medio, no es exactamente el mismo que UTC. Esto da como resultado una desviación en el tiempo, lo que obliga a añadir segundos. Desde 1972, se han añadido 37 segundos para mantenerse sincronizados.

El comando `chronyc` se puede usar con argumentos o de forma interactiva. El argumento `tracking` comprueba el estado de la sincronización.

Ejemplo

```
# chronyc tracking
Reference ID    : 5F51AD4A (ntp-2.arkena.net)
Stratum         : 3
Ref time (UTC)  : Tue Jul 18 09:15:00 2023
System time     : 0.000013439 seconds slow of NTP time
Last offset     : +0.000008396 seconds
RMS offset      : 0.000082105 seconds
Frequency       : 40.439 ppm slow
Residual freq   : +0.000 ppm
Skew            : 0.021 ppm
Root delay      : 0.014726517 seconds
Root dispersion : 0.015274058 seconds
Update interval : 65.2 seconds
Leap status     : Normal
```

Conocer las fuentes de sincronización:

```
# chronyc sources
MS Name/IP address         Stratum Poll Reach LastRx Last sample
===============================================================================
^+ ip16.ip-188-165-29.eu         2  10   377   1011   -782us[-1186us] +/-   53ms
^* ntp-2.arkena.net              2   6   377     29   -328us[ -288us] +/-   26ms
^- x.ns.gin.ntt.net              2  10   377    662   -336us[ -350us] +/-   84ms
^+ vps-b79172cc.vps.ovh.net      2  10   377    334   -723us[ -548us] +/-   46ms
```

Estadísticas sobre las fuentes de sincronización:

```
# chronyc sourcestats
Name/IP Address            NP  NR  Span  Frequency  Freq Skew  Offset  Std Dev
==============================================================================
ip16.ip-188-165-29.eu      14   9  223m     -0.013      0.036   -627us   145us
ntp-2.arkena.net            8   6   518     +0.832      1.858   -279us   123us
x.ns.gin.ntt.net            6   4  155m     -0.136      0.029   -319us    26us
vps-b79172cc.vps.ovh.net   25  12  414m     +0.130      0.120  +1059us  1174us
```

El siguiente comando permite forzar la actualización de la hora:

```
# chronyc makestep
200 OK
```

G. Configuración regional

Las distribuciones de Linux admiten muchos idiomas y permiten configurar los formatos regionales correspondientes, por ejemplo, el formato de visualización de la fecha, el símbolo de moneda, etc.

1. Internacionalización (i18n) y localización (l10n)

Hay que distinguir entre localización (*localization*) e internacionalización:

- La **localización** (l10n, *localization*, una palabra de 12 letras que comienza por *l* y termina por *n*) consiste en proporcionar una traducción de un elemento correspondiente a la cultura local (principalmente el idioma, pero también la moneda o la representación de números). Por ejemplo, si el español se usa en España y muchos países de América Latina, cada cultura tiene elementos que pueden variar moneda, distribución del teclado, etc.
- La **internacionalización** (i18n, *internacionalization*, una palabra de 20 letras que comienza por *i* y termina por *n*) gestiona la regionalización ascendente a nivel del desarrollo de software. El software común utiliza las funciones de un API de internacionalización. Una función que es responsable de recuperar una cadena de texto en cualquier idioma dentro de una base de datos, comprueba qué idioma se usa y devuelve la cadena correspondiente, por ejemplo, la librería de funciones `gettext`.

Ejemplo

En lugar de usar un modelo fijo como este:

```
printf("Hello");
```

Un programador lo puede usar así:

```
printf(gettext("Helo"));
```

La función `gettext` *buscará la cadena correspondiente a "Hola" en los archivos de localización del programa en el idioma actual y devolverá una versión traducida. Por lo tanto, en España, la segunda línea mostrará:*

```
Hola
```

2. Configuración regional

Hay varias formas de cambiar la localización del sistema o de un programa determinado. Cada distribución proporciona un módulo de configuración, al igual que cada entorno de escritorio (Gnome, Unity, KDE, etc.).

La siguiente orden permite especificar los conjuntos de configuraciones regionales que se configurarán en una distribución similar a Debian:

```
dpkg-reconfigure locales
```

a. Variables de entorno

Los parámetros que determinan el país, el idioma o la moneda utilizados se colocan en diferentes variables de entorno en el shell. El principal se llama `LANG`. Por lo general, se inicializa en:

- `/etc/default/locale` en Debian y Ubuntu
- `/etc/locale.conf` en Red Hat
- `/etc/sysconfig/language` en SuSE

Ejemplo

```
# env | grep LANG
LANG=es_ES. UTF-8
```

Su formalismo es el siguiente:

```
idioma_País[.estándar][@variante]
```

- `idioma` es el idioma utilizado (aquí es para España).
- `País` es el país, en mayúsculas (aquí ES).
- `.estándar` indica el estándar utilizado para la codificación de caracteres (aquí en UTF-8).
- `@variante` especifica una variante del idioma. En algunos sistemas que utilizan la codificación `ISO-8859-15`, se puede especificar `@euro` para indicar una variante que soporta el euro de esta codificación.

Ejemplo

```
# env | grep LANG
LANG=es_ES.UTF-8
# date
mar. 18 julio 2023 14:06:48 CEST
```

Pasar al inglés americano:

```
# LANG=en_US.UTF-8
# date
Tue Jul 18 02:07:08 PM CEST 2023
```

El comando `local -a` muestra los conjuntos de localizaciones instalados en el sistema.

Ejemplo

Parámetros locales del idioma español:

```
# locale -a | grep '^es'
es_AR
es_AR.iso88591
es_AR.utf8
es_BO
es_BO.iso88591
es_BO.utf8
es_CL
es_CL.iso88591
es_CL.utf8
es_CO
es_CO.iso88591
es_CO.utf8
es_CR
es_CR.iso88591
es_CR.utf8
es_CU
es_CU.utf8
es_DO
es_DO.iso88591
es_DO.utf8
es_EC
es_EC.iso88591
es_EC.utf8
es_ES
es_ES.iso88591
es_ES.iso885915@euro
es_ES.utf8
es_ES@euro
es_GT
es_GT.iso88591
es_GT.utf8
es_HN
es_HN.iso88591
es_HN.utf8
es_MX
es_MX.iso88591
es_MX.utf8
es_NI
es_NI.iso88591
es_NI.utf8
es_PA
es_PA.iso88591
es_PA.utf8
```

```
es_PE
es_PE.iso88591
es_PE.utf8
es_PR
es_PR.iso88591
es_PR.utf8
es_PY
es_PY.iso88591
es_PY.utf8
es_SV
es_SV.iso88591
es_SV.utf8
es_US
es_US.iso88591
es_US.utf8
es_UY
es_UY.iso88591
es_UY.utf8
es_VE
es_VE.iso88591
es_VE.utf8
```

Los elementos de regionalización admitidos por el sistema se encuentran en el directorio `/usr/share/locale`.

A menudo hay un gran número de variables de localización, cuyos nombres comienzan con `LC_`. Se pueden usar para administrar diferentes configuraciones de localización. De lo contrario, la variable `LANG` sustituye todas estas variables.

El comando `locale` sin argumentos muestra todas las variables de localización.

Ejemplo

```
# locale
LANG=es_ES.UTF-8
LANGUAGE=es:en_AU:en_CA:en_GB:en_US:en
LC_CTYPE="es_ES.UTF-8"
LC_NUMERIC=es_ES.UTF-8
LC_TIME=es_ES.UTF-8
LC_COLLATE="es_ES.UTF-8"
LC_MONETARY=es_ES.UTF-8
LC_MESSAGES="es_ES.UTF-8"
LC_PAPER=es_ES.UTF-8
LC_NAME=es_ES.UTF-8
LC_ADDRESS=es_ES.UTF-8
LC_TELEPHONE=es_ES.UTF-8
LC_MEASUREMENT=es_ES.UTF-8
LC_IDENTIFICATION=es_ES.UTF-8
LC_ALL=
```

Cada una de las variables de LC se puede cambiar. Esto es lo que significan:

- LC_CTYPE: clase de caracteres y conversión.
- LC_NUMERIC: formato numérico predeterminado, que no sea para la moneda.
- LC_TIME: formato predeterminado para la fecha y la hora.
- LC_COLLATE: reglas de comparación y clasificación (por ejemplo, para caracteres acentuados).
- LC_MONETARY: formato monetario.
- LC_MESSAGES: formato para mensajes informativos, interactivos y de diagnóstico.
- LC_PAPER: tamaño de papel predeterminado (por ejemplo, A4).
- LC_NAME: formato del nombre de una persona.
- LC_ADDRESS: ídem para una dirección.
- LC_TELEPHONE: ídem para el teléfono.
- LC_MEASUREMENT: sistema de medición (métrico en España).
- LC_IDENTIFICATION: metadatos adicionales sobre la especificación local.
- LC_ALL: reglas para todas las demás variables de LC.

Ejemplo

Fecha en formato americano, vía LC_TIME:

```
# LC_TIME=en_US date
Tue Jul 18 14:22:56 CEST 2023
# date
mar. 18 julio 2023 14:23:12 CEST
```

☞ *En algunos casos, es necesario exportar la variable LANG =C, por ejemplo, dentro de un script. Esto tiene el efecto de restablecer la regionalización nativa de los comandos, generalmente en inglés, o de tipo POSIX, para garantizar un funcionamiento óptimo de los comandos en cuestión.*

b. Zonas horarias

La zona horaria determina el desplazamiento temporal de la hora con respecto a la hora universal UTC y también se utiliza para gestionar el cambio de hora en primavera y otoño.

Para volver a configurar la zona horaria (*timezone*), utilice los siguientes comandos:

- Distribuciones de tipo Debian: dpkg-reconfigure tzdata o timedatectl
- Distribuciones de tipo Red Hat: timedatectl

Los comandos tzselect y tzconfig se deprecian en distribuciones recientes.

Ejemplo

```
# timedatectl | grep 'Time zone'
                Time zone: Europe/Paris (CEST, +0200)
```

La zona horaria se determina en forma de Continente/Ciudad. Esta información se coloca en el archivo /etc/timezone.

El archivo /etc/localtime, en formato binario, contiene información relacionada con la zona horaria, como el desplazamiento respecto a la hora UTC, las reglas para cambiar el horario de verano o el horario de invierno.

Los archivos de configuración de la zona horaria se colocan en /usr/share/zoneinfo. /etc/localtime es una copia (o enlace simbólico) del archivo para la zona horaria.

Ejemplo

```
# ls -l /etc/localtime
lrwxrwxrwx. 1 root root 34 Jul  9 22:23 /etc/localtime ->
../usr/share/zoneinfo/Europe/Paris
```

Si existe, la variable de entorno TZ contiene la zona horaria.

Ejemplo

```
$ echo $TZ
Europe/Paris
```

3. Codificación de caracteres

Hay diferentes alfabetos en el mundo, y un mismo alfabeto puede tener muchas variaciones dependiendo del país. Cada variante requiere una versión particular para la codificación de caracteres. Durante mucho tiempo, la tabla de codificación de caracteres utilizó el código ASCII de 1 byte. Por lo tanto, esta tabla puede contener 256 caracteres. Los primeros 127 son invariables, contienen todos los caracteres sin acento, así como los caracteres de control y formato (eliminación, retorno de carro, etc.). Los siguientes 128 son libres. En España, se colocan caracteres semigráficos y caracteres acentuados. Esto significa que se debe especificar una tabla ASCII diferente para cada país.

Estas tablas están estandarizadas por ISO. Por ejemplo, para España, la tabla ISO 8859-1 corresponde a los caracteres de Europa Occidental, ISO 8859-15 después del cambio al euro. En Windows, es la tabla Windows-1252, etc. Cada tabla es incompatible con las demás. Las fuentes de caracteres se deben adaptar a cada tabla. Además, los 256 caracteres no son suficientes para codificar todos los ideogramas.

Para abordar este problema, existe un estándar informático llamado unicode, que es compatible con el estándar ISO 10646. Asigna un nombre y un identificador numérico a cualquier carácter de cualquier sistema de escritura lingüística de forma unificada, independientemente de la plataforma informática o del software. Si un sistema es compatible con Unicode y tiene fuentes de caracteres asociadas, los textos y los nombres de archivo se mostrarán correctamente, independientemente del idioma y de los caracteres utilizados.

Por defecto, Linux utiliza el formato Unicode UTF-8.

El comando iconv permite convertir un archivo codificado en una tabla dada en otra tabla. La opción -l muestra todas las tablas de codificación admitidas.

Ejemplo

```
# iconv  -l
...
  437, 500, 500V1, 850, 851, 852, 855, 856, 857, 860, 861, 862, 863,
864, 865,  866, 866NAV, 869, 874, 904, 1026, 1046, 1047, 8859_1,
8859_2, 8859_3, 8859_4,  8859_5, 8859_6, 8859_7, 8859_8, 8859_9,
10646-1:1993, 10646-1:1993/UCS4,
...
  ISO646-ES2, ISO646-FI, ISO646-FR, ISO646-FR1, ISO646-GB, ISO646-HU,
ISO646-IT, ISO646-JP-OCR-B, ISO646-JP, ISO646-KR, ISO646-NO,ISO646-NO2,
...
  WINDOWS-31J, WINDOWS-874, WINDOWS-936, WINDOWS-1250, WINDOWS-1251,
WINDOWS-1252, WINDOWS-1253, WINDOWS-1254, WINDOWS-1255, WINDOWS-1256,
WINDOWS-1257, WINDOWS-1258, WINSAMI2, WS2, YU
```

Para convertir un archivo, existe el comando `iconv`.

Sintaxis

`iconv [-f CODIGO_ACTUAL] [-t CODIGO_DESTINO] [nombre_archivo]`

La codificación actual se utiliza de forma predeterminada.

H. Validación de los conocimientos adquiridos: preguntas/respuestas

Preguntas

Si cree conocer suficientemente este capítulo, conteste a las siguientes preguntas:

Gestión de usuarios y grupos

1 ¿Se puede usar un UID para autenticar una cuenta de usuario?

2 ¿Puede un usuario formar parte de más de un grupo?

3 ¿Se debe dar UID 85 a un usuario simple del sistema?

4 ¿Cómo se autentica un usuario en Linux?
- A - Por su login.
- B - Por su UID.
- C - Por su contraseña.
- D - Por una clave secreta.

5 ¿Qué comando se utiliza para averiguar el UID y el GID de un usuario?

6 ¿Cuál es la ruta de acceso del archivo que contiene las contraseñas cifradas?

7 ¿Cuál es el cuarto campo de la línea del archivo **`/etc/passwd`**?
- A - EL UID.
- B - El GID.
- C - El comentario.
- D - El directorio de trabajo.

8 ¿Cuál es el cuarto campo del archivo **`/etc/group`**?
- A - El GID.
- B - La contraseña del grupo.
- C - La lista de usuarios que tienen este grupo como grupo principal.
- D - La lista de usuarios que tienen este grupo como grupo secundario.

9 ¿Puede el administrador `root` conocer la contraseña de un usuario?

10 La línea `useradd -m -u 100 -g users -G video -c test -s /bin/false`:
- A - Es incorrecta.
- B - Añade un usuario de prueba de UID 100.
- C - Añade un usuario de vídeo, pero no tiene permiso para conectarse.
- D - Crea un usuario de subgrupo secundario vídeo.

11 Para añadir un usuario a un grupo, puede:
- A - Usar `usermod -G`.
- B - Usar `vigr`.
- C - Usar `vi /etc/group`.

12 ¿Qué comando se debe introducir para obligar al usuario bob a cambiar su contraseña cada 30 días?

13 El usuario `joe` fue despedido de la empresa. ¿Cómo se puede bloquear su cuenta?

14 El usuario `joe` tenía documentos importantes en su directorio personal. ¿Cómo eliminar su cuenta sin eliminar su carpeta personal?

15 ¿Qué comando se debe utilizar para comprobar el estado de los archivos de cuentas de usuario y las contraseñas?

16 ¿Cómo se puede saber cuándo fue la última vez que el usuario `jack` se conectó?

17 Un usuario intenta cambiar su shell a `/bin/zsh` (que existe) con `chsh` pero no puede hacerlo. ¿Qué debe comprobar primero?

18 El usuario `william` intenta obtener `class1` como grupo principal durante su conexión, pero no se puede hacer con el comando `newgrp`. ¿Por qué?

19 Necesita temporalmente permisos de `root`, para los cuales conoce la contraseña. Para iniciar un servicio, debe:
- A – Cerrar la sesión e iniciar una sesión `root`.
- B - Utilizar el comando `su`.
- C - Trabajar conectado directamente como `root`.
- D - Utilizar el comando `login`.

20 ¿Qué archivo necesita modificar para que todas las cuentas nuevas de usuario tengan el shell `/bin/ksh`?

21 ¿Qué variable del archivo `/etc/login.defs` debe cambiar para que los UID de los nuevos usuarios comiencen en 1500?

22 ¿Cuál es el directorio predeterminado que contiene el perfil de un usuario genérico?

23 ¿Qué archivo necesita crear para no permitir conexiones diferentes a `root` en un servidor Linux que usa los PAM?

Impresión

24 ¿Cómo se llama el sistema de impresión que se usa normalmente en Linux?

- A - BSD
- B - System V
- C - CUPS
- D - LPD

25 ¿Cómo se llama el servicio de impresión BSD?

26 Indique la ruta de acceso al archivo de configuración para las colas de impresión BSD.

27 ¿Qué comandos BSD funcionan con CUPS?

28 ¿Es aconsejable modificar directamente el archivo `/etc/cups/printers/conf`?

29 ¿Cuál es la URL para configurar CUPS en el equipo local?

Automatización

30 ¿Cuál es el efecto de la línea `crontab` siguiente `* * * * * who > /tmp/test`?

31 ¿Qué línea `crontab` se debe escribir para lanzar el comando `checkall` de lunes a viernes a las 11 de la noche solo en junio?

- A - `* 23 * 6 1,5 checkall`
- B - `0 23 0 6 1-5 checkall`
- C - `23 * 6 1-5 checkall`
- D - `0 23 * 6 1-5 checkall`

32 Indique la ruta de acceso a la configuración `crontab` del sistema.

33 ¿Qué comando se puede usar para editar la `crontab` del usuario de Pedro?

34 Excepcionalmente, debe iniciar una tarea llamada `script.sh` esta noche a las 21:00 desde su consola. ¿Cuál es la línea de comandos que se debe ejecutar?

35 Se cancela la tarea anterior. ¿Cómo se puede listar y eliminar la tarea?

36 ¿Cómo se prohíbe a un usuario usar la `crontab`?

rsyslog y journald

37 ¿Puede `rsyslog` procesar los mensajes enviados por el kernel?

38 Indique la ruta de acceso al archivo de configuración `journald`.

39 La configuración de `rsyslog` contiene una línea `*.* /var/log/messages`. ¿Qué hay en `/var/log/messages`?

40 ¿Cómo se pueden ver continuamente las trazas del sistema con `journalctl`?

Archivado

41 ¿Cómo puedo archivar y comprimir en formato bzip2 el directorio `/datos` en el archivo `datos.tar.bz2`?

42 ¿Cómo se restaura un archivo cpio llamado `archivo.cpio` con todos sus subdirectorios pero sin sobrescribir los archivos que ya están presentes?

Reloj

43 Precise dos métodos para averiguar la hora actual.

44 El 2 de diciembre de 1975 fue:

- A - lunes
- B - martes
- C - miércoles
- D - jueves

45 ¿Cuáles son algunos métodos válidos para poner en hora su máquina?

- A - `hwclock --set`
- B - `date -s`
- C - `ntpdate serveur_ntp.com`
- D - `chronyc makestep`

Resultados

Diríjase a las páginas siguientes para comprobar sus respuestas. Por cada respuesta correcta, sume un punto.

Número de puntos: /45

Debe acertar un mínimo de 34 preguntas sobre este capítulo (34/45).

Identifique los temas claves en los que tiene lagunas y repáselos consultando de nuevo este capítulo antes de pasar al siguiente:

☐Gestión de usuarios y grupos

☐Impresión

☐Automatización

☐rsyslog y journald

☐Archivado

☐Reloj

Respuestas

Gestión de usuarios y grupos

1 ¿Se puede usar un UID para autenticar una cuenta de usuario?

No. El UID identifica la cuenta de usuario, pero no la autentica.

2 ¿Puede un usuario formar parte de más de un grupo?

Sí. El usuario tendrá todos los permisos asociados a cada uno de los grupos.

3 ¿Se debe dar el UID 85 a un usuario simple del sistema?

No. Los UID inferiores a 100 están reservados para usuarios con permisos superiores.

4 ¿Cómo se autentica a un usuario en Linux?

- A - Por su conexión.
- B - Por su UID.
- C - Por su contraseña.
- D - Por una clave secreta.

C. Es la contraseña, que solo el usuario conoce, la que lo autentica.

5 ¿Qué comando se utiliza para averiguar el UID y el GID de un usuario?

`Id`.

6 ¿Cuál es la ruta de acceso del archivo que contiene las contraseñas cifradas?

`/etc/shadow`

7 ¿Cuál es el cuarto campo de la línea en el archivo `/etc/passwd`?

- *A - EL UID.*
- *B - El GID.*
- *C - El comentario.*
- *D - El directorio de trabajo.*

B. Este es el GID del grupo principal.

8 ¿Cuál es el cuarto campo del archivo `/etc/group`?

- A - El GID.
- B - La contraseña del grupo.
- C - La lista de los usuarios que tienen este grupo como grupo principal.
- D - la lista de los usuarios que tienen este grupo como grupo secundario.

D.

9 ¿Puede `root` conocer la contraseña de un usuario?

No, está cifrada.

10 La línea `useradd -m -u 100 -g users -G video -c test -s /bin/false`:

- A - Es incorrecta.
- B - Añade un usuario de prueba de UID 100.
- C - Añade un usuario de vídeo, pero no tiene derecho a conectarse.
- D - Crea un usuario de subgrupo de vídeo.

A. Falta el nombre del usuario.

11 Para añadir un usuario a un grupo, puede:

- A - Usar `usermod -G`.
- B - Usar `vigr`.
- C - Usar `vi /etc/group`.

¡Todas las respuestas son correctas!

12 ¿Qué comando se debe introducir para obligar al usuario Bob a cambiar su contraseña cada 30 días?

`chage -M 30 bob` o `passwd -x 30 bob`.

13 El usuario `Joe` fue despedido de la empresa. ¿Cómo se puede bloquear su cuenta?

Con `passwd -l joe` o `usermod -l joe`.

14 El usuario `Joe` tenía documentos importantes en su directorio personal. ¿Cómo eliminar su cuenta sin eliminar su carpeta personal?

`userdel joe` sin la opción `-r`.

15 ¿Qué comando se debe utilizar para comprobar el estado de los archivos de cuentas de usuario y las contraseñas?

El comando `pwck`.

16 ¿Cómo se puede saber cuándo fue la última vez que el usuario `jack` se conectó?

`lastlog -u jack` o `last jack`.

17 Un usuario intenta cambiar su shell a `/bin/zsh` (que existe) con `chsh` pero no puede hacerlo. ¿Qué debe comprobar primero?

¿`chsh -l` lista `/bin/zsh`? De lo contrario, añada este shell a `/etc/shells` después de comprobar que está instalado. Esto se debe a que los scripts posteriores a la instalación de los paquetes suelen añadir las entradas correspondientes en este archivo.

18 El usuario `william` intenta obtener `class1` como grupo principal durante su conexión, pero no se puede hacer con el comando `newgrp`. ¿Por qué?

Es muy probable que `William` no forme parte del grupo de `class1`. Compruebe si es uno de sus grupos secundarios con `id`.

19 Necesita temporalmente permisos de `root`, para los cuales conoce la contraseña. Para iniciar un servicio, debe:

- A – Cerrar la sesión e iniciar una sesión `root`.
- B - Utilizar el comando `su`.
- C - Trabajar conectado directamente como `root`.
- D - Utilizar el comando `login`.

B. Debe evitar trabajar como `root` todo el tiempo.

20 ¿Qué archivo necesita modificar para que todas las cuentas de usuario nuevas tengan el shell `/bin/ksh`?

El archivo `/etc/default/useradd`, línea `SHELL`.

21 ¿Qué variable del archivo `/etc/login.defs` necesita cambiar para que todos los UID de usuario comiencen en 1500?

`UID_MIN` debe pasar a 1500.

22 ¿Cuál es el directorio predeterminado que contiene el perfil de un usuario genérico?

`/etc/skel`.

23 ¿Qué archivo necesita crear para no permitir conexiones diferentes a `root` en un servidor Linux que usa los PAM?

`/etc/nologin`.

Impresión

24 ¿Cómo se llama el sistema de impresión que se usa normalmente en Linux?

- A - BSD
- B – System V
- C - CUPS
- D - LPD

C: CUPS, Common Unix Printing System.

25 ¿Cómo se llama el servicio de impresión?

`lpd`.

26 Indique la ruta de acceso al archivo de configuración para las colas de impresión BSD.

`/etc/printcap`.

27 ¿Qué comandos BSD funcionan con CUPS?

Todo. CUPS garantiza una compatibilidad total.

28 ¿Es aconsejable editar directamente el archivo `/etc/cups/printers/conf`?

No, es mejor utilizar la interfaz HTML o una herramienta gráfica.

29 ¿Cuál es la URL para configurar CUPS en la máquina local?

http://localhost:631.

Automatización

30 ¿Cuál es el efecto de la línea `crontab` siguiente `* * * * * who > /tmp/test`?

Cada minuto, el resultado del comando `who` sobrescribe el contenido antiguo de `/tmp/test` con la lista de usuarios conectados localmente.

31 ¿Qué línea `crontab` se debe escribir para lanzar el comando `checkall` de lunes a viernes a las 11 de la noche solo en junio?

- A - `* 23 * 6 1,5 checkall`
- B - `0 23 0 6 1-5 checkall`
- C - `23 * 6 1-5 checkall`
- D - `0 23 * 6 1-5 checkall`

D. `0 23 : 23:00, * 6 1-5`. En junio, de lunes a viernes.

32 Indique la ruta de acceso a la configuración de `crontab` del sistema.

`/etc/crontab`.

33 ¿Qué comando se puede usar para editar la `crontab` del usuario `pedro`?

`crontab -u pedro`

34 Excepcionalmente, debe iniciar una tarea llamada `script.sh` esta noche a las 21:00 desde su consola. ¿Qué comando debe escribir?

`at -f script.sh 21:00`

35 Se cancela la tarea anterior. ¿Cómo se puede listar y eliminar la tarea?

`Atq` para listar, y `atrm` seguido del número de trabajo para eliminarlo.

36 ¿Cómo se prohíbe a un usuario usar la `crontab`?

Añadiendo su login en `/etc/cron.deny`.

rsyslog y journald

37 ¿Puede `rsyslogd` procesar los mensajes enviados por el kernel?

Sí. `Klogd` reformatea y envía los mensajes de vuelta a `rsyslogd`.

38 Indique la ruta de acceso al archivo de configuración de `journald`.

`/etc/systemd/journald.conf`.

39 La configuración de `rsyslog` contiene una línea "`*.* /var/log/messages`". ¿Qué hay en `/var/log/messages`?

`/var/log/messages` contiene todos los mensajes emitidos por todos los componentes (kernel, servicios y programas) que usan `rsyslog`.

40 ¿Cómo se pueden ver continuamente las trazas del sistema con `journalctl`?

`Journalctl -f`

Archivado

41 ¿Cómo se puede archivar y comprimir el directorio en formato bzip2 `/datos` en el archivo `datos.tar.bz2`?

`tar cvjf datos.tar.bz2 /datos`

42 ¿Cómo restauro un archivo cpio llamado `archivo.cpio` con todos sus subdirectorios pero sin sobrescribir los archivos que ya están allí?

`cpio -id < archivo.cpio`

Reloj

43 Indique dos métodos para averiguar la hora actual.

`date` y `hwclock -show`.

44 El 2 de diciembre de 1975 fue:

A - lunes

B - martes

C - miércoles

D - jueves

`date --date "12/02/1975"` indica que era un martes.

45 ¿Cuáles son algunos métodos válidos para poner en hora su máquina?

- A - `hwclock --set`
- B - `date -s`
- C - `ntpdate serveur_ntp.com`
- D - `chronyc makestep`

Los cuatro son correctos. C funciona con `ntp` y D con `crony`.

I. Prácticas

1. Gestión de usuarios

Objetivo: crear un usuario y aplicar una política de seguridad.

1. Cree un usuario `tom` con UID 1200, como grupo `users`, con el comentario "`Jerry hunter`" y como shell `/bin/bash`. Cree el usuario con su directorio personal.
2. Asigne a tom la contraseña "`tomcat`".
3. Cree un grupo `cat` con el GID `530`.
4. Añada a `tom` al grupo `cat`.
5. Modifique la información de cambio de contraseña de `tom` con el comando chage. La contraseña no se puede cambiar durante 10 días y es obligatorio cambiarla cada 50 días.
6. Elimine el usuario `tom`. A continuación, ejecute el comando `pwck`. Rectifique el problema.

Posibles soluciones

Objetivo: crear un usuario y aplicar una política de seguridad.

1. Cree un usuario `tom` con UID 1200, como grupo `users`, con el comentario "`Jerry hunter`" y como shell `/bin/bash`. Cree el usuario con su directorio personal.

```
# useradd -m -u 1200 -g users -c "Jerry hunter" tom
```

2. Asigne a tom la contraseña "`tomcat`".

```
# passwd tom
Changing password for user tom.
New password:
BAD PASSWORD: The password is shorter than 8 characters
Retype new password:
passwd: all authentication tokens updated successfully.
```

3. Cree un grupo `cat` con el GID `530`.

```
# groupadd -g 530 cat
```

4. Agregue `tom` al grupo `cat`.

```
# vi /etc/passwd
cat:x:530:tom
```

5. Modifique la información de cambio de contraseña de `tom` con el comando `chage`. La contraseña no se puede cambiar durante 10 días y es obligatorio cambiarla cada 50 días.

```
# chage tom
# chage tom
Changing the aging information for tom
Enter the new value, or press ENTER for the default

        Minimum Password Age [0]: 10
        Maximum Password Age [99999]: 50
        Last Password Change (YYYY-MM-DD) [2023-07-18]:
        Password Expiration Warning [7]:
        Password Inactive [-1]:
        Account Expiration Date (YYYY-MM-DD) [-1]:
```

6. Elimine el usuario `tom`. A continuación, ejecute el comando `pwck`. Resuelva el problema.

```
# userdel tom
# pwck
```

2. Impresión

Objetivo: configurar impresoras e imprimir archivos.

1. Puede elegir entre dos sistemas de impresión: BSD y CUPS. ¿Qué sistema debería utilizar?
2. Conéctese a la interfaz de administración de CUPS a través de un navegador web.
3. En una de las impresoras configuradas, compruebe el estado de impresión e imprima una página de prueba.
4. ¿Qué sucede si intenta imprimir una imagen png de la siguiente manera: `lpr archivo.png`?
5. Cancele todas las impresiones en curso.

Soluciones posibles

Objetivo: configurar impresoras e imprimir archivos.

1. Puede elegir entre dos sistemas de impresión: BSD y CUPS. ¿Qué sistema debería utilizar?

   CUPS porque es más nuevo y compatible con BSD.
2. Conéctese a la interfaz de administración de CUPS a través de un navegador web.

   http://localhost:631
3. En una de las impresoras configuradas, compruebe el estado de impresión e imprima una página de prueba.
4. ¿Qué sucede si intenta imprimir una imagen png de la siguiente manera: `lpr archivo.png`?

   Esto funciona perfectamente: el sistema de impresión CUPS tiene filtros que gestionan la mayoría de los documentos transformándolos en el lenguaje de impresión de la impresora, principalmente en postcript.

5. Cancele todas las impresiones actuales.

```
# lprm -
```

3. Automatización de tareas

Objetivo: utilizar la planificación de tareas con `cron`.

1. Ejecute el comando `ps -ef` con la cuenta de usuario `root` cada 5 minutos y redirija el resultado a `/tmp/ps_resultado`, sin sobrescribir los datos antiguos.
2. Compruebe la lista de tareas guardadas en la crontab de `root`.
3. Espere cinco minutos y compruebe el resultado en `/tmp`.
4. Todos los archivos colocados en `/etc/cron.d` son procesados por `cron` automáticamente. Por lo tanto, es inútil, si el comando es permanente, modificar la crontab del usuario `root`: cree un archivo `/etc/cron.d/cron_ps` en el que pueda colocar el comando encontrado anteriormente.
5. Prohibir al usuario `Joe` utilizar `crontab`.

Soluciones posibles

Objetivo: utilizar la planificación de tareas con `cron`.

1. Ejecute el comando `ps -ef` con la cuenta de usuario `root` cada 5 minutos y redirija el resultado a `/tmp/ps_resultado`, sin sobrescribir los datos antiguos.

```
# crontab -e
```

Añada la siguiente línea:

```
*/5 * * * * ps -ef >> /tmp/ps_resultado
```

2. Compruebe la lista de tareas pendientes en `crontab`.

```
# crontab -l
*/5 * * * * * ps -ef >> /tmp/ps_resultado
```

3. Espere cinco minutos y compruebe el resultado en `/tmp`.

```
# ls -l /tmp/ps_resultado
-rw-r--r-- 1 root root 5824 10 Jul 14:30 /tmp/ps_resultado
```

4. Todos los archivos colocados en `/etc/cron.d` son procesados por `cron` automáticamente. Por lo tanto, es inútil, si el comando es permanente, modificar la `crontab` del usuario `root`: cree un archivo `/etc/cron.d/cron_ps` en el que pueda colocar el comando encontrado anteriormente.

```
# echo "ps -ef >> /tmp/ps_resultado" >/etc/crond.d/cron_ps
```

5. Prohibir al usuario `Joe` utilizar `crontab`.

Edite el archivo `/etc/cron.deny` y vuelva a añadir al usuario `joe` a una nueva línea en ese archivo.

4. Registros del sistema

Objetivo: estudiar los registros del sistema y la configuración de `rsyslog`.

1. Se puede acceder a los mensajes de inicio del sistema y a la información clave desde el comando `dmesg`. Aísle la línea que indica la configuración de arranque del kernel.
2. El comando `last` también devuelve la fecha de los últimos apagados y reinicios. Recupere la lista de los reinicios más recientes.
3. El archivo `/var/log/messages` contiene mensajes sobre eventos importantes del sistema, incluidos los anteriores al último arranque. Puede haber varios archivos guardados por el batch `logrotate`. En el último archivo generado, ¿cuál es la información sobre `eth0`?
4. Coloque todos los mensajes que pertenecen al kernel en un archivo llamado `kernel.log`. Modifique el archivo de configuración de `rsyslog` según corresponda.
5. Obligue a rsyslog a volver a cargar su configuración.

Posibles soluciones

Objetivo: estudiar los registros del sistema y la configuración de `rsyslog`.

1. Se puede acceder a los mensajes de inicio del sistema y a la información clave con el comando `dmesg`. Aísle la línea que indica la configuración de arranque del kernel.

```
# dmesg| grep -i command
[    0.000000] Command line: BOOT_IMAGE=/vmlinuz-6.1.0-10-amd64
root=/dev/mapper/srvdeb--vg-root ro quiet
[    0.068707] Kernel command line: BOOT_IMAGE=/vmlinuz-6.1.0-10-amd64
root=/dev/mapper/srvdeb--vg-root ro quiet
[    0.068800] Unknown kernel command line parameters
"BOOT_IMAGE=/vmlinuz-6.1.0-10-amd64", will be passed to user space.
               on the kernel command line
```

Puede encontrar esta línea en la configuración de GRUB.

2. El comando `last` también devuelve la fecha de los últimos apagados y reinicios. Recupere la lista de los reinicios más recientes.

```
# last | grep reboot
reboot   system boot  6.1.0-10-amd64   Thu Jul 13 13:19   still running
reboot   system boot  6.1.0-10-amd64   Wed Jul 12 08:09 - 16:52  (08:43)
reboot   system boot  6.1.0-10-amd64   Tue Jul 11 11:28 - 16:50  (05:21)
reboot   system boot  6.1.0-10-amd64   Mon Jul 10 15:06 - 21:48  (06:41)
reboot   system boot  6.1.0-10-amd64   Mon Jul 10 14:15 - 21:48  (07:32)
reboot   system boot  6.1.0-10-amd64   Sun Jul  9 22:27 - 22:33  (00:05)
```

o directamente:

```
# last reboot
reboot   system boot  6.1.0-10-amd64   Thu Jul 13 13:19   still running
reboot   system boot  6.1.0-10-amd64   Wed Jul 12 08:09 - 16:52  (08:43)
reboot   system boot  6.1.0-10-amd64   Tue Jul 11 11:28 - 16:50  (05:21)
reboot   system boot  6.1.0-10-amd64   Mon Jul 10 15:06 - 21:48  (06:41)
reboot   system boot  6.1.0-10-amd64   Mon Jul 10 14:15 - 21:48  (07:32)
reboot   system boot  6.1.0-10-amd64   Sun Jul  9 22:27 - 22:33  (00:05)

wtmp commence Sun Jul  9 22:27:23 2023
```

3. El archivo `/var/log/messages` contiene mensajes sobre eventos importantes del sistema, incluidos los anteriores al último arranque. Puede haber varios archivos guardados por el batch `logrotate`. En el último archivo generado, ¿cuál es la información sobre `eth0`?

```
# dmesg | grep eth0
[    3.792120] forcedeth 0000:00:0a.0: ifname eth0, PHY OUI 0x732 @ 1,
addr 00:1b:24:6a:78:14
[    4.041047] forcedeth 0000:00:0a.0 enp0s10: renamed from eth0
```

4. Coloque todos los mensajes que pertenecen al kernel en un archivo llamado `kernel.log`. Modifique el archivo de configuración de `rsyslog` según corresponda.

Añada la siguiente línea a `/etc/rsyslog.conf`:

```
kern.                    * /var/log/kernel.log
```

5. Obligue a `rsyslog` a volver a cargar su configuración.

```
# systemctl reload rsyslog
```

O enviándole una señal 1 (SIGHUP):

```
# ps -e | grep rsyslog| awk '{print $1}'
765
# pgrep rsyslog
765
# kill -HUP 765
# pgrep rsyslog
```

5. Archivado

Objetivo: aprender a crear y manipular archivos.

1. El comando `gzip` se utiliza para comprimir un archivo. Cree un archivo de texto normal y comprímalo. Luego compare su tamaño con el archivo original, ¿qué puede observar?
2. Realice una copia de seguridad en un archivo comprimido en formato `gzip` de su directorio personal con el comando `tar`.
3. Descomprima este archivo en la ubicación deseada.

Soluciones posibles

Objetivo: aprender a crear y manipular archivos.

1. El comando `gzip` se utiliza para comprimir un archivo. Cree un archivo de texto normal y comprímalo. Luego compare su tamaño con el archivo original, ¿qué puede observar?

```
# cp /etc/hosts fic.txt
# gzip fic.txt
# ls -l fic.txt*
-rw-r--r-- 1 root root 163 19 julio 18:32 fic.txt.gz
```

   El archivo resultante es `fic.txt.gz`. El archivo original ha sido eliminado.

2. Realice una copia de seguridad en un archivo comprimido en formato `gzip` de su directorio personal con el comando `tar`.

```
# tar cvzf home.tgz /home
[...]
/home/pba/.cache/evolution/mail/
/home/pba/.cache/evolution/mail/trash/
/homc/pba/.cache/gstreamer-1.0/
/home/pba/.cache/gstreamer-1.0/registry.x86_64.bin
/home/pba/.bash_logout
/home/pba/.bash_history
/home/pba/.face
# ls -l home.tgz
-rw-r--r-- 1 root root 12878118 19 julio 18:33 home.tgz
```

3. Descomprima este archivo en la ubicación deseada.

```
# mkdir savhome
# cd savhome
# tar xzf ../home.tgz
# ls -l
total 4
drwxr-xr-x 8 root root 4096 12 julio 09:30 home
# du -ms
83
```

Capítulo 7

Requisitos previos

- ☒Tener conocimientos básicos de cómo funciona una red.
- ☒Tener una conexión Ethernet.
- ☒Poder acceder a otras máquinas de la red.
- ☒Tener acceso de administrador root.

Objetivos

Al final de este capítulo, será capaz de:

- ☒Comprender cómo funcionan las redes IP.
- ☒Configurar las interfaces de red.
- ☒Conocer los principales comandos para la administración de redes.
- ☒Administrar los principales archivos de configuración.
- ☒Configurar un cliente DNS.
- ☒Configurar los servicios de xinetd.
- ☒Utilizar clientes y servidores SSH.
- ☒Configurar un agente básico de transferencia de correo.

A. TCP/IP

El origen de la arquitectura de red **TCP/IP** (*Transmission Control Protocol / Internet Protocol*) proviene de la investigación de la **DARPA** (*Defense Advanced Research Project Agency*) que comenzó en 1970. En ese momento, la universidad de California Berkeley, integró los protocolos básicos de TCP/IP en su sistema UNIX.

TCP/IP se ha popularizado gracias a su interfaz genérica para programar intercambios de datos entre máquinas conectadas a la red, los primitivos **sockets** y la integración de protocolos de aplicación. Los protocolos TCP/IP los supervisa el **IAB** (*Internet Architecture Board*) que, a su vez, supervisa otras dos organizaciones:

- **IRTF** (*Internet Research Task Force*), que es responsable del desarrollo de los protocolos.
- **IETF** (*Internet Engineering Task Force*), que es responsable de la red de Internet.

Las direcciones de red las distribuye el **NIC** (*Network Information Center*) y en España, la **RIPE** NCC (*iniciales de Redes IP Europeas Network Coordination Centre*). Todos los protocolos de TCP/IP se describen en documentos RFC (Request For Comments) (ver **RFC** 793) que incluye, entre otros:

- La capa de red está gestionada por el **IP** (*Internet Protocol*). Puede utilizar una variedad de protocolos a nivel físico y a nivel de enlace.
- La capa de transporte se gestiona mediante los protocolos **TCP** (*Transmission Control Protocol*) o **UDP** (*User Datagram Protocol*).
- Las capas superiores son las correspondientes a los protocolos de aplicación, por ejemplo:
  - **HTTP** (*HyperText Transfer Protocol*): protocolo para la Web.
  - **NFS** (*Network File System*): uso compartido remoto de archivos.
  - **DNS** (*Domain Name System*): asociación de nombres de host o de servicios ó direcciones IP.
  - **FTP** (*File Transfer Protocol*): transferencia de archivos.

La versión más utilizada del protocolo IP es la versión 4, y se espera que el protocolo IP versión 6 la sustituya en el futuro. IPv6 es compatible con IPv4 y ofrece direccionamiento con 128 bits para ampliar las capacidades de la red, especialmente en términos de tamaño y de direccionamiento.

1. Direccionamiento IPv4

Antes de proceder a la instalación, es importante saber en qué tipo de red TCP/IP debe integrar el nuevo servidor. Al menos, se le debe asignar una dirección IP y una máscara de subred (*netmask*), un nombre de máquina de red (*hostname*), eventualmente su nombre de dominio DNS y una puerta de enlace o pasarela predeterminada, si necesita comunicarse con otras redes/subredes.

Una dirección IP se define con 32 bits y se representa mediante cuatro números separados por puntos: **n1.n2.n3.n4**. Esta dirección consta de dos partes que definen la dirección de red y el identificador del host en su red.

La notación **CIDR** (*Classless Inter-Domain Routing*), más reciente, denota una dirección IP porque viene seguida de un carácter / y el número de bits de la parte de red de la dirección.

Ejemplo

10.0.0.1/8 -> la red se identifica por los primeros ocho bits de la dirección.

Hay cinco clases de direcciones, en función del tamaño de la parte de red de la dirección: A, B, C, D y E. Solo las tres primeras son comunes. En teoría, estas clases ya no existen desde 1992 (RFC 1338), pero se siguen usando para redes privadas.

Leyenda: N y h son bits, N es el identificador de red y h es el identificador de la máquina.

```
Clase A: 0NNNNNNN hhhhhhhh hhhhhhhh hhhhhhhh soit 1.x.x.x à 127.x.x.x.
n1 está comprendido entre 1 y 127.
16777214 hosts, 127 redes.

Clase B: 10NNNNNN NNNNNNNN hhhhhhhh hhhhhhhh soit de 128.0.x.x à 191.255.x.x.
n1 está comprendido entre 128 y 191.
65534 hosts, 16382 redes.

Clase C: 110NNNNN NNNNNNNN NNNNNNNN hhhhhhhh soit de 192.0.0.x à
223.255.255.x.
n1 está comprendido entre 192 y 223.
254 host, 2097150 redes.

Clase D: Empieza por 1110, para la multidifusión IP de 224 a 239.
Clase E: Empieza por 1111, para la experimentación IP de 240 a 255.
```

Algunas direcciones están reservadas y no se pueden asignar: una dirección con todos los bits de la parte del host con el valor 0 representa la dirección de la red, una dirección con todos los bits de la parte del host con el valor 1 representa la dirección de **difusión** de la red (*broadcast*).

Las siguientes direcciones no se enrutan a través de Internet y están reservadas para redes privadas:

- 10.0.0.0 - 10.255.255.255 (10.0.0.0/8)
- 172.16.0.0 - 172.31.255.255 (172.16.0.0/12)
- 192.168.0.0 - 192.168.255.255 (192.168.0.0/16)

La dirección 127.0.0.1 es la dirección del bucle invertido (loopback), que representa el sistema local. La dirección `127.0.0.0/8` se corresponde con la red de bucle invertido. Estas direcciones se utilizan para probar las capas de red locales en el sistema (o para limitar el uso de los servicios del sistema a los clientes que se ejecutan en el sistema).

a. Subredes

Es posible dividir una red en subredes, utilizando máscaras que permiten una división más fina de las direcciones. Una máscara de red (**netmask**) es una máscara binaria que separa inmediatamente la dirección de la red y de la subred de la dirección del host en la dirección IP global.

La máscara se define estableciendo todos los bits de la parte de red/subred de la dirección a `1` y todos los demás bits a 0.

- **Clase A**: 255.0.0.0
- **Clase B**: 255.255.0.0
- **Clase C**: 255.255.255.0

Para comunicarse directamente entre sí, los hosts deben pertenecer a la misma red o subred. Calcular una subred es bastante sencillo.

Ejemplo

Para una red de clase C.

- *Red: 192.168.1.0*
- *Máscara de red: 255.255.255.0*
- *Dirección de red: 192.168.1.0*

Calcule una máscara de subred:

- Para calcular la máscara de subred, primero debe determinar cuántas máquinas desea integrar en ella. Una red de clase C permite integrar 254 máquinas (0 y 255 están reservadas). Desea crear redes con 60 máquinas. Añada 2 a este valor para las direcciones reservadas (dirección de subred y dirección de broadcast), lo que da un total de **62**.
- Una vez que se ha determinado el número de máquinas, encuentre la potencia de dos exacta o justo superior al número encontrado. 2 elevado a 6 es **64**.
- Escriba la máscara en binario, establezca todos los bits de la máscara de red de clase C a 1 y establezca los primeros 6 bits de la máscara correspondientes a la parte de la máquina a 0: **11111111 11111111 11111111 11000000**
- Convierta esta máscara a decimal: **255.255.255.192** y calcule el conjunto de subredes posibles. Dado que se encuentra en una red de clase C, puede cambiar los dos últimos bits de la parte de la máquina:
  - 00xxxxxx: 255.255.255.0
  - 01xxxxxx : 255.255.255.64
  - 10xxxxxx: 255.255.255.128
  - 11xxxxxx: 255.255.255.192
- Obtiene cuatro subredes de 62 máquinas, es decir, 248 máquinas. Obtiene 256 si suma las cuatro direcciones de broadcast y las cuatro direcciones de red.

b. Enrutamiento

La máscara de red se utiliza para saber si dos hosts pertenecen a la misma red. Si no pertenecen a la misma red, deben pasar por, al menos, un enrutador para comunicarse. El enrutador al que se transmiten los mensajes entre redes, por defecto, se denomina pasarela predeterminada (default gateway).

Si el sistema tiene varias tarjetas de red que participan en redes diferentes, habrá varios enrutadores para especificar a qué red se puede acceder desde cada interfaz de red.

Todos los enrutadores conocidos del sistema se almacenan en la tabla de enrutamiento del kernel.

Ejemplo

Tabla de enrutamiento para la red de clase C1 192.168.1.0 en `eth0`*, Red2 de clase B2 172.16.0.0 en* `eth1` *y pasarela predeterminada 192.168.1.254.*

```
Redes          Máscara          Interfaz    Pasarela
192.168.1.0    255.255.255.0   eth0        eth0
172.16.0.0     255.255.0.0     eth1        eth1
0.0.0.0        0.0.0.0         eth0        192.168.1.254
```

Todos los paquetes de red dirigidos a la red 192.168.1.0 pasarán a través de `eth0`*. Todos los paquetes con destino a la red 172.16.0.0 pasarán a través de* `eth1`*. Por defecto, el resto de paquetes para redes no especificadas pasarán a través de* `eth0` *y serán procesados por la pasarela 192.168.1.254, que enrutará los paquetes.*

c. IPv6

Las últimas direcciones IPv4 públicas alcanzaron la saturación en 2011 a pesar de que no todas se utilizaban, debido a la forma en que se distribuyen por clases y subredes. Por ejemplo, las subredes de clase A por sí solas, representan casi dos mil millones de direcciones IP, probablemente infrautilizadas o en manos de organizaciones que no las utilizan todas. Lo mismo ocurre con las subredes de clase B con mil millones de direcciones.

Un gran número de direcciones IP están reservadas para usos específicos, como mensajes de multicast, y no se pueden asignar a un ordenador.

La mala gestión inicial, la proliferación de terminales, especialmente los diversos tipos de terminales móviles, y la multiplicación de las conexiones de Internet por parte de particulares, han provocado una explosión de la demanda, lo que ha llevado a la saturación.

Se han aplicado varios métodos para tratar de posponer la fecha de saturación. Entre estos métodos, destacan la desaparición de la noción de clases en direcciones IP públicas y el uso de NAT (*Network Address Translator*), que ofrece servicios de acceso público en máquinas presentes en subredes privadas a través de la traducción de direcciones. De esta manera, los servidores, los sitios web, otros sitios web y los ordenadores personales tienen direcciones IP en una subred privada, pero se puede acceder a ellas desde el exterior a través de las IP públicas y de las funciones NAT de una box de Internet.

Esto no significa la desaparición inmediata de IPv4: estas direcciones IP, por supuesto, seguirán siendo muy utilizadas durante muchos años.

En el siguiente sitio web, se muestra el estado de las asignaciones de direcciones IPv4:
http://ipv4.potaroo.net/

Direccionamiento IPv6

Las direcciones IPv6 sustituyen o complementan las direcciones IPv4. Están codificados con 128 bits, por lo que su número va mucho más allá de lo que se necesita. La traducción de direcciones (NAT) ya no es necesaria y el enrutamiento es mucho más sencillo.

La dirección se divide en 8 grupos de dos bytes escritos en hexadecimal y separados por ":":

```
2001:0e36:2ed9:d4f0:021b:0000:0000:f81d
```

Hay tres ceros no significativos que se pueden omitir:

`2001:e36:2ed9:d4f0:21b:0:0:f81d`

Se pueden omitir uno o más bloques de 16 bits (2 bytes) manteniendo el ":" a cada lado. Solo es posible una sustitución:

`2001:e36:2ed9:d4f0:21b::f81d`

Ejemplo

El prefijo predeterminado para el operador de telefonía francés Free es `/64`. Esto significa que Free proporciona una dirección de tipo 2a01:e36:2ed9:d4f0::/64, es decir, de forma ampliada:

`2a01:e36:2ed9:d4f0:0000:0000:0000:0000/64`

Se pueden crear tantas direcciones IPv6 como sea necesario en esta subred, que son unos 264hosts: 18.446.744.073.709.551.616 direcciones IP. Estas IP serán directamente accesibles desde el exterior, sin NAT, pero es posible la protección por medio de un firewall.

Utilización en Linux

La certificación LPIC-1 solo requiere el conocimiento de la configuración de interfaces y de los servicios para el uso de IPv4. Sin embargo, Linux es totalmente compatible con IPv6. Los comandos `ifconfig`, `route`, `ping`, etc. aceptan IPv6, así como los archivos de configuración de las interfaces específicas de cada distribución.

2. Configuración básica de la red

La configuración básica de las interfaces de red se puede realizar automáticamente, a través de NetworkManager o editando los archivos de configuración. La configuración se puede automatizar a través del protocolo DHCP o se puede definir estáticamente.

a. Nomenclatura de interfaces

Muchas distribuciones cambian las reglas de nomenclatura de las interfaces de red. La nomenclatura genérica (`eth0`, `eth1`...) se sustituye por un nombre que representa la numeración de las interfaces, ya sea por la BIOS o por la enumeración del bus de hardware. Podemos encontrar nombres de interfaces como `p2p1`, `enp0s2`, etc.

☞ *Para mantener la antigua regla de nomenclatura en `ethX`, es necesario añadir las opciones `net.ifnames=0` y `biosdevname=0` al inicio del kernel, para no permitir la nomenclatura a través de la BIOS. Para hacer esto, debe cambiar la configuración predeterminada de GRUB y regenerar su configuración.*

b. NetworkManager

NetworkManager es un servicio que permite la configuración y administración dinámicas de interfaces de red y de los protocolos asociados. Proporciona un conjunto de comandos (`nmcli`, `nmtui`, etc.) para administrar de forma centralizada la configuración de red del sistema.

En un servidor, es posible utilizar un método estático de gestión de red y desactivar este servicio.

Ejemplo

Para deshabilitar el servicio `NetworkManager` en una distribución de Red Hat y habilitar el servicio `network` clásico:

```
systemctl stop NetworkManager
systemctl mask NetworkManager
systemctl disable NetworkManager
systemctl enable network
systemctl unmask network
systemctl start network
```

Para una distribución de tipo Debian, es necesario reemplazar `network` por `networking`.

3. Comandos de configuración

La configuración básica de una interfaz de red se realiza mediante el comando `ifconfig`. La configuración de una interfaz mediante este comando es dinámica. Tiene efecto de manera inmediata y finaliza cuando el sistema se detiene. Sin embargo, la mayoría de las distribuciones utilizan scripts de administración y archivos que permiten configurar las interfaces de rutas de red y de las rutas y se ejecutan cuando arranca el sistema para que la configuración sea permanente.

En versiones recientes de distribuciones, el comando `ip` más general sustituye al comando `ifconfig`.

☞ *El comando `ifconfig` ya no se instala de forma predeterminada en las versiones recientes de Debian. Para usarlo, debe instalar el paquete d software `net-tools`.*

Ejemplo

Configuración dinámica de `eth0` para la dirección de clase C 192.168.1.2:

```
ifconfig eth0 inet 192.168.1.2 netmask 255.255.255.0
```

o

```
ifconfig eth0 192.168.1.2
```

Activación de la interfaz de red `eth0`:

```
ifconfig eth0 up
```

Parada de la interfaz de red `eth0`:

```
ifconfig eth0 down
```

Visualización de la información de `eth0`:

```
# ifconfig eth0
eth0      Enlace encap:Ethernet  HWaddr 00:XX:XX:XX:XX:XX
          dir inet:192.168.1.60  Bcast:192.168.1.255
 Máscara:255.255.255.0
          dir inet6: fe80::21b:fcff:fec9:f81d/64 Scope:Lien
          UP BROADCAST RUNNING MULTICAST  MTU:1500  Métrica:1
          RX packets:16522 errors:0 dropped:0 overruns:0 frame:0
          TX packets:13631 errors:0 dropped:0 overruns:0 carrier:2
          collisions:0 lg file transmission:1000
          RX bytes:17732221 (16.9 Mb)  TX bytes:1648879 (1.5 Mb)
```

La dirección IPv6 aparece en el resultado de la línea inet6.

Configuración de una dirección IPv6:

```
# ifconfig eth0 inet6 add fe80::21b:fcff:fec9:f81d/64
```

Visualización de todas las interfaces de red activas:

```
ifconfig
```

Visualización de todas las interfaces de red activas o no:

```
ifconfig -a
```

a. Versiones anteriores de las distribuciones de Red Hat

Las distribuciones de tipo Red Hat ofrecían herramientas para configurar la red de base sin tener que manipular los archivos de configuración. Algunas de estas herramientas han desaparecido desde la versión 7, pero siguen formando parte del programa de certificación LPIC-1.

El programa `netconfig` está basado en texto y le permite configurar la configuración básica de TCP/IP (IP estática o dinámica, enrutador, nombre de host, servidor de nombres).

```
# netconfig --device eth0
```

El comando gráfico `system-config-network` inicia una interfaz más completa.

☞ *La distribución de SuSE (o SLES) sigue el mismo principio que se describe a continuación, pero la sintaxis y la posición de los archivos pueden variar.*

Los scripts `Ifup` y `ifdown` se basan en los archivos de la carpeta `/etc/sysconfig/network-scripts/`. Estos archivos de configuración de interfaz se denominan `ifcfg-xxx`; `xxx` es el nombre de la interfaz de red, como `eth0`.

Ejemplo

Archivo /etc/sysconfig/network-scripts/ifcfg-eth0:

```
DEVICE=eth0
IPADDR=192.168.1.2
NETMASK=255.255.255.0
NETWORK=192.168.1.0
BROADCAST=192.168.1.255
ONBOOT=yes
BOOTPROTO=static
```

Los valores `NETWORK` y `BROADCAST` son opcionales si se especifican `IPADDR` y `NETMASK` (en cuyo caso, el cálculo es automático) o si se utiliza `DHCP`. `BOOTPROTO` indica cómo habilitar la interfaz, ya sea `static` o `dhcp`. En el caso de DHCP, el archivo podría tener el siguiente aspecto:

```
DEVICE=eth0
ONBOOT=yes
BOOTPROTO=dhcp
```

En el caso de una configuración estática, `IPADDR` y `NETMASK` son obligatorios:

```
DEVICE=eth0
IPADDR=192.168.1.2
```

```
NETMASK=255.255.255.0
ONBOOT=yes
BOOTPROTO=static
```

`ONBOOT` determina si la interfaz se debe activar automáticamente cuando se inicia la máquina.

Para IPv6, se deben especificar las siguientes variables:

```
IPV6INIT=yes
IPV6ADDR=<IPv6-IP-Address>
IPV6_DEFAULTGW=<IPv6-IP-Gateway-Address>
```

`IPV6INIT` indica si IPv6 está habilitado o no en esta interfaz. Las dos variables siguientes indican la dirección IP y su pasarela.

Una vez que el archivo se ha completado correctamente, usamos los comandos `ifup/ifdown`:

Activación de la interfaz eth0:

```
ifup eth0
```

Cierre de la interfaz eth0:

```
ifdown eth0
```

Ajustes generales

El archivo `/etc/sysconfig/network` contiene los parámetros generales de la red.

Ejemplo

```
NETWORKING=yes
HOSTNAME=poste1.mired.org # nombre completo
GATEWAY=0.0.0.0 # pasarela predeterminada
NISDOMAIN= # nombre del dominio NIS
NETWORKING_IPV6=yes
```

- `NETWORKING`: si la red está habilitada o no.
- `HOSTNAME`: nombre del dominio completo FQDN.
- `GATEWAY`: dirección IP de la pasarela.
- `GATEWAYDEV`: interfaz de red utilizada para acceder a la pasarela.
- `NISDOMAIN`: caso de un dominio NIS.
- `NETWORKING_IPV6`: la compatibilidad con IPv6 está habilitada o no.

b. Versiones anteriores de distribuciones de tipo Debian

El archivo de configuración de la interfaz de red en Debian se encuentra en `/etc/network/interfaces`.

Ejemplo

```
# cat /etc/network/interfaces
auto lo eth0 eth1
iface lo inet loopback

iface eth0 inet static
        address 192.161.1.60
        netmask 255.255.255.0
        broadcast 192.168.1.255
        gateway 192.168.1.1

iface eth1 inet dhcp
```

En este ejemplo, se muestran tres tipos de interfaces:

- *la interfaz `lo` de `loopback`,*
- *la interfaz `eth1` en `dhcp`, que no requiere una configuración más avanzada,*
- *la interfaz `eth0`, configurada estáticamente.*

La sintaxis general de una declaración es la siguiente:

`interfaz nombre tipo modo`

Con una configuración estática, especifique los diferentes parámetros con las siguientes palabras clave:

- `address`: la dirección IP
- `netmask`: la máscara de subred
- `broadcast`: la dirección de broadcast
- `gateway`: la pasarela predeterminada

La línea `auto` especifica las interfaces que se activarán automáticamente durante el arranque.

Para IPv6, la configuración es idéntica: basta con sustituir `inet` por `inet6`.

Es posible utilizar una directiva `include` para incluir un archivo externo en la configuración.

El archivo `/etc/hostname` contiene el nombre de la máquina:

```
# cat /etc/hostname
slyserver
```

c. Enrutamiento

Con el uso de los archivos y comandos anteriores, no es necesario crear un enrutamiento específico porque la pasarela predeterminada ya está presente (ver Los parámetros regionales) y las rutas para las interfaces de red se configuran automáticamente mediante `ifup`. Sin embargo, puede utilizar el comando `route`.

Ejemplo

Mostrar tabla de enrutamiento (`-n` para mostrar direcciones en lugar de nombres de host):

```
# route -n
Tabla de enrutamiento IP del kernel
Destino         Passarela       Genmask         Indic  Metric  Ref  Use    Iface
0.0.0.0         192.168.1.254   0.0.0.0         UG     100     0    0    enp0s10
169.254.0.0     0.0.0.0         255.255.0.0     U      1000    0    0    enp0s10
192.168.1.0     0.0.0.0         255.255.255.0   U      100     0    0    enp0s10
```

Adición de una entrada lookback:

```
route add -net 127.0.0.0
```

Adición de la ruta a la red `192.168.2.0` a través de `enp0s10`.

```
route add -net 192.168.2.0 netmask 255.255.255.0 enp0s10
```

Adición de la pasarela predeterminada:

```
route add default gw 192.168.1.254
```

Eliminación de la ruta a la red 192.168.2.0:

```
route del -net 192.168.2.0 enp0s10
```

La gestión de las rutas IPv6 es idéntica, pero se debe especificar el tipo de dirección utilizado en el comando con la opción -A:

```
route -A inet6 add <ipv6> gw <ipv6>
```

d. El comando ip

Los comandos `ifconfig` y `route` no son los únicos que permiten asignar, modificar y eliminar direcciones IP y rutas. Los comandos del paquete de software `iproute2` (o `iproute`) son más recientes y potentes, por lo que ofrecen opciones de más bajo nivel y permiten manipulaciones más complejas. El comando principal se llama `ip`.

☞*Solo están cubiertas las opciones básicas del comando `ip` como parte de la certificación LPIC-1.*

Los tres objetos principales que el comando `ip` puede manejar, son:

Objeto	Función
`link`	Atributos de la interfaz de red
`addr`	Direccionamiento IP de la interfaz de red
`Route`	Rutas a las redes y hosts

El comando `ip link show` muestra el estado de las interfaces de red a nivel del hardware.

Sintaxis

```
ip link show [NombreInterfaz]
```

El comando `ip` gestiona la abreviatura de sus argumentos, si no hay ambigüedad. Por ejemplo, `ip l sh` equivale a `ip link show`.

Si se muestra `NO CARRIER`, la interfaz no recibe nada, pero si se muestra `state DOWN`, la interfaz no está conectada.

Ejemplo

```
# ip link show
1: lo: <LOOPBACK,UP,LOWER_UP> mtu 65536 qdisc noqueue state UNKNOWN
mode DEFAULT group default qlen 1000
    link/loopback 00:00:00:00:00:00 brd 00:00:00:00:00:00
2: enp0s10: <BROADCAST,MULTICAST,UP,LOWER_UP> mtu 1500 qdisc fq_codel
state UP mode DEFAULT group default qlen 1000
    link/ether 00:1b:24:6a:78:14 brd ff:ff:ff:ff:ff:ff
```

El comando `ip addr show` muestra la configuración IP de una interfaz, IPv4 e IPv6:

Sintaxis

```
ip [-4|-6] address show [NombreInterfaz]
```

La opción `-4` o `-6` limita la visualización a la versión IP especificada. Por defecto, se muestran ambas versiones.

Ejemplo

```
# ip -4 a sh enp0s10
2: enp0s10: <BROADCAST,MULTICAST,UP,LOWER_UP> mtu 1500 qdisc fq_codel
state UP group default qlen 1000
    inet 192.168.1.140/24 brd 192.168.1.255 scope global dynamic
noprefixroute enp0s10
       valid_lft 38117sec preferred_lft 38117sec
```

El comando `ip addr add` añade una dirección IP a la interfaz de red especificada.

Sintaxis

```
ip addr add Dirección/Máscara dev NombreInterfaz
```

Ejemplo

```
# ip addr add 192.168.1.100/24 dev enp0s10
# ip -4 a s enp0s10
2: enp0s10: <BROADCAST,MULTICAST,UP,LOWER_UP> mtu 1500 qdisc fq_codel
state UP group default qlen 1000
    inet 192.168.1.140/24 brd 192.168.1.255 scope global dynamic
noprefixroute enp0s10
       valid_lft 37800sec preferred_lft 37800sec
    inet 192.168.1.100/24 scope global secondary enp0s10
       valid_lft forever preferred_lft forever
```

El comando `ip route show` muestra la tabla de enrutamiento.

Ejemplo

```
# ip route show
default via 192.168.1.254 dev enp38s0 proto dhcp src 192.168.1.108 metric 100
192.168.1.0/24 dev enp38s0 proto kernel scope link src 192.168.1.108 metric 100
```

El comando `ip route change default` permite modificar la pasarela predeterminada.

Sintaxis

```
ip route change default via Dirección
```

Ejemplo

```
# ip route change default via 192.168.99.1
# ip route show
default via 192.168.99.1 dev eth1
```

e. Configuración con NetworkManager

NetworkManager se ha establecido en un gran número de distribuciones. Se trata de un gestor de configuración de red dinámico, que consta de un servicio y comandos para comunicarse con él. Este servicio, que interactúa con DBUS y proporciona un API a las aplicaciones, ha ayudado a simplificar la administración de la red, especialmente para entornos gráficos o la configuración del Wi-Fi. NetworkManager puede gestionar todo tipo de dispositivos de red: Ethernet, Wi-Fi, 3/4G, módems y también conexiones VPN, rutas, servidores DNS, etc.

NetworkManager es un servicio gestionado por systemd.

Ejemplo

```
# systemctl status NetworkManager
● NetworkManager.service - Network Manager
     Loaded: loaded (/lib/systemd/system/NetworkManager.service; enabled;
preset: enabled)
     Active: active (running) since Mon 2023-07-24 14:58:28 CEST; 1h 45min ago
       Docs: man:NetworkManager(8)
   Main PID: 550 (NetworkManager)
      Tasks: 3 (limit: 4471)
     Memory: 12.6M
        CPU: 991ms
     CGroup: /system.slice/NetworkManager.service
             +-550 /usr/sbin/NetworkManager --no-daemon
[...]
```

El comando nmcli

El comando `nmcli` controla completamente la configuración. Sin argumentos, proporciona los detalles de la configuración actual, IPv4 e IPv6.

Ejemplo

```
# nmcli
enp38s0: conectado a enp38s0
        "Realtek RTL8111/8168/8411"
        ethernet (r8169), E4:11:5B:50:13:32, hw, mtu 1500
        ip4 por defecto, ip6 por defecto
        inet4 192.168.1.108/24
        route4 192.168.1.0/24 metric 100
        route4 default via 192.168.1.254 metric 100
        inet6 2a01:e0a:32c:9940:e611:5bff:fe50:1332/64
        inet6 fe80::e611:5bff:fe50:1332/64
```

```
        route6 fe80::/64 metric 1024
        route6 2a01:e0a:32c:9940::/64 metric 100
        route6 default via fe80::8e97:eaff:fe38:c317 metric 100
lo: conectado (modo externo) a lo
        "lo"
        loopback (unknown), 00:00:00:00:00:00, sw, mtu 65536
        inet4 127.0.0.1/8
        inet6 ::1/128
        route6 ::1/128 metric 256
wlo1: desconectado
        "Qualcomm Atheros AR9285"
        wifi (ath9k), 5E:CE:34:1F:D3:A9, hw, mtu 1500
p2p-dev-wlo1: desconectado
        "p2p-dev-wlo1"
        wifi-p2p, hw
DNS configuration:
        servers: 192.168.1.254
        interface: enp38s0
        servers: fd0f:ee:b0::1
        interface: enp38s0
```

Utilice `nmcli device show` para obtener información completa sobre los dispositivos conocidos y `nmcli connection show` para obtener una descripción general.

Consulte las páginas del manual `nmcli(1)` y `nmcli-examples(7)` para obtener detalles completos sobre el uso.

El comando `nmcli device show NombreInterfaz` muestra los detalles de una interfaz determinada.

Ejemplo

```
# nmcli device show enp38s0
GENERAL.DEVICE:                 enp38s0
GENERAL.TYPE:                   ethernet
GENERAL.HWADDR:                 E4:11:5B:50:13:32
GENERAL.MTU:                    1500
GENERAL.STATE:                  100 (conectado)
GENERAL.CONNECTION:             enp38s0
GENERAL.CON-PATH:               /org/freedesktop/NetworkManager/ActiveConnection/2
WIRED-PROPERTIES.CARRIER:       marche
IP4.ADDRESS[1]:                 192.168.1.108/24
IP4.GATEWAY:                    192.168.1.254
IP4.ROUTE[1]:                   dst = 192.168.1.0/24, nh = 0.0.0.0, mt = 100
IP4.ROUTE[2]:                   dst = 0.0.0.0/0, nh = 192.168.1.254, mt = 100
IP4.DNS[1]:                     192.168.1.254
IP6.ADDRESS[1]:                 2a01:e0a:32c:9940:e611:5bff:fe50:1332/64
IP6.ADDRESS[2]:                 fe80::e611:5bff:fe50:1332/64
IP6.GATEWAY:                    fe80::8e97:eaff:fe38:c317
IP6.ROUTE[1]:                   dst = fe80::/64, nh = ::, mt = 1024
IP6.ROUTE[2]:                   dst = 2a01:e0a:32c:9940::/64, nh = ::, mt = 100
IP6.ROUTE[3]:                   dst = ::/0, nh = fe80::8e97:eaff:fe38:c317, mt = 100
IP6.DNS[1]:                     fd0f:ee:b0::1
```

El comando `nmcli connection show` proporciona el estado actual de todas las conexiones:

<u>Ejemplo</u>

```
# nmcli connection show
NAME      UUID                                  TYPE       DEVICE
enp38s0   7f98c09e-812d-3ad1-bf9e-896e1f04ac28  ethernet   enp38s0
lo        24dacc49-d705-4714-9ea9-b16d040c2350  loopback   lo
```

El comando `nmcli connection up|down NombreInterfaz` habilita o deshabilita una interfaz.

<u>Ejemplo</u>

```
# nmcli con up enp0s3
Conexión activada (ruta D-Bus activa: /org/freedesktop/NetworkManager/
ActiveConnection/5)
# nmcli con down enp0s3
Conexión "enp0s3" desactivada (ruta D-Bus actif: /org/freedesktop/
NetworkManager/ActiveConnection/7)
```

El comando `nmcli device status` muestra el estado de las interfaces.

<u>Ejemplo</u>

```
# nmcli con up enp0s3
Conexión activada (ruta D-Bus activa: /org/freedesktop/NetworkManager/
ActiveConnection/5)
# nmcli con down enp0s3
Conexión "enp0s3" desactivada (ruta D-Bus activa: /org/freedesktop/
NetworkManager/ActiveConnection/7)
```

Para configurar una interfaz en modo DHCP (modo predeterminado), la sintaxis es la siguiente:

```
# mcli con add type ethernet con-name "Red virtual" ifname enp0s3

Conexión "Red virtual" (c828a07e-4841-472b-a551-7c415042f633)
agregada con éxito.
```

Para configurar una interfaz en modo estático, la sintaxis es la siguiente:

```
# nmcli con add type ethernet con-name "Red virtual" ifname enp0s3 ip4
10.0.2.15/24 gw4 10.0.2.2
```

Para configurar los servidores DNS que se utilizarán para la resolución de nombres:

```
# nmcli con mod "Red virtual" ipv4.dns "8.8.8.8 8.8.4.4"
```

Para añadir una ruta a la interfaz `enp0s3`:

```
# nmcli connection modify enp0s3 +ipv4.routes "192.168.122.0/24 10.10.10.1"
```

f. Los números de puerto

Los protocolos de transporte TCP y UDP gestionan los intercambios de aplicaciones mediante puertos. Un puerto está asociado a un número único que permite a las aplicaciones identificarse y comunicarse entre sí.

Un servicio escucha en un puerto y responde a los diferentes clientes en función de su número de puerto. Por ejemplo, por defecto, un servicio `sshd` escucha en el puerto TCP 22. Un cliente ssh solicita una conexión TCP a este puerto, especificando su propio puerto. La conexión, una vez establecida, se identifica de forma única mediante el par de identificadores Dir_IP_servidor .22:Dir_IP_cliente. Puerto_Cliente.

Ejemplo

Dos conexiones `ssh` desde la máquina `192.168.1.142` al servidor `192.168.1.108` (extracto de `netstat -an`):

```
Connexions Internet actives (servidores y establecidos)
Proto Recv-Q Send-Q Dirección local  Dirección remoto    Estado
tcp        0     64 192.168.1.108:22 192.168.1.142:54454 ESTABLISHED
tcp        0      0 192.168.1.108:22 192.168.1.142:54455 ESTABLISHED
```

Un número de puerto es de 16 bits. Los puertos de 0 a 1023 (*Well Known Ports*) están reservados para los servicios de servidor. Por lo general, los puertos del lado del cliente se asignan dinámicamente.

Un puerto UDP y un puerto TCP son dos puertos separados. Del mismo modo, un servicio puede escuchar en un puerto todas las direcciones IP de un servidor o una (o varias) direcciones IP específica(s).

A continuación, se muestra una lista de puertos conocidos:

Puerto	Servicio
20	Datos FTP
21	Protocolo FTP
22	ssh
23	telnet
25	Smtp (envío de correo)
53	DNS
80	HTTP
110	pop3 (recepción de correo)
123	NTP
139	netbio (servicio de windows)
143	imap
161	snmp
162	traps snmp
389	ldap (no seguro)

Puerto	Servicio
443	https
465	smtps (smtp sobre SSL)
514	syslog
636	ldaps (ldap sobre SSL)
993	imaps (imap sobre SSL)
995	pop3s (pop3 sobre SSL)

4. Herramientas de red

Existen muchos comandos que permiten realizar un seguimiento del estado de las capas de red del sistema.

a. El comando ping

El comando `ping` emite solicitudes ICMP (*Internet Control Message Protocol*) `echo` que tiene como destino una máquina o un conjunto de máquinas. Se utiliza para probar la conectividad entre el sistema local y los sistemas remotos. Si el sistema remoto responde, el enlace de red está activo. Si no responde, no significa necesariamente que el enlace esté inactivo: de hecho, por seguridad, muchos sistemas están configurados para no responder a las solicitudes ICMP y muchos firewalls y enrutadores bloquean este tipo de solicitudes.

☞*El comando `ping6` cumple el mismo papel para IPv6.*

Ejemplo

Comando ping a un servidor web de Google:

```
# ping www.google.com
PING www.google.com(par21s20-in-x04.1e100.net (2a00:1450:4007:818::2004))
56 bytes de datos
64 bytes de par21s20-in-x04.1e100.net (2a00:1450:4007:818::2004) :
icmp_seq=1 ttl=113 temps=2.79 ms
64 bytes de par21s20-in-x04.1e100.net (2a00:1450:4007:818::2004) :
icmp_seq=2 ttl=113 temps=2.39 ms
64 bytes de par21s20-in-x04.1e100.net (2a00:1450:4007:818::2004) :
icmp_seq=3 ttl=113 temps=2.15 ms
64 bytes de par21s20-in-x04.1e100.net (2a00:1450:4007:818::2004) :
icmp_seq=4 ttl=113 temps=3.00 ms
^C
--- estadísticas ping www.google.com ---
4 paquetes enviados, 4 recibidos, 0% packet loss, time 3004ms
rtt min/avg/max/mdev = 2.154/2.584/3.004/0.331 ms
```

Sintaxis

```
ping [Opciones] destino
```

El argumento puede ser una dirección IP o un nombre de host. También se puede tratar de una dirección de broadcast con la opción `-b`.

Principales opciones:

Opción	Descripción
`-c`	Número de mensajes ICMP que se van a transmitir. Por defecto, se debe interrumpir con [Ctrl] C.
`-b`	Mensajes de difusión (broadcast)
`-I Interf`	Interfaz de red a utilizar
`-s Tamaño`	Tamaño de los datos del paquete que se va a enviar (por defecto, 56 bytes de datos)

Ejemplo

Probar una dirección de host:

```
# ping -c 1 10.9.238.170 >/dev/null 2>&1 && echo "El servidor responde"
El servidor responde
```

Probar las direcciones de una subred (solo se detectarán los sistemas que estén autorizados a responder):

```
# ping -b 192.168.1.255
WARNING: pinging broadcast address
PING 192.168.1.255 (192.168.1.255) 56(84) bytes of data.
64 bytes from 192.168.1.10: icmp_seq=1 ttl=64 time=0.232 ms
64 bytes from 192.168.1.60: icmp_seq=1 ttl=64 time=0.240 ms
64 bytes from 192.168.1.130: icmp_seq=1 ttl=255 time=0.285 ms
64 bytes from 192.168.1.139: icmp_seq=1 ttl=255 time=0.292 ms
...
```

b. La comando traceroute

Para comunicarse con un host que no pertenece a la misma red (o subred), los paquetes IP deben viajar a través de uno o más enrutadores. El comando `traceroute` se utiliza para realizar un seguimiento de los diversos enrutamientos de paquetes IP que tienen como destino un host remoto.

☞ *El comando `traceroute6` tiene el mismo papel para IPv6.*

Sintaxis

```
traceroute [DirecciónIP | NombreHost]
```

Ejemplo

Enrutamiento al sitio web de ENI:

```
# traceroute www.ediciones-eni.com
traceroute to www. ediciones-eni.com (185.42.28.201), 30 hops max, 60 byte packets
 1  _gateway (192.168.1.254)  0.636 ms  0.576 ms  0.550 ms
```

```
 2  station11.multimania.isdnet.net (194.149.174.108)  2.498 ms  2.534 ms *
 3  * * *
 4  prs-b3-link.ip.twelve99.net (62.115.46.68)  2.961 ms  2.765 ms  2.969 ms
 5  prs-bb1-link.ip.twelve99.net (62.115.118.58)  2.852 ms
prs-bb2-link.ip.twelve99.net (62.115.118.62)  3.153 ms  3.134 ms
 6  ffm-bb1-link.ip.twelve99.net (62.115.123.12)  11.305 ms  11.047 ms ffm-bb2-
link.ip.twelve99.net (62.115.122.139)  11.094 ms
 7  ffm-b5-link.ip.twelve99.net (62.115.136.219)  11.432 ms
ffm-b5-link.ip.twelve99.net (62.115.114.89)  11.132 ms ffm-b5-link.ip.
twelve99.net (62.115.136.219)  11.330 ms
 8  francetelecom-ic-325004.ip.twelve99-cust.net (62.115.155.29)
11.001 ms  10.961 ms  11.215 ms
 9  bundle-ether312.auvtr5.paris.opentransit.net (193.251.133.155)
10.772 ms  10.907 ms  10.872 ms
10  81.52.188.242 (81.52.188.242)  11.148 ms  10.734 ms  10.528 ms
11  icr1.eq3.par.as4455.net (91.196.184.171)  10.482 ms  10.443 ms  10.519 ms
12  89.30.3.95 (89.30.3.95)  59.172 ms  59.131 ms  59.103 ms
13  185.42.31.94 (185.42.31.94)  15.493 ms  15.541 ms  15.473 ms
14  185.42.28.133 (185.42.28.133)  15.601 ms  16.089 ms  15.996 ms
```

El comando `traceroute6` es idéntico para IPv6.

c. El comando tracepath

Los comandos `tracepath` y `tracepath6` son casi equivalentes a `traceroute`, pero no utilizan el mismo método. Usan sockets y no requieren ningún permiso especial.

Ejemplo

Uso de tracepath en IPv4:

```
# tracepath -4n www.kde.org
 1?: [LOCALHOST]                     pmtu 1500
 1:  192.168.1.254                                 0.680 ms
 1:  192.168.1.254                                 0.566 ms
 2:  194.149.174.108                               3.163 ms
 3:  80.81.192.223                                11.551 ms
 4:  80.81.192.164                                11.694 ms
 5:  213.239.252.22                               14.921 ms
 6:  213.239.203.226                              14.542 ms
 7:  85.10.198.55                                 14.504 ms reached
Continuación [SDL1] : pmtu 1500 hops 7 back 7
```

d. El comando whois

El comando `whois` permite obtener toda la información sobre un host o dominio referenciado según RFC812:

Ejemplo

Dominio ediciones-eni.com:

```
# whois ediciones-eni.com | more
%%
%% This is the AFNIC Whois server.
```

```
%%
%% complete date format: YYYY-MM-DDThh:mm:ssZ
%%
%% Rights restricted by copyright.
%% See https://www.afnic.fr/en/domain-names-and-support/everything-there-
is-to-know-about-domain-names/find-a-domain-name-or-a-holder-using-whois/
%%
%%

domain:                         ediciones-eni.com
status:                         ACTIVE
eppstatus:                      active
hold:                           NO
holder-c:                       FB30013-FRNIC
admin-c:                        FB30014-FRNIC
tech-c:                         AA4055-FRNIC
registrar:                      EURODNS S.A.
Expiry Date:                    2024-12-08T23:07:50Z
created:                        2003-02-12T23:00:00Z
last-update:                    2019-02-22T08:12:05Z
source:                         FRNIC

nserver:                        ns1.eurodns.com
nserver:                        ns2.eurodns.com
nserver:                        ns3.eurodns.com
nserver:                        ns4.eurodns.com
source:                         FRNIC
[...]
address:                        EDITIONS ENI
address:                        2A RUE BENJAMIN FRANKLIN
address:                        ZAC DU MOULIN NEUF
address:                        44800 Saint-Herblain
country:                        FR
phone:                          +33.251801528
e-mail:                         bferec@eni.fr
registrar:                      EURODNS S.A.
anonymous:                      NO
obsoleted:                      NO
eppstatus:                      associated
eppstatus:                      active
eligstatus:                     not identified
reachstatus:                    not identified
source:                         FRNIC
[...]

>>> WHOIS request date: 2024-04-25T08:38:59.52869Z <<<
```

e. El comando nc (netcat)

El comando `netcat`, `ncat` o `nc` es una herramienta para establecer comunicaciones a través de TCP y UDP, sobre IPv4 o IPv6, cliente o servidor, especificando el puerto que se debe utilizar.

Con su amplia gama de opciones, este comando se puede utilizar para probar diferentes tipos de comunicación, especialmente a través de la red.

☞ *Existen diferentes programas que implementan el comando `nc` con diferentes opciones. El que se describe aquí es `ncat`, del paquete de software `nmap-ncat`.*

Sintaxis

```
ncat|nc [ -opciones ] [ host ] [ puerto ]
```

Parámetros principales

Opciones	Efecto
`Host`	Dirección o nombre de la máquina
`Puerto`	Número de puerto (por defecto `31337` o `37379`)
`-4` o `-6`	IPv4 o IPv6
`-u`	UDP en lugar de TCP
`-l`	Modo de escucha (servidor)
`-c Cmd`	Ejecuta el comando `Cmd`

Descripción

Como argumento, dependiendo del caso de uso, el comando espera una dirección IP o un nombre de host o un número de puerto. Por defecto, utiliza el protocolo de transporte TCP.

En el modo cliente, el comando envía cada línea introducida en el teclado al servidor. En el modo servidor, muestra todas las líneas recibidas del cliente.

Ejemplo

Probar el servidor SMTP en la máquina local, esperando en el puerto 25:

```
# netcat localhost 25
220 srvdeb ESMTP Exim 4.96 Thu, 27 Jul 2023 16:23:40 +0200
HELO hola
250 srvdeb Hello hola [127.0.0.1]
MAIL FROM:moi@gothamcity.com
250 OK
RCPT TO: root
501 root: recipient address must contain a domain
RCPT TO: root@localdomain
250 Accepted
DATA
354 Introducir mensaje, ending with "." on a line by itself
subject:Batman
Joker.
```

```
.
250 OK id=1qP1uj-0000P6-2g
QUIT
221 srvdeb closing connection
```

f. El comando netstat

El comando `netstat` proporciona mucha información sobre el estado de las diferentes capas de la red.

Opciones generales

La opción `-e` (*extend*) proporciona una visualización detallada.

La opción `-n` (*numeric*) muestra las direcciones y los números de puerto en lugar de los nombres de host o servicio.

La opción `-A` permite especificar el protocolo a procesar: `inet` (ipv4), `inet6` (ipv6), `unix`, etc.

La opción `-p` muestra el PID y el nombre del proceso relacionado con la conexión.

Interfaces

La opción `-i` muestra el estado de los adaptadores de red y las estadísticas de actividad.

Ejemplo

```
# netstat -i
Tabla de interfaces del kernel
Iface             MTU    RX-OK RX-ERR RX-DRP RX-OVR    TX-OK TX-ERR TX-DRP TX-OVR Flg
enp0s10          1500    79478      0    357 0          9602      0      0      0 BMRU
lo              65536       66      0      0 0            66      0      0      0 LRU
# netstat -ie
Tabla de interfaces del kernel
enp0s10: flags=4163<UP,BROADCAST,RUNNING,MULTICAST>  mtu 1500
        inet 192.168.1.140  netmask 255.255.255.0  broadcast 192.168.1.255
        inet6 fe80::21b:24ff:fe6a:7814  prefixlen 64  scopeid 0x20<link>
        inet6 2a01:e0a:32c:9940:1b8a:23be:5828:4855  prefixlen 64  scopeid 0x0<global>
        inet6 2a01:e0a:32c:9940:21b:24ff:fe6a:7814  prefixlen 64  scopeid 0x0<global>
        ether 00:1b:24:6a:78:14  txqueuelen 1000  (Ethernet)
        RX packets 79634  bytes 11710894 (11.1 MiB)
        RX errors 0  dropped 357  overruns 0  frame 105
        TX packets 9625  bytes 905603 (884.3 KiB)
        TX errors 0  dropped 0 overruns 0  carrier 0  collisions 0

lo: flags=73<UP,LOOPBACK,RUNNING>  mtu 65536
        inet 127.0.0.1  netmask 255.0.0.0
        inet6 ::1  prefixlen 128  scopeid 0x10<host>
        loop  txqueuelen 1000  (Boucle locale)
        RX packets 67  bytes 7479 (7.3 KiB)
        RX errors 0  dropped 0  overruns 0  frame 0
        TX packets 67  bytes 7479 (7.3 KiB)
        TX errors 0  dropped 0 overruns 0  carrier 0  collisions 0
```

Enrutamiento

La opción `-r` permite obtener la tabla de enrutamiento.

Ejemplo

```
# netstat -rn
Tabla de enrutamiento IP dwl kernel
Destino         Pasarela        Genmask         Indic   MSS Ventana  irtt Iface
192.168.211.0   0.0.0.0         255.255.255.0   U         0 0        0    vmnet8
192.168.1.0     0.0.0.0         255.255.255.0   U         0 0        0    eth0
172.16.248.0    0.0.0.0         255.255.255.0   U         0 0        0    vmnet1
169.254.0.0     0.0.0.0         255.255.0.0     U         0 0        0    eth0
127.0.0.0       0.0.0.0         255.0.0.0       U         0 0        0    lo
0.0.0.0         192.168.1.1     0.0.0.0         UG        0 0        0    eth0
```

Conexiones

La opción `-a` permite ver todas las conexiones, para todos los protocolos, incluidos los puertos de escucha de la máquina.

Ejemplo

```
# netstat -a | wc -l
162
```

Conexiones digitales IPv4, con los procesos implicados:

```
# netstat -p -anA inet
Conexiones Internet activas (servidores y establecidos)
Proto Recv-Q Send-Q Dirección local     Dirección remota     Estado      PID/Program name
tcp        0      0 0.0.0.0:22          0.0.0.0:*            LISTEN      882/sshd: /usr/sbin
tcp        0      0 0.0.0.0:631         0.0.0.0:*            LISTEN      870/cupsd
tcp        0     64 192.168.1.108:22    192.168.1.142:54454  ESTABLISHED 3367/sshd: root [pr
udp        0      0 192.168.1.108:68    192.168.1.254:67     ESTABLISHED 863/NetworkManager
udp        0      0 127.0.0.1:323       0.0.0.0:*                        814/chronyd
udp        0      0 0.0.0.0:33180       0.0.0.0:*                        750/avahi-daemon: r
udp        0      0 0.0.0.0:5353        0.0.0.0:*                        750/avahi-daemon:
r             7
```

g. El comando ss

El comando `ss` (*socket statistics*) también permite visualizar el estado de la red y la actividad del sistema local.

☞*Este comando sustituye en gran medida a* `netstat` *y proporciona funcionalidades adicionales.*

Sintaxis

```
ss [ -Opciones ]
```

Opciones principales

`-f FamSoc`	Solo muestra información para el tipo de socket FamSoc (inet, inet6, unix).
`-n`	Muestra valores numéricos en lugar de los nombres.
`-s`	Estadísticas por protocolo.

-tiene	Conexiones y sockets.
-l	Sockets con un proceso de escucha.
-p	Procesos relacionados con sockets.
-Yo	Información detallada a nivel TCP.

Descripción

Las principales opciones son:

- -n: Permite no solicitar la resolución de nombres. El comando solo muestra las direcciones.
- -f FamSoc: limita la información a la del tipo FamSoc: -f inet o -f inet6. Especifica los sockets de red.
- -s: Muestra estadísticas de uso por protocolo.
- -a: Muestra todos los sockets activos, así como los sockets en los que un proceso está esperando.
- -l: Muestra los sockets en los que un proceso está esperando.
- -p: Muestra los procesos relacionados con el socket.
- -i: M uestra la información detallada, en el nivel TCP, para las conexiones activas.

Ejemplo

Servicios IPv4 en digital, con los procesos implicados:

```
# ss -f inet -nap
Netid      State       Recv-Q      Send-Q            Local Address:Port        Peer Address:Port
Process
udp        UNCONN      0           0                      0.0.0.0:5353          0.0.0.0:*
users:(("avahi-daemon",pid=752,fd=12))
udp        UNCONN      0           0                      0.0.0.0:5355          0.0.0.0:*
users:(("systemd-resolve",pid=725,fd=11))
udp        UNCONN      0           0                   127.0.0.54:53            0.0.0.0:*
users:(("systemd-resolve",pid=725,fd=19))
udp        UNCONN      0           0                127.0.0.53%lo:53            0.0.0.0:*
users:(("systemd-resolve",pid=725,fd=17))
udp        UNCONN      0           0                      0.0.0.0:43299         0.0.0.0:*
users:(("avahi-daemon",pid=752,fd=14))
udp        UNCONN      0           0                    127.0.0.1:323           0.0.0.0:*
users:(("chronyd",pid=779,fd=5))
tcp        LISTEN      0           4096             127.0.0.53%lo:53            0.0.0.0:*
users:(("systemd-resolve",pid=725,fd=18))
tcp        LISTEN      0           128                    0.0.0.0:22            0.0.0.0:*
users:(("sshd",pid=873,fd=3))
tcp        LISTEN      0           4096                127.0.0.54:53            0.0.0.0:*
users:(("systemd-resolve",pid=725,fd=20))
tcp        LISTEN      0           128                    0.0.0.0:631           0.0.0.0:*
users:(("cupsd",pid=862,fd=6))
tcp        LISTEN      0           4096                   0.0.0.0:5355          0.0.0.0:*
users:(("systemd-resolve",pid=725,fd=12))
tcp        ESTAB       0           0                192.168.1.250:22            192.168.1.142:59795
users:(("sshd",pid=1704,fd=4),("sshd",pid=1684,fd=4))
```

h. El comando IPTraf

El comando `iptraf` o `iptraf-ng` permite visualizar la actividad de la red en tiempo real a través de una herramienta de texto interactiva o no interactiva (línea de comandos). Los menús son claros, y se puede mover con las teclas de dirección y los distintos atajos especificados.

Ejemplo

```
# iptraf -d eth0
```

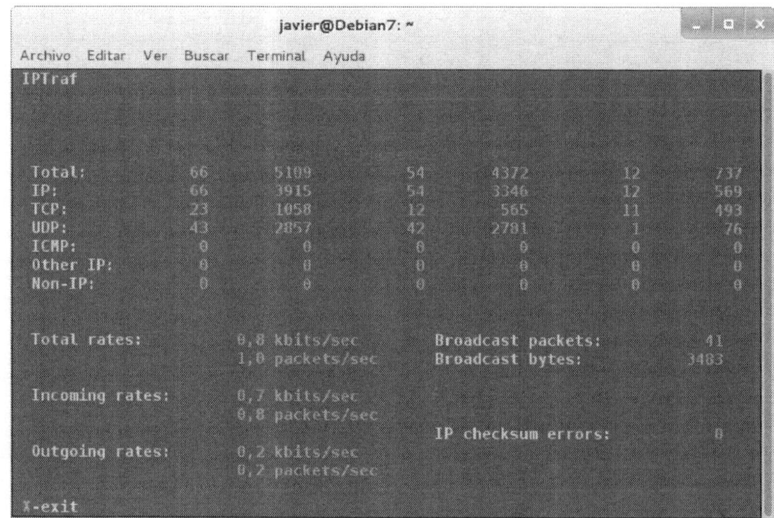

IPTraf analiza el tráfico en eth0

5. Archivos de configuración

Estos archivos definen la configuración de los diferentes elementos de la red.

a. /etc/resolv.conf

El archivo `/etc/resolv.conf` se utiliza para indicar al sistema qué servidores de nombres y dominios consultar para resolver las consultas DNS del cliente. Los API se incluyen en la librería y en las API estándares de Linux (no es necesario añadir herramientas adicionales). Esta librería se denomina `resolver`.

☞*En la configuración automática a través de DHCP, este archivo se actualiza automáticamente y no se debe modificar a menos que haya prohibido la configuración de DNS en su cliente.*

Ejemplo

```
$ cat /etc/resolv.conf
domain mondomaine.org
search mondomaine.org
nameserver 192.168.1.1
nameserver 192.168.1.2
```

Sintaxis

- `domain`: nombre del dominio local. Si está ausente, el nombre de dominio se debe determinar a partir del nombre de host completo (FQDN, *Fully Qualified Domain Name*).
- `search`: lista de dominios de búsqueda. Por defecto, cuando se utilizan nombres de host sin el nombre de dominio, el `resolver` busca el dominio definido por la línea `domain`, pero aquí se puede especificar una lista de otros dominios separados por espacios o comas.
- `nameserver`: dirección IP de un servidor de nombres (el servidor DNS). Se puede colocar un máximo de tres directivas nameserver. El `resolver` las consulta en orden de aparición en el archivo si no hay respuesta.
- `options`: se pueden especificar opciones. Por ejemplo, `timeout:n` donde `n` (en segundos) indica cuánto tiempo se espera la respuesta de un servidor de nombres, antes de pasar al siguiente.

systemd puede mantener este archivo usando el servicio `systemd-resolved` (paquete de software específico). En ese caso, `/etc/resolv.conf` es un enlace simbólico a `/run/systemd/resolve/stub-resolv.conf`. systemd actúa como un servidor DNS local, escuchando en la dirección `127.0.0.53`, puerto `53`. Su configuración está en `/etc/systemd/resolved.conf`, pero cada interfaz se puede configurar en `/etc/systemd/network/*`. En el caso de una configuración con servidor DHCP que proporciona la dirección de los servidores DNS, estos archivos suelen estar vacíos.

Los comandos `resolvectl` o `systemd-resolv --status` proporcionan el estado del servicio.

Ejemplo

```
# resolvectl
Global
         Protocols: LLMNR=resolve -mDNS -DNSOverTLS DNSSEC=no/unsupported
  resolv.conf mode: foreign
Current DNS Server: 192.168.1.254
       DNS Servers: 192.168.1.254 fd0f:ee:b0::1

Link 2 (enp38s0)
Current Scopes: DNS LLMNR/IPv4 LLMNR/IPv6
     Protocols: +DefaultRoute LLMNR=resolve -mDNS -DNSOverTLS DNSSEC=no/unsupported
   DNS Servers: 192.168.1.254 fd0f:ee:b0::1

Link 3 (wlo1)
Current Scopes: none
     Protocols: -DefaultRoute LLMNR=resolve -mDNS -DNSOverTLS DNSSEC=no/unsupported
```

b. /etc/hosts y /etc/networks

El archivo `/etc/hosts` permite especificar localmente las direcciones IP y los nombres de host correspondientes, independientemente del DNS.

Ejemplo

```
127.0.0.1       localhost localhost.localdomain
192.168.1.1     server1 www1 ftp
192.168.1.11    poste1
192.168.1.12    poste2
```

El archivo `/etc/networks` se utiliza para especificar localmente los nombres a las redes IP.

Ejemplo

```
# cat /etc/networks
default 0.0.0.0
loopback 127.0.0.0
link-local 169.254.0.0
```

c. /etc/nsswitch.conf

El archivo `/etc/nsswitch.conf` configura las fuentes de información y el orden de resolución utilizado por el `resolver` y el resto de servicios.

Sintaxis

```
Service: Source1 [RESPONSE=ACTION]... SourceN
```

Las fuentes de información se buscan en orden, hasta que se encuentra una que proporciona una respuesta positiva. Opcionalmente, puede especificar una acción basada en el resultado de una fuente, por ejemplo:

```
[NOTFOUND=return]
```

Si la fuente devuelve NOTFOUND, la búsqueda se detiene.

Ejemplo

Archivo `/etc/nsswitch.conf` predeterminado en una distribución de RHEL 9.2:

```
passwd:     files sss systemd
group:      files sss systemd
netgroup:   sss files
automount:  sss files
services:   sss files
shadow:     files
hosts:      files dns myhostname
aliases:    files
ethers:     files
gshadow:    files
networks:   files dns
protocols:  files
publickey:  files
rpc:        files
```

La resolución de nombres (`hosts:`) utiliza primero los archivos locales y, a continuación, los servidores DNS.

d. /etc/services

El archivo `/etc/services` contiene una lista de servicios de red conocidos, así como los puertos y protocolos asociados. Lo utilizan muchos servicios (incluido `xinetd`) y subsistemas como el firewall de Linux.

Ejemplo

Extracto del archivo `/etc/services` predeterminado de una distribución RHEL 9.2:

```
# Each line describes one service, and is of the form:
# service-name  port/protocol  [aliases ...]   [# comment]
ftp-data        20/tcp
ftp-data        20/udp
ftp             21/tcp
ftp             21/udp          fsp fspd
ssh             22/tcp # The Secure Shell (SSH) Protocol
ssh             22/udp # The Secure Shell (SSH) Protocol
telnet          23/tcp
telnet          23/udp
smtp            25/tcp          mail
smtp            25/udp          mail
nameserver      42/tcp          name
nameserver      42/udp          name
http            80/udp          www www-http    # HyperText Transfer Protocol
http            80/sctp                         # HyperText Transfer Protocol
kerberos        88/tcp          kerberos5 krb5  # Kerberos v5
kerberos        88/udp          kerberos5 krb5  # Kerberos v5
pop3            110/tcp         pop-3           # POP version 3
pop3            110/udp         pop-3
ntp             123/tcp
ntp             123/udp # Network Time Protocol
imap            143/tcp         imap2           # Interim Mail Access Proto v2
imap            143/udp         imap2
https           443/tcp         # http protocol over TLS/SSL
https           443/udp                         # http protocol over TLS/SSL
https           443/sctp                        # http protocol over TLS/SSL
```

e. /etc/protocols

El archivo `/etc/protocols` contiene una lista de protocolos conocidos.

Ejemplo

Extractos del archivo `/etc/protocols` predeterminado en una distribución Debian 12:

```
# Internet (IP) protocols
#
# Updated from http://www.iana.org/assignments/protocol-numbers and other
# sources.
# New protocols will be added on request if they have been officially
```

```
# assigned by IANA and are not historical.
# If you need a huge list of used numbers please install the nmap package.

ip          0     IP          # internet protocol, pseudo protocol number
hopopt      0     HOPOPT      # IPv6 Hop-by-Hop Option [RFC1883]
icmp        1     ICMP        # internet control message protocol
igmp        2     IGMP        # Internet Group Management
ggp         3     GGP         # gateway-gateway protocol
ipencap     4     IP-ENCAP    # IP encapsulated in IP (officially ``IP'')
st          5     ST          # ST datagram mode
tcp         6     TCP         # transmission control protocol
egp         8     EGP         # exterior gateway protocol
igp         9     IGP         # any private interior gateway (Cisco)
pup        12     PUP         # PARC universal packet protocol
udp        17     UDP         # user datagram protocol
hmp        20     HMP         # host monitoring protocol
xns-idp    22     XNS-IDP     # Xerox NS IDP
rdp        27     RDP         # "reliable datagram" protocol
iso-tp4    29     ISO-TP4     # ISO Transport Protocol class 4 [RFC905]
dccp       33     DCCP        # Datagram Congestion Control Prot. [RFC4340]
xtp        36     XTP         # Xpress Transfer Protocol
ddp        37     DDP         # Datagram Delivery Protocol
idpr-cmtp  38     IDPR-CMTP   # IDPR Control Message Transport
ipv6       41     IPv6        # Internet Protocol, version 6
...
...
```

6. Control de resolución de nombres

Hay varios comandos para garantizar que la resolución de nombres funcione correctamente, a través de archivos locales o servidores DNS.

a. El comando dig

El comando `dig` es una herramienta de consulta del servidor de nombres DNS, capaz de restituir toda la información de un host o dominio.

Ejemplo

```
> dig tele2.es

; <<>> DiG 9.4.1-P1 <<>> tele2.es
;; global options:  printcmd
;; Got answer:
;; ->>HEADER<<- opcode: QUERY, status: NOERROR, id: 63972
;; flags: qr rd ra; QUERY: 1, ANSWER: 1, AUTHORITY: 0, ADDITIONAL: 0

;; QUESTION SECTION:
;tele2.es.                          IN      A

;; ANSWER SECTION:
```

```
tele2.es.                    86363    IN      A       212.27.48.10

;; Query time: 1 msec
;; SERVER: 10.23.254.240#53(10.23.254.240)
;; WHEN: Wed May 14 09:36:09 2008
;; MSG SIZE  rcvd: 41
```

Por defecto, dig solo devuelve la dirección del host que se pasa como parámetro. Si funciona, el estado vale NOERROR, el número de respuestas se indica mediante ANSWER y la respuesta se encuentra debajo de la sección ANSWER.

b. El comando host

El comando host, que es más sencillo y antiguo que dig, tiende a ser reemplazado por este último.

Ejemplo

```
# host debian.org
debian.org has address 128.31.0.62
debian.org has address 149.20.4.15
debian.org has address 130.89.148.77
debian.org has IPv6 address 2001:67c:2564:a119::77
debian.org has IPv6 address 2603:400a:ffff:bb8::801f:3e
debian.org has IPv6 address 2001:4f8:1:c::15
debian.org mail is handled by 0 mitropoulos.debian.org.
debian.org mail is handled by 0 muffat.debian.org.
debian.org mail is handled by 0 mailly.debian.org.
```

c. El comando getent

El comando getent, con los argumentos hosts, ahosts, ahostsv4 o ahostsv6, realiza una búsqueda del host basándose en el contenido del archivo /etc/nsswitch.conf.

Ejemplo

```
# getent ahostsv4 debian.org
130.89.148.77   STREAM debian.org
130.89.148.77   DGRAM
130.89.148.77   RAW
149.20.4.15     STREAM
149.20.4.15     DGRAM
149.20.4.15     RAW
128.31.0.62     STREAM
128.31.0.62     DGRAM
128.31.0.62     RAW
```

B. Servicios de red xinetd

El demonio `xinetd` es un "superservicio" que permite controlar el acceso a un conjunto de servicios, `telnet`, por ejemplo. Muchos servicios de red se pueden configurar para funcionar con `xinetd`, como los servicios `ftp`, `ssh`, `samba`, `rcp`, `HTTP`, etc. Se pueden aplicar opciones de configuración específicas para cada servicio administrado.

systemd, que permite controlar tanto un socket como un servicio, hace que el uso de `xineTd` quede obsoleto en las distribuciones recientes. Sin embargo, `xinetd` todavía está presente en algunos sistemas en producción y es necesario conocerlo para poder obtener la certificación LPIC-1.

Cuando un host cliente solicita conectarse a un puerto controlado por `xinetd`, xinetd recibe la solicitud y comprueba primero los permisos de acceso TCP (ver `tcp_wrappers` en el siguiente capítulo) y luego las reglas definidas para dicho servicio (permisos específicos, recursos asignados, etc.). A continuación, se inicia una instancia del servicio asociado con el puerto, y `xinetd` le reenvía la solicitud de conexión. A partir de este momento, `xinetd` no interfiere más en la conexión entre el cliente y el servidor.

1. Configuración

Los archivos de configuración son:

- `/etc/xinetd.conf`: configuración global.
- `/etc/xinetd.d/*`: directorio que contiene archivos específicos del servicio. Hay un archivo por servicio, con el mismo nombre que el especificado en `/etc/services`.

Ejemplo

```
$ ls -l /etc/xinetd.d
total 92
-rw-r--r-- 1 root root  313 sep 22  2007 chargen
-rw-r--r-- 1 root root  333 sep 22  2007 chargen-udp
-rw-r--r-- 1 root root  256 mar 20 22:11 cups-lpd
-rw-r--r-- 1 root root  409 nov  4  2005 cvs
-rw-r--r-- 1 root root  313 sep 22  2007 daytime
-rw-r--r-- 1 root root  333 sep 22  2007 daytime-udp
-rw-r--r-- 1 root root  313 sep 22  2007 discard
-rw-r--r-- 1 root root  332 sep 22  2007 discard-udp
-rw-r--r-- 1 root root  305 sep 22  2007 echo
-rw-r--r-- 1 root root  324 sep 22  2007 echo-udp
-rw-r--r-- 1 root root  492 sep 22  2007 netstat
-rw-r--r-- 1 root root  207 avr 23 19:04 rsync
-rw-r--r-- 1 root root  337 fév 17 14:22 sane-port
-rw-r--r-- 1 root root  332 sep 22  2007 servers
-rw-r--r-- 1 root root  334 sep 22  2007 services
-rw-r--r-- 1 root root  351 jun 21  2007 svnserve
-rw-r--r-- 1 root root  277 nov  8  2007 swat
-rw-r--r-- 1 root root  536 sep 21  2007 systat
-rw-r--r-- 1 root root  387 fév  4 10:11 tftp.rpmsave
-rw-r--r-- 1 root root  339 sep 22  2007 time
-rw-r--r-- 1 root root  333 sep 22  2007 time-udp
```

```
-rw-r--r-- 1 root root 2304 avr  4 11:39 vnc
-rw------- 1 root root  768 sep 22  2007 vsftpd
```

Contenido de xinetd.conf:

```
defaults
{
        instances               = 60
        log_type                = SYSLOG authpriv
        log_on_success          = HOST PID
        log_on_failure          = HOST
        cps                     = 25 30
}
includedir /etc/xinetd.d
```

Sintaxis de xinetd.conf

- `instances`: número máximo de procesos del servicio activos.
- `log_type`: `SYSLOG` a través de `authpriv`: los mensajes de log los gestiona syslog en `/var/log/secure`. También es posible añadir los logs a un archivo con la directiva `FILE`, de la siguiente manera: `FILE /var/log/xinetd`: los mensajes de log se escriben en `/var/log/xinetd`.
- `log_on_success`: `xinetd` registra el evento si la conexión al servicio tiene éxito. La información trazada es el host (`HOST`)y el `PID` del proceso del servidor que procesa la conexión.
- `log_on_failure`: lo mismo, pero para los errores.
- `cps`: xineTd solo permite 25 conexiones por segundo a un servicio. Si se alcanza el límite, xinetd esperará 30 segundos antes de volver a permitir las conexiones.
- `includedir`: incluye opciones para los archivos presentes en el directorio especificado.

Ejemplo

/etc/xinetd.d/telnet:

```
# default: on
# description: The telnet server serves telnet sessions; it uses \
#       unencrypted username/password pairs for authentication.
service telnet
{
        disable = no
        flags           = REUSE
        socket_type     = stream
        wait            = no
        user            = root
        server          = /usr/sbin/in.telnetd
        log_on_failure  += USERID
}
```

La primera línea de comentario, `default`, no es interpretada por xinetd sino por `ntsysv` o `chkconfig` para determinar si el servicio está activo.

- `service`: nombre del servicio que corresponde a un servicio definido en `/etc/services`.
- `flags`: atributos para la conexión. `REUSE` indica que el socket se reutilizará para una conexión telnet.
- `socket_type`: especifica el tipo de socket. Por lo general, `stream` (tcp) o `dgram` (udp). Una conexión IP directa es a través de `raw`.
- `wait`: especifica si `xineTd` gestiona una sola conexión (*yes*) o varias conexiones (*no*).
- `user`: con qué cuenta de usuario se lanzará el servicio.
- `server`: ruta del ejecutable que se va a ejecutar.
- `log_on_failure`: el += indica que está añadiendo la opción asociada al archivo de trazas además de las predeterminadas. Aquí: el login.
- `disable`: indica si el servicio está activo o no.

Hay una serie de opciones que pueden mejorar las condiciones de acceso y la seguridad:

- `only_from`: permite el acceso solo a los hosts especificados.
- `no_access`: impide el acceso a los hosts especificados (por ejemplo, `172.16.17.0/24`).
- `access_times`: permite el acceso solo durante una franja horaria determinada (por ejemplo, de `09:00` a `18:30`).

Para añadir o eliminar servicios se editan los archivos `/etc/xinetd.d/*`, cambiando el parámetro `enable` (`yes`, `no`) y reiniciando el servicio `xinetd`.

2. Iniciar y detener servicios

El servicio se puede administrar mediante systemd o un script Init System V.

Gestión de Systemd

El comando `systemctl` se utiliza para administrar el servicio `xinetd`.

Ejemplo

```
# systemctl start xinetd
# systemctl status xinetd
...
enero 31 22:05:05 client xinetd[3786]: Started working: 0 available services
```

Gestión mediante el script Init System V

El servicio `xinetd` es un servicio que se puede iniciar o detener con el comando `service` o directamente ejecutando `/etc/init.d/xinetd`.

```
# service xinetd start
```

El comando `chkconfig` (Red Hat, OpenSUSE) permite o impide que el servicio arranque al inicio para cada nivel de ejecución (*runlevel*).

```
# chkconfig --level 345 xinetd on
```

Debido a que `xinetd` administra múltiples servicios, detener `xinetd` detiene todos los servicios asociados y al iniciar `xinetd` se inician de nuevo. No es posible elegir los servicios de `xinetd` que se ejecutarán, ni el nivel de ejecución o su destino systemd.

C. OpenSSH

OpenSSH es un protocolo de shell seguro, un mecanismo que permite la autenticación segura, la ejecución remota y la conexión remota. También permite el transporte seguro del protocolo X Window. Por último, es capaz de encapsular protocolos no seguros redirigiendo puertos.

Los paquetes de software que se utilizarán para un servidor son openssh, openssl y openssh-clients. La lista de paquetes que se deben instalar depende de cada distribución.

El uso más común es el acceso remoto seguro al servidor, en modo terminal a través del cliente ssh.

1. Configuración del servidor ssh

El archivo de configuración es /etc/ssh/sshd_config, complementado por los archivos *.conf del repertorio /etc/ssh/sshd_config.d/. Hay algunas opciones que puede que sea necesario modificar:

- Port: número de puerto; por defecto, 22.
- Protocol: establecido en 2 por defecto. Si se configura con el valor 1, permite SSH1 y SSH2. Es preferible SSH2, por lo que dejaremos el valor 2 solo.
- ListenAddress: por defecto, ssh escucha en todas las direcciones IP del servidor. Solo se puede permitir la escucha en una interfaz determinada.
- PermitRootLogin: ssh puede permitir o impedir inicios de sesión con la cuenta de administrador root. Podemos establecer el valor en "no". En este caso, debe iniciar sesión como un simple usuario y usar su o sudo para usar la cuenta de administrador root.
- Banner: ruta de acceso de un archivo, cuyo contenido se mostrará a los usuarios al iniciar sesión.

ssh puede ser un servicio de System V que se inicia con el comando service o mediante /etc/init.d/sshd, o puede ser administrado por una unidad systemd.

Ejemplo

```
# service sshd start
```

A través de systemd:

```
# systemctl status sshd
● sshd.service - OpenSSH server daemon
     Loaded: loaded (/usr/lib/systemd/system/sshd.service; enabled; preset:
enabled)
     Active: active (running) since Mon 2023-07-24 14:58:27 CEST; 1 day 3h ago
       Docs: man:sshd(8)
             man:sshd_config(5)
   Main PID: 882 (sshd)
      Tasks: 1 (limit: 22459)
     Memory: 6.3M
        CPU: 645ms
     CGroup: /system.slice/sshd.service
             +-882 "sshd: /usr/sbin/sshd -D [listener] 0 of 10-100 startups"
```

2. Uso de ssh

El comando `ssh` se utiliza para establecer una conexión con un servidor SSH.

Sintaxis

```
ssh [Opciones] [UserName@]NombreHost
```

Puede especificar el nombre de host o su dirección IP. Por defecto, la conexión se realiza con el nombre de usuario actual.

Ejemplo

```
# ssh pba@srvrh
pba@srvrh's password:
Register this system with Red Hat Insights: insights-client --register
Create an account or view all your systems at https://red.ht/insights-dashboard
Last login: Tue Jul 25 18:07:37 2023 from 192.168.1.140
[pba@srvrh ~]$
```

La opción `-X` permite activar la redirección (forwarding) del protocolo X Window.

3. Claves y conexión automática

Es posible establecer una conexión automática a un servidor SSH sin tener que introducir una contraseña. Para ello, es necesario generar un par de claves desde la cuenta de usuario del cliente, una privada y otra pública. passphrase es opcional, a menos que se guarde en la colección de claves de sesión o a través de `ssh-agent`.

En el lado del servidor SSH, la clave pública del cliente se debe colocar en un archivo que contenga las claves que se pueden conectar a la cuenta de destino.

a. Tipo de cifrado

SSH admite cuatro tipos de claves de cifrado:

- **DSA**, *Digital Signature Algorithm*, ya no se considera como seguro y no se debe utilizar más.
- **RSA** por *Rivest*, *Shamir y Adleman*, el nombre de sus creadores, es un algoritmo de cifrado asimétrico.
- **ECDSA**, *Elliptic Curve Digital Signature Algorithm*. Este cifrado es seguro si se implementa correctamente.
- **Ed25519**, clave EdDSA, *Edwards Curve Digital Signature Algorithm*, es el algoritmo más seguro, rápido y que menos recursos consume. Su implementación forma parte del dominio público, pero este algoritmo aún no es compatible con todos los sistemas.

Si la compatibilidad no es un problema, use el cifrado Ed25519. De lo contrario, RSA es la mejor opción.

Cada clave dispone de un tamaño en bits. Cuanto más grande sea, más segura será la clave. Para una clave RSA, el tamaño recomendado es de 4096 bits, un buen compromiso entre seguridad y rendimiento.

b. Ejemplo de configuración del lado cliente

➢Genere una clave en formato RSA con el comando `ssh-keygen`:

```
$ ssh-keygen -t rsa -b 4096
Generating public/private rsa key pair.
Enter file in which to save the key (/home/pba/.ssh/id_rsa):
Created directory '/home/pba/.ssh'.
Enter passphrase (empty for no passphrase):
Enter same passphrase again:
Your identification has been saved in /home/pba/.ssh/id_rsa
Your public key has been saved in /home/pba/.ssh/id_rsa.pub
The key fingerprint is:
SHA256:XO3+chpaCNVWva+tAirQlMJ3O7tGaMZSUr4FlhhnSNE pba@srvrh
[...]
```

➢El directorio del usuario ahora contiene un directorio `.ssh`:

```
$ ls -l .ssh
total 8
-rw-------. 1 pba pba 3369 25 julio 18:14 id_rsa
-rw-r--r--. 1 pba pba  735 25 julio 18:14 id_rsa.pub
```

➢El archivo `id_rsa.pub` contiene la clave pública:

```
$ cat .ssh/id_rsa.pub
ssh-rsa AAAAB3NzaC1yc2EAAAADAQABAAACAQCbCYXwSdFxE+DI/QlIR42//
uqV9vdyVtXFClQLKHpYpjhhFlC8FvzH2CqbYCz55P8YjZKu5/gNRPIu2iZ4epsPLzfoLyiaU/
nI5G6d3O8xrJ3AuxPmOOfStPhnA1tDP2sn/gv43EWEQkkoiDgS3D4wgRTKXy9HRhDTbQkzQY64
oB4YUBhkl66m4/8T5BjNvkcN5pdIAj8NGVptFgKHsgEGC2XGHphDFyCBW2khtEm2p/
+lz8CaOnrrg5oAGKyoEJdf6fudkJvLrlKq6a3e04B/xPZ8murWpclF1gHtPvxQ3jGBOUbU0v1
emD29vCADi/eKM2iSloHLFHSYeqc1G7IOA5z/ypiJ0loOvQu24w1HyFbrYLyzJ+lTkjX+xJN9z
DniSQO7+v+XbM6AgnDBho7kc/XqtE8Mf3QtN+CoTyXh/TnzarD+iYNv7e6Jf4eCMfTa2cl3r/
8KOBODXN3GDXeqjJZbjEFpQ6U9SS52FM8PqEFRFOdqlG5JxHijKUJgnlXrh/rrXiqlvpCs8R
xy/C9eII0L/Q05BcbhgQkH9y608Mk2uWYTVRXB1d9v2FLHtbxu+1aL6A/eyJ6B7g1yofyL4wo
XK9VQrRTvbFfGL89kZhNhXHMIKgrn21YJY3oarnFdJ4vIy42AM3k8NkGHL9znjkLmXEkX1Ui
eg44w2So6aQ== pba@srvrh
```

c. Del lado del servidor

➢Vaya al directorio `.ssh` de la cuenta a la que desea acceder en el servidor (créelo si no existe):

```
$ cd $HOME/.ssh
```

➢Edite el archivo `authorized_keys2` (créelo si no existe) y copie en él, en una nueva línea, el contenido del archivo id_rsa.pub del cliente. A continuación, guárdelo.

```
$ echo "ssh-rsa AAAAB3NzaC1yc2EAAAADAQABAAACAQCbCYXwSdFxE+DI/QlIR42//
uqV9vdyVtXFC1QLKHpYpjhhFlC8FvzH2CqbYCz55P8YjZKu5/gNRPIu2iZ4epsPLzfoLyiaU/
nI5G6d3O8xrJ3AuxPmOOfStPhnA1tDP2sn/gv43EWEQkkoiDgS3D4wgRTKXy9HRhDTbQkzQY
64oB4YUBhkl66m4/8T5BjNvkcN5pdIAj8NGVptFgKHsgEGC2XGHphDFyCBW2khtEm2p/
+lz8CaOnrrg5oAGKyoEJdf6fudkJvLrlKq6a3e04B/xPZ8murWpclF1gHtPvxQ3jGBOUbU0v1
emD29vCADi/eKM2iSloHLFHSYeqc1G7IOA5z/ypiJ0loOvQu24w1HyFbrYLyzJ+lTkjX+xJN
9zDniSQO7+v+XbM6AgnDBho7kc/XqtE8Mf3QtN+CoTyXh/TnzarD+iYNv7e6Jf4eCMfTa2cl3r
/8KOBODXN3GDXeqjJZbjEFpQ6U9SS52FM8PqEFRFOdqlG5JxHijKUJgnlXrh/
rrXiglvpCs8Rxy/C9eII0L/Q05BcbhgQkH9y608Mk2uWYTVRXB1d9v2FLHtbxu+1aL6A/
eyJ6B7g1yofyL4woXK9VQrRTvbFfGL89kZhNhXHMIKgrn21YJY3oarnFdJ4vIy42AM3k8NkG
HL9znjkLmXEkX1Uieg44w2So6aQ== pba@srvrh" >> autorized_keys2
```

➢Intente iniciar sesión desde el sistema cliente. La contraseña no es necesaria:

```
$ ssh pba@srvdeb
Linux srvdeb 6.1.0-10-amd64 #1 SMP PREEMPT_DYNAMIC Debian 6.1.37-1 (2023-07-03) x86_64

The programs included with the Debian GNU/Linux system are free software;
the exact distribution terms for each program are described in the
individual files in /usr/share/doc/*/copyright.

Debian GNU/Linux comes with ABSOLUTELY NO WARRANTY, to the extent
permitted by applicable law.
You have no mail.
Last login: Tue Jul 25 18:39:53 2023 from 192.168.1.108
pba@srvdeb:~$
```

d. Copia automática de la clave pública

El comando `ssh-copy-id` permite copiar la clave pública del cliente en el servidor SSH.

Sintaxis

```
ssh-copy-id ArchivoClave UserName@ServidorRemoto
```

Ejemplo

```
$ ssh-copy-id ~/.ssh/id_rsa.pub pba@srvdeb
```

Se solicita la contraseña de la cuenta remota y, a continuación, la clave se vuelve a copiar en el archivo de claves autorizado del usuario del host remoto.

4. Passphrase y agente SSH

Además de la seguridad de la clave SSH y el cifrado del flujo de datos, es posible utilizar una passphrase. Esta se solicitará durante la conexión SSH. Si el host no conoce la clave pública, se solicitará la frase y la contraseña.

La opción `-p` de `ssh-keygen` permite introducir una passphrase.

Ejemplo

```
$ ssh-keygen -p
Enter file in which the key is (/home/pba/.ssh/id_rsa):
Key has comment '/home/seb/.ssh/id_rsa'
Enter new passphrase (empty for no passphrase):
Enter same passphrase again:
Your identification has been saved with the new passphrase.
```

Se puede volver pesado tener que indicar su frase cada vez que inicia sesión en SSH. Es posible hacer que sea gestionada para la sesión actual utilizando el comando `ssh-agente`.

`ssh-agent` es un servicio que almacena claves privadas y frases correspondientes durante la duración de la sesión o un tiempo específico. Por lo general, se inicia automáticamente mediante sesiones gráficas, pero se puede iniciar manualmente.

Ejemplo

```
$ ssh-agent
SSH_AUTH_SOCK=/tmp/ssh-q0vj5zBtrC1Y/agent.2118; export SSH_AUTH_SOCK;
SSH_AGENT_PID=2119; export SSH_AGENT_PID;
echo Agent pid 2119;
```

La ejecución de las líneas SSH_AUTH_SOCK y SSH_AGENT_PID permiten declarar y exportar variables de entorno.

Ejemplo

```
$ SSH_AUTH_SOCK=/tmp/ssh-q0vj5zBtrC1Y/agent.2118; export SSH_AUTH_SOCK;
$ SSH_AGENT_PID=2119; export SSH_AGENT_PID;
```

A continuación, tiene que ejecutar el comando `ssh-add` para añadir la passphrase.

Ejemplo

```
$ ssh-add
Enter passphrase for /home/pba/.ssh/id_rsa:
Identity added: /home/pba/.ssh/id_rsa (/home/pba/.ssh/id_rsa)
```

La passphrase no se volverá a solicitar más durante la sesión.

Para eliminar una identidad antes de que finalice la sesión, puede utilizar la opción `-d`.

Ejemplo

```
$ ssh-add -d
Identity removed: /Users/pba/.ssh/id_rsa ( pba@srvrh)
```

5. Autenticación de host

Durante la primera conexión `ssh` de un usuario a un servidor `sshd` remoto, puede haber un intercambio de claves entre los dos sistemas. Por defecto, el sistema host permite que el sistema cliente se conecte, y el cliente guarda la firma del host en el archivo `~/.ssh/known_hosts`.

Ejemplo

Sistema cliente después de conectarse al servidor ssh 192.168.0.10

```
# cat .ssh/known_hosts
192.168.0.49 ecdsa-sha2-nistp256
AAAAE2VjZHNhLXNoYTItbmlzdHAyNTYAAAAIbmlzdHAyNTYAAABBBIYmPdhfpUte9eWTUuCE5
blAVZetEyFZBQXYLF6S+dvakUJ1ql4pJrjuGSAmzC8gbJrTZfQFQLZM4sCzPItjtVU=
192.168.0.10 ecdsa-sha2-nistp256
AAAAE2VjZHNhLXNoYTItbmlzdHAyNTYAAAAIbmlzdHAyNTYAAABBBBTP4P2jgsuahc+OGF2y
DAGlvD+tyUODY1MAUG2h1keXFngK+fwssdoAfVn1NpYG38XAEAbpTU1ivGZXCxcWVGM=
192.168.0.35 ecdsa-sha2-nistp256
AAAAE2VjZHNhLXNoYTItbmlzdHAyNTYAAAAIbmlzdHAyNTYAAABBBN1n2TX4Vf5twyhNoyGa
Yg9y/kz7ueRZbL/+iSPT8u0fUlb4xbqGtCxOq3OYOgnWuU2fRnoMxJMNjEdozAWesz4=
```

Archivo de claves en el sistema del servidor:

```
$ cat /etc/ssh/ssh_host_ecdsa_key.pub
ecdsa-sha2-nistp256
AAAAE2VjZHNhLXNoYTItbmlzdHAyNTYAAAAIbmlzdHAyNTYAAABBBBTP4P2jgsuahc+OGF2yD
AGlvD+tyUODY1MAUG2h1keXFngK+fwssdoAfVn1NpYG38XAEAbpTU1ivGZXCxcWVGM=
```

Durante la conexión al host, el cliente y el servidor negociaron una clave ecdsa, por lo que las claves públicas coinciden. Si la clave del servidor cambia, el cliente ya no tiene la clave pública correcta y el servicio ssh emite un error de seguridad: es posible que el host que tiene delante no sea quien dice ser.

```
$ ssh pba@192.168.0.10
The authenticity of host '192.168.0.10 (192.168.0.10)' can't be established.
ECDSA key fingerprint is SHA256:1WC055PSsQCqRY5z0VmxqtLFcTYGcB4u8CB/Jfzh21Q.
```

D. Correo electrónico

El correo electrónico implica diferentes servicios entre el emisor y el receptor, operando en modo cliente-servidor:

- Cuando un cliente (un usuario) envía un mensaje, utiliza un **MUA** (*Mail User Agent*), por ejemplo, Thunderbird, Evolution, Kmail, Mutt, Outlook Express, etc.
- El **MUA** dirige el mensaje al **MTA** (*Mail Transport Agent*). El MTA examina la dirección electrónica para determinar el usuario y el dominio de destino y, a continuación, busca la información de DNS de tipo **MX** (*Mail Xchanger*) para el dominio elegido, para saber a qué servidor reenviar el correo. Si no hay ningún MTA remoto disponible, el mensaje se pone en cola y el MTA vuelve a intentar la entrega más tarde (el retraso depende de la configuración del MTA).
- El MX puede ser otro MTA, que actuará como enrutador (en el caso de una redirección a un subdominio, por ejemplo), o un **MDA** (*Mail Delivery Agent*). El MDA coloca el mensaje en un archivo temporal, puede filtrarlo, etc.
- El destinatario recibe el mensaje: bien lo recupera leyendo directamente el archivo temporal (en el caso del comando `mail`, por ejemplo), bien pasa por un protocolo de tipo **POP** o **IMAP**.
- El protocolo de transporte de mensajes es el **SMTP** (*Simple Mail Transfer Protocol*) en el puerto 25.
- Los protocolos para recibir mensajes son **POP** (*Post Office Protocol*) en el puerto 110 (POP3 o POP4) o **IMAP** (*Internet Message Access Protocol*).

Los dos servicios de correo electrónico más utilizados en Linux son `sendmail` y `postfix`.

El paquete de software libre **sendmail**, fue fundada en 1981 por Eric Allman. Su configuración es muy compleja, lo que ha llevado al desarrollo de un lenguaje de macros específico, llamado m4. Por lo general, el archivo de configuración de sendmail no se edita directamente: el archivo fuente de las macros se edita y se vuelve a compilar. A continuación, m4 recrea el archivo de configuración de `sendmail`.

El software postfix es una alternativa a sendmail. Sus objetivos de diseño fueron:

- la compatibilidad con `sendmail`,
- el rendimiento,
- la facilidad de administración,
- la seguridad,
- la modularidad.

Vamos a recordar la simplicidad. De hecho, puede configurar `postfix` con un solo comando sin necesidad de editar un archivo.

1. postfix

La configuración de **postfix** se encuentra en `/etc/postfix/main.cf` o en cualquier otro directorio en `/etc/postfix/*.d`. Los valores se pueden cambiar directamente o mediante el comando `postconf`.

En primer lugar, `postfix` lanza un servicio maestro, `master`, que será responsable de los procesos secundarios `smtpd`, `pickup` y `nqmgr`.

☞ *En algunas distribuciones, es necesario modificar la configuración predeterminada que utiliza la suite `sendmail`. Por ejemplo, en Red Hat, debe especificar el uso de `postfix` en lugar de sendmail con el comando `alternatives`.*

```
# alternatives --set mta /usr/sbin/sendmail.postfix
```

Ejemplo

Configuración básica con el comando `postconf`.

Dominio de origen de los mensajes:

```
# postconf -e "myorigin = midominio.org"
```

De qué dominios recibir correo:

```
# postconf -e "mydestination = midominio.org"
```

De qué clientes retransmitir correo:

```
# postconf -e "mynetworks = 192.168.1.0/24, 127.0.0.1"
```

En qué interfaces escuchar:

```
# postconf -e "inet_interface = all"
```

Iniciar el servicio:

```
# systemctl start postfix
```

a. Alias de usuario

El archivo `/etc/aliases` se utiliza para definir los alias para los usuarios locales.

Ejemplo

Redirigir los correos electrónicos al `webmaster`, `admin` *y* `root` *a* `regis`*:*

```
regis: webmaster, admin, root
```

El directorio principal del usuario también puede contener el archivo `~/.forward`, que hace referencia a una lista de usuarios o direcciones. Cuando el usuario recibe un correo electrónico, se reenvía (forward) a todos los destinatarios especificados en ese archivo.

b. exim

exim es el MTA predeterminado para distribuciones de tipo Debian. Es muy apreciado porque además de su configuración, que puede ser monolítica, es relativamente sencillo y rápido de configurar.

Ejemplo

Configuración de `exim4` *para transmitir correo electrónico al servidor SMTP del proveedor de acceso a Internet:*

```
dc_eximconfig_configtype='satellite'
dc_other_hostnames=''
dc_local_interfaces='127.0.0.1'
dc_readhost=''
dc_relay_domains=''
dc_minimaldns='false'
dc_relay_nets=''
dc_smarthost='smtp.free.fr'
CFILEMODE='644'
dc_use_split_config='false'
dc_hide_mailname='true'
dc_mailname_in_oh='true'
dc_localdelivery='maildir_home
```

c. qmail

qmail compite directamente con `sendmail` y `postfix`. Al igual que `sendmail`, su configuración puede ser compleja. Los principios de configuración son similares a los de `postfix` y `exim`.

E. Validación de aprendizajes adquiridos: preguntas y respuestas

Preguntas

Si cree conocer suficientemente este capítulo, conteste a las siguientes preguntas:

Conceptos básicos de TCP/IP

1 ¿De cuántos bits consta una dirección IPv4?

2 ¿Cuál de las siguientes direcciones es válida para equipos conectados a Internet?

- A - `171.27.43.10`
- B - `172.18.25.128`
- C - 34.352.28.17
- D - `192.169.194.69`

3 Una empresa utiliza un rango de direcciones IP de tipo `10.x.y.z`. ¿Cuál es la clase de IP correspondiente?

4 La misma empresa quiere crear subredes de unas mil máquinas. ¿Cuál es la máscara de subred asociada?

5 ¿Cómo es la pasarela a la que se envían todos los paquetes si no hay otra ruta adecuada?

6 Una empresa opera una red en `10/22 (255.255.252.0)`. La pasarela predeterminada para cada subred es aquella en la que los últimos 10 bits se establecen con valor 1, excepto el último que tiene valor 0. ¿Cuál es la IP de la pasarela de subred `10.17.32.0`?

Configuración IP

7 Con NetworkManager, utilice un comando para configurar la interfaz `eth0` con IP `10.17.32.28/22`, pasarela `10.17.32.254` y active la interfaz.

8 En una distribución de tipo Red Hat que utiliza el antiguo sistema de configuración de red, ¿cuál es la ruta al archivo de configuración de la interfaz `eth1`?

9 En una distribución de tipo Red Hat, ¿qué entrada del archivo de configuración del adaptador `eth0` permite declarar el adaptador de cliente DHCP?

- A - ONBOOT=DHCP
- B - MASTER=DCHP
- C - BOOTPROTO=DHCP
- D - IPADDR=DHCP

10 ¿Cómo se detiene y se inicia en Debian la interfaz `eth0`?

11 En Debian, ¿qué significan las líneas "`auto eth2`" e "`iface eth2 inet dhcp`" en el archivo `/etc/network/interfaces`?

12 ¿Cómo se elimina la ruta predeterminada?

13 ¿Cuál es el puerto predeterminado que se utiliza para conectarse a un servidor FTP?

- A - 20
- B - 21
- C - 22
- D - 23

Herramientas básicas de red

14 ¿Es recomendable utilizar `telnet`?

15 ¿Cómo se emiten 10 solicitudes de echo ICMP a todos los dispositivos de la subred `10.17.32.28/22`?

16 Parece que se ha interrumpido el tráfico de red en el adaptador `eth0`. ¿Cómo se comprueba el estado del tráfico?

17 ¿Qué comandos muestran la tabla de enrutamiento del sistema?

- A - `route`
- B - `netstat -n`
- C - `netstat -r`
- D - `netstat -rn`

18 Un proceso escucha en el puerto 22. ¿Cómo se puede saber el nombre y el PID de este proceso?

Configuración general

19 Proporcione la ruta de acceso al archivo de configuración del `resolver`.

20 Dispone de una lista de cuatro servidores DNS. ¿Puede especificarlos mediante cuatro entradas "`nameserver`" en el archivo de configuración del `resolver`?

21 ¿Qué línea necesita cambiar en `/etc/nsswitch.conf` para forzar la resolución DNS para los nombres de host?

- A - `services: dns files`
- B - `networks: dns files`
- C - `hosts: dns files`
- D - `netgroup: dns files`

22 ¿Qué comando indica el puerto asociado con el servicio NTP?

- A - `grep ^ntp /etc/services`
- B - `netstat -a | grep ntp`
- C - `ps -ef| grep ntp`
- D - `grep ntp /etc/protocols`

23 ¿Cuál es el archivo que contiene la lista de protocolos IP que conoce el sistema?

Xinetd

24 ¿Cuál es el papel de `xinetd`?

25 ¿Dónde se encuentran los archivos de configuración de `xinetd` para cada servicio?

26 A pesar de la activación del servicio `telnet` controlado por `xinetd`, este no parece funcionar. ¿Qué debe hacer?

SSH

27 ¿Cómo se puede rechazar una conexión directa como `root` a través de un cliente `ssh`?

28 ¿Cómo se ejecuta el comando remoto `/tmp/runcmd.sh` a través de `ssh` en la cuenta `pba` del servidor `slytest`?

- A - `ssh -l pba -c /tmp/runcmd.sh slytest`
- B - `ssh -u pba@slytest /tmp/runcmd.sh`
- C - `ssh pba@slytest /tmp/runcmd.sh`
- D - `ssh -l pba slytest -c /tmp/runcmd.sh`

29 ¿Qué debe hacer para establecer una conexión segura entre su cliente `ssh` en el servidor `slytest` sin introducir una contraseña?

Correo electrónico

30 ¿Cuál es la cadena completa de envío, reenvío y recepción de correo?

- A - MTA -> MUA -> DMA -> MU
- B - MUA -> MTA -> MDA -> MUA
- C - MUA -> MTA -> ... -> MTA -> MDA -> MUA
- D - MUA -> MTA -> ... -> MTA -> MUA

31 ¿Cuál es la principal ventaja de `postfix` con respecto a `sendmail`?

32 Proporcione la ruta de acceso al archivo de configuración de `postfix`.

33 ¿Qué archivo contiene la lista de los alias de usuario para el correo electrónico?

34 ¿Cómo se especifica que el usuario `pba` debe recibir correo que tiene como destino a `root`?

Resultados

Consulte las páginas siguientes para comprobar sus respuestas. Por cada respuesta correcta, sume un punto.

Número de puntos : /34

Debe acertar un mínimo de 24 preguntas sobre este capítulo (24/34).

Identifique los temas claves en los que tiene lagunas y repáselos consultando de nuevo este capítulo antes de pasar al siguiente:

☐Conceptos básicos de TCP/IP

☐Configuración IP

☐Herramientas básicas de red

☐Configuración general

☐Xinetd

☐SSH

☐Correo electrónico

Respuestas

Conceptos básicos de TCP/IP

1 ¿De cuántos bits consta una dirección IPv4?

32 bits.

2 ¿Cuál de las siguientes direcciones es válida para equipos conectados a Internet?

- A - `171.27.43.10`
- B - `172.18.25.128`
- C - `34.352.28.17`
- D - `192.169.194.69`

A y D. B es una dirección de clase B reservada para redes de área local, y C es imposible porque un valor no es correcto (352).

3 Una empresa utiliza un rango de direcciones de tipo `10.x.y.z`. ¿Cuál es la clase de IP correspondiente?

La clase A.

4 La misma empresa quiere crear subredes de unas mil máquinas. ¿Cuál es la máscara de subred asociada?

1000+2=1002. La potencia de 2 es 2^10, es decir, 1024. Así que diez ceros a la derecha, veintidós unos a la izquierda. La máscara es 10/22, es decir, 255.255.252.0.

5 ¿Cuál es la pasarela a la que se envían todos los paquetes si no hay otra ruta adecuada?

La pasarela predeterminada.

6 Una empresa opera una red en `10/22 (255.255.252.0)`. La pasarela predeterminada para cada subred es aquella en la que los últimos 10 bits se establecen con el valor 1, excepto el último con valor 0. ¿Cuál es la IP de la pasarela de subred `10.17.32.0`?

`10.17.35.254`.

IP de configuración

7 Con NetworkManager, utilice un comando para configurar la interfaz `eth0` con IP `10.17.32.28/22`, pasarela 10.17.32.254, y active la interfaz.

`nmcli con add type ethernet con-name "eth0" ifname eth0 ip4 10.17.32.28/22 gw4 10.17.32.254`

8 En una distribución de tipo Red Hat que utiliza el antiguo sistema de configuración de red, ¿cuál es la ruta al archivo de configuración de la interfaz `eth1`?

`/etc/sysconfig/network-scripts/ifcfg-eth1`.

9 En una distribución de tipo Red Hat, ¿qué entrada del archivo de configuración del adaptador `eth0` se utiliza para declarar el adaptador de cliente DHCP?

- A - ONBOOT=DHCP
- B - MASTER=DCHP
- C - BOOTPROTO=DHCP
- D - IPADDR=DHCP

C, BOOTPROTO=DHCP.

10 ¿Cómo se detiene e inicia la interfaz `eth0` en Debian?

`ifdown eth0 & ifup eth0`

11 En Debian, ¿qué significan las líneas "`auto eth2`" e "`iface eth2 inet dhcp`" en el archivo `/etc/network/interfaces`?

La interfaz de red `eth2` se habilita al inicio como cliente DHCP.

12 ¿Cómo se elimina la ruta predeterminada?

`route del default gw`

13 ¿Cuál es el puerto predeterminado que se utiliza para conectarse a un servidor FTP?

- A - 20
- B - 21
- C - 22
- D - 23

B. Este es el puerto 21.

Herramientas básicas de red

14 ¿Es recomendable utilizar `telnet`?

No, porque los intercambios telnet, especialmente las contraseñas, se transmiten en texto plano a través de la red.

15 ¿Cómo se emiten 10 solicitudes de echo ICMP a todos los dispositivos de la subred `10.17.32.28/22`?

`ping -c 10 -b 10.17.35.255`

16 Parece que se ha interrumpido el tráfico de red en el adaptador `eth0`. ¿Cómo se comprueba el estado del tráfico?

Escriba `netstat -i` y mire los contadores de columnas RX-ERR, TX-ERR (en realidad todas las columnas que no sean RX-OK y TX-OK). Si el valor es distinto a 0, entonces hay un problema.

17 ¿Qué comandos muestran la tabla de enrutamiento del sistema?

- A - `route`
- B - `netstat -n`
- C - `netstat -r`
- D - `netstat -rn`

A, C y D. El comando `route` muestra el mismo resultado que `netstat -rn`.

18 Un proceso bloquea el puerto de escucha 22. ¿Cómo se puede aislar el nombre y el PID de este proceso?

Dado que el puerto 22 es un puerto TCP, se debe utilizar el comando `netstat -A inet`. El puerto está escuchando, por lo que no tiene que restringir la visualización de las conexiones establecidas. Se debe utilizar la opción `-a`. Para terminar, debe ver los procesos asociados, lo que se puede lograr con la opción `-p`. La respuesta es `netstat -A inet -a -p` o simplemente `netstat -apA inet`.

Configuración general

19 Indique la ruta de acceso al archivo de configuración del `resolver`.

`/etc/resolv.conf`.

20 Tiene una lista de cuatro servidores DNS. ¿Puede especificarlos mediante cuatro entradas "`nameserver`" en el archivo de configuración del `resolver`?

No, el límite es de tres directivas de `nameserver`.

21 ¿Qué línea necesita cambiar en `/etc/nsswitch.conf` para forzar la resolución DNS para los nombres de host?

- A - `services: dns files`
- B - `networks: dns files`
- C - `hosts: dns files`
- D - `netgroup: dns files`

C.

22 ¿Qué comando indica el puerto de red asociado aql servicio NTP?

- A - `grep ^ntp /etc/services`
- B - `netstat -a | grep ntp`
- C - `ps -ef| grep ntp`
- D - `grep ntp /etc/protocols`

A. El archivo `/etc/services` contiene una lista de las asociaciones de servicios/puertos.

23 ¿Cuál es el archivo que contiene la lista de protocolos IP que conoce el sistema?

`/etc/protocolos`

Xinetd

24 ¿Cuál es el papel de xinetd?

Es un superservicio que soporta y controla el acceso a otros servicios de red y que puede aplicar una configuración de acceso específica a cada uno de ellos.

25 ¿Dónde se encuentran los archivos de configuración de xinetd para cada servicio?

En el directorio `/etc/xinetd.d`.

26 A pesar de la activación del servicio `telnet` controlado por `xinetd`, este no parece funcionar. ¿Qué se debe hacer?

Un servicio controlado por `xinetd` no funciona si no se actualiza la configuración de `xinetd`. Reinicie `xinetd`.

SSH

27 ¿Cómo se puede rechazar una conexión directa como `root` a través de un cliente `SSH`?

En el servidor, modifique `/etc/ssh/sshd_config` y cambie el valor de `PermitRootLogin` por `no`.

28 ¿Cómo se ejecuta el comando remoto `/tmp/runcmd.sh` a través de `ssh` en la cuenta `pba` del servidor `slytest`?

- A - `ssh -l pba -c /tmp/runcmd.sh slytest`
- B - `ssh -u pba@slytest /tmp/runcmd.sh`
- C - `ssh pba@slytest /tmp/runcmd.sh`
- D - `ssh -l pba slytest -c /tmp/runcmd.sh`

C.

29 ¿Qué se debe hacer para establecer una conexión segura entre su cliente `ssh` en el servidor `slytest` sin introducir una contraseña?

Debe crear un par de claves del lado del cliente con la cuenta de usuario en cuestión y, a continuación, copiar el contenido de la clave pública en el archivo `authorized_keys` o `authorized_keys2` de la cuenta a la que está accediendo en el equipo remoto. Esto se puede hacer manualmente o con `ssh-copy-id`.

Correo electrónico

30 ¿Cuál es la cadena completa de envío, reenvío y recepción de correo?

- A - MTA -> MUA -> DMA -> MU
- B - MUA -> MTA -> MDA -> MUA
- C - MUA -> MTA -> ... -> MTA -> MDA -> MUA
- D - MUA -> MTA -> ... -> MTA -> MUA

C. Puede haber un paso a través de varios MTA antes de llegar al MDA. La respuesta B puede ser correcta si el correo sigue siendo local (mismo dominio).

31 ¿Cuál es la principal ventaja de `postfix` con respecto a `sendmail`?

Es más ligero y sencillo de configurar.

32 Indique la ruta de acceso al archivo de configuración de `postfix`.

`/etc/postfix/main.cf`.

33 ¿Qué archivo contiene la lista de alias de usuario para el correo electrónico?

`/etc/aliases`.

34 ¿Cómo se especifica que el usuario `pba` debe recibir el correo que tiene como destino a `root`?

Edite el archivo `/etc/aliases`, con `pba: root`.

F. Prácticas

1. Configuración TCP/IP

Objetivo: configurar un adaptador de red con una nueva dirección IP estática en una distribución mediante NetworkManager.

1. Identifique los parámetros necesarios para la configuración mínima del adaptador de la interfaz de red.
2. Cree un perfil de conexión para el adaptador de red con `nmcli`, con la nueva dirección IPv4 estática.
3. Habilite el perfil de conexión del adaptador de red con `nmcli`. Compruebe la conectividad. Elimine el perfil de conexión antiguo del adaptador de interfaz, de haberlo.
4. Reinicie el sistema y compruebe que el adaptador de interfaz esté activo y correctamente configurado.

Soluciones posibles

Objetivo: configurar un adaptador de red con una nueva dirección IP estática en una distribución que utiliza NetworkManager.

1. Identifique los parámetros necesarios para la configuración mínima del adaptador de la interfaz de red.

Nuevos parámetros:

```
Dirección IP: 192.168.1.250/24
Pasarela por defecto:192.168.1.254
```

Mostrar los adaptadores de interfaz disponibles:

```
# ip link show
1: lo: <LOOPBACK,UP,LOWER_UP> mtu 65536 qdisc noqueue state UNKNOWN
mode DEFAULT group default qlen 1000
    link/loopback 00:00:00:00:00:00 brd 00:00:00:00:00:00
2: enp38s0: <BROADCAST,MULTICAST,UP,LOWER_UP> mtu 1500 qdisc fq_codel state UP
mode DEFAULT group default qlen 1000
    link/ether e4:11:5b:50:13:32 brd ff:ff:ff:ff:ff:ff
3: wlo1: <NO-CARRIER,BROADCAST,MULTICAST,UP> mtu 1500 qdisc noqueue state DOWN
mode DORMANT group default qlen 1000
    link/ether 76:b3:ec:42:2a:c7 brd ff:ff:ff:ff:ff:ff permaddr
9c:b7:0d:bb:2b:67
    altname wlp37s0
```

Vea la configuración IPv4 actual del adaptador que desea configurar:

```
# ip -4 ad show  enp38s0
2: enp38s0: <BROADCAST,MULTICAST,UP,LOWER_UP> mtu 1500 qdisc fq_codel state UP
group
default qlen 1000
    inet 192.168.1.108/24 brd 192.168.1.255 scope global dynamic noprefixroute
enp38s0
       valid_lft 42800sec preferred_lft 42800sec
```

2. Cree un perfil de conexión para el adaptador de red con `nmcli`, con la nueva dirección IPv4 estática.

Cree un nuevo perfil de conexión IPv4 para el adaptador de interfaz:

```
# nmcli con add type ethernet con-name "srvrh" ifname enp38s0 ip4
192.168.1.250/24 gw4 192.168.1.254
Conexión "srvrh" (e921f303-a205-4ccc-8eb0-be5dfe76e066) agregado con éxito.
```

3. Habilite el perfil de conexión del adaptador de red con `nmcli`. Compruebe la conectividad. Elimine el perfil de conexión antiguo del adaptador de interfaz, de haberlo.

```
# nmcli con up srvrh
```

(Si está desconectado, abra una nueva conexión a la nueva dirección IP)

```
# nmcli con del enp38s0
Conexión "enp38s0" (24966d69-ef51-43cb-ac4b-8fa1b81c3925) eliminado.
```

Declare la nueva dirección en `/etc/hosts`:

```
# vi /etc/hosts
127.0.0.1   localhost localhost.localdomain localhost4
localhost4.localdomain4
192.168.1.250   srvrh.midns.es srvrh
```

4. Reinicie el sistema y compruebe que el adaptador de interfaz esté activo y correctamente configurado.

Después del reinicio:

```
# nmcli con show
NAME   UUID                                  TYPE      DEVICE
srvrh  e921f303-a205-4ccc-8eb0-be5dfe76e066  ethernet  enp38s0
lo     0dc426ed-6521-45dc-b988-89188fd27e2f  loopback  lo
# ip -4 ad show enp38s0
2: enp38s0: <BROADCAST,MULTICAST,UP,LOWER_UP> mtu 1500 qdisc fq_codel state UP
group default qlen 1000
    inet 192.168.1.250/24 brd 192.168.1.255 scope global noprefixroute enp38s0
       valid_lft forever preferred_lft forever
# netstat -rn
Tabla de enrutamiento IP del kernel
Destino         Passarela       Genmask         Indic   MSS Ventana irtt Iface
0.0.0.0         192.168.1.254   0.0.0.0         UG        0 0          0 enp38s0
192.168.1.0     0.0.0.0         255.255.255.0   U         0 0          0 enp38s0

# traceroute -4 www.ediciones-eni.com
1.multimania.isdnet.net (194.149.174.108)  2.689 ms *
 3  * * *
 4  * * *
 5  prs-bb2-link.ip.twelve99.net (62.115.118.62)  2.971 ms  2.835 ms  2.866 ms
 6  * * ffm-bb2-link.ip.twelve99.net (62.115.122.139)  11.840 ms
 7  ffm-b5-link.ip.twelve99.net (62.115.114.91)  11.915 ms  11.360 ms
ffm-b5-link.ip.twelve99.net (62.115.136.219)  11.222 ms
 8  francetelecom-ic-325004.ip.twelve99-cust.net (62.115.155.29)  14.915 ms
11.215 ms  16.334 ms
 9  bundle-ether312.auvtr5.paris.opentransit.net (193.251.133.155)  11.100 ms
11.406 ms  11.294 ms
10  81.52.188.242 (81.52.188.242)  11.182 ms  10.807 ms  11.053 ms
```

```
11  icr1.eq3.par.as4455.net (91.196.184.171)  11.106 ms  10.566 ms  10.742 ms
12  89.30.3.95 (89.30.3.95)  15.403 ms *  15.360 ms
13  185.42.31.94 (185.42.31.94)  15.825 ms  16.101 ms  15.465 ms
14  185.42.28.133 (185.42.28.133)  15.559 ms  16.285 ms  16.227 ms
[...]
```

La configuración de red IPv4 del adaptador de interfaz es correcta.

2. Utilizar algunos comandos de red

Objetivo: manejar los comandos `ping` y `traceroute` para determinar cómo funciona la red.

1. Emita un único mensaje de echo ICMP a `debian.org`.
2. Muestre la lista de los enrutadores atravesados por un datagrama IPv4 desde su sistema a `debian.org`.

Soluciones posibles

Objetivo: manejar los comandos `ping` y `traceroute` para determinar cómo funciona la red.

1. Emita un único mensaje de echo ICMP a `debian.org`.

```
# ping -c1 debian.org
PING debian.org(mirror-isc3.debian.org (2001:4f8:1:c::15)) 56 data bytes
64 bytes from mirror-isc3.debian.org (2001:4f8:1:c::15): icmp_seq=1
ttl=52 time=142 ms

--- debian.org ping statistics ---
1 packets transmitted, 1 received, 0% packet loss, time 0ms
rtt min/avg/max/mdev = 142.288/142.288/142.288/0.000 ms
```

2. Muestre la lista de los enrutadores atravesados por un datagrama IPv4 desde su sistema a `debian.org`.

```
# traceroute -4 debian.org
traceroute to debian.org (128.31.0.62), 30 hops max, 60 byte packets
 1  _gateway (192.168.1.254)  0.223 ms  0.161 ms  0.150 ms
 2  station9.multimania.isdnet.net (194.149.174.106)  2.285 ms  2.230 ms  2.179 ms
 3  station17.multimania.isdnet.net (194.149.174.114)  1.687 ms  2.061 ms  2.053 ms
 4  * * *
 5  be12489.ccr42.lon13.atlas.cogentco.com (154.54.57.69)  9.030 ms  9.276 ms  9.091 ms
 6  be2101.ccr32.bos01.atlas.cogentco.com (154.54.82.38)  71.393 ms  71.762 ms  71.710
ms
 7  38.104.186.186 (38.104.186.186)  71.539 ms  71.890 ms  71.879 ms
 8  dmz-rtr-1-external-rtr-3.mit.edu (18.0.161.13)  71.666 ms  72.184 ms  72.034 ms
 9  dmz-rtr-2-dmz-rtr-1-2.mit.edu (18.0.162.6)  71.663 ms  71.368 ms
dmz-rtr-2-dmz-rtr-1-1.mit.edu (18.0.161.6)  71.277 ms
10  mitnet.core-1-ext.csail.mit.edu (18.0.162.142)  71.770 ms  72.242 ms  71.454 ms
11  mirror-csail.debian.org (128.31.0.62)  71.308 ms  71.298 ms  71.553 ms
```

3. El resolver

Objetivo: gestionar la resolución de nombres.

1. Compruebe la configuración de su solucionador de nombres.
2. Determine el orden en el que se realiza la resolución de nombres de host en el sistema.
3. Modifique la configuración de la resolución de nombres especificando los servidores DNS inexistentes. Compruebe la resolución. Rectifique la configuración.

Soluciones posibles

Objetivo: administrar la resolución de nombres.

1. Compruebe la configuración del solucionador de nombres.

```
# cat /etc/resolv.conf
# Generated by NetworkManager
nameserver 192.168.1.254
nameserver fd0f:ee:b0::1
```

NetworkManager ha creado el archivo automáticamente, basado en la información proporcionada por DHCP, tanto en IPv4 como en IPv6.

2. Determine el orden en el que se realiza la resolución de nombres de host en el sistema.

```
# grep hosts /etc/nsswitch.conf
#     hosts: files dns
#     hosts: files dns  # from user file
# Valid databases are: aliases, ethers, group, gshadow, hosts,
hosts: files dns myhostname
```

El `resolver` *utiliza primero los archivos locales y, a continuación, los servidores DNS.*

3. Modifique la configuración de la resolución de nombres especificando los servidores DNS inexistentes. Compruebe la resolución. Rectifique la configuración.

```
# vi /etc/resolv.conf
servidor de nombres 192.168.2.99 #ping -c1 debian.org
ping: debian.org: Nombre o servicio desconocido
```

El host `srvdeb` *se declara en* `/etc/hosts`*, por lo que l resolución de nombres sigue siendo efectiva:*

```
# grep srvdeb /etc/hosts 192.168.1.140 srvdeb.mondns.fr srvdeb # ping -c1 sr-
vdeb PING srvdeb.mondns.fr (192.168.1.140) 56(84) bytes de datos. 64 bytes
de srvdeb.mondns.fr (192.168.1.140): icmp_seq=1 ttl=64 time=0.123 ms --- sr-
vdeb.mondns.fr estadísticas de ping --- 1 paquetes transmitidos, 1 recibido,
0% de pérdida de paquetes, tiempo 0ms
rtt min/promedio/máx./mdev = 0,123/0,123/0,123/0,000 ms
```

4. Servicios de red

Objetivo: controlar varios servicios de red.

1. Determine a qué servicio está asociado el puerto 137.
2. Configure el servicio `sshd` para impedir que la cuenta de administrador root inicie sesión.
3. Muestre los PID y los ejecutables de los procesos que esperan conexiones IPv4 en los puertos de red de su sistema.

Soluciones posibles

Objetivo: controlar varios servicios de red.

1. Determine a qué servicio está asociado el puerto 137.

```
# grep " 137/" /etc/services
netbios-ns      137/tcp                         # NETBIOS Name Service
netbios-ns      137/udp
```

Este es el servicio de nombres `Netbios` *para la comunicación con los sistemas Windows.*

2. Configure el servicio `sshd` para impedir que la cuenta de administrador root inicie sesión.

```
# vi /etc/ssh/sshd_config
PermitRootLogin no
```

Hay que recargar la configuration de `sshd`.

```
# systemctl reload sshd
# ssh root@localhost
root@localhost's password:
Permission denied, please try again.
root@localhost's password:
Permission denied, please try again.
root@localhost's password:
root@localhost: Permission denied (publickey,password).
```

La conexión se ha rechazado.

3. Muestre los PID y los ejecutables de los procesos que esperan conexiones IPv4 en los puertos de red de su sistema.

```
# netstat -4ap | grep LISTEN
tcp        0      0 127.0.0.53:domain       0.0.0.0:* LISTEN 725/systemd-resolve
tcp        0      0 0.0.0.0:ssh             0.0.0.0:* LISTEN 873/sshd: /usr/sbin
tcp        0      0 127.0.0.54:domain       0.0.0.0:* LISTEN 725/systemd-resolve
tcp        0      0 0.0.0.0:ipp             0.0.0.0:* LISTEN 862/cupsd
tcp        0      0 0.0.0.0:hostmon         0.0.0.0:* LISTEN 725/systemd-resolve
```

Capítulo 8

Requisitos previos

- Haber adquirido los conocimientos necesarios sobre la red del capítulo La Red.
- Haber adquirido los conocimientos necesarios sobre la administración del capítulo Tareas Administrativas.
- Tener acceso de administrador root.
- Estar conectado a una red.
- Si es posible, ser capaz de probar el acceso desde otra máquina de la red.

Objetivos

Al final de este capítulo, será capaz de:

- Dominar los conceptos básicos de seguridad.
- Controlar los permisos SUID/SGID.
- Comprobar la integridad de un sistema de paquete de software.
- Modificar la política de contraseñas.
- Administrar las conexiones y los límites de los usuarios.
- Probar las contraseñas.
- Controlar la seguridad de la red con `nmap`.
- Desactivar los servicios innecesarios.
- Garantizar la seguridad de los servicios con los TCP wrappers.

A. Aspectos básicos de la seguridad

Los principales objetivos de la seguridad informática son:

- **Seguridad de la conexión**: consiste en comprobar que los usuarios que se conectan pueden hacerlo y denegarles el acceso al sistema en caso contrario.
- **Integridad de los datos**: garantizar que los archivos y las bases de datos no se corrompan y mantener la coherencia entre los datos.
- **Confidencialidad** de los datos: el acceso a los datos para su consulta y modificación debe limitarse únicamente a los usuarios autorizados.

Para hacer esto, Linux cuenta con varias funcionalidades, entre las que destacan:

- la identificación de los usuarios mediante una cuenta de usuario definida por un nombre de usuario y su UID,
- la autenticación de usuarios mediante contraseña,
- el cifrado de datos,
- los módulos PAM (*Pluggable Authentication Modules*), que permiten configurar y aplicar métodos de identificación y autenticación.

☞ *La activación de SELinux, el módulo de seguridad del kernel, aumenta significativamente la seguridad del sistema, pero a costa de aumentar la complejidad de la configuración.*

De manera más general, los siguientes aspectos ayudan a fortalecer la seguridad de los sistemas Linux:

- control frecuente de los permisos de acceso a archivos y bases de datos,
- control de acceso a servidores y software,
- comprobación de las "checksum" de los archivos para garantizar su integridad,
- copia de seguridad periódica de los datos,
- auditoria de los principales eventos del sistema,
- instalación de firewalls que controlan el acceso al sistema informático desde el exterior y limitan el acceso a servicios externos,
- uso de firewalls de aplicaciones, para analizar flujos de datos (por ejemplo, para detectar ataques a servidores web),
- uso de herramientas de detección y prevención de intrusiones (mediante la correlación de trazas) y la prohibición de direcciones o personas implicadas,
- uso de bastiones, para un mejor filtrado y seguimiento de los accesos,
- desactivación de los servicios innecesarios en el servidor y en el cliente.

1. Controlar los permisos especiales SUID y SGID

Los permisos especiales (bits SUID y SGID) pueden suponer un riesgo para la seguridad del sistema. Un usuario malintencionado se puede aprovechar del acceso temporal o malicioso al sistema como administrador root o miembro del grupo root, puede modificar los permisos de ciertos programas ejecutables y, a continuación, utilizarlos con permisos elevados.

☞*Por motivos de seguridad, algunos ejecutables usan su UID real y no el asignado por el SUID del archivo que los contiene. Este es el caso de bash (excepto con la opción `-p`).*

Ejemplo

Con la cuenta root, copie el programa `vim` en un archivo y, a continuación, cambie los permisos de acceso a este archivo:

```
# cp -p /usr/bin/vim /usr/bin/vimr
# chmod u+s /usr/bin/vimr
# ls -l /usr/bin/vimr
-rwsr-xr-x. 1 root root 4024400  9 febrero 17:43 /usr/bin/vimr
```

Iniciar sesión con una cuenta de usuario no root:

```
$ id
uid=1000(pba) gid=1000(pba) groupes=1000(pba)
```

El ejecutable `vimr` permite escribir en los archivos protegidos contra escritura, porque se ejecuta con permisos de root. Esto permite al usuario `pba` cambiar sus UID y GID en `/etc/passwd`:

```
$ vimr /etc/passwd
pba:x:0:0:pba:/home/pba:/bin/bash
```

(en `vim`, tiene que forzar la escritura en el archivo con `:w!`).

`pba` será administrador (`UID=0`) la próxima vez que se conecte:

```
$ su - pba
Contraseña:
# id
uid=0(root) gid=0(root) groupes=0(root)
```

El siguiente comando permite buscar todos los archivos con bits SUID o SGID establecidos:

`find /-type f \( -perm -4000 -o -perm -2000 \)`

Ejemplo

El comando encuentra el archivo ejecutable `vimr` del ejemplo anterior:

```
# find / -type f \( -perm -4000 -o -perm -2000 \)  2>/dev/null
[...]
/usr/bin/mount
/usr/bin/umount
/usr/bin/su
/usr/bin/write
/usr/bin/crontab
/usr/bin/pkexec
/usr/bin/passwd
/usr/bin/sudo
[...]
```

2. Comprobar los paquetes de software

Hay opciones en los comandos de administración de paquetes de software, que se pueden usar para controlar su validez. Además del nombre del archivo, la base de datos de paquetes de tipo RPM contiene el tipo de archivo (configuración, binario, etc.) y, en algunos casos, la suma de control (*checksum*) MD5 del archivo. No existe un equivalente para los paquetes de tipo DEB.

3. Política de contraseñas

Las contraseñas son la base de la autenticación de un usuario. El administrador tiene comandos que le permiten establecer reglas para establecer y la duración de la validez de las contraseñas para aumentar la seguridad.

El comando `chage` o las opciones del comando `passwd` permiten especificar un período de validez para la contraseña de un usuario (consulte el capítulo Tareas administrativas).

Ejemplo

Implementación de reglas restrictivas para la contraseña del usuario `pba`:

```
# chage pba
Changing the aging information for pba
Enter the new value, or press ENTER for the default

        Minimum Password Age [0]:
        Maximum Password Age [99999]: 40
        Last Password Change (YYYY-MM-DD) [2023-07-13]:
        Password Expiration Warning [7]: 30
        Password Inactive [-1]:
        Account Expiration Date (YYYY-MM-DD) [-1]:
chage -l pba
Last password change                                    : julio 13, 2023
Password expires                                        : agosto 22, 2023
Password inactive                                       : never
Account expires                                         : never
Minimum number of days between password change          : 0
Maximum number of days between password change          : 40
Number of days of warning before password expires       : 30
```

Los módulos PAM influyen en la política de gestión de contraseñas, lo que posiblemente le obligue a elegir una contraseña más o menos compleja.

El comando `pwgen` (del paquete de software `pwgen`) permite generar contraseñas que cumplan con las reglas en función de las opciones especificadas: longitud mínima, sin caracteres ambiguos (`0O`, `Li`...), etc.

Ejemplo

Instalación y uso de `pwgen` para generar una contraseña sin caracteres ambiguos de 8 caracteres:

```
# apt-get install pwgen
[...]
# pwgen --ambiguous --num-passwords=1 8
que4Eage
```

4. Prohibir las conexiones

Es posible prohibir las conexiones desde un dispositivo para determinadas cuentas de usuario de forma permanente o temporal.

a. Shell de conexión /bin/false o /sbin/nologin

Algunas cuentas están dedicadas a una aplicación o servicio, pero no deberían poder usarse de forma interactiva. Para hacer esto, se pueden asociar como shell de conexión `/bin/false` o `/sbin/nologin`.

El comando `/bin/false` no hace nada y termina con un código de retorno distinto a cero. Por lo tanto, el usuario se desconecta inmediatamente.

El comando `/sbin/nologin` muestra el contenido del archivo `/etc/nologin.txt` si existe y termina con un código de retorno distinto a cero.

Ejemplo

Cuentas de usuario asociadas a un shell de conexión `nologin`:

```
# grep "nologin$" /etc/passwd
bin:x:1:1:bin:/bin:/sbin/nologin
daemon:x:2:2:daemon:/sbin:/sbin/nologin
adm:x:3:4:adm:/var/adm:/sbin/nologin
lp:x:4:7:lp:/var/spool/lpd:/sbin/nologin
mail:x:8:12:mail:/var/spool/mail:/sbin/nologin
operator:x:11:0:operator:/root:/sbin/nologin
games:x:12:100:games:/usr/games:/sbin/nologin
ftp:x:14:50:FTP User:/var/ftp:/sbin/nologin
nobody:x:65534:65534:Kernel Overflow User:/:/sbin/nologin
apache:x:48:48:Apache:/usr/share/httpd:/sbin/nologin
[...]
```

5. /etc/nologin

Los módulos PAM manejan muchas posibilidades para las limitaciones de conexión. Entre ellos, el módulo `pam_nologin` permite prohibir temporalmente la conexión de usuarios no administradores, siempre y cuando exista el archivo `/etc/nologin`. Cuando un usuario, que no es administrador, solicita una conexión, el contenido del archivo se muestra en su dispositivo y se deniega la conexión. Solo el administrador root puede iniciar sesión.

☞*Las conexiones que se desean prohibir también se pueden gestionar a través del módulo PAM* `pam_listfile`*, en función de diferentes criterios: cuenta de usuario, terminal, host remoto, etc.*

a. /etc/securetty

El módulo PAM `pam_securetty.so` permite restringir el acceso a un servicio a los dispositivos especificados en el archivo `/etc/securetty`.

Ejemplo

El comando `login` solo se permite desde consolas locales (a través de [Alt][F1] hasta [Alt][F7]).

```
# grep securetty /etc/pam.d/*
/etc/pam.d/login:auth [success=ok new_authtok_reqd=ok ignore=ignore
user_unknown=bad default=die] pam_securetty.so

# cat /etc/securetty | wc -l
412
# grep tty /etc/securetty
tty1
tty2
tty3
tty4
tty5
...
```

6. Limitar los recursos de una cuenta de usuario

El comando `ulimit` permite establecer los límites de consumo de los recursos del sistema para el usuario y los procesos que tiene asociados:

La opción -a muestra los valores actuales.

Ejemplo

```
$ ulimit -a
real-time non-blocking time  (microseconds, -R) unlimited
core file size              (blocks, -c) 0
data seg size               (kbytes, -d) unlimited
scheduling priority                 (-e) 0
file size                   (blocks, -f) unlimited
pending signals                     (-i) 14903
max locked memory           (kbytes, -l) 493016
max memory size             (kbytes, -m) unlimited
open files                          (-n) 1024
pipe size                (512 bytes, -p) 8
POSIX message queues         (bytes, -q) 819200
real-time priority                  (-r) 0
stack size                  (kbytes, -s) 8192
cpu time                   (seconds, -t) unlimited
max user processes                  (-u) 14903
virtual memory              (kbytes, -v) unlimited
file locks                          (-x) unlimited
```

Entre estos valores, podemos encontrar:

- `max memory size`: tamaño máximo de memoria que se puede asignar a todos los procesos del usuario.
- `open files`: número máximo de descriptores de archivo, es decir, el número máximo de archivos que pueden ser abiertos por todos los procesos del usuario.
- `max user processes`: número máximo de procesos asociados al usuario.

Estos valores se pueden cambiar en función de ciertos límites impuestos por el administrador. Hay límites soft, que son los valores predeterminados devueltos por `ulimit`, y límites hard, que no se pueden superar.

Ejemplo

Limitar a 2048 el número de archivos abiertos asociados al usuario actual:

```
$ ulimit -n 2048
$ ulimit -n
2048
```

El administrador root puede controlar los valores predeterminados para diferentes usuarios, a través del archivo `/etc/security/limits.conf`, gestionado por el módulo PAM `pam_limits.so`.

Ejemplo

```
$ grep dev1 /etc/security/limits.conf
dev1    hard    nproc         32768
dev1    soft    nofile         1024
dev1    hard    nofile         4096
```

7. Permisos SUDO

El comando `sudo` permite conceder el permiso de ejecutar determinados comandos a una o varias cuentas de usuario, en una o varias máquinas, con los permisos de otra cuenta de usuario (incluida la cuenta de administrador root).

Los archivos de configuración de `sudo` son `/etc/sudoers` y los archivos de directorio `/etc/sudoers.d/*`. Es posible editarlos o modificarlos mediante el comando `visudo`. Este último comprueba la sintaxis del archivo cuando se crea la copia de seguridad.

Sintaxis

La sintaxis mínima para una línea en un archivo de configuración `sudo` es la siguiente:

```
user máquina = (user2) comando
```

Con:

- `user`: usuario (o alias) al que se aplica la regla.
- `máquina`: máquina (o alias) donde se aplica la regla.
- `(user2)`: cuenta de usuario asociada a la ejecución del comando. Por defecto, root.
- `commando`: comando en cuestión. Puede haber varios comandos, separados por una coma.

Ejemplo

Permitir que el usuario `pba` ejecute el comando `fsck` con permisos de `root` desde cualquier máquina:

```
pba ALL = /sbin/fsck
```

Usando el comando a través de `sudo`:

```
$ sudo /sbin/fsck
pba's password:
fsck 1.41.1 (01-Sep-2008)
e2fsck 1.41.1 (01-Sep-2008)
...
```

Por defecto, se solicita la contraseña del usuario en cuestión antes de continuar. El usuario puede obtener la lista de sus permisos `sudo` con la opción `-l`:

Ejemplo

```
$ sudo -l
User pba may run the following commands on this host:
    (root) /sbin/fsck
```

Por defecto, el usuario se autentica una vez y, después, no se le vuelve a su solicitar su contraseña mientras permanezca en la misma sesión (siempre que no cierre su consola o entorno) o durante el tiempo especificado por la opción `timestamp_timeout`, del archivo de configuración.

Además de asignar permisos puntuales a un conjunto especificado de cuentas sin tener que comunicarles la contraseña de la cuenta destino, la ventaja de `sudo` es la trazabilidad. Los mensajes `sudo` son gestionados por `syslog` o `systemd`.

Ejemplo

Intento de uso de `sudo` por parte de un usuario no autorizado:

```
$ journalctl -e
agosto 07 14:01:40 srvdeb sudo[1942]:      pba : user NOT in sudoers ;
TTY=pts/1 ; PWD=/home/pba ; USER=root ; COMMAND=/usr/bin/apt install nginx
agosto 07 14:09:12 srvdeb sudo[1980]:      pba : command not allowed ;
TTY=pts/1 ; PWD=/home/pba ; USER=root ; COMMAND=list
```

a. Sintaxis de /etc/sudoers

La sintaxis que se puede utilizar en los archivos de configuración `sudo` permite muchas operaciones:

- crear grupos de usuarios,
- crear grupos de máquinas,
- crear grupos de comandos,
- forzar o no el uso de una contraseña,
- asociar la ejecución de un comando con una cuenta de usuario que no sea root.

Los grupos se denominan **alias**.

Para crear un alias de usuario, la sintaxis es la siguiente:

`User_Alias NOMBREALIAS = NombreUser1, ..., NombreUserN`

Para crear un alias de máquina, la sintaxis es la siguiente:

`Host_Alias NOMBREALIAS = HostName1, ..., HostNameN`

Para crear un alias de línea de comandos, la sintaxis es la siguiente:

`Cmnd_Alias NOMBREALIAS = Cmde1, ..., CmdeN`

Los comandos se deben especificar para la ruta de acceso de su ejecutable. Pueden recibir opciones y argumentos.

Para deshabilitar la solicitud de contraseña de la cuenta de usuario, la sintaxis es la siguiente:

`user machine = NOPASSWD: comando`

Para asociar el comando con una cuenta de usuario, la sintaxis es la siguiente:

`user máquina = (NombreUser) comando`

Ejemplo

Extracto del archivo `/etc/sudoers`:

```
User_Alias       ADMINS = pba, maria
Host_Alias       SERVERS = srvdeb.midns.es, srvcpta.midns.es
Cmnd_Alias       ADMCMD =/usr/sbin/fsck,/usr/bin/umount,/usr/bin/apt
ADMINS  SERVERS=NOPASSWD: ADMCMD
```

Uso de `sudo` *para la cuenta de usuario de* `pba`:

```
$ sudo apt install nginx nginx-core
Leyendo las listas de paquetes... Hecho
Construyendo el árbol de dependencias... Hecho
Leyendo la información de estado... Hecho
Se instalarán los siguientes paquetes adicionales:
  geoip-database libgeoip1 libnginx-mod-http-geoip libnginx-mod-http-image-
filter libnginx-mod-http-xslt-filter libnginx-mod-mail libnginx-mod-stream
  libnginx-mod-stream-geoip nginx-common
Paquetes sugeridos:
  geoip-bin fcgiwrap nginx-doc
Se instalarán los siguientes paquetes NUEVOS:
  geoip-database libgeoip1 libnginx-mod-http-geoip libnginx-mod-http-image-
filter libnginx-mod-http-xslt-filter libnginx-mod-mail libnginx-mod-stream
  libnginx-mod-stream-geoip nginx nginx-common nginx-core
0 actualizados, 11 nuevos instalados, 0 eliminados y 0 no actualizados.
Es necesario disponer de 3?630 kb en los archivos.
Después de esta operación, se utilizarán 11,2 MB de espacio adicional en disco.
¿Desea continuar? [S/n]
```

B. Seguridad de servicios y redes

Normalmente, se accede a los servicios de red del servidor de un sistema desde otros sistemas. Estos servicios pueden tener fallos de seguridad, por lo que es importante habilitar solo lo que sea realmente esencial y controlar su actividad.

1. Comprobar puertos abiertos

Se pueden usar varios comandos para saber qué puertos están esperando en qué servicios de red.

a. Información de netstat

El comando `netstat`, descrito en el capítulo La red, proporciona información y estadísticas de red sobre el sistema local. En concreto, permite identificar los puertos a los que están accediendo los servicios, las conexiones que se están usando y los procesos locales que están escuchando.

Sintaxis

```
netstat -apnt -A inet
```

Con:

- `-a`: conexiones activas o en espera en un puerto
- `-p`: muestra el proceso local (PID, ejecutable)
- `-n`: muestra los valores numéricos en lugar de los nombres
- `-t`: protocolo de transporte TCP
- `-A inet`: solo conexiones IPv4

Ejemplo

```
# netstat -apnt -A inet
Conexiones a Internet activas (servidores y establecidos)
Proto Recv-Q Send-Q Dirección local      Dirección remota     Estado      PID/Program name
tcp        0      0 127.0.0.1:25         .0.0.0:*             LISTEN      999/exim4
tcp        0      0 0.0.0.0:22           0.0.0.0:*            LISTEN      622/sshd: /usr/sbin
tcp        0      0 0.0.0.0:631          0.0.0.0:*            LISTEN      655/cupsd
tcp        0    208 192.168.1.140:22     192.168.1.142:65008  ESTABLISHED 2067/sshd: root@pts
tcp        0      0 192.168.1.140:22     192.168.1.142:64813  ESTABLISHED 1631/sshd: pba [pri
```

Se realizan varias conexiones SSH al sistema local. `Exim` y `CUPS` están a la escucha de conexiones.

b. La herramienta nmap

La herramienta `nmap` es un software de exploración de redes y de auditoría de seguridad. Permite probar las conexiones de red de una máquina determinada y devolver una gran cantidad de información. En particular, es capaz de determinar el tipo y la versión del sistema operativo remoto.

Entre estas numerosas funcionalidades, `nmap` permite examinar los puertos que están escuchando en la máquina local.

Ejemplo

```
# nmap localhost
Starting Nmap 7.91 ( https://nmap.org ) at 2023-08-07 17:18 CEST
Nmap scan report for localhost (127.0.0.1)
Host is up (0.000017s latency).
Other addresses for localhost (not scanned): ::1
Not shown: 998 closed ports
PORT    STATE SERVICE
22/tcp  open  ssh
631/tcp open  ipp
```

La opción `-A` *proporciona más información sobre el sistema inspeccionado (local o remoto):*

```
# nmap -A srvdeb
Starting Nmap 7.91 ( https://nmap.org ) at 2023-08-07 17:21 CEST
Nmap scan report for srvdeb (192.168.1.140)
Host is up (0.00032s latency).
rDNS record for 192.168.1.140: srvdeb.midns.es
Not shown: 997 closed ports
PORT    STATE SERVICE VERSION
22/tcp  open  ssh     OpenSSH 9.2p1 Debian 2 (protocol 2.0)
| ssh-hostkey:
|   256 99:06:52:17:30:c7:70:e8:d7:cc:6e:38:54:54:6a:fc (ECDSA)
|_  256 e0:f1:5d:f4:36:7f:2c:69:eb:31:0c:1c:23:01:7f:71 (ED25519)
80/tcp  open  http    Apache httpd 2.4.57 ((Debian))
|_http-server-header: Apache/2.4.57 (Debian)
|_http-title: Apache2 Debian Default Page: It works
631/tcp open  ipp     CUPS 2.4
|_http-server-header: CUPS/2.4 IPP/2.1
|_http-title: Interdit - CUPS v2.4.2
MAC Address: 00:1B:24:6A:78:14 (Quanta Computer)
Device type: general purpose
Running: Linux 4.X|5.X
OS CPE: cpe:/o:linux:linux_kernel:4 cpe:/o:linux:linux_kernel:5
OS details: Linux 4.15 - 5.6
Network Distance: 1 hop
Service Info: OS: Linux; CPE: cpe:/o:linux:linux_kernel

TRACEROUTE
HOP RTT     ADDRESS
1   0.32 ms srvdeb.midns.es (192.168.1.140)

OS and Service detection performed. Please report any incorrect results
at https://nmap.org/submit/ .
Nmap done: 1 IP address (1 host up) scanned in 9.25 seconds
```

2. Deshabilitar servicios innecesarios

Es recomendable activar solo los servicios necesarios, permanentes o temporales, para limitar la posibilidad de ataques. Dependiendo del tipo de servicio, la desactivación se puede realizar a través de scripts de arranque, systemd, `xinetd` o TCP wrappers.

a. Servicios autónomos

Los servicios autónomos se inician de forma independiente. Dependiendo del caso, se controlan a través del comando `service`, `/etc/init.d/service` o `systemctl`. Para configurar sus paradas y arranques, se utilizan los comandos `chkconfig` (distribuciones de tipo Red Hat), `udpate-rc.d` (distribuciones tipo Debian) o `systemctl enable/disable/mask`.

b. Servicios xinetd

Los servicios controlados por `xinetd` se pueden activar y desactivar con la directiva "`disable`" en su archivo de configuración.

Ejemplo

```
$ pwd
/etc/xinetd.d
```

```
$ grep disable *
chargen-dgram:      disable        = yes
chargen-stream:     disable        = yes
daytime-dgram:     disable        = yes
daytime-stream:    disable        = yes
discard-dgram:     disable        = yes
discard-stream:    disable        = yes
echo-dgram:        disable        = yes
echo-stream:       disable        = yes
tcpmux-server:     disable        = yes
time-dgram:        disable        = yes
time-stream:       disable        = yes
```

Para tener en cuenta los cambios, debe volver a cargar `xinetd`.

Sintaxis

```
# /etc/init.d/xinetd reload
```

o

```
# systemctl reload xinetd
```

c. Los TCP wrappers

Las herramientas de software **TCP wrappers** se utilizan para controlar el acceso a diferentes servicios de red. Todos los programas que los usan se compilan con la librería estática `libwrap`.

Para averiguar si un servicio de red está compilado con `libwrap`, se puede utilizar el siguiente comando:

`strings -f <binario> | grep hosts_access`

Ejemplo

xinetd utiliza TCP wrappers:

```
# strings -f /usr/sbin/xinetd |grep hosts_access
/usr/sbin/xinetd: hosts_access
```

Los servicios que usan TCP wrappers incluyen:

- `sendmail`
- `sshd`
- `xinetd` (y por tanto, todos los servicios asociados)
- `vsftpd`
- `portmap` (y por tanto, NIS, NFS)

El control de acceso a un servicio por los TCP wrappers se realiza en tres etapas:

- ¿Se permite explícitamente el acceso?
- Si no es así, ¿está explícitamente prohibido el acceso?
- Si no es así, de forma predeterminada, se permite el acceso.

Los archivos de configuración son `/etc/hosts.allow` y `/etc/hosts.deny`. La sintaxis es común:

`daemon_list[@DirIp]: client_list [:opciones]`

- `daemon_list`: lista de ejecutables separados por comas. `ALL` para especificar todos los servicios.
- `DirIP`: especifique una dirección IP local. Por defecto, todas las direcciones IP locales.
- `client_list`: clientes permitidos o prohibidos para este servicio, especificados por la dirección IP, nombre de host, nombre de red, máscara de red, etc.

La lista de clientes admite una sintaxis avanzada:

- `ALL`: correspondencia sistemática.
- `LOCAL`: todos los hosts cuyos nombres no contienen un punto (puesto1, puesto2, etc.).
- `UNKNOWN`: hosts cuyos nombres no se pueden resolver.
- `KNOWN`: hosts cuyos nombres se pueden resolver.
- `PARANOID`: hosts cuyo nombre no se puede resolver o cuya IP no tiene resolución inversa.
- `EXCEPT`: permite excluir ciertos hosts.

En primer lugar, se lee `/etc/hosts.allow`, seguido de `/etc/hosts.deny`. La búsqueda se detiene en la primera coincidencia encontrada. Una línea en `hosts.allow` permite la conexión. Una línea en `hosts.deny` prohíbe la conexión. Si no se deniega explícitamente el acceso, se permite la conexión.

Ejemplo

Configurar el acceso de acuerdo con las siguientes restricciones:

- *Solo los miembros de la subred* `192.168.1.0` *tienen permiso para conectarse al servidor FTP* `vsftpd`.
- *Los hosts* `puesto1` *y* `puesto2` *tienen acceso a telnet y* `portmap`.
- *Los hosts* `baddomaine.org`, *excepto el host* `trusted`, *no tienen ninguna conexión posible.*
- *El acceso al servidor* `dovecot` *está prohibido en la red* `192.168.0.0`, *excepto para la dirección* `192.168.1.5`.

```
# vi /etc/hosts.allow
vsftpd: 192.168.1.
in.telnetd, portmap:    puesto1, puesto 2

# vi /etc/hosts.deny
ALL : .baddomaine.org EXCEPT trusted.baddomaine.org
vsftpd,in.telnetd,portmap : ALL
dovecot : 192.168.0. EXCEPT 192.168.1.5
```

3. GPG

GPG (*Gnu Privacy Guard*) es un clon gratuito de **PGP** (*Pretty Good Privacy*). Implementa el algoritmo de cifrado RSA y respeta el estándar PGP. Ambas implementaciones son compatibles: las claves generadas por cualquiera de ellas son intercambiables.

El objetivo de GPG es cifrar una comunicación a través del cifrado de clave asimétrica. Se utiliza una clave para firmar el texto y otra para cifrar el texto.

El cifrado de clave asimétrica utiliza dos claves, una clave pública y una clave privada:

- La **clave pública** permite cifrar un mensaje que tiene como destino el poseedor de la clave y que puede descifrarlo con su clave privada.
- La **clave privada** se utiliza para firmar un mensaje. La persona que recibe el mensaje comprueba la firma utilizando la clave pública correspondiente, autenticando al autor del mensaje.

☞*Existen herramientas de software gráficas, como kgpg, para administrar las claves. Muchos clientes de correo electrónico tienen GPG integrado (*`Kmail` *lo integra por defecto). A través del plugin* `Enigmail`, *GPG se puede incorporar fácilmente a Thunderbird. Las firmas GPG también se pueden utilizar para comprobar el origen de los paquetes de software RPM.*

a. Generar las claves

El comando `gpg` se utiliza para generar las claves, con la opción `--gen-key`. Si no existen, crea el directorio raíz de GPG específico para cada usuario y los archivos que contendrán los elementos gestionados por `gpg`.

Por defecto, el comando funciona en modo interactivo.

Ejemplo

Generar una clave en una distribución Debian 12:

```
$ gpg --gen-key
gpg (GnuPG) 2.2.40; Copyright (C) 2022 g10 Code GmbH
This is free software: you are free to change and redistribute it.
There is NO WARRANTY, to the extent permitted by law.
gpg: directorio "/home/pba/.gnupg" creado
gpg: anillo "/home/pba/.gnupg/pubring.kbx" creado
Observación: Utilice "gpg --full-generate-key" para un cuadro de diálogo
para generar la clave completa.
```

Para generar la clave, GPG le pide que introduzca un nombre y una dirección de correo electrónico (email). Ya no es posible cambiar estos elementos que identifican la clave.

```
GnuPG debe construir una identidad para identificar la clave.
Nombre real: Ángel
Dirección de correo: yo@yo.es
Ha seleccionado la siguiente identidad:
    "Ángel <yo@yo.es>"

¿Cambiar el (N)ombre, la (D)irección de correo o (S)í/(T)erminar? S
Se deben generar muchos bytes aleatorios. Al mismo tiempo que genera números
primos, debe hacer otra cosa como escribir en el teclado, mover el ratón o usar
los discos. Esto permite al generador de números aleatorios mejorar las opciones
de obtener suficiente entropía.
```

*El **passphrase** o frase secreta es complementaria a la clave privada. Se solicitará cada vez que se envíe o reciba un mensaje privado cifrado. También garantiza una cierta seguridad de la clave privada, incluso si se roba, porque esta clave no se puede usar sin esta frase.*

```
Necesita una frase secreta para proteger su clave privada.
lqqqqqqqqqqqqqqqqqqqqqqqqqqqqqqqqqqqqqqqqqqqqqqqqqqqqqqqqqqqqk
x ¿Desea introducir su frase secreta                          x
x para proteger la nueva clave                                x
x Frase secreta: ____________________________________________ x
x        <Aceptar>                          <Cancelar>        x
mqqqqqqqqqqqqqqqqqqqqqqqqqqqqqqqqqqqqqqqqqqqqqqqqqqqqqqqqqqqqj
```

El último paso lo realiza GPG y consiste en generar las claves propiamente dichas. GPG utiliza la información introducida y un generador de números aleatorios.

```
gpg: /home/pba/.gnupg/trustdb.gpg: base de confianza creada
gpg: directorio "/home/pba/.gnupg/openpgp-revocs.d" creado
gpg: revocation certificate stored as '/home/pba/.gnupg/openpgp-revocs.d/
E9A05DACD7E4B7EFECCAED6BD5233CB8EAECEB4B.rev'
las claves públicas y secretas se han creado y firmado.
pub   rsa3072 2023-08-08 [SC] [expire: 2025-08-07]
      E9A05DACD7E4B7EFECCAED6BD5233CB8EAECEB4B
uid   Ángel <yo@yo.es>
sub   rsa3072 2023-08-08 [E] [expire: 2025-08-07]
```

Las últimas cuatro líneas resumen toda la información:

- `pub`: tipo de cifrado, longitud de la clave pública e ID completo de la clave.
- `uid`: información de identificación personal (nombre, dirección de correo electrónico).
- `sub`: tipo de cifrado y longitud de la clave privada.

b. Generar una clave de revocación

La clave de revocación se utiliza para revocar una clave, es decir, para cancelar su validez. Está firmada por la clave privada. Si se ha robado la clave privada o se ha perdido la passphrase, se debe revocar. Por lo tanto, es importante crear una clave de revocación después de haber creado el par de claves pública/privada.

Sintaxis

```
gpg --gen-revoke NombreUID
```

Con:

- `NombreUID`: nombre asociado a la clave.

Ejemplo

```
$ gpg --gen-revoke Ángel
sec  rsa3072/D5233CB8EAECEB4B 2023-08-08 Ángel <yo@yo.es>
¿Es necesario crear un certificado de revocación para esta clave? (s/N) s
seleccione un motivo para la revocación:
  0 = Ningún motivo
  1 = La clave ha sido comprometida
  2 = La clave se ha sustituido
  3 = La clave ya no se utiliza
  S = Salir
(Seguramente debe seleccionar 1 en la lista)
¿Cuál es su elección? 0
Indique una descripción opcional y termine con una línea vacía:
>
Motivo para la revocación: Ningún motivo
(No se ha añadido ninguna descripción)
¿Está de acuerdo? (s/N) s
salida forzada con formato ASCII.
lqqqqqqqqqqqqqqqqqqqqqqqqqqqqqqqqqqqqqqqqqqqqqqqqqqqqqqqqqqqqqqqqqqqqqqqqqqqk

x ¿Desea introducir la frase secreta para desbloquear la clave secreta OpenPGP:  x
x "Ángel <yo@yo.es>"
x clave RSA de 3072 bits, identificador D5233CB8EAECEB4B,
x creada el 2023-08-08.
x Frase secreta: ____________________________________________________________ x
x               x            <Aceptar>     <Cancelar>                        x

mqqqqqqqqqqqqqqqqqqqqqqqqqqqqqqqqqqqqqqqqqqqqqqqqqqqqqqqqqqqqqqqqqqqqqqqqqqqqj

-----BEGIN PGP PUBLIC KEY BLOCK-----
Comment: This is a revocation certificate
```

```
iQG2BCABCgAgFiEE6aBdrNfkt+/syu1r1SM8uOrs60sFAmTR7o0CHQAACgkQ1SM8
uOrs60ttzwwAkwoFDfJ4vKhKXof1ziV29isohs6FPWw1rjZDduUNHVogDRbcazgN
zDXQaf9FnYIiIPnxTniGwFsT4J5OGc3aFmbXGXkbYGAaFzo2IR15QtLcVPZayn4K
66JX5svUzsPWHvPrdJxE1O/EYSgBXd1O9VC3dZdREOHgGNxUDf3C89NO2MM1B34a
QVWCw10jFuHJc1CFI2pvOt29nhsC/raiLqs0cVCsQtpm9bnp+1Y2j8xCSlG7VgLD
MMeeMPLBldChOVm60Jend7UlKGo4hUGrEYMM1OKN3vCaTz4xVgxP6vd0x/9juOUD
UXGoAXWqdVUvq4B8AfCS4AYQulQcys1dbH9DaLag7JZ1GOHcGkNMZ4KUyXVqg9Rr
Qs9/WJi/1tZVBEp/SetdC2C24LuhKep89LGxlfQGeQSrI1Q9yjBK6Z7WCYuYzkmO
MpLKxhoIMi9K+GOf9ahBZYYpIUkziG52DsdWKD9IZ6hqwTz/mOlwus7OVmATOS1y
ME9WDhsgPgNv
=VT/1
-----END PGP PUBLIC KEY BLOCK-----
Certificado de revocación creado.
¿Quiere moverlo a un suporte que pueda esconder? Cualquier persona que tenga acceso
a este certificado lo podrá utilizar para deshabilitar su clave. Imprimir este
certificado y almacenarlo es una buena idea en los casos en los que no se pueda
acceder al soporte. En cualquier caso, tenga cuidado: el sistema de impresión que
utilice podría almacenar estos datos y otras personas podrían acceder a ellos.
```

c. Administrar un almacén de claves

La opción `--list-key` del comando `gpg` permite listar las claves del usuario, mostrando información sobre las claves públicas y privadas, su propietario y las fechas de expiración.

Ejemplo

```
$ gpg --list-keys
gpg: comprobación de la base de confianza
gpg: marginals needed: 3  completes needed: 1  trust model: pgp
gpg: profundidad: 0  validas:   1  firmadas:   0
     confianza: 0 i., 0 n.d., 0 j., 0 m., 0 t., 1 u.
gpg: la siguiente comprobación de la base de confianza tendrá lugar el 2025-08-07
/home/pba/.gnupg/pubring.kbx
----------------------------
pub   rsa3072 2023-08-08 [SC] [expire: 2025-08-07]
      E9A05DACD7E4B7EFECCAED6BD5233CB8EAECEB4B
uid           [  ultime ] Ángel <yo@yo.es>
sub   rsa3072 2023-08-08 [E] [expire : 2025-08-07]
```

La opción `--list-sigs` del comando `gpg` permite listar las firmas de cada una de las claves.

Ejemplo

```
$ gpg --list-sigs
/home/pba/.gnupg/pubring.kbx
----------------------------
pub   rsa3072 2023-08-08 [SC] [expire: 2025-08-07]
      E9A05DACD7E4B7EFECCAED6BD5233CB8EAECEB4B
uid           [  ultime ] Ángel <yo@yo.es>
sig 3         D5233CB8EAECEB4B 2023-08-08  Ángel <yo@yo.es>
sub  rsa3072 2023-08-08 [E] [expire: 2025-08-07]
sig           D5233CB8EAECEB4B 2023-08-08  Ángel <yo@yo.es
```

Las claves del almacén y las passphrases se pueden administrar para la sesión actual mediante el comando `gpg-agent`.

`gpg-agent` es un servicio que almacena claves privadas y las frases correspondientes, durante la sesión o durante un tiempo específico. Por lo general, se inicia automáticamente por las sesiones gráficas, pero se puede iniciar manualmente.

d. Exportar la clave pública

Para que las personas puedan usar la clave pública para enviar mensajes a su propietario, se debe proporcionar primero la clave a estas personas y, por lo tanto, exportarla en un formato legible.

Sintaxis

```
gpg --export --armor
```

Ejemplo

```
$ gpg --export --armor
-----BEGIN PGP PUBLIC KEY BLOCK-----

mQGNBGTR6woBDACq54Rw9GRGCv9D70GBXmzlTS3Rsq2H0m9mrD4URvUQZ60zFxR6
Cvt7VSgt4IhjgzTI9/xyNFbH1X+aPEcIgCEHGFKpuUxzE+lL2SkCwEhfzgML0qeh
SQcn55pBy5cmOl1FqfJy9/RgoVwCl8l6tIGDbLsEKXp+ulqbPfa0E7aprbqNlMIA
fkM7KnvrpHIxPNOTp20Z6gJskl5kP9LV9QQF0GE7FI4eXNY4p8/E0IQwf0cQZ/el
pZHBZm075yF7I+6IEID2QS1cM8YYZ60v16RKEHr/xbHhfizault5t9ehfrBUcqTd
g73/Ac7Sa63q43LIt3U7ZFgOixhzTJ5zTAxPBuTlz4fpNMc0IVCrRIkMSIH6G+9g
g+eHT0qGGSSKZjmTl17XczpSFpn6P6k5liuP1+O0pBGNfCJAxf6AnGyNcWr6a37z
UffSyRWcT7D3y795fl3R7+Q6aKE+ca5B3Xnpi9q0SkK52RsJ2kK5iY0YV1k2WyBN
q1iqtQk6/rcYXEUAEQEAAbQVUGhpbGlwcGUgPG1vaUBtb2kuZnI+iQHUBBMBCgA+
FiEE6aBdrNfkt+/syu1r1SM8uOrs60sFAmTR6woCGwMFCQPCZwAFCwkIBwIGFQoJ
CAsCBBYCAwECHgECF4AACgkQ1SM8uOrs60tyQAv/STt+3Com0FQEA/SpEtWyOyg5
FEm1nfWp/jbIBjyQlotJ50zytruTH6xvuxt4GYKQs0Tz7LjNMfhD71+Bxyo1MPad
itH+a16fZPp1AdzVuZMDDIowFP2kErAN49kSZDJdHAOGodBONLycVE+Wb4phcLIa
5+dRY5Nvez77ieKtRrtSvfNwYIYcSOCqNFFFD0VxZkrmTYDeTlTtsgecO9kB2mSm
/Bs+Y1f1ZjegGLWIHzXxqrxGECdC8RjPRHhTtDLKDG6pcMEOfcciqgwT1AqTIFb2
OKoqrvK2ok9ACa97CZ8/pOoKGSqY1xfOUoCvVkLNUiJ6VhSz0ytEOYviXQgx5YvT
GbnSYwpc5opBbhnukROYPGOhdn2S0sLdgdaLJjqXWq83wNgmr+Gdh47Om6Gh9EEw
Og6OCAiiYMRq8zdi9PMxoaDZ5zbpOJvzPG86XueRvififqwTsX6X6Hxg3Oc3jW2x
8HxceXRggzl9pUZnoNz9jZsVWRiX+R4TbmZKYZo9uQGNBGTR6woBDACwY8fEOUKl
4ddFGvAYEsg2RO9e+jF4+O86DFMmlmrraNLCqzOmtdZmQR3SQ4DZ0eBBt5O3Tb9j
hHG5x59K+fOJSuh2KwSWwFI5aqO4A4KrAXwDlaHLM8+qPkCnvGHbEYvprdfOMBWy
UT4QXxiLBl9ZSL8k1ubledJ+tjgyY/o7+oeINK4bAfV07p6OBkCAJEUl4vMIn1hm
3EeNV0OY7xXQCmj730SYwoDPuD//GtB4O1APeavwAM6kGw81f3YJ3SvmyVpFtr9N
3vwvrLuf1qUUXeWCFx88nhYdvvZHbIyJRoo9ozcizckso39CIGD7fAjkwZ/IB1es
MPhl6EI0z6IPRl1I+8fdlrsMzr5Zk6UwdkcV9XefhQksivl9QYTPeQ5GJvY1pgKG
ShXJHL3xvNyhDSGJkX7rn4w1JX6mArsock3FvLj5whby9SFpB9YyfW8WKhYxqihR
ld/ZrI2wOKlWLaOCShLnz1rz4QEW5SvKjwuR8rP6J0dwWYw02EOLP9MAEQEAAYkB
vAQYAQoAJhYhBOmgXazX5Lfv7Mrta9UjPLjq7OtLBQJk0esKAhsMBQkDwmcAAAoJ
ENUjPLjq7OtLuFcMAKlLbCPEs5+lqAPktuOmwQyBzxTnjijBo9JGldTBqxZEwniy
BGfjY8TSTS64keI1yDJnKHx4bHSY0wdBWEFwGhIK4lmqNUUObApvCNv9Gh0orqhd
```

```
6fEYcDVfkbnyH2+eZKzqpfwzX/25bk6TSaM0V5W2gC4R+JZZJSRVl2RB9K90h03R
0/5qQXK6hVeAfGGQtGchINFA3a6yih1hXpzyIdDh5eUYSyQ3bg5f/tt6HVGCiStT
9d6QXDNHGmiyEzUG//J4pgNsoznWRLtZZg7rGoH3BwjvzQ6Pg7SjPSgBm4xinXJC
i/cECBNqb/UQ4TR+vsrVDFfBudZnPjANJjbjPspIFhS7d4Y8HQOH6/7TwzvEQn8S
uOXrVw1OXb6jQKjroyP7qZaNOHKdWsvS04ajG1By1hpGoYrN9FJ6xKzh/yfCsXos
3fWHkV61bsa/uDSsCAMQK7WgkNb86bYmzLIRFaNEM4yatn+PZQmcx+2AtTG0/1vg
LsYa5rhIkAbwSuL3Cg==
=Q3po
-----END PGP PUBLIC KEY BLOCK-----
```


Para exportar la clave, reenvíe simplemente el bloque completo a los destinatarios.

Es posible exportar una clave pública a un servidor de claves GPG, por defecto: https://claves.openpgp.org. Si una persona quiere obtener la clave pública, podrá recuperarla del servidor de almacenamiento.

Sintaxis

```
gpg --send-keys IDClef
```

Con:

- `IDClef`: identificador de la clave (proporcionado por `gpg --list-keys`).

Ejemplo

```
$ gpg --list-keys
/home/pba/.gnupg/pubring.kbx
----------------------------
pub   rsa3072 2023-08-08 [SC] [expire: 2025-08-07]
      E9A05DACD7E4B7EFECCAED6BD5233CB8EAECEB4B
uid  [  ultime ] Ángel <yo@yo.es>
sub   rsa3072 2023-08-08 [E] [expire: 2025-08-07]

$ gpg --send-keys E9A05DACD7E4B7EFECCAED6BD5233CB8EAECEB4B
gpg: envío de la clave D5233CB8EAECEB4B a hkps://keys.openpgp.org
```

En el sitio web de https://keys.openpgp.org, puede encontrar la clave pública exportada a través del correo electrónico del propietario, la huella digital o el ID de la clave.

e. Importar una clave

Un usuario puede importar una clave exportada y almacenarla en su almacén.

Sintaxis

```
gpg --import [FicClave]
```

Con:

- `FicClave`: archivo que contiene la clave exportada. Sin argumentos, debe copiar el bloque de la clave exportada en la pantalla.

Ejemplo

Importar la clave contenida en el archivo `keyexport-pba`:

```
# gpg --import keyexport-pba
gpg: clave D5233CB8EAECEB4B: clave pública "Ángel <yo@yo.es>" importada
gpg:       Cantidad total procesada: 1
gpg:                    importadas: 1
```

La opción `--recv-keys` permite importar una clave desde un servidor.

Ejemplo

```
$ gpg --receive-keys E9A05DACD7E4B7EFECCAED6BD5233CB8EAECEB4B
gpg: clave D5233CB8EAECEB4B: "Ángel <yo@yo.es>" no se ha modificado
gpg:       Cantidad total procesada: 1
gpg:                no modificadas: 1
```

f. Firmar una clave

Firmar una clave pública permite certificar que, efectivamente, es la clave de la persona indicada por el identificador.

Ejemplo

Para firmar una clave, primero debe importarla al almacén:

```
gpg --import
-----BEGIN PGP PUBLIC KEY BLOCK-----
Version: GnuPG v2.0.22 (GNU/Linux)

mQGiBEoB63QRBACrfwOSo2EKJRYF0lh0Y06X2ZNNEq8+50IJmXYTXLx4b+niYzjf
V1pW5/0Of1/iM80RFU8NjkIKuxKnK0jji/WQbwAyWcTVMQ8CNrH2Fgbahi+8mn/Z
...
dAIbDAUJAA0vAAAKCRD1IZKWFJB27BVSAJoCQ1i49aTNi3NopE+zgiZYwYSXaACe
LFxBG3QJUkmLpSX8L/9vzjAZ+6Y==QMLk
-----END PGP PUBLIC KEY BLOCK-----
gpg: clave 149076EC: clave pública "RMadrid (Clave de prueba)
<rmadrid@dominio.es>" importada
gpg:       Cantidad total procesada: 1
gpg:                     importada: 1
```

Compruebe que todo ha ido bien, listando las claves:

```
 $ gpg -k RMadrid
pub   1024D/149076EC 2017-02-042017-02-04 [expire: 2017-02-042017-02-04]
uid                  RMadrid (Clave de prueba) <rmadrid@dominio.es>
sub   2048g/ABC8FBE2 2017-02-042017-02-04 [expire: 2017-02-042017-02-04]
```

Recupere la huella de la clave de RMadrid para compararla con la que se le proporcionó:

```
$ gpg --fingerprint RMadrid
pub   1024D/149076EC 2017-02-04 [expire: 2017-02-04]
    Huella de la clave = B50E 5C76 C0A6 4BDC F83E FB8F F521 9296 1490 76EC
uid                  RMadrid (Clave de prueba) <rmadrid@dominio.es>
sub   2048g/ABC8FBE2 2017-02-04 [expire: 2017-02-04]
```

Si la huella es correcta, edite la clave, que abre un pequeño intérprete de comandos para trabajar con el almacén o la clave en cuestión. El estado de confianza se establece como "desconocido" porque la clave no está firmada:

```
$ gpg --edit-key RMadrid
gpg (GnuPG) 2.0.9; Copyright (C) 2008 Free Software Foundation, Inc.
This is free software: you are free to change and redistribute it.
There is NO WARRANTY, to the extent permitted by law.


pub  1024D/149076EC  creado: 2017-02-04  expira: 2017-02-04  utilización: SC
                     confianza: desconocida       validez: desconocida
sub  2048g/ABC8FBE2  creado: 2017-02-04  expira: 2017-02-04  utilización: E
[ desconocido] (1). RMadrid (Clave de prueba) <rmadrid@dominio.es>

Comando>
```

*Escriba **trust** para especificar su nivel de confianza:*

```
Comando> trust
pub  1024D/149076EC  creado: 2017-02-04  expira: 2017-02-04  utilización: SC
                     confianza: desconocida         validez: desconocida
sub  2048g/ABC8FBE2  creado: 2017-02-04  expira: 2017-02-04  utilización: E
[ desconocida] (1). RMadrid (Clave de prueba) <rmadrid@dominio.es>

Decida ahora hasta qué punto confía en este
usuario para que compruebe las claves de los demás usuarios (puede
usted comprobar su pasaporte, las huellas de varias
fuentes diferentes, etc.)

  1 = no sé o no diré
  2 = NO confío
  3 = confío un poco
  4 = confío totalmente
  5 = doy una confianza última
  m = volver al menú principal

¿Su elección? 4

pub  1024D/149076EC  creado: 2017-02-04  expira: 2017-02-04  utilización: SC
                     confianza: completa validez: desconocida
sub  2048g/ABC8FBE2  creado: 2017-02-04  expira: 2017-02-04  utilización: E
[ desconocida] (1). RMadrid (Clave de prueba) <rmadrid@dominio.es>
Observe que la validez mostrada para la clave no es necesariamente
correcta hasta que usted no vuelva a arrancar el programa.
```

Tenga en cuenta los niveles de confianza: de 1 a 5, en orden ascendente. Si elige 5, se requiere confirmación.

*Ahora ingrese **sign** para firmar la clave con su clave privada. Deberá indicar su passphrase:*

```
Comando> sign

pub  1024D/149076EC  creado: 2017-02-04  expira: 2017-02-04  utilización: SC
                     confianza: completa validez: desconocida
 Huella de la clave principal:
B50E 5C76 C0A6 4BDC F83E  FB8F F521 9296 1490 76EC

     RMadrid (Clave de prueba) <rmadrid@dominio.es>

Esta clave expira el 2017-02-04.
¿Está seguro de que quiere firmar esta clave
con la suya? "María <tu@tu.es>"
(13E021A8)

¿Firmar realmente? (s/N) s

Necesita una frase de contraseña para desbloquear la
clave secreta para el usuario: "María <tu@tu.es"
clave de 1024 bits DSA, ID 13E021A8, creada el 2017-02-04
```

La clave de RMadrid ya está firmada.

g. Firmar y cifrar un mensaje

Con una clave pública, puede firmar un mensaje que tenga como destino los propietarios de la clave.

<u>Ejemplo</u>

```
$ gpg --clearsign -u tu@tu.es -a

Necesita una frase de contraseña para desbloquear la
clave secreta para el usuario: "María <tu@tu.es>"
clave RSA de 2048 bits, identificador 515D9D90, creado el 2017-02-04

Hola, amigos
-----BEGIN PGP SIGNED MESSAGE-----
Hash: SHA1

Hola, amigos
-----BEGIN PGP SIGNATURE-----
Version: GnuPG v2.0.22 (GNU/Linux)

iQEcBAEBAgAGBQJYla6uAAoJEAQi5NJRXZ2QGDsH/A511P9nlBHD6olZnYRsXVab
IZDvkMS9F9CvwAOm/VZds1ayfjMP0GAUqbdinw8cMzPSz+EZe45GcbkTe8K731P9
zb1w5N2U8SM1VPkLCV7NFvS0fbdlephoyaVQk4RRADT930dmPfZJyANlyCNnNKxM
FcKD1aml0GSdqREqyMliz ndu5g/+q6IzcOZStuM6kXIuJQJHDmrUJSKTNcgnhfv+
xFXnxecccZuwd6nf71ph+K2D5FcdCC9KUNGKHGYIif0Vy+lca12TG5xehsXv5/Rc
```

```
e+oBkz29Z3d2u4cOZ4rStY6Yx5oZ++iPOHORJqgZjKvh4QeHPFIksV7coY4Jl3g=
=u1nb
-----END PGP SIGNATURE-----
```

Envíe un mensaje al destinatario en texto plano, con la firma. Este último, al recibir el mensaje, hará lo contrario: comprobará si la firma coincide con la suya y el mensaje (suponiendo que el mensaje se haya colocado en un archivo ***mensaje.asc****). Este es el caso aquí:* `gpg` *confirma que el mensaje fue firmado por María.*

```
$ gpg --verify mensaje.asc
gpg: Firma hecha el sab. 04 febr. 2017 11:36:30 CET con la clave RSA
ID 515D9D90
gpg: Firma correcta de "María <tu@tu.es>"
```

El siguiente paso es cifrar todo el mensaje para que solo el destinatario pueda descifrarlo. Para que María envíe un mensaje cifrado a Mateo, cuya clave pública posee, haga lo siguiente:

```
$ gpg -r RMadrid -e --armor
Shola, esto es una prueba
-----BEGIN PGP MESSAGE-----
Version: GnuPG v2.0.22 (GNU/Linux)

hQEMA8PaFKWBgPbqAQgAxt9+P8Umtsee7s/j83i1kBs12Z2rUGr54QE7V38A1735
...
PjGCfxEZj6PHRMpd84x+i2yFCg==
=xiHX
-----END PGP MESSAGE-----
```

Envíe el mensaje cifrado (desde BEGIN hasta END) a Mateo. Este último, por otro lado, intentará descifrarlo, solo que él debería poder hacerlo con su clave privada.

```
rmadrid@dominio.es 2017-02-04 2017-02-04 rmadrid@dominio.es
$ gpg --decrypt
mensaje.asc

Necesita una frase de contraseña para desbloquear su clave
secreta para el usuario: "María <tu@tu.es>"
clave RSA de 2048 bits, ID 8180F6EA, creado el 2017-02-04 (ID clave
principal 515D9D90)

gpg: cifrado con una clave RSA de 2048 bits, ID 8180F6EA,
creado el 2017-02-04
      "María <tu@tu.es>"
Hola, esto es una prueba
```

El mensaje apareció sin errores.

El último paso es cifrar y firmar al mismo tiempo. Si el mensaje está en un archivo ***test.msg****, escriba lo siguiente:*

```
$ gpg -u tu@tu.es -r RMadrid -a -e -s test.msg

Necesita una frase de contraseña para desbloquear su clave
secreta para el usuario: "María <tu@tu.es>"
clave RSA de 2048 bits, ID 515D9D90, creado el 2017-02-04
```

*Se ha creado un archivo **test.msg.asc** que contiene el mensaje cifrado.*

```
$ cat test.msg.asc
-----BEGIN PGP MESSAGE-----
Version: GnuPG v2.0.22 (GNU/Linux)

hQEMA8PaFKWBgPbqAQgAgWBMCwz905M0zp0LrI/pkdI2d9EkiIj/zJKmEsMVohWw
...
vz0fz1ymXPa5Qqu6U6WK/DaMzj01DkGb5RKTJ5o8cnktog1LRPKXlQ==
=fhqg
-----END PGP MESSAGE-----
```

Por su parte, RMadrid descifrará y comprobará el mensaje de la siguiente manera:

```
rmadrid@dominio.es 2017-02-04 2017-02-04 rmadrid@dominio.es
$ gpg -d -v test.msg.asc
Version: GnuPG v2.0.22 (GNU/Linux)
gpg: encabezado armadura:
gpg: la clave pública es 8180F6EA
gpg: utilización de la subclave 8180F6EA en lugar de la clave
principal 515D9D90

Necesita una frase de contraseña para desbloquear la
clave secreta para el usuario: "María <tu@tu.es>"
gpg: utilización de la subclave 8180F6EA en lugar de la clave
principal 515D9D90
clave RSA de 2048 bits, identificador 8180F6EA, creado el 2017-02-04
(ID clave principal 515D9D90)

gpg: cifrado con una clave RSA de 2048 bits, ID 8180F6EA,
creado el 2017-02-04
      "Maria <tu@tu.es>"
gpg: datos cifrados con AES256
gpg: nombre del archivo original: «test.msg»
Hola, amigos
gpg: Firma hecha el sab. 04 febr. 2017 11:41:34 CET con la clave RSA
con identificador 515D9D90
gpg: utilización del modelo de confianza PGP
gpg: Firma correcta de "María tu@tu.es"
gpg: firma binaria, algoritmo SHA256
```

C. Validación de los conocimientos adquiridos: preguntas/respuestas

Preguntas

Si cree conocer suficientemente este capítulo, conteste a las siguientes preguntas:

Seguridad local

1 ¿Por qué es importante controlar los permisos SUID y SGID de los archivos ejecutables?

2 Especifique una línea de comandos para buscar y mostrar información detallada sobre los archivos ordinarios en `/usr` que son propiedad de `root` y tienen permisos SUID.

3 Un archivo del paquete de software rpm `bash` parece no ser correcto. El resultado de la comprobación RPM muestra `.M... T /bin/bash`. ¿Qué ha pasado?

4 ¿Cómo se comprueba la información de la contraseña de `user`?

- A - `chage -l user`
- B - `passwd -l user`
- C - `grep ^user /etc/shadow`
- D - `passwd -S user`

5 Genere seis contraseñas aleatorias con una longitud de 8 caracteres.

6 El usuario `ftponly` no debe poder iniciar sesión de forma interactiva. ¿Qué comando puede escribir para cambiar su shell de inicio de sesión en consecuencia?

7 ¿Cómo se bloquea cualquier nueva conexión interactiva, que no sea `root`?

- A – pasando al nivel de ejecución `init 1`.
- B - modificando todos los shells de conexión a `/bin/false`.
- C – bloqueando todos los terminales a través de `/etc/securetty`.
- D - creando el archivo `/etc/nologin`.

8 ¿Cómo evita que los usuarios creen demasiados procesos?

9 ¿Cómo conservar durante el arranque las reglas de `ulimit`?

- A – creando un script ejecutado por `init`.
- B - modificando `/etc/security/limits.conf`.
- C - modificando el archivo `/etc/profile` con una serie de `ulimit`.
- D - modificando el archivo `~/.bashrc` de los usuarios y el de `/etc/skel`.

Seguridad de la red

10 ¿Cómo se puede saber qué puertos están abiertos y qué conexiones están activas en una máquina?

11 ¿Para qué sirve el comando `nmap`?

- A - Proporciona un adaptador de red.
- B - Comprueba los puertos remotos de una máquina en la red.
- C - Para obtener información de seguridad sobre una máquina en la red.
- D – Para conocer el sistema operativo de una máquina remota.

12 ¿Cómo se puede hacer un mal uso de la información que devuelve `nmap`?

13 Parece que el servicio `smbd` se está ejecutando en su máquina, pero no tiene recursos compartidos de Windows. ¿Qué debe hacer?

14 ¿Cómo se puede saber si un servicio tiene TCP wrappers?

15 ¿Cuál es la ruta de los dos archivos de configuración de los TCP wappers?

16 Haga lo necesario para que nadie, excepto la subred `10.17.32.0/22`, se conecte al servicio `sshd`.

GPG

17 ¿Qué comando permite a un usuario generar una clave GPG?

- A - `gpg --gen-key`
- B - `gpgkey`
- C - `gpg -create`
- D - `makegpgkey`

18 ¿Qué clave debe proporcionar a las personas con las que quiera comunicarse?

- A - La clave pública.
- B - La clave privada.
- C - Ambas.
- D - Ninguna, el intercambio de claves es automático.

19 ¿Para qué sirve una clave de revocación?

20 ¿Qué comando muestra la lista de claves del usuario?

Resultados

Consulte las páginas siguientes para comprobar sus respuestas. Por cada respuesta correcta, sume un punto.

Número de puntos /20

Debe acertar un mínimo de 15 preguntas sobre este capítulo (15/20).

Identifique los temas claves en los que tiene lagunas y repáselos consultando de nuevo este capítulo antes de pasar al siguiente:

☐Seguridad local

☐Seguridad de la red

☐GPG

Respuestas

Seguridad local

1 ¿Por qué es importante controlar los permisos SUID y SGID de los archivos ejecutables?

Un archivo ejecutable con permisos SUID concede los permisos de su propietario a quien lo utilice. Si el propietario tiene permisos extendidos sobre el sistema, esto puede ser peligroso para la seguridad.

2 Especifique una línea de comandos para buscar y mostrar información detallada sobre los archivos ordinarios en `/usr` que son propiedad de `root` y tienen permisos SUID.

`find /usr -user root -type f -perm -4000 -ls`

3 Un archivo del paquete de software rpm `bash` parece no ser correcto. El resultado de la comprobación RPM muestra `.M... T /bin/bash`. ¿Qué ha pasado?

La `M` indica que se han cambiado los permisos del archivo y la `T` indica que se ha modificado la fecha de modificación. Compruebe los permisos de `/bin/bash` y, si es necesario, reemplácelos correctamente (`755`).

4 ¿Cómo se comprueba la información de la contraseña de `user`?

- A - `chage -l NombreUser`
- B - `passwd -l NombreUser`
- C - `grep ^NombreUser /etc/shadow`
- D - `passwd -S NombreUser`

A y D.

5 Genere seis contraseñas aleatorias con una longitud de 8 caracteres.

`PWGEN -S 8 6`

6 El usuario `ftponly` no debe poder iniciar sesión de forma interactiva. ¿Qué comando puede escribir para cambiar su shell de inicio de sesión en consecuencia?

`usermod -s /bin/false ftponly`

7 ¿Cómo se bloquea cualquier nueva conexión interactiva, que no sea `root`?

- A – pasando al nivel de ejecución `init 1`.
- B - modificando todos los shells de conexión a `/bin/false`.
- C – bloqueando todos los terminales a través de `/etc/securetty`.
- D - creando el archivo `/etc/nologin`.

D. El módulo `pam_nologin` prohibirá cualquier conexión nueva, excepto para `root`.

8 ¿Cómo se puede evitar que los usuarios creen demasiados procesos?

`ulimit` permite modificar el número de procesos por usuario con la opción `-u`. `ulimit -u 1024` establece el límite en 1024 procesos por usuario.

9 ¿Cómo conservar durante el arranque las reglas de `ulimit`?

- A – creando un script ejecutado por `init`.
- B - modificando `/etc/security/limits.conf`.
- C - modificando el archivo `/etc/profile` con una serie de `ulimit`.
- D - modificando el archivo `~/.bashrc` de los usuarios y el de `/etc/skel`.

B. Son los módulos PAM los que se encargarán de modificar el entorno del usuario durante su conexión.

Seguridad de la red

10 ¿Cómo se puede saber qué puertos están abiertos y qué conexiones están activas en una máquina?

`netstat -a -A inet`

11 ¿Para qué sirve el comando `nmap`?

- A - Proporciona un adaptador de red.

- B - Comprueba los puertos remotos de una máquina en la red.
- C - Para obtener información de seguridad sobre una máquina en la red.
- D – Para conocer el sistema operativo de una máquina remota.

B, C y D. `nmap` proporciona una gran cantidad de información útil para la monitorización de la red.

12 ¿Cómo se puede hacer un mal uso de la información devuelta por `nmap`?

Además de la presencia de muchos puertos abiertos, `nmap` intenta detectar el nombre del servicio asociado y su versión. A partir de ahí, puede intentar encontrar y explotar un fallo a través de los boletines de seguridad.

13 Parece que el servicio `smbd` se está ejecutando en su máquina, pero no tiene recursos compartidos de Windows. ¿Qué debe hacer?

Elimine la activación de este servicio al inicio y deténgalo. En términos generales, deshabilite todos los servicios innecesarios, incluso si eso significa reactivarlos.

14 ¿Cómo se puede saber si un servicio tiene TCP wrappers?

La librería se compila estáticamente dentro del binario. Busque la cadena "host_access" dentro del programa con el comando `strings`.

15 ¿Cuál es la ruta de acceso a los dos archivos de configuración de los TCP wrappers?

`/etc/hosts.allow` y `/etc/hosts.deny`.

16 Haga lo necesario para que nadie, excepto la subred `10.17.32.0/22`, se conecte al servicio `sshd`.

En `/etc/hosts.deny: sshd:ALL`. En `/etc/hosts.allow: sshd:10.17.32.0/255.255.252.0`.

GPG

17 ¿Qué comando permite a un usuario generar una clave GPG?

- A - `gpg --gen-key`
- B - `gpgkey`
- C - `gpg -create`
- D - `makegpgkey`

A.

18 ¿Qué clave debe proporcionar a las personas con las que se quiera comunicar?

- A - La clave pública.
- B - La clave privada.
- C - Ambas.
- D - Ninguna, el intercambio de claves es automático.

A.

19 ¿Para qué sirve una clave de revocación?

Esta clave se utiliza para anular la validez de una clave.

20 ¿Qué comando muestra la lista de claves del usuario?

`gpg --list-keys` o `gpg -k`.

D. Prácticas

1. Control de archivos

Objetivo: controlar los archivos y los permisos asociados.

1. Muestre la lista de los archivos del sistema que pertenecen a `root` y tienen el SUID bit establecido.

Soluciones posibles

Objetivo: controlar los archivos y los permisos asociados.

1. Muestre la lista de los archivos del sistema que pertenecen a `root` y tienen el SUID bit establecido.

```
# find / -user root -perm -4000 2>/dev/null
/usr/sbin/pppd
/usr/sbin/exim4
/usr/bin/umount
/usr/bin/newgrp
/usr/bin/passwd
/usr/bin/fusermount3
/usr/bin/mount
/usr/bin/chfn
/usr/bin/sudo
/usr/bin/su
/usr/bin/ntfs-3g
/usr/bin/chsh
/usr/bin/pkexec
/usr/bin/gpasswd
/usr/lib/polkit-1/polkit-agent-helper-1
/usr/lib/dbus-1.0/dbus-daemon-launch-helper
/usr/lib/xorg/Xorg.wrap
/usr/lib/openssh/ssh-keysign
```

2. Seguridad de los usuarios

Objetivo: gestionar la política de seguridad de las contraseñas de los usuarios.

1. Establecer una política de seguridad de las contraseñas para todos los futuros usuarios: cambiar la contraseña cada 40 días, prohibir cambiar la contraseña antes de que transcurran 7 días y avisar 10 días antes de que venza la contraseña.

Soluciones posibles

Objetivo: gestionar la política de seguridad de las contraseñas de los usuarios.

1. Establecer una política de seguridad de las contraseñas para todos los futuros usuarios: cambiar la contraseña cada 40 días, prohibir cambiar la contraseña antes de que transcurran 7 días y avisar 10 días antes de que venza la contraseña.

   En el archivo `/etc/login.defs`:

   ```
   PASS_MAX_DAYS 40
   PASS_MIN_DAYS 7
   PASS_WARN_AGE 10
   ```

   Para realizar la comprobación:

   ```
   # useradd pba1
   # chage -l  pba1
   Última modificación de la contraseña: agosto 08, 2023
   La contraseña expira: sept. 17, 2023
   Contraseña activa: nunca
   La cuenta expira: nunca
   Número mínimo de días entre dos cambios de contraseña: 7
   Número máximo de días entre dos cambios de contraseña: 40
   Número de días de advertencia antes de que la contraseña expire: 10
   ```

3. Seguridad general del sistema

Objetivo: controlar los límites y mantener actualizados los paquetes de software.

1. Los usuarios tienden a consumir demasiados recursos. Limite los miembros del grupo de usuarios a un máximo de 256 procesos por usuario.
2. Para distribuciones de tipo Red Hat o Debian, actualice todos los paquetes de software instalados.

Soluciones posibles

Objetivo: controlar los límites y mantener actualizados los paquetes de software.

1. Los usuarios tienden a consumir demasiados recursos. Limite los miembros del grupo de usuarios a un máximo de 256 procesos por usuario.

   Edite el archivo `/etc/security/limits.conf` añadiendo la siguiente línea:

   ```
   @users          hard        nproc              256
   ```

2. Para distribuciones de tipo Red Hat o Debian, actualice todos los paquetes de software instalados.

   Debian y Ubuntu: `apt-get upgrade`

   Red Hat, CentOS y Fedora: `yum update`

4. Seguridad de la red

Objetivo: comprobar los puertos abiertos y la configuración de los TCP wrappers.

1. Determine el estado de los puertos y de las conexiones de red del sistema.
2. Con los TCP wrappers, prohíba las conexiones `ssh` a su sistema desde todas las máquinas remotas excepto desde dos direcciones IP.

Soluciones posibles

Objetivo: comprobar los puertos abiertos y la configuración de los TCP wrappers.

1. Determine el estado de los puertos y las conexiones de red del sistema.

   `nmap` o `netstat -A inet -a`.

```
# nmap localhost
Starting Nmap 7.93 ( https://nmap.org ) at 2023-08-08 14:46 CEST
Nmap scan report for localhost (127.0.0.1)
Host is up (0.000021s latency).
Other addresses for localhost (not scanned): ::1
Not shown: 996 closed tcp ports (reset)
PORT    STATE SERVICE
22/tcp  open  ssh
25/tcp  open  smtp
80/tcp  open  http
631/tcp open  ipp

Nmap done: 1 IP address (1 host up) scanned in 0.24 seconds
# netstat -A inet -a
Conexiones a Internet activas (servidores y establecidos)
Proto Recv-Q Send-Q Dirección local         Dirección remota        Estado
tcp        0      0 localhost:smtp          0.0.0.0:*               LISTEN
tcp        0      0 0.0.0.0:ssh             0.0.0.0:*               LISTEN
tcp        0      0 0.0.0.0:ipp             0.0.0.0:*               LISTEN
tcp        0      0 srvdeb.midns.es:ssh    192.168.1.142:50131     ESTABLISHED
tcp        0    192 srvdeb.midns.es:ssh    192.168.1.142:50129     ESTABLISHED
udp        0      0 srvdeb.midns.es:bootpc _gateway:bootps         ESTABLISHED
udp        0      0 0.0.0.0:32849           0.0.0.0:*
udp        0      0 srvdeb.midns.es:ntp    0.0.0.0:*
udp        0      0 localhost:ntp           0.0.0.0:*
udp        0      0 0.0.0.0:ntp             0.0.0.0:*
udp        0      0 0.0.0.0:631             0.0.0.0:*
udp        0      0 0.0.0.0:mdns            0.0.0.0:*
```

   `nmap` analiza los puertos abiertos de la máquina, no las conexiones salientes. `netstat` enumera los puertos locales y remotos abiertos y los procesos asociados. Tenga en cuenta que con `-A inet` solo se muestra el protocolo IPv4.

`nmap -A` proporciona, si es posible, el nombre y las versiones de los servicios y el sistema operativo que se está probando:

```
# nmap -A localhost
Starting Nmap 7.93 ( https://nmap.org ) at 2023-08-08 14:48 CEST
Nmap scan report for localhost (127.0.0.1)
Host is up (0.000063s latency).
Other addresses for localhost (not scanned): ::1
Not shown: 996 closed tcp ports (reset)
PORT    STATE SERVICE VERSION
22/tcp  open  ssh     OpenSSH 9.2p1 Debian 2 (protocol 2.0)
| ssh-hostkey:
|   256 9906521730c770e8d7cc6e3854546afc (ECDSA)
|_  256 e0f15df4367f2c69eb310c1c23017f71 (ED25519)
25/tcp  open  smtp    Exim smtpd 4.96
|_ssl-date: TLS randomness does not represent time
| ssl-cert: Subject: commonName=srvdeb/organizationName=Exim
Developers/countryName=UK
| Not valid before: 2023-08-08T12:30:34
|_Not valid after:  1970-01-01T02:00:00
| smtp-commands: srvdeb Hello localhost [127.0.0.1], SIZE 52428800, 8BITMIME,
PIPELINING, PIPECONNECT, CHUNKING, STARTTLS, PRDR, HELP
|_ Commands supported: AUTH STARTTLS HELO EHLO MAIL RCPT DATA BDAT NOOP
QUIT RSET HELP
80/tcp  open  http    Apache httpd 2.4.57 ((Debian))
|_http-server-header: Apache/2.4.57 (Debian)
|_http-title: Apache2 Debian Default Page: It works
631/tcp open  ipp     CUPS 2.4
| http-robots.txt: 1 disallowed entry
|_/
|_http-title: Home - CUPS 2.4.2
|_http-server-header: CUPS/2.4 IPP/2.1
Device type: general purpose
Running: Linux 2.6.X
OS CPE: cpe:/o:linux:linux_kernel:2.6.32
OS details: Linux 2.6.32
Network Distance: 0 hops
Service Info: Host: srvdeb; OS: Linux; CPE: cpe:/o:linux:linux_kernel

OS and Service detection performed. Please report any incorrect results
at https://nmap.org/submit/ .
Nmap done: 1 IP address (1 host up) scanned in 12.47 seconds
```

2. Con los TCP wrappers, prohíba las conexiones `ssh` a su sistema desde todas las máquinas remotas excepto desde dos direcciones IP.

Archivo `/etc/hosts.allow`:

```
sshd: 192.1.68.1.25, 192.1.68.1.34
```

Archivo `/etc/hosts.deny`:

```
sshd: ALL
```

Capítulo 9

Requisitos previos

- ☒Tener hardware que sea compatible con el servidor X.
- ☒Tener acceso root.
- ☒Saber cómo usar un editor.
- ☒Tener una o varias cuentas de prueba.

Objetivos

Al final de este capítulo, será capaz de:

- ☒Entender cómo funciona X.
- ☒Conocer el principio de los administradores de ventanas.
- ☒Conocer los principales toolkits y widgets.
- ☒Instalar `xorg`.
- ☒Configurar `xorg` a través de comandos estándar.
- ☒Entender y modificar el archivo `xorg.conf` manualmente.
- ☒Acceder a las trazas del servidor X.
- ☒Configurar los administradores de visualización `xdm`, `gdm`, `kdm` y `lightDM`.
- ☒Iniciar el sistema en modo gráfico.
- ☒Abrir una sesión gráfica.
- ☒Configurar su sesión personal.
- ☒Elegir un administrador de ventanas o un entorno de escritorio.
- ☒Conocer las funciones de administración de la accesibilidad.
- ☒Conocer el papel y las funcionalidades de Wayland.
- ☒Exportar la pantalla a otro servidor X.
- ☒Abrir una sesión gráfica remota con RDP, VNC o Spice.

A. ¿Cómo funciona un entorno gráfico?

Linux ofrece una arquitectura gráfica que permite a los usuarios acceder al sistema y a las aplicaciones, a través de una sencilla interfaz gráfica de usuario o a través de una variedad de entornos de escritorio completos. Sin embargo, estas funciones suelen estar deshabilitadas en los servidores, donde es preferible utilizar la interfaz de línea de comandos (CLI, Command Line Interface) porque consume menos recursos y es más fácil de automatizar a través de scripts.

1. El sistema X Windows

Mientras que en otros sistemas operativos la interfaz gráfica de usuario está integrada en el sistema, Linux tiene una arquitectura gráfica opcional implementada en el propio sistema. El sistema gráfico básico, originalmente Unix, se llama **X Windows** y se basa en una arquitectura cliente-servidor **X11**, compuesto por servidores y clientes **X**,que se comunican a través del protocolo cliente-servidor X11.

X Window forma un sistema gráfico completo, encargado de diseñar y gestionar los eventos de los componentes habituales de un entorno gráfico de usuario **GUI** (*Graphical User Interface*): ventanas, botones, menús, listas, ascensores, casillas de verificación, cursor del ratón, etc. X Window puede mostrar y administrar estos widgets, pero no se encarga de configurarlos. X Window solo gestiona las interacciones hombre-máquina.

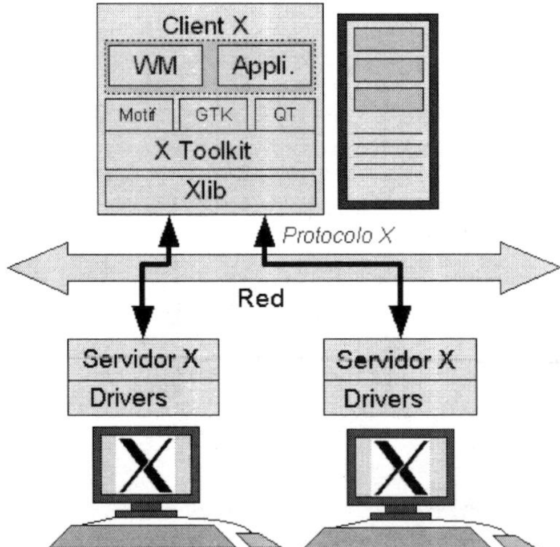

Arquitectura X Ventana

X Windows se ejecuta en modo cliente/servidor. El servidor X es un componente de software que gestiona periféricos gráficos: teclado, monitor(es), ratón, paleta gráfica, etc. Gestiona los eventos del teclado, el ratón y otros dispositivos de entrada, así como las solicitudes recibidas de los clientes X. El cliente X se conecta al servidor X y le envía comandos de visualización, solicitudes de entrada de teclado o estado del ratón.

Un cliente X es un programa gráfico, capaz de comunicarse con el servidor X. Para comunicarse con el servidor X, utiliza un componente llamado `Xlib`.

El cliente y el servidor no siempre están en la misma máquina. El servidor que administra la visualización puede estar en un ordenador y el software gráfico en otro. Las órdenes, llamadas peticiones, entre el cliente y el servidor pasan por la red.

☞ *A diferencia de la mayoría de los modelos cliente-servidor, el cliente X es una aplicación que se ejecuta normalmente en un sistema "servidor" y envía peticiones gráficas compatibles con el servidor X, que se ejecuta normalmente en el puesto de trabajo del usuario.*

a. El administrador de ventanas

Entre las posibles peticiones X, algunas piden crear una ventana y decorarla dibujando los distintos elementos de la misma: la barra de título, el marco, los distintos botones, etc. Dado que X proporciona solo la funcionalidad básica, se puede usar para inicializar una ventana, pero no para determinar sus componentes gráficos. Otro programa cliente X debe decirle al servidor cómo dibujar la ventana: se trata del **administrador de ventanas** (*Window Manager*). El servidor X muestra el resultado dibujado por el administrador: ventanas, selecciones, movimientos y decoraciones (estilos, colores, etc.).

Un administrador de ventanas sencillo: `twm`

Linux tiene diferentes administradores de ventanas. Algunos son muy sencillos y se limitan al estricto mínimo necesario, mientras que otros son muy completos y gestionan, además de las ventanas básicas, temas visuales personalizables, menús contextuales, herramientas de configuración, etc.

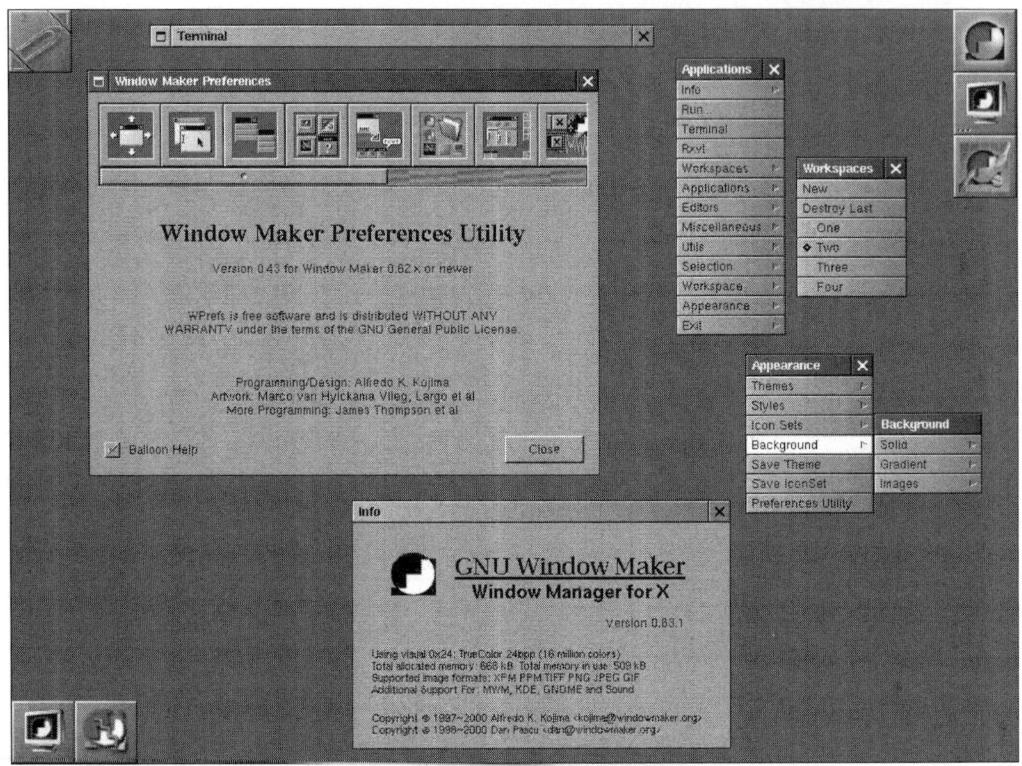

WindowMaker, un administrador de ventanas avanzado

b. Los widgets y las toolkits

Los administradores de ventanas utilizan librerías gráficas que contienen funciones para gestionar los componentes de las interfaces gráficas de usuario. Un elemento de la interfaz gráfica de usuario (botón, menú, campo de entrada, etc.) se denomina **widget** (*Windows gadget*).

El conjunto de funciones de la librería gráfica constituye un **widget toolkit**, una caja de herramientas para interfaces gráficas. Existen varias que se pueden diferenciar por su complejidad, uso, estilo visual, el lenguaje de programación para utilizarlos, etc. X Window tiene un kit de herramientas predeterminado llamado **Xt** (*X Toolkit*).

El kit de herramientas original de Unix, **MOTIF**, estandarizado POSIX, no era inicialmente software libre, por lo que se han desarrollado otros kits de herramientas para el entorno Linux. Los dos más utilizados son: **GTK** y **Qt**.

GTK y Qt

Estos dos kits de herramientas permiten prescindir por completo de X Window. Algunas versiones no usan X Window (Windows, macOS, Wayland, etc.).

- **GTK** (*GIMP toolkit*) fue creado para administrar la interfaz gráfica del software de edición de imágenes GIMP. A medida que se hizo más y más potente, muchos programadores lo adoptaron para sus propios programas y GTK se independizó. Ahora es la librería predeterminada para el entorno de escritorio GNOME. La librería GTK está programada en lenguaje C.
- **Qt** (*lindo*, mono). Ha sido desarrollado en C++. Además de las funciones de diseño y gestión de widgets, Qt ofrece un entorno completo para el desarrollo de aplicaciones gráficas y no gráficas: bases de datos SQL, XML, multithreading, gestión de archivos, internacionalización, etc. La librería Qt es la que utiliza el entorno de escritorio KDE.

GTK y Qt no son compatibles, al menos de forma nativa. Si un programa desarrollado con GTK se ejecuta en el entorno KDE, el contorno de la ventana será del estilo de KDE (Qt), pero su contenido será dibujado por GTK.

c. Escritorios virtuales

X Window permite el uso de múltiples espacios de trabajo, los llamados escritorios virtuales, en la misma sesión. Las ventanas de las diferentes aplicaciones se pueden distribuir entre los diferentes escritorios disponibles. Con un solo clic, puede pasar de uno a otro o mover una ventana de un escritorio a otro.

2. Entornos de escritorio

Linux ofrece diferentes entornos gráficos de usuario. Los dos más utilizados son **KDE** y **GNOME**.

KDE

Logotipo KDE

KDE (*Kool Desktop Environment*) ofrece una interfaz gráfica y aplicaciones unificadas en torno a un kit de herramientas llamado Qt y desarrollado en C++. Es el entorno gráfico preferido por la mayoría de los usuarios de Linux, el más completo en cuanto a integración, configuración y oferta de software. En la actualidad, se presenta como una plataforma llamada KDE Plasma.

GNOME

Logotipo GNOME

GNOME (*Gnu Network Object Model Environment*) es un entorno de escritorio basado en el kit de herramientas GTK y programado en C. Es el entorno gráfico de escritorio oficial del proyecto GNU. La filosofía de GNOME es totalmente distinta a la de KDE. GNOME está intencionadamente despejado, centrándose en las funcionalidades principales de un entorno y favoreciendo unas pocas aplicaciones. La integración es menos avanzada porque no todas las aplicaciones desarrolladas en GTK son aplicaciones de GNOME. La versión actual, lanzada en marzo de 2023, es GNOME 44.

B. Wayland

Wayland es un protocolo de comunicación entre un administrador de ventanas (el compositor) y sus clientes. Las aplicaciones pueden utilizar la librería Wayland de forma nativa. Wayland fue desarrollado para sustituir a Xorg, que se había vuelto engorroso, menos seguro (las comunicaciones entre el cliente y el servidor no estaban encriptadas) y no eran eficientes. La implementación de Wayland en Linux se llama **Weston**.

Wayland no hace que el uso de X Window sea obsoleto: algunos entornos y aplicaciones todavía lo necesitan. El componente XWayland permite la compatibilidad de las aplicaciones X con Wayland.

Las versiones más recientes de las distribuciones generalmente implementan Wayland por defecto, pero también pueden usar Xorg. Las versiones anteriores, Ubuntu 19.10, openSUSE 15.1 y Red Hat Linux 7 usan Xorg de forma nativa de forma predeterminada.

☞*La certificación LPIC-1 solo requiere un conocimiento básico de Wayland y se centra en Xorg.*

Las variables de entorno `WAYLAND_DISPLAY` o `XDG_SESSION_TYPE` se utilizan para determinar si se está utilizando Wayland.

Ejemplo

```
$ echo $WAYLAND_DISPLAY
wayland-0
```

o

```
$ echo $XDG_TIPO_SESIÓN
x11
```

El comando `xlsclients` proporciona la lista de los clientes X activos. Si falta una aplicación gráfica iniciada, está utilizando Wayland.

Ejemplo

```
$ xlsclients
fedora gnome-shell
fedora gsd-xsettings
fedora ibus-x11
```

C. Xorg

Inicialmente, Linux utilizó el entorno libre X Window XFree86. Tras el cambio de licencia de este software, un "fork" (creación de una nueva rama de desarrollo) provocó la creación de X.org. Comúnmente conocido como Xorg, se ha convertido en el principal entorno de X Window para Linux.

X.org es rápido, modular, disponible con muchos controladores y compatible. Las últimas versiones detectan automáticamente el hardware, sin tener que declararlo en un complejo archivo de configuración.

Logo Xorg

La última versión de Xorg, a partir de febrero de 2020, es 1.20.7, que se basa en la versión 7.7 de X11.

1. Instalación

Xorg está disponible con todas las distribuciones de Linux, aunque Wayland a menudo se instala de forma predeterminada en versiones recientes.

Xorg se instala por defecto en `/usr/X11R6`. Sin embargo, ahora muchas distribuciones colocan los archivos binarios, las librerías, los archivos compartidos, etc., en el árbol clásico `/usr`, incluyendo los módulos y los controladores en `/usr/lib/xorg` (o `/usr/lib64/xorg`).

La configuración se encuentra en el directorio `/etc/X11`.

Ejemplo

Paquetes de software Xorg instalados en una distribución Debian 12:

```
# dpkg -l| grep ^ii| grep -i xorg | awk '{print $2,$3}'
xorg 1:7.7+23
xorg-docs-core 1:1.7.1-1.2
xorgxrdp 1:0.9.19-1
xserver-xorg 1:7.7+23
xserver-xorg-core 2:21.1.7-3
xserver-xorg-input-all 1:7.7+23
```

```
xserver-xorg-input-libinput 1.2.1-1+b1
xserver-xorg-input-wacom 1.1.0-1
xserver-xorg-legacy 2:21.1.7-3
xserver-xorg-video-all 1:7.7+23
xserver-xorg-video-amdgpu 23.0.0-1
xserver-xorg-video-ati 1:19.1.0-3
xserver-xorg-video-fbdev 1:0.5.0-2
xserver-xorg-video-intel 2:2.99.917+git20210115-1
xserver-xorg-video-new 1:1.0.17-2
xserver-xorg-video-qxl 0.1.5+git20200331-3
xserver-xorg-video-radeon 1:19.1.0-3
xserver-xorg-video-vesa 1:2.5.0-1+b1
xserver-xorg-video-vmware 1:13.3.0-3.1+b1
```

2. Configuración de Xorg

a. A través de la distribución

El archivo de configuración principal de Xorg es `/etc/X11/xorg.conf`, complementado o sustituido por los archivos de `/etc/X11/xorg.conf.d`. Es raro tener que crear un archivo completo `xorg.conf`. La mayoría de las distribuciones de Linux detectan los componentes de hardware y configuran el entorno gráfico en consecuencia.

Xorg se configura a sí mismo. El servidor X intenta detectar automáticamente el hardware incluso aunque falte el archivo de configuración. Por lo general, esto funciona bien. Siempre es posible modificar la configuración a posteriori para adaptarla a necesidades específicas.

☞ *Generalmente, las distribuciones ya no se entregan con las herramientas de configuración avanzadas de Xorg, ya que las capacidades de detección automática ahora tienen muy buen rendimiento. Uno de los últimos elementos que aún se puede cambiar es la distribución del teclado, que está disponible dinámicamente en las herramientas de configuración para entornos de escritorio.*

Ejemplo

En una distribución de RHEL 9.2, solo hay un archivo de configuración para el teclado:

```
$ cat /etc/X11/xorg.conf.d/00-keyboard.conf
# Written by systemd-localed(8), read by systemd-localed and Xorg. It's
# probably wise not to edit this file manually. Use localectl(1) to
# instruct systemd-localed to update it.
Section "InputClass"
        Identifier "system-keyboard"
        MatchIsKeyboard "on"
        Option "XkbLayout" "es"
        Option "XkbVariant" "oss"
EndSection
```

Los siguientes elementos se presentan como parte de la certificación LPIC-1 y por razones de compatibilidad, con distribuciones más antiguas que aún pueden estar presentes en la empresa o en ciertas estaciones de trabajo.

b. Xorgcfg

El comando xorgcfg intenta detectar todos los parámetros de configuración del servidor X y crea un archivo `xorg.conf`. Una vez que el servidor X dispone de una configuración básica, X se lanza con un administrador de ventanas básico (`twm`) y una herramienta gráfica para modificar, o más bien ajustar, la configuración.

Esta es una herramienta básica, que puede requerir que se cambie la configuración en el archivo resultante.

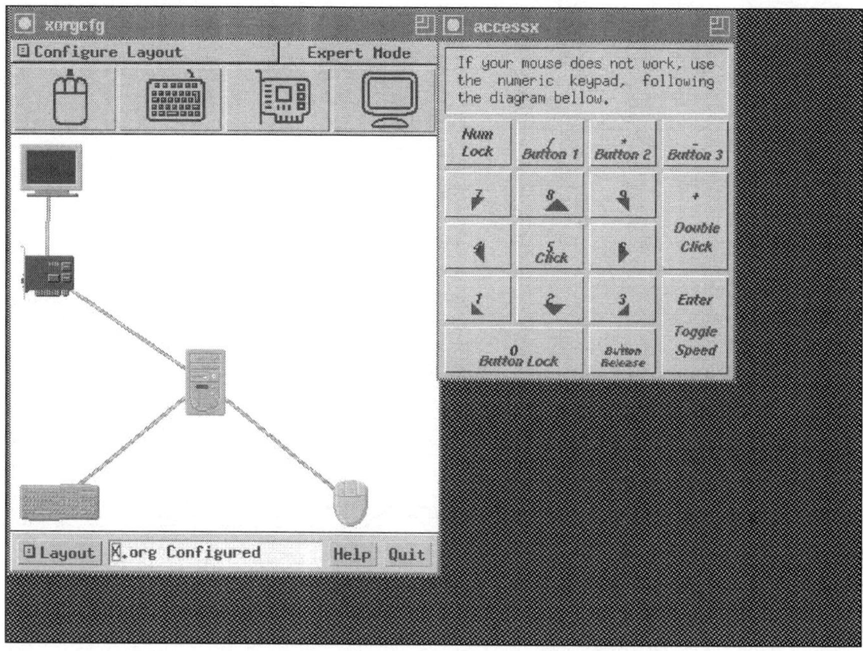

Xorgcfg, herramienta de configuración básica

c. Xorgconfig

La herramienta `xorgconfig` funciona en modo texto. Solicita respuestas, en orden, a las siguientes preguntas:

- ¿Cuál es el protocolo para comunicarse con el ratón?
- ¿Necesita una emulación de ratón de tres botones?
- ¿Cuál es el dispositivo de ratón?
- ¿Cuál es el tipo de teclado?
- ¿En qué idioma?
- ¿Tienen alguna opción especial?
- ¿Cuál es el modelo de monitor (tipo genérico)?

- ¿Cuáles son las frecuencias de escaneo del monitor?
- ¿Cuánta memoria tiene la tarjeta gráfica?
- ¿Cuál es la profundidad de los colores (por ejemplo, 24 bits)?
- ¿Dónde se debe guardar el archivo?

☞ *Durante mucho tiempo, solo este tipo de herramienta estaba disponible para configurar el servidor X. Hoy en día, las herramientas de distribución lo hacen muy bien, tanto que el archivo de configuración suele estar ausente, porque no es necesario. Sin embargo, es útil conocer los conceptos básicos de la escritura del archivo de configuración* `xorg.conf` *para poder modificarlo si es necesario.*

d. X

El propio servidor X puede establecer una configuración básica escribiendo el siguiente comando desde una consola de texto (no se debe iniciar previamente ningún servidor X):

```
# X -configure:0
```

3. Estructura de xorg.conf

a. Secciones y subsecciones

El archivo `/etc/X11/xorg.conf` está estructurado en secciones y subsecciones. Cada uno corresponde a una funcionalidad del servidor X, ya sea un dispositivo de entrada o de salida.

Para que funcione X, necesita:

- Una salida: un monitor y la tarjeta gráfica asociada.
- Una o más entradas: teclado, ratón, etc.

A continuación, se detalla el contenido de las diferentes secciones.

b. Valores booleanos

Algunas opciones de `xorg.conf` aceptan texto o valores numéricos, pero muchas reciben solo dos valores. En este caso, hay varias opciones posibles:

- Los valores `1`, `on`, `true` y `yes` se consideran VERDADERO.
- Los valores `0`, `off`, `false`, `no` se consideran FALSO.

c. Sección InputDevice o InputClass

Una sección `InputDevice` o `InputClass` describe un dispositivo de entrada, que puede ser:

- un teclado,
- un ratón,
- un touchpad,
- una tableta gráfica,
- etc.

Debe haber una sección para cada dispositivo de entrada.

Una sección `InputDevice` se compone de:

- Un identificador único, `Identifier`.
- Un controlador, `Driver` (por ejemplo, `kbd`, `mouse`, `evdev`, etc.).
- Las distintas opciones, `Option`, relacionadas con el controlador.

Normalmente, las rutas de acceso de los archivos de dispositivo se colocan en la sección `Flies`, en las entradas `InputDevice`.

Ejemplo

En esta sección, se describe un teclado español de 105 teclas. El controlador se llama `kbd`. Dispone de varias opciones: modelo, tipo (azerty, qwerty, etc.), número de teclas, etc.

```
Section "InputDevice"
  Identifier    "Keyboard[0]"
  Driver        "kbd"
  Option        "Protocol" "Standard"
  Option        "XkbLayout" "es"
  Option        "XkbModel" "pc105"
  Option        "XkbOptions" "caps:shiftlock"
  Option        "XkbRules" "xfree86"
EndSection
```

Ejemplo

En esta sección, se describe un ratón:

```
  Identifier    "Mouse[1]"
  Driver        "evdev"
  Option        "Buttons" "10"
  Option        "InputFashion" "Mouse"
  Option        "Name" "Logitech USB R*"
  Option        "Protocol" "event"
  Option        "SendCoreEvents" "on"
  Option        "Vendor" "Sysp"
  Option        "ZAxisMapping" "4 5"
EndSection
```

d. Sección Monitor

La sección `Monitor` describe la pantalla del ordenador. Los monitores de hoy en día son todos DCC, lo que significa que son capaces de devolver las frecuencias y resoluciones que soportan al controlador gráfico y, por lo tanto, al servidor X. Por lo tanto, una sección `Monitor` a menudo se reduce a su expresión más simple, o incluso inexistente. Además de este estándar, los controladores gráficos, que se detectan automáticamente, se comunican directamente con la pantalla.

Ejemplo

En esta sección, se describe una pantalla estándar:

```
Section "Monitor"
    Identifier   "L1915S"
    ModelName    "L1915S"
    VendorName   "LG"
EndSection
```

e. Sección Device

En la sección `Device`, se describen el controlador y las opciones de la tarjeta gráfica. Dado que puede haber varias tarjetas gráficas, puede haber varias secciones de este tipo, con diferentes identificadores.

Ejemplo

Configuración de una tarjeta gráfica NVidia con el controlador propietario y sus opciones específicas.

```
Section "Device"
  Identifier    "Device[0]"
  Driver        "nvidia"
  VendorName    "NVidia"
  BoardName     "GeForce 8600 GT"
  Option        "NoLogo" "0"
  Option        "DPI" "86 x 86"
  Option        "RenderAccel" "True"
  Option        "AddARGBGLXVisuals" "True"
EndSection
```

f. Sección Screen

La sección `Screen` es una especie de metasección: utiliza las secciones `Monitor` y `Device` para agrupar todos los ajustes de visualización.

Una sección `Screen` contiene una o más subsecciones denominadas `Display` que determinan, para un tipo de visualización con `n` bits (8 bits: 256 colores, 16 bits: 65536 colores, 24 bits: 16 millones de colores), cuáles son las resoluciones que deberían ser accesibles.

- `Depth` define el número de bits de la profundidad de los colores.
- `Modes` son las resoluciones.
- La primera resolución de la lista es la resolución predeterminada.
- Si no se admite una resolución, se deshabilita automáticamente.

Ejemplo

La sección Screen se llama `Screen[0]`. Cuatro subsecciones `Screen` configuran la visualización en 8, 15, 16 y 24 bits. Deben ser accesibles cuatro resoluciones; `1280x1024` es la resolución predeterminada.

La entrada `DefaultDepth` especifica la profundidad predeterminada de los colores.

```
Section "Screen"
  Identifier      "Screen[0]"
  Device          "Device[0]"
  Monitor         "Monitor[0]"
  DefaultDepth     24
  SubSection      "Display"
    Depth          15
    Modes         "1280x1024" "1024x768" "800x600" "640x480"
  EndSubSection
  SubSection      "Display"
    Depth          16
    Modes         "1280x1024" "1024x768" "800x600" "640x480"
  EndSubSection
  SubSection      "Display"
    Depth          24
    Modes         "1280x1024" "1024x768" "800x600" "640x480"
  EndSubSection
  SubSection      "Display"
    Depth          8
    Modes         "1280x1024" "1024x768" "800x600" "640x480"
  EndSubSection
EndSection
```

g. Sección ServerLayout

Un archivo `xorg.conf` contiene al menos una sección `ServerLayout`, que es la sección básica que agrupa las secciones de visualización y entrada necesarias para iniciar X Window y el funcionamiento de la sesión. Está compuesto por:

- Un identificador único, Identifier.
- Una o más entradas `Screen`.
- Una o varias entradas `InputDevice`.

Ejemplo

```
Section "ServerLayout"
  Identifier    "Layout[all]"
  Screen        "Screen[0]" 0 0
  InputDevice   "Keyboard[0]" "CoreKeyboard"
  InputDevice   "Mouse[1]" "CorePointer"
EndSection
```

h. Sección Files

La sección `Files` indica al servidor X las rutas a determinados archivos o directorios que puede necesitar:

- dispositivos de entrada,
- fuentes de letra adicionales,
- módulos complementarios,
- base de los códigos de color RGB.

Ejemplo

```
Section "Files"
  InputDevices     "/dev/gpmdata"
  InputDevices     "/dev/input/mice"
  FontPath        "/usr/share/fonts/misc:unscaled"
  FontPath        "/usr/share/fonts/75dpi:unscaled"
...
EndSection
```

La sección `Files` es opcional. Las versiones recientes de Xorg buscarán automáticamente las rutas en el directorio `/etc/X11/fontpath.d`. Las rutas son enlaces simbólicos a los directorios correspondientes de `/usr/share/fonts` y tienen el mismo formato que las entradas `FontPath`.

i. Sección Modules

La sección `Modules` proporciona al servidor X una lista de módulos complementarios y opcionales que se deben cargar para añadir nuevas funcionalidades. Un módulo se declara con una línea `Load`.

Ejemplo

```
Section "Module"
  Load     "dbe"
  Load     "type1"
  Load     "freetype"
  Load     "extmod"
  Load     "glx"
EndSection
```

j. Sección ServerFlags

La sección `ServerFlags` permite definir las opciones globales del servidor X Window. Existen muchas opciones. A continuación, enumeramos algunas de ellas:

- `DontZap`: si es verdadero, deshabilita la secuencia `Alt-Ctrl-Backspace` (que mata al servidor X).
- `DontVTSwitch`: si es verdadero, deshabilita el acceso a las consolas a través de `Alt-Ctrl-Fn`.
- `DontZoom`: si es verdadero, no permite cambiar la resolución con `Alt-Ctrl-+/-`.
- `AllowMouseOpenFail`: si es verdadero, X se carga incluso cuando no hay ratón.
- `XkbDisable`: si es true, deshabilita el teclado.
- `BlankTime`: duración predeterminada en minutos de actividad del salvapantallas antes de entrar en modo Stand by, de ahorro de energía.
- `StandbyTime`: en minutos, la duración de la fase Stand by de ahorro de energía.
- `SuspendTime`: lo mismo, pero para Suspend.
- `Offtime`: lo mismo, pero para el apagado.

Ejemplo

Esta sección permite iniciar X sin un ratón, pero no se permite cerrar el servidor, cambiar la resolución o cambiar a una consola.

```
Section "ServerFlags"
  Option     "AllowMouseOpenFail" "on"
  Option     "DontZap" "on"
  Option     "DontZoom" "on"
  Option     "DontVTSwitch" "on"
EndSection
```

k. xorg.conf.d

En lugar de un solo archivo `xorg.conf`, la configuración se puede modular en varios archivos de configuración: uno para módulos, otro para las entradas y salidas, y así sucesivamente. Por supuesto, estos archivos utilizan la sintaxis que hemos visto anteriormente. Pueden tener cualquier nombre, pero deben tener un sufijo `.conf` y colocarse en `/etc/X11/xorg.conf.d` o `/usr/lib/X11/xorg.conf.d`.

4. Probar y ejecutar X

a. Comprobar la configuración

Xorg 7.2 o inferior

Desde el modo texto (`init` 2 o 3 dependiendo de la distribución).

Sintaxis

```
X -probeonly
```

Ejemplo

```
$ X -probeonly

X Window System Version 7.2.0
Release Date : TRue Jan 22 17:08:26 UTC 2008-05-31
X Protocol Version 11, Revision 0, Release 7.2
Build Operating System: openSUSE SUSE LINUX
Current Operating System : Linux OpenSuSE 2.6.22.17-0.1-default #1
SMP 2008/02/10 20:01:04 UTC i686
Build Date: 22 January 2008
    Before reporting problems, check http://wiki.x.org
    To make sure that you have the lastest version.
Module Loader present
Markers: (--) probed, (**) from config file, (==) default setting,
    (++) from command line, (!!) notice, (II) informational,
    (WW) warning, (EE) error, (NI) not implemented, (??) unknown.
(==) Log file: "/var/log/Xorg.0.log", Time: Sat May 31 10:16:06 2008
(==) Using config file: "/etc/X11/xorg.conf"
(II) Module already build-in
```

No se han detectado errores.

Xorg 7.3 o superior

Con la versión 7.3 o superior de Xorg, puede intentar una autoconfiguración con el siguiente comando:

```
# Xorg -configure
```

El comando genera un archivo `xorg.conf.new` en el directorio de conexión de root. Puede modificar su contenido si es necesario y después comprobarlo con el comando:

```
# Xorg -config xorg.conf.new
```

Si el servidor X se inicia, el archivo se puede copiar en `/etc/X11/xorg.conf`. Esta será la configuración predeterminada.

b. Archivos de registro

El archivo de registro o log de Xorg es `/var/log/Xorg.0.log`. El valor numérico puede variar: dado que una máquina puede iniciar varios servidores X (uno por pantalla, por ejemplo), el archivo podría ser `Xorg.1.log`. Los mensajes de log contienen todos los detalles sobre cómo se carga y configura X Window.

Ejemplo

```
X.Org X Server 1.20.3
X Protocol Version 11, Revision 0
[    24.073] Build Operating System:  4.19.34-300.el7.x86_64
[    24.073] Current Operating System: Linux centos8 4.18.0-147.3.1.el8_1.x86_64
#1 SMP Fri Jan 3 23:55:26 UTC 2020 x86_64
[    24.073] Kernel command line: BOOT_IMAGE=(hd0,msdos1)/boot/vmlinuz-
4.18.0-147.3.1.el8_1.x86_64 root=UUID=b602cb11-254d-4e8d-9e53-b1024f17785b ro
crashkernel=auto resume=UUID=817530b5-5224-46a7-8e99-a28b59bbbe08 rhgb quiet
[    24.073] Build Date: 13 December 2019  01:04:32PM
[    24.073] Build ID: xorg-x11-server 1.20.3-8.el8
[    24.073] Current version of pixman: 0.36.0
[    24.073]    Before reporting problems, check http://wiki.x.org
        to make sure that you have the latest version.
[    24.073] Markers: (--) probed, (**) from config file, (==) default setting,
        (++) from command line, (!!) notice, (II) informational,
        (WW) warning, (EE) error, (NI) not implemented, (??) unknown.
[    24.073] (==) Log file: "/var/log/Xorg.9.log", Time: Sat Jan 18 10:07:55 2020
[    24.223] (==) Using config directory: "/etc/X11/xorg.conf.d"
[    24.223] (==) Using system config directory "/usr/share/X11/xorg.conf.d"
[    24.581] (==) No Layout section.  Using the first Screen section.
[    24.581] (==) No screen section available. Using defaults.
[    24.581] (**) |-->Screen "Default Screen Section" (0)
[    24.581] (**) |   |-->Monitor "<default monitor>"
[    24.634] (==) No monitor specified for screen "Default Screen Section".
        Using a default monitor configuration.
[    24.634] (==) Automatically adding devices
...
```

c. Probar el servidor

Para probar el servidor X, ejecútelo con el comando:

```
$ X
```

Si el servidor funciona, aparece una pantalla gris (en realidad, se trata de una sucesión de puntos blancos y negros) o una pantalla negra, con una cruz en el medio, que es el cursor del ratón. Si el ratón funciona, el servidor está configurado correctamente.

Una pantalla gris: X funciona

A continuación, debe forzar la finalización del servidor X con [Ctrl][Alt][RegPag] porque no se inicia ningún administrador de ventanas y es imposible hacer nada con él.

D. Administrador de la visualización (Display Manager)

El **display manager** o administrador de la visualización, es un elemento de X Window, que se encarga de la conexión de los usuarios, locales o remotos, los autentica y, a continuación, carga su entorno de trabajo abriendo una sesión. Gestiona un conjunto de pantallas X, que pueden ser locales o remotas.

Para las conexiones remotas, Display Manager utiliza el protocolo estándar `XDMCP` (*X Display Manager Control Protocol*).

El display manager es el equivalente gráfico de los servicios ofrecidos por `init`, `getty` e `login`: solicita nombres de usuario y contraseñas, autentica a las personas e inicia sesión.

El administrador predeterminado se denomina XDM (*X Display Manager*). Es ligero y funciona con todos los servidores X.

Una sesión X es gestionada por un administrador de sesiones (*session manager*), por lo general, el administrador de ventanas o un terminal gráfico. Cuando finaliza la sesión, se vuelve a mostrar el cuadro de diálogo de conexión XDM.

Es posible abrir varias sesiones X desde un único display manager, incluso en la misma máquina.

Linux tiene varios display manager, pero se utilizan principalmente tres:

- `XDM`: versión básica.
- `GDM`: versión ofrecida por GNOME.
- `KDM`: versión ofrecida por KDE.

Las versiones `GDM` y `KDM` son avanzadas: ofrecen lo mismo que XDM con funcionalidades adicionales:

- lista de usuarios,
- iconos (avatares) asociados,
- posibilidad de elegir una sesión gráfica en particular (GNOME, fvwm, KDE, etc.).
- posibilidad de conexión automática,
- temas gráficos.
- lista de servidores X remotos (XDMCP),
- cambiar de un usuario a otro,
- etc.

1. XDM

Aunque XDM ya no se usa mucho, es interesante entender cómo funciona porque otros administradores de pantalla se hacen cargo de su configuración básica. La configuración XDM se encuentra en `/etc/X11/xdm`. El primer archivo cargado es `xdm-config`. Todas sus líneas siguen la misma sintaxis:

```
DisplayManager.Recurso: valor
```

Cada fila representa un recurso XDM.

Ejemplo

Las líneas en negrita muestran otros scripts de configuración llamados, bien interpretados directamente por XDM, bien ejecutados antes o después de la conexión:

```
!! xdm-config: Configuration of the xdm
!
DisplayManager.errorLogFile:        /var/log/xdm.errors
DisplayManager.pidFile:             /var/run/xdm.pid
DisplayManager.authDir:             /var/lib/xdm
DisplayManager.keyFile:             /etc/X11/xdm/xdm-keys
DisplayManager.servers:             /etc/X11/xdm/Xservers
DisplayManager.accessFile:          /etc/X11/xdm/Xaccess
DisplayManager.willing:              su nobody -c /etc/X11/xdm/Xwilling
!
! ATTENTION: `authName' should be in general MIT-MAGIC-COOKIE-1
! For XDM-AUTHENTICATION-1 which is default for xterminals see
```

```
! manual page of xdm and the manual coming with the xterminal.
!
DisplayManager.*.authName:          MIT-MAGIC-COOKIE-1
DisplayManager.*.authComplain:      false
!
! All displays should use authorization, but we cannot be sure
! X terminals will be configured that way, so by default
! use authorization only for local displays :0, :1, etc.
!
DisplayManager._0.authorize:        true
DisplayManager._1.authorize:        true
DisplayManager._93.authorize:       true
!
! The scripts handling the setup, the startup, the session its self,
! and the reset of an X session.
!
DisplayManager.*.setup:             /etc/X11/xdm/Xsetup
DisplayManager.*.chooser:           /etc/X11/xdm/RunChooser
DisplayManager.*.startup:           /etc/X11/xdm/Xstartup
DisplayManager.*.session:           /etc/X11/xdm/Xsession
DisplayManager.*.reset:             /etc/X11/xdm/Xreset
!
DisplayManager._0.terminateServer:   true
DisplayManager._93.terminateServer:  true
!
DisplayManager*resources: /etc/X11/xdm/Xresources
DisplayManager.*.terminateServer:    false
!
! SECURITY: do not listen for XDMCP or Chooser requests
! Comment out this line if you want to manage X terminals with xdm
!
!DisplayManager.requestPort:         0
```

a. Setup: Xsetup

El archivo /etc/X11/xdm/Xsetup o cualquier otro archivo asociado a la entrada DisplayManager.*.setup, se ejecuta antes de que se muestre el cuadro de diálogo de conexión. En este archivo es donde se puede modificar la presentación de la pantalla y de XDM, mostrar nuevas ventanas (por ejemplo, una vista de las trazas del sistema, un reloj, etc.). El contenido de este archivo depende de la distribución. El uso más común es:

- modificar el fondo de pantalla con el comando xsetroot,
- modificar los colores, con xrdb,
- cambiar la geometría (posiciones y tamaños) de los cuadros de diálogo mediante los recursos X,
- visualizar una consola con xconsole,
- activar el teclado numérico con numlockX,

- modificar el teclado con `xmodmap`,
- etc.

Ejemplo

Las líneas en negrita muestran las acciones para XDM:

```
#
# Handle background:
#   First kdm/gdm choise, then xdm/user choise and
#   if no choise is given use the system defaults.
# Elección del fondo de pantalla
if test "$kdm" = "yes" -o "$gdm" = "yes" ; then
    : # $xsetroot -solid '#738dc6'
elif test -s ${background}.gz -a -x $xpmroot ; then
    $xpmroot ${background}.gz
elif test -s ${background} -a -x $xpmroot ; then
    $xpmroot $background
elif test -x $backprg ; then
    $backprg
else
    $xsetroot -gray
fi

#
# Enable Numlock if set
# Activación del teclado digital
if test -r /var/run/numlock-on && type -p numlockx > /dev/null ;
then
   numlockx on
fi

#
# Xresources
# Modificación de los colores y de la geometría
if test "$kdm" != "yes" -a "$gdm" != "yes" ; then
    $xrdb -override -retain <<-EOF
      #ifdef COLOR
      *Foreground: black
      *Background: #cdd2b4
      #endif
      #if (WIDTH < 320)
      XConsole*geometry:   125x80+0-0
      #elif (WIDTH < 400)
      XConsole*geometry:   130x85+0-0
      #elif (WIDTH < 640)
      XConsole*geometry:   150x90+0-0
      #elif (WIDTH < 800)
```

```
        XConsole*geometry:    240x95+0-0
        #elif (WIDTH < 1024)
        XConsole*geometry:    300x100+0-0
        #elif (WIDTH < 1152)
        XConsole*geometry:    384x110+0-0
        #elif (WIDTH < 1280)
        XConsole*geometry:    432x120+0-0
        #else
        XConsole*geometry:    480x130+0-0
        #endif
        EOF
fi
if test "$kdm" = "yes" -o "$gdm" = "yes" ; then
    $xrdb -override -retain ${ETCDIR}/Xresourcesf
i
#
# The geometry of xconsole is set in the Xresource file.
# Lanzamiento de una consola
(
    exec setsid $xconsole -notify -nostdin -verbose -exitOnFail
) & echo $! > /var/run/xconsole.pid
```

b. Chooser: RunChooser

El archivo `/etc/X11/xdm/RunChooser` o cualquier otro archivo asociado a la entrada `DisplayManager.*.chooser`, se utiliza para mostrar el cuadro de diálogo de los servidores X remotos para que se conecten a él. Permite la configuración durante la ejecución del programa llamado `chooser` (`/usr/X11R6/bin/chooser`, `/usr/lib/X11/chooser` o cualquier otro programa que cumpla la misma función). Este programa solo es útil si el servidor X remoto acepta conexiones a través de XDMCP.

c. Startup: Xstartup

El archivo `/etc/X11/xdm/Xstartup` o cualquier otro archivo asociado a la entrada `DisplayManager.*.startup` es el primero que se ejecuta, si está presente, después de una autenticación con éxito. Se ejecuta con permisos de root. En particular, se utiliza para:

- limpiar la pantalla,
- escribir la información de conexión en los archivos de registro,
- comprobar si la conexión es local o remota,
- comprobar si el usuario tiene permiso para conectarse,
- etc.

d. Sesión: Xsession

El archivo /etc/X11/xdm/Xsession o cualquier otro archivo asociado a DisplayManager.*.session es el primero que se ejecuta, si está presente, después de una autenticación con éxito, con los permisos del usuario autenticado. Si está ausente, X ejecuta un comando xterm que, por lo tanto, será el proceso de sesión del usuario. Después de una configuración básica, Xsession intenta iniciar los siguientes archivos en este orden:

- El archivo $HOME/.xsession específico del usuario.
- Si no está, el archivo $HOME/.xinitrc específico del usuario.
- Si no está, el archivo /etc/X11/xdm/sys.xsession.
- Si no está, el archivo /etc/X11/xinit/xinitrc.

Se puede especificar un flag para forzar directamente la carga de un Windows manager (administrador de ventanas), principalmente KDE o GNOME, sin pasar por los archivos anteriores. A continuación, los entornos avanzados se encargan de su propia configuración.

Ejemplo

```
#
# Forced X session type if the user asked for
# another session environment.
#
if test "$forced" = "yes" ; then
    unset WINDOW_MANAGER STARTUP
     test -x $syssess && exec_login "$syssess"
     exec_login "/bin/bash $syssess"
fi

# User login X session
# If the user doesn't have their own xsession, then run
# system xsession or xinitrc script if they exist

if test -f $session ; then
   test -x $session && exec_login "$session"
   exec_login "/bin/bash $session"
elif test -f $xinitrc ; then
   test -x $xinitrc && exec_login "$xinitrc"
   exec_login "/bin/bash $xinitrc"
elif test -f $syssess; then
   test -x $syssess && exec_login "$syssess"
   exec_login "/bin/bash $syssess"
elif test -f $sysinit ; then
   test -x $sysinit && exec_login "$sysinit"
   exec_login "/bin/bash $sysinit"
elif test -n "$WINDOWMANAGER" ; then
   unset WINDOW_MANAGER STARTUP
   exec_login "$WINDOWMANAGER"
fi
```

e. Reset: Xreset

El archivo /etc/X11/xdm/Xreset o cualquier otro archivo asociado a la entrada DisplayManager.*.reset se ejecuta cuando el usuario cierra la sesión, principalmente los mensajes de log de cierre de sesión.

f. Recursos: Xresources

El archivo /etc/X11/xdm/Xresources o cualquier otro archivo asociado a la entrada DisplayManager*resources es interpretado por XDM y contiene las definiciones de los recursos visuales utilizados por XDM, como las fuentes de caracteres, los mensajes de bienvenida, los errores, los colores, la adaptación de la visualización en función del número de colores y del tamaño de la pantalla, etc.

En este archivo es donde puede modificar el mensaje de bienvenida o error:

Ejemplo

```
xlogin*titleMessage:   Xlogin
xlogin*greetColor:    darkgray
xlogin*promptColor:   darkgray
xlogin*failColor:     red
xlogin*greeting:       Bienvenido a CLIENTHOST
xlogin*fail:           -- Conexión rechazada -
```

g. Servers: Xservers

El archivo /etc/X11/xdm/Xservers o cualquier otro archivo asociado a la entrada DisplayManager.servers proporciona una lista de las especificaciones para los servidores locales de X, que no requieren una conexión a través de XDMCP.

Ejemplo

La siguiente línea indica que el primer servidor :0 es local, su ejecutable es /usr/bin/X con la opción -br vt7 (utiliza el terminal virtual vt7).

```
:0 local /usr/bin/X -br vt7
```

h. AccessFile: Xaccess y XDMCP

El archivo /etc/X11/xdm/Xaccess o cualquier otro archivo asociado a la entrada DisplayManager.accessFile proporciona la lista de los hosts a los que se les permite conectarse a través de XDMCP al servidor X. Para permitir las conexiones, debe:

➢En /etc/X11/xdm/xdm-config:

```
DisplayManager.requestPort: 0
```

➢En /etc/X11/xdm/Xaccess:

```
* CHOOSER BROADCAST
```

O:

```
*
```

Esto permite solicitar una conexión al servidor X local a todos los hosts.

2. GDM y KDM

`GDM` y `KDM` son los administradores de visualización de GNOME y KDE, respectivamente.

Por defecto, utilizan los mismos archivos de configuración que XDM, entre los que se incluyen:

- `Xsetup`
- `Xstartup`
- `Xsession`
- `Xreset`
- `Xresources`
- `Xaccess`
- etc.

GDM arrancado desde Fedora 31

Por lo tanto, la configuración avanzada de GDM y KDM pasa por la configuración de archivos XDM. La configuración también utiliza archivos específicos de GDM y XDM, y también se puede realizar a través de la interfaz gráfica asociada.

- La configuración de KDM está en `/etc/X11/kdm/kdmrc`, `/etc/KDE5/kdm/kdmrc` o en `/etc/kde/kdm/kdmrc`.
- La configuración de GDM se encuentra en `/etc/X11/gdm/gdm.conf`, `/etc/gdm/gdm.conf` o `/usr/share/gdm/gdm.conf`.

Para KDM, XDMCP se puede habilitar de la siguiente manera:

```
[Xdmcp]
Enable=true
Port=177
KeyFile=/etc/kde/kdm/kdmkeys
Xaccess=/etc/kde/kdm/Xaccess
```

Para permitir la exportación de ventanas X al servidor X a través del comando `xhost+`, eliminando el parámetro `nolisten` de la configuración, se debe indicar la siguiente línea en el comentario:

```
ServerArgsLocal=-nolisten tcp
```

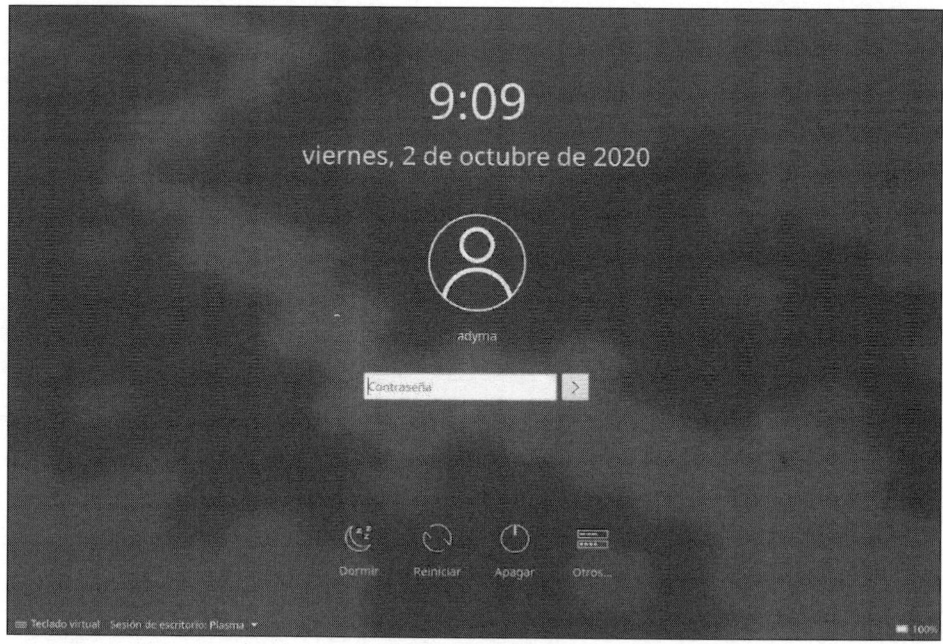

KDM de KDE Neon

La herramienta de configuración gráfica permite configurar la pantalla de conexión.

Ejemplo

Inicie el ***centro de configuración del sistema de KDE****y, en la entrada* ***Administración del sistema****, haga clic en Pantalla de conexión. Como usuario simple, se debe autenticar con permisos de administrador al final de las modificaciones. A partir de ahí, puede configurar completamente KDM.*

3. Administrador de pantalla de inicio

a. System V e inittab

Para iniciar X tan pronto como arranca el sistema y, por lo tanto, pasar por un administrador de visualización para conectarse, hay dos soluciones posibles ofrecidas por varias distribuciones:

- Modificar /etc/inittab.
- Ejecutar xdm como servicio.

Ejemplo

Arranque configurado en /etc/inittab:

```
xdm:5:respawn:/usr/X11R6/bin/xdm
x:5:respawn:/etc/X11/prefdm -nodaemon
```

b. Sistema V y Servicios

Xdm también se puede iniciar como un servicio, a través de un script en /etc/init.d:

Ejemplo

```
$ ls /etc/init.d/xdm
/etc/init.d/xdm
```

El nivel asociado se puede configurar a través de rcupdate.d o chkconfig:

Ejemplo

```
# chkconfig --list xdm
xdm      0:off 1:off 2:off 3:off 4:off 5:on 6:off
# ls -l /etc/rc.d/rc?.d/S*xdm
lrwxrwxrwx 1 root root 6 mai 14 12:22 /etc/rc.d/rc5.d/S10xdm ->
../xdm
```

c. Objetivo de systemd

Con systemd, basta con cambiar el objetivo predeterminado. El objetivo de un arranque gráfico es el siguiente:

/lib/systemd/system/graphical.target

Ejemplo

```
# systemctl set-default -f graphical.target
```

Para iniciar la sesión gráfica:

```
# systemctl isolate graphical.target
```

E. Gestor de ventanas y entorno personal

1. A través del administrador de visualización

Por lo general, el usuario determina el tipo de entorno gráfico que carga la sesión X desde GDM o KDM y el menú asociado. Estos consideran la sesión anterior como sesión predeterminada gracias a la presencia del archivo `.dmrc` en el directorio de conexión del usuario.

Ejemplo

```
cat $HOME/.dmrc
[Desktop]
Session=ubuntu
```

En las versiones más recientes, la información se puede encontrar en `/var/lib/ServiceAccounts/users/$USER`. El archivo tiene el nombre del usuario.

Ejemplo

```
# cat /var/lib/ServiceAccounts/users/pba
[User]
Language=
Session=
XSession=icewm-session
Icon=/home/pba/.face
SystemAccount=false
```

Los archivos de descripción de sesión se colocan en `/usr/share/xsessions`.

Ejemplo

```
$ ls -l /usr/share/xsessions/
total 12
-rw-r--r-- 1 root root  207 oct.   4 13:16 gnome.desktop
-rw-r--r-- 1 root root 2274 sept. 21 03:30 plasma.desktop
-rw-r--r-- 1 root root  238 oct.   4 13:16 ubuntu.desktop
```

Cada archivo `desktop` representa una sesión posible. Las descripciones y los comandos de lanzamiento están presentes en cada uno de los archivos y, en particular, a través de las líneas `Exec` y `Name`:

Ejemplo

```
$ grep -E "Exec|Name=" /usr/share/xsessions/*.desktop
/usr/share/xsessions/gnome.desktop:Name=GNOME
/usr/share/xsessions/gnome.desktop:Exec=gnome-session --session=gnome
/usr/share/xsessions/gnome.desktop:TryExec=gnome-shell
/usr/share/xsessions/plasma.desktop:Exec=/usr/bin/startkde
/usr/share/xsessions/plasma.desktop:TryExec=/usr/bin/startkde
/usr/share/xsessions/plasma.desktop:Name=Plasma
/usr/share/xsessions/ubuntu.desktop:Name=Ubuntu
/usr/share/xsessions/ubuntu.desktop:Exec=/usr/lib/gnome-session/
run-systemd-session ubuntu-session.target
/usr/share/xsessions/ubuntu.desktop:TryExec=unity
```

2. startx

Desde una sesión en modo línea de comandos, el comando `startx` permite lanzar el servidor X y el entorno asociado.

Sintaxis

```
$ startx
```

Cuando X se inicia a través de `startx`, se ejecuta en este orden:

- `$HOME/.startxrc`
- `/usr/lib64/sys.startxrc`
- `$HOME/.xinitrc`
- `/etc/X11/xinit/xinitrc`

3. Terminales en modo gráfico

Para acceder a la línea de comandos en X, debe usar un emulador de terminal. El emulador básico del servidor X se llama `xterm`. A menudo, es quién representa la sesión predeterminada si hay problemas en X.

Ejemplo

```
$ xterm &
```

Para configurar `xterm`, utilice los botones del ratón y la tecla [Ctrl]:

- [Ctrl] + botón izquierdo: opciones principales.
- [Ctrl] + botón derecho: elección de fuentes de caracteres.
- [Ctrl] + botón central: opciones del terminal.

Existen muchos otros emuladores de terminales:

- `rxvt`: terminal muy ligero que se parece a `xterm` pero sin sus menús de configuración.
- `aterm`: terminal parecido a `rxvt`.
- `eterm`: terminal diseñado para sustituir a `xterm`.
- `konsole`: terminal que viene con KDE.
- `gnome-terminal`: terminal que viene con GNOME.
- etc.

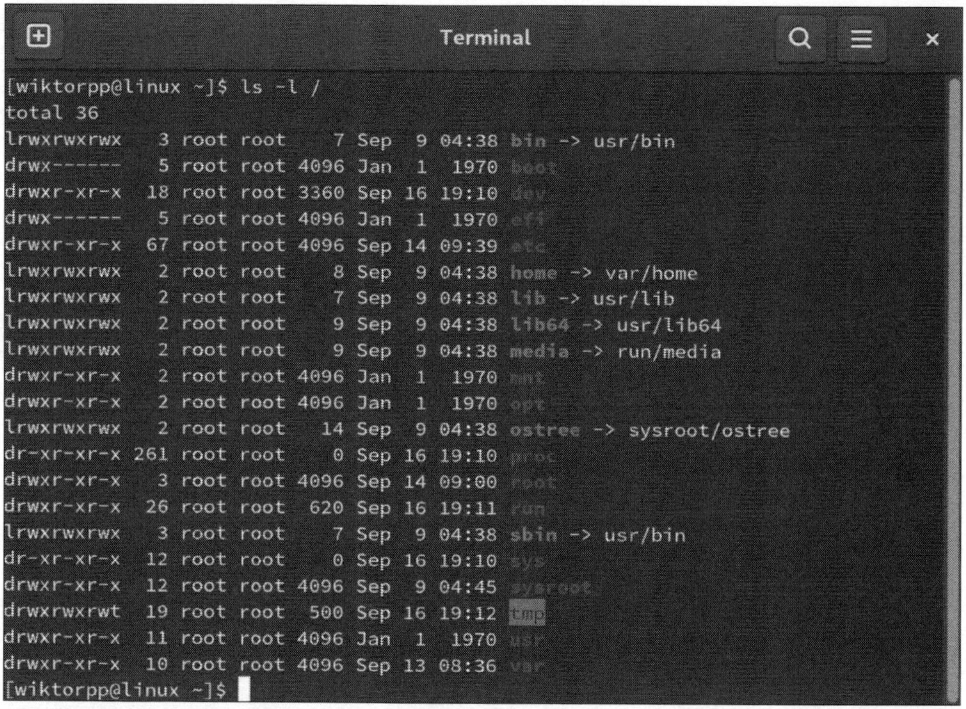

```
Terminal
[wiktorpp@linux ~]$ ls -l /
total 36
lrwxrwxrwx   3 root root    7 Sep  9 04:38 bin -> usr/bin
drwx------   5 root root 4096 Jan  1  1970 boot
drwxr-xr-x  18 root root 3360 Sep 16 19:10 dev
drwx------   5 root root 4096 Jan  1  1970 efi
drwxr-xr-x  67 root root 4096 Sep 14 09:39 etc
lrwxrwxrwx   2 root root    8 Sep  9 04:38 home -> var/home
lrwxrwxrwx   2 root root    7 Sep  9 04:38 lib -> usr/lib
lrwxrwxrwx   2 root root    9 Sep  9 04:38 lib64 -> usr/lib64
lrwxrwxrwx   2 root root    9 Sep  9 04:38 media -> run/media
drwxr-xr-x   2 root root 4096 Jan  1  1970 mnt
drwxr-xr-x   2 root root 4096 Jan  1  1970 opt
lrwxrwxrwx   2 root root   14 Sep  9 04:38 ostree -> sysroot/ostree
dr-xr-xr-x 261 root root    0 Sep 16 19:10 proc
drwxr-xr-x   3 root root 4096 Sep 14 09:00 root
drwxr-xr-x  26 root root  620 Sep 16 19:11 run
lrwxrwxrwx   3 root root    7 Sep  9 04:38 sbin -> usr/bin
dr-xr-xr-x  12 root root    0 Sep 16 19:10 sys
drwxr-xr-x  12 root root 4096 Sep  9 04:45 sysroot
drwxrwxrwt  19 root root  500 Sep 16 19:12 tmp
drwxr-xr-x  11 root root 4096 Jan  1  1970 usr
drwxr-xr-x  10 root root 4096 Sep 13 08:36 var
[wiktorpp@linux ~]$
```

Terminal GNOME

4. Administradores de ventanas

Las nociones principales sobre los administradores de ventanas se abordaron al principio de este capítulo. He aquí hay una lista de los más conocidos.

twm

twm (*Tom's Window Manager*) es básico, pero ofrece muchas opciones de configuración, proporciona barras de título, iconos, etc. Se puede configurar a través de archivos de texto.

IceWM

Creado para ser visualmente agradable y muy ligero, es posible aplicar diferentes temas a IceWM. Se usaba por defecto con los eeePC de Asus principalmente. Su configuración utiliza archivos de texto, pero existen varios paneles de control.

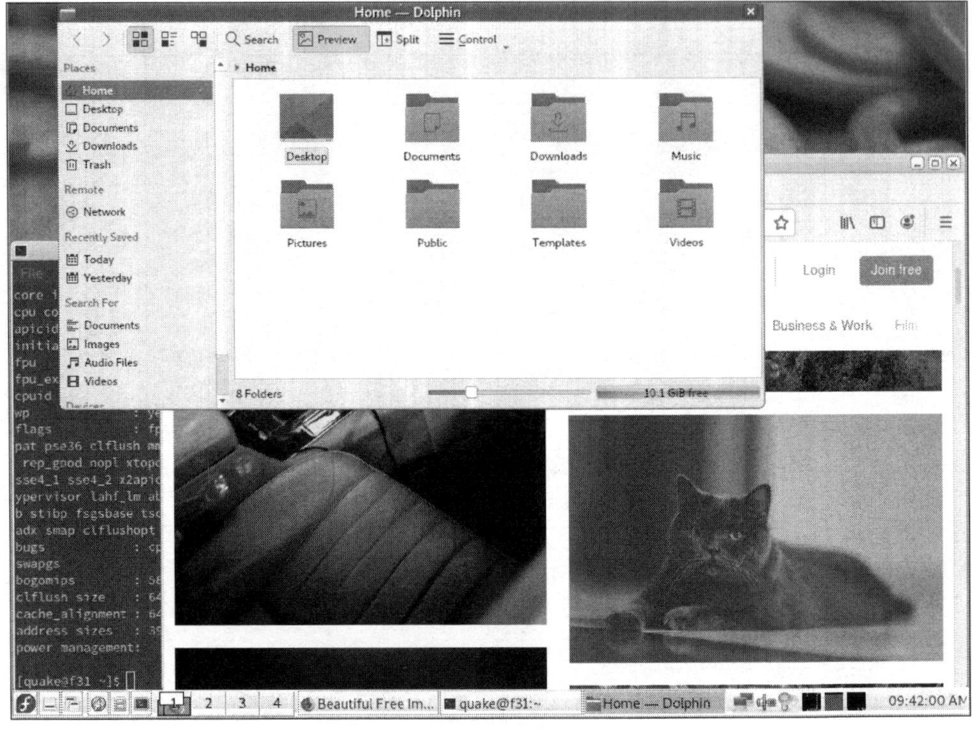

IceWM en Fedora 31

Fvwm

Fvwm es un derivado de twm. Es muy configurable y es la base de varios otros administradores, incluidos Afterstep, Xfce e Enlightenment.

CDE

Common Desktop Environment, CDE, es un entorno de escritorio basado en Motif.

Windowmaker

WindowMaker es un administrador de ventanas muy avanzado, desarrollado para parecerse a NextStep y trabajar con GNUstep. Es estable, fiable, muy bien acabado, fácil de configurar y relativamente ligero.

Enlightenment

Enlightenment es totalmente configurable, programable y modular. Funciona tanto en configuraciones pequeñas como en servidores potentes.

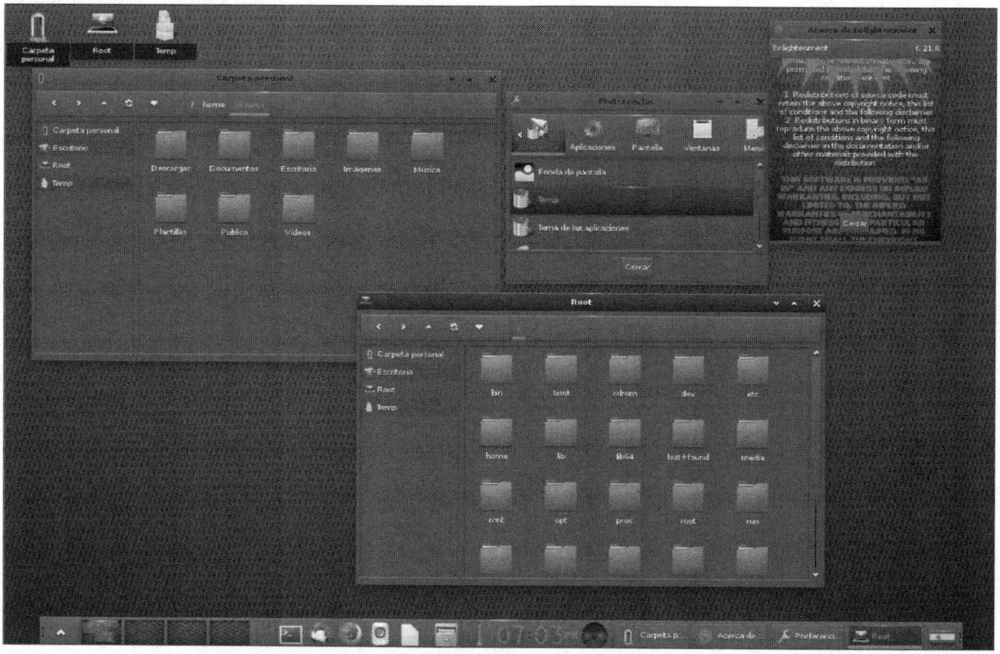

Iluminación E22

Xfce

Xfce ha sido desarrollado para máquinas con pocos recursos: es un entorno de escritorio completo y muy ligero, basado en las librerías GTK. Funciona muy bien con 256 MB de memoria y viene con varias aplicaciones que incluyen un administrador de archivos (Thunar), un editor de texto, etc. Existe una amplia gama de aplicaciones disponibles para este entorno.

Para instalar Xfce en Ubuntu:

```
sudo install xubuntu-desktop
```

KDE y GNOME

KDE y GNOME se introdujeron con anterioridad. La máquina debe tener suficiente memoria (de 1 a 4 GB) para aprovecharla.

Los otros

Hay decenas de otros administradores de ventanas:

- AfterStep
- LXDE
- Fluxbox
- Openbox
- Metacity

- Blackbox
- Ion
- Wmii
- Mate
- Cinnamon
- etc.

5. Exportar sus ventanas

La arquitectura X funciona en modo cliente-servidor. Por defecto, el cliente se conecta al servidor X local y, a continuación, muestra la representación gráfica en la pantalla principal del usuario. Sin embargo, la pantalla se puede mover a un servidor X remoto.

El servidor X remoto se debe configurar para aceptar solicitudes de clientes X remotos:

- La opción `-nolisten tcp` no se debe configurar para X o XDM.
- El comando `xhost` permite o deniega el acceso al servidor X local desde clientes X remotos.

Sintaxis

`xHost +`

o

`xhost -`

El argumento + permite conexiones, el argumento − las prohíbe.

Ejemplo

```
$ xhost +
access control disabled, clients can connect from any host
$ xhost -
access control enabled, only authorized clients can connect
```

Después de los signos, puede especificar un nombre de host, una dirección IP o un nombre de usuario.

Ejemplo

```
$ xhost +192.168.1.60
192.168.1.60 being added to access control list
```

Desde una máquina, puede exportar la visualización de las aplicaciones gráficas a un servidor X remoto:

- Con la opción `-display Host:NumServX` de la aplicación gráfica.
- Para todas las aplicaciones gráficas, exportando la variable `DISPLAY= Host:NumServX`.

En ambos casos, además de la dirección IP o el nombre de host, se debe especificar el número de servidor X y, posiblemente, el número de pantalla. A cada servidor X se le asigna un identificador. Las "coordenadas" del servidor X, si está solo, son `:0`. Si hay varias pantallas conectadas, se identifican numéricamente de manera correlativa: `0,1,2`, etc. Si no se especifica ninguna pantalla, se elige la primera por defecto. Por lo tanto, por ejemplo, una coordenada completa es `192.168.1.70:0.0`.

Ejemplo

```
$ xcalc --display 192.168.1.70:0
```

o:

```
$ export DISPLAY=192.168.1.70:0$
xcalc
```

☞*La directiva de seguridad puede impedir el acceso al servidor X incluso si se especifica* `xhost+`.

F. Escritorio remoto

1. RDP

RDP (*Remote Desktop Protocol*) es un protocolo de acceso a un escritorio remoto, desarrollado por Microsoft para sistemas Windows. Los clientes e incluso los servidores están disponibles para todos los sistemas operativos, especialmente en Linux. Es posible proteger el protocolo mediante certificados.

El nombre del servidor es `xrdp`. Está disponible para la mayoría de las distribuciones a través del paquete de software del mismo nombre:

Ejemplo

Instalación del paquete de software:

Distribución de tipocRed Hat (desde el repositorio EPEL):

```
# yum -y install xrdp
```

Distribución de tipo Debian:

```
# apt-get install xrdp # Ubuntu o Debian
```

Arranque y activación automáticos:

```
# systemctl start xrdp
# systemctl enable xrdp
```

El servidor RDP escucha en el puerto 3389 a través de TCP. Por lo tanto, es necesario permitir las conexiones entrantes en este puerto a nivel de firewall.

Ejemplo

Distribución de tipo Red Hat:

```
# firewall-cmd --permanent --zone=public --add-port=3389/tcp
# firewall-cmd --reload
```

Distribución de tipo Debian:

```
# ufw allow 3389/tcp
# systemctl restart xrdp
```

La conexión al servidor RDP se realiza desde un software cliente, en Windows, MacOS o Linux. Para Linux, puede utilizar **remmina** (que también gestiona VNC o Spice), **tsclient**, etc.

Ejemplo

Conexión a un servidor RDP de Debian 12, desde Windows, con el comando Windows `mstsc.exe`:

```
mstsc.exe
```

Introduzca la dirección IP o el nombre DNS del servidor Linux.

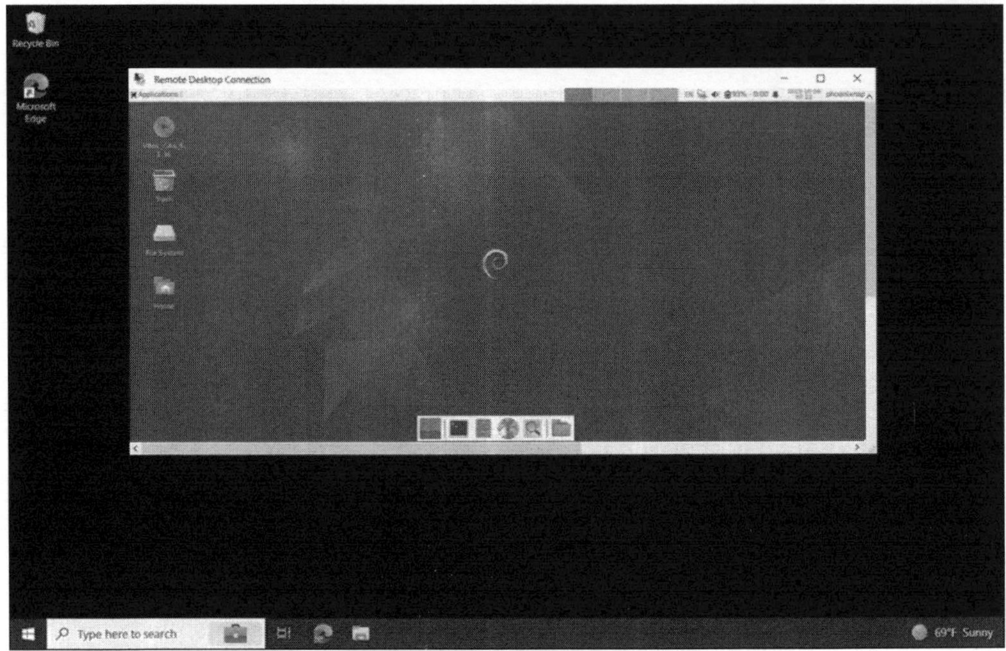

Acceso a través de RDP al escritorio de un servidor RDP Debian desde Windows

RDP también lo utiliza VirtualBox para acceder a la consola o a la pantalla de la máquina virtual.

2. VNC

VNC, *Virtual Network Computing*, es un protocolo que, al igual que RDP, permite acceder a un escritorio remoto. Históricamente, es el primer protocolo integrado por defecto en entornos de escritorio como GNOME y KDE. Estos entornos ofrecen un uso compartido activo de la pantalla, lo que permite a un usuario remoto tomar el control de la misma.

En GNOME, el servidor VNC integrado Vino se puede activar fácilmente desde **Configuración** y, después, **Compartir**. Es necesario activar **Compartición de pantalla** y elegir los argumentos de conexión (permiso explícito, contraseña y control de pantalla).

El puerto TCP 5900 debe estar abierto para permitir las solicitudes de conexión al servidor.

Ejemplo

```
$ gsettings set org.gnome.Vino require-encryption false
```

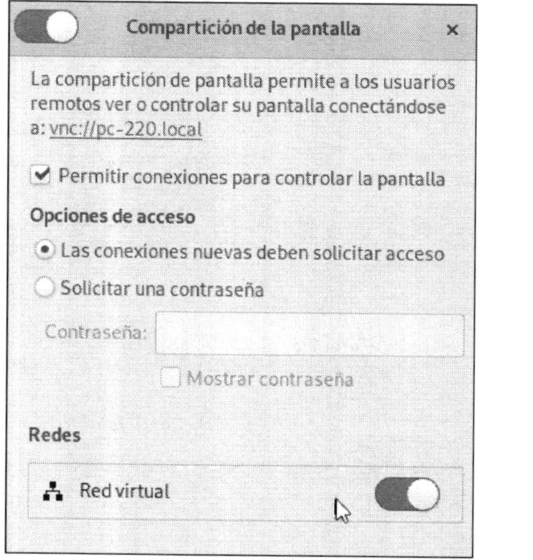

Uso compartido de escritorio de GNOME con el servidor VNC Vino integrado

Para conectarse (desde un sistema Linux, Windows, macOS, etc.), es necesario utilizar un cliente VNC: `remmina`, `krdc`, `realvnc`, `vinagre`, etc.

Ejemplo

Escritorio GNOME compartido, al que se accede desde un cliente `RealVNC` en macOS.

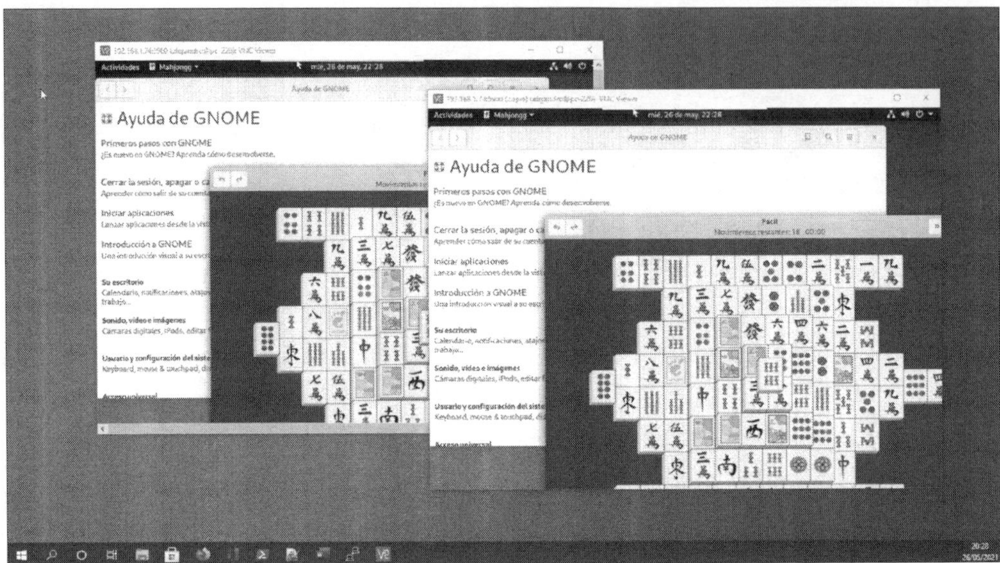

(cet09_009.png)

Uso compartido de escritorio de GNOME con el servidor VNC Vino integrado

3. Spice

Spice, *Simple Protocol for Independent Computing Environments*, es un protocolo de comunicación que permite visualizar y administrar de forma remota un sistema operativo, especialmente cuando se trata de máquinas virtuales. A diferencia de sus predecesores, no solo se conecta a un servidor X o a la pantalla actual, sino que también puede sustituir el controlador gráfico. Este protocolo se aborda con más detalle en el capítulo Máquinas virtuales, contenedores y cloud.

G. Accesibilidad

Algunos usuarios tienen problemas para leer la pantalla, escribir con el teclado o usar el ratón. Linux y sus herramientas ofrecen una variedad de formas de ayudarlos.

A continuación, se describen brevemente de los medios disponibles para ayudar a las personas con discapacidad motora o problemas de visión.

1. Compatibilidad con teclado y ratón

Un simple ajuste del teclado o del ratón puede ayudar a una persona con problemas motores. El módulo `AccessX` del entorno gráfico permite muchos ajustes. Se puede acceder a ellos desde los centros de configuración de los entornos gráficos. En KDE, por ejemplo, el método **Accesibilidad** de la sección **Personalización** de la configuración del sistema, permite modificar muchos ajustes predeterminados, incluido el funcionamiento del teclado. Por ejemplo, en la pestaña **Filtros de teclado**, marque **Usar teclas lentas**. Si una persona quiere realizar una acción, esta solo se tendrá en cuenta una vez transcurrido el tiempo definido (0,5 segundos por defecto, ajustable). La siguiente opción, **Usar teclas rebotantes**, espera el tiempo especificado antes de repetir una tecla si se pulsa durante demasiado tiempo.

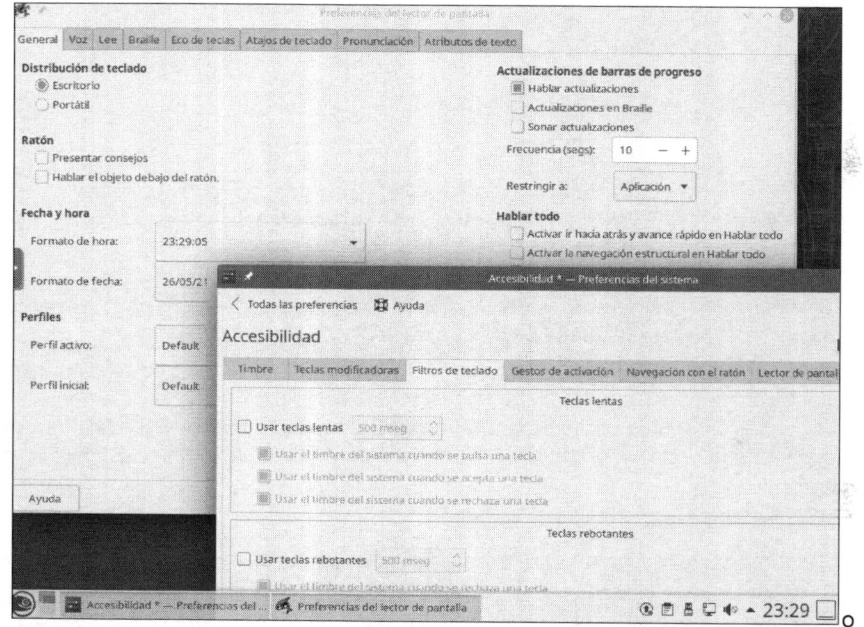

La configuración de accesibilidad de KDE4 Plasma 54

En este mismo sentido, se puede activar un soporte visual o auditivo en función de las acciones realizadas. Pulsar una tecla puede hacer que la pantalla emita un pitido o parpadee. Los movimientos del ratón pueden ayudar a mejorar la accesibilidad. El **lector de pantalla** reproducirá en voz alta, utilizando **orca**, a través de la síntesis de voz, todos los campos y etiquetas sobre los que se pase el ratón, o el texto introducido en una aplicación, como un procesador de texto.

Como no todo el mundo puede utilizar el ratón, es posible mover el cursor por la pantalla con el teclado. Consulte la documentación de su entorno para habilitar este modo. También en KDE, en el módulo **Teclado y ratón**, pestaña **Navegación de ratón**, si marca **Mover ratón con el teclado**, puede mover el cursor del ratón con las teclas direccionales del teclado numérico. Las teclas de la 1 a la 9, excepto la 5, mueven el cursor en la dirección deseada. La tecla 5 simula un solo clic (dos pulsaciones rápidas de 5 simulan un doble clic). Es posible cambiar el botón, mantenerlo pulsado, etc.

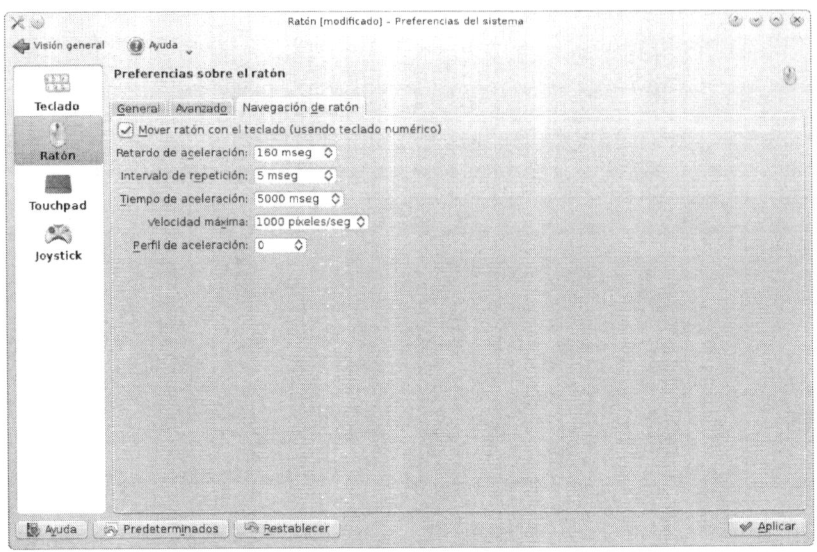

Emular un ratón con el teclado numérico

En cuanto al ratón, si dispone de un modelo correcto, puede activar el perfil para zurdos que invertirá los botones e incluso invertirá la dirección de la rueda.

Por último, el teclado virtual puede proporcionar una valiosa ayuda en caso de dificultad para utilizar el teclado físico. A continuación, puede utilizar un teclado de software, un ratón o una pantalla táctil. Basta con hacer clic en las diferentes teclas para usarlo como un teclado normal. El de KDE se llama **kvkbd**, pero X Window ofrece uno predeterminado llamado **xvkbd** y GNOME ofrece **GOK**. También está el teclado **Florence**.

KDM ofrece un teclado virtual para iniciar sesión.

El teclado virtual kvkbd permite prescindir de un teclado físico

2. Asistencia visual y auditiva

Las personas con baja visión apreciarán poder usar notificaciones visuales como el parpadeo de la pantalla. Del mismo modo, la mayoría de los entornos de escritorio, como KDE o GNOME (por ejemplo), permiten cambiar la pantalla:

- **Colores**: por ejemplo, aumentando los contrastes o utilizando temas según la representación de los colores (daltonismo).
- **Estilos**: Cambiando el tamaño de varios elementos visuales, como botones, cuadros, campos, etc.
- **Fuentes de caracteres**: eligiendo una fuente adaptada, de tamaño más grande y adecuado para un estilo determinado.
- **Temas**: existen temas específicos para personas con discapacidad visual, que cambian todos los ajustes anteriores a la vez.

Las herramientas simples permiten ampliar áreas de la pantalla con una lupa virtual. KDE ofrece Kmagnifier, también es posible asociar acciones (teclas del teclado o del ratón) a la lupa para acceder más rápido.

Las personas ciegas también pueden trabajar en Linux. Existen varias soluciones para admitir Braille, entre las que se incluyen **brltty**, para pasar de la consola a un lector braille, y **orca** que permite el soporte de Braille en el entorno GNOME, así como la síntesis de voz y la accesibilidad en pantalla para los ciegos.

Las herramientas gratuitas de conversión de texto a voz en español son menos comunes, pero productos como **eSpeak** (síntesis muy "computarizada") y sobre todo **mbrola** con **freetts** dan resultados muy parecidos a una voz humana. Herramientas como **Julius** o **Simon** permiten acceder al reconocimiento de voz.

H. Validación de los conocimientos adquiridos: preguntas/respuestas

Preguntas

Si cree conocer suficientemente este capítulo, conteste a las siguientes preguntas:

X Windows

1 ¿Qué componente de X Window permite que los clientes y servidores X se comuniquen?

- A - `Xt`
- B - `Motif`
- C - `Xlib`
- D - `Qt`

2 ¿Es posible que una aplicación X que se ejecuta en una máquina se muestre en otra máquina?

3 ¿Quién define el diseño y el estilo de las ventanas?

4 ¿Es posible elegir su administrador de ventanas?

5 ¿Qué es un Widget?

- A - Una función de gestión de ventanas.
- B - Un elemento básico de la interfaz gráfica.
- C - Un estilo de visualización.
- D - Una librería de gestión de eventos.

6 Enumere, al menos, dos toolskits diferentes y comunes.

7 ¿Qué puede hacer si tiene demasiadas ventanas abiertas en su escritorio?

Xorg

8 ¿Dónde se encuentra el archivo de configuración de Xorg?

9 ¿Cuál es el mejor método para instalar Xorg?

10 ¿Cuáles son las cuatro formas de configurar X Window?

11 ¿Qué sección del archivo de configuración de Xorg permite configurar un teclado o un ratón?

- A - `InputDevice`
- B - `Mouse`
- C - `Keyboard`
- D - `Modules`

12 ¿Qué opción relacionada con el controlador kbd permite modificar el idioma del teclado?

13 Su ratón dispone de una rueda constituida por la combinación de los botones 4 y 5. ¿Qué opción debe añadir en la sección correspondiente de Xorg?

14 Cuando se inicia X, se muestra una pantalla gris con una cruz en el medio y nada más. ¿Qué está pasando?

Administradores de visualización

15 ¿Para qué sirve el administrador de visualización?

- A - Para abrir una sesión gráfica local.
- B - Para abrir una sesión gráfica remota.
- C - Para autenticar a un usuario.
- D - Para gestionar varias sesiones X.

16 ¿Cómo se llama el protocolo X que permite gestionar inicios de sesión y conexiones remotas?

17 ¿Es posible iniciar KDE desde GDM?

18 ¿Cuál es el primer archivo que se ejecuta en el entorno gráfico del usuario después de iniciar sesión?

19 ¿Dónde puede un usuario colocar su propia configuración de sesión?

- A - `~/.xinitrc`
- B - `~/.xsession`
- C - `~/.xstartup`
- D - `~/.xressources`

20 ¿Cuál es el nivel de ejecución (u objetivo) para arrancar en modo gráfico en la mayoría de las distribuciones?

- A - 3
- B - graphical.target.
- C - 5
- D - Ninguno: el administrador de visualización se ejecuta a través de un script en /etc/init.d.

21 ¿Cómo determinan los administradores de visualización qué tipo de sesión predeterminada deben iniciar cuando un usuario concreto se conecta?

- A - Por el contenido del directorio /usr/share/xsessions.
- B - Por el contenido del archivo /etc/sysconfig/desktop.
- C - Leyendo el contenido de /var/lib/ServiceAccounts/users/$USER.
- D - Leyendo el contenido del archivo ~/.dmrc.

22 ¿Qué herramienta sustituye a la consola en X?

23 ¿Cuántos administradores de ventanas diferentes hay?

- A - 4
- B - 7
- C - 15
- D - Es difícil saberlo

24 ¿Cómo se exporta la visualización de todos los programas X a la primera pantalla del primer servidor X 10.17.32.142?

25 ¿Cuál es el objetivo de protocolos como RDP o VNC?

Resultados

Consulte las páginas siguientes para comprobar sus respuestas. Por cada respuesta correcta, sume un punto.

Número de puntos /25

Debe acertar un mínimo de 19 preguntas sobre este capítulo (19/25).

Identifique los temas claves en los que tiene lagunas y repáselos consultando de nuevo este capítulo antes de pasar al siguiente:

☐X Windows.

☐Xorg.

☐Administradores de visualización.

Respuestas

X Windows

1 ¿Qué componente de X Window permite que los clientes y servidores X se comuniquen?

- A - `Xt`
- B - `Motif`
- C - `Xlib`
- D - `Qt`

C: El protocolo propuesto por la librería `Xlib`.

2 ¿Es posible que una aplicación X que se ejecuta en una máquina se muestre en otra máquina?

Sí, la aplicación es un cliente X. Se ejecuta en una máquina, pero utiliza los recursos del servidor X de la otra máquina para la visualización y las interacciones.

3 ¿Quién define el diseño y el estilo de las ventanas?

Es el administrador de ventanas. X proporciona las líneas maestras básicas para el diseño y gestiona los eventos, pero Windows Manager es quién define las formas y los patrones que se aplicarán.

4 ¿Es posible elegir su administrador de ventanas?

Sí, hay varios de todos los estilos, dependiendo del toolkit que se utilice.

5 ¿Qué es un widget?

- A - Una función de administración de ventanas.
- B - Un elemento básico de la interfaz gráfica.
- C - Un estilo de visualización.
- D - Una librería de administración de eventos.

B: Es un elemento de una ventana o de una interfaz gráfica.

6 Enumere, al menos, dos toolkits diferentes y comunes.

Xt, Motif, Qt, GTK, AWT, Athena, etc.

7 ¿Qué puede hacer si tiene demasiadas ventanas abiertas en su escritorio?

Utilizar escritorios virtuales.

Xorg

8 ¿Dónde se encuentra el archivo de configuración de Xorg?

Es el archivo `/etc/X11/xorg.conf`.

9 ¿Cuál es el mejor método para instalar Xorg?

La forma más sencilla es utilizar los paquetes oficiales o adicionales previstos para su distribución. La compilación de Xorg es muy larga.

10 ¿Cuáles son las cuatro formas de configurar X Window?

Mediante las herramientas de distribución (por ejemplo, SaX), mediante Xorgcfg, mediante `xorg-config` (antiguamente `xf86config`) y editando el archivo de configuración manualmente.

11 ¿Qué sección del archivo de configuración de Xorg permite configurar un teclado o un ratón?

- A - `InputDevice`
- B - `Mouse`
- C - `Keyboard`
- D - `Modules`

A. La sección `InputDevice` permite configurar cualquier tipo de dispositivo de entrada y no se limita solo al teclado y al ratón.

12 ¿Qué opción relacionada con el controlador `kbd` permite cambiar el idioma del teclado?

Es la opción `XkbLayout`. Establezca su valor en "`es`" para un teclado español.

13 Su ratón dispone de una rueda constituida por la combinación de los botones 4 y 5. ¿Qué opción debe añadir en la sección correspondiente de Xorg?

Es la opción `ZaxisMapping` la que recibe los valores "`4 5`".

14 Cuando se inicia X, se muestra una pantalla gris con una cruz en el medio y nada más. ¿Qué está pasando?

Es normal. Debe iniciar X Window desde un display manager o desde el comando `startx`, que configurará un entorno como un administrador de ventanas o un entorno de escritorio. X por sí solo no hace nada.

Administradores de visualización

15 ¿Para qué sirve el administrador de visualización?

- A - Para abrir una sesión gráfica local.
- B - Para abrir una sesión gráfica remota.
- C - Para autenticar a un usuario.
- D - Para gestionar varias sesiones X.

Todas las opciones son correctas.

16 ¿Cómo se llama el protocolo X que permite gestionar inicios de sesión y conexiones remotas?

XDMCP, X Display Manager Control Protocol.

17 ¿Es posible iniciar KDE desde GDM?

Sí. El entorno de trabajo del usuario es independiente del display manager. En el mejor de los casos, puede ofrecerle la posibilidad de elegir entre varios entornos.

18 ¿Cuál es el primer archivo que se ejecuta en el entorno gráfico del usuario después de iniciar sesión?

El script `Xsession` se ejecuta primero en el espacio de usuario después de iniciar sesión. No confunda este script con `Xstartup`, que se inicia con permisos root después de la autenticación de la persona, pero antes de que se abra el inicio de sesión del usuario.

19 ¿Dónde puede un usuario colocar su propia configuración de sesión?

- A - `~/.xinitrc`
- B - `~/.xsession`
- C - `~/.xstartup`
- D - `~/.xressources`

A o B, dado que la B, `.xsession`, se busca primero y, si existe, `.xinitrc` no se ejecuta.

20 ¿Cuál es el nivel de ejecución (u objetivo) para arrancar en modo gráfico en la mayoría de las distribuciones?

- A - 3
- B - graphical.target
- C - 5
- D - Ninguno: el administrador de visualización se inicia a través de un script en `/etc/init.d`.

B y C: `xdm` (o `kdm`, `gdm`) se ejecuta en el nivel de ejecución 5, por convención con un init System V. La respuesta B es el objetivo gráfico para systemd.

21 ¿Cómo determinan los administradores de visualización qué tipo de sesión predeterminada deben iniciar cuando un usuario determinado se conecta?

- A - Por el contenido del directorio `/usr/share/xsessions`.
- B - Por el contenido del archivo `/etc/sysconfig/desktop`.
- C - Leyendo el contenido de `/var/lib/ServiceAccounts/users/$USER`.
- D - Leyendo el contenido del archivo `~/.dmrc`.

C y D: El archivo `.dmrc` contiene el nombre de la última sesión abierta por el usuario, que se asignará al archivo con el mismo nombre en `/usr/share/xsessions`. En distribuciones recientes, este archivo se encuentra en el otro árbol, con el nombre del usuario.

22 ¿Qué herramienta sustituye a la consola en X?

El terminal de tipo `xterm` o equivalente.

23 ¿Cuántos administradores de ventanas diferentes hay?

- A - 4
- B - 7
- C - 15
- D - Es difícil saberlo.

D: Es difícil saber cuántos administradores de ventanas hay, pero hay decenas.

24 ¿Cómo se exporta la visualización de todos los programas X a la primera pantalla del primer servidor X `10.17.32.142`?

Exporte la variable DISPLAY de la siguiente manera: `export DISPLAY=10.17.32.142:0.0`

25 ¿Cuál es el objetivo de protocolos como RDP o VNC?

Se trata de protocolos que permiten compartir la visualización de una sesión activa en X Window o Wayland, o que permiten abrir sesiones remotas, a través de la red, desde otra máquina.

I. Prácticas

1. Entender Xterm

1. Desde un sistema en modo no gráfico (run level 3 u objetivo systemd multiusuario, por ejemplo), ejecute el servidor X Window solo, en segundo plano. Debería ver una pantalla gris y una cruz en el medio. ¿Qué acciones son posibles?
2. Pulse en las teclas [Alt][Ctrl][F1] y luego en [Ctrl] C. Está de nuevo en la consola en modo texto. Exporte la variable DISPLAY, que se utiliza para indicar a los clientes X las "coordenadas" del servidor X.
3. Desde la consola, después de haber exportado la variable, ejecute el programa twm en segundo plano (instale el paquete de software twm si es necesario).
4. Pase a X Window con la combinación de teclas [Alt][F7]. Pulse en el botón izquierdo del ratón. ¿Qué sucede?
5. Desde Xterm, escriba el comando `xclock`.

Entender Xterm

1. Desde un sistema en modo no gráfico (run level 3 u objetivo systemd multiusuario, por ejemplo), ejecute el servidor X Window solo, en segundo plano. Debería ver una pantalla gris y una cruz en el medio. ¿Qué acciones son posibles?

   ```
   $ X &
   ```

   Aparte de mover el ratón, nada funciona: no hay administrador de ventanas, ni se inician programas.
2. Pulse en las teclas [Alt][Ctrl][F1] y luego en [Ctrl] C. Está de nuevo en la consola en modo texto. Exporte la variable DISPLAY, que se utiliza para indicar a los clientes X las "coordenadas" del servidor X.

   ```
   $ export DISPLAY=localhost:0
   ```
3. Desde la consola, después de haber exportado la variable, ejecute el programa twm en segundo plano (instale el paquete de software twm si es necesario).

   ```
   $ twm &
   ```
4. Pase a X Window con la combinación de teclas [Alt][F7]. Pulse en el botón izquierdo del ratón. ¿Qué sucede?

   Ha lanzado twm, que es un administrador de ventanas básico. Al pulsar en el botón derecho del ratón, se accede a un menú. En este menú, haga clic en Xterm o en su equivalente.

   Aparece la ventana Xterm. Haga clic en la pantalla para colocarla.

5. Desde Xterm, escriba el comando `xclock`.

   ```
   $ xclock &
   ```

   Coloque la nueva ventana. Para que funcione, X requiere un entorno básico, el administrador de ventanas. Este administrador se basa en los widgets para dibujar las ventanas, y las funciones primitivas para dibujar y controlar eventos son proporcionadas por X.

2. Usar un escritorio remoto con RDP

Objetivo: configurar el sistema Linux para que acepte conexiones entrantes en modo gráfico a través del protocolo RDP (ejemplo con una distribución RHEL 9.2).

1. Instalar el paquete de software XRDP.
2. Autorizar las conexiones entrantes al puerto TCP 3389.
3. Activar y arrancar el servidor `xrdp`.
4. Comprobar desde un cliente RDP, con una cuenta de usuario no root.

Soluciones posibles

Objetivo: configurar el sistema Linux para que acepte conexiones entrantes en modo gráfico a través del protocolo RDP (ejemplo con una distribución RHEL 9.2).

1. Instalar el paquete de software XRDP.

```
Si es necesario, declare el repositorio de software EPEL de FEDORA:
dnf install https://dl.fedoraproject.org/pub/epel/epel-release-latest-9.noarch.rpm
# yum -y install xrdp
==========================================================================================
==================================================
 Paquete                                      Arquitectura      Versión
Repositorio                                   Tamaño
==========================================================================================
==================================================
Instalación:
 xrdp                                        x86_64                 1:0.9.22.1-2.el9
epel                                               459 k
Instalación de las dependencias:
 dbus-x11                                    x86_64                 1:1.12.20-7.el9_1
rhel-9-for-x86_64-appstream-rpms                   26 k
 imlib2                                      x86_64                 1.7.4-1.el9
epel                                               225 k
 tigervnc-license                            noarch                 1.12.0-13.el9_2
rhel-9-for-x86_64-appstream-rpms                   17 k
 tigervnc-server-minimal                     x86_64                 1.12.0-13.el9_2
rhel-9-for-x86_64-appstream-rpms                   1.1 M
Instalación de las dependencias débiles:
 xrdp-selinux                               x86_64                  1:0.9.22.1-2.el9
epel                                               13 k
[...]
Instalado:
 dbus-x11-1:1.12.20-7.el9_1.x86_64                                      imlib2-1.7.4-1.el9.x86_64
tigervnc-license-1.12.0-13.el9_2.noarch
```

```
 tigervnc-server-minimal-1.12.0-13.el9_2.x86_64                    xrdp-1:0.9.22.1-
2.el9.x86_64
xrdp-selinux-1:0.9.22.1-2.el9.x86_64

Finalizado
```

2. Autorizar las conexiones entrantes al puerto TCP 3389.

```
# firewall-cmd --permanent --zone=public --add-port=3389/tcp
success
```

3. Activar y arrancar el servidor `xrdp`.

```
# systemctl enable xrdp
Created symlink /etc/systemd/system/multi-user.target.wants/
xrdp.service ? /usr/lib/systemd/system/xrdp.service.
# systemctl start xrdp
# netstat -an | grep 3389
tcp6       0      0 :::3389                 :::*                    LISTEN
```

4. Comprobar desde un cliente RDP, con una cuenta de usuario no root.

   Cliente Windows `mstsc.exe`:

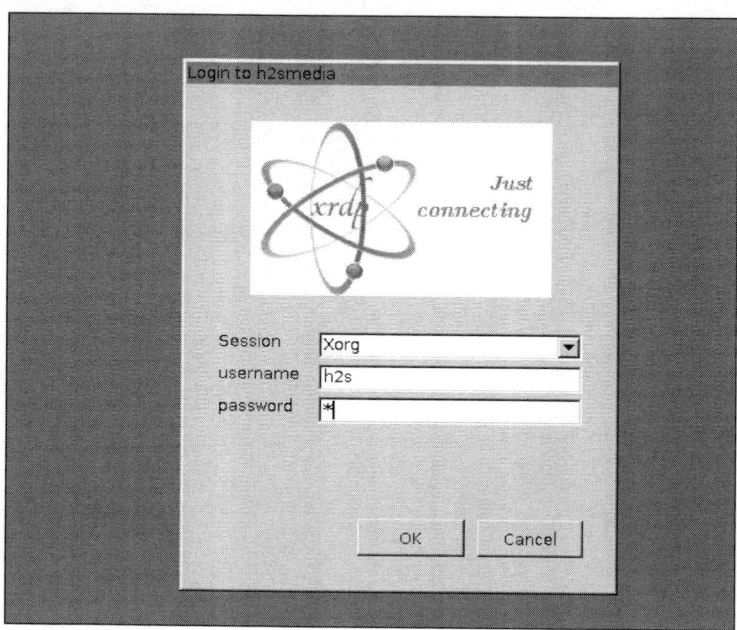

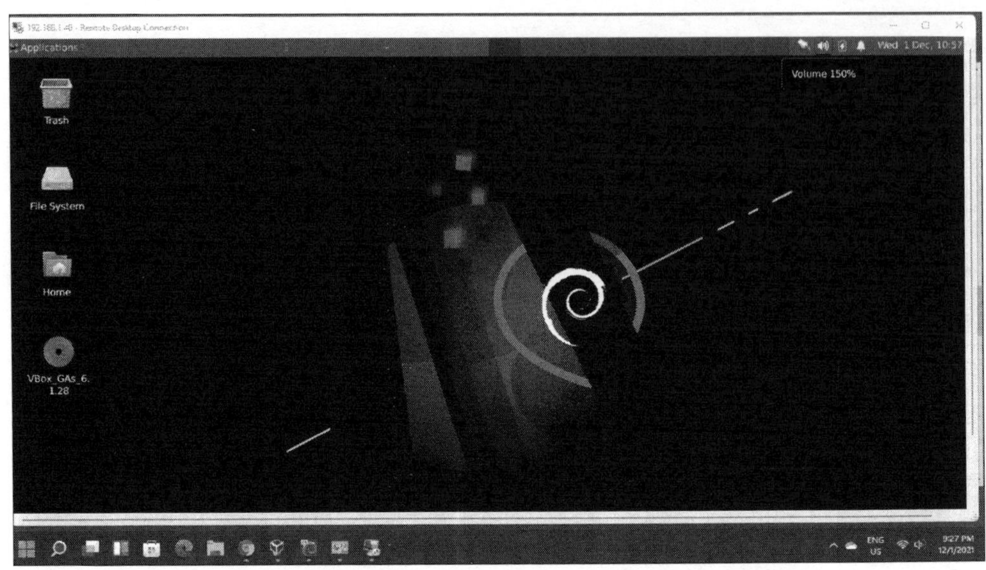
Applications
Wed 1 Dec, 10:57
Volume 150%
Trash
File System
Home
VBox_GAs_6.
1.28

Capítulo 10

Requisitos previos

- Tener un acceso root y conocer los comandos del shell bash.
- Para los contenedores, instalar docker.
- Para la virtualización, tener acceso a un hipervisor (kvm, vmware, virtualbox).
- Para el cloud, tener un acceso a Internet y una cuenta AWS.

Objetivos

Al final de este capítulo, será capaz de:

- Comprender qué son los hipervisores y las máquinas virtuales.
- Comprender qué son los contenedores y sus imágenes y cómo utilizarlos.
- Comprender qué es el cloud y cuáles son sus ventajas.
- Probar AWS desde la consola web o en línea de comandos.
- Configurar de una manera básica un sistema invitado en función del hipervisor.

A. La virtualización

La virtualización es una técnica que permite hacer funcionar a la vez, de manera separada y aislada, varios sistemas operativos o aplicaciones en una misma máquina física.

La diferencia entre un sistema operativo y una aplicación es importante: la máquina virtual no es el único mecanismo de virtualización. También se puede virtualizar una aplicación usando mecanismos de aislamiento.

Se tomarán en cuenta muchos criterios a la hora de tomar la decisión de virtualizar o no. El más importante será el hecho de poder ahorrar. Lo primero, por lo tanto, sería el aspecto económico, ya que el gasto será menor, así como el coste de mantenimiento del hardware. Después, se tendrá en cuenta el ahorro de recursos, gracias a una buena distribución de las máquinas virtuales en los servidores para poder optimizar, precisamente, el conjunto de los recursos. También simplifica las tareas de administración, ya que es más sencillo instalar, desplegar y migrar máquinas virtuales. Se pueden usar distintas herramientas para transformar máquinas físicas en virtuales o viceversa, y el entorno de hardware virtual, normalmente, es idéntico para todas las máquinas virtuales.

1. El cloud

El **cloud** le permite alquilar servicios de infraestructura en Internet: servidores virtuales, redes, espacio de almacenamiento, etc., bajo la forma de un IaaS (*Infrastructure as a Service*), por ejemplo. Un servidor en la nube no es más que una máquina virtual, alojada en los servidores de un proveedor (Amazon, Google, Microsoft u otro), al que se accede a través de Internet o a través de una red de empresa (como en el caso de un VPN o de una interconexión directa).

En comparación con una solución de virtualización clásica, la nube presenta muchas ventajas, aunque también implica algunos inconvenientes específicos: se confía la infraestructura subyacente a un tercero y se tienen que usar los medios de explotación asociados (por ejemplo, imágenes, sistemas operativos o aplicaciones específicas). Las tareas administrativas no son exactamente las mismas.

2. Interés

El uso común durante mucho tiempo consistía en dedicar una máquina física a un servicio: mensajería electrónica, almacenaje, impresión, sitio intranet, base de datos, etc. Este modo de organización es práctico (un rol, una máquina) y seguro (separación de servicios) pero conlleva una multiplicación de servidores físicos que representa un gasto considerable:

- superficie ocupada (sala blanca, datacenter),
- gasto de adquisición o alquiler del local,
- coste energético,
- coste material y humano de mantenimiento,
- uso habitual no óptimo de los recursos de los servidores.

Teniendo en cuenta las capacidades de las máquinas modernas, se tiende a juntar distintos servicios en una sola máquina, ya sea física (mutualización) o virtual para mantener la separación entre los servicios: se trata de la consolidación de los servidores.

Cuando se trabaja en la nube, la mayoría de los costes se desplazan al proveedor y están incluidos en las tarifas. Generalmente, estas se calculan teniendo en cuenta el uso de los recursos: solamente se paga por lo que se consume (CPU, memoria, disco, tráfico de red, etc.).

La virtualización tiene muchas ventajas:

- Ejecutar aplicaciones que no funcionarían en el sistema operativo principal: aplicaciones demasiado antiguas (legacy applications), aplicaciones no soportadas en la plataforma destino (Windows para Linux, macOS, etc.).
- Seguridad: para estudiar un virus, un malware y sus efectos bajo condiciones controladas, para analizarlos y ejecutar acciones.
- Separar las aplicaciones y los sistemas operativos desde un punto de vista lógico, en el caso de que existan requisitos exclusivos entre ellos (por ejemplo, en el caso de que no sea posible la cohabitación entre distintas versiones de un programa, o de librerías, etc.
- Tener a disposición distintos entornos de ejecución para una misma aplicación: versión en desarrollo, versión de producción, versión de integración de pruebas, etc. (por ejemplo, para comprobar el funcionamiento de una página web con distintos navegadores o distintos sistemas operativos: funcionalidades, presentación gráfica, etc.).
- Reunir aplicaciones en máquinas virtuales que se encuentren alojadas en el mismo servidor físico, para no tener que mantener un servidor distinto para cada servicio o aplicación.
- Usar máquinas virtuales como servicios en soluciones de tipo clúster: en caso de problema, la máquina completa se replicará en el otro nodo.
- Crear máquinas y desplegar aplicaciones de manera rápida (en tan solo unos minutos u horas, en lugar de días o semanas en un servidor físico).
- Centralizar y simplificar algunas tareas de administración que permiten usar herramientas de automatización y planificadores para simplificar el trabajo de los operarios y programadores: es uno de los fundamentos de los DevOps.
- Aportar flexibilidad. Esto representa un factor de competitividad importante.

El uso de aplicaciones antiguas que ya no son compatibles con los sistemas actuales puede ser un factor muy importante:

- Es más fácil mantener una aplicación en una máquina y un sistema operativo antiguo que migrar y volver a programar en un sistema más reciente.
- Tiene que ser posible explotar los antiguos respaldos de configuración y los antiguos formatos de archivos si un nuevo software no garantiza la compatibilidad ascendiente, por ejemplo, las bases de datos archivadas, los documentos de contabilidad, etc.
- Es posible que los editores no porten algunas aplicaciones críticas en otros sistemas. En tal caso, hay que mantenerlas en su entorno de origen.

La virtualización permite ejecutar la aplicación en su entorno de origen, pero usando hardware reciente.

La virtualización es una tecnología clave para el futuro de la empresa: sortea las limitaciones de hardware del ordenador y puede proporcionar una ventaja decisiva con respecto a la competencia, especialmente en el campo de la informática de servicios.

3. Competencia

La elección de una solución de virtualización requiere competencias adicionales de las que, en algunos casos, la empresa (o un servicio informático) no dispone. La administración de la solución puede ser diferente también, aunque se trata de una tarea reservada al equipo del sistema. Hay que tener en cuenta el gasto de la formación o de la prestación de servicios. Es posiblemente, un buen momento para reflexionar sobre un nuevo modelo de funcionamiento de tipo DevOps, despliegue e integración continuos.

4. Elección de la solución

Además de la alternativa «física o virtual», hay que elegir la solución de virtualización. Existe un gran número, tanto para empresas como para particulares. La elección depende del contexto de uso, ¿corresponde el producto a la necesidad?, y del contexto absoluto, ¿se trata de un producto maduro, perenne?

Puede haber muchas soluciones distintas. Por ejemplo, una solución de aislamiento podría funcionar perfectamente en un servidor virtual.

B. Métodos de virtualización

1. El aislamiento

El aislamiento consiste en ejecutar aplicaciones en entornos aislados los unos de los otros, llamados contextos o zonas de aislamiento. Algunas instancias de una misma aplicación se pueden arrancar simultáneamente, cada una en su contexto. La aplicación no se ejecuta en una verdadera máquina virtual, sino que se encuentra aislada de las otras gracias a una funcionalidad del sistema operativo. El aislador más conocido en Linux es `chroot`, que permite un cambio de raíz de sistema.

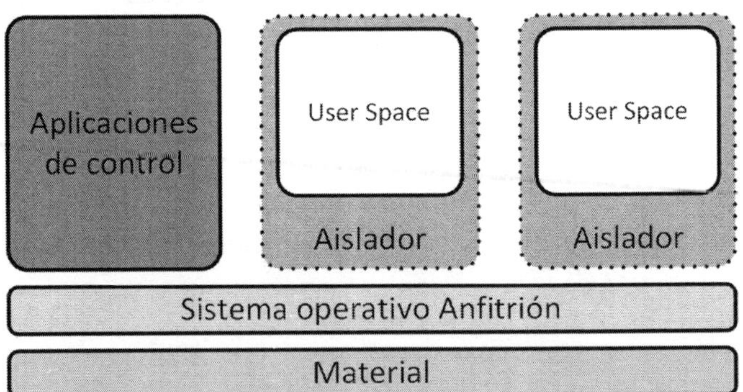

Principio de los aisladores

El principio de `chroot` es simple. Un directorio contiene todos los elementos necesarios para ejecutar un programa, por ejemplo, un servidor web o ftp: la aplicación y sus archivos de configuración, así como las librerías y los comandos que utilizará. Se aplica el comando `chroot` a dicho directorio, el cual se convierte en la raíz. Los procesos del servidor solo tienen acceso a los datos que se encuentran en esta nueva raíz y no pueden salir de ella.

El kernel de Linux presenta mecanismos de aislamiento integrados que se llaman namespaces o "espacios de nombre " que definen lo que los procesos podrán ver. El principio es prácticamente el mismo que para `chroot` (un punto de montaje o directorio contiene todos los elementos necesarios para ejecutar la aplicación). Los procesos que se encuentren en el mismo namespace se pueden comunicar entre ellos, pero no con otros que se encuentren fuera del namespace. Una particularidad interesante es que el primer proceso tiene como identificador de proceso (PID) `1` en el namespace, un PID ordinario desde el punto de vista del host. Existen distintos tipos de namespaces que permiten aislar procesos, almacenaje, redes, usuarios y grupos, etc.

Otro mecanismo integrado en el kernel, los **cgroups** o grupos de control, permite controlar el uso de los recursos hechos por uno o algunos procesos. De esta manera, se puede limitar el consumo de la CPU o de la memoria de uno o varios procesos y aplicar este control en un namespace.

Los contenedores (**containers**), la solución de aislamiento más completa, asocian los namespaces y los cgroups. Su utilización se ha facilitado gracias a las herramientas que permiten simplificar su creación y despliegue: LXC, y sobre todo, **Docker**.

En este sentido, la aparición de Docker ha sido una revolución en el aislamiento en Linux. Docker se estudiará en detalle en este mismo capítulo.

El aislamiento funciona de igual manera en una máquina virtual o física.

2. Núcleo en el espacio del usuario

El kernel, en principio, no ha sido concebido para funcionar en el espacio del usuario. Sin embargo, es posible utilizar una versión adaptada del kernel para funcionar en este modo. Cada kernel ejecutado dispondrá de su propio espacio de usuario, y cada aplicación ejecutada en dicho espacio verá ese kernel solamente.

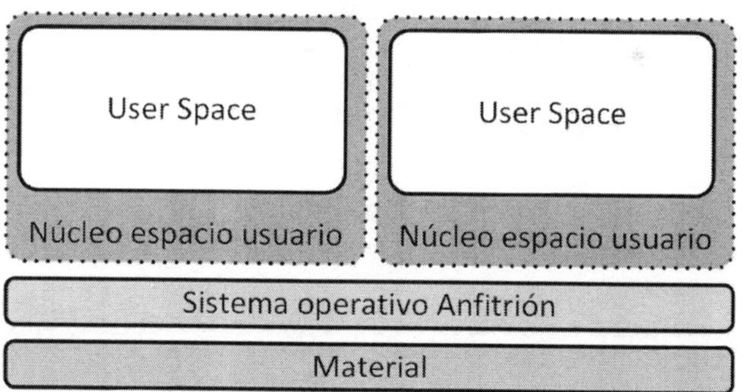

Principio del kernel en el espacio usuario

El inconveniente de esta solución es que conlleva un apilamiento de kernels, que dependen totalmente del kernel de base.

3. Hipervisor de tipo 2

El hipervisor de tipo 2 es un programa especializado encargado de hacer funcionar sistemas operativos invitados (*guests*) en un sistema host (host) virtualizando o emulando el harware dedicado a los sistemas invitados. Estos últimos solamente tienen acceso y dialogan con este hardware.

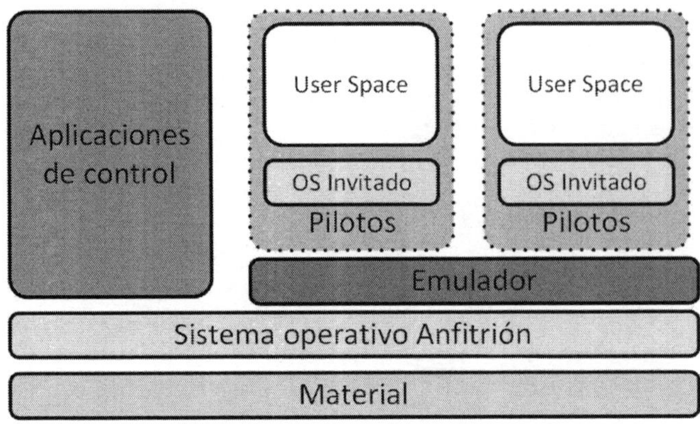

Virtualización por emulación

En este caso, se habla de full virtualization. La máquina virtual se considera, a menudo, un sistema emulado y, en realidad, casi siempre es el caso porque a menudo el hardware tiene que ser emulado, lo que disminuye el rendimiento. Sin embargo, algunas máquinas virtuales utilizan, a veces, técnicas que permiten acelerar el funcionamiento del sistema invitado, sobre todo cuando la arquitectura host/invitado es idéntica.

Los programas que gestionan las máquinas virtuales, ya sean de tipo 1 o 2, se llaman VMM (*Virtual Machine Monitor*).

La mayoría de las soluciones de virtualización dirigidas al "gran público" en Linux, Windows o macOS son hipervisores de tipo 2. Se instalan en el sistema operativo existente, lo que no impide que las máquinas virtuales dispongan de capacidades de aceleración importantes a través del uso de técnicas de paravirtualización cuando sea posible:

- VMWare Fusion, Player, Server, Workstation
- VirtualBox
- Parallels Desktop, Server
- Microsoft VirtualPC, VirtualServer
- QEMU y KVM
- BOSCH (se pronuncia BOX)

4. Hipervisor de tipo 1

Un hipervisor de tipo 1 es un sistema cuyo kernel ha sido optimizado específicamente para gestionar la arquitectura de destino de los sistemas operativos invitados. El sistema host también está virtualizado. Es el método que presenta mejor rendimiento actualmente, pero es un método bastante caro, salvo algunas soluciones gratuitas como Xen.

Si un sistema operativo invitado "sabe" que está instalado en un hipervisor, puede ser optimizado y aumentar de esta manera su rendimiento. Esto se hará mediante un kernel particular o usando pilotos específicos; en este caso, se habla de paravirtualización.

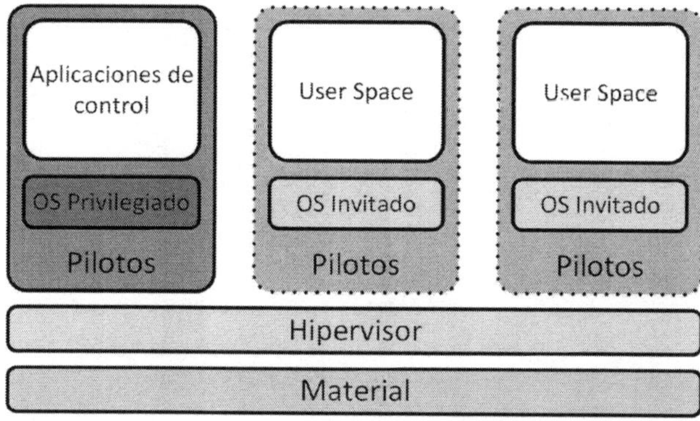

Hipervisor de tipo 1

Los productos Xen, VMWare ESX o Microsoft Hyper-V son hipervisores. Por falta de rigor, a menudo se denomina hipervisor a todo sistema host capaz de controlar el funcionamiento de sistemas invitados.

5. Virtualización mediante hardware

Algunas máquinas pueden estar específicamente adaptadas a la virtualización. Los procesos y los controladores dispondrán de un juego de instrucciones que permitirán la virtualización al más bajo nivel. Existen muchas arquitecturas de este tipo, entre las que se encuentran los sistemas de 64 bits: AMD-V (pacifica) e Intel-VT (vanderpool).

La mayoría de los supervisores están optimizados para explotar instrucciones adicionales.

C. Paravirtualización

1. Principio

Cuando nos encontramos en presencia de un hipervisor de tipo 1 o 2, el sistema host puede proponer una interfaz aplicativa optimizada y similar a la del hardware real. Esto se conoce como paravirtualización. La interfaz aplicativa API permite que el sistema invitado tenga un acceso casi directo a uno o a varios componentes de hardware.

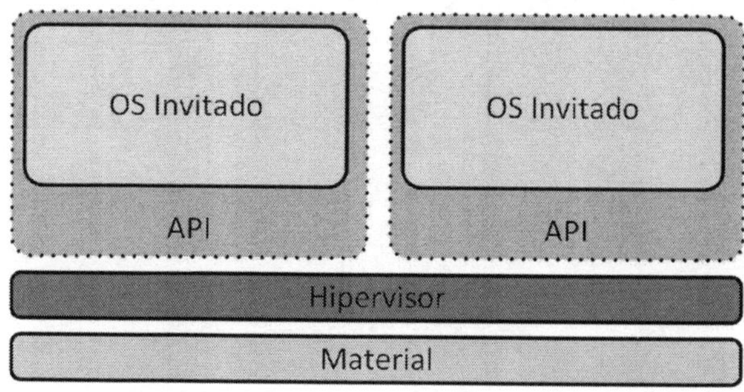

Paravirtualización: el sistema accede al host gracias a las API

Esta posibilidad la puede ofrecer el kernel, la arquitectura de hardware (por ejemplo, el microprocesador), o incluso los dos.

Cuando son los sistemas invitados los que acceden al hardware, los pilotos que se instalarán establecerán una comunicación directa con la API del sistema host.

En Linux, los productos XEN y KVM utilizan técnicas de paravirtualización si están disponibles.

2. VirtIO

VirtIO, *Virtual Input Output*, se trata de la interfaz de programación (API) del kernel Linux dedicada a los pilotos de los periféricos de las máquinas virtuales (o más bien de los sistemas invitados).

Una comunicación de tipo FIFO se establece entre el hipervisor (el kernel del sistema host) y el kernel del sistema invitado. Los pilotos se basarán en esta interfaz.

VirtIO es la API predeterminada de KVM, y Linux propone los pilotos de red y discos asociados. Hay otros pilotos que también están disponibles para Windows. VMWare y Virtualbox disponen de un soporte VirtIO.

3. hostVirtualización de la memoria

Instalado por sí solo, un sistema operativo se ocupa íntegramente de la gestión de la memoria. Asigna zonas de memoria según el principio de gestión lineal, realizado en una memoria virtual que incluye a la vez la memoria RAM (tarjetas de memoria) y los archivos o particiones de intercambio (swap).

Bajo la presencia de sistemas invitados, el hipervisor (VMM) atribuye a cada uno cierta cantidad de memoria definida en el arranque y reservada en el seno de la memoria virtual del host. hostEl VMM tiene que gestionar una tabla de páginas "caché" para hacer coincidir las direcciones de las páginas de memoria entre el host y el invitado. Esta tabla se llama SPT, *Shadow Page Table*. Los accesos de memoria ralentizan el sistema invitado porque se administran localmente.

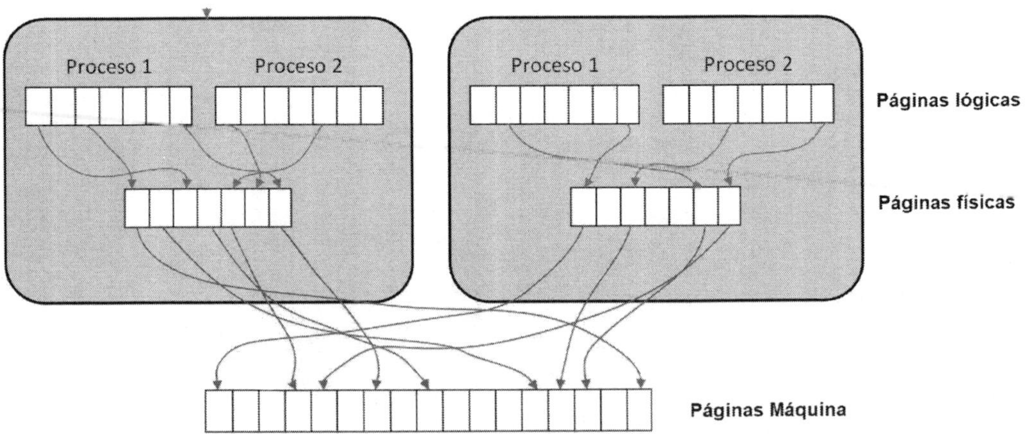

EPT administra materialmente los accesos de memoria de una VM

4. Virtualización de los periféricos

El acceso a los periféricos se hace esencialmente por emulación dentro del hipervisor: cada programa deberá crear sus propios periféricos virtuales. Los drivers adaptados a estos últimos deben ser desarrollados y el rendimiento se ve, en general, degradado (acceso a los discos, tarjetas gráficas, redes). Los hipervisores deben reproducir también la gestión de la memoria de los periféricos. Sin embargo, esto no es suficiente: si un programa de la máquina virtual intenta acceder directamente al hardware, puede que no funcione. Los dos constructores proponen una nueva tecnología llamada IOMMU (*Input Output Memory Management Unit*).

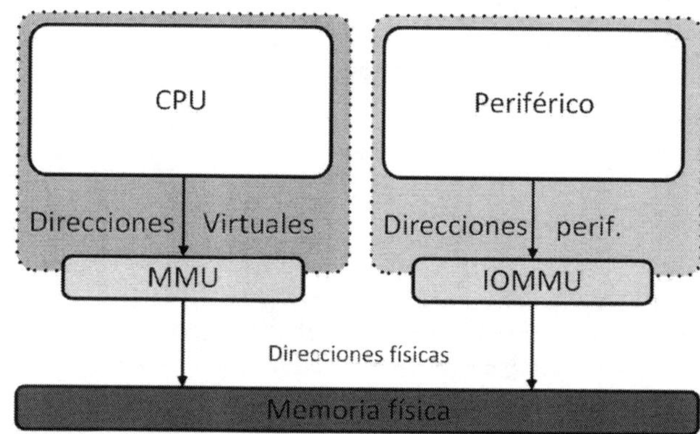

Con IOMMU los periféricos virtuales obtiene acceso directo a los periféricos físicos

Estas tecnologías permiten crear un acceso virtual a los periféricos físicos de entrada y salida. Si la máquina virtual accede a un periférico, como una tarjeta gráfica, la máquina anfitriona perderá el acceso, lo que presupone que haya una tarjeta gráfica dedicada a la máquina virtual. Se pueden compartir la mayoría de los periféricos, desde los puertos USB hasta los conectores PCI-Express (y, por lo tanto, las tarjetas instaladas), teniendo siempre en cuenta que el acceso es exclusivo.

Tenga precaución, porque no todos los procesadores y chipsets soportan todas las tecnologías. Es necesario comprobar en las especificaciones del fabricante, tanto del procesador como de la tarjeta madre, que estas tecnologías tienen soporte. Además, algunos periféricos solicitan drivers específicos para poder ser utilizados con VT-d o AMD-Vi.

Tenga en cuenta también la existencia de VT-c, para las redes, VMDQ (archivos de periféricos), o GVT-d/g/s para las tarjetas gráficas Intel.

En la práctica, la virtualización de los periféricos tiene dos usos esencialmente: ofrecer capacidades gráficas correctas a una máquina virtual (dedicándole una tarjeta gráfica) o (lo que es más corriente) permitir que una máquina en un servidor pueda disponer de su propia tarjeta de red. Por otro lado, existen tarjetas madre específicas para ese tipo de instalación (y que disponen de distintas tarjetas de red).

5. Seguridad

Ya que se trata de un servidor como otro cualquiera, la máquina virtual debe responder a las mismas exigencias de seguridad. Sin embargo, hay que recordar que la seguridad del sistema invitado está directamente ligada a la seguridad del host (hipervisor), y de la red asociada.

6. Configuración particular

Una vez creada, una máquina virtual de Linux es muy similar a un servidor físico, pero puede que sea necesario realizar algunos ajustes antes de arrancarla y durante su funcionamiento.

Hay que adaptar los ajustes de la máquina al sistema operativo: memoria, CPU, discos, tipo de red, etc. Nuestro objetivo es acelerar y mejorar la velocidad de la máquina virtual activando, si es posible, las opciones de paravirtualización y de aceleración de hardware, especialmente activando `virtIO` para el almacenamiento, las redes y la memoria.

- Los periféricos de tipo bloque aparecerán como `/dev/vd[a-z]`.
- Los periféricos de red pueden conservar el nombre `eth[0-9]`, `veth[0-9]`, `net[0-9]` o presentar un nombre de tipo `ensXXX`, dependiendo de la distribución.

Para saber si usa los drivers `virtIO`, utilice `lsmod`:

```
$ lsmod | grep virtIO
virtIO_pci
virtIO_net
...
```

Es necesario comprobar, sobre todo si ha clonado un servidor o si usa una imagen o un modelo que ya existía, que los parámetros del servidor se hayan reinicializado como la generación de nuevos UUID para los volúmenes de datos o las direcciones MAC para las interfaces de red virtuales. No olvide eliminar los archivos `/etc/maquina-id` y `/var/lib/dbus/maquina-id`.

En la nube, estas tareas las gestiona `Cloud-init`.

D. Los contenedores

1. Principio

El aislamiento de uno o de distintos procesos lo realiza el kernel de Linux usando para ello los espacios de nombres y los grupos de control.

El kernel de Linux ofrece las funciones predeterminadas:

Los *namespaces*, o espacios de nombres, permiten:

- aislar los procesos y un proceso con PID 1 como primer proceso en su espacio,
- aislar la red, con su propia dirección IP y sus puertos,
- aislar los volúmenes de datos, de almacenamiento,
- aislar los derechos y los usuarios con respecto al host: ser root en un contenedor puede corresponder a un usuario no root en el host.

Los cgroups, o grupos de control, definen los recursos del sistema que un grupo de procesos puede utilizar para:

- limitar los recursos de memoria o de procesador de un grupo,
- administrar las prioridades,
- obtener información «contable» sobre el grupo,
- controlar en su conjunto (por ejemplo, hacer que se paren) algunos procesos,
- aislar el grupo, asociándolo a un espacio de nombres,

La asociación de estos dos mecanismos es la base del principio del contenedor.

2. Contenedor y máquina virtual

A veces, se comparan los contenedores con las máquinas virtuales y, aunque se trate de dos tipos de tecnología de virtualización, el concepto es diferente.

Las máquinas virtuales funcionan en hipervisores. Independientemente de si el hardware es emulado o no, las máquinas virtuales ejecutan un sistema operativo completo, con kernel y drivers para los periféricos (incluso los que usan la paravirtualización). Las aplicaciones se instalan en el sistema operativo de la máquina virtual. Desde el punto de vista del hipervisor, la máquina virtual es un proceso único.

Los contenedores funcionan directamente en el host, directamente en el kernel. Los procesos que este contiene son iguales que los otros, pero aislados y limitados en recursos. Si un contenedor tiene 10 procesos, habrá 10 procesos funcionando en el host.

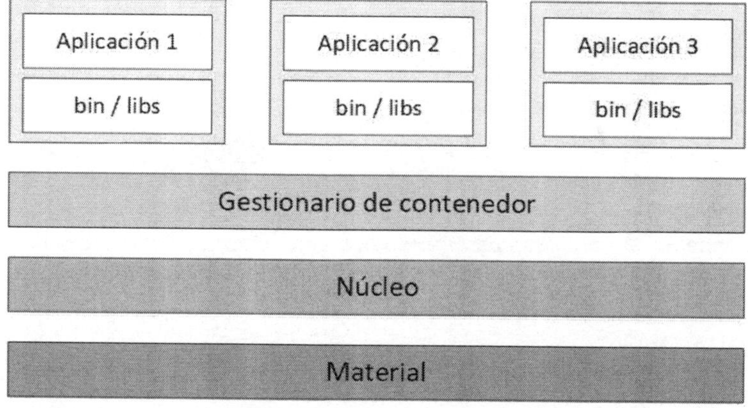

El contenedor usa el kernel del host

3. Los espacios de nombres

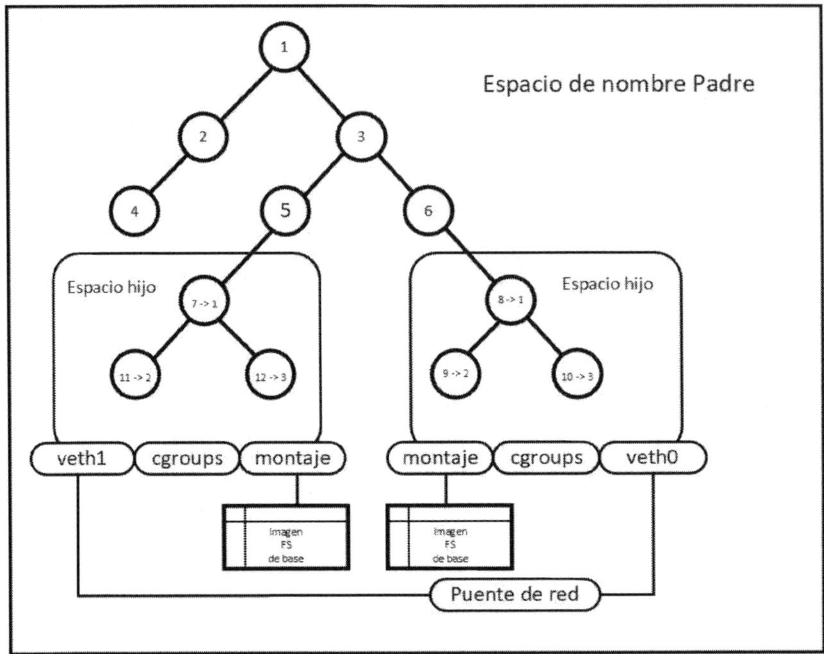

Contenedores: espacios de nombres y grupos de control

El PID del primer proceso de un espacio de nombres es el número `1`. Todos los procesos hijo forman parte automáticamente de este espacio de nombres y están aislados del resto de espacios de nombres. No ven lo que sucede fuera de su espacio: se trata del «PID namespace».

Dentro de un espacio de nombres, los procesos se ven como procesos ordinarios, con PIDs «normales». De esta manera, el proceso PID `1` de un espacio podría poseer el PID `12345` desde el punto de vista del host.

Los mecanismos de espacio de nombres también permiten modificar la raíz «`rootfs`» del proceso, como si fuera un `chroot`. Se instala todo lo necesario para el funcionamiento de los procesos en un repertorio, y después se sustituye el sistema de archivos raíz «`/`» del espacio de nombres con dicho repertorio: se trata del «mount namespace».

Cada espacio de nombres puede disponer de una interfaz virtual. A veces, esta está puenteada en una interfaz red del host o en otra interfaz gestionada por otro servicio específico. La interfaz virtual tiene su propia dirección IP y asegura la comunicación entre el espacio de nombres y el exterior: se trata del «network namespace».

Por defecto, los procesos de un espacio de nombres comparan las cuentas de los usuarios y los grupos con los del sistema. Sin embargo, se pueden aislar, disociar. También se pueden asociar a otras cuentas de usuario. De esta manera, es posible asignar un UID idéntico a cuentas de usuarios diferentes, o incluso tener una cuenta root dentro del espacio que será asociado a un usuario sin privilegios o fuera de este: se trata del «user namespace».

Cada espacio de nombres se puede asociar a un grupo de control «cgroup» para limitar los recursos de los procesos del espacio: se trata del «cgroup namespace».

4. Los grupos de control

Poner procesos dentro de un grupo de control permite controlar los recursos disponibles. Se puede, así, limitar la cantidad de memoria utilizable, por ejemplo 256 MB, y la cantidad de tiempo de procesador asignada, exprimida en cores o milicores, como, por ejemplo, 500 milicores, para 0,5 cores. Estos límites se aplican al conjunto del espacio de nombres, y no a cada proceso.

Los grupos de control permiten, no solamente limitar el uso de los recursos de un grupo de procesos, sino también evitar asignar todos los recursos del sistema en detrimento del resto de aplicaciones y del propio sistema. De esta manera, si un proceso del grupo intenta usar memoria que no le ha sido asignada, será eliminado por el kernel de Linux del host.

5. Docker

Linux permite crear contenedores a través del su kernel y utilizando diversos comandos, pero es una tarea muy complicada. Es más práctico utilizar una aplicación de administración de contenedores, como Docker.

Docker fue creado en 2013 por Solomon Hykes.

Docker dispone de tres funcionalidades importantes:

- La creación facilitada de imágenes aplicativas gracias a un archivo descriptivo simple, basado en un número reducido pero eficaz de comandos. Se trata del archivo `Dockerfile`.
- La gestión de una librería (*repository*) de diferentes versiones de imágenes basada en una API REST. Esta librería permite disponer de un conjunto de imágenes aplicativas reutilizables. El **Docker Hub** propone un catálogo de más de 10.000 imágenes de libre acceso.
- Gestionar el ciclo de vida de un contenedor, desde su arranque hasta su destrucción. Docker administra simplemente los espacios de nombres y los grupos de control.

Docker utiliza un comando único con una sintaxis simple: `docker`.

Docker ha conseguido simplificar el uso de una tecnología compleja. El contenedor se considera una aplicación clásica, que puede ser construido, almacenado, arrancado, expuesto, controlado, parado y eliminado.

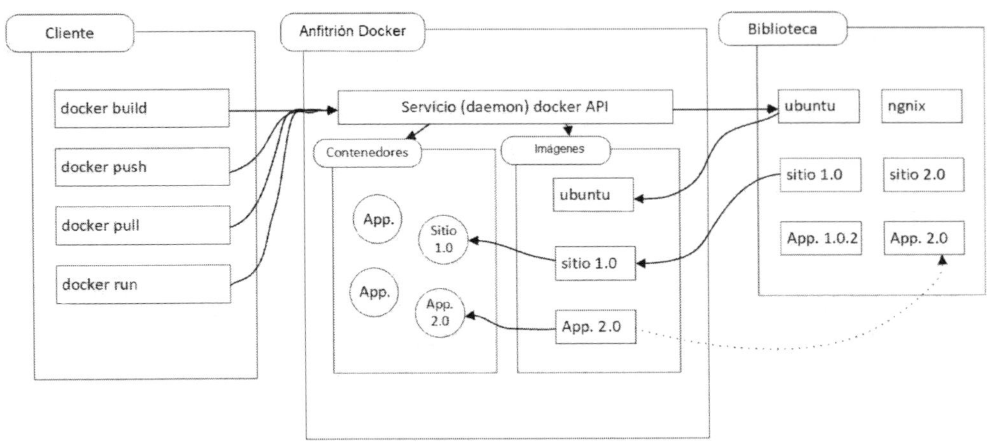

Los principios básicos de Docker

Docker ofrece un API simple, y kits de desarrollo en diversos lenguajes como Go o Python, lo que ha acelerado su difusión.

6. Un ejemplo completo

Aunque Docker se proporciona como un paquete de software en la mayoría de las distribuciones, algunas de ellas han optado por ofrecer solo las herramientas y comandos específicos como `podman`, `buildah`, `skopeo` o `runc`.

☞*El sitio web de Docker Community Edition permite descargar e instalar la versión correspondiente a su distribución o a su sistema operativo, Aquí también se puede encontrar Docker para Windows y macOS: https://docs.docker.com*

a. Crera una imagen

Vamos a crear una imagen que arrancará un servidor web `nginx` en una distribución Debian 12. El sitio web Docker Hub ofrece una lista de imágenes preparadas, a veces puestas a disposición por el propio editor en la dirección https://hub.docker.com/_/nginx

➢Si es necesario, instale el paquete de software de Docker (docker.io):

```
# apt install docker.io -y
```

➢Cree una arborescencia como la siguiente:

```
mkdir -p Docker/html
```

➢En el directorio /var/Docker/html, cree un archivo index.html con las líneas siguientes:

```
<html>
<head>
 <title>Página Nginx con un contenedor</title>
</head>
<body>
 <h1>Contenedor Nginx</h1>
Bienvenido
</body>
</html>
```

➢En el directorio /var/Docker, cree el archivo Dockerfile con las directivas siguientes:

```
FROM nginx
COPY html /usr/share/nginx/html
```

Este archivo contiene dos instrucciones:

- Recuperar la imagen nginx desde Docker Hub. Se trata de una imagen que ya existe y que contiene todo lo necesario para hacer funcionar una versión de base de nginx (dependencias e instrucciones de arranque).
- Copiar los elementos de un sitio web estático, contenidos en el directorio html del directorio actual de instalación, en el árbol del futuro contenedor.

➢Ejecute la construcción de la imagen llamada my-nginx:

```
# cd /var/Docker
# docker build -t my-nginx .
Sending build context to Docker daemon   2.56kB
Step 1/2 : FROM nginx
latest: Pulling from library/nginx
52d2b7f179e3: Pull complete
fd9f026c6310: Extracting [==============================>      ]   31.1MB/41.34MB
055fa98b4363: Download complete
96576293dd29: Download complete
[...]
Digest: sha256:13d22ec63300e16014d4a42aed735207a8b33c223cff19627dd3042e5a10a3a0
Status: Downloaded newer image for nginx:latest
 ---> eea7b3dcba7e
Step 2/2 : COPY html /usr/share/nginx/html
 ---> fd83136f2a1b
Successfully built fd83136f2a1b
Successfully tagged my-nginx:latest
```

➢Haga un listado de sus imágenes, encontrará dos: la imagen nginx de base, de Docker Hub, y la suya:

```
# docker images
REPOSITORY    TAG         IMAGE ID       CREATED              SIZE
my-nginx      latest      fd83136f2a1b   About an hour ago    187MB
nginx         latest      eea7b3dcba7e   2 hours ago          187MB
```

b. Iniciar un contenedor

➢Para iniciar un contenedor:

```
# docker run --name test1 -d my-nginx
812a329ee30f7efe3dc6354d840f59c4dac59417216222447a3acec83cb7f4cd
```

➢Para saber si funciona:

```
# docker ps
CONTAINER ID  IMAGE     COMMAND                   CREATED         STATUS
PORTS     NAMES
812a329ee30f  my-nginx  "/docker-entrypoint.…"  23 seconds ago  Up 20 seconds
80/tcp    test1
```

¿Cómo se puede acceder al servidor Nginx del contenedor? El comando `docker ps` muestra que el contenedor escucha en el puerto 80. Pero cuidado, se trata del puerto 80 del mismo contenedor, ¡no del host desde el que lo ha iniciado! Es necesario vincular el puerto de red del host al puerto del contenedor para publicarlo desde el host.

c. Detener el contenedor

➢Empezaremos forzando el paro y la destrucción del contenedor actual usando su identificador único:

```
# docker rm -f 812a329ee30f
812a329ee30f
```

d. Publicación del contenedor

➢Solicitaremos a Docker que arranque el contenedor asociando el puerto local `8080` del host al puerto `80` del contenedor, así:

```
# docker run --name test1 -p 8080:80 -d my-nginx
9f9700962c55320303c398aaf33438d0db1029a8f907e75ee291c5474382a6cb
```

El comando `docker ps` proporciona la siguiente información:

```
# docker ps
CONTAINER ID   IMAGE      COMMAND                   CREATED          STATUS
PORTS                                  NAMES
9f9700962c55   my-nginx   "/docker-entrypoint.…"  30 seconds ago   Up 27 seconds
0.0.0.0:8080->80/tcp, :::8080->80/tcp     test1
```

➢Desde un navegador local (o el comando `curl`), intente acceder al servidor `nginx` en el puerto `8080`:

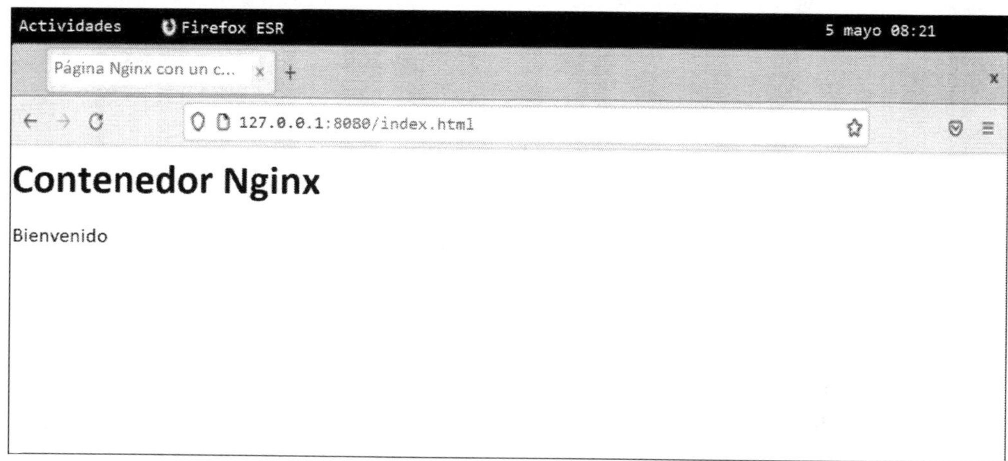

El navegador muestra la página de bienvenida personalizada del contenedor.

e. Archivos de log del contenedor

Los mensajes los escribe STDOUT o STDERR de los procesos del contenedor.

➢Accedemos utilizando el comando `docker logs IDCONTAINER`:

```
#  docker logs 01dcaa1e8c4b
/docker-entrypoint.sh: /docker-entrypoint.d/ is not empty, will attempt
to perform configuration
/docker-entrypoint.sh: Looking for shell scripts in /docker-entrypoint.d/
/docker-entrypoint.sh: Launching /docker-entrypoint.d/10-listen-on-ipv6-by-default.sh
10-listen-on-ipv6-by-default.sh: info: Getting the checksum of
/etc/nginx/conf.d/default.conf
10-listen-on-ipv6-by-default.sh: info: Enabled listen on IPv6 in
/etc/nginx/conf.d/default.conf
/docker-entrypoint.sh: Sourcing /docker-entrypoint.d/15-local-resolvers.envsh
/docker-entrypoint.sh: Launching /docker-entrypoint.d/20-envsubst-on-templates.sh
/docker-entrypoint.sh: Launching /docker-entrypoint.d/30-tune-worker-processes.sh
/docker-entrypoint.sh: Configuration complete; ready for start up
2023/08/16 11:45:48 [notice] 1#1: using the "epoll" event method
2023/08/16 11:45:48 [notice] 1#1: nginx/1.25.2
2023/08/16 11:45:48 [notice] 1#1: built by gcc 12.2.0 (Debian 12.2.0-14)
2023/08/16 11:45:48 [notice] 1#1: OS: Linux 6.1.0-10-amd64
2023/08/16 11:45:48 [notice] 1#1: getrlimit(RLIMIT_NOFILE): 1048576:1048576
2023/08/16 11:45:48 [notice] 1#1: start worker processes
2023/08/16 11:45:48 [notice] 1#1: start worker process 30
2023/08/16 11:45:48 [notice] 1#1: start worker process 31
172.17.0.1 - - [16/Aug/2023:11:45:52 +0000] "GET /index.html HTTP/1.1" 200 123 "-"
"Mozilla/5.0 (X11; Linux x86_64; rv:102.0) Gecko/20100101 Firefox/102.0" "-"
```

f. Eliminar el contendor y la imagen

Utilizamos los comandos `docker stop`, `docker rm`, y después `docker rmi IDIMAGE` para eliminar la imagen docker.

Ejemplo

```
# docker stop 01dcaa1e8c4b
01dcaa1e8c4b
# docker rm 01dcaa1e8c4b
01dcaa1e8c4b
# docker images
REPOSITORY   TAG       IMAGE ID       CREATED          SIZE
my-nginx     latest    2c3aac60f402   50 minutes ago   187MB
<none>       <none>    fd83136f2a1b   2 hours ago      187MB
nginx        latest    eea7b3dcba7e   3 hours ago      187MB
# docker rmi fd83136f2a1b
Deleted:
sha256:fd83136f2a1b537b204b864389b8f6367b274ef313ba0fbb17321a490bb57ea1
Deleted:
sha256:35a2ef97514f7e5cf0d6fa4e43fe314b340e8c723ea4a8a92f7c4396a170d9e2
```

7. Seguridad

Desde el host, el acceso a los contenedores está permitido a los miembros del grupo docker, y se prohíbe el acceso a los demás. Docker utiliza un socket. Cualquiera que tenga acceso a este podrá interactuar con los contenedores.

No se puede acceder al host ni a los demás contenedores desde un contenedor, excepto si se arranca un contenedor en modo privilegiado y se monta el sistema de archivos del host dentro de este. Se encuentran aislados del host y entre ellos mismos.

Por defecto, todos los procesos de un contenedor se ejecutan con los UID y GID 0, es decir, root. Sin embargo, a parte de algunos casos puntuales, no existe ninguna razón para ejecutar una aplicación como root dentro de un contenedor. Al crear sus imágenes, debería utilizar un usuario anónimo para ejecutar sus aplicaciones y tener acceso a los archivos.

Aunque sea posible, no publique los contenedores directamente en la dirección IP del host. Utilice más bien puertos específicos o un proxy.

Encontrará las buenas prácticas correspondientes en este sitio: https://docs.docker.com/develop/develop-images/dockerfile_best-practices/

E. El cloud

El **cloud**, o *cloud computing*, o computación en la nube, consiste en el uso de medios informáticos, generalmente servidores, remotos o a través de una red. En el caso del cloud público, la red sería Internet. La palabra cloud, o nube, indica que el usuario no sabe, o no necesita saber, la ubicación de los servidores.

El cloud también puede ser privado. En este caso, la infraestructura asociada es gestionada por la organización, aunque propondrá al conjunto de servicios o entidades medios idénticos a los de un cloud público: servidores, redes, publicaciones, etc.

Las diferencias entre la nube y un servicio clásico son:

- Recursos de acceso libre: podemos crear, usar, modificar o simplemente eliminar un servidor según sus necesidades y medios, generalmente, de manera automática, con una respuesta inmediata.
- El pago por uso o Pay-per-use: solamente se pagará lo que se consuma. El consumo lo mide el operador, no solamente para adaptar su capacidad (añadido de recursos físicos o lógicos), sino también para la facturación.
- La mutualización: las infraestructuras físicas (servidores, discos, redes) son compartidas por el conjunto de los clientes y pueden ser heterogéneas. Las capas superiores están completamente virtualizadas: máquinas virtuales, contenedores, redes, repartidores de carga, etc.
- La apertura: ya se trate de un cloud público o privado, el usuario accede a los servicios a través de terminales web, API, CLI, etc, lo que permite un alto nivel de automatización.

Un factor clave es la **elasticidad**. Se dice que el cloud es elástico, ya que es capaz de adaptarse más rápidamente a las necesidades, expandiendo o reduciendo sus servicios bajo demanda. También se habla de plasticidad y escalabilidad.

Nos concentraremos aquí en el cloud público.

1. Servicios Cloud (o en la nube)

Se distinguen distintos servicios propuestos por los operadores, que se pueden reconocer fácilmente gracias al sufijo "**aaS**", que significa "*as a Service*". Todos son servicios en la nube. He aquí los principales:

- **IaaS**, *Infrastructure as a Service*. Es la virtualización de un parque informático: el operador propone servidores virtuales y los servicios asociados, principalmente la red y el almacenamiento. El usuario no tiene que preocuparse de la infraestructura física sobre la que reposan los servicios, sino que se concentra únicamente en la definición de su infraestructura virtual.
- **PaaS**, *Platform as a Service*. La infraestructura (servidores, redes, OS, etc.) es administrada por el operador. El usuario dispone de una plataforma llave en mano donde puede desplegar y controlar directamente sus aplicaciones y administrar las interacciones entre los distintos componentes aplicativos. Normalmente, se trata de contenedores.
- **SaaS**, *Software as a Service*. El operador proporciona las aplicaciones. Si en el PaaS el usuario despliega su servidor web él mismo, o su sistema de gestión de base de datos en el SaaS, se proporcionan los componentes, las actualizaciones, los parches de seguridad, e incluso a veces las migraciones.

Estos servicios se pueden apilar: un PaaS se puede instalar en un IaaS. Un SaaS se puede instalar en un PaaS o en un IaaS. Un ejemplo de PaaS es OpenShift, de Red Hat, que se instala obligatoriamente en un IaaS. En OpenShift, se puede instalar y dar acceso a aplicaciones en modo SaaS.

Esta lista no es exhaustiva. Hay decenas de ofertas de servicios: NaaS (*Network as a Service*), STaaS (*Storage as a Service*), CaaS (*Communication as a Service*), DaaS (*Desktop as a Service*, *Data as a Service*) y otras ofertas.

2. Proveedores

Los principales proveedores de soluciones de cloud público son Amazon, Microsoft y Google. Amazon es el precursor, por eso nos vamos a concentrar en sus servicios. Los demás proveedores proponen servicios equivalentes o parecidos.

3. Ejemplo de AWS

Amazon abrió en marzo de 2006 su IaaS público.

De entre las decenas de servicios propuestos por AWS, destacan:

- **EC2**: *Elastic Compute Cloud*: el servicio permite alquilar servidores, con toda su infraestructura. Se elige el tipo de instancia (CPU, memoria) en función de la necesidad, el almacenaje (discos clásicos o SSD), la red, etc. Los servidores pueden llevar una dirección IP pública, o una dirección IP privada de un VPC.
- **AMI**, *Amazon Machine Image* es una imagen de servidor necesaria para la instalación y el arranque de una instancia EC2. Son instantáneas (snapshots) de volúmenes EBS, que contienen un sistema operativo o aplicaciones.
- **S3**: *Simple Storage Service*, para el alojamiento de archivos, aunque también de publicación de sitios web estáticos. S3 también es una solución de respaldo.
- **EBS**: *Elastic Block Store*: se trata de volúmenes de almacenamiento para los servidores EC2, o dicho de otra manera, los discos duros.
- **EFS**: *Elastic File System*: sistema de archivos NFS, y por lo tanto accesible simultáneamente por distintas instancias EC2.
- **VPC**: *Virtual Private Cloud*: es el servicio que permite crear una red privada y, por lo tanto, un cloud privado dentro de AWS.
- **ELB**: *Elastic Load Balancer*: servicio de balanceo de carga que permite enrutar las conexiones hacia una o varias instancias EC2, de manera pública (expuestas en Internet) o privada.
- **IAM**: *Identity and Access Management*: gestión de la seguridad de los accesos a los servicios AWS (cuentas, grupos, roles, gestión exhaustiva de los derechos, etc.).
- **KMS**: *Key Management Service*, para administrar las claves de cifrado.
- **SES**: *Simple Email Service*: servicio de tipo SMTP para los envíos de correos electrónicos.
- **SNS**: *Simple Notification Service*, servicio de notificación a través de mensajes SMS, por ejemplo, o envío de mensajes aplicativos (REST, cola de mensajes, etc.).
- **SQS**: *Simple Queue Service*, sistema de cola de mensajes, de tipo FIFO por ejemplo, un poco como Kafka, redis o rabbitMQ.
- **Route 53**: servicio de gestión de los servicios DNS.
- **Cloudfront**: un CDN (*Content Delivery Network*) para distribuir contenido en S3. Se trata de un sistema de caché que permite acelerar los accesos al contenido S3 en función de la ubicación geográfica.
- **Cloudwatch**: gestión y centralización de los registros y de las métricas de los distintos servicios (logs).

- **Cloudformation**: servicio de automatización y de orquestación de los recursos de AWS, bajo la forma de scripts.
- **RDS**: *Relational Database Service*: acceso a las bases de datos en modo SaaS, como MySQL, PostgreSQL, SQL Server, Oracle...
- DynamoDB: base de datos noSQL, compatible con MongoDB.
- **Lambda**: servicio de ejecución de código fuente sin servidor (serverless).
- **ECS**: *Elastic Container Service*, gestión de contenedores de tipo Docker.
- **Fargate**: un servicio de orquestación concebido para ECS.
- **EKS**: *Elastic Kubernetes Service*, un servicio de orquestación Kubernetes.

La lista de los servicios propuestos por los proveedores de soluciones en la nube está en constante evolución para responder a las necesidades de los clientes. A ello se debe en parte su elasticidad.

El cloud, o la nube, es el conjunto de los servicios.

4. Zonas geográficas

AWS se extiende por distintas zonas geográficas, llamadas regiones, que se encuentran repartidas por el mundo. En Europa, por ejemplo:

- eu-central-1: Frankfurt
- eu-west-1: Dublín
- eu-west-2: Londres
- eu-west-3: París
- eu-north-1: Estocolmo

5. Comprobar

En ciertas condiciones, puede comprobar gratuitamente los servicios en la nube de Amazon. Ciertos tipos de instancias EC2 son gratuitas. Lo primero que tiene que hacer es crear una cuenta en https://aws.amazon.com/es/ y conectarse con su nombre de usuario y contraseña.

Descargue la CLI a partir de: https://aws.amazon.com/es/cli/

Desde la consola web, usando IAM, empiece creando una cuenta que permitirá usar la API de AWS, dentro del grupo de administración. Obtendrá dos valores:

- La Key Id: nombre de usuario público de la cuenta.
- La Access Key: la clave privada de acceso, como una contraseña. No la comunique nunca a nadie.

Tiene que añadir su clave SSH pública para poder conectarse a su instancia una vez que esta esté ejecutándose.

Desde la consola web, cree una instancia de tipo t2.micro: es gratuita. Para ello, proceda de la manera siguiente:

➢ Elija una imagen **AMI**, la imagen de disco que contiene el sistema operativo que será arrancado en la instancia, una AMI dentro del plan gratuito como Ubuntu Server 18.04 LTS.

➢ Elija una instancia **t2.micro** del plan gratuito.

➢ Conserve los valores predeterminados en la configuración de la instancia.

- ➢Conserve los valores predeterminados para el almacenamiento.
- ➢Conserve los valores predeterminados para las etiquetas.
- ➢Conserve los valores predeterminados para los grupos de seguridad: deberá acceder a su instancia usando SSH desde su equipo.
- ➢Añada su clave SSH para poder acceder a su instancia cuando se esté ejecutando.

Su instancia arrancará. Desde la consola EC2, verá algo parecido a la siguiente captura de pantalla:

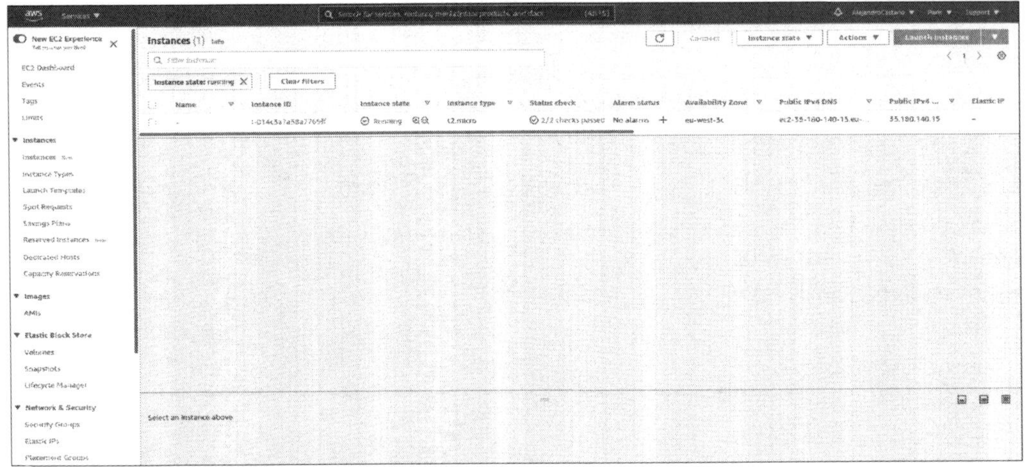

Detalle de una instancia EC2

Observará que la instancia tiene una dirección IP pública, así como un nombre DNS público. Podrá acceder a ella desde su equipo, usando SSH, conectándose a esta dirección:

Ejemplo

```
 $ ssh ubuntu@35.180.101.101
The authenticity of host '35.180.101.101 (35.180.101.101)' can't be established.
ECDSA key fingerprint is SHA256:KVlRURrML0in6AIWsA60k39RDvt1EHUoYZQvFc43cd4.
Are you sure you want to continue connecting (yes/no)? yes
Warning: Permanently added '35.180.101.101' (ECDSA) to the list of known hosts.
Enter passphrase for key '/Users/seb/.ssh/id_rsa':
Welcome to Ubuntu 18.04.3 LTS (GNU/Linux 4.15.0-1051-aws x86_64)
...

 System information as of Fri Jan  3 09:41:35 UTC 2020

 System load:  0.01              Processes:           88
 Usage of /:   13.6% of 7.69GB   Users logged in:     0
 Memory usage: 14%               IP address for eth0: 172.31.20.115
 Swap usage:   0%
```

```
0 packages can be updated.
0 updates are security updates.
...

ubuntu@ip-172-31-20-115:~$
```

Ahora puede utilizar su servidor como cualquier servidor: instalar paquetes, crear cuentas, ejecutar servicios, etc. También puede controlar el acceso a su servidor actualizando su grupo de seguridad, añadiendo almacenamiento, cambiando el tipo de instancia, etc.

☞*Algunas operaciones de configuración son de pago.*

➢Configure ahora su CLI AWS en su equipo:

```
$ aws configure
AWS Access Key ID [None]: AKIA5U3NHXFAY5GJIUDW
AWS Secret Access Key [None]: xxx/oM5xxx
Default region name [None]: eu-west-3
Default output format [None]:
```

Esto creará un repertorio `.aws` en la raíz de su cuenta con dos archivos: `config` y `credentials`. Compruebe el comando haciendo una lista solamente de las instancias de tipo `t2.micro` y mostrando su identificador:

```
$ aws ec2 describe-instances --filters "Name=instance-type,Values=t2.micro"
--query "Reservations[].Instances[].InstanceId"
[
   "i-03fcc45f4597fb2cd"
]
```

➢Pare esta instancia:

```
$ aws ec2 stop-instances --instance-ids i-03fcc45f4597fb2cd
{
   "StoppingInstances": [
       {
           "CurrentState": {
               "Code": 64,
               "Name": "stopping"
           },
           "InstanceId": "i-03fcc45f4597fb2cd",
           "PreviousState": {
               "Code": 16,
               "Name": "running"
           }
       }
   ]
}
```

En la consola web, si actualiza la página, verá que el estado cambia de "`stopping`" a "`stopped`".

➢Reiníciela:

```
$ aws ec2 start-instances --instance-ids i-03fcc45f4597fb2cd
{
    "StartingInstances": [
        {
            "CurrentState": {
                "Code": 0,
                "Name": "pending"
            },
            "InstanceId": "i-03fcc45f4597fb2cd",
            "PreviousState": {
                "Code": 80,
                "Name": "stopped"
            }
        }
    ]
}
```

En la consola, notará, después de reiniciar la instancia, que la dirección IP pública ha cambiado. Esto es normal. Amazon asigna una dirección pública temporal mientras el servidor está en funcionamiento: reiniciar el sistema no afectará a la dirección IP. Cuando se detiene el servidor, la IP temporal se elimina y se asigna una nueva al reiniciar. Si lo desea, Amazon le puede vender direcciones IP públicas estáticas.

Con la CLI, es posible programar, usando una API, la recuperación de esta dirección IP para actualizar automáticamente un servicio DNS local o el archivo de resolución local `/etc/hosts`.

➢Detenga la instancia y destrúyala desde la CLI o desde la consola web:

```
$ aws ec2 terminate-instances --instance-ids i-03fcc45f4597fb2cd
{
    "TerminatingInstances": [
        {
            "CurrentState": {
                "Code": 32,
                "Name": "shutting-down"
            },
            "InstanceId": "i-03fcc45f4597fb2cd",
            "PreviousState": {
                "Code": 16,
                "Name": "running"
            }
        }
    ]
}
```

6. Cloud-init

Una imagen de instancia, sea cual sea el proveedor de la solución en la nube, es un snapshot funcional de una imagen de un sistema operativo (que contiene una aplicación o no). En la creación de una instancia EC2, se crearán uno o más volúmenes EBS a partir de estas instantáneas. Como sucede con cualquier máquina virtual, se puede efectuar un cierto número de acciones para modificar algunos valores al reiniciar:

- el nombre de la máquina,
- la configuración de la red (dirección MAC, DHCP),
- las claves ssh de la máquina en `.ssh/authorized_keys` con la clave que envió al crearla,
- etc.

Es necesario ejecutar un servicio especial, como uno de los primeros servicios del sistema, en el primer arranque de la instancia para implementar esta configuración.

El servicio `Cloud-init` cubre esta necesidad. Se describe aquí: https://Cloud-init.io/. Desarrollado por Canonical, creador de Ubuntu, se ha convertido en el estándar para todos los sistemas operativos de tipo Linux y para todos los proveedores de soluciones en la nube.

Cuando se crea una instancia, `Cloud-init` modificará la configuración del sistema operativo, especialmente las tareas listadas arriba. El usuario podrá modificar su configuración para añadir, por ejemplo, paquetes de software o ejecutar comandos de shell.

Encontrará la documentación de `Cloud-init` aquí: https://Cloudinit.readthedocs.io/en/latest/

Ejemplo

Configuración personalizada para instalar un paquete de software del servidor Apache `httpd`, lo arrancará y creará una página estática:

```
#Cloud-config
repo_update: true
repo_upgrade: all

packages:
- httpd

runcmd:
- systemctl start httpd
- sudo systemctl enable httpd
- [ sh, -c, "usermod -a -G apache ec2-user" ]
- [ sh, -c, "chown -R ec2-user:apache /var/www" ]
   - chmod 2775 /var/www
   - [ find, /var/www, -type, d, -exec, chmod, 2775, {}, \; ]
   - [ find, /var/www, -type, f, -exec, chmod, 0664, {}, \; ]
   - [ sh, -c, 'echo "Hello" > /var/www/html/index.html' ]
```

Durante la creación de la instancia AWS, en la página relativa a las opciones, podrá modificar los valores de los datos de los usuarios y añadir su propio script, en forma de archivo. Este se añadirá a las acciones predeterminadas definidas en esta AMI.

Puede modificar por completo la configuración de Cloud-init, pero deberá pasar por el CLI o la API para crear su instancia.

F. Sistemas invitados

1. Hipervisor y adiciones

Por sistema invitado, entendemos el sistema operativo instalado en la máquina virtual. Dependiendo del sistema operativo host, habrá disponibles distintos programas. Para Linux:

- **Qemu**
- **KVM**, deriva de qemu, pero, al usar virtIO y un acceso al kernel, ofrece un mejor rendimiento,
- **Virtualbox**, de Oracle también disponible en Windows y macOS,
- **VMWare Workstation**, de VMWare, que también es multiplataforma,
- **Xen**, hipervisor de tipo 1 que necesita una instalación particular.

Qemu y KVM disponen, por supuesto, de comandos accesibles en shell, y también, gracias a `libvirt`, dispone de una interfaz gráfica muy eficiente, que permite incluso administrar máquinas virtuales de otros hipervisores (como Virtualbox, Xen, VMware...).

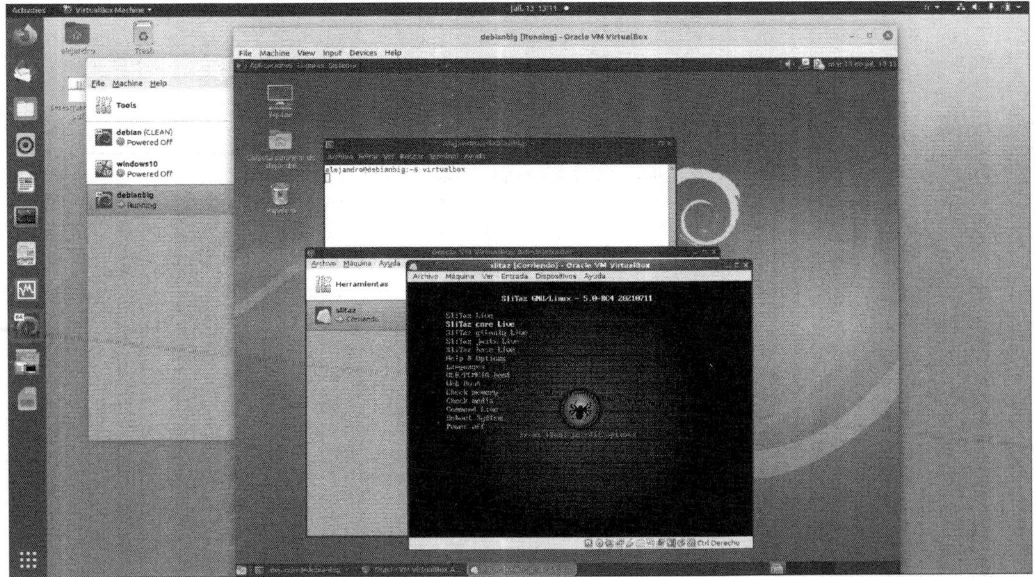

Una distribución Slitaz virtualizada en un hipervisor VirtualBox dentro en una Debian en un sistema Virtualbox en una Ubuntu

Para conseguir un funcionamiento óptimo de los sistemas operativos invitados, se deben tener en cuenta algunos elementos:

- La cantidad de memoria asignada deber ser la necesaria para el sistema y para el entorno gráfico. Un host con 16 GB de memoria puede hacer funcionar máquinas virtuales de 4 GB (para GNOME o KDE).
- El número de procesadores debería de ser inferior o igual al número de procesadores del sistema host, aunque este último puede gestionar correctamente los recursos.
- Para las máquinas virtuales profesionales, los discos deberían estar provisionados en el momento de su creación, y sobre soportes rápidos.
- El piloto gráfico debe ser el aconsejado por defecto. Algunos hipervisores proponen el soporte de la 3D acelerada, para ejecutar algunos juegos o herramientas gráficas de mucho rendimiento.
- Y sobre todo, los "*guest additions*" deben de ser añadidos si se encuentran disponibles en el sistema invitado.

Un sistema invitado no sabe que se está ejecutando en una máquina virtual. Se comporta como si estuviera instalado en una máquina física corriente. La mayoría de los periféricos presentados por el hipervisor están emulados. El sistema invitado enumera una lista de hardware del BIOS, los datos DMI o UEFI. Esta "falsa" información la da el hipervisor que ha configurado la "falsa" BIOS de la máquina virtual en consecuencia. El kernel va a intentar cargar los drivers deducidos del hardware encontrado. Por ejemplo, si la tarjeta de red emulada es de tipo Intel Pro 1000 Ethernet card, el kernel Linux cargará el módulo e1000 y el sistema invitado lo considerará como una tarjeta ethernet verdadera. Sin embargo, esta tarjeta la emula el hipervisor, lo que provoca una sobrecarga en el host e tiene un impacto en el rendimiento de la máquina virtual.

A veces, el kernel no dispone de los pilotos predeterminados, o el hipervisor propone métodos de paravirtualización y, por lo tanto, hardware "virtual" optimizado hasta ofrecer, incluso, casi el mismo rendimiento que el sistema host. En tal caso, a menudo es necesario instalar drivers adicionales.

Las adiciones (*guest additions*) son drivers, y los servicios proveídos, generalmente, por el hipervisor, se instalan en el sistema invitado para mejorar su funcionamiento y rendimiento. Se trata normalmente de módulos del kernel para la gestión de la comunicación con el hipervisor o el sistema host: los drivers gráficos, la gestión de la memoria y del procesador, los pilotos de las tarjetas de red virtuales, etc. A veces, se añaden algunos servicios. Generalmente se proveen pilotos X11 o Wayland.

2. El acceso a la consola o a la interfaz

a. Spice y KVM

Los hipervisores proponen generalmente un acceso a la consola a través de los protocolos RDP, VNC o Spice. RDP y VNC ya se han tratado en el capítulo Interfaces gráficas. Spice es el protocolo propuesto por defecto por KVM. No solamente se encarga de la visualización, sino que también propone interfaces de paravirtualización, asociadas a `virtIO`.

En las propiedades de una máquina virtual KVM creada a partir de Virt Manager, encontrará Spice (KVM también soporta VNC). Pero si observa con más detalle, verá también que el protocolo Spice se puede paravirtualizar gracias a `virtIO`, especialmente para las interfaces USB, los puertos de comunicación, el audio bidireccional o las pantallas múltiples usados por el cliente Spice para dialogar y montar en caliente distintos periféricos.

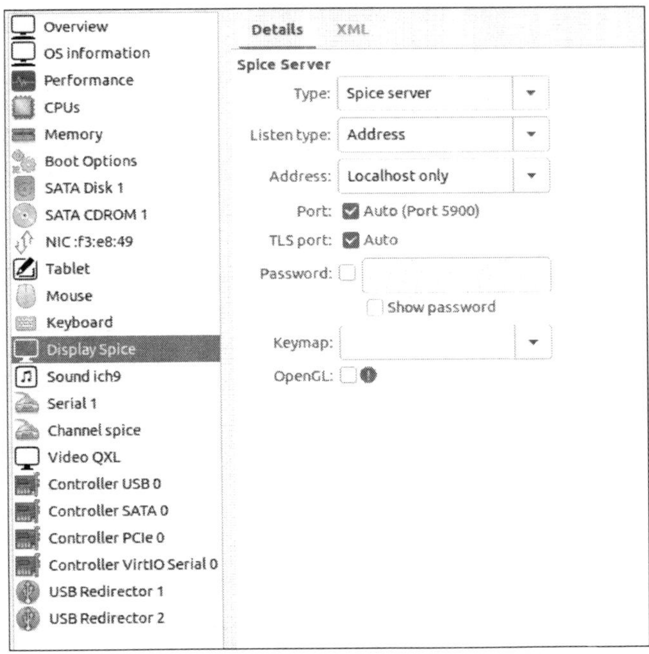

KVM usa Spice para la visualización remota

b. Cliente Spice

Los clientes Spice están disponibles en https://www.spice-space.org/download.html. Los hay para la mayoría de los sistemas operativos, incluso para Android. Virt Manager incluye un cliente integrado, lo que le permite obtener la visualización de la consola gráfica.

En el cliente, hay que especificar el protocolo. En el caso del ejemplo de la máquina virtual Fedora, la cadena de conexión sería: `spice://192.168.0.10:5901`

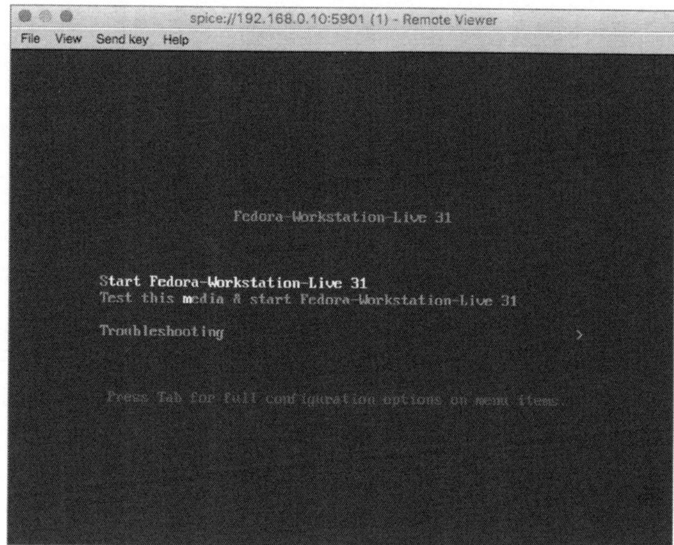

Visualización de una máquina virtual KVM a través de Spice

c. Otros casos

Como ya se indicó, AWS (todavía) no propone la visualización. Google Cloud sí la propone desde 2019 gracias al protocolo RDP, así como Microsoft Azure.

G. Validación de los conocimientos adquiridos: preguntas/respuestas

Preguntas

Si cree conocer suficientemente este capítulo, conteste a las siguientes preguntas:

Virtualización, contenedores y cloud

1 ¿Cuál es la diferencia entre un hipervisor de tipo 1 y un hipervisor de tipo 2?

2 ¿En qué se diferencian una máquina virtual y un contenedor?

3 Dentro de un contenedor, ¿cuál es el PID del primer proceso ejecutado?

- A - 0
- B - 1
- C – Aleatorio en función del PID disponible en el host

4 ¿Qué debe haber dentro de un contenedor para poder hacer funcionar cualquier tipo de aplicación?

5 ¿Qué pasa si un proceso de un contenedor intenta usar más memoria de la que tiene asignada?

- A - Nada, el proceso no podrá ni ejecutarse.
- B - No se puede limitar la memoria de un contenedor.
- C - Linux matará el proceso, lo que podría acabar también con el contenedor.
- D - Linux reiniciará este proceso.

6 ¿Se encuentra el cloud, obligatoriamente, en Internet?

7 ¿Cómo se llama el principio cloud que propone un acceso a un servicio aplicativo específico como, por ejemplo, una base de datos?

8 ¿Para qué sirven los "guest additions"?

- A – Para optimizar el sistema invitado en función del hipervisor.
- B – No sirven para nada, el kernel ya contiene todo lo necesario.
- C – Para acelerar la máquina virtual con los pilotos de paravirtualización.

9 ¿Cómo se puede acceder a la consola de una máquina virtual o a la de una instancia en la nube?

- A - SSH
- B - VNC
- C - RDP
- D - Spice

10 Cite un software de administración de contenedores.

Resultados

Consulte las páginas siguientes para comprobar sus respuestas. Por cada respuesta correcta, sume un punto.

Número de puntos /10

Debe acertar un mínimo de 7 preguntas sobre este capítulo (7/10).

Identifique los temas claves en los que tiene lagunas y repáselos consultando de nuevo este capítulo antes de pasar al siguiente:

☐Virtualización, contenedores y cloud

Respuestas

Virtualización, contenedores y cloud

1 ¿Cuál es la diferencia entre un hipervisor de tipo 1 y un hipervisor de tipo 2?

Un hipervisor de tipo 2 es generalmente un emulador, pero puede disponer de una aceleración (KVM, virtIO, paravirtualización). Un hipervisor de tipo 1 es un kernel modificado que arrancará tantos sistemas operativos como máquinas virtuales, pero el primero tiene privilegios y controla los otros (VMM).

2 ¿En qué se diferencian una máquina virtual y un contenedor?

Un contenedor se ejecuta directamente en el sistema operativo host y utiliza los mecanismos de aislamiento del kernel. Una máquina virtual ejecuta un sistema operativo completo.

3 Dentro de un contenedor, ¿cuál es el PID del primer proceso ejecutado?

- A - 0
- B - 1
- Aleatorio en función del PID disponible en el host

B. Pero tomando en cuenta el espacio de nombres raíz, puede ser cualquiera.

4 ¿Qué debe haber dentro de un contenedor para hacer funcionar cualquier tipo de aplicación?

Todas las dependencias y su arborescencia.

5 ¿Qué pasa si un proceso de un contenedor intenta usar más memoria de la que tiene asignada?

- Nada, el proceso no podrá ni ejecutarse.
- No se puede limitar la memoria de un contenedor.
- Linux matará el proceso, lo que podría acabar también con el contenedor.
- Linux reiniciará este proceso.

C: Los cgroups permiten limitar la memoria de un grupo de procesos dentro de un espacio de nombres. Si el grupo usa más memoria, OOM Killer se pone en marcha y mata el proceso. Si se trata del primer proceso del contenedor, el contenedor presenta un error [SDL2] o se reinicia, dependiendo de la configuración.

6 ¿Se encuentra el cloud, obligatoriamente, en Internet?

No, en Internet se llama cloud público. Pero el principio del cloud puede aplicarse a una red privada o de empresa. En tal caso, se denomina cloud privado.

7 ¿Cómo se denomina el principio cloud que propone un acceso a un servicio aplicativo específico, por ejemplo, una base de datos?

SaaS: Software as a Service. En el caso de una base de datos, es el proveedor de servicios en la nube quien creará dicha base según sus parámetros, y después le facilitará un acceso a ella, sin que tenga que preocuparse por el SGBD, que será administrado por el proveedor.

8 ¿Para qué sirven los "guest additions"?

- A - Para optimizar el sistema invitado en función del hipervisor.
- B - No sirven para nada, el kernel ya contiene todo lo necesario.
- C - Para acelerar la máquina virtual con los pilotos de paravirtualización.

A y C. Las adiciones proponen servicios y pilotos (módulos en el caso de Linux) que permiten optimizar el sistema invitado y sirven también para establecer una comunicación entre el host y el invitado, como virtIO.

9 ¿Cómo se puede acceder a la consola de una máquina virtual o a la de una instancia en la nube?

- A - SSH
- B - VNC
- C - RDP
- D - Spice

Todas las respuestas son correctas, pero dependen del hipervisor o del proveedor de servicios en la nube.

10 Cite un software de administración de contenedores.

El software más utilizado en Linux es Docker.

H. Prácticas

1. Crear un contenedor

Objetivo: crear una imagen Docker que permita ejecutar código Python, y después instanciarla.

☞*Las operaciones presentadas se realizan en Debian 12.*

1. Primero instale Docker y Python (si es necesario).
2. Cree un directorio `hello` donde pondrá las diferentes fuentes.
3. Cree un script en Python simple llamado `hello.py` que muestre "Hello World", y compruebe su funcionamiento en local.
4. Visite el Docker Hub, https://hub.docker.com/, y busque "python". El primer resultado debería ser la imagen oficial. Anote su nombre "`python`". Este servirá para la instrucción `FROM` del archivo `Dockerfile`.
5. Cree un archivo `Dockerfile` usando la imagen encontrada, copie el archivo fuente y lance el comando Python asociado.
6. Cree una imagen y llámela `python-hello`. Docker descargará la imagen python desde el Hub y ejecutará las diferentes etapas del `Dockerfile` para generar la imagen final.
7. El comando `docker image` debe devolver (al menos) dos imágenes: la imagen python de base, y la suya.
8. Instancie su imagen.

Soluciones posibles

Objetivo: crear una imagen Docker que permita ejecutar código Python, y después instanciarla.

☞*Las operaciones presentadas se realizan en Debian 12.*

1. Primero instale Docker y Python (si es necesario).

```
# apt-get install docker.io
# apt-get install python-is-python3
```

2. Cree un directorio `hello` donde pondrá las diferentes fuentes.

```
# mkdir hello ; cd hello
```

3. Cree un script en Python simple llamado `hello.py` que muestre "Hello World", y compruebe su funcionamiento en local.

```
# cat hello.py
print("Hello World")
# python ./hello.py
Hello World !
```

4. Visite el Docker Hub, https://hub.docker.com/, y busque "python". El primer resultado debería ser la imagen oficial. Anote su nombre "python". Este servirá para la instrucción FROM del archivo Dockerfile.

5. Cree un archivo `Dockerfile` usando la imagen encontrada, copie el archivo fuente y lance el comando Python asociado.

```
# vi Dockerfile
FROM python
COPY hello.py /src/
CMD ["python", "/src/hello.py"]
```

6. Cree una imagen y llámela `python-hello`. Docker descargará la imagen python desde el Hub y ejecutará las diferentes etapas del `Dockerfile`, para generar la imagen final.

```
# docker build -t python-hello .
Sending build context to Docker daemon  3.072kB
Step 1/3 : FROM python
latest: Pulling from library/python
785ef8b9b236: Pull complete
5a6dad8f55ae: Pull complete
bd36c7bfe5f4: Pull complete
4d207285f6d2: Pull complete
9402da1694b8: Pull complete
9bdbf45d01af: Pull complete
dd8b7ef87a9d: Pull complete
40e2122a202c: Pull complete
Digest: sha256:e7b98cbd26cbc371e0fdb039f92bb95d566b58296a26ada0fe88b3e24
991fcf4
Status: Downloaded newer image for python:latest
 ---> a5fee9aa0e3a
Step 2/3 : COPY hello.py /src/
 ---> de1d14bedc6f
Step 3/3 : CMD ["python", "/src/hello.py"]
 ---> Running in 04fee5bf97ab
Removing intermediate container 04fee5bf97ab
 ---> 153bf22a5fd3
Successfully built 153bf22a5fd3
Successfully tagged python-hello:latest
```

7. El comando `docker image` debe devolver (al menos) dos imágenes: la imagen python de base, y la suya.

```
# docker image ls
REPOSITORY     TAG      IMAGE ID       CREATED          SIZE
python-hello   latest   153bf22a5fd3   49 seconds ago   1.01GB
python         latest   a5fee9aa0e3a   3 weeks ago      1.01GB
```

8. Instancie su imagen.

```
# docker run python-hello
Hello World
```

Se pondera cada objetivo con un número (valor indicado entre paréntesis) del 1 al 10, y se indica la importancia relativa de cada objetivo. Cuanto mayor sea el número atribuido a un objetivo, más preguntas sobre dicho objetivo aparecerán en el examen.

Objetivos del examen LPI 101	Capítulo	Prácticas
101 Arquitectura del sistema		
101.1 Determinar y configurar los parámetros de hardware (2)	5.A, 5.F, 5.H	5.4
101.2 Poner en marcha el sistema (3)	5.A	5.1
101.3 Cambiar los niveles de ejecución de los objetivos de reinicio de systemd y parada o reinicio del sistema (3)	5.B, 5.C, 5.D	5.2
102 Instalación de Linux y gestión de los paquetes de software		
102.1 Diseño del esquema de particiones (2)	2.A, 4.A, 4.D	2.1, 4.1
102.2 Instalar un gestor de arranque (2)	5.A	5.1
102.3 Gestionar las librerías compartidas (1)	2.J	2.4
102.4 Usar el administrador de paquetes Debian (3)	2.F, 2.F, 2.H	2.3
102.5 Usar los administradores de paquetes RPM y YUM (3)	2.C, 2.D	2.2
102.6 Linux como sistema virtualizado	10	10.1
103 Los comandos GNU y Unix		
103.1 Trabajar desde la línea de comandos (4)	3.A	3.
103.2 Tratar los flujos de tipo texto con los filtros (2)	3.G	3.4
103.3 Gestión elemental de los archivos (4)	3.B	3.1, 3.2
103.4 Usar los flujos, tuberías y redireccionamientos (4)	3.E y 3.F	3.3
103.5 Crear, controlar e interrumpir los procesos (4)	3.I	3.5
103.6 Modificar la prioridad de los procesos (2)	3.I	3.5
103.7 Realizar búsquedas en los archivos de texto, con expresiones regulares (3)	3.G	3.4
103.8 Edición básica de archivos (3)	3.D	3.6
104 Discos, sistema de archivos Linux, estructura en árbol estándar (FHS)		
104.1 Crear particiones y sistemas de archivos (2)	4.B, 4.C, 4.D, 4.E	4.1, 4.2
104.2 Mantenimiento de la integridad de los sistemas de archivos (2)	4.G	4.2
104.3 Montar y desmontar sistemas de archivos (3)	4.F	4.3
104.5 Gestión de los permisos y de la propiedad de los archivos (3)	4.I	4.4
104.6 Crear y modificar vínculos físicos y simbólicos en los archivos (2)	3.B	4.4

Objetivos del examen LPI 101	Capítulo	Prácticas
104.7 Buscar archivos y guardárlos en las ubicaciones adecuadas (2)	3.C	3.2

Objetivos del examen LPI 102	Capítulo	Prácticas
105 Shell, scripts y gestión de los datos		
105.1 Personalizar y usar el entorno del shell (4)	3.J, 3.K, 3.L	
105.2 Personalizar o escribir scripts simples (4)	3.M	3.6
106 Interfaces y escritorios de usuario		
106.1 Instalar y configurar X11 (2)	9.C	9.1
106.2 Escritorios gráficos (1)	9.A, 9.C, 9.D, 9.E, 9.F	9.1, 9.2
106.3 Accesibilidad (1)	9.G	
107 Tareas de administración		
107.1 Gestionar las cuentas de usuarios y grupos, así como los archivos del sistema correspondientes (5)	6.A	6.1
107.2 Automatizar las tareas de administración para la planificación de trabajos (4)	6.C	6.3
107.3 Parámetros regionales e idiomas (3)	6.G	
108 Servicios esenciales del sistema		
108.1 Gestionar el reloj del sistema (3)	6.F	
108.2 Registros del sistema (2)	6.D	6.4
108.3 Información básica del agente de transferencia de correo (MTA) (3)	7.D	
108.4 Gestionar impresoras e imprimir (2)	6.B	6.2
109 Nociones elementales de las redes		
109.1 Nociones elementales de los protocolos de Internet (4)	7.A	7.1
109.2 Configuración elemental de red (4)	7.A	7.1, 7.2
109.3 Resolver problemas de red simples	7.A	7.2
109.4 Configuración DNS del lado del cliente (2)	7.A	7.3
110 Seguridad		
110.1 Tareas de administración de seguridad (3)	8.A	8.1
110.2 Configurar la seguridad del sistema (3)	6.A, 8.A, 8.B	8.1, 8.2, 8.3, 8.4
110.3 Proteger los datos mediante cifrado	7.C, 8.B	

!

A

B

C

D

E

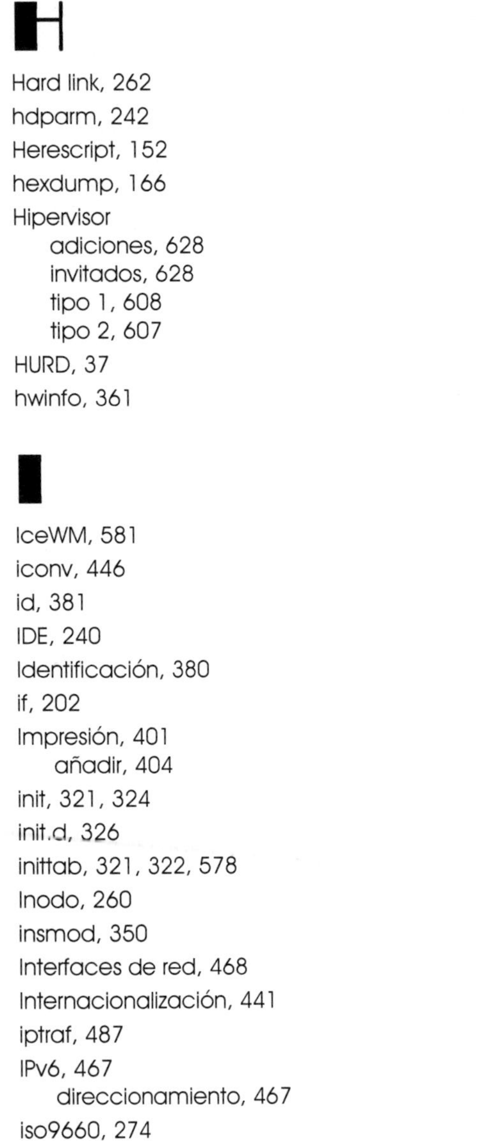

H

I

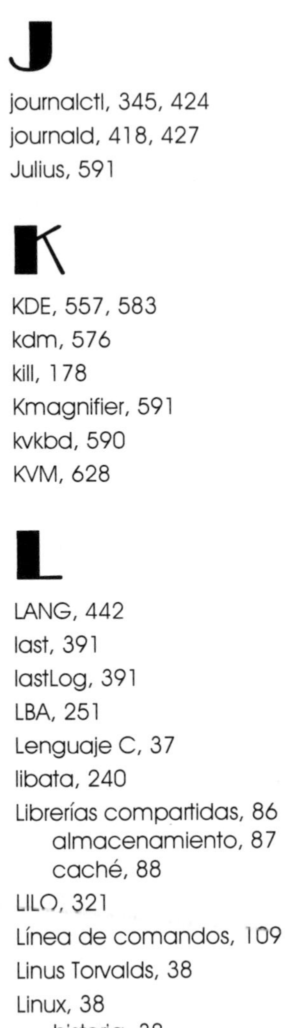

J

K

L

T

U

V

W

Para poder acceder durante un añoa
la versión online de este libro,
envíenos su justificante de compra a

librodigital@ediciones-eni.com

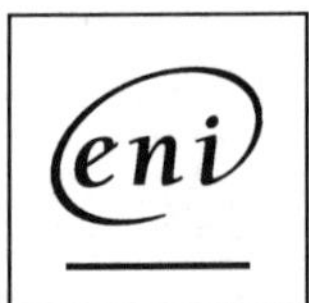